20 世纪儒学研究大系

主编：傅永聚　韩钟文

儒家经典研究

本卷主编　张　涛

中 华 书 局

20世纪儒学研究大系

编辑委员会

中国文化的基本精神（代序）

在现今时代，做一个中国人，最重要的是具有爱国意识。爱国意识有一定的思想基础，必须感到祖国的可爱，才能具有爱国意识。而要感到祖国的可爱，又必须对于中国文化的优秀传统有正确的理解。中国文化，从传说中的羲、农、黄帝以来，延续发展了四五千年，在15世纪以前一直居于世界文化的前列。15世纪，中国的四大发明传入欧洲，促进了西方近代文明的发展，于是西方文化突飞猛进，中国落后了。19世纪40年代之后，中国受到资本主义列强的侵略凌辱，中国各阶层的志士仁人，奋起抗争，努力寻求救国的道路，经过100多年的艰苦斗争，终于取得了胜利，于1949年建立了新中国，"中国人民站起来了！"中国文化虽然一度落后，但又能奋发图强，大步前进。这不是偶然的，必有其内在的思想基础。中国文化长期继续发展，虽曾经走过曲折的道路，但仍能自我更新，继续前进。这种发展更新的思想基础，就是中国文化的基本精神。

何谓精神？精神即是思维运动发展的精微的内在动力。中国文化中的基本精神，在中国历史上确实起到了推动社会发展的作用，成为历史发展的内在思想源泉。当然，社会发展的基本原因在于生产力的发展，但是思想意识在一定条件下也有一定的积极作用。文化的基本精神必须具有两个特点：一是具有广泛的影响，为大多数人民所接受领会,对于广大人民起了熏陶作用。二是具有激励进步、促进发展的积极作用。必须具有这两方面的表现,才可以称为文化的基本精神。

我认为,中国几千年来文化传统的基本精神的主要内涵有四项基本观念,即(1)天人合一;(2)以人为本;(3)刚健有为;(4)以和为贵。

一 天人合一

天人合一即肯定人与自然的统一,亦即认为人与自然界不是敌对的,而具有不可割裂的关系。所谓合一指对立的统一,即两方面相互依存的关系。天人合一思想在春秋时即已有之。《左传》昭公二十五年记载郑大夫子大叔述子产之言说:"夫礼,天之经也,地之义也,民之行也。天地之经,而民实则之。"又记子大叔之言说:"礼,上下之纪,天地之经纬也,民之所以生也,是以先王尚之。"这是认为礼是天经地义,即自然界的必然准则,"天经"与"民行"是统一的。应注意,这里天是对地而言,天地相连并称,显然是指自然之天。子产将天经地义与民则统一起来,但也重视天与人的区别,他曾断言:"天道远,人道迩,非所及也,何以知之?"(《左传》昭公十八年)当时占星术利用所谓天道传播迷信,讲天象与人事祸福的联系,子产是予以否定的。孟子将天道与人性联系起来,他说:"尽其心者,知其性也。知其性,则知天矣。"(《孟子·尽心上》)孟子认为人性是天赋的,所以知性便能知天。但孟子没有做出明确的论证。《周易大传》提出"裁成辅相"之说,《象传》云:"天地交,泰。后以裁成天地之道,辅相天地之宜,以左右民。"《系辞》云:"范围天地之化而不过,曲成万物而不遗。"《文言》提出"与天地合德"的思想:"夫'大人'者,与天地合其德,与日月合其明,与四时合其序,与鬼神合其吉凶。先天而天弗违,后天而奉天时。"这里所谓先天指为天之前导,后天即从天而动。与天地合德即与自然界相互适应,相互调谐。

汉代董仲舒讲天人合一,宣扬"天副人数",陷于牵强附会。宋代张载明确提出"天人合一"的四字成语,在所著《西铭》中以形象语言宣示天人合一的原则。《西铭》云:"乾称父,坤称母,予兹藐焉,乃混然中处。故天地之塞,吾其体;天地之帅,吾其性。民吾同胞,物吾与也。"所谓天地之塞指气,所谓天地之帅指气之本性,就是说:天地犹如父母,人与万物都是天地所生,人与万物都是气构成的,气的本性也就是人与万物的本性,人民都是我的兄弟,万物都是我的朋友。这充分肯定了人与自然界的统一。但张载也承认天与人的区别,他在《易说》中讲:"鼓万物而不与圣人同忧者,此直谓天也,天则无心,……圣人所以有忧者,圣人之仁也。不可以忧言者天也。"天是没有思虑的,圣人则不能无忧,这是天人之别。所谓天人合一是指人与自然界既有区别,而又有统一的关系,人是自然界所产生的,是自然界的一部分,人可以认识自然并加以改变调整,但不应破坏自然。这"天人合一"的观念与西方所谓"克服自然"、"战胜自然"有很大区别。在历史上,中西不同的观点各有短长,西方近代的科学技术取得了改造自然的辉煌成绩,但也破坏了自然界的生态平衡。时至今日,重新认识人与自然的统一,确实是必要的了。

二　以人为本

以人为本是相对于宗教家以神为本而言的,可以称为人本思想。孔子虽然承认天命,却又怀疑鬼神。他说:"务民之义,敬鬼神而远之,可谓知矣。"(《论语·雍也》)认为人生最重要的是提高道德觉悟,而不必求助于鬼神。孔子更认为应重视生的问题,而不必考虑死后的问题。《论语》记载:"季路问事鬼神,子曰:'未能事人,焉能事鬼?'曰:'敢问死!'曰:'未知生,焉知死?'"(《先进》)孔子更不赞成祈祷,《论语》载:"子疾病,子路请祷。子曰:'有诸?'子路对曰:有之,诔曰:'祷尔于上下神祇。'子曰:'丘之祷久矣。'"(《述而》)孔子对于鬼神采取存疑的态度,既不否定,亦不肯定,但认为应该努力解决现实生活中的问题,而不必向鬼神祈祷。孔子这种思想观点可以说是非常深刻的。

这种以人为本的思想,后汉思想家仲长统讲得最为鲜明。仲长统说:"所贵乎用天之道者,则指星辰以授民事,顺四时而兴功业,其大略也,吉凶之祥,又何取焉? ……所取于天道者,谓四时之宜也;所壹于人事者,谓治乱之实也。……从此言之,人事为本,天道为末,不其然与?"(《全后汉文》卷八十九)这里提出"人事为本",可以说是儒家"人本"思想最明确的表述。所谓以人为本,不是说人是宇宙之本,而是说人是社会生活之本。

佛教东来,宣传灵魂不灭、三世轮回的观念,一般群众颇受其影响,但是儒家学者起而予以反驳。南北朝时何承天著《达性论》,宣扬人本观念。何承天说:"人非天地不生,天地非人不灵,……安得与夫飞沈蠕蠕,并为众生哉? ……至于生必有死,形毙神散,犹春荣秋落,四时代换,奚有于更受形哉!"这完全否定了灵魂不灭、三世轮回的迷信。范缜著《神灭论》,提出形为质而神为用的学说,更彻底批驳了神不灭论。

宋明理学中,不论是气本论,或理本论,或心本论,都不承认灵魂不灭,不承认鬼神存在,而都高度肯定精神生活的价值。气本论以天地之间"气"的统一性来论证道德的根据,理本论断言道德原于宇宙本原之"理",心本论则认为道德伦理出于"本心"的要求。这些道德起源论未必正确,但是都摆脱了宗教信仰。受儒家影响的中国知识分子,宗教意识都比较淡薄,在中国文化中,有一个以道德教育代替宗教的传统。虽然道德也是有时代性的,但是这一道德传统仍有其积极的意义。

三　刚健自强

先秦儒家曾提出"刚健"、"自强"的人生准则。孔子重视"刚"的品德:他说:"刚毅木讷近仁。"(《论语·子路》)刚毅即是具有坚定性。孔子弟子曾子说:"可以托六尺之孤,可以寄百里之命,临大节而不可夺也。君子人与? 君子人也。"(同上《泰伯》)临大节而不可夺,即是刚毅的表现。《周易大传》提出"刚健"、"自强不息"的生活准则。《大有·象传》云:"大有,柔得尊位,大中而上下应之,曰大有,其德刚健而文明,应乎天而时行。"《乾·文言传》云:"大哉乾乎! 刚健中正,纯粹精也。"《乾·象传》云:"天行健,君子以自强不息。"乾指天而言,天行即日月星辰的运行。日月星辰运行不已,从不间断,称之曰健,亦曰刚健。人应效法天之运行不已,而自强不息。自强即是努力向上、积极进取。《系辞下传》又论健云:"夫乾,天下之至健也,德行恒易以知险。"这是说,天下之至健在于能知险而克服之以达到恒易(险指艰险,易指平易)。所谓自强,含有克服艰险而不断前进之意。儒家重视"不息",《中庸》云:"故至诚无息。不息则久,久则征;征则悠远,悠远则博厚,博厚则高明。……《诗》云:'维天之命,於穆不已。'盖曰天之所以为天也。'於乎不显,文王之德之纯!'盖曰文王之所以为文也,纯亦不已。"儒家强调不懈的努力,这是有积极意义的。

在古代哲学中,与刚健自强有密切联系的是关于独立意志、独立人格和为坚持原则可以牺牲个人生命的思想。孔子肯定人人都有独立的意志,他说:"三军可夺帅也,匹夫不可夺志也。"(《论语·子罕》)又赞扬伯夷叔齐"不降其志,不辱其身"(同上《微子》),即赞扬坚持独立的人格。孔子更认为,为了实行仁德可以牺牲个人的生命,他说:"志士仁人,无求生以害仁,有杀身以成仁。"(同上《卫灵公》)孟子进而提出:"生亦我所欲也,义亦我所欲也,二者不可得兼,舍生而取义者也。生亦我所欲,所欲有甚于生者,故不为苟得也;死亦我所恶,所恶有甚于死者,故患有所不辟也。"(《孟子·告子上》)这里所谓"所欲有甚于生者"即义,其中包括人格的尊严。他举例说:"一箪食、一豆羹,得之则生,弗得则死。呼尔而与之,行道之人弗受;蹴尔而与之,乞人不屑也。"不受嗟来之食,即为了保持人格的尊严。坚持自己的人格尊严,这是刚健自强的最基本要求。

先秦时代,儒道两家曾有关于刚柔的论争。与儒家重刚相反,老子"贵柔"。老子提出"柔弱胜刚强"(《老子》三十六章),认为"天下之至柔,驰骋天下之至坚"(四十三章)。他以水为喻来证明柔能胜强:"天下柔弱莫过于水,而攻坚,强莫之能先,其无以易之。故弱胜强,柔胜刚,天下莫能知,莫能行。"(七十八章)老子贵柔,意在以柔克刚,柔只是一种手段,胜刚才是目的,贵柔乃是求胜之道。孔子重刚,老子贵柔,其实是相反相成的。

在中国古代哲学中,儒家宣扬"刚健自强",道家则崇尚"以柔克刚",这构成中国文化思想的两个方面。儒家学说的影响还是大于道家影响的,在文化思想中长期占有主导的地位。刚健自强的思想可以说是中国文化思想的主旋律。《周易大传》"天行健,君子以自强不息"的名言,在历史上,对于知识分子和广大人民,确实起了激励鼓舞的积极作用。

四　以和为贵

中国古代以"和"为最高的价值。孔子弟子有若说:"礼之用,和为贵。先王之道斯为美,小大由之。"(《论语·学而》)孔子亦说:"君子和而不同,小人同而不和。"(同上《子路》)区别了"和"与"同"。按:和同之辨始见于西周末年周太史史伯的言论中。《国语》记述史伯之言说:"夫和实生物,同则不继。以他平他谓之和,故能丰长而物归之。若以同裨同,尽乃弃矣。"(《郑语》)这里解释和的意义最为明确。不同的事物相互为"他","以他平他"即聚集不同的事物而达到平衡,这叫做"和",这样才能产生新事物。如果以相同的事物相加,这是"同",是不能产生新事物的。春秋时齐晏子也强调"和"与"同"的区别,他以君臣关系为例说:"君所谓可而有否焉,臣献其否,以成其可。君所谓否而有可焉,臣献其可,以去其否。"这称为"和"。如果"君所谓可",臣亦曰可;"君所谓否",臣亦曰否,那就是"同",而不是"和"了。晏子说:"若以水济水,谁能食之?若琴瑟之专一,谁能听之?同之不可也如是。"(《左传》昭公二十年)这是说,必须能容纳不同的意见,兼容不同的观点,才能使原来的思想"成其可"、"去其否",达到正确的结论。孔子所谓"和而不同"也就是能保留自己的意见而不人云亦云。"和"的观念,肯定多样性的统一,主张容纳不同的意见,对于文化的发展确有积极的促进作用。

老子亦讲"和",《老子》四十二章:"万物负阴而抱阳,冲气以为和。"又五十五章:"知和曰常,知常曰明。"这都肯定了"和"的重要。

但是老子冲淡了"和"与"同"的区别,既重视"和",也肯定"同"。五十六章:"塞其兑,闭其门,挫其锐,解其忿,和其光,同其尘,是谓玄同。"这"和光同尘"之教把西周以来的和同之辨消除了。

墨子反对儒家,不承认和同之辨,而提出"尚同"之说。墨家有许多进步思想,但是尚同之说却是比和同之辨后退一步了。

儒家仍然宣扬和的观念,《周易大传》提出"太和"观念,《乾·象传》说:"乾道变化,各正性命,保合太和,乃利贞。"这里所谓大和指自然界万物并存共育的景况。儒家认为,包含人类在内的自然界基本上是和谐的。《中庸》云:"万物并育而不相害,道并行而不相悖。"这正是儒家所构想的"太和"景象。

孟子提出"人和",他说:"天时不如地利,地利不如人和。三里之城,七里之郭,环而攻之而不胜。夫环而攻之,必有得天时者矣;然而不胜者,是天时不如地利也。城非不高也,池非不深也,兵革非不坚利也,米粟非不多也,委而去之,是地利不如人和也。故曰:域民不以封疆之界,固国不以山溪之险,威天下不以兵革之利。得道者多助,失道者寡助。寡助之至,亲戚畔之;多助之至,天下顺之。"(《孟子·公孙丑下》)这里所谓人和是指人民的团结,人民的团结是胜利的决定性条件。"得道多助,失道寡助",这是今天仍然必须承认的真理。

儒家以和为贵的思想在历史上曾经起了促进民族团结、加强民族凝聚力、促进民族融合、加强民族文化同化力的积极作用。在历史上,得民心者得天下,失民心者失天下,已成为长期起作用的客观规律。在历史上,汉族本是由许多民族融合而成的;在近代,汉族又和五十几个少数民族融合而合成中华民族。中华民族内部密切团结而成为一个统一的整体。中华民族是多元的统一体,中国文化也是多元的统一体。多元的统一,正是中国古代哲学家所谓"和"的体现。所谓"和",不是不承认矛盾对立,而是认为应该解决矛盾而达到更高的统一。

以上所谓"天人合一"、"以人为本"、"刚健自强"、"以和为贵",都是用的旧有名词。如果采用新的术语,"天人合一"应云"人与自然的统一",或者如恩格斯所说"人与自然的一致"(《自然辩证法》1971年版第159页)、"自然界与精神的统一"(同书第200页)。"以人为本",应云人本主义无神论。"刚健自强",应云发扬主体能动性。"以和为贵",即肯定多样性的统一。这些都是中国古代哲学中的精湛思想,亦即中国文化基本精神之所在。

以上,我们肯定"天人合一"、"以人为本"、"刚健自强"、"以和为贵"等思想观念在历史上曾经起了促进文化发展的积极作用。但是,历史的实际情况是非常复杂的,许多思想观念的含义也不是单纯的。正确的观念与荒谬的观念、进步的现象与反动的落后的现象,往往纠缠在一起。所谓天人合一,在历史上不同的思想家用来表示不同的含义。例如董仲舒所谓天人合一主要是指"人副天数"、"天人感应",那完全是穿凿附会之谈。程颐强调"天道人道只是一道",认为仁义礼智即是天道的基本内容,也是主观的偏见。在董仲舒以前,有一种天象人事相应的神学思想。认为天上星辰与人间官职是相互应合的,所以《史记》的天文卷称为"天官书",但这不是后来哲学家所谓的"天人合一"。如果将上古时代天象与人事相应的神学思想称为天人合一,那就把问题搞乱了。这是应该分别清楚的。儒家肯定"人事为本",表现了无神论的倾向,但是这并不意味着宗教迷信在中国社会并无较大的影响。事实上,中国旧社会中,多数人民是信仰佛教、道教以及原始的多神教的。但是这种情况也不降低儒家人本思想的价值。"以和为贵"是儒家所宣扬的,但是阶级斗争、集团之间的斗争、个人与个人的斗争也往往是很激烈的。我们肯定"和"观念的价值,并不是宣扬调和论。

中国文化具有优秀传统,同时也具有陈陋传统,简单说来,中国文化的缺陷主要表现于四点:(1)等级观念;(2)浑沦思维;(3)近效取向;(4)家族本位。从殷周以来,区分上下贵贱的等级,是传统文化的一个最严重的痼疾,辛亥革命推翻了君主专制,但等级观念至今仍有待于彻底消除。中国哲学长于辩证思维,却不善于分析思维。事实上,科学的发展是离不开分析思维的。如何在发扬辩证思维的同时学会西方实验科学的分析方法,是一个严肃的课题。中国学术向来注重人伦日用,注重切近的效益,没有"为真理而求真理"的态度,表现为一种实用主义倾向,这也是中国没有产生自己的近代实验科学之原因之一。中国近代以前的社会可以说是以家族为本位。西方近代社会可以说是"自我中心、个人本位",而中国近代以前则不重视个人的权益,这是一个严重的缺陷。五四运动以来,传统的家族本位已经打破了。在社会主义时代,应该是社会本位、兼顾个人权益。

我们现在的历史任务是创建社会主义的新文化,正确认识中国传统文化的长短得失,是完全必要的。

傅永聚、韩钟文同志主编的《20世纪儒学研究大系》,循百年思想学术发展的脉络,以现代学术分类的原则,择选有学术价值、文献价值的代表文章,以"大系"的形式编纂而成,共有20多卷,每卷附有专题研究的"导言"一篇。这部《20世纪儒学研究大系》是由曲阜师范大学、孔子研究院、山东大学、复旦大学等单位的中青年学者合力编纂而成,说明了儒学研究事业后继有人。《大系》被列入国家社会科学基金规划项目,又由中华书局出版,都在弘扬和培育中华民族精神方面做出了一件非常有意义的事情,我感到十分欣慰。编者征求我的意见,于是略陈关于中国文化的基本精神和儒家文化传统的一些感想,以之为序。

张岱年

前　言

傅永聚　韩钟文

　　儒学犹如一条源远流长的大河,导源于洙泗,经过二千五百多年生生不息的奔腾,从曲阜邹城一带流向中原,形成波澜壮阔的江河,涉及整个中国,辐射东亚,流向全球,泽惠万方。儒学曾经是中华文化的主流、东亚文明的精神内核。但是进入 20 世纪后的儒学,遭遇到空前严峻的挑战,也面临着再生与复兴的历史机遇。一百多年来,儒学几经曲折,备受挫折,又有贞下起元、一阳来复之象,至 20、21 世纪之交成为参与"文明对话"的重要角色。

　　牟宗三先生说:"察业识莫若佛,观事变莫若道,而知性尽性,开价值之源,树价值之主体,莫若儒。"(《生命的学问》)儒、道、释及西方的哲学、耶教等都指示人的生命意义的方向,但就中国人特别是中国古代知识分子而言,儒学是安身立命之道。孔子、儒家追求的"内圣外王之道",一直是中国人的人格修养与经世事业的价值理想。"士不可以不弘毅,任重而道远。仁以为己任,不亦重乎? 死而后已,不亦远乎?"(《论语·泰伯》)从孔子、曾子、子思、孟子至康有为、梁启超、梁漱溟、熊十力、牟宗三,中国的儒学代表人物就是怀抱志仁弘道的精神去实践自己的生命价值,开拓教化天下的事业与创建文化中国的理想的。中华文化历尽艰难,几经跌宕,却如黄河、长江一样流淌不息,且代有高潮,蔚成奇观,与孔子及其所创建的儒家学派所做的贡献是分不开的。

儒学一直对中华文化各个层面产生着巨大而又深远的影响。儒学统摄哲学、伦理、政治、教育、宗教、艺术等人文社会科学的学术品格及关怀现世人生的精神,使它成为一套全面安排人间秩序的思想体系,从一个人的生存方式,到家、国、天下的构成,都在儒学关怀与实践的范围之内。经过二千多年的传播、积淀,儒学一直影响着中华民族的民族性格、心理结构的形成。然而,进入 20 世纪,又出现类似唐宋之际"儒门淡泊,收拾不住"的危机,陷入困境之中。唐君毅以"花果飘零"、余英时以"游魂"形容儒学危机之严峻,张灏则称这是现代中国之"意义危机"、"思想危机"。

从 19 世纪中后期开始,中国社会、文化进入从传统农业社会向现代工业社会、从传统文化向现代文化转型的时代。1905 年废除科举制度,1911 年辛亥革命推翻了帝制,"五四"新文化运动的兴起,西方各种思潮、主义潮水般地涌入,风起云涌的政治革命、文化革命、社会转型、文化转型,导致了传统士阶层的解体与分化,新型知识分子的诞生与在文化思想领域倡导"新思潮"、"新学说",激进的反传统思潮的勃兴,现代化进程的启动和在动荡不安中急遽推进,使 20 世纪中国处于"三千年未有的大变局"的境遇之中,儒学的危机也由此而生。

一个世纪以来,儒学的命运与中国现代化的历史进程相消长,也与学术界、思想界及政治界对儒学与现代化的关系、儒学与西方文化的关系、儒学与全球的"文明对话"的关系所形成的认识有关。从 19 世纪末至 21 世纪初,一百多年来,中国的学术界、思想界与政治界围绕着孔子、儒家及儒学的命运、前景问题展开了广泛的持久的争鸣,而这类争鸣又直接或间接地同传统文化与现代化、中学与西学、新学与旧学、科学主义与人文主义、全球化与中国化、文明冲突与文明对话、西方智慧与东方智慧等等论题交织在一起,使有关儒学的思想争鸣远远超出中国儒学史的范围,而成为20世纪中国思想史、学术史的有机组成部分。

百年儒学的历史大致沿着两个方向演进:一、儒学精神的新开展,使儒学于危机中、困境中得以延续、再生或创造性转化;二、儒家学术思想的研究,包括批判性研究、诠释性研究、创造性研究在内。由于20世纪中国是以"革命"为主潮的世纪,学术研究与政治革命的关系特别密切,故批判性研究常常烙上激进的政治革命的烙印,超出学术研究的范围,并形成批判儒学、否定儒学的思潮,酿成批判论者、诠释论者与复兴论者的百年大论争,并一直延续到21世纪。

回顾百年儒学精神新开展与儒学研究的历程,有一奇特现象值得重视。活跃于20世纪中国思想界、学术界、政治界、教育界的精英或代表人物,都不同程度地介入或参与了有关孔子、儒家思想的争鸣。如:早期马克思主义者陈独秀、李大钊、瞿秋白、李达、郭沫若、范文澜、侯外庐等,三民主义者蔡元培、陶希圣、戴季陶等,自由主义的代表人物严复、胡适、殷海光、林毓生等,无政府主义者吴稚晖、朱谦之等,现代新儒学的代表人物梁漱溟、熊十力、唐君毅、牟宗三、徐复观等,学衡派的代表人物梅光迪、吴宓、陈寅恪、汤用彤等,东方文化派的杜亚泉、钱智修等,新士林学派的罗光等,以及张申府、张岱年等,都参与了有关儒学的争鸣,并在争鸣中形成思想的分野,蔚成中国近代思想文化史上最壮观的一幕。

20世纪中国思想史的复杂性、丰富性远远超出了唐宋之际和明清之际,其思想争鸣具有现代性或现代精神的特色。美国学者列文森在《儒教在中国及其现代命运》中以"博物馆化"象征儒学生命的终结,有些中国学者也说儒学已到"寿终正寝的时节"。但从百年儒学的精神开展与儒学研究的种种迹象看,儒学的生命仍然如古老的大树一样延续着,儒学曾经创造性地回应了印度佛教文化的挑战,儒学也正在忧患之中奋然挺立,回应西方文化的挑战,这是儒学传统现代创造性转换的契机。人们在展望"儒学第三期"或"儒学第四期"的来临。百年儒学的经历虽曲折艰难,时兴时衰,但仍是薪火相传,慧命接续,间有高潮,巨星璀璨,跨出本土,落根东亚,走向世界,成为一种国际性的思潮,在全球性的"文明对话"中扮演着重要角色,为人类重建文明秩序提供了可资汲取的智慧。儒学并没有"博物馆化",儒学的新生命正在开始。因此,对百年儒学作系统的全面的反思与总结,是一项具有历史意义与现实意义的学术课题。

纵观百年儒学的历程,大致经历了五个阶段,在这五个阶段中,儒学的命运、所遭遇的景况不尽相同,分述如下:

19世纪末至1911年辛亥革命为第一阶段 洋务运动、戊戌变法导致儒家经世思想的重新崛起,晚清今文经学的复兴,特别是康有为《新学伪经考》、《孔子改制考》的出版,托古改制,以复古为解放,既开导儒学的新方向,又开启"西潮"的闸门,如思想"飓风",如"火山火喷"。章太炎标举古文经学的旗帜,与以康有为为代表的今文经学派展开经学论争,而这场思想学术争鸣又与政治上的革命或改良、反清或保皇、君主立宪与民主共和等论争交错在一起,显得格外严峻与深沉。诸子学的复兴,西学输入高潮的到来,政治革命的风暴席卷神州,社会解体与重建进程加速发展,传统士阶层的分化与新型知识分子的诞生,预示后经学时代的降临。思想界、学术界先觉之士以"诸子学"、"西学"为参照系,批判儒学或重新诠释儒学,传统儒学向现代儒学转型已初见端倪。

以辛亥革命至 1928 年南京政府成立为第二阶段　康有为、陈焕章等仿效董仲舒的"崇儒更化"运动创建孔教会,"五四"新文化运动兴起,吴虞、胡适等提倡"打孔家店",《新青年》派陈独秀、胡适与文化保守主义者梁启超、梁漱溟、杜亚泉等,学衡派梅光迪、吴宓等展开思想文化争鸣,以张君劢、梁启超等为代表的人文主义与以丁文江、胡适、王星拱等为代表的科学主义的论辩,马克思主义者李大钊、瞿秋白等也积极参与思想争鸣,各大思潮的冲突与互动,不论是批判儒学,或者是重释儒学及复兴儒学,有一个共同的特点,都是将儒学的研究纳入现代思想学术的领域之中,使思想争鸣具有现代性,从而导致儒学向现代思想学术转型。20 世纪中国人文社会科学的学科建制、研究方法深受"西学"的影响,有关孔子、儒学的论争已不同于经学时代,且与国际上各种思潮的论争息息相通。以现代西方哲学、科学、政治等学科的范畴、概念、方法去解读、分析、批判或重新诠释儒学,成为一时的学术风气,还出现"援西学入儒学"的现象。有些思想家、哲学家试图摄纳西学、诸子学及佛学中有价值的东西重建儒学,如梁启超的《儒学哲学及其政治思想》、《儒学哲学》等文及《欧游心影录》,梁漱溟的《东西文化及其哲学》,冯友兰的《人生哲学》,已透露出现代新儒学即将崛起的消息。

1928 年至 1949 年中华人民共和国建立为第三阶段　30 年代后,中国思想界、学术界出现"后五四建设心态"。吸取西学的思想、方法,以反哺儒学传统,创造性地重建传统儒学,如张君劢、冯友兰、贺麟等;或者回归儒学传统,谋求儒学的重建,如熊十力、钱穆、马一浮等;即使是"五四"时期及传统的学者,在胡适提倡"研究问题,输入学理,整理国故,再造文明"之后,也将儒学作为

"国故"的重要组成部分,作为学术史、思想史、文化史的思想资料加以系统的研究。胡适的《说儒》就是一篇以科学方法研究孔子、儒学的示范之作。"后五四建设心态"的形成,对中国现代学术的建构起了积极的作用。一大批专家、学者参照西方人文社会科学学科建制的原则与方法,分哲学、宗教学、政治学、经济学、伦理学、社会学、法学、史学、美学、文学艺术、教育学、心理学等等,对儒学进行系统的研究,还对不同学科的发展史作深入的探讨,如中国哲学史、中国教育思想史、中国政治思想史、中国学术史、中国伦理学史、中国文化史、中国通史等等,儒学研究也纳入分门别类的学科及学科发展史的研究之中。钱穆在《现代中国学术论衡》中说:"民国以来,中国学术界分门别类,务为专家,与中国传统通人通儒之学大相违异。"将数千年经学、儒学作为学术思想的资源或资料,分门别类地纳入学科专题研究之中,虽然使儒家"内圣外王之道"的"道"变为"学术",由"专门之学"代替"通儒之学",但恰恰是这种转变,才促使了儒学由传统形态向现代形态转型。这一阶段是中国社会动荡不安的年代,令人惊异的是,在动荡的岁月中出现了一个学术繁荣期,学术研究的深度与广度并不亚于乾嘉时代,儒学研究也是如此。"专门之学"代替"通儒之学"乃大势所趋,是现代学术的进步。

　　抗日战争的爆发、救亡运动的高涨,把民族文化复兴运动推向高潮,为儒学精神的新开展或创造性重建提供了历史机缘。儒学在民族文化复兴的大潮中获得再生并走向现代。1937年沈有鼎在《中国哲学今后的开展》,1941年贺麟在《儒家思想之开展》,1948年牟宗三在《鹅湖书院缘起》中,都强调中国进入一个"民族复兴的时代"。民族复兴应该由民族文化复兴为先导,儒家文化是中华文化的主流,儒家文化的命运与民族文化的命运血脉相连、息息相关。他们认为,如果中华民族不能以儒家思想或民族精神为主体去儒化或汉化西洋文化,则中国将失掉文化上的自主权,而陷于文化上的殖民地。他们期望"儒学第三期"的出现,上接宋明儒学的血脉,对儒学作创造性的诠释,或者会通儒学与西学,使古典儒学向现代思想学术形态转换。以熊十力、贺麟、牟宗三等为代表的新心学,以冯友兰、金岳霖等为代表的新理学,是儒学获得现代性并走向成熟的重要标志。此外,王新命、何炳松等十教授发表《中国本位的文化建设宣言》(1935 年 1 月 10 日),新启蒙运动倡导者张申府、张岱年等提出"打倒孔家店,救出孔夫子"的口号及综合创造论,都体现了"后五四建设心态",都有利于儒学的学术研究之开展。

1949 年至 1976 年"文革"结束为第四阶段　余英时在《现代儒学论》序言中指出:20 世纪中国以 1949 年为分水岭,在前半个世纪与后半个世纪,中国的文化传统特别是儒家命运截然不同。1949 年以前,无论是反对或同情儒家的知识分子大部分曾是儒家文化的参与者,他们的生活经验中渗透了儒家价值。即使是激进的反传统者,他们并没有权力可以禁止不同的或相反的观点,故批判儒学或复兴儒学之争可以并存甚至互相影响。1949 年以后,儒家的中心价值在中国人的生活方式中已退居边缘,知识分子无论对儒学抱着肯定或否定的态度,已失去作为参与者的机会了,儒学和制度之间的联系中断,成为陷于困境的"游魂"。

就实际状况而言,这一阶段的儒学研究或者儒家思想之开展,比余英时分析的还要复杂,值得注意的是分化现象:大陆出现批判儒学的新趋向,50 年代至 60 年代中期,以批判性研究为主,除梁漱溟、熊十力、陈寅恪等少数学人外,像冯友兰、贺麟、金岳霖等新理学与新心学的代表人物,都经过思想改造、脱胎换骨之后批判自己的学说,即使写研究孔子、儒学的文章,也离不开批判的框框。当时思想界、学术界的儒学研究,多以"苏联哲学"为范式,进行"唯心"或"唯物"二分式排列,批判与解构儒学成为当时的风潮。70 年代中期出现群众性的批孔批儒运动,真正的学术研究根本无法进行。儒学已经边缘化了。在港台地区和海外华人社群中,儒学却得到不同程度的认同,移居港台、海外的学者,如张君劢、钱穆、陈荣捷、唐君毅、牟宗三、徐复观、方东美等,继续以弘扬儒家人文精神为己任,立足于学术界、教育界,开拓儒学精神的新方向,成就了不少持之有据、言之成理的"一家之言"。

70 年代后期至 21 世纪初为第五阶段　中国大陆的改革开放,思想解放运动,传统文化与现代化的论争,"文化热"的出现,以及日本、韩国、新加坡等国与香港、台湾地区经济腾飞所产生的影响,东亚现代化模式的兴起,全球化进程中形成的文化多元格局,文明对话,全球伦理、生态平衡,以及"文化中国"等等课题的讨论,使人们对孔子、儒学研究逐渐复苏,重评孔子、儒学的论文、论著陆续出版,有关孔子、儒学、中国文化的学术会议频繁举行,中国孔子基金会、国际儒学联合会、中华孔子学会、中国文化书院、孔子研究院等学术团体和研究机构的建立,历代儒家著作及其注解、白话文翻译、解读本的大量出版,有关儒家的人物评传、思想研究、专题研究以及儒学与道、释、西方哲学及宗教的比较研究,成为学术界关注的课题。还有分门别类的人文社会科学及自然科学,也将儒学纳入其中作专门研究,如儒家哲学思想、儒家伦理思想、儒家美学思想、儒家史学思想、儒家政治思想、儒家教育思想、儒家宗教思想、儒家科学思想、儒家管理思想等等。专门史的研究也涉及儒学,如中国哲学史、中国经济思想史、中国教育思想史、中国伦理思想史等等,一旦抽掉孔子、儒家与儒学,就会显得十分单薄。此外,原来处于边缘化的港台、海外新儒家,乘改革开放的机遇,或者进入大陆进行学术交流,或者将其思想、学说传入大陆,至 90 年代,出现当代新儒家、自由主义与马克思主义重新论辩、对话与互动的格局,有关"儒学第三期"、"儒学第四期"的展望,儒学在国际思想界再度引起重视,说明儒学的确在展示着其"一阳来复"的态势。

纵观百年儒学的历程,不论在哪一个阶段,不论是儒家思想之新开展,或者是有关儒学的学术研究,都积有丰富的思想资源或文献资料,已经到了对百年儒学进行系统研究、全面总结的时候了。站在世纪之交的高度,我们组织编纂《20 世纪儒学研究大系》,就是为了完成这一学术使命。

《20 世纪中国儒学研究大系》是孔子研究院成立后确定的一项浩大的学术工程,现已列入 2002 年国家社会科学基金项目。《大系》的编纂与出版,实为孔子、儒学研究的一大盛事,必将对 21 世纪的儒学研究产生积极而又深远的影响。

编选原则及体例

《20世纪儒学研究大系》是一部大型的相对成套的专题分卷的儒学研究丛书,力求通过选编20世纪学术界研究儒学的代表性论文、论著,全面反映一百年来专家、学者研究儒学的学术成果及水平,为进一步研究儒学提供一部比较系统的学术文献。

一、将20世纪海内外专家、学者研究儒学的代表性论文、论著按研究专题汇集成册,共分21卷。所选以名家、名篇及具有代表性的观点为原则,不在多而在精,力求反映20世纪儒学研究的全貌。

二、所选以学术性讨论材料、思想流派性材料为主,兼收一些具有代表性并产生过重大影响的批判性文章。

三、每一卷包括导言、正文、论著目录索引三个主干部分。

四、每卷之始,撰写导言,综论20世纪该专题研究的大势及得失,阐发本专题研究的学术价值和意义,为阅读利用本卷提示门径。

五、一般作者原则上只入选一篇具有代表性的成果,重要代表人物可选2—3篇。

六、所收文章均加简要按语,介绍作者学术生平及本文内容。合作创作的论著,只介绍第一作者。

七、每卷所收文章,原则按公开发表或正式出版的时间先后为序。

　　八、所收文章,尽量使用最初发表的版本,并详细注释文章出处、发表或写作时间。

　　九、入选文章、论著篇幅过长者,适当予以删节,并予以注明。

　　十、为统一体例,入选文章一律改用标准简化字,一律使用新式标点。

　　十一、所选文章的注释一律改为文中注和页下注,以保持丛书的整体风格。材料出处为文中注(楷体),解释性文字为页下注。

　　十二、每卷后均列论著目录索引,将未能入选但又有学术价值与参考价值的论著列出。论文和著作分门别类,并按公开发表和正式出版的时间先后为序。

目　录

20世纪儒学研究大系

20世纪儒学研究大系

导　言

张　涛

　　经学是关于儒家经典的学问,是儒家学派的经典诠释学。最初被儒家奉为经书的有六种,即六经,亦称六艺,包括《易》、《诗》、《书》、《礼》、《乐》、《春秋》。《乐》今不存,因而又有五经之称。对儒家经典的研究,构成了经学的主要内容,且在汉武帝以后的中国封建时代取得统治思想和官方学术的地位。伴随着社会政治的发展、文化思潮的演变,20世纪的儒家经典研究也步入了一个全新的发展时期。应该说明的是,儒家经典的诠释、研究是儒家学说传布、发展的主要形式和重要载体,内容相当广泛,而其思想内容、价值意义等又在其他卷中有所涉及,限于篇幅,本卷将主要从文献学的角度,探讨20世纪学术界关于群经作者、成书年代和性质等文本问题的研究。关于群经的作者、年代等问题,汉唐以前的学人大都倾向于孔子所撰述或编订。这可以司马迁的说法最有代表性:"孔子之时,周室微而礼乐废,《诗》、《书》缺。追迹三代之礼,序《书传》,上纪唐虞之际,下至秦缪,编次其事。……故《书传》、《礼记》自孔氏。……古者《诗》三千余篇,及至孔子,去其重,取可施于礼义,上采契后稷,中述殷周之盛,至幽厉之缺,始于衽席,故曰'《关雎》之乱以为《风》始,《鹿鸣》为《小雅》始,《文王》为《大雅》始,《清庙》为《颂》始'。三百五篇孔子皆弦歌之,以求合《韶》、

《武》、《雅》、《颂》之音。礼乐自此可得而述以备王道,成六艺。孔子晚而喜《易》,序《彖》、《系》、《象》、《说卦》、《文言》。读《易》,韦编三绝。……因史记作《春秋》,上至隐公,下讫哀公十四年,十二公。"(《史记·孔子世家》)然而,自中唐以来,又有不少学者对孔子与六经的关系表示怀疑。于是,围绕着这一问题,人们展开了长时期、大范围的争论,并一直延续到 20 世纪。

二

从 1900 年至五四新文化运动前后,可以说是传统的经今古文之争的尾声阶段。我们知道,对儒家经典的研究在先秦时期就开始了,并逐渐形成各种不同的流派,其中最突出的,是汉代出现的今文经学和古文经学。在群经的作者、年代等问题上,今文经学倾向于将六经的著作权全归孔子,古文经学则力主六经乃先王之旧典,孔子在其中所起的主要是编订之功。二者的矛盾、论争一直存在,清代末期的今古文之争再度凸显。围绕着儒家经典研究,今文学派和古文学派的对垒、争执再起波澜。在今文学阵营内,王先谦有考证详确的《尚书孔传参证》(成于 1904 年),在前人研究的基础上,进一步从语言文字和思想来源方面力辨《古文尚书》之伪。1915 年,王氏又刊刻《诗三家义集疏》,条列今古文《诗》学的异同得失。而 1907 年,皮锡瑞的《经学历史》、《经学通论》刊行,则显示了今文经学对经学发展总体脉络较为系统的把握。皮氏在书中进一步论证了孔子与儒家经典的密切关系,阐述了儒家经典的要旨。当时,还有作为今文经学别流的著名的廖平、康有为。他们坚持认为,孔子作六经的结论是不可动摇的。

与此同时,继承古文经学传统的章太炎、刘师培等人则倾向于将经学归入单纯学术研究的范畴,从学术的角度审视儒家经典。刘师培著《经学教科书》(1906 年刊行),坚持传统的古文经学的说法,强调,经之名始于三代,但其起源甚古,至少可以追溯到伏羲时代。他认为,"《易经》掌于太卜,《书经》、《春秋》掌于太史、外史,《诗经》掌于太师,《礼经》掌于宗伯,《乐经》掌于大司乐"。"周公者,集周代学术之大成也。六经皆周公旧典,足证孔子以前久有六经矣。故周末诸子,若管子、墨子,咸见六经。盖周室未修之六经,固与孔子已修之六经不同也。"(刘师培:《经学教科书》第四课)章太炎则进一步发挥、发展了以往"六经皆史"的观点。

　　孔子与六经的关系,一直是经学史上激烈争论的焦点问题。今文家坚持六经为孔子所作,至清末仍是如此。像皮锡瑞认为,"孔子以前,不得有经"(皮锡瑞:《经学历史·经学开辟时代》)。刘师培、章太炎则信从古文之说,将孔子看作六经的整理者,反对今文之说。刘师培认为,"孔子以前,久有六经","东周之时,治六经者非仅孔子一家。若孔子六经之学,则大抵得之史官。《周易》、《春秋》得之鲁史,《诗》篇得之远祖正考父,复问礼老聃,问乐苌弘,观百二国宝书于周史,故以六经奸七十二君,及所如辄阻,乃退居鲁国,作十翼,以赞《周易》,叙列《尚书》,定为百篇,删殷周之诗,定为三百一十篇,复反鲁正乐,播以弦歌,使雅颂各得其所,又观三代损益之礼,从周礼而黜夏殷。及西狩获麟,乃编列鲁国十二公之行事,作为《春秋》。而周室未修之六经,易为孔门编订之六经。""《易经》者,哲理之讲义也;《诗经》者,唱歌之课本也;《书经》者,国文之课本也;《春秋》者,本国近世史之课本也;《礼经》者,修身之课本也;《乐经》者,唱歌课本以及体操之模范也。"(刘师培:《经学教科书》第五课)章太炎也在《驳皮锡瑞三书》中专门反驳了皮氏孔子作《春秋》的理论。在刘师培、章太炎看来,孔子是将周代旧典删定成自己的教科书。

《春秋》及《左传》是今古文之争的焦点所在,因而刘师培、章太炎等人在这一方面也用力尤勤,著述颇多,且在古文经学传统说法的基础上提出了新的更为深入的见解。如在《读左札记》中,刘师培较为具体地论证了这样一个事实:《左传》在战国时代已开始流传,而西汉时期的学者也普遍承认《左传》是解释《春秋》的。

应该指出的是,与以往的今古文之争不同,刘师培、章太炎等人对今文学者的批驳,不是建立在维护君臣大义等封建伦理道德规范的基础上,而是立足于学术研究本身。当然,刘、章等人的经典研究也不可避免地带有某些时代色彩和政治因素。例如,刘师培著《读左札记》,具有明显的排满革命的成分,其关于《左传》的评论也不乏反对封建专制的倾向。而章太炎的不少关于儒家经典的论述,其中更是包含了对封建社会政治体制的全面否定。由传统的古文学派发展而来的治经方法,在整个20世纪可以说是不绝如缕。如曾运乾的《尚书正读》(中华书局1964年版),在文义解释等方面基本上承于古文之说,只是其中又有了许多新的创获。另外,梁启超在《要籍解题及其读法》(成于1923年)、《古书真伪及其年代》(成于1927年)中,对儒家经典的性质和年代等问题也进行了系统论述,但又显然是承今文经学的学统而来。当然,梁启超所论又是现代学术发展的产物,与古史辨派掀起的疑古辨伪思潮相互呼应、相得益彰。直到70、80年代,尚有学者坚持康有为等今文学家的学术阵地而继续开拓。其典型是徐仁甫,著有《左传疏证》(四川人民出版社1981年版)以及《论刘歆作〈左传〉》(见《文史》第11辑,中华书局1981年版)等论文,再次强调《左传》为刘歆所伪著。不过,此论一出,就受到众多学者的质疑和反驳,响应徐论者寥若晨星。

二

　　在经历了今古文之争的余波之后,随着西学东渐的进一步深广,在中国学术界出现了一股实证主义的思潮,其影响自然也及于经学研究领域。这可以王国维、胡适为代表。王国维致力于古史研究,致力于甲金文字、汉魏石经、汉晋简牍的研究,其中有许多内容涉及儒家经典,对后人认识《尚书》等经典的成书年代等问题很有帮助。更为重要的是,他放弃了传统的今古文学的门户之见,以史治经,摘去了儒家经典头上的神圣光环。大约在 1920 年,王国维撰成《经学概论》,其总论曰:“孔子以前,有《易》、《书》、《诗》、《礼》、《乐》、《春秋》诸书,而未有经名。”“六经中,《诗》、《书》、《礼》、《乐》皆古代之遗文”。“其尊之为经者,以皆孔子手定之故”。“经者,常也,谓可为后世常法者也。故诸子百家目其先师之书,亦谓之经”。(转引自陈鸿祥《王国维年谱》第 358—359 页,齐鲁书社 1991 年版)顾颉刚曾强调,王国维“对于学术界最大的功绩,便是‘经书’不当作经书(圣道)看,而当作史料;‘圣贤’不当作圣贤(超人)看,而当作凡人看。”(顾颉刚:《悼王静安先生》,载《文学周报》第 27 卷第 7、8 期合刊)王国维此举,为儒家经典研究的真正学术化奠定了坚实的基础。王国维的学生杨筠如撰有《尚书核诂》,对《尚书》字义的解诂,有不少是本于王说。该书成于 1927 年前,1927 年王国维为之作序,甚为推许。只是该书1959 年才由陕西人民出版社出版。

　　倡导大胆假设,小心求证的胡适,也曾立足于实证,对儒家经典进行研究和考察。在《中国哲学史大纲》(1919 年刊行)第四编《孔子》中,胡适记述了六经的由来,强调《诗》、《书》、《礼》、《乐》

都是孔子删定的，不是孔子自己著作的。"把古代的官书，删成《尚书》；把古今的诗歌，删存三百多篇；还订定了礼书、乐书。孔子晚年最喜《周易》，那时的《周易》不过是六十四条卦辞和三百八十四条爻辞。孔子把他的心得，做成了六十四条卦象传，三百八十四条爻象传，六十四条象辞。后人又把他的杂说纂辑成书，便是《系辞传》、《文言》。这两种之中，已有许多话是后人胡乱加入的，如《文言》中论四德的一段。此外还有《杂卦》、《序卦》、《说卦》，更靠不住了。除了删《诗》、《书》，定《礼》、《乐》之外，孔子还作了一部《春秋》。孔子自己说他是'述而不作'的。所以《诗》、《书》、《礼》、《乐》都是他删定的，不是自己著作的。就是《易经》的诸传，也是根据原有的《周易》作的，就是《春秋》也是根据鲁国的史记作的。"对于具体的某部经典，胡适也有过一些论述。如关于《诗经》，他强调："《诗经》并不是一部圣经，确实是一部古代歌谣的总集。""孔子并没有删《诗》。""《诗经》不是一个时代辑成的。《诗经》里面的诗是慢慢的收集起来，成现在这么样的一本集子。"（胡适：《谈谈〈诗经〉》，见《胡适论学近著》第 454 页，山东人民出版社 1998 年版）由于在学术史上的重要地位和巨大影响，胡适的这些思想观念不仅使人们对儒家经典的本来面目有了更为清晰的认识，也启发了以顾颉刚为代表的古史辨派学者，使其发出了关于儒家经典的惊世之语。

古史辨派的疑古思想源于中国古代学人的疑辨传统，从学术上远承郑樵、姚际恒、崔述等人的批判精神特别是在经学问题上的怀疑态度，晚清今文经学关于新学伪经的理论更是直接启发了顾颉刚推翻古史的动机，而古史辨理论形成一个完整体系，则得益于胡适治学态度和治学方法的影响。作为古史辨派的领军人物，顾颉刚致力于群经的考索，并力求使经学的材料服务于古史的重建。

他对孔子删述六经之说表示质疑:"六经自是周代通行的几部书,《论语》上见不到一句删述的话,到孟子,才说他作《春秋》;到《史记》,才说他赞《易》,序《书》,删《诗》;到《尚书纬》,才说他删《书》;到清代的今文家,才说他作《易经》,作《仪礼》。总之,他们看着不全的指为孔子所删,看着全的指为孔子所作。其实,看刘知几的《惑经》,《春秋》倘使真是孔子作的,岂非太不能使'乱臣贼子惧'了吗? 看万斯同的疑《今文尚书》及《诗》三百篇,《书》、《诗》若是孔子删的,孔子真是奖励暴君,提倡淫乱了。看章学诚的《易教》,《仪礼》倘果是孔子作的,孔子也未免僭窃王章了。'六经皆周公之旧典'一句话,已经给今文家推翻;'六经皆孔子之作品'一个观念,现在也可驳倒了。"(顾颉刚:《论孔子删述六经说及战国著作伪书考》,《古史辨》第 1 册第 41—42 页,上海古籍出版社1982 年版)顾颉刚强调:"我以为孔子只与《诗经》有关系,但也只是劝人学《诗》,并没有自己删《诗》,至于《易》、《书》、《礼》、《春秋》,可以说是与他没关系,即使说有关系,也在'用'上,不在'作'上。"(顾颉刚:《说〈诗经〉经历及老子与道学书》,《古史辨》第 1 册第 35 页)

　　顾颉刚曾专门研究《周易》和《诗经》,"其中心思想是破坏《周易》的伏羲、神农的圣经地位,而恢复它原来的卜筮书的面貌;破坏《诗经》的文、武、周公的圣经地位,恢复它原来的乐歌面貌"(顾颉刚:《我是怎样编写古史辨的》,《古史辨》第 1 册卷首)。他发表于 1923 年的《读〈诗〉随笔》、《〈诗经〉在春秋战国间的地位》,发表于 1929 年的《〈周易〉卦爻辞中的故事》等,都是在这种思想指导下撰写的,后来也都收入了《古史辨》第三册。《〈周易〉卦爻辞中的故事》一文利用甲骨卜辞的研究成果和其他文献资料,推定卦爻辞的著作时代当在西周初叶。这一推论"可以说基本确定了《周易》卦爻辞年代的范围,是极有贡献的。后来有些论著沿着顾文的方向有所补充,但其结论终不能超过顾先生的论断。"(李学勤:《周易经传溯源》第 2 页,长春出版社 1992 年版)关于《诗经》,顾颉刚认为是一部入乐诗的总集,成于西周至东周时期。他在《读〈诗〉随笔》中说:"今本《诗经》的辑集,必在孔子之后。"《论语》辑集已在孔子后多时,而所引《诗》与今本《诗经》尚不同,可见今本《诗经》的辑集更在《论语》之后。《孟子》引《诗》与今本无异同,则《诗经》辑集必在《孟子》以前。可以假定这书出品于战国中期。在《〈诗经〉在春秋战国间的地位》一文的引言中,除了《诗经》,顾颉刚对《左传》、《仪礼》、《论语》和《礼记》的著作年代也有所论及。他说:"《左传》和《国语》固是记载春秋时事最详细的,但做书人的态度既不忠实,并且他确是生在战国时的,这部书又经过了汉儒的几番窜乱,可靠的程度也是很低。《仪礼》是记载周代礼节最详细的,但礼节这等的繁缛,物品这等的奢华,决不是'先进野人'之风,恐是春秋末年或战国初期的出品。《论语》是记载孔子的言行最详细的,但说及曾子的死,至少出于孔子的再传弟子所记,也是战国初期的出品。《礼记》更后了,大部分是西汉人所作,这是可以把汉人的记载证明的。"

《尚书》的著作年代,也是顾颉刚用心较多、用力较勤的问题。1923 年,顾颉刚在致胡适的《论〈今文尚书〉著作时代书》中,将《今文尚书》二十八篇分成三组:第一组,《盘庚》、《大诰》、《康诰》、《酒诰》、《梓材》、《召诰》、《洛诰》、《多士》、《多方》、《吕刑》、《文侯之命》、《费誓》和《秦誓》十三篇,在思想上、文字上都可信为真。第二组,《甘誓》、《汤誓》、《高宗肜日》、《西伯戡黎》、《微子》、《牧誓》、《洪范》、《金縢》、《无逸》、《君奭》、《立政》和《顾命》十二篇,有的文体平顺,不似古文,有的人治思想很重,不似那时的思想。这或者是后世的伪作,或者是史官的追记,或者是真古文经过翻译,均说不定。不过决是东周间的作品。第三组,《尧典》、《皋陶谟》和《禹贡》三篇,决是战国秦汉间的伪作(《古史辨》第1册第201—202页)。1931年,顾颉刚又作《〈尧典〉著作时代考》,从制度、地理、文辞、学风等方面加以论证,认为今本《尧典》创始于战国而重作于汉人。《史记》以前不引今本《尧典》,说明它出于武帝中年以后(《文史》第24辑,中华书局1985年版)。到晚年,顾颉刚更是专心从事《尚书》的整理研究工作。

1935年,顾颉刚出版了《汉代学术史》(后改名为《秦汉的方士与儒生》),其第十章为《经书的编定与增加》,再次集中探讨了六经的年代、作者和性质等问题,指出:《诗》本是乐的本子,有的是士大夫所作,有的是乐师所作,有的是民间的歌谣而为乐师所采取。《书》是史官所掌的记载,有如公文和档案。《易》是周朝的占卜书,《春秋》本是一部鲁国的编年史书。而礼和乐本来不是书而是事。一件事情应当怎么办,是礼;一首诗应当怎么唱,是乐。只是经过后世儒家的宣传,群经才和孔子挂起钩来。

疑古派阵营中的另一重要人物钱玄同,也曾对群经的神圣地位表示怀疑。1923年,钱玄同在《答顾颉刚先生书》中就表达了这样一种学术倾向。他指出,孔子无删述或制作六经之事,《诗》、《书》、《礼》、《易》、《春秋》本是各不相干的五部书,而《乐经》更无此书。六经的配成,当在战国之末。关于六经的性质,钱玄同认为,《诗》是一部最古的诗歌总集,《书》似乎是三代时候的"文件类编"或"档案汇存",《仪礼》是战国时代胡乱抄成的伪书,《周礼》是刘歆伪造的,《春秋》则如王安石、梁启超所云,是"断烂朝报"、"流水账簿"(《钱玄同文集》第4卷第235—252页,中国人民大学出版社1999年版)。1931年,钱玄同作《重论经今古文学问题》

（方国瑜标点本《新学伪经考》序），大体上继续坚持对群经的这种认识。

　　应该讲，疑古之说进一步推倒了儒家经典的神圣地位，彻底摆脱了今古文学的门户之见，冲破了传统思想观念的束缚，使经学研究完全纳入学术研究的范围，从根本上动摇了儒家的古史系统，为探讨儒家经典的年代、作者性质等问题提供了必要的前提。而古史辨派学者提出了一系列学术观点，的确也是在对相关材料进行认真考索基础上得出的，具有重要的学术启发意义。当然，在某些具体结论上，古史辨派学者又过多地采用了默证的方式，带有明显的疑古过头的倾向，使许多经典被打入伪作或晚出的行列。实际上，包括顾颉刚本人，古史辨派学者在其晚年的研究工作中，也已意识到这一点，并有所更正。

<h2 style="text-align:center">三</h2>

　　坚持以唯物史观来研究儒家经典的学者，可以郭沫若为典型代表。郭沫若研究儒家经典，与古史辨派一样，也有恢复其本来面目的旨趣。但除此之外，他也将关注的重点放在了经典产生的社会背景等问题上。他在初版于 1930 年的《中国古代社会研究》一书中指出：《易经》是由原始公社制变成奴隶制时的社会的产物，《易传》是产生在春秋战国之时，这个时代是由奴隶制确切地变成封建制的时代。《诗经》是我国古代文献中一部可靠的古书，而《尚书》却值得怀疑。除了今本《古文尚书》是伪作，在《今文尚书》中《虞书》的《尧典》、《皋陶谟》和《夏书》的《禹贡》三篇是后世儒者的伪作，而《商书》、《周书》都或许经过殷周的太史及后世儒者的粉饰，可靠性只能依据时代的远近递减（《郭沫若全集》历史

编第 1 卷第 90—96 页,人民出版社 1982 年版)。1935 年,郭沫若撰《〈周易〉之制作时代》(收入《青铜时代》),指出:《易经》作于战国初年的楚人馯臂子弓,而《易传》中有大部分是秦代荀子门徒中的楚国人所著,著书的时期当在秦始皇三十四年以后(《郭沫若全集》历史编第 1 卷第 391—404 页)。郭沫若在研究儒家经典时,与古代的社会结构、生活习俗和精神生产结合起来,其结论尽管还不能说十分允当,但却为经学研究开辟了新的方向,增添了新的内容。受此启发,后来(特别是 50 年代以后)的许多学者在研究儒家经典时,总要讨论当时的时代背景,关注当时的社会思潮,显示了唯物史观在经学研究中的特殊价值和无限的生命力。

　　范文澜也是运用唯物史观研究经学的代表人物。早在 1933 年,范文澜就出版了《群经概论》,其中尽管有一定的古文倾向,但已基本上摆脱了今古文学派的门户之见,以传统学术与近代学理相结合的眼光来审视经学问题,从而为后来运用唯物史观指导经学研究准备了必要的条件。到延安以后,范文澜对经学的认识又有了进一步改变,其标志就是 1940 年 9 月间在延安新哲学年会上所作的《中国经学史的演变》。文中提到:作为“封建社会的产物”,“经是封建统治阶级在思想方面压迫人民的重要工具”。“经本是古代史料。《尚书》、《春秋》、三《礼》(《周礼》、《仪礼》、《礼记》)记载‘言’‘行’‘制’(制度),显然是史。《易经》是卜筮书,《诗经》是歌诗集,都包含着丰富的历史材料。所以章学诚说‘六经皆史’。……经作为古史来研究,问题自能得到适当的解答,经作为‘圣训’来背诵,死教条成为束缚思想的桎梏。”(《范文澜历史论文选集》第 266—267 页,中国社会科学出版社 1979 年版)这些对于认识儒家经典的根本性质是很有意义的。

四

在20—40年代，还有一些学者潜心从事儒家经典的研究，其中既有对传统治学路数的继承，又受到新思想、新观念的影响；既有对古史辨派经学观的认同，又不同程度地接受了唯物史观派结合社会历史背景来考察经学问题的做法，呈现出研究方法、治学理念的多元化倾向。

1931年，钱穆的《国学概论》由商务印书馆出版，其中专列《孔子与六经》一章，强调《易》与孔子无涉，《春秋》是孔子在鲁国旧史的基础上撰述而成，《书》乃当时之官书，《诗》乃昔人之歌咏，《仪礼》与孔子之意多违，盖出周末战国之际，而乐与《诗》合，本非有经。总之，孔子未尝造六经。1932年，钱穆《〈周官〉著作年代考》在《燕京学报》第11期刊出。文章从《周礼》所记祀典、刑法、田制、封建、军制、外族、丧葬、音乐等方面进行考察，认为《周礼》当作成于战国晚期。另外，在《先秦诸子系年》等著作中，钱穆也谈到了自己有关儒家经典的认识。

1932年，周予同的《群经概论》由商务印书馆出版，其中对经学问题，虽然表现出一定的今文倾向，但还是较为客观地评述了今文和古文家以及疑古学者的观点，认为以钱玄同、王国维、郭沫若为代表的"新史学派"最有发展前途，"因为它一方接受历来经学学派的遗产，一方接受外来学术思想的影响"（《周予同经学史论著选集》第221页，上海人民出版社1983年版）。后来的学术发展史证明，周予同的预见是完全正确的。而且，在周予同的论述中，已经有了某些唯物史观的因素。在这之后，日本学者本田成之的中国经学史著作也经过翻译，开始在中国流传。其中江侠庵所译名为《经学史论》,1934年由商务印书馆出版;孙俍工所译名为《中国经学史》,1935年由中华书局出版。另外,1935年,卫聚贤的《十三经概论》亦由开明书店出版。这些著作都论及儒家经典的由来。

1936年,钱基博的《经学通志》由中华书局出版,其中的《总志》指出:"古之所谓经,乃三代盛时典章法度常所秉守,见于政教行事之实,而非圣人有意作为文字以传后世也。"这种说法是相当精审的,对后世颇有启发。

马宗霍的《中国经学史》于1937年由商务印书馆出版,其中考察了六经的产生、发展的历程,强调:"盖古之六艺,自经孔子修订,已成为孔门之六艺矣。未修订以前,六艺但为政典;已修订以后,六艺乃有义例。政典备,可见一王之法;义例定,遂成一家之学。"马宗霍还批评了晚近以来有些学者的做法:"晚近学者,或则笃信今文家说,尊孔子为素王,谓六艺皆孔子托古改制之书,实为后王立法;或则牢守古文家说,侪孔子于良史,谓六艺皆周公国史之旧,孔子不过传述而已。是二说者,窃以为皆过也。……孔子于旧有六经,初但治之,欲以用世,及乎周流不偶,始将所治之经,加以修订,以之垂教。"(马宗霍:《中国经学史》第9页,商务印书馆1937年版)

1944年,蒋伯潜著《十三经概论》,在吸收章太炎之说的基础上,指出:"'经'者,本书籍之通称,后世尊经,乃特成一专门部类之名称也。"关于孔子与群经的关系,蒋伯潜说:"五经者,殆莫不与孔子有关。如《诗》,《史记》、《汉志》均有孔子从古诗中删定三百五篇之记载。此说纵未可信,而其正《乐》以正《诗》,孔子自述之,《论语》记录之,当为可信之事。……孔子自承为'述而不作,信而好古'之学者;其于五经,似亦为整理古书之'述'的工作;但五经之材料虽古已有之,而经孔子加一番赞修笔削理董之手续后,殆莫不各赋以新含义与新生命,则与其谓为'述',无宁谓为'作'矣。……故孔子者,经学之开祖也。"以上这些说法,都是较为客观公允的。另外,蒋伯潜还有《经学纂要》,朱剑芒则有《经学提要》。

这一时期,从事专经研究的还有许多学者,这可以李镜池、高亨的《周易》研究为例。李镜池在30、40年代先后撰有《周易筮辞考》、《周易筮辞续考》,对《周易》的成书年代,先是基本认同顾颉刚的西周初叶说,后又认定托始于周初,而写定于西周晚期。关于《易传》,李镜池撰有《易传探源》,强调孔子未作《易传》,《易传》的最后完成是在司马迁之后的昭宣之间。高亨于40年代在贵阳文通书局出版《周易古经通说》,关于《周易》的性质、成书年代及作者,基本上沿用古史辨派的说法。如认为《周易》大抵成于周初,其中故事,最晚则在文武之世。这些都明显受到古史辨派的影响。不过,在他们身上又可以明显看出传统治经方法的因素,如高亨用文字音韵训诂的方法来解说卦爻辞,成《周易古经今注》一书。再如,1932年至1937年间,主持哈佛燕京学社引得编纂处工作的洪业,先后撰写了《仪礼引得序》、《礼记引得序》和《春秋经传引得序》,论述了儒家经典的编订、流传等问题,特别强调了《春秋》的信史性质,多发前人所未发,在学术界产生了重要影响。

五

新中国成立以后,就整个发展趋势而言,经学研究进入一个新的历史阶段。1978年以前,受"左"的思想路线影响,对儒家经典的研究处于较为萧条的状态,但关于专经的研究还间有出现,如陈梦家的《尚书通论》于1957年由商务印书馆出版,张西堂的《尚书引论》于1958年由陕西人民出版社出版。一些解放前成书的著作也得到正式出版。特别应该指出的是,在60年代初,关于《周易》,还出现了一个研究热潮。关于《易经》的成书年代,此时存在殷末说、殷末周初说和战国说。关于孔子与《周易》的关系,学者们一般肯定孔子读过《周易》,但并未承认孔子就是《易传》的直接作者。这一时期讨论的问题,在20、30年代都曾出现过,所依据的史料也没有变化,结论也大体相同。但是,很显然,有许多学者已经开始用马克思主义的立场、观点和方法来审视《周易》及其他儒家经典。当然,其中一些极左的东西也是较为突出的。

　　这一时期,较为系统地研究经学问题的是周予同。在以往所作研究的基础上,他从1959年起开始编写《中国经学史》讲义,而且自1959年至1961年间在高校开设中国经学史课程。其讲义后来由许道勋根据笔记整理成书出版。该讲义明确提出要以马克思主义经典作家的著作为指导,指出:"用马克思主义的观点来写经学史,这有待于我们今后的努力。"他强调经学研究要"批判地继承文化遗产,为社会主义服务"(周予同:《中国经学史讲义》第1页,上海文艺出版社1999年版)。关于经的特点,周予同认为:"经本身就是封建专制政府和封建统治阶级用来进行文化教育思想统一的主要工具,也是封建专制政府培养提拔人才的主要准绳,基本上成为中国封建社会中合法的教科书。可以说,经与封建社会相始终。"(周予同:《中国经学史讲义》第17页)这就进一步从马克思主义历史发展观的角度,揭示了经与经学的本质。其间,周予同重点研究了孔子与六经的关系问题,后来经过综合整理,成《"六经"与孔子的关系问题》一文,发表在《复旦学报》1979年第1期,后收入《周予同经学史论著选集》。文中通过对文献资料和前人成果的分析,指出:"孔子为了讲授的需要,搜集鲁、周、宋、杞等故国文献,重加整理编次,形成《易》、《书》、《诗》、《礼》、《乐》、《春秋》六种教本,这种说法是可信的。……所以,我认为现存的'六经',无疑经过孔子整理,也因此而成为儒家学派的'经典'。……孔子订定的这些著作,随着封建社会的发展,儒家学派地位的变化,而被封建统治者尊为'经典';但现存的'经书',其中有孔子整理过的经文,也掺杂着后来儒家学派的著述,同时在流传过程中还有散佚。所以,我认为'六经'与孔子的关系很密切,但对现存的'经书',哪些同孔子有关,哪些与孔子无涉,则需要仔细研究。"

1963年,范文澜为《红旗》杂志社等单位讲经学问题,其讲稿后来以《经学史讲演录》为题收入《范文澜历史论文选集》。文中指出:"经学与中国文化的关系很密切。""儒经为封建统治阶级服务,这是没有问题的,但它起了反对宗教的作用。"经书是孔子教学生的课本,是他从收集的各种文献材料中整理出来的。"从卜官那里的材料中整理出《易经》,从史官那里的材料中整理出《春秋》、《乐》、《诗》、《仪礼》等书,也都是从既有的材料中整理出来的。所以说孔子'述而不作'。"周予同、范文澜等人这一时期的经学研究虽然带有明显的政治色彩,但他们与时俱进、在学术上不断创新的精神又是极其可贵的,为后来经学和儒家经典的全面、客观研究铺平了道路。

十年动乱期间,正常的经学研究几乎完全停止,孔子和儒家经典几乎都遭到批判,而这种批判又是为当时的政治需要服务的,所以严格说来,并没有什么学术价值。而在此时的港台地区,对儒家经典的研究却在不断发展。如1975年由台湾学生书局刊行的钱穆《中国学术通义》,其中《四部概论》在以往旧说的基础上提出:"中国古代经籍,最先分为《诗》、《书》、《礼》、《易》、《春秋》五种,谓之五经。其实此五经之结集时代并不早,或当在秦末汉初之际。
……孔子作《春秋》,成为中国第一部最有系统而又寓有甚深哲理
的历史书,此是孔子生平的唯一著作。……《尚书》固然保留了当
时许多历史文件,但《诗经》中所包有的当时许多的历史情实,更
较《书经》为丰富。《诗经》可谓是中国古代一部史诗。因其诗中
大部分内容,实即是历史。至于《春秋》,则显然是有意于一种正
式的历史编纂了。《仪礼》所载,是当时社会一切礼俗,亦得目为
是一部历史书。惟其成书时代则尚在孔子之后。如此说来,五经
中四经全可说其是历史。只有《易经》,最早本不为儒家所传习,
尤其是经中之十传部分,都完成在孔子之后,更应在战国晚年,其
中融会入许多道家、阴阳家思想,显然与上四种不同。但中国文化
传统中的人文精神既不反宗教,也不反自然,中国人总想把自然律
则和人文措施相融会合,这是中国传统理想中所谓的'天人合
一'。《易经》一书,尤其是十翼便是古人用来探讨自然与人文之
相通律则的。因此《易经》也为后人重视而被列为经书之一了。"
这些都丰富了经学研究的内容,对学术界具有重要的启发意义。

六

中国大陆实行改革开放以后,和整个社会发展一样,儒家经典
的研究也进入了一个恢复和发展时期,学术界对孔子与群经的关
系等问题也有了更为清晰、更为深刻的认识。

1979 年,钱锺书的《管锥编》由中华书局出版,内有《周易正
义》、《毛诗正义》、《左传正义》若干则,采用中外互证对比的方式,
探讨了不少儒家经典问题。如《周易正义》部分论易之三名,除广
泛征引中国古代典籍,还博采西方黑格尔、康德、席勒、冯德、谢林

等人的著作。这些都使人耳目一新,具有重要的学术价值。

匡亚明《孔子评传》(1985 年齐鲁书社出版)在否定了钱玄同、皮锡瑞、康有为等人的极端之说以后指出:"用实事求是的态度对待这个问题,应该说'六经'虽然不全由孔子所作,但都经过孔子的整理,只不过整理的程度不同。其中或作、或述、或删、或定,情况各异,应加考核。今天所见到的《诗》、《书》、《礼》、《易》、《春秋》,尽管不是当时的原貌,但在很大程度上保留了孔子修订、编纂、增减的痕迹,其内容都应是研究孔子的重要史料。用虚无主义态度全盘否定,认为'六经'与孔子无关,显然不对;全盘肯定,认为'六经'都是孔子所作,当然也不对。"此论对我们认识六经及其与孔子的关系,具有明显的方法论意义。

1986 年,金景芳在《孔子研究》创刊号上,发表了《孔子与六经》一文,认为六经实际上是当时孔子为了教学所编的教科书。六经中的诗、书、礼、乐本是春秋时人共同学习的科目,今日称为经的《诗》、《书》、《礼》、《乐》则是孔子编选的四种教科书,《易》和《春秋》则是孔子新增的。大体上说,孔子对《诗》、《书》所做的加工是"论次",对《礼》、《乐》所做的加工是"修起",对《易》是作《易传》,对《春秋》则是另成新著。

90 年代初,董治安撰《漫论孔子与六经》(载《古籍整理研究论丛》第 2 辑,山东文艺出版社 1993 年版),指出:《易传》包含若干孔子《易论》的遗说;孔子曾整理古《书》之篇次,间或加以订正;孔子可能确乎编定过一个《诗》的本子,并以其传授弟子;《仪礼》中亦确实不无孔子整理、编订过的部分;《礼记》内容实与孔门传礼直接有关;《周礼》思想内容虽与孔子有关,但却没有孔门传习之直接证据,亦无正面载记孔子言行资料,与《仪礼》、《礼记》有所不同;关于《乐》,古代诗乐一体,孔子教授弟子诗乐并重,其中既有乐的演奏实践，又有乐之性质、意义之类的解说；而孔子作《春秋》传《春秋》，更是一个无可否定的成说。应该讲，以上这些说法，都是在综合以往各种说法的基础上得出的较为客观的结论，有一定的合理性，也较为稳妥，只是在个别问题上尚有可商榷之处。

这一时期，在大陆和港台地区，还出现了关于经学的通论性和通史性著作，如何耿镛《经学概说》(湖北人民出版社 1984 年版)、《经学简史》(厦门大学出版社 1993 年版)，夏传才《十三经概论》(台北万卷楼图书公司 1996 年版，天津人民出版社 1998 年版)，陈克明《群经要义》(东方出版社 1996 年版)等。这些著作在充分吸收、借鉴以往研究成果的基础上，对儒家经典进行了较为系统、全面的研究。中华书局则在 1984 年出版了《经书浅谈》，其中汇集了杨伯峻等 1982—1983 年间相继发表在《文史知识》上的对群经的介绍。另外，黄寿祺 1987 年重订 1945 年所著《群经要略》，2000 年由华东师范大学出版社出版。

除了通论群经的著述，一些通论某部经典制作年代的论文也引起学界关注。例如，张岱年撰有《论〈易大传〉的著作年代与哲学思想》(见《中国哲学》第 1 辑，三联书店 1979 年版)，指出："《易大传》的基本部分是战国中期至战国晚期的著作。"胡念贻撰有《〈左传〉的真伪和写作时代考辨》(见《文史》第 11 辑，中华书局 1981 年版)，坚持《左传》成于春秋末年而为左丘明所作的旧说，强调后人虽有窜入，但基本上还是保存了原貌。沈文倬则撰有《略论礼典的实行和〈仪礼〉书本的撰作》(见《文史》第 15、16 辑，中华书局 1982 年版)，指出：今本《仪礼》是公元前 5 世纪中期至 4 世纪中期这一百多年中，由孔子的弟子、后学陆续撰作而成的。与此同时，关于专经的整理研究著作更是层出不穷，其中既有校注、今译等成果，也有系统和整体的研究，还有一些关于专经的研究史著作,如刘大钧《周易概论》(齐鲁书社1986年版)、蒋善国《尚书综述》(上海古籍出版社1988年版)、黄振民《诗经研究》(台湾正中书局1982年版)、钱玄《三礼通论》(南京师范大学出版社1996年版)、廖名春等《周易研究史》(湖南出版社1991版)、刘起釪《尚书学史》(中华书局1989年版)、夏传才《诗经研究史概要》(中州书画社1982年版)、沈玉成等《春秋左传学史稿》(江苏古籍出版社1992年版)等。这些都进一步深化了人们对儒家经典特别是其作者、年代等问题的认识,大大推动了经学研究的繁荣和发展。

七

任何新学问之起,往往是起于新材料的发现。20世纪后半期地下出土文献材料的不断出现,也同样推动了儒家经典研究的深化和发展。我们通常所说的文献,是包括传世文献和出土文献在内的,而且随着学术研究的不断深入,出土文献越来越多地受到学者的关注和重视。19世纪末至20世纪初,在我国各地发现的大量出土文献,震动了当时的学术界,促使人们不断修正以往的视域和成见,用新的眼光来鉴别、考察传世文献及其相关问题,从而为学术创新提供了十分有利的条件。20世纪20年代,王国维先生总结自己的学术实践和治学方法,主张以"地下之新材料"印证"纸上之材料",提出了著名的"二重证据法"。王国维注意用甲骨文、金文的材料考证《尚书》等经典的内容,其后郭沫若、于省吾、杨树达、陈梦家、唐兰、丁山等都曾利用金文、甲骨文从事儒家经典的研究,在学术界产生了深远的、有益的影响。像郭沫若,除了运用唯物史观观察问题,还注意利用周代青铜器铭文对儒家经典进行研究。1932年,他出版了《金文丛考》,其中的《周官质疑》以青铜器铭文与传世的《周礼》相比较,指出:"《周官》一书,盖赵人荀卿子之弟子所为。"(刘梦溪主编《中国现代学术经典·郭沫若卷》第464页,河北教育出版社1996年版)这种研究思路和方法是非常可取的,可以看作是对王国维"二重证据法"的发挥和发展。只是现在看来,其中的某些具体结论还大有可商榷之处。如果说,主要是在20世纪上半期进行的这些研究,还是集中在对经书的具体问题或某些篇章的微观考察的话,那么,至20世纪下半期,随着我国各地又有大批简帛佚籍被发现,对儒家经典的认识则有了实质性的飞跃,这在经书的作者、成书年代及流传情况等问题上表现得特别突出。

　　90年代郭店楚简的发现,对人们进一步认识群经的作者、成书年代以及早期流传等问题助益颇多。我们知道,根据现有材料,六经并称最早见于《庄子·天运》:"孔子谓老聃曰:'丘治《诗》、《书》、《礼》、《乐》、《易》、《春秋》六经,自以为久矣,孰知其故矣。'"而郭店楚简《六德》曰:"观诸《诗》、《书》则亦在矣,观诸《礼》、《乐》则亦在矣,观诸《易》、《春秋》则亦在矣。"(《郭店楚墓竹简·六德释文注释》。《郭店楚墓竹简》,荆门市博物馆编,文物出版社1998年版)此处尽管没有"六经"之语,但六部经书的名称却出现了,而且其排列次序与《庄子》完全一致。此外《语丛一》亦有六经并称的文字,只可惜有所残损。所以,李学勤在《郭店楚简与儒家经籍》一文中指出:"在传世文献中,六经之说只能上溯到《庄子·天运篇》。……郭店简《六德》,与《五行》一样,曾为汉初贾谊《新书》所引据。《五行》出自子思,《六德》也可能属于《子思子》。篇内……尽管没有提到'六经'一词,但经的次序与《天运》完全一致。看来战国中期儒家确实已有这种说法。"(见《中国哲学》第20辑《郭店楚简研究》,辽宁教育出版社1999年版)这对于了解儒家经典的早期发展情况是很有帮助的。

　　至于利用出土文献进行专经的研究,似以《周易》最为典型。早在1956年,李学勤撰《谈安阳小屯以外出土的有字甲骨》(见《文物参考资料》1956年第11期),谈到铜器的奇字铭文中纪数的辞与《周易》的关联,只是未作进一步说明。1978年底,张政烺发表《古代筮法与文王演周易》的短论(见《古文字研究》第1辑,中华书局1979年版),首次具体运用《周易·系辞》所载八卦揲筮法的原理,来解释周原新出土甲骨上的纪数符号,确认它们是八卦的数字符号。到80年代初期,张政烺和张亚初、刘雨又分别撰文,比较系统、集中地排比了甲骨文、金文中的易卦材料。此后,随着出土文献的不断增多和研究的不断深入,许多学者又对这一问题有所补正,推出了一系列富有新意的成果。长沙马王堆帛书《周易》,也是学术界关注较多的出土文献。帛书六十四卦的排列次序与通行本有所不同,显然属于另一系统,但却有规律可寻,而且排列次序有卦位上的依据。但对其出现的时代,学术界尚存在不同的看法,或认为早于通行本(于豪亮、刘大钧等),或认为晚于通行本(张政烺、韩仲民、李学勤等)。帛书《周易》的出现,也使人们再次考虑孔子与《周易》的关系问题。长沙马王堆汉墓帛书《周易》之《要》篇提到:"夫子老而好《易》,居则在席,行则在囊。"并记其言曰:"夫《易》,刚者使知瞿,柔者使知刚,愚人为而不忘,慚人为而去诈。文王仁,不得亓志以成亓虑。纣乃无道,文王作,讳而辟咎,然后《易》始兴也。""《易》,我后亓祝卜矣!我观亓德义耳也。幽赞而达乎数,明数而达乎德,又仁守者而义行之耳。赞而不达于数,则亓为之巫。数而不达于德,则亓为之史。史巫之筮,乡之而未也,好之而非也。后世之士疑丘者,或以《易》乎?吾求亓德而已。吾与史巫同涂而殊归者也。君子德行焉求福,故祭祀而寡也；仁义焉求吉，故卜筮而希也。祝巫卜筮亓后乎？"《孟子·滕文公下》记孔子作《春秋》而曰："知我者其惟《春秋》乎？罪我者其惟《春秋》乎？"这里孔子的口吻与上引《要》篇的"后世之士疑丘者，或以《易》乎？"是颇为相似的。《要》篇中还记有孔子的一些话，与《系辞》等密切相关。如其记孔子曰：《周易》"古之遗言焉，予非安亓用也"。记子赣（贡）言："夫子今不安亓用而乐亓辞。"这与《系辞上》"以言者尚其辞"的语意是相近的（参见李学勤：《古文献丛论》第 60 页，上海远东出版社 1996 年版；《缀古集》第 14 页，上海古籍出版社 1998 年版）。

关于《诗》。据 2000 年 8 月 16 日《文汇报》载，上海博物馆所藏战国竹简《孔子诗论》，使人们看到，传世本《诗》的国风、小雅、大雅、颂，在这里顺序颠倒，用字亦有不同，为讼、大夏、小夏和邦风。这引发了人们对《诗》之原貌的新思考。

又如《尚书》。自清代阎若璩《古文尚书疏证》问世，传世《古文尚书》的伪书性质已成定论，但郭店楚简《缁衣》、《成之闻之》所引《古文尚书》之文使人们不得不重新考虑这一问题。王世舜指出："简本既然引用了《诗经》、《今文尚书》、《古文尚书》中一些篇章的文字，可证《古文尚书》和《诗经》及《今文尚书》一样，于战国中期已在流行。因此，也就有理由认为两汉及魏晋时代的《古文尚书》很可能就是战国时代《古文尚书》的传本。简本引文与今本《缁衣》引文及今本《古文尚书》原文的文字虽略有不同，但内容大体一致，便是证明。文字略有不同可能是由传本不同所致。如果说战国中期《古文尚书》在流传中已有不同传本，那么，两汉时代的《古文尚书》有河间献王本、壁中本、孔安国家藏本也就可以理解了。如果《古文尚书》在战国中期就已在流传，那么，《古文尚书》的伪造者当是战国中期或战国中期以前的人，而决不可能是晚至东晋时代的梅赜。"(王世舜:《略论〈尚书〉的整理与研究》,载《聊城师范学院学报》〔哲社版〕2000年第1期)郭沂则指出:"郭店竹简引用了多条《古文尚书》的材料,其中大部分见于今传《古文尚书》(有几条不见于今本,说明今本有佚文),这足以证明《古文尚书》不伪。更有意思的是,《古文尚书》中有一篇叫《大禹谟》,《尚书》的《小序》却称此篇为《大禹》,而在郭店竹简中,此篇正叫《大禹》。这说明《小序》相当原始,这就为孔子作《小序》的说法增添了新的可靠证据。"(郭沂:《郭店竹简与中国哲学(论纲)》,载武汉大学中国文化研究院编《郭店楚简国际学术研讨会论文集》,湖北人民出版社2000年版)这些论述还是有一定道理的,应该引起我们的重视。

再如《周礼》。晚近以来,以郭沫若《周官质疑》等为代表,除了借助各种传世文献,许多学者注意利用西周青铜器铭文也就是金文对《周礼》进行研究。如陈汉平认为:"通过有关西周官制文献资料概述及西周册命金文与《周官》对比研究,证明《周官》一书从百寮、百官、六官统属体系、官名、官职职司、属官、职官属从关系、职官组合、职官排列先后顺序、佐官制度等等,以至诸细微末节,均与西周册命金义较为相合或接近。《周官》一书有相当成分为西周官职之实录,保存有相当成分之西周史料。"(陈汉平:《西周册命制度研究》第218—219页,学林出版社1986年版)1975年,在陕西岐山董家村出土了一批青铜器物,其中有四件属于裘卫(或单称卫)。李学勤指出,裘卫的裘是一种官职,即《周礼》的司裘。"要知道司裘这一官名仅见于《周礼》,其他任何古书都是没有的,所以司裘执掌的证实,无疑表明了《周礼》的真实可靠。"(李学勤:《缀古集》第26页,上海古籍出版社1998年版)

再如《仪礼》。在今本《仪礼》中,除了孔子所定所传,其余内容则由孔门弟子及其后学陆续撰作而成,时间约在公元前5世纪中期到4世纪中期。此后不久,《仪礼》即已广泛流传。《墨子》、《孟子》、《荀子》、《礼记》及《大戴礼记》等对其多有引述。尤其是《礼记》,有三十二篇引用过《仪礼》,并加以解说。郭店楚简中已经发现有这方面的例证。如《六德》:"疏斩布实丈,为父也,为君亦然。"此当本于《仪礼·丧服》。《丧服》斩衰章为父、为君服丧,皆有"斩衰裳,苴绖,杖"。《六德》又云:"疏衰齐戍麻实也,为妻亦然。"此亦本于《丧服》。在《丧服》中,为兄弟、为妻之丧服,皆有"疏衰裳齐,牡麻绖"。《六德》此处"裳"字省略。"戍麻实",裘锡圭释读为"牡麻绖"(《郭店楚墓竹简·六德释文注释》按语),甚是。这也证明《仪礼》中的丧服制度确曾通行于战国之时。

又如《礼记》。作为先秦儒家传习《礼》(《仪礼》)的相关资料的一种汇编,虽然《礼记》至西汉后期才编集成帙,但与《仪礼》一样,原本单行的记在春秋战国时期即已开始流行。如《左传》僖公十五年:"天子七庙,诸侯五,大夫三,士二。"此语出于《礼记·礼器》。又《左传》宣公八年:"礼,卜葬先远日。"语出《曲礼上》:"凡卜筮日,旬之外曰远某日,旬之内曰近某日。丧事先远日,吉事先近日。"而《祭法》"有虞氏禘黄帝而郊喾"、"夫圣王之制祭礼也"两段文字,又见于《国语·鲁语上》,只是略有不同。《孟子》中也有不少地方袭用《礼记》之文。《荀子》中更是多引《礼记》之文,如《乡饮酒义》中有一大段文字全见于《荀子·乐论》。尤为重要的是,郭店楚简中有《缁衣》,而上海博物馆所藏战国竹简中不仅有《缁衣》,而且还有《孔子闲居》。此外,郭店楚简中的其他许多篇章也与礼有关,如《唐虞之道》、《成之闻之》、《性自命出》、《鲁穆公问子思》、《六德》等与《礼记·学记》、《表记》、《檀弓》、《丧服四制》等篇颇有相通之处（参见彭林：《郭店简与〈礼记〉的年代》，载《中国哲学》第 21 辑《郭店简与儒学研究》，辽宁教育出版社2000 年版）。像《六德》："门内之绚绚身宜，门外之绚宜斩绚。"《郭店楚墓竹简》已经指出："绚"当读为"治"，"宜"当读为"义"。李零将这两句校读为"门内之治恩掩义，门外之治义斩恩"，认为此语《礼记·丧服四制》及《大戴礼记·本命》作"门内之治恩揜（掩）义，门外之治义断恩"（参见李零：《郭店楚简校读记》，载陈鼓应主编《道家文化研究》第 17 辑，三联书店 1999 年版）。李学勤则明确指出："此种现象，只能认为《六德》乃是引用了《丧服四制》的成句。""《丧服四制》之作，估计应早于《六德》。"（李学勤：《郭店楚简〈六德〉的文献学意义》，载武汉大学中国文化研究院编《郭店楚简国际学术研讨会论文集》，湖北人民出版社2000 年版）特别值得注意的是，经过有的学者考察，可知郭店楚简中的《缁衣》等篇应属《子思子》。这也证实了清儒钱大昕的有关推断（见《潜研堂文集》卷十七）。据《隋书·音乐志》所载沈约之语，今本《礼记》中，《中庸》、《表记》、《坊记》和《缁衣》皆取自《子思子》。《子思子》不一定是子思一人的手笔，但不会晚于其再传弟子，也就是说不会迟于孟子一辈。另外，通过对郭店楚简及马王堆汉墓帛书《五行》与《礼记》中的《大学》在体例、内容等方面的比较研究，李学勤推定，《大学》的传应为曾子所作，而经乃是曾子所述孔子之言（参见李学勤：《先秦儒家著作的重大发现》、《荆门郭店楚简中的〈子思子〉》，载《中国哲学》第 20 辑《郭店楚简研究》，辽宁教育出版社 1999 年版）。李学勤还指出："郭店简又影响到对《礼记》的看法。《缁衣》收入《礼记》，竹简中还有不少地方与《礼记》若干篇章有关，说明《礼记》要比现代好多人所想的年代更早。"（见《中国哲学》第 20 辑《郭店楚简研究》，辽宁教育出版社 1999

年版)可见,以单篇或数篇形式流行的《礼记》诸篇,在战国时代已经基本定型并广泛传布。当然,应该承认,今本《礼记》中的确也有一些内容明显存在后人润饰、加工甚至增益的痕迹。顺带指出,对于《大戴礼记》,我们也应作同样的认识。

八

综上所述,20世纪的儒家经典研究,大体上走过了四个阶段的发展历程。第一个阶段是五四新文化运动以前,表现为今古文经学之争的余波;第二个阶段是20—40年代,表现为实证主义、疑古思潮和唯物史观兴起并产生重大影响;第三个阶段是新中国建立至70年代末,表现为马克思主义理论占领整个研究领域,同时出现了某些极左倾向,而在港台地区则延续了40年代以前的学术传统;第四个阶段是改革开放以来至世纪之交,表现为实事求是的学风得到恢复和发展,大陆与港台地区的学术交流也在不断扩大,而相关的出土文献更成为人们关注的热点,引发了一系列学术新论的推出,并影响到了21世纪儒家经典研究的基本走势。

可以说,经过20世纪学人的不懈努力和反复考索,经学研究有了突飞猛进的发展,取得了一系列令人瞩目的研究成果,使儒家经典的成书年代、作者及性质等问题得到很大程度的清理和解决。概括地说,目前人们在这一问题上达成的基本共识是:儒家经典的形成主要滥觞于商周特别是西周时期,其早期制作是由西周王官进行的。《易经》大体成书于西周初年,由当时的宗教巫术特别是卜筮之官和兼掌卜筮之事的史官采辑、订正、增补、编纂而成。《书》为商周王室的档案文献汇编,多出于史官之手,又主要由他们保存并编集成册。《诗》的编集,也得益于周王室对诗歌的重视,得益于王室官员对诗歌的采集、汰选、加工、编辑并合乐。《礼》、《乐》更是周王室制礼作乐的结果。而《春秋》的前身则是鲁国史官所作的编年史。在经典的滥觞和初成时期,学在官府,官守其书,师传其学,文化教育事业为贵族统治者所垄断。西周王官特别是史官承于前代的文献积累、文化积淀,初步编成了一些典籍,使其成为中华民族文化传承和发展的重要载体,成为人类文明不断演进的重要标志。然而,当时文化典籍的编集又是与宗教巫术的盛行相伴而行的,而且这些典籍藏于并用于王室官府,亦不利于学术文化的广泛传播和普及。春秋战国时期,中国步入人类文明的轴心时代,社会经济、政治结构发生了巨大变化,人文化、理性化逐渐成为思想文化发展的主流,士阶层崛起,开始摆脱王室附庸的地位,拥有了个体自觉和独立人格,同时王官失守,学术下移,私学兴起,王官掌守的文化典籍有大批流散于天下民间,经典的制作和传播也随之进入了一个新的阶段。在这一过程中,孔子起着举足轻重的作用。原本只不过是上古三代社会政治、学术文化史料汇编的儒家经典,经过孔子的修订、整理、诠释并用作私学教育的教材,得到更大范围和更大规模的传播,后来又经过儒家学派的不断注解、改造和发挥,成为宣传其思想主张和政治理念的精神工具,并在汉武帝之后具有了神圣、权威的意味,成为封建时代的最高法典,成为封建统治者治国理民的理论依据。当然,关于儒家经典的年代、作者等,还存在不少聚讼纷纭、争论不已的问题,由于受制于文献资料的阙逸而不足征,在新材料出现之前,恐怕仍然难有定论。所以,在 21 世纪,学术界还应继续努力,争取在儒家经典的研究上有新的更大的突破。

文 学 总 略

章 太 炎

　　文学者,以有文字著于竹帛,故谓之文。论其法式,谓之文学。凡文理、文字、文辞,皆称文。言其采色发扬谓之彣,以作乐有阕,施之笔札谓之章。《说文》云:“文,错画也,象交文。”“章,乐竟为一章。”“彣,𢒲也。”“彰,文彰也。”或谓“文章”当作“彣彰”,则异议自此起。传自:“博学于文。”不可作“彣”。《雅》曰:“出言有章。”不可作“彰”。古之言文章者,不专在竹帛讽诵之间。孔子称尧、舜,“焕乎其有文章”,盖君臣朝廷尊卑贵贱之序,车舆衣服宫室饮食嫁娶丧祭之分,谓之文;八风从律,百度得数,谓之章。文章者,礼乐之殊称矣。其后转移施于篇什,太史公记博士平等议曰:“谨案诏书律令下者,文章尔雅,训辞深厚。”(《儒林列传》)此宁可书作“彣彰”耶?独以五采彰施五色,有言黻、言黼、言文、言章者,宜作“彣彰”。然古者或无其字,本以“文章”引伸。今欲改“文章”为“彣彰”者,恶夫冲淡之辞,而好华叶之语,违书契记事之本矣。孔子曰:“言之无文,行而不远。”盖谓不能举典礼,非苟欲润色也。《易》所以有《文言》者,梁武帝以为“文王作《易》,孔子遵而修之,故曰《文言》”。非矜其采饰也。夫命其形质曰文,状其华美曰彣,指其起止曰章,道其素绚曰彰,凡彣者必皆成文,凡成文者不皆彣,是故榷论文学,以文字为准,不以彣彰为准。今举诸家之法,商订如左方。

《论衡·超奇》云:"能说一经者为儒生,博览古今者为通人,采掇传书以上书奏记者为文人,能精思著文连结篇章者为鸿儒。"又曰:"州郡有忧,有如唐子高、谷子云之吏,出身尽思,竭笔腜之力,烦忧适有不解者哉!"又曰:"长生死后,州郡遭忧,无举奏之吏。以故事结不解,征诣相属,文轨不尊,笔疏不续也。岂无忧上之吏哉?乃其中文笔不足类也。"又曰:"若司马子长、刘子政之徒,累积篇第,文以万数,其过子云、子高远矣;然而因成前纪,无匈中之造。若夫陆贾、董仲舒,论说世事,由意而出,不假取于外;然而浅露易见,观读之者犹曰传记。阳成子长作《乐经》,扬子云作《大玄经》,造于助思,极宿冥之深,非庶几之才,不能成也。桓君山作《新论》,论世间事,辩照然否,虚妄之言,伪饰之辞,莫不证定。彼子长、子云论说之徒,君山为甲。自君山以来,皆为鸿眇之才,故有嘉令之文。"准此,文与笔非异涂,所谓文者,皆以善作奏记为主。自是以上,乃有鸿儒。鸿儒之文,有经、传、解故、诸子,彼方目以上第,非若后人摈此于文学外,沾沾焉惟华辞之守,或以论说、记序、碑志、传状为文也。独能说一经者,不在此列,谅由学官弟子,曹偶讲习,须以发策决科,其所撰著,犹今经义而已,是故遮列使不得与也。

自晋以降,初有文笔之分。《文心雕龙》云:"今之常言,有文有笔,有韵者文也,无韵者笔也。"然《雕龙》所论列者,艺文之部,一切并包。是则科分文笔,以存时论,故非以此为经界也。昭明太子序《文选》也,其于史籍,则云"事异篇章";其于诸子,则云"不以能文为贵"。此为衰次总集,自成一家,体例适然,非不易之定论也。若以文笔区分,《文选》所登,无韵者固不少。若云文贵其彣耶,未知贾生《过秦》、魏文《典论》,同在诸子,何以独堪入录?有韵文中,既录汉祖《大风》之曲,即《古诗十九首》亦皆入选,而汉晋乐府,反有佚遗。是其于韵文也,亦不以节奏低印为主,独取文采斐然,足耀观览,又失韵文之本矣。是故昭明之说,本无以自立者也。①

　　近世阮元以为孔子赞《易》,始著《文言》,故文以耦俪为主,又牵引文笔之说以成之。夫有韵为文,无韵为笔,是则骈散诸体,一切是笔非文,借此证成,适足自陷。既以《文言》为文,《序卦》《说卦》又何说焉?且文辞之用,各有体要。《彖》《象》为占繇,占繇故为韵语;《文言》《系辞》为述赞,述赞故为俪辞;《序卦》《说卦》为目录笺疏,目录笺疏故为散录。必以俪辞为文,何缘《十翼》不能一致?岂波澜既尽,有所谢短乎?或举《论语》言"辞达"者,以为文之与辞,划然异职。然则《文言》称文,《系辞》称辞,体格未殊,而题号有异,此又何也?董仲舒云"《春秋》文成数万",兼彼经传,总称为文,犹曰今文家曲说然也;《太史公自序》亦云"论次其文",此固以史为文矣。又曰:"汉兴,萧何次律令,韩信申军法,张苍为章程,叔孙通定礼仪,则文学彬彬稍进。"此非耦俪之文也。屈、宋、唐、景所作,既是韵文,亦多俪语,而《汉书·王褒传》已有《楚辞》之目。王逸仍其旧题,不曰楚文,斯则韵语耦语,亦既谓之辞矣。《汉书·贾谊传》云:"以属文称于郡中。"其文云何,若云赋也,《惜誓》载于《楚辞》,文辞不别;若云奏记条议,适彼之所谓辞也。《司马相如传》云:"景帝不好辞赋。"《法言·吾子》云:"诗人

---

　　①　案《晋书·乐广传》:请潘岳为表,便成名笔。《成公绥传》:所著诗赋杂笔十余卷。《张翰传》:文笔数十篇行施丗。《曹毗传》:所著文笔十五卷。《王珣传》:珣梦人以大笔如椽与之,既觉,语人曰:"此当有大手笔事。"俄而帝崩,哀册谥议,皆珣所草。《南史·任昉传》:既以文才见知,时人云任笔沈诗。《徐陵传》:国家有大手笔,必命陵草之。详此诸证,则文即诗赋,笔即杂文,乃当时恒语。阮元之徒猥谓俪语为文,单语为笔。任昉、徐陵所作,可云非俪语邪?

之赋丽以则,辞人之赋丽以淫。或问君子尚辞乎?曰,君子事之为尚,事胜辞则伉,辞胜事则赋,事辞称则经。"以是见韵文耦语,并得称辞,无文辞之别也。且文辞之称,若从其本以为部署,则辞为口说,文为文字。古者简帛重烦,多取记忆,故或用韵文,或用耦语,为其音节谐适,易于口记,不烦纪载也。战国从横之士,抵掌摇唇,亦多积句,是则耦丽之体,适可称职。乃如史官方策,有《春秋》、《史记》、《汉书》之属,适当称为文耳。由是言之,文辞之分,反覆自陷,可谓大惑不解者矣。

　　或言学说、文辞所由异者,学说以启人思,文辞以增人感,此亦一往之见也。何以定之?凡云文者,包络一切著于竹帛者而为言,故有成句读文,有不成句读文,兼此二事,通谓之文。局就有句读者,谓之文辞;诸不成句读者,表谱之体,旁行邪上,条件相分,会计则有簿录,算术则有演草,地图则有名字,不足以启人思,亦又无以增感,此不得言文辞,非不得言文也。诸成句读者,有韵无韵分焉。诸在无韵,史志之伦,记大傀异事则有感,记经常典宪则无感,既不可齐一矣。持论本乎名家,辨章然否,言称其志,未足以动人也。《过秦》之伦,辞有枝叶,其感人顾深挚,则本诸从横家。然其为论一也,不可以感人者为文辞,不感者为学说。就言有韵,其不感人者亦多矣。《风》、《雅》、《颂》者,盖未有离于性情,独赋有异。夫宛转侘隐,赋之职也。儒家之赋,意存谏诫,若荀卿《成相》一篇,其足以感人安在?乃若原本山川,极命草木,或写都会城郭游射郊祀之状,若相如有《子虚》,杨雄有《甘泉》、《羽猎》、《长杨》、《河东》,左思有《三都》,郭璞、木华有《江》、《海》,奥博翔实,极赋家之能事矣,其亦动人哀乐未也?其专赋一物者,若孙卿有《蚕赋》、《箴赋》,王延寿有《王孙赋》,祢衡有《鹦鹉赋》,侔色揣称,曲成形相,嫠妇孽子,读之不为泣,介胄戎士,咏之不为奋,当其始造,非自感则无以为也,比文成而感亦替,此不可以一端论也。且学说者,独不可感人耶?凡感于文言者,在其得我心。是故饮食移味居处缊愉者,闻劳人之歌,心犹怕然。大愚不灵无所愤悱者,睹眇论则以为恒言也。身有疾痛,闻幼眇之音,则感概随之矣。心有疑滞,睹辨析之论,则悦怿随之矣。故曰:"发愤忘食,乐以忘忧。"凡好学者皆然,非独仲尼也。以文辞、学说为分者,得其大齐,审察之则不当。

如上诸说,前之昭明,后之阮氏,持论偏颇,诚不足辩。最后一说,以学说、文辞对立,其规摹虽少广,然其失也,只以彣彰为文,遂忘文字,故学说不彣者,乃悍然摈诸文辞之外。惟《论衡》所说,略成条贯。《文心雕龙》张之,其容至博,顾犹不知无句读文,此亦未明文学之本柢也。余以书籍得名,实冯傅竹木而起,以此见言语文字,功能不齐。世人以"经"为"常",以"传"为"转",以"论"为"伦",此皆后儒训说,非必睹其本真。案"经"者,编丝缀属之称,异于百名以下用版者。亦犹浮屠书称"修多罗","修多罗"者,直译为"线",译义为"经"。盖彼以贝叶成书,故用线联贯也;此以竹简成书,亦编丝缀属也。"传"者,"专"之假借。《论语》"传不习乎",《鲁》作"专不习乎"。《说文》训专为"六寸簿",簿即手版,古谓之忽(今作笏)。"书思对命",以备忽忘,故引伸为书籍记事之称。书籍名簿,亦名为专。专之得名,以其体短,有异于经。郑康成《论语序》云:"《春秋》二尺四寸,《孝经》一尺二寸,《论语》八寸。"此则专之简策,当复短于《论语》,所谓六寸者也。① "论"者,古但作"仑",比竹成册,各就次第,

---

① 《汉·艺文志》言:刘向校中古文《尚书》,有一简二十五字者。而服虔注《左氏传》则云:古文篆书,一简八字。盖二十五字者,二尺四寸之经也;八字者,六寸之传也。古官书皆长二尺四寸,故云二尺四寸之律。举成数言,则曰三尺法。经亦官书,故长如之,其非经律,则称短书。皆见《论衡》。

是之谓仑。箫亦比竹为之，故"龠"字从"仑"，引伸则乐音有秩亦曰
仑，"于论鼓钟"是也；言说有序亦曰仑，"坐而论道"是也。《论语》
为师弟问答，乃亦略记旧闻，散为各条，编次成帙，斯曰《仑语》。是
故绳线联贯谓之经，簿书记事谓之专，比竹成册谓之仑，各从其质以
为之名。亦犹古言"方策"，汉言"尺牍"，今言"札记"也。虽古之言
"肄业"者，①亦谓肄版而已。《释器》云："大版谓之业。"书有篇第，
而习者移书其文于版，②故云肄业。《管子·宙合》云："退身不舍
端，修业不息版。"以是征之，则肄业为肄版明矣。凡此皆从其质为
名，所以别文字于语言也。其必为之别何也？文字初兴，本以代声
气，乃其功用有胜于言者。言语仅成线耳，喻若空中鸟迹，甫见而形
已逝，故一事一义得相联贯者，言语司之。及夫万类坌集，棼不可
理，言语之用，有所不周，于是委之文字。文字之用，足以成面，故表
谱图画之术兴焉，凡排比铺张，不可口说者，文字司之。及夫立体建
形，向背同现，文字之用，又有不周，于是委之仪象。仪象之用，足以
成体，故铸铜雕木之术兴焉，凡望高测深不可图表者，仪象司之。然
则文字本以代言，其用则有独至，凡无句读文，皆文字所专属者也，
以是为主。故论文学者，不得以兴会神旨为上。昔者文气之论，发诸
魏文帝《典论》，而韩愈、苏辙窃焉。文德之论，发诸王充《论衡》，③杨
遵彦依用之，④而章学诚窃焉。气非窜突如鹿豕，德非委蛇如羔羊，
知文辞始于表谱簿录，则修辞立诚其首也，气乎德乎，亦末务而已

---

① 《左氏传》：臣以为肄业及之也。

② 学童习字用觚，觚亦版也。

③ 《论衡·佚文》篇：文德之操为文。又云：上书陈便宜，奏记荐吏士，一
则为身，二则为人。繁文丽辞，无文德之操，治身完行，徇利为私，无为主者。

④ 《魏书·文苑传》：杨遵彦作《文德论》，以为古今辞人，皆负才遗行，浇
薄险忌，唯邢子才、王元景、温子升彬彬有德素。

矣。

《文选》之兴，盖依乎挚虞《文章流别》，谓之总集。《隋书·经籍志》曰："总集者，以建安之后，辞赋转繁，众家之籍，日以孳广，晋代挚虞，苦览者之劳倦，于是芟剪繁芜，自诗赋下，各为条贯，合而编之，谓之《流别》。"然则李充之《翰林论》，刘义庆之《集林》，沈约、丘迟之《集钞》，放于此乎？《七略》惟有诗赋，及东汉铭诔论辩始繁，荀勖以四部变古，李充、谢灵运继之，则集部自此著。总集者，本括囊别集为书，故不取六艺、史传、诸子，非曰别集为文，其他非文也。《文选》上承其流，而稍入《诗序》、《史赞》、《新书》、《典论》诸篇，故名不曰《集林》、《集钞》，然已痏矣。其序简别三部，盖总集之成法，顾已迷误其本，以文辞之封域相格，虑非挚虞、李充意也。《经籍志》别有《文章英华》三十卷，《古今诗苑英华》十九卷，皆昭明太子撰，又以诗与杂文为异，即明昭明义例不纯，《文选序》率尔之言，不为恒则。且总别集与他书经略不定，更相阑入者有之矣。今以《隋志》所录总集相稽，自《魏朝杂诏》而下讫《皇朝陈事诏》，凡十八家百四十六卷；自《上法书表》而下讫《后周与齐军国书》，凡七家四十一卷；而《汉高祖手诏》，匡衡、王凤、刘隗、孔群诸家奏事，书既亡佚，复传其录。然《七略》高祖、孝文诏策，悉在诸子儒家，《奏事》二十卷隶《春秋》，此则总集有六艺、诸子之流矣。陈寿定诸葛亮故事，命曰《诸葛氏集》，然其目录有《权制》、《计算》、《训厉》、《综核》、《杂言》、《贵和》、《兵要》、《传运》、《法检》、《科令》、《军令》诸篇，《魏氏春秋》言"亮作《八务》、《七戒》、《六恐》、《五惧》，皆有条章，以训厉臣子"。若在往古，则《商君书》之流，而《隋志》亦在别集，故知集品不纯，选者亦无以自理。阮元之伦，不悟《文选》所序，随情涉笔，视为经常，而例复前后错迕。曾国藩又杂钞经史百家，经典成文，布在方策，不虞溃散，钞将何为？

若知文辞之体,钞选之业,广狭异涂,庶几张之弛之,并明而不相害。凡无句读文,既各以专门为业,今不哑论。有句读者,略道其原流利病,分为五篇,非曰能尽,盖以备常文之品而已。其赠序寿颂诸品,既不应法,故弃捐弗道尔。

(《国故论衡》节选)

章太炎(1869—1936),名学乘,字枚叔,又作梅叔,易名绛,后改名炳麟,号太炎,浙江余杭人。早年从俞樾学经史,工作于报界。后东渡日本,主编《民报》。辛亥革命后回国,曾任南京临时大总统府枢密顾问、《大共和日报》社长等。后参与反袁斗争,任广州大元帅府秘书长。晚年在苏州设章氏国学讲习会,以讲学为业。著有《訄书》(初刻本、重订本)、《检论》、《国故论衡》、《春秋左传读》、《文始》、《菿汉微言》、《国学概论》、《菿汉昌言》、《国学讲演录》等。有《章氏丛书》、《章太炎全集》行世。

《文学总略》为《国故论衡》中的一节,文中对经传字义加以揭示,指出,书籍得名,实因竹木而起。经者,编丝缀属之称,犹佛教典籍称"修多罗","修多罗"者,直译为线,意译为经。"修多罗"以贝叶成书,故用线联贯,而儒家经典以竹简成书,亦编丝缀属。传者,专之假借,而专为"六寸簿",簿即手板。专之得名,是因为其体短而有异于经。

原　　经

章　太　炎

古之为政者，"必本于天，殽以降命，命降于社之谓殽地，降于祖庙之谓仁义，降于山川之谓兴作，降于五祀之谓制度"。故诸教令符号谓之经。挽世有章学诚，以经皆官书，不宜以庶士僭拟，故深非扬雄、王通。案《吴语》称"挟经秉枹"，兵书为经。《论衡·谢短》曰"五经题篇，皆以事义别之，至礼与律独经也"，法律为经。《管子》书有经言、区言；教令为经，说为官书诚当。然《律历志》序庖牺以来帝王代禅，号曰《世经》；辨疆域者有《图经》，挚虞以作《畿服经》也。（见《隋书·经籍志》）经之名广矣。仲尼作《孝经》，汉《七略》始傅六艺，其始则师友雠对之辞，不在邦典。《墨子》有《经上、下》，贾谊书有《容经》，韩非为《内储》、《外储》，先次凡目亦楬署经名。《老子》书至汉世，邻氏复次为《经传》；孙卿引《道经》，曰"人心之危，道心之微"，《道经》亦不在六籍中。此则名实固有施易，世异变而人殊化，非徒方书称经云尔。

学诚以为六经皆史，史者固不可私作。然陈寿、习凿齿、臧荣绪、范晔诸家，名不在史官，或已去职，皆为前修作年历纪传。[①] 太

---

① 陈寿在晋为著作郎，著作郎本史官，然成书在去官后，故寿卒后乃就家写其书。又寿于高贵乡公、陈留王传中三书司马炎，一书抚军大将军新昌

史公虽废为扫除隶，《史记》未就，不以去官辍其述作。班固初草创《汉书》，未为兰台令史也；人告固私改作国史，有诏收固，弟超驰诣阙上书，乃召诣校书部，终成前所著书。令固无累绁之祸，成书家巷，可得议耶？且固本循父彪所述，彪为徐令病免，既纂后篇，不就而卒。假令彪书竟成，敷文华以纬国典，虽私作何所訾也！陆贾为《楚汉春秋》，名拟素王；新汲令王隆《小学汉官篇》，依拟《周礼》，以知旧制仪品；孔衍又次《汉魏尚书》、《世儒》、《书仪》、《家礼》诸篇，亦悉规摹《士礼》。此皆不在官守，而著书与六艺同流，不为僭拟。诸妄称者，若《东观汉记》署太史官，虽奉诏犹当绝矣。①

　　且夫治历明时，羲和之官也；关石和钧，大师之所秉也。故周公作《周髀算经》，张苍以计相定章程，而次《九章算术》，然后人亦自为律历筹算之书，以讥王官失纪。《明堂》、《月令》，授时之典，民无得奸焉，而崔寔亦为《四民月令》。古之书名，掌之行人保氏，故史籀在官则为之，李斯、胡毋敬在官则为之；及汉有《凡将》、《训纂》，即非王官之职。许叔重论撰《说文解字》，自尔有吕忱、顾野王诸家，诗续不绝，世无咎其僭拟者。吴景帝唐天后位在考文，而造作异形，不合六书，适为世所鄙笑。今《康熙字典》依是也。古之姓氏，掌之司商，其后有《世本》，然今人亦自为谱录。林宝承诏作《元和姓纂》，言不雅驯，见驳于邓名世。以是比况，古之作者，创制而已；后生依其式法条例则是，畔其式法条例则非，不在公私

乡侯炎，一书晋太子炎，武帝现在，而斥其名，岂官书之体也？寿又尝作《古国志》五十篇，《三国志》盖亦其类耳。

　　①　《文选·西征赋》注引《东观汉记》太史官曰：票骁蓬转，因遇际会；又太史曰：忠臣毕力。是其论赞亦称太史。然后汉太史已不主记载，《汉记》实非太史所为，署之为妄。

也。王通作《元经》，匡其简陋与逢迎索虏，斯悦已。谓不在史官不得作，陆贾为《楚汉春秋》，孙盛为《晋阳秋》，习凿齿为《汉晋春秋》，何因不在诛绝之科？学诚驳汪琬说，云布衣得为人作传，既自倍其官守之文，又甚裁抑王通。准其条法，仲尼则国老耳，已去司寇，出奔被征，非有一命之位、儋石之禄，其作《春秋》亦僭也。扬雄作《太玄》拟《易》，儒者比于吴楚僭王，谓其非圣人，不谓私作有诛也。雄复作《乐》四篇，（见《艺文志》）是时阳成子长亦为《乐经》（见《论衡·超奇篇》），儒者不讥，独讥《太玄》，已过矣。

《易》之为书，广大悉备，然常用止于别蓍布卦。《春官》："太卜掌三兆之法，一曰玉兆，二曰瓦兆，三曰原兆；其经兆之体，皆百有二十，其颂皆千有二百。掌三易之法，一曰《连山》，二曰《归藏》，三曰《周易》；其经卦皆八，其别皆六十有四。掌三梦之法，一曰致梦，二曰觭梦，三曰咸陟；其经运十，其别九十。"仲尼赞《易》而《易》独贵，其在旧法世传之史，则筮书与卜梦筹夷。《数术略》著龟家有《龟书》、《夏龟》、《南龟书》、《巨龟》、《杂龟》，杂占家有《黄帝长柳占梦》、《甘德长柳占梦》，书皆别出，虽《易》亦然。是故《六艺略》有《易经》十二篇，《数术略》著龟家复有《周易》三十八卷，此为周世既有两《易》，犹《逸周书》七十一篇别在《尚书》外也。① 盖《易》者，务以占事知来，惟变所适，不为典要。故周世既有二家驳文，韩宣子观书于太史氏，见《易象》与《鲁春秋》，曰："周

---

① 《左氏》说秦伯伐晋，筮卦遇蛊，曰：千乘三去，三去之余，获其雄狐。成季将生，筮遇大有之乾，曰：同复于父，敬如君所。说者或云是《连山》、《归藏》，或云筮者之辞。寻《连山》、《归藏》，卦名或异《周易》。筮者占卦，其语当指切事情，知皆非也，宜在三十八卷中。

礼尽在鲁矣。尚考九流之学，其根极悉在有司，而《易》亦掌之太卜。同为周礼，然非礼器制度符节玺印幡信之属不可刊者。故周时《易》有二种，与《连山》、《归藏》而四。及汉扬雄犹得摹略为之，是亦依则古初，不愆于素。学诚必以公私相格，是九流悉当燔烧，何独《太玄》也！

《晋书·束晳传》言汲郡人不准盗发魏襄王墓，得《易经》二篇，与《周易》上下经同，《易繇阴阳卦》二篇，与《周易》略同，繇辞则异，《卦下经》一篇，似《说卦》而异。《易繇阴阳卦》者，亦三十八卷之伦。以是知姬姓未亡，玉步未改，而《周易》已分析为数种。桐城姚际恒不晓《周易》有异，乃云魏文侯最好古，魏家无《十翼》，明《十翼》非仲尼作。然则《易繇阴阳卦》者，顾仲尼所为三绝韦编以求寡过者耶？凡说古艺文者，不观会通，不参始末，专以私意揣量，随情取舍，上者为章学诚，下者为姚际恒，疑误后生多矣。自《太玄》推而极之，至于他书，其类例悉准是，外有经方、相人形法之属。至于释、道，其题号皆曰"经"，学诚所不讥。诚格以官书之律，释者有修多罗，传自异域，与诸夏异统，不足论；道士者，亦中国之民，何遽自恣？而老子又非道士所从出也，本出史官，与儒者非异教，故其徒庄周犹儒服（见《庄子·说剑篇》）。儒家称经即悖，而道家称经即无悖，①何其自相伐也？

章炳麟曰：老聃、仲尼而上，学皆在官；老聃、仲尼而下，学皆在家人。正今之世，封建已绝矣，周秦之法已朽蠹矣，犹欲拘牵格令，以吏为师，以宦于大夫为学。一日欲修方志以接衣食，则言家传可作，援其律于东方、管辂诸传，其书乃远在扬雄后。旧目《七略》，今目四部，自为《校雠通义》，又与四库官书龃龉；既薄宋儒，又言

---

① 墨子、韩子准此。

诵六艺为遵王制。时制五经在学官者,《易》、《诗》、《书》皆取宋儒传注,则宋儒亦不可非。诸此条例,所谓作法自毙者也。

问者曰:经不悉官书,今世说今文者,以六经为孔子作,岂不然哉? 应之曰:经不悉官书,官书亦不悉称经。(《史籀篇》、《世本》之属)《易》、《诗》、《书》、《礼》、《乐》、《春秋》者,本官书,又得经名。孔子曰:"述而不作,信而好古。"明其亡变改。其次《春秋》以《鲁史记》为本,犹冯依左丘明。左丘明者,鲁太史。(见《艺文志》)然则圣不空作,因当官之文。《春秋》、《孝经》,名实固殊焉。① 孟子曰:"王者之迹息而诗亡,诗亡然后《春秋》作。"迹息者,谓《小雅》废;诗亡者,谓正雅、正风不作。(见《说大疋小疋》)《诗序》曰:文武以《天保》以上治内,《采薇》以下治外。《六月》者,宣王北伐,《小雅》之变,自此始也。其序通言正雅二十二篇废而王道缺,终之曰:"《小雅》尽废,则四夷交侵,中国微矣。"国史之有编年,宜自此始。故太史公录《十二诸侯年表》,始于共和,明前此无编年书。《墨子·明鬼篇》引周、燕、齐、宋四国《春秋》,三事皆在隐桓以下。《周春秋》乃记杜伯射宣王事,宣王以上,欲明鬼,其征独有《诗》、《书》。明始作《春秋》者,为宣王太史。盖大篆布而《春秋》作,五十凡例,尹吉甫、史籀之成式,非周公著也。晋羊舌肸习于《春秋》则为《乘》,楚士亹教太子《春秋》则为《梼杌》。孟子曰:"晋之《乘》,楚之《梼杌》,鲁之《春秋》,一也。"惑者不睹论籑之科,不铨主客。文辞义理,此也;典章行事,彼也;一得造,一不得造。今以仲尼受天命为素王,变易旧常,虚设事状,以为后世制法。且言左氏与迁、固皆史传,而《春秋》为经,经与史异。②

---

①　《春秋》称经,从本名;《孝经》称经,从施易之名。

②　刘逢禄、王闿运、皮锡瑞,皆同此说。

盖素王者,其名见于《庄子》(见《天下篇》),责实有三。伊尹陈九主素王之法,守府者为素王;庄子道玄圣素王,无其位而德可比于王者;太史公为《素王眇论》,多道货殖。其《货殖列传》已著素封,无其位,有其富厚崇高,小者比封君,大者拟天子。此三素王之辨也。仲尼称素王者,自后生号之。王充以桓谭为素丞相,非谭生时以此题署,顾言端门受命,为汉制法。循是以言,桓谭之为《新论》,则为魏制法乎?《春秋》二百四十二年之事,不足尽人事蓄变,典章亦非具举之,即欲为汉制法,当自作一通书,若贾生之草具仪法者。① 今以不尽之事,寄不明之典,言事则害典,言典则害事。令人若射覆探钩,卒不得其翔实。故有公羊、穀梁、驺、夹之传,为说各异。是则为汉制惑,非制法也。言《春秋》者,载其行事,宪章文武,下遵时王,惩恶而劝善,有之矣,制法何与焉!经与史自为部,始晋荀勖为《中经簿》,以甲乙丙丁差次,非旧法。《七略》、《太史公书》在《春秋》家,其后东观、仁寿阁诸校书者,若班固、傅毅之伦,未有变革,讫汉世依以第录。虽今文诸大师,未有经史异部之录也。今以《春秋经》不为史,自俗儒言之即可,刘逢禄、王闿运、皮锡瑞之徒,方将规摹皇汉,高世比德于十四博士,而局促十荀勖之见。荀勖分四部,本已凌杂,丙部录《史记》,又以《皇览》与之同次,无友纪,不足以法。后生如王俭,犹规其过。② 今陈荀

---

① 后世王冕、黄宗羲之徒亦尝为此。

② 据《隋书·经籍志》,王俭撰《七志》,一曰《经典志》,纪六艺、小学、史记、杂传;二曰《诸子志》,纪今古诸子;三曰《文翰志》,纪诗赋;四曰《军书志》,纪兵书;五曰《阴阳志》,纪阴阳图纬;六曰《术艺志》,纪方技;七曰《图谱志》,纪地域及图书,其道佛附见,合九条。然则《七志》本同《七略》,但增图谱、道佛耳。其以六艺、小学、史记、杂传同名为《经典志》,而出图纬使入阴阳,卓哉!二刘以后,一人而已。

勘之法于石渠、白虎诸老之前，非直古文师诮之，唯今文师亦安得闻是语乎！今文家所贵者，家法也；博士固不知有经史之分，则分经史者与家法不相应。夫《春秋》之为志也，董仲舒说之，以为上明三王之道，下辩人事之纪，万物之散聚皆在《春秋》。然太史公自叙其书，亦曰厥协六经异传，整齐百家异语，俟后世圣人君子。班固亦云，凡《汉书》，穷人理，该万方，纬六经，缀道纲，总百氏，赞篇章。其自美何以异《春秋》！《春秋》有义例，其文微婉。迁、固亦非无义例也；迁、陈寿微婉志晦之辞尤多。太山、梁父，崇卑虽异哉，其类一矣。

　　然《春秋》所以独贵者，自仲尼以上，《尚书》则阔略无年次，百国《春秋》之志，复散乱不循凡例。又亦藏之故府，不下庶人，国亡则人与事偕绝。太史公云史记独藏周室，以故灭。此其效也。是故本之吉甫、史籀，纪岁时月日，以更《尚书》，传之其人，令与《诗》、《书》、《礼》、《乐》等治，以异百国《春秋》，然后东周之事，粲然著明。令仲尼不次《春秋》，今虽欲观定、哀之世，求五伯之迹，尚荒忽如草昧。夫发金匮之藏，被之萌庶，令人人不忘前王，自仲尼、左丘明始。且苍颉徒造字耳，百官以治，万民以察，后嗣犹蒙其泽。况于年历晻昧，行事不彰，独有一人抽而示人，以诒后嗣。令迁、固得持续其迹，迄于今兹，则耳孙小子，耿耿不能忘先代；然后民无携志，国有与立，实仲尼、左丘明之赐。故《春秋》者，可以封岱宗、配无极。今异《春秋》于史，是犹异苍颉于史籀、李斯，只见惑也。盖生放勋、重华之世者，不知帝力所以厚生，而策肥马乘坚车者，亦不识先人作苦。今中国史传连蜷，百姓与知，以为记事不足重轻，为是没丘明之劳，谓仲尼不专记录。藉令生印度、波斯之原，自知建国长久，文教浸淫，而故记不传，无以褒大前哲，然后发愤于宝书,哀思于国命矣。① 汉世五经家既不逆睹,欲以经术干禄,故言为汉制法。卒其官号、郡县、刑辟之制,本之秦氏;为汉制法者,李斯也,非孔子甚明。近世缀学之士,又推孔子制法讫于百世。法度者,与民变革,古今异宜,虽圣人安得豫制之?《春秋》言治乱虽繁,识治之原,上不如老聃、韩非,下犹不逮仲长统。故曰:"《春秋》经世,先王之志,圣人议而不辩。"②明其藏往,不亟为后王仪法。《左氏》有议,至于《公羊》而辩。③ 持《繁露》之法以诘韩非、仲长统,必为二子笑矣。夫制法以为汉则隘,以为百世则夸。世欲奇伟尊严孔子,顾不知所以奇伟尊严之者。

章炳麟曰:国之有史久远,则亡灭之难。自秦氏以讫今兹,四夷交侵,王道中绝者数矣。然撍者不敢毁弃旧章,反正又易。藉不获济,而愤心时时见于行事,足以待后。故令国性不堕,民自知贵于戎狄,非《春秋》孰维纲是?《春秋》之绩,其什佰于禹耶? 禹不治潦水,民则溺,民尽溺,即无苗裔,亦无与俱溺者。孔子不布《春秋》,前人往,不能语后人,后人亦无以识前。乍被侵略,则相安于舆台之分。《诗》云:"宛其死矣,他人是偷。"此可为流涕长潸者也。然则继魏而后,民且世世左衽,而为羯胡鞭挞,其憯甚于一朝之溺。《春秋》之况烝民,比之天地,亡不帱持,岂虚誉哉! 何取神怪之说,不征之辞,云为百世制法乎? 又其诬者,或言孔子以上,世颎颎无文教,故六经皆孔子臆作,不竟有其事也。即如是,墨翟与孔子异流,时有姗刺,今亦上道尧、舜,称诵《诗》、《书》,何哉? 三

───────────────

① 余数见印度人,言其旧无国史,今欲搜集为书,求杂史短书以为之质,亦不可得。语辄扼腕。彼今文家特未见此尔。

② 《庄子·齐物论》语。经犹纪也,三十年为一世,经世犹纪年耳。志即史志之志,世多误解。

③ 范武子云:《公羊》辩而裁。

代以往，人事未极，民不知变诈之端，故帝王或以权数罔下。若其节族著于官府，礼俗通于烝民者，则吏职固有常矣，书契固有行矣，四民固有列矣，宫室固有等矣，械器固有度矣，历数固有法矣，刑罚固有服矣，约剂固有文矣，学校固有师矣，歌舞固有节矣。彼以远西质文之世相拟，远西自希腊始有文教，其萌芽在幽、平间；因推成周以上，中国亦朴陋如麋鹿。① 夫文教之先后，国异世，州殊岁，不得一剂。若夫印度文教之端，始自吠陀，距今亦四千年，不与希腊同流化。② 必欲使一剂者，大食自隋世始有文教；推此以方中国，复可云八代行事，自王劭、牛弘臆为之也。

　　问者曰：孔子诚不制法，《王制》诸篇，何故与《周礼》异？ 应之曰：《周礼》者，成周之典。周世最长，事异则法度变。重以厉王板荡，纲纪大乱，畴人子弟分散。③《周礼》虽有凡要，其孅悉在畴人。畴人亡则不能举其事，虽欲不变无由。故左氏言春秋时制，既不悉应《周官》。其后天下争于战国，周道益衰，礼家横见当时之法，以为本制。若《王度记》言天子驾六，则见当时六骥之制也。④《祭法》言七祀五祀，则见楚有国殇、司命之祭也（别有说）。又以儒书所说夏殷故事转相傅丽，讫秦用驺子五胜，命官立度，皆往往取符

————————

　　① 此类缪见，自江慎修已然。自有天地以至今日，年历长短，本无可校，而慎修独信彼教纪年，谓去今财五六千岁。因谓唐虞之视开辟，亦如今日之视秦汉。假令彼中记载，录自史官，自相传授，犹或可信，今则录在神教之书，而或上稽他国，他国之数，岂无彼教所未闻，安知不有远在其前者？ 神教之言，本多诬妄，然则管仲所谓七十二君，虽非经典所载，不视神教犹可信乎？

　　② 巴比伦、埃及补多之属，琐琐天夭，不足齿录。

　　③ 见《历书》。畴人者，世其父业，汉世谓之畴官，非专谓治历者。

　　④ 按孙卿言六骥，又言六马仰秣，是当时固有驾六之法。然此事盖起春秋之末，故《说苑·正谏篇》云，景公正昼被发乘六马御妇人以出正闺。

应。汉初古文家如张苍，犹不能脱，况濡于口说者。① 故《王制》不应《周礼》，而《繁露》、《白虎通义》之伦，复以五行相次，其始由闻见僻陋，其终染于阴阳家言而不能骋。假令《王制》为孔子作者，何缘复有周尺东田之文；若为汉制法耶，爵当有王侯，何故列五等；地当南尽九真，北极朔方，何故局促于三千里？西域已宾，而不为置都护；匈奴可臣，而不为建朝仪，以此知其妄矣。《繁露》诸书，以天道极人事，又下《王制》数等。卒之令人拘牵数术，不尽物宜，营于机祥，恐将泥夫大道。

言六经皆史者，贤于《春秋》制作之论，巧历所不能计也。虽

------

① 汉世古文家，惟《周礼》杜、郑，《诗》毛公，契合法制，又无神怪之说。郑君笺注，则已凌杂纬候。《春秋》左氏、《易》费氏本无奇邪，而北平侯已谱五德，贾侍中亦傅会《公羊》，并宜去短取长者也。荀、郑之《易》，则与引《十翼》以解经者大异，犹赖王弼匡正其违。《书》孔氏说已不传，太史公、班孟坚书，时见大略，说皆平易。《五行志》中，不见《古文尚书》家灾异之说，然其他无以明焉。《洪范》、《左氏》时兼天道，然就之疏通以见当时巫史之说可也，不得以为全经大义所在。刘子骏推左氏日食变怪之事，傅之五行，则后生所不当也。大氐古文家借今文以成说者，并宜简汰去之，以复其真。其在今文，《易》京氏、《书》大小夏侯、《诗》辕固、《春秋》公羊氏，妖妄之说最多。《鲁诗》、《韩诗》虽无其迹，然《异义》言《诗》齐、鲁、韩，皆谓圣人感天而生，则亦有瑕疵者也。毛公于"履帝武敏"，不取《释训》敏拇之解；于"上帝是依"，则云依其子孙。斯其所以独异。《尔雅》本有叔孙通、梁文所增，或毛公所见，尚无此说，亦未可知。而郑君乃云"天命玄鸟，降而生商"，是感天而生之明文。不悟《诗》非叙事之书，辞气本多增饰。即如郑言，惟岳降神，生甫及申，亦为感岳而生耶？《周语》亦云房后有爽德，丹朱冯身以仪之，生穆王。此即医家所云梦与鬼交者，适生穆王，当时遂有异语，岂真谓穆王是丹朱子耶？《春秋》穀梁氏最雅驯，独惜于礼未善。《王制》之伦，亦其次也。惟《士礼》则古、今文无大差异，今世言今文者，独不敢说《士礼》。盖条例精密，文皆质言，不容以夸言傅会，亦无通经致用之事，故相与置之矣。

然,史之所记,大者为《春秋》,细者为小说。故《青史子》五十七篇,本古史官记事。贾生引其胎教之道,王后有身,则太师持铜而御户左,太宰持斗而御户右,太卜持蓍龟而御堂下,诸官各以其职御于门内。太子生而泣,则曰声中某律,滋味上某,命云某,然后县弧,然后卜王太子名。是礼之别记也,而录在小说家,《周考》、《周纪》、《周说》亦次焉。《周说》者,武帝时方士虞初,以侍郎为黄车使者,采闾里得之。今之方志,其族也。《周官》:诵训"掌道方志,以诏观事;道方慝,以诏辟忌,以知地俗";训方氏"掌道四方之政事,与其上下之志,诵四方之传道","而观新物"。唐世次《隋·经籍志》者,以是为小说根本,区以为事。《南州异物》、《南方草木》,则辨其产;《荆楚岁时》、《洛阳伽蓝》,则道其俗;《陈留耆旧》、《汝南先贤》,则表其人,合以为志,《周纪》之属以方名。故诸杂传、地理之记,宜在小说。仪注者,又青史氏之流。今世所录史部,宜出傅小说者众矣。《周纪》诸书,据偏国行事,不与《国语》同录于《春秋》家者,其事丛碎,非朝廷之务也。且古者封建,王道衰,故方伯自制其区宇。《国语》录周以下,齐、晋、楚、吴、越皆秉方岳之威,制拟共主,郑故寰内诸侯,鲁亦旧为州牧,而僭礼逾等之事多矣。故国别以为史,异于猥蕞小侯。自秦以降,以郡县治民,守令之职不与王者分重。独如《华阳国志》录公孙述、刘备、李势之流自治一方者,宜在《春秋》。① 其他方志、小说之伦,不得以《国语》比。宋世范成大志吴郡,犹知流别;挽世章学诚、洪亮吉之徒,欲以迁、固之书相拟,既为表、志、列传,又且作纪以录王者诏书,盖不知类。且刘绍为《圣贤本纪》,而子产在其录;本纪非帝者上仪,即府县志宜以长官列纪,何故又推次制诏? 一前一却,斯所谓失据者哉!

---

① 今所谓史部。

世人又曰：志者在官之书，府县皆宜用今名。然今府县之志，不上户部，非官书。虽为官书，虞初奉使以采周俗，何故称《周说》，不称《河南说》邪？盖方志与传状异事，传状者，记今人，其里居官位宜从今；方志者，始自商、周建国及秦、汉分郡县，以逮近世，二三千年之事，皆在其中，即不可以今名限齐。《传》曰：疆易之事，一彼一此，何常之有？今之府县，因古旧治而疆域迫狭者多矣。然其士女一端可称，虽分在他府县，犹入录。若范成大志吴郡，阖闾、夫差之臣及孙氏时为吴郡人者，皆比次入其籍。阖闾、夫差所部，远及江淮，其地不专宋之平江，其臣佐出何乡邑不可校，以系吴故志之。孙氏之臣韦昭，本云阳人，云阳于宋不属平江，以系吴郡，故志之；若署为《平江志》者，宜简韦昭之徒使不得与。为是斟酌古今，以吴郡为之号，然后其无旁溢也。今为府县志者，不旁溢则宜予今名，旁溢则宜予旧名。多爱不忍，士女之籍，从古郡县所部，而题名专系于今，甚无谓也。独旧郡过宽者，名不可用。汉世豫章，包今江西之域；而会稽笼有浙江、福建，延及江南。今为南昌、绍兴志，宜有省耳。格以官书，谓之《周语》、《国志》之伦，其言无状。

《秋官·小行人》：自万民之利害而下，物为一书，每国辨异之，以五物反命于王，"以周知天下之故"。《管子》曰："《春秋》者，所以记成败也；行者，道民之利害也。"（见《山权数篇》）以其掌之行人，故谓之"行"，①明与《春秋》异流。世人不知其为小说，而以纪传之法相牵，斯已过矣。庄周曰："饰小说以干县令。"今之为方志者，名曰继诵训，其实"干县令"也。而多自拟以太史、天官，何其忘廉耻之分邪？《仪注》之书，《礼记》引"赞大行"。（见《杂

---

① 犹《太史公书》称太史公。

记》)行人所书为小说,即赞大行亦在小说可知。且诸跪拜、禁忌之节,阅岁而或殊尚,又不尽制度挈定。若《汉旧仪》、《官仪》所录,八坐丞郎,有交礼解交之节,郎又含鸡舌香,而女侍二人执香炉从之。斯皆繁登降之节,效佞幸之仪,习为恒俗,非礼律所制,然犹以为《仪注》。斯固不隶《礼经》,而青史小说之流也。

（《国故论衡》节选）

　　《原经》是《国故论衡》中的一节,文中指出,并非孔子之臆作的六经,本为古代官书,但称为经的书籍不一定都是官书,而官书也不都称经。《春秋》及《左传》在记述古代历史方面有着突出贡献,而六经皆史的说法也是值得肯定的。

经 学 略 说

章 太 炎

　　经之训常，乃后起之义：《韩非·内外储》首冠经名，其意殆如后之目录，并无常义。今人书册用纸，贯之以线。古代无纸，以青丝绳贯竹简为之。用绳贯穿，故谓之经。经者，今所谓线装书矣。《仪礼·聘礼》："百名以上书于策，不及百名书于方。"《礼记·中庸》云："文武之政，布在方策。"盖字少者书于方，字多者编简而书之。方不贯以绳，而简则贯以绳。以其用绳故曰编，以其用竹故曰篇。方，版牍也。古者师徒讲习，亦用方誊写。《尔雅》："大版谓之业。"故曰肄业、受业矣。《管子》云："修业不息版。"修业云者，修习其版上之所书也。竹简繁重，非别版书写，不易肄习。二尺四寸之简，①据刘向校《古文尚书》，每简或二十五字，或二十二字，知一字约占简一寸。二十五自乘为六百二十五。令简策纵横皆二十四寸，仅得六百二十五字。《尚书》每篇字数无几，多者不及千余。《周礼》六篇，每篇少则二三千，多至五千。《仪礼·乡射》有六千字，《大射仪》有六千八百字。如横布《大射》、《乡射》之简于地，占地须二丈四尺，合之今尺，一丈六尺，倘师徒十余人对面讲诵，便非一室所能容。由是可知讲授时决不用原书，必也移书于版，然后

　　① 《后汉书·周磐传》：编二尺四寸简写《尧典》。

便捷。故称肄业、受业，而不曰肄策、受策也。帛，绢也，古时少用。《汉书·艺文志》六艺略、诸子略、诗赋略、兵书略，每书皆云篇；数术、方技，则皆称卷。数术、方技，乃秦汉时书，古代所无。六艺、诸子、诗赋、兵书，汉人亦有作。所以不称卷者，以刘向叙录，皆用竹简杀青缮写，数术、方技，或不用竹简也。惟图不称篇而称卷，盖帛书矣。①由今观之，篇繁重而卷简便，然古代质厚，用简者多。《庄子》云："惠施多方，其书五车。"五车之书，如为帛书，乃可称多；如非帛书，而为竹简，则亦未可云多。秦皇衡石程书，一日须尽一石。如为简书，②则一石之数太多，非一人一日之力所能尽（古一石当今三十斤，如为帛书，准之于今，当亦有一二百本）。古称奏牍，牍即方版，故一日一石不为多耳。

周代《诗》、《书》、《礼》、《乐》皆官书。《春秋》史官所掌，《易》藏太卜，亦官书。官书用二尺四寸之简书之。郑康成谓六经二尺四寸，《孝经》半之，《论语》又半之是也。《汉书》称律曰"三尺法"，又曰"二尺四寸之律"。律亦经类，故亦用二尺四寸之简。惟六经为周之官书，汉律乃汉之官书耳。寻常之书，非经又非律者，《论衡》谓之短书。此所谓短，非理之短，乃策之短也。西汉用竹简者尚多，东汉以后即不用。《后汉书》称董卓移都之乱，缣帛图书，大则连为帷盖，小乃制为縢囊，可知东汉官书已非竹简本矣。帛书可卷可舒，较之竹简，自然轻易，然犹不及今之用纸。纸之起源，人皆谓始于蔡伦，然《汉书·外戚传》已称赫蹄，则西汉时已有纸，但不通用耳。正惟古人之不用纸，作书不易；北地少竹，得之甚难；代以缣帛，价值又贵，故非熟读强记不为功也。竹简书之以漆，

---

① 《孙子兵法》皆附图。
② 吴永坤校记："'简书'疑'帛书'之误。"

刘向校书可证;方版亦然。至于缣帛,则不可漆书,必当用墨。
《庄子》云:宋元君将画图,众史舐笔和墨。则此所谓图,当是缣
素。又《仪礼》铭旌用帛。《论语》子张书绅。绅以帛为之,皆非用
帛不能书。惟经典皆用漆书简,学生讲习,则用版以求方便耳。以
上论经之形式及质料。

　　《庄子·天下篇》:"《诗》以道志,《书》以道事,《礼》以道行,
《乐》以道和,《易》以道阴阳,《春秋》以道名分。"列举六经,而不
称之曰"经"。然则六经之名,孰定之耶? 曰:孔子耳。孔子之前,
《诗》、《书》、《礼》、《乐》已备。学校教授,即此四种。孔子教人,
亦曰:"兴于《诗》,立于《礼》,成于《乐》。"又曰:"《诗》、《书》、执
礼,皆雅言也。"可见《诗》、《书》、《礼》、《乐》,乃周代通行之课本。
至于《春秋》,国史秘密,非可公布,《易》为卜筮之书,事异恒常,非
当务之急,故均不以教人。自孔子赞《周易》,修《春秋》,然后
《易》与《春秋》同列六经。以是知六经之名,定于孔子也。

　　五礼著吉、凶、宾、军、嘉之称,今《仪礼》十七篇,只有吉、凶、
宾、嘉,而不及军礼。不但十七篇无军礼,即《汉书》所谓五十六篇
《古经》者亦无之。《艺文志》以《司马法》二百余篇入《礼》类(今
残本不多),此军礼之遗,而不在六经之内。孔子曰:"军旅之事,
未之学也。"盖孔子不喜言兵,故无取焉。又古律亦官书,汉以来
有《汉律》,汉以前据《周礼》所称,五刑有二千五百条,《吕刑》则
云三千条,当时必著简册。然孔子不编入六经,至今无只字之遗。
盖律者,在官之人所当共知,不必以之教士。若谓古人尚德不尚
刑,语涉迂阔,无有是处。且《周礼》地官之属,州长、党正,有读法
之举,是百姓均须知律。孔子不以入六经者,当以刑律代有改变,
不可为典要故尔。

　　六经今存五经,《乐经》汉时已亡。其实,六经须作六类经书

解,非六部之经书也。礼,今存《周礼》、《仪礼》。或谓《周礼》与
《礼》不同,名曰《周官》,疑非礼类。然《孝经》称"安上治民莫善
于礼",《左传》亦云:"礼,经国家,定社稷,序人民,利后嗣。"由
《孝经》、《左传》之言观之,则《周官》之设官分职,体国经野,正是
礼类,安得谓与礼不同哉? 春秋时人引《逸周书》皆称《周书》,《艺
文志》称《逸周书》乃孔子所删百篇之余。因为孔子所删,故不入
六经。又《连山》、《归藏》,汉时尚存,①与《周易》本为同类。以孔
子不赞,故亦不入六经。实则《逸周书》与《书》为一类,三《易》同
为一类,均宜称之曰经也。

　　今所传之十三经,其中《礼记》、《左传》、《公羊》、《穀梁》,均
传记也。《论语》、《孝经》,《艺文志》以《诗》、《书》、《易》、《礼》、
《春秋》同入六艺,实亦传记耳。《孟子》应入子部,《尔雅》乃当时
释经之书,亦不与经同。严格论之,六经无十三部也。

　　史部本与六经同类。《艺文志》春秋家列《战国策》、《太史公
书》。太史公亦自言继续《春秋》。后人以史部太多,故别为一类。
荀勖《中经簿》始立经、史、子、集四部,区经、史为二,后世仍之。
然乙部有《皇览》。《皇览》者,当时之类书也,与史部不类。王俭
仿《七略》作《七志》,②增图谱一门,称六艺略曰经典志,中分六
艺、小学、史记、杂传四门。有心复古,颇见卓识。又有《汉志》不
收而今亦归入经部者,纬书是也。纬书对经书而称,后人虽不信,
犹不得不以入经部。独王俭以数术略改为阴阳志,而收入纬书,以
纬书与阴阳家、刑法家同列,不入经典,亦王氏之卓识也。自《隋

————————

　　①　桓谭《新论》云:或藏兰台。
　　②　《七略》本仅六种:一、六艺;二、诸子;三、诗赋;四、兵书;五、数术;
六、方技。

书·经籍志》后，人皆依荀勖四部之目，以史多于经，为便宜计，不得不尔。明知纬书非经之比，无可奈何，亦录入经部，此皆权宜之计也。

兵书在《汉志》本与诸子分列。《孙子兵法》入兵书，不入诸子。《七志》亦分兵书曰军书，而阮孝绪《七录》①以子书、兵书合曰子兵，未免谬误。盖当代之兵书，应秘而不宣，古代之兵书，可人人省览。《孙子》十三篇，空论行军之理，与当时号令编制之法绝异，不似今参谋部之书，禁人窥览者也。是故当代之兵书，不得与子部并录。

向、歆校书之时，史部书少，故可归入《春秋》。其后史部渐多，非别立一类不可，亦犹《汉志》别立诗赋一类，不归入《诗经》类耳。后人侈言复古，如章实斋《校雠通义》，独断断于此，亦徒为高论而已。顾源流不得不明，纬与经本应分类，史与经本不应分，此乃治经之枢纽，不可不知者也。

汉人治经，有古文、今文二派。伏生时纬书未出，尚无怪诞之言。至东汉时，则今文家多附会纬书者矣。古文家言历史而不信纬书，史部入经，乃古文家之主张；纬书入经，则今文家之主张也。

古文家间引纬书，则非纯古文学，郑康成一流是也。土肃以贾、马之学，反对康成。贾虽不信纬书，然亦有附会处（《后汉书》可证），马则绝不附会矣（马书今存者少）。

至三国时人治经，则与汉人途径相反。东汉今文说盛行之时，说经多采纬书，谓孔子为玄圣之子，称其述作曰为汉制法。今观孔林中所存汉碑，《史晨》、《乙瑛》、《韩敕》，皆录当时奏议文告，并用纬书之说。及黄初元年，封孔羡为宗圣侯，立碑庙堂，陈思王撰

_____

①　依王俭为七部，不分经、史、子、集。

文,录文帝诏书,其中无一语引纬书者。非惟不引纬书,即今文家,亦所不采。以此知东汉与魏,治经之法,截然不同。今人皆谓汉代经学最盛,三国已衰,然魏文廓清谶纬之功,岂可少哉!文帝虽好为文,似词章家一流,所作《典论》《隋志》归入儒家。纬书非儒家言,乃阴阳家言,故文帝诏书未引一语,岂可仅以词章家目之!

自汉武立五经博士,至东汉有十四博士。①《易》则施、孟、梁丘、京,《书》则欧阳、大小夏侯,《诗》则齐、鲁、韩,《礼》则大小戴,《春秋》则严、颜(皆《公羊》家),皆今文家也。孔安国之《古文尚书》,后世不传。汉末,马、郑之书,不立学官。《毛诗》亦未立学官。《古文礼》传之者少。《春秋》则《左氏》亦未立学官。至三国时,《古文尚书》《毛诗》《左氏春秋》,皆立学官,此魏文帝之卓见也。汉熹平石经,隶书一字,是乃今文。魏正始时立三体石经,则用古文。当时《古文礼》不传,《尚书》《春秋》皆用古文。《易》用费氏,以《费易》为古文也。②《周礼》则本为古文。三国之学官,与汉末不同如此。故曰魏文廓清之功不可少也。

清人治经,以汉学为名。其实汉学有古文、今文之别。信今文则非,守古文即是。三国时渐知尊信古文。故魏、晋两代,说经之作,虽精到不及汉儒,论其大体,实后胜于前。故汉学二字,不足为治经之正轨。昔高邮王氏,称其父熟于汉学之门径,而不囿于汉学之藩篱。此但就训诂言耳。其实,论事迹,论义理,均当如是。魏、晋人说经之作,岂可废哉!以上论经典源流及古今文大概。

欲明今古文之分,须先明经典之来源。所谓孔子删《诗》、

---

① 五经本仅五博士,后分派众多,故有十四博士。
② 传《费易》者,汉末最盛,皆未入学官。马、郑、荀爽、刘表、王弼皆《费氏易》。

《书》,定《礼》、《乐》,赞《周易》,修《春秋》者,《汉书·艺文志》云:礼、乐,周衰俱坏,乐尤微眇,又为郑、卫所乱,故无遗法。又云:及周之衰,诸侯将逾法度,恶其害己,皆灭去其籍,自孔子时而不具。是孔子时《礼》、《乐》已阙,惟《诗》、《书》被删则俱有明证。《左传》:韩宣子适鲁,观书于太史氏,见《易象》与《鲁春秋》,曰:周礼尽在鲁矣。可见别国所传《易象》,与鲁不尽同。孔子所赞,盖鲁之《周易》也。《春秋》本鲁国之史,当时各国皆有春秋,而皆以副本藏于王室。故太史公谓孔子西观周室,论史记旧闻而修《春秋》。盖六经之来历如此。

《礼记·礼器》云:"经礼三百,曲礼三千。"郑康成注:经礼谓《周礼》,曲礼即《仪礼》。《中庸》云:"礼仪三百,威仪三千。"孔颖达疏:礼仪三百即《周礼》,威仪三千即《仪礼》。今《仪礼》十七篇,约五万六千字,均分之,每篇得三千三百字。汉时,高堂生传《士礼》十七篇,合淹中所得,凡五十六篇,较今《仪礼》三倍。若以平均三千三百字一篇计之,则五十六篇当有十七万字,恐孔子时经不过如此。以字数之多,故当时儒者不能尽学,孟子所谓"诸侯之礼,吾未之学也"。至于《周礼》是否经孔子论定,无明文可见。孟子谓"诸侯恶其害己也,而皆去其籍",是七国时《周礼》已不常见,故孟子论封建与《周礼》不同。

太史公谓古诗三千余篇,孔子删为三百篇。或谓孔子前本仅三百篇,孔子自言"诗三百"是也。然《周礼》言九德、六诗之歌。九德者,《左传》所谓水、火、金、木、土、谷、正德、利用、厚生。九功之德皆可歌者,谓之九歌。六诗者,一曰风,二曰赋,三曰比,四曰兴,五曰雅,六曰颂。今《诗》但存风、雅、颂,而无赋、比、兴。盖不歌而诵谓之赋,例如后之《离骚》,篇幅冗长,宜于诵而不宜于歌,故孔子不取耳。九德、六诗合十五种,今《诗》仅存三种,已有三百

篇之多,则十五种当有一千五百篇。风、雅、颂之逸篇为春秋时人
所引者已不少,可见未删之前,太史公三千篇之说为不诬也。孔子
所以删九德之歌者,盖水、火、金、木、土、谷,皆咏物之作,与道性情
之旨不合,故删之也。季札观周乐,不及赋、比、兴,赋本不可歌,
比、兴被删之故,则今不可知。墨子言诵诗三百、弦诗三百、歌诗三
百、舞诗三百,夫可弦必可歌,舞虽有节奏,恐未必可歌,诵则不歌
也。由此可知,诗不仅三百,依墨子之言,亦有千二百矣。要之诗
不但取其意义,又必取其音节,故可存者少耳。

《书》之篇数,据扬子《法言》称:昔之说《书》者序以百。《艺
文志》亦云凡百篇。百篇者,孔子所删定者也。其后,伏生传二十
九篇,①壁中得四十八篇。由今观之,《书》在孔子删定之前已有亡
佚者。楚灵王之左史,通《三坟》、《五典》、《八索》、《九丘》。今
《三坟》不传,《五典》仅存其二。楚灵王时,孔子年已二十余,至删
《书》时而仅著《尧典》、《舜典》二篇,盖其余本已佚矣。若依百篇
计之,虞、夏、商、周凡四代,如商、周各四十篇,虞、夏亦当有二十
篇。今《夏书》最少,《禹贡》犹不能谓为《夏书》。真为《夏书》者,
仅《甘誓》、《五子之歌》、《胤征》三篇而已。《胤征》之后,《左传》
载魏绛述后羿、寒浞事,伍员述少康中兴事,皆《尚书》所无。魏绛
在孔子前,而伍员与孔子同时,二子何以知之? 必当时别有记载,
而本文则已亡也。此亦未删而已佚之证也。至如周代封国必有命
(如近代之册命),封康叔有《康诰》,而封伯禽,封唐叔,左氏皆载
其篇名,《书序》则不录。且鲁为孔子父母之邦,无不知其封诰之
理。所以不录者,殆以周封诸侯甚多,不得篇篇而登之,亦惟择其
要者耳。否则,将如私家谱牒所录诰命,人且厌观之矣。《康诰》

① 据《书序》则分为三十四篇。

事涉重要,故录之,其余则不录,此删《书》之意也。

《逸周书》者,《艺文志》言,孔子所论百篇之余。今《逸周书》有目者七十一篇。由此可知,孔子于《书》,删去不少。虽自有深意,然删去之书,今仍在者,亦不妨视为经书。今观《逸周书》与《尚书》性质相同,价值亦略相等。正史之外,犹存别史,①安得皇古之书,可信如《逸周书》者,顾不重视乎?《诗》既删为三百篇,而删去之诗,如"巧笑倩兮,美目盼兮,素以为绚兮"一章,子夏犹以问孔子,孔子亦有"启予"之言。由此可见,逸诗仍有价值。逸书亦犹是矣。盖古书过多,或残缺,或不足重,人之目力有限,不能尽读,于是不得不删繁就简。故孔子删《诗》、《书》,使人易于持诵,删余之书,仍自有其价值在也。崔东壁辈,以为经书以外均不足采,不知太史公三代本纪,固以《尚书》为本,《周本纪》即采《逸周书》《克殷解》、《度邑解》,此其卓识过人,洵非其余诸儒所能及。

六经自秦火之后,《易》为卜筮,传者不绝。汉初北平侯张苍,献《春秋左氏传》,经传俱全。《诗》由口授,非秦火所能焚,汉初有齐、鲁、毛、韩四家,惟毛有六笙诗。②《礼》则《仪礼》不易诵习,故高堂生仅传十七篇。③《周礼》在孟子时已不传,而荀子则多引之,④然全书不可见。至汉河间献土乃得全书,犹缺《冬官》一篇,以《考工记》补之。《尚书》本百篇,伏生壁藏之,乱后求得二十九篇,至鲁恭王坏孔子宅,又得五十八篇,孔安国传之,谓之古文。此

---

①　《史》、《汉》无别史,《后汉书》外有袁宏《后汉记》,其中所载事实、奏议,有与《后汉书》不同者,可备参考。《三国志》外有鱼豢之《魏略》、王沈之《魏书》,不可谓只《三国志》可信,余即不可信也。

②　自秦焚书,至汉高祖破秦子婴,历时七年,人人熟习之歌,自当不亡。

③　高堂生必读熟方能传也。

④　荀子学博远过孟子,故能引之。

秦火后六经重出之大概也。

经今古文之别有二:一、文字之不同;二、典章制度与事实之不同。何谓文字之不同?譬如《尚书》,古文篇数多,今文篇数少,今古文所同有者,文字又各殊异,其后愈说愈歧。此非伏生之过,由欧阳、大小夏侯三家立于学官,博士抱残守缺,强不知以为知,故愈说而愈歧也。《古文尚书》孔安国传之太史公,太史公以之参考他书,以故,不但文字不同,事实亦不同矣。① 何谓典章制度之不同?如《周礼》本无今文,一代典章制度,于是大备。可见七国以来传说之语,都可不信。如封建一事,《周礼》谓公五百里、侯四百里、伯三百里、子二百里、男百里。而孟子乃谓公侯皆方百里、伯七十里、子男五十里,与《周礼》不合。此当依《周礼》,不当依孟子,以孟子所称乃传闻之辞也。汉初人不知《周礼》,文帝时命博士撰《王制》,即用孟子之说,以未见《周礼》故。此典章制度之不同也。何谓事实之不同?如《春秋左传》为古文,《穀梁》、《公羊》为今文。《穀梁》称申公所传,《公羊》称胡毋生所传。二家皆师弟问答之语。《公羊》至胡毋生始著竹帛,《穀梁》则著录不知在何时。今三传不但经文有异,即事实亦不同,例亦不同。刘歆以为左氏亲见夫子,好恶与圣人同;而公羊、穀梁在七十子之后。传闻之与亲见之,其详略不同。以故,若论事实,自当信《左氏》,不当信《公》、《穀》也。《诗》无所谓今古文,口授至汉,书于竹帛,皆用当时习用之隶书。《毛诗》所以称古文者,以其所言事实与《左传》相应,典章制度与《周礼》相应故尔。《礼》,高堂生所传十七篇为今文;孔壁所得五十六篇为古文。古文、今文大义无殊,惟十七篇缺天子、

---

① 今文家不肯参考他书,古文家不然,太史公采《逸周书》可证也。

诸侯之礼。于是,后苍推士礼致于天子。①后人不得不讲《礼记》,即以此故。以十七篇未备,故须《礼记》补之。《礼记》中本有《仪礼》正篇,如《奔丧》,小戴所有;《投壶》,大小戴俱有。大小戴皆传自后苍,皆知十七篇不足,故采《投壶》、《奔丧》二篇。二家之书所以称《礼记》者,以其为七十子后学者所记,故谓之《礼记》。记,百三十一篇:大戴八十二篇,小戴四十九篇。今大戴存三十九篇,小戴四十九篇具在,合之得八十八篇。此八十八篇中,有并非采自百三十一篇之记者,如大戴有《孔子三朝记》七篇,《孔子三朝记》应入《论语》家(《艺文志》如此),《三朝记》之外,《孔子闲居》、《仲尼燕居》、《哀公问》等,不在《三朝记》中,则应入《家语》一类。要之,乃《论语》家言,非《礼》家言也。大戴采《曾子》十篇,《曾子》本儒家书,又《中庸》、《缁衣》、《表记》、《坊记》四篇,在小戴记,皆子思作。子思书,《艺文志》录入儒家。若然,《孔子三朝记》以及曾子、子思所著,录入大小戴者,近三十篇。加以《月令》本属《吕氏春秋》,②亦不在百三十一篇中。又,《王制》一篇,汉文帝时博士所作。则八十八篇应去三十余篇,所余不及百三十一篇之半,恐犹有采他书者在。如言《礼记》不足据,则其中有百三十一篇之文在;如云可据,则其中有后人所作在。故《礼记》最难辨别,其中所记,是否为古代典章制度,乃成疑窦。若但据《礼记》以求之,未为得也。《易》未遭秦火,汉兴,田何数传至施、孟、梁丘三家。或脱去《无咎》、《悔亡》,惟费氏不脱,与古文同。故后汉马融、荀爽、郑玄、刘表皆信费《易》。《易》专言理,惟变所适,不可为典要,故不可据以说《礼》。然汉人说《易》,往往与礼制相牵。如《五经异

---

① 五十六篇中有天子、诸侯之礼。
② 汉人称为《明堂月令》。

义》以"时乘六龙"谓天子驾六,此大谬也。又施、孟、梁丘之说,今无只字之存。施、孟与梁丘共事田生,孟喜自云:田生且死时,枕喜膝,独传喜;而梁丘曰:田生绝于篨手中,时喜归东海,安得此事!是当时已起争端。今孟喜之《易》,尚存一鳞一爪。臆造之说,未足信赖。焦延寿自称尝从孟喜问《易》,传之京房,喜死,房以延寿《易》即孟氏学,而孟喜之徒不肯,曰:"非也。"然则焦氏、京氏之《易》,都为难信。虞氏四世传《孟氏易》,孟不可信,则虞说亦难信。此数家外,荀氏、郑氏传世最多,然《汉书》谓费本无书,以《彖》、《象》、《文言》释经,而荀氏据爻象承应阴阳变化之义解说经意,是否为费之正传,亦不可知。郑《易》较为简单,恐亦非费氏正传。今学《易》者多依王弼之注,弼本费《易》,以文字论,费《易》无脱文,当为可信。余谓论《易》,只可如此而已。

此外,《古论语》不可见,今所传者,古、齐、鲁杂糅。《孝经》但存今文。关于典章制度、事实之不同者,须依古文为准。至寻常修身之语,今古文无大差别,则《论语》、《孝经》之类,不必问其为古文或今文也。

十四博士皆今文,三国时始信古文。古文所以引起许多纠纷者,孔壁所得五十八篇之书,亡于汉末,西晋郑冲伪造二十五篇,今之孔氏《尚书》,即郑冲伪造之本。其中马、郑所本有者,未加窜改;所无者,即出郑冲伪造。又分《虞书》为《尧典》、《舜典》二篇,分《皋陶谟》为《益稷》。《大禹谟》、《五子之歌》、《胤征》已亡,则补作三篇。既是伪作,不足置信。至汉人传《易》是否《易》之正本不可知,后则王弼一家为费氏书。宋陈希夷辈造先天八卦、河洛诸图,传之邵康节,此乃荒谬之说。东序河图,既无人见,孔子亦叹河不出图,则后世何由知其象也。先天八卦,以《说卦》方位本离南坎北者改为乾南坤北,则与观象、观法而造八卦之说不相应,此与

《尚书》伪古文同不足信。① 至今日治《书》而信伪古文;言《易》而又河洛、先天,则所谓门外汉矣。然汉人以误传之说(今文家)亦甚多。清儒用功较深,亦未入说经正轨,凡以其参杂今古文故也。近孙诒让专讲《周礼》,为纯古文家。惜此等著述,至清末方见萌芽,如群经皆如此疏释,斯可谓入正轨矣。

(《国学讲演录》节选)

　　《经学略说》节选自《国学讲演录》,文中指出,经者今所谓线装书矣。《诗》、《书》、《礼》、《乐》乃周代通行之课本,自孔子赞《易》,修《春秋》,然后《易》与《春秋》同列入六经,所以,六经之名,定于孔子。六经须作六类经书解,非六部之经书也。史与经同类,本不应分,此为治经之枢纽。

---

① 　伪古文参考阎氏《古文尚书疏证》,河洛参考胡氏《易图明辨》。

古书真伪及其年代（节选）

梁 启 超

第一章 《易》

　　《易》虽似一完书，内容却很混杂，要分做若干部分来讲才对。因为这书不是一时代一个人做成的，所以问题很多，应该把各部分逐一的审查、辨别一番。现在先把这书各部分的内容讲讲。

　　且拿乾卦做个例。最先只有三横画，便是八卦的一个。后来三横叠上三横，便是六十四卦的一个。那一横一横的叫做爻，六爻相叠便是卦了。乾卦六爻的下句话："乾元亨利贞。"后人叫做卦辞。卦辞下面："初九，潜龙勿用。九二……九三……九四……九五……上九……用九，见群龙无首，吉。"后人叫做爻辞。六十四卦合并便是所谓《易经》。此外还有十种文辞，拿来解释《易经》的：《彖上》、《彖下》、《象上》、《象下》、《系辞上》、《系辞下》、《文言》、《说卦》、《序卦》、《杂卦》，后人总叫做"十翼"，也叫做《传》或《易传》或《易大传》。像这样混杂的书当然不是一时代的一个人做的。

　　我们再把《易》的篇卷次第考察考察，也可以发现"《易》很凌乱"的感想。《汉书·艺文志》说："《易经》十二篇，施、孟、梁丘三家。"颜师古注："上下经及十翼，故十二篇。"那是最初的篇数，可见"十翼"是各自成篇的。我们看古书的注解一定和本书分离，可知"十翼"最初也不附在各卦之下。《三国志·魏高贵乡公传》有一段笑话可以证明《彖》、《象》在两汉以前是独立成篇的。高贵乡公问《易》博士淳于俊曰："孔子作《彖》、《象》，郑玄作注，虽圣贤不同，其所释经义一也。今《彖》、《象》不与经文相连而注连之，何也？"俊对曰："郑玄合《彖》、《象》于经者，欲使学者寻省易了也。"可见《彖》、《象》最初并不分系各卦之下。《文言》原也独立成篇，到了三国王弼才分系乾卦、坤卦之下。后来唐孔颖达作《正义》便写王本。但自《隋书·经籍志》以后，各种书目所载《易》的卷数都不同。现在的通行本——《十三经注疏》本——的篇卷次第大概还是王弼的原样子，把《彖》、《象》分做《大彖》、《小彖》、《大象》、《小象》；《大彖》、《大象》解卦辞，《小彖》、《小象》解爻辞，都系在各卦卦辞爻解之后；又把《文言》放在乾、坤二卦下面。全书共计经的方面六卷，包括卦爻、卦辞、爻辞、《大彖》、《小彖》、《大象》、《小象》、《文言》等；传的方面五卷：《系辞上》、《系辞下》、《说卦》、《序卦》、《杂卦》各占一卷，和《汉志》的十二篇大大不同了。

我们这样把《易》的本来篇第和现在内容讲清楚了，才可以考证各部分的真伪和年代。现在先看前人的说法怎样。第一问题，卦是什么人画的？人人都知道是伏羲，但不过是相传之说，无法证实的。起初只有八卦，后来有人把八卦互相重叠为六十四卦，那重卦的人是谁？有种种说法。司马迁说是周文王，郑玄说是神农，班固、王弼说是伏羲，孙盛说是夏禹。卦辞、爻辞的作者也未有定论。《系辞》说："《易》之兴也，其于中古乎？""……其当殷之末世，周之盛德耶？当文王与纣之事耶？""作《易》者其有忧患乎？"已不能确定，所以用疑词。后人却从这几句话揣想，说卦辞、爻辞都是周文王做的。马融、陆绩等又因爻辞有文王以后的事而以为是周公做的，文王只做了卦辞。《彖》《象》以下的"十翼",自司马迁说"孔子晚而喜《易》序《彖》、《系》、《象》、《说卦》、《文言》"以后,后人都说是孔子做的。据我的意思,伏羲这个人有没有还是疑问,不能确定八卦是他画的。但八卦是古代的象形文字却很可信。我们看坎、离二卦便知道。坎卦作☵象水,最初的篆文水字也作≋,后来因写字的方便,改作⺡,却失了本意。离卦作☲象火,篆文作火,也有先后的源流关系。至于取八个象形文字当作占卜用,什么时代才有,已不能考定了,但至迟到殷代已很发达,我们看殷墟发现的卜辞便可知道。

接着的便是六十四卦是何人所重的问题。殷墟发现的卜辞没有六十四卦的名称,似乎《系辞》说是殷、周之间很有几分可信,后人因此把这种重卦的事体放在周文王身上。虽然比放在伏羲神农身上更好些,可还不能十分无疑。至于卦辞、爻辞,后人有的说是文王一人的作品,有的说是文王作卦辞,周公作爻辞,都一样的没有证据。我们看卜辞是殷朝后半期的作品,还没有六十四卦和卦辞、爻辞。《左传》是春秋、战国间的作品,它所根据的是鲁史记,已引用了许多卦名、卦辞、爻辞,而且时代很早,地域很广。可见自殷末至春秋,由八卦重为六十四卦,加上卦辞、爻辞,慢慢的发明、应用而推广了。发明的时期,大约总在周初,发明的人物却不能确定是周文王和周公。

"十翼"是《易》的重要部分,到底是谁做的,自《史记·孔子世家》记了一句"孔子晚而喜易序彖系象说卦文言"以后,后人都相信是孔子做的了。其实这句话从文法上讲,也可作种种解释。(甲)"喜"字是动词,"《易》、《序》、《彖》、《系》、《象》、《说卦》、《文言》"都是平立的名词,那么,那些名词是"喜"字的目的格,孔子不过喜观那些东西罢了,并没有做什么。(乙)"易"字下断句,"序"字作动词用,"《彖》、《系》、《象》、《说卦》、《文言》"是名词,那么,孔子不过序了《彖》、《系辞》、《说卦》、《文言》罢了,《序卦》、《杂卦》都和孔子没有关系。(丙)把"喜""序""系""说""文"五字都当作动词看,那么,孔子不过序了《彖》,系了《象》,说了《卦》,文了《言》,而《系辞》、《序卦》、《杂卦》都和孔子没有关系。这三种说法都有解不通处,都有和前人说法冲突处,真是不容易解决。我们更进一步看,孔子和《易》到底有何等关系。我们不能不重大的怀疑。《论语》是孔子唯一可靠的书,从没有一句说及孔子曾经作《易》"十翼",只有一章"加我数年,五十以学《易》,可以无大过矣",提起了"易"字。司马迁《史记》所说"孔子喜《易》"大概是从此推想出的。其实这一章便未必根本可靠。据汉末郑玄所见的《论语》这章便没有"易"字,说"加我数年,五十以学,亦可以无大过矣"。我们从文法上、文义上看,"亦"都比"易"字好。倘使古本《论语》真是有"亦"无"易",那么,《论语》竟没有一字及"易"了。这是我们怀疑孔子和"十翼"并无关系的第一理由。还有,孟子是一生诵法孔子的人,他的书里并没有一字说到孔子曾作《易》"十翼":"孔子作《春秋》而乱臣贼子惧。"是他常说的话。不应孔子作了《易》,而他反一言不及。这是我们怀疑孔子和"十翼"并无关系的第二理由。

　　更有一点可使我们的怀疑心扩大而坚决的。《晋书·束皙传》说:"太康二年,汲郡人不准盗发魏襄王墓,或言安釐王冢,得竹书数十车。……其《易经》二篇与《周易》上下经同。《易繇阴阳卦》二篇与《周易》略同,繇辞则异。《卦下易经》一篇似《说卦》而异。《公孙段》二篇,公孙段与邵陟论《易》。……"假使汲冢并无《易经》,那还可说魏王不喜《易》,所以不拿《易》来殉葬。但是我们知道事实上并不如此,汲冢分明有《易经》,为什么却没有"十翼"呢?《晋书》"周易"二字似是指"十翼",而汲冢的《易繇阴阳卦》二篇只和"周易"略同，而且繇辞还是不同，当然不是现在的"十翼"任何部分。《卦下易经》的体裁虽似《说卦》，而《晋书》分别说了不同，当然也不是现在的《说卦》。魏是子夏传经之国，魏襄王是距子夏不远之人，倘使孔子做了"十翼"，子夏不容不传，魏襄王不容不见。为什么汲冢有公孙段的书，反没有孔子的"十翼"？虽然也许"十翼"刚好给发冢的人当灯火烧了，但"'十翼'或出于魏襄王之后"的假定，我们总可以成立。这是我们怀疑孔子和"十翼"没有关系的第三理由。

上面的二段是笼统的怀疑"十翼"，现在且单把《说卦》、《序卦》、《杂卦》说一说。本来《史记·孔子世家》便没有提及《杂卦》，《杂卦》自然不是孔子做的。《序卦》虽然提及了，却只有一序字，序字做动词用做名词用，还是问题。《说卦》已经《史记》说明白了，似乎无疑，但《隋书·经籍志》曾说："及秦焚书，《周易》独以卜筮得存，唯失《说卦》三篇，后河内女子得之。"问题便又发生而且复杂了。《隋志》说《说卦》有三篇而现在只有一篇，那三篇是并《序卦》、《杂卦》而言呢，还是古代的《说卦》原有三篇？那河内女子无姓无名，她得书的时代事迹全无根据，这种来历暧昧不明的东西，我们万不敢相信。

总结上面各段的话，《汉书·艺文志》的《易经》十二篇不说是汲冢所发现的诸种，也未必就是现在的通行本。"十翼"大约出于战国后半期，也许有一小部分出于孔子，还有一部分是汉后才有的。《易经》本身二篇，前面早已辨清楚了，现在且把古来辨别"十翼"的源流略讲一下。

最初怀疑"十翼"的一部分不是孔子做的，是北宋欧阳修。他做了一篇《易童子问》，根本否认《系辞》、《文言》、《说卦》、《序卦》、《杂卦》是孔子做的。他的理由很多。第一，那几篇的话都繁衍丛脞,常常辞虽小异而大旨则同。若说是本来是诸家说的话,前人所以释经,选择不精,还不足怪。若说是一个人说的,必不致这样繁衍丛脞。若说以为是孔子做的,那就大错了。孔子的文章如《彖》、《象》、《春秋》,话越简义越深,必不致这样繁衍丛脞。第二,那几篇的话常常自相矛盾,似乎不近人情。人情常恐别人攻击他的偏见,没有不想他的书留传后世的,还肯自己说些自相抵牾的话而使人不信他的书么? 这样东一句,西一句,忽然这样说,忽然又那样说,当然不是一个人的话。还是孔子做的么? 第三,那几篇的话和孔子平生的话不像。孔子的话,《论语》所记最可信。《论语》子曰:"未知生,焉知死?""未能事人,焉能事鬼?"《系辞》却说:"原始反终,故知死生之说。""精气为物,游魂为变,是故知鬼神之情状。"二者比较,大大的不同。我们相信《论语》,《论语》有可使我们信的价值和证据,自然不能信《系辞》等篇是孔子做的。第四,那几篇常把常人之情去推圣人,不自知其错误。如云:"知者观乎彖辞,则思过半矣。""八卦以象告,爻彖以情告。"都是。第五,那几篇以乾坤之策三百有六十当期之日,而不知七八九六之数,而乾坤无定策,这是筮人都可以知道的,而那作者反不知。第六,当左氏传《春秋》时,世尚未认《文言》是孔子做的,可见说《文言》是孔子做的,出于后人揣测之辞,并非真相。第七,那几篇有许多"何谓"、"子曰",分明是讲师讲书时的话,怎么会是孔子说的呢? 第八,《说卦》、《杂卦》分明是筮人的书,那更不用辨了。

到了南宋叶适著《习学记言》,其第四卷专辨《系辞》以下和《彖》、《象》的不合,也断定《系辞》以下不是孔子做的。又谓:"上下《系》、《说卦》浮称泛指,去道虽远,犹时有所明,惟《序卦》最浅,于《易》有害。"其后有赵汝谈著《南塘易说》,专辨"十翼"非孔子所作,比欧阳修、叶适还更彻底,可惜那书失传了。到了清初姚际恒著《易传通论》，也不信《易传》是孔子作品，可惜那书也失传了。

据以上各说，除了《彖》、《象》还无人否认是孔子作品外，其余几乎同孔子没有关系。那么，其余各篇到底是哪一家的学说呢？据我个人的意见，《系辞》、《文言》以下各篇是孔门后学受了道家和阴阳家的影响而做的书，《系辞》、《文言》更是明显。他里面分明有许多"子曰"，若是孔子做的书，岂有自称"子曰"之理？《文言》里有这类的话："初九曰'潜龙勿用'，何谓也？子曰：龙德而隐者也。……"分明是问答的体裁，当然不是著述体，这足见是孔门后学所记的了。《庄子·天下篇》说："《易》以道阴阳。"《易》的卦辞、爻辞绝无阴、阳二字，《彖》、《象》才略有，《系辞》、《文言》便满纸都是了。阴阳之说，从邹衍始有，可见《系辞》是受了邹衍一派的影响才有的。儒家不言鬼神生死，不涉玄学的意味。《系辞》、《文言》却不然，深妙的哲理每含于辞意之间，分明是受了道家的影响才有的。孟子言仁义，从前并无人言仁义。《系辞》、《文言》却屡次言及，可见作者对于孟子的学说也有研究。这些理由足以证明《系辞》、《文言》出于道家、阴阳家已盛之后，即孟子之后。

至于《说卦》、《序卦》、《杂卦》，即使是真的，也还在《系辞》、《文言》之后，都和孔子无直接的关系。或许和孔子有直接的关系的，只有《彖》、《象》。因为历来都说《彖》、《象》都是孔子自己做的，我们现在还没有找到有力的反证。而且《彖》、《象》的话都很简单古拙，和《论语》相似，它所含的意义也没有和《论语》冲突处，讲阴阳的话，带玄学性的话，很少很少，似乎没有受阴阳家、道家的影响。在没有找出是别一个人做的证据以前，只好认做孔子的作品。

《易》的本身原无哲学意味，不过是卜筮的书，如现在各庙宇的签簿一样。卦辞、爻辞便是签上的判语，拿来断吉凶的。当然各地用的签簿不必全同,签上的判语也不必全同。所以《左传》所引的繇辞多有和今本《易经》不合,而汲冢发现的《易繇阴阳卦》二篇的繇辞也和今本《易经》不合。今本《易经》只不过是当时许多种幸存的一种。后人思想进化,拿来加上哲学的色味,陆续做出了《彖》、《象》、《系辞》、《文言》等篇,不幸《史记》有"孔子晚而喜《易》"的话,以后的人便把带哲学意味的《彖》、《象》、《系辞》、《文言》和乱七八糟的《说卦》、《序卦》、《杂卦》都送给孔子,认作研究孔子的重要资料,而不知《系辞》以下都和孔子无关。《系辞》、《文言》的本身自有它的价值,原不必依托孔子,它解《易》的意义对不对,合不合孔子的见解,我们可以不管。它有许多精微的话,确乎是中国哲学的重要产品,比从前更进化了。我们一面不可迷信"孔子作'十翼'"的古话,一面不可以为《系辞》、《文言》不是孔子做的便无价值,我们应该把画卦归之上古;重卦、做卦辞、爻辞归之周初;做《彖辞》、《象辞》暂归之孔子;《系辞》、《文言》归之战国末年;《说卦》、《序卦》、《杂卦》归之战国、秦、汉之间。拿来观察各时代的心理、宇宙观和人生观,那便什么都有价值了。

　　除了《易经》、《易传》以外,还有《连山》、《归藏》、《周易》的问题。自从《周礼》讲了这三《易》之名以后,《汉书·艺文志》并没有说有什么《连山》、《归藏》的书。《隋书·经籍志》却有《归藏》十三卷,又说:"《归藏》汉初已亡,案晋《中经》有之,唯载卜筮,不以圣人之旨。"唐人已相信是真书了。《连山》更没有人说。只是隋刘炫因想得奖而伪造了一部,当时也发觉了。这二书至今尚存,我们别上他的当。前人把"周易"的"周"字看做周朝的"周",心想周有《易》,夏、商亦必有《易》,所以《周礼》有"夏《连山》、殷《归藏》"的话。其实《周易》的周字只是普遍周遍的意思,绝对不是朝代的名。这点我们也得明白。

　　自北宋以后讲《易》的人同时必讲《河图》、《洛书》和《太极图》。从前并没有，只因为《系辞》说了"河出图，洛出书"，"易有太极，是生两仪"的话，宋人便无中生有的造出《河图》、《洛书》、《太极图》来。其实我们只要一考，便知是五代道士玩的把戏，并不是儒家的东西。最初是陈抟著了一部《易龙图》，传给种放，种放传给李溉，李溉传给许坚，许坚传给范锷昌，范锷昌传给刘牧。刘牧作《易数钩隐图》，完全以《河图》、《洛书》解《易》。到了南宋朱熹，也非常迷信是说，他的《易学启蒙》第一篇便是本图书。自后数百年，因朱熹在学术界之势力太大，没有人敢反驳，大家都把《河图》、《洛书》、《太极图》看做深奥神秘的学问。一直到清初，才有几个大师不约而同的起来发难。第一个是黄宗羲，著《易学象数论》；第二个是黄宗炎，著《图书辨惑》；第三个是毛奇龄，著《河图洛书原舛编》；第四个是李塨，著《周易传注》；第五个是胡渭，著《易图明辨》；第六个是张惠言，著《易图条辨》。各各拿出极充分的理由辨白宋人的附会，证明《河图》、《洛书》、《太极图》之本无深意。其中尤以《易图明辨》为最透彻博洽。他们竟把数百年乌烟瘴气的谬说打倒了。在清初朱学盛行的时候，那种工作实很重要。现在案既论定，我们知道有这么一回事便够了。

　　此外还有《子夏易传》、《焦氏易林》二书都是假的。《汉书·艺文志》并无《子夏易传》，《隋书·经籍志》才有。宋陈振孙已发其伪，明胡应麟、清姚际恒都曾再加证明。《焦氏易林》的假，到清初顾炎武才发现，姚际恒也再加证明。现在都无问题了。

第二章　《尚书》

　　《尚书》是中国最古的书，先秦以前只叫做《书》，汉初才加一个"尚"字。关于它的问题最为复杂。自古至今,造伪辨伪的工作,再没有比它费力的。自从汉初伏生传出二十八篇以后,陆续发生了六次缪辕的事件。第一次汉景帝武帝间,——或说是汉宣帝时——河内女子得《泰誓》三篇。第二次,刘歆说,武帝末鲁恭王发孔子壁,得《古文尚书》,孔安国拿来读,比伏生所传多十六篇。第三次,汉成帝时张霸伪造百两篇。第四次,东汉杜林在西州得漆书《尚书》。第五次,东晋初梅赜献《尚书》五十八篇和孔安国的传。第六次,南朝齐建武中姚方兴在大舫头得《舜典》,比旧文多二十八字。这些事件,有的当时便破了案,知道是造伪的人玩的把戏;有的经过了千年或百年,多数学者的争辩审判,才得着最后的定谳。自从唐初孔颖达作《九经正义》,陆德明作《经典释文》,都采用梅赜的五十八篇以后,一直到清末,历代都当做宝典看,想从科举出身的人,万不敢丝毫的蔑视。这部书的势力,简直超过了一切经典。中间虽经受了许多强有力的攻击和宣告死刑的判决,而得有帝王卿相的庇护,始终顽抗。所以我们讲到这书,最要聚精会神的去彻底研究。现在先把各种不同的篇目,列表如下:

伏生所传今文 二十八篇	孔安国所传古文 五十七篇	梅赜所传伪古文 五十八篇
《尧典》	《尧典》 《舜典》	《尧典》 《舜典》(分自《尧典》之下半,姚方兴后又加上二十字于篇首)
	《汩作》 《九共》(共九篇)	

伏生所传今文 二十八篇	孔安国所传古文 五十七篇	梅赜所传伪古文 五十八篇
	《大禹谟》	《大禹谟》
《皋陶谟》	《皋陶谟》	《皋陶谟》
	《弃稷》	《益稷》（分自《皋陶谟》之下半）
《禹贡》	《禹贡》	《禹贡》
《甘誓》	《甘誓》	《甘誓》
	《五子之歌》	《五子之歌》
	《嗣征》	《胤征》
《汤誓》	《汤誓》	《汤誓》
		《仲虺之诰》
		《伊训》
		《太甲》（共三篇）
	《咸有一德》	《咸有一德》
	《典宝》	
	《伊训》	
	《肆命》	
	《原命》	
《盘庚》	《盘庚》（共三篇）	《盘庚》（共三篇）
		《说命》（共三篇）
《高宗融日》	《高宗融日》	《高宗肜日》
《西伯戡黎》	《西伯戡黎》	《西伯戡黎》
《微子》	《微子》	《微子》
（后河内女子得《泰誓》三篇亦以附入伏生今文之内）	《泰誓》（共三篇）	《泰誓》（共三篇）

伏生所传今文 二十八篇	孔安国所传古文 五十七篇	梅赜所传伪古文 五十八篇
《牧誓》	《牧誓》	《牧誓》
	《武成》	《武成》
《洪范》	《洪范》	《洪范》
	《旅獒》	《旅獒》
《金縢》	《金縢》	《金縢》
《大诰》	《大诰》	《大诰》
		《微子之命》
《康诰》	《康诰》	《康诰》
《酒诰》	《酒诰》	《酒诰》
《梓材》	《梓材》	《梓材》
《召诰》	《召诰》	《召诰》
《洛诰》	《洛诰》	《洛诰》
《多士》	《多士》	《多士》
《无逸》	《无逸》	《无逸》
《君奭》	《君奭》	《君奭》
		《蔡仲之命》
《多方》	《多方》	《多方》
《立政》	《立政》	《立政》
		《周官》
		《君陈》
《顾命》	《顾命》	《顾命》
	（后人分《顾命》下半为《康王之诰》亦附入）	《康王之诰》

续表

伏生所传今文 二十八篇	孔安国所传古文 五十七篇	梅赜所传伪古文 五十八篇
	《毕命》	《毕命》
		《君牙》
		《冏命》
《费誓》	《费誓》	
《吕刑》	《吕刑》	《吕刑》
《文侯之命》	《文侯之命》	《文侯之命》
		《费誓》
《秦誓》	《秦誓》	《秦誓》

伏生所传，本来只有二十八篇。但从《史记》、《汉书》以来，都说他传了二十九篇，把河内女子所得的《泰誓》并在伏生身上。孔安国在孔壁得来的，只有四十五篇，因为《九共》分做九篇，《盘庚》、《泰誓》各分做三篇，所以变成五十七篇。其实孔安国得了《古文尚书》没有，尚是问题，且看下文辨别佚书十六篇的结果便知道。

因为这书的问题那么复杂，研究起来实在麻烦，所以不能不分析为个别的问题去研究。现在拈出五个重要的。第一是东晋晚出的《古文尚书》和孔安国传的真伪问题，第二是佚书十六篇的真伪问题，第三是《泰誓》的真伪问题，第四是《今文尚书》二十八篇的年代问题，第五是《书序》的真伪问题。至于张霸伪造的百两篇，当时便已证实不是真的，杜林得的漆书《尚书》，就是马融、郑玄所注的，似乎和今文差不多，现在都不详说了。

甲　东晋晚出的《古文尚书》和孔安国传的真伪问题

现在通行的《十三经注疏》里面的《尚书》五十八篇，经过了数百年数百人的研究，已断定其性质可分三部：第一，和伏生所传今文二十八篇篇名相同的是真;第二,《舜典》(篇首二十八字除外)、《益稷》、《康王之诰》都是从今文析出的,都是真;第三,其余二十五篇都是伪书。今文二十八篇何以可认为真,留在讲第四问题时讲。《舜典》、《益稷》都是造伪者从《尧典》、《皋陶谟》析出,并不是孔安国原来所传的《舜典》、《弃稷》。《康王之诰》是为马融、郑玄等从《顾命》析出,也不是孔安国原来所传的《康王之诰》。但那些被析的是真书,所以析出的也是真书。剩下的二十五篇在北宋以前并没有人怀疑,到南宋初年才有个吴棫大胆的发难。后来不断的有人研究。清初群儒竟把千年悬案判决,同时连及孔安国传也被证明不是孔安国做的。现在把那些辨伪者分为四期,列如下表:

第一期(南宋)	第二期(元)	第三期(明)	第四期(清)
吴　棫 朱　熹	郝　经 吴　澄	梅　鷟 胡应麟	阎若璩 姚际恒 惠　栋 崔　述 程廷祚

最初发难的是吴棫。但他的理由很粗浅,只从文章上看,觉得那二十五篇不似三代的风格。自从吴棫开了这个端,朱熹便跟着上去,拿同一理由作显明的指摘。但仍不敢断定二十五篇是伪书,只是对于伪孔安国传下了一个肯定的判决,总算有见识。到了郝经、吴澄,更大胆的攻击伪经本身,毫不迟疑。他们四人都没有专著一书辨伪,不过在文集、语类、笔记中很概括很简单的讲讲,所以影响还不能很大。最初专著一书来辨伪《古文尚书》的是梅鷟。他著了一部《尚书考异》,一部《尚书谱》,才彰明较著的宣布二十五篇和孔安国传是伪书。胡应麟的《四部正讹》也曾提及,但无特色的断案。到了阎若璩才把替伪《古文尚书》辩护的口封住,才集

辨伪《古文尚书》诸家的大成。他的《古文尚书疏证》委实是不朽之作，他的地位在清初学界委实是第一流。同时人姚际恒著《古今伪书考》，对于《尚书》也有同样的结论，另外专著了一部《尚书通论》，可惜佚亡了。他们俩不约而同著书辨伪，后来见了面才知道彼此意见如一，也是学术史上一件有趣的事。从此以后，辨《尚书》的诸家对于他俩只有补充或发挥。如惠栋的《古文尚书考》，说话很简单干脆，没有枝节，既可补阎若璩的不足，又很容易看。程廷祚的《晚书订疑》，崔述的《尚书辨伪》也是一样。此外还有许多文集对于阎氏之说或补阙，或正误，几乎无懈可击了。因为他们在经学界地位很高，一般学者咸知尊重，所以能把《伪古文尚书》和伪孔安国传宣告死刑，而后来注《尚书》的都依从他们的意思，把今文和古文分开。如江声的《尚书集注音疏》，孙星衍的《尚书今古文注疏》，段玉裁的《古文尚书撰异》，刘逢禄的《尚书今古文集解》，都不混淆今文、古文在一起了。当他们未曾定案以前，有一位做辩护被告的律师叫毛奇龄，和阎若璩同时，而年纪较大。他很不满意阎氏的攻击古经，屡次当面辩驳。又专著一书，名《古文尚书冤辞》，和《古文尚书疏证》对抗。但很不幸，那被告的罪状昭著，确乎应得死刑处分，毫不冤枉，所以虽有毛奇龄那么有名、那么卖力的律师，也不能救活他的生命。所以从清初到清末，只有许多人帮助阎氏找证据定案，却很少人帮助毛氏找证据翻案。只光绪间有位吴光耀著一部《古文尚书正解》，又有位洪良品著一部《尚书古文辨惑》，想从坟墓中掘出死囚的骸髅，附上皮肉，穿起衣裳，再来扰人惑世。但是哪里有丝毫效验呢？——以上讲《伪古文尚书》和伪孔安国传从有人怀疑到最后定案的大略。

这案的卷宗，或是专著，或是单篇，总计不下数百种，百数十万字。诸君如知全案的详情，只好自己去调集卷宗。现在不能多讲，但也不能不说个大概。且把《尚书》从汉至晋的传授次第先叙述一番，再讲破案的证据。

《史记》记《尚书》的传授最早，《汉书》也跟着一样说话，都说孔子以前的《书》不止百篇，而且记了远古的事，到孔子才删定，从唐虞起，到秦穆公止，共留百篇，另外还做了序，说明作者的意思。又都说秦始皇焚书时，济南伏生独藏《尚书》在壁中，汉兴，伏生求得二十九篇，其余都亡了。后来伪《古文尚书》孔安国序的说法又不同，说秦焚书时，孔子后人壁藏《尚书》，汉兴，没有能通《尚书》的，济南伏生年已九十余，失了他的本经，口诵二十九篇。这二说哪个可靠，很难定。但传《尚书》的从伏生始，则可为定论。汉廷立了十四博士，《尚书》的是欧阳氏和大小夏侯，都是从伏生传出来的。所以《汉书·艺文志》说："经二十九卷。"注："大小夏侯二家，殴阳经三十二卷。"从此可知伏生只传了二十九篇。——本来也只有二十八篇，但汉儒把晚出的《泰誓》一篇也附上了，所以通称二十九篇。

到了西汉末，刘歆校中秘的书，发现了《尚书》古文经四十六卷，即五十七篇。据说，武帝末，鲁共王坏孔子宅，得《古文尚书》（另外还有许多别的书），孔安国拿来考伏生的二十九篇，较多十六篇。那十六篇的篇名是《舜典》、《汩作》、《九共》、《大禹谟》、《弃稷》、《五子之歌》、《嗣征》、《汤诰》、《咸有一德》、《典宝》、《伊训》、《肆命》、《原命》、《武成》、《旅獒》、《毕命》等，目录载在郑玄《尚书注》内。因为《九共》有九篇，所以又分成二十四卷。后来不久，渐渐散佚了。马融、郑玄还看见些，叫它做"佚书"。

现在通行的《十三经注疏》中的《古文尚书》是怎样的来历，据那上面的孔安国序说："鲁共王坏孔子旧宅，……得先人所藏古文虞夏商周之书，……皆科斗文。……悉以书还孔氏。科斗书废已久,时人无能知者。以所闻伏生之书考论文义,定其可知者,为隶古定。更以竹简写之。增多伏生二十五篇。伏生又以《舜典》合于《尧典》,《益稷》合于《皋陶谟》,《盘庚》三篇合而为一,《康王之诰》合于《顾命》。复出此篇,并序凡五十九篇,为四十六卷。……承诏为五十九篇作传。……《书序》序所以为作者之意,昭然义见,宜相附近,故引之以各冠其篇首,定五十八篇。既毕,会国有巫蛊事,经籍道息,用不复以闻。"①西汉末,刘歆欲列《古文尚书》于学官,不果行。东汉末,马融、郑玄虽是古文家,而他所注的是杜林所传的《古文尚书》二十九篇,又杂以今文。晋朝秘府所存,有《古文尚书》经文,经过永嘉之乱,已无人传授,不知其内容与刘歆所见同否。到了东晋,有一个豫章内史梅赜,才不知何从得到孔安国的传,奏献给朝廷,又说缺了《舜典》一篇,当时也没人理会。南齐建武中,姚方兴说在大航头得《舜典》,奏上,比马、郑所注多二十八字。那才正式列《古文尚书》于国学。此后南朝渐渐有人传古文,虽然没有专家,而马、郑的注很不为一般人所看重了。到了唐初,陆德明、孔颖达承认《古文尚书》和孔安国传"辞富而备,义弘而雅,故复而不厌,久而愈亮"。一个给他做释文,一个给他做正义。从那时到清末,想从科举进身的都遵守陆、孔之说,沿用《古文尚书》。

我们观察各家新陈代谢的情形,倒很有趣味。自马、郑的注盛行,而欧阳、大小夏侯的传亡佚;自梅赜的孔安国传盛行,而马、郑的注亡佚。二变而《尚书》的真面目隐晦了。现在《十三经注疏》中的《古文尚书》便是梅赜所献之本,和孔安国、马、郑所见的不是一本。所以说是同一的,乃是造伪者想拿来鱼目混珠。自南宋以

---

①　其实这篇序是假的,不是孔安国做的,下文再说。

来,经过先哲的努力,已把这大骗案勘破了。破案的证据实在数不胜数,我们现在只好撮其要点说一说。

(一)篇名不同。我们试一看本章上面的篇目表,当发现孔安国和梅赜所传的《古文尚书》篇目有许多不同。孔本有而梅本没有的:《汩作》、《九共》、《典宝》、《肆命》、《原命》;梅本有而孔本没有的:《仲虺之诰》、《太甲》、《说命》、《微子之命》、《蔡仲之命》、《周官》、《君陈》、《康王之诰》、《君牙》、《冏命》。字眼略异的:孔本的《弃稷》,梅本叫《益稷》;孔本的《嗣征》,梅本作《胤征》。由此可知梅本一定不是孔本。

(二)孔本至东汉末已逸。孔安国的《古文尚书》,除刘歆说过一次以外,没有传授的人。到了东汉末,马融、郑玄表面上是传授古文,其实只传了杜林所得的二十八篇,和伏生的今文差不多。二十八篇以外的篇名和残句,马、郑和许慎《说文》所引,都叫做"佚书"。假使那些古文家所见的《尚书》即是后来梅赜所传的《尚书》,为什么书尚存而称逸呢? 这可见东汉末诸儒都未见后来梅赜所传的《古文尚书》和孔安国传。

(三)文章太不相类。伏生所传今文二十八篇,梅本也有,我们读起来,真是"周《诰》殷《盘》,诘屈聱牙"。科举时代的小孩子,对着他咬牙切齿,没有办法,老是伸出手掌捱先生的板子。但一读到《五子之歌》、《汤诰》、《说命》……等篇,文从字顺,随口能举,有似恩逢大赦了。《五子之歌》的时代在《汤誓》之前,《汤诰》到《说命》诸篇的时代在《盘庚》之前,不应在前的反而易读,在后的反而难懂。《仲虺之诰》和《汤誓》同时,《武成》和《牧誓》同时,《周官》、《君陈》和《多士》、《多方》同时,更不应一种易读,一种难懂。拿文体而论真太奇怪了。所以最初怀疑的吴棫、朱熹便从这点出发,终究证明了二十八篇以外的是伪书。——那书首的孔安国序,文体也不似汉朝风格,当然也是假的。

（四）梅本抄袭的痕迹显然。造伪的不能凭空架阁,必定抄袭真书,或割裂,或变换,或凑缀,使读者不疑。梅本《古文尚书》大半皆有凭借。如"人心惟危,道心惟微,惟精惟一,允执厥中"十六字,从《荀子》、《论语》抄袭得来,本书总论第四章已说过了。其余各篇各句的出处,差不多都可以找出来。明人梅鷟的《古文尚书谱》,清人阎若璩的《古文尚书疏证》,以及清人文集,已经爬梳得很详尽了。可见梅本的确是采缀古书而成的。

自清初诸儒勘破梅本伪案后,大家都叫梅本为《伪古文尚书》。但此书除和今文相同的二十八篇以外,究竟是什么时代的什么人伪造,至今尚无定论。许多人因梅赜是东晋人,而且曾说此书是从魏人王肃传下来的,所以断定是王肃伪造。王肃为什么伪造？因为他和郑玄不对,所以想造证据来压倒郑玄的经说,这大概也没有什么问题。

但是今日通行的《古文尚书》是不是梅赜所传的,是不是王肃伪造的,却还大可研究。清儒最后的辨《尚书》者——程廷祚著了一部《晚书订疑》,搜罗很多证据,说王肃伪造、梅赜传出的,早已散佚了,现行的大约到齐梁之间才出来,上距梅赜已有百年。我很赞成他的说法。南齐明帝建武中,姚方兴分《尧典》"慎徽五典"以下为《舜典》,伪造"曰若稽古,帝舜曰重华,协于帝。浚哲文明,温恭允塞,玄德升闻,乃命以位"二十八字,加于篇首。这二十八字不但今文没有,就是梅赜也未看见。说不定,这一类的事情不止这一件哩。

乙　佚书十六篇的真伪问题

上面曾据刘歆的话,叙述汉武帝末孔安国得孔壁古文《尚书》比伏生所传的多十六篇。那十六篇到底是真是伪,向来都认为真的。他们一面尽管恨伪古文，一面又痛惜那十六篇止存篇目而无文章。其实恰因文章已亡佚了，所以从前没有人怀疑。清人程廷祚、刘逢禄、邵懿辰和康南海先生却根本不相信西汉有什么古文经，更不必说什么十六篇了。这种见解也不从他们始。当刘歆主张立古文经于学官时，汉儒已说"《尚书》为备"。可见当时并不信二十八篇今文以外还有别的。东汉王充的《论衡》也说，汉儒以二十八篇上配二十八宿，以为孔子故意如此配合。后来得了一篇《泰誓》，又以为二十八宿之外添了一个北斗。这种幼稚可笑的思想，十足的表现汉儒相信"《尚书》为备"的精神。但替古文辩护的人，还可以说这是今文家的说法，不足为凭。我们不妨举出那十六篇可疑之处给大家知道。

西汉讲《尚书》的大师，第一个是伏生，前面已讲过了。伏生传给欧阳生，欧阳生传给兒宽，后来欧阳、大小夏侯三家都出于兒宽，兒宽又是孔安国的得意门生，所以第二个大师应推兒宽。假使孔安国果真得了比今文多十六篇的《古文尚书》，果真又做了传注，兒宽不应不看见，见了不应不传述。一般主张真有古文的人说孔安国不传给兒宽而传给都尉朝。但古文家马、郑都说"《逸》十六篇，绝无师说"。最可疑处，《史记》分明说孔安国早卒，照卒年推算，不及见武帝末巫蛊之事，而伪孔安国序说，因巫蛊事，所以不以《古文尚书》上闻于朝廷。鲁共王分明死在汉武帝初年，而《汉志》说他在武帝末坏孔子宅，得《古文尚书》。因此，我们对于孔安国曾注《古文尚书》与否，古文比今文果真多十六篇与否，不能不怀疑。所以刘逢禄和康先生都说这十六篇根本是刘歆伪造的，原文亡佚，毫不足惜。程廷祚的《晚书订疑》更说那十六篇《逸书》经汉儒引用，至今尚存的残句，比较今文二十八篇的辞义，相差太多了，而且有许多可笑之处。我们由此可知，不但梅赜所传伪古文二十五篇是后人伪造的,即所谓孔安国传的真古文十六篇也未必是真的。

丙　《泰誓》问题

伏生所传今文本来只有二十八篇。汉宣帝本始中,河内女子得《泰誓》一篇,献给朝廷,后来合成二十九篇。《古文尚书》也有《泰誓》。但《隋书·经籍志》说它和河内女子所献不同。东汉末和三国诸儒如马、郑、王肃等都疑《泰誓》,说它的年月和《书序》不同,字句又和《左传》、《国语》、《孟子》等书所引的《泰誓》不同。不知他们所疑的是河内女子所献的呢,还是《古文尚书》的那一篇。但无论是任何篇,都已是不可靠了。现在的《泰誓》是后来的赝鼎,从古书辑出的真《泰誓》也未必是真的。关于这个问题,《古文尚书疏证》答辩得最清楚,这里不讲了。

丁　《今文尚书》二十八篇的年代问题

经过几次淘汰,《尚书》只剩下二十八篇了。二十八篇比较的可信,最少也是汉初传下来的,总不能不承认是孔子所曾看见,除了《尧典》"曰若稽古帝舜"至"乃命以位"二十八字以外。当然,后来把《舜典》从《尧典》分出,《益稷》从《皋陶谟》分出,《康王之诰》从《顾命》分出,篇名虽伪而本文是真,我们应该包括在二十八篇以内,当做真的看待。为什么我们承认二十八篇是真的? 因为传二十八篇的是伏生。伏生当秦始皇焚书时,正在壮年,当然能见真的《尚书》。汉初伏生从他的壁中得到这二十八篇,当然还是壮年所读的。孔子删《书》的话,虽然无从证实,但孔子总和《书》有密切的关系,观孔门后学很注重那部书便可明白。从孔子到伏生,没有焚书禁书的暴政,又刚好是学术发达的时代,传习《尚书》的人很多,当不致有亡佚或变乱的事情发生。所以我们可以承认孔子曾见这《今文尚书》二十八篇。

从前有人怀疑二十八篇中《金縢篇》有这么一段离奇话："秋，大熟。未获，天大雷电以风，禾尽偃，大木斯拔。……王出郊，天乃雨，反风，禾则尽起。……"这种和情理相差太远的纪事，似乎不是信史。其实不然，这只能怪当时史官拿非史的事当史，不能严格的择别，正和后来的《晋书》、《魏书》相类。《晋书》多采小说，《魏书》杂记琐闻，我们只可说他择别史料的标准不对，不能说那二部书不是唐太宗、魏收做的。所以《金縢》无甚问题，可以当做神话看待，借来考察当时的社会心理。除了这篇以外，从前没有怀疑过的。我们可丢开真伪不讲，专研究它的年代。

二十八篇的前四篇，——《尧典》（包括今本《舜典》）、《皋陶谟》（包括今本《弃稷》）、《禹贡》、《甘誓》——向来叫做《虞夏书》，一般人以为不是唐虞史官不能做得那么好，一二学者却因此发生了莫大的怀疑。第一，《尧典》的文体比伪古文的《大禹谟》、《五子之歌》虽然古雅多了，但比今文的《汤誓》、《盘庚》、《多士》、《多方》则实在易读，不应虞夏较古的文章反而文从字顺，殷、周较后的文章反而诘屈聱牙。这分明是《汤誓》等篇的时代比较《尧典》早，《尧典》当然不是虞夏人的作品。第二，《禹贡》所载的地域很广，虽可说游牧时代的人迹比种艺时代较宽，所以《禹贡》也跟着多记。但殷民族的活动圈仅限于大河南北，西周也只限于大河流域，到了春秋、战国才慢慢扩充到长江、粤江流域，才知道有交趾等地。为什么《禹贡》的九州恰同东周地域相等而不和殷、周相等呢？除非地下有资料，将来发掘考究，可以证明虞夏地域确同于东周，否则《禹贡》总是东周的地理书吧！第三，《尧典》可讨论之处尚多，如"蛮夷猾夏"、"金作赎刑"，夏是后起的名词，金属货币是周朝才有的东西，当然不应在尧舜时代的书上发现。那上面还有几处提起"中星"，我们虽不是天文专家，但觉得和《夏小正》讲的中星不甚相远。《夏小正》决不是夏朝的书,乃是周人建寅的历。那么,《尧典》也许是周人追述之辞,不能认做尧、舜史官所记。将来经过天文学家的研究,总有一天可以给这个说法以一个证明。

上面这段似乎有些是辨真伪,其实仍是考年代。因为《尧典》首句分明说"曰若稽古帝尧",《皋陶谟》首句分明说"曰若稽古皋陶",并没有告诉你是尧、舜史官记的。不过后人好古,以为非尧、舜史官不能做出那么好的文章,所以硬把《尧典》、《皋陶谟》、《禹贡》、《甘誓》叫做《虞夏书》,奉做圣贤传授的心法。其实我们只根据那篇首一句,认做后人追述的,便好了。它本来就没有冒充是尧、舜史官做的,我们何必说它是伪书呢? 所以上段的论证,恰好证明了那四篇是周人追述的,把时代移后了二千年,却不曾指摘某篇是伪书。

二十八篇除了前四篇以外,从《汤誓》到《微子》叫做《商书》,从《牧誓》到《秦誓》叫做《周书》。真伪绝无问题,年代可照向来的说,分明看做商、周的作品。

戊　《书序》问题

《书序》至今尚存,共一百首,放在每篇之前,说明为什么要作这篇,体例和《诗序》相似。如《尧典序》云:"昔在帝尧,聪明文思,光宅天下,将逊于位,让于虞舜,作《尧典》。"那百篇序,向来都说是孔子做的,本来合成一篇,伪孔安国《古文尚书序》说是孔安国分置各篇首的。伏生的今文二十八篇后来忽然变成二十九篇,有人说是添了《泰誓》,有人说是添了《书序》,因此有伏生传孔子《书序》之说。但我却都不相信。孔子时,《书》有若干篇,有序没有,还是问题。就是《书》有百篇,篇皆有序,而百篇序也就已经不能包括当时《书》的总数。序外的篇名见于各古书的还不止一二个,《禹誓》、《武观》、《汤说》、《官刑》、《相年》见于《墨子》,《夏训》、

《伯禽》、《唐诰》见于《左传》，《太戊》见于《史记》，《尹吉》、《高宗》见于《礼记》，《大战》、《捴诰》、《多政》见于《尚书大传》。《尚书大传》据说是伏生传下的，为什么又和《书序》的篇目不同呢？《史记》引了《尚书》许多篇目，和《书序》相同，为什么又多一篇？这分明是伏生不曾传《书序》，《书序》抄袭《史记》而偶遗一篇目，本来这是没有的东西。

《诗经》有序，已是无聊，但《诗》是文学家的寄托，别人有时不易知道本事是什么，有序还可给人以一个联想。《书》本纪事，文章既已明白，何必要序？ 由此牵连到孔子曾否删《书》，曾否做序，二十八篇以外的有多少的问题。我们看删《书》之说出自《尚书纬》，根本不可靠。《史记》说孔子序《书传》，只是说次序那些《书传》，并没有说替百篇作序。二十八篇就是孔子次序的。其余当时都已散残了。《逸书》的总数无从统计，未必就刚好加上不佚的是一百篇。汉儒说二十八篇"《尚书》为备"，固然未免固陋，而最少那二十八篇是孔子以后传习最广的，其余都不成片段了，那百首《书序》整整齐齐的篇名却未必可靠。自从朱熹提起孔子不作《书序》的问题以后，程廷祚也曾辩论过。到了康先生著《新学伪经考》就有一篇专攻《书序》之伪，在很详审的理由中宣告《书序》的死刑，和阎若璩宣告《伪古文尚书》的死刑一样。《书序》是不是刘歆做的，抑或刘歆以后或以前的人做的，现在未定。许是秦、汉间儒者有孔子删《书》的故事，后人因把《史记》夏商周本纪和鲁世家的话凑成一篇《书序》。但最少不是孔子做的。

第三章　《诗》

《诗经》是古书中最可信的，我们可以不必考究他的真伪，单辨清他的年代便够了。现在且提出三个问题：

一、全部《诗经》所包涵的年代多么久。——最古的是哪一篇？最晚的是哪一篇？中间相差若干年？

二、《三百篇》中，哪一个时代的篇数最多。——哪几篇可合成一组，可认做某时代的作品。

三、什么时候才编成这样一部《诗经》。

这些都是关于《诗经》年代的，我们可以逐个讨论下去。

甲　第一问题

《诗经》起自何时？迄于何时？自来即多异说。它那最后五篇——《商颂》，据现行的《诗序》说，就是商人祭祖之诗。这话若确，那么，《诗经》的年代很早，商朝已经有了。到孔子时，有五六百年。但在西汉以前，并没有人说《商颂》是商诗的，都说是宋人作品。《国语》有这么一句话："昔正考父校商之名颂十二篇于周太师，以《那》为首。"正考父是宋国的大夫，是孔子的祖，孔父嘉的父；周太师是周室的乐官。《国语》的意思，《商颂》是正考父做的，请周太师校正其乐律。后来毛氏《诗序》说："有正考父者，得《商颂》十二篇于周之太师。"意义却和《国语》说的大不同了。"校"是请别人校自己的，"得"是在别人处得到别人的，哪里可以随便更改！但很不幸，此后都相信《诗序》的话了。一直到宋朝以后，才有人开始怀疑，从事辨别。辨别最清楚的没有人比得上魏源。魏源著《诗古微》，列举十三条证据于《商颂发微篇》中，断定《商颂》是宋襄公时正考父祭商先祖而称颂君德的。他那些证据也许不免琐屑，但大都很对，足以成为定论。

但《宋颂》何以称"商"呢？我们看《左传》常以"商"代"宋"。如鲁僖公二十二年，宋大司马固说："天之弃商久矣。"所以宋诗名《商颂》，毫不足怪。我们又看《商颂》第五首有"奋伐荆楚"之句。

最少商朝尚无所谓荆楚,楚在周初还是蛮夷,到周昭王以后才和中原发生关系。因此,我们越发知道《商颂》完全是正考父歌颂宋襄公的。因为宋襄公随齐伐楚得胜,自然不免铺张盛事。这不止《商颂》如此,就是《鲁颂》也是鲁僖公随齐伐楚凯旋以后叫人做的。后来扬雄《法言》说:"正考父晞尹吉甫,公子奚斯晞正考父。"晞是希慕之意,吉甫、奚斯都是诗人。《诗经·大雅·烝民》说:"吉甫作诵,穆如清风。"《鲁颂·閟宫》说:"奚斯所作。"他们既然一个希慕一个,又都善会做颂,可见正考父作《商颂》是无可疑的了。汉人碑刻和书籍说及这事的多得很,但从没有说《商颂》是商诗的。

不但如此,就是《商颂》的文体也可证明是宋国才会有,商朝不会有。《周颂》是西周人作品,很简单,多没有韵。《商颂》、《鲁颂》如《小雅》颇长,句句押韵,音节和谐。如《那》的"猗欤那欤,置我鞉鼓。奏鼓简简,衎我烈祖。"《殷武》的"陟彼景山,松柏丸丸。是断是迁,方斵是虔。"若拿来比《周颂·清庙》的"於穆清庙,肃雝显相。济济多士,秉文之德。"《般》的"于皇时周,陟其高山。堕山乔岳,允犹翕河。"一易读,一难懂,一有韵,一无韵,真是相差太远了。假使《商颂》果真在《周颂》之前,必不致如此。以空洞的文体判别真伪,似乎很危险,其实不然。侦探小说说侦探狗嗅臭味可以得犯人,研究文学很深的人亦如侦探狗一样,一见文体便可辨真伪,虽无标准,而其标准比什么都厉害。以《清庙》和《那》比,当然难懂的在前,易读的在后。所以我们可断定《商颂》是宋诗,是年代很晚——齐桓公、宋襄公时的诗。大家要知其详,可自参考《诗古微》。

《商颂》的年代既已确定,才不会提前《诗经》的年代,才可以讨论关于《诗经》年代的种种问题。据我看,最早的不能超过周初。也许有几篇在周公时代。最迟的，若依毛氏《诗序》，就是《株林》。因为《株林》记了夏南的事，是在西历纪元前598年，后此四十七年而孔子生（前551）。若依《韩诗外传》，就是《燕燕》。因为《燕燕》是卫定姜送其儿妇大归的诗，是在西历纪元前558年，后此七年而孔子生。我们假使相信《韩诗》之说，则《诗经》的最后一篇在孔子生前七年。但《燕燕》诗，《毛诗》认为是卫庄姜做的，在春秋初年。这样《诗经》的年代又得缩短四十年了。我们因为齐、鲁、韩三家诗说比毛诗较古较可信，鲁、齐也都认为《燕燕》是卫定姜的诗，所以不妨认《诗经》到西历纪元前558年就终结了。但《燕燕》以后，孔子少时，还有诗没有，又是一大问题。其故，因《三百篇》多无名氏作品，大多不能考定年代，谁能担保《燕燕》之后就没有诗呢？所以《诗经》全部的年代，最早在周公时，最迟在孔子生时或稍后。若勉强说，最早是《武》，最迟是《燕燕》，相距约五百年。

乙　第二问题

欲将《诗三百篇》一一考定确实年代，固属很难，但约略推定某几篇在某时代，某时代诗多，某时代诗少，也非不可能的事。今本《诗经》分《风》、《雅》、《颂》三部。《风》又分二《南》、十三《国风》，《雅》又分大、小，《颂》又分《周》、《鲁》、《商》。从前做考证诗篇年代工夫的，汉末有郑玄著《诗谱》，可惜书不传了。宋有欧阳修续做《诗谱》，王应麟辑纂《诗谱》。清儒也继续辑出许多。据郑玄的意思，《商颂》最早，周初的诗最多；《商颂》的价值第一，二《南》次之。但这是一派的意见，齐、鲁、韩三家便不和他一样。而且他的主张常多错误。如《关雎》，郑玄以为文王时美后妃之诗，齐、鲁、韩以为康王时人所作。如"何彼秾矣"分明是周桓王之女嫁给齐襄公时鲁人歌颂他的诗，《春秋》庄公元年明记其事，此诗明有"平王之孙,齐侯之子",可为铁证。而毛、郑一派硬要解"平"
为太平,"齐"为平等,说是文王嫁女之诗,真是迂腐可笑。如《甘
棠》因有"召伯所茇",毛、郑硬认做召公奭,说是周初的诗。但
"公"、"伯"显然有别,伯是五伯的伯,《诗》有郇伯、申伯,都是西
周末年的人。《诗经·大雅·召旻》称召公奭为召公,不称召伯。
可见《甘棠》最早不过西周末年的诗。从前的人错认文学的价值
愈古愈高,胸中既有成见,所以辗转附会,到处误解。又二《南》歌
咏江汉,江汉在周初还未十分开辟,到东周初才渐渐发生文化。前
人说二《南》是文王化被南国的成效,其实哪里有文化低落之地而
能出产这样高尚文学之理! ——由此,我们很可以断定二《南》是
西周末东周初的产物。固然不是一时出现的,但因其文体相近,可
知其时间不出百年。前人认是商末周初百年间,那是错了。

顺着年代讲,则《周颂》最早。《周颂》也许有武王时的作品。
《左传》宣公十二年,楚庄王曾引过《周颂·武》之七章。《武》最
少是武王克殷所作,比较的可信是《诗》的最早一篇。《周颂·昊
天有成命》有"二后承之,成王不敢康"。最少这诗是康王时的。
文王时代的诗可是一篇也找不到,而后人必认为文王时代的,可笑
的很。先横成见而附会其事,是考古的大毛病,千万不可如此。所
以我们认《周颂》为周武王到康王时代的诗,在《诗经》为最古。

《大雅》、《小雅》有许多史料,可叫做史诗。若拿来和钟鼎文
比照推考,可得前人不知的遗事。它的年代大约在西周末年的有
十之七八,成、康时代的也许有一二篇,尚有一部分变雅是东周初
年的。若以文体而论,假使《周颂》在后而反质朴,二《雅》在前而
反风华,则万无此理! 所以大、小《雅》一定在《周颂》以后,决不是
文、武时代的产品。

此外十三《国风》亦如二《雅》,各以国名。十三国中,桧至西

周末被唐灭了，所以《桧风》一定在西周末年以前，比任何《国风》的年代都早些。唐是晋初受封之名，至曲沃庄伯夺国受封以后，单称晋不称唐了，所以《唐风》一定是鲁桓公以前的东西。魏不是战国的魏。到鲁庄公时，被晋献公灭了，所以《魏风》是鲁庄公以前的东西。这三国比较的很早，其余较迟。

《邶》、《鄘》、《卫》三国风的问题很杂，篇数又很多，占了《国风》全部三分之一。名义上虽有三国，实际上只有卫国的诗。诗里人名、地名、事实都是卫国的，所以只能叫做《卫风》。但邶、鄘是什么东西呢？向来解做卫国里面的小国名。那么，又为什么要分为三国呢？王静安先生解做邶是燕地，鄘是鲁国，风诗则已失传，后人不懂，妄分《卫风》的一部给邶、鄘。这就比较的可信。我们认《邶风》、《鄘风》已亡，今本《邶》、《鄘》、《卫》三国风只是《卫风》，不可误信古人之说，分《卫风》为三部。

其余王、郑、齐、秦、陈、曹、豳七国，和《卫风》都是春秋时代的产品，没有多大的问题。但若拿来和二《南》相比，却又发生问题了。以地方文化发达先后程序推之，二《南》许更在八国风之后，以文字优劣而论，二《南》也比八国风更加风华艳丽。大凡一新民族初接受他民族的文化的时候，常有异彩的创作出现。二《南》不名"风"而名"南"，不名东、西、北而名南，又有江汉一类的楚国地名，文体又和后来的《楚辞》有线索可寻，所以我们要认为春秋后半期的南方民族作品，也未尝不可。宋王应麟曾这样主张过，说二《南》和《楚辞》有先后衔接的关系。这是不错的。

综合起来，我们对于《诗经》年代第二问题的解答是：《周颂》最早，是周初的产品；《大雅》、《小雅》、《桧风》、《唐风》、《魏风》次之，是西周末到和春秋最初期的产品；《周南》、《召南》、《王风》、《郑风》、《齐风》、《秦风》、《陈风》、《曹风》、《豳风》、《卫风》较晚，是春秋时代的产品。论起篇数最多的，那自然是春秋时代。

丙　第三问题

上面的结论，《诗三百篇》是周初到孔子生时五百年间的产品。但到底是什么时代，什么人编成的呢？依《史记·孔子世家》说，古诗有三千篇，孔子自卫返鲁删为三百五篇。此话若真，则孔子六十四岁返鲁，七十三岁死，在死前十年间删诗。但孔子四十五岁已讲学，孔子向来教人都用《诗》，《诗》是他学校的重要功课。当未删诗以前，拿三千篇教人呢，还是拿三百篇？《论语》常说"诵诗三百"。"诗三百"未必一定是六十四岁以后说的话，可见孔子教人只用三百篇。假使嫌这个证据薄弱，那么请看《诗古微》怎么说。《诗古微·夫子正乐论》说："夫子有正乐之功，无删《诗》之事。……今考《国语》引诗三十一条，……逸者仅三十之一。……左氏引诗二百十七条，其间丘明自引及述孔子之言者四十有八，而逸诗不过二条。列国公卿引诗百有一条，而逸诗不过五条。列国宴享歌诗赠答不过七十条，而逸诗不过三条。是逸诗不及今《诗》二十之一也。使古诗果三千有余，则自后稷以及殷、周之盛，幽、厉之衰，家弦户诵，所称引宜十倍于今。以是推之，其不可通一也……"（以下还列了许多证据，现在不尽引述）假使今《诗》是孔子六十四岁从三千篇里选来编定的，则逸诗应不止此数。为什么只有五十分之二不在今《诗三百篇》之内呢？本来孔子删《诗》之说，从孔颖达即已怀疑。到了魏源著《诗古微》，尤其尽力否定，这是我很赞成的。《三百篇》本来到《鲁颂》为止，《商颂》许是孔子补加上去的。孔子教人只用现成的三百篇，并没有从三千篇中选出三百篇来。

但这三百篇到底是什么人编定的呢？那只好阙疑。但最少是早已成为定本的。定于何时？很难断定。因最晚的那篇《燕燕》

在孔子生前七年,所以最少是孔子幼年有人编定的。前人说是周太史编的,但那时已没有人理会周朝,周朝也没有这么大力量干这事。大概可推定这三百篇是鲁国已通行的本子,这我们也有证据。《左传》记吴季札观乐于鲁,太史唱诗,篇名没有在今本以外的,可见鲁太史用的《诗》本和今本相同。虽然可以说这许是《左传》的作者从后追记之辞,不足为孔子生前已有定本之据,但没有得充分的反证以前,这说总是可成立的。

从上面说,难道孔子和《诗经》没有关系吗?那不然,那是有相当的关系的。大概孔子对于诗篇的次序曾用一番心思,这是一点。后来汉人最看重"四始"——《关雎》为《国风》之始,《鹿鸣》为《小雅》之始,《文王》为《大雅》之始,《清庙》为《颂》之始。——许是因为孔子有意,所以孔门传习下去。第二点,《商颂》许是孔子加上去的,因为《商颂》的作者是孔子之祖。第三点,孔子用功的深处,不在乎删《诗》,而在正乐。汉儒本来没有说孔子删《诗》的,司马迁作《史记》,看见《论语》有"孔子自卫反鲁,然后《乐》正,《雅》、《颂》各得其所",所以才生出孔子删《诗》之说。其实《论语》这段话正可证明从前的诗词乐谱不好,孔子自卫反鲁才改良它,却不能证明曾经删《诗》。我们看,孔子是极喜欢乐歌的人。《论语》说"子于是日哭,则不歌"。可见他不哭这天一定唱歌。又说"子与人歌而善,必使反之,而后和之"。可见他很会唱歌。又说"子在齐闻《韶》,三月不知肉味"。他自己也说:"师挚之始,《关雎》之乱,洋洋乎盈耳哉!"可见他对于乐歌的兴味极浓。《孔子世家》曾说:"《诗三百篇》,孔子皆弦而歌之,以求合于《韶》、《武》之音。"然则孔子对于《诗》的工作,在创造乐谱,改定歌调。从前的《诗》许是不尽可歌,到孔子才谱诗入乐,《三百篇》没有不可歌的了。《风》、《雅》、《颂》的分别,前人说法不一。我看许是孔子定的乐调专名,和音乐有关。《墨子》言:"儒者诵诗三百,弦诗三百,歌诗三百,舞诗三百。"可见孔门后者还是遵守孔子教法,认弦诗、歌诗为功课,而《诗》无不可歌的。由上文看来,孔子用功于《诗》,全在正乐这部分。后人推尊孔子,硬说他删了《诗》,反为失了真相。所以我们断定《诗三百篇》成于孔子少年或生前之时,编者很难指定。孔子对于《诗》的功劳,只在乐歌上面。——三个问题算是解答了。

末了,我们还得讨论《诗序》的真伪和年代问题。今本《诗经》,每诗前面都有几句小序,说明作诗的缘故,这就是《诗序》。《诗序》,《汉志》不著录,齐、鲁、韩三家诗都没有,单是《毛诗》有。《后汉书·儒林传》明白说:"卫宏从曼卿受学,因作《毛诗序》。"后人老是不信。《隋志》说,相传《诗序》是子夏作,经过毛公、卫宏润色。后来有人说,《诗序》首句是子夏作的,其下各句是毛、卫作的。又有人说是大毛、小毛公分作的。郑玄一面说是子夏作,一面又说是孔子作。程子说是采诗人作。王安石说是诗人自己作。异说纷纷,把《诗序》推尊到无上的地位,却无人知道本来是假东西。一直到南宋忽然出了几位辨伪大家——程大昌、朱熹、郑樵——很猛烈的攻击《诗序》,把它的价值降落到零度。大家都确信是卫宏做的,整个的要不得。朱熹初年仍旧推尊《诗序》,晚年和吕祖谦辩论的结果,始转而从郑樵之说。他有很好的见解,以为主张"《诗》因序而作"者,大可嗤笑。但他亦不彻底,他的《诗集传》仍有从《诗序》的。

《诗序》到底是什么时代的作品?两汉儒者说《诗》,从没有提到有《诗序》。《六经奥论》说:"汉氏文字未有引《诗序》者,惟魏黄初四年有'曹共公远君子,近小人'之语。盖《诗序》至是而始行。"王先谦反驳这说,说《左传》襄公二十九年服虔解谊、太尉杨震疏、李尤《漏刻铭》、蔡邕《独断》，都已引用《诗序》，何尝至黄初时始行呢？其实据我们看，那是不成问题的。《左传》和《诗序》相同的，只有"美哉此之谓夏声"一句，那当然是偶然，或是卫宏有意抄袭。西汉一代文字无有引用《诗序》的，也没说《诗》有序，服、杨、李、蔡固然是东汉儒者，但都在卫宏稍后。卫宏著的《诗序》，他们自然可以看到。《后汉书》既然明说卫宏作《毛诗序》，我们又何苦夺他的功呢？但我们却不可因此就说他伪造《诗序》。因为"说诗家"解释作诗原因，写成片段文字，是汉人风气。齐、鲁、韩三家诗说，虽然不传，但辑得的三四十条还有些像《诗序》的体裁。我们怎么能担保《毛诗》不也这样呢？说不定，《毛诗》的片段说话，还不是篇篇都有，到了卫宏手里才全部都给它做篇小序，来弥补这个缺憾。但没有想到这实在太随便了，事迹的附会，姓名的错乱，诗意的误解，……在在使读诗者迷惑，实在是卫宏强不知以为知之过。所以《诗序》一经南宋诸儒的攻击，便失了它迷人的本领。后来虽经清代一二汉学家一度的维护，而不能挽救它已失的生命或威灵。

此外如《子夏诗说》、《申培诗说》，关于说《诗》的伪书，早经前人的论定，现可以不必多费口舌了。

第四章 三《礼》

"三礼"的名称，比较地发生得很迟，从前并没有。东汉末，郑玄注《周礼》、《仪礼》、《礼记》，才合称"三礼"。即现行《十三经》的三书是。这三书向来看做一样的性质，其实错了。南宋以后，把《礼记》当做"五经"的一种，明清科举也以《礼记》为"三礼"代表，其实不对。汉代六艺只有《礼古经》，又名《士礼》，凡十七篇。到东汉又改称《仪礼》。《礼记》是解释《仪礼》的,"记"即"传",可与经对立而不可混称经。做个譬喻吧,譬如《易》,《仪礼》好像卦辞、爻辞,《礼记》好像"十翼";譬如《春秋》,《仪礼》好像《春秋经》,《礼记》好像"三传"。所以三礼可分三部。《礼记》包括《大戴礼记》和《小戴礼记》,目为一部,《周礼》、《仪礼》各自为一部。三部是不可同等看待的。《周礼》原名《周官》,西汉末刘歆才改称,但至今仍两名通用。它和《仪礼》的分别,《仪礼》如唐《开元礼》、《大清通礼》,是社会自然形成的,非法令的;《周礼》如《唐六典》、《大清会典》,是行政法,是政府的固定制度,真伪且慢些论,根本就不是礼而是官制,所以原名《周官》,只是说周代的官制。我们须先知这四部书的性质,才可讲到别的问题。——若是严格的讲,《礼》只有二,就是《仪礼》、《礼记》,而《周官》应该撇开。但自郑玄以后都看《周官》是《礼》的一种,为方便计,只好仍称"三礼"。

甲 《仪礼》

现在先讲《仪礼》。《仪礼》这书,真伪没有问题,绝对不是西汉以后的人伪造的。《汉志》说:"汉兴,鲁高堂生传《士礼》十七篇。迄孝、宣世,后仓最明。戴德、戴圣、庆普皆其弟子,三家立于学官。"我们看这十七篇《礼》和《春秋左传》所载的《礼》有时相同,大概就是孔子所雅言的《礼》,在周代曾经一度通行。所以我们现在只问到底这十七篇是什么时候才有。向来因有周公制礼作乐之说,便都说《仪礼》是周公传下的。后来研究"三礼"的人,又认"三礼"都是周代通行的,总想打成一片,遇着彼此矛盾处,或采此驳彼,或调停两可,或附会,或曲解,闹的一塌糊涂,不知枉费多少心力。其实《周礼》出现最迟,二部《礼记》也至汉宣帝时才成书,即已显然不是周公的著作。就是《仪礼》也不很早。纵使我们承认《仪礼》有一部分是周初所有吧,经过了八百年的变迁,也不知换头改面了几次,才到高堂生手里。而且古时文字没有刻板,全靠口授,或用简记。像《仪礼》这样难读,就是叫我背诵,也要考不及格,还能够流传八百年不会佚亡或变乱吗? 古时书籍,当然不止《书》、《诗》、《易》、《礼》几部,何必只存这几部呢? 那自然各有其原因。如《书》存于史官,《易》存于筮卜之官,《诗》存于太师和民间口诵。但西周以前的《书》、《易》、《诗》有多少?《书》、《易》《诗》的大部分还不是东周、春秋的东西吗?《仪礼》这样难读难传的东西,还反是西周初年传下来的,一点不变原样吗? 试看它里边《士冠礼》的颂词,全采自《诗经》。《诗》成于春秋末。那么《仪礼》似成于《诗》成以后,最少也是同时。又看它里边《乡射礼》有"乃合乐,《周南》、《关雎》、《葛覃》、《卷耳》、《召南》、《鹊巢》、《采蘩》、《采蘋》,工不兴,告于乐正曰:'正歌备'"一段,正歌据说就是《小雅》,可见《仪礼》最少是成于《小雅》二《南》通行之后。《小雅》二《南》作于西周、东周之间,通行必在东周。那么,《仪礼》还不是成于东周、春秋吗?

但《仪礼》的一部分,许是西周已有,因为礼是由社会习惯积成的,不是平空由圣人想出来。西周习惯的礼,写成文字,成为固定的仪节,许是比较的很晚。今十七篇许是出于孔子之手。相传孔子删《诗》、《书》,定礼乐。我不信孔子曾删《诗》、《书》,而倒有点相信孔子曾定礼乐。第三章已讲过孔子定了乐谱。礼这部分,依《礼记·中庸》说:"礼仪三百,威仪三千。"大概周代尚文,礼节是很繁缛的。孔子向来认礼为自己教人的要课,那么,把礼节厘定一番,使其适宜,也并不稀奇。所以我说,《仪礼》许是孔子编的。你们不相信吗?《礼记·檀弓》有这么一段话:"恤由之丧,哀公使孺悲学'士丧礼'于孔子,士丧礼于是乎书。"这分明告诉我们,最少十七篇的这篇《士丧记》是孔子手定或口授孺悲写定的。这篇如此,那十六篇,谁能担保不是孔子手定或口授他人写定的呢?还有二点,我们尤其不可不注意。儒家不是主张"三年之丧"吗?三年之丧的礼制,起自何时?他们说是远古相传,尧、舜行过的。但下面三段记载却使我们怀疑他们的话。《论语》载:"宰我问:'三年之丧,期已久矣。君子三年不为礼,礼必坏;三年不为乐,乐必崩。旧谷既没,新谷既升,钻燧改火,期可已矣。'子曰:'食夫稻,衣夫锦,于汝安乎?'曰:'安。''汝安则为之。夫君子之居丧,食旨不甘,闻乐不乐,居处不安,故不为也。今汝安,则为之。'宰我出,子曰:'予之不仁也。子生三年,然后免于父母之怀。夫三年之丧,天下之通丧也。予也有三年之爱于其父母乎!'"假使三年之丧是自远古相传,已成定制,则宰我那有这样大胆地怀疑,那敢提出减丧的主张?孔子也就这么老实,只骂宰我一句"汝安则为之",竟不能禁止他不为,未免太离奇了。这可见三年之丧许是儒家创造的主张。《孟子》也有一段话,记滕定公死了,世子遣然友问丧于孟子。孟子主张三年之丧:"然友反命,定为三年之丧。父兄百官皆不欲,曰:'吾宗国鲁先君莫之行,吾先君亦莫之行也,至于子之身而反之,不可。'"这段话并没有后人伪造的痕迹,当然可信。滕、鲁先君假使行过三年之丧,滕的百官一定不敢反对。这点也可见三年之丧除了儒家以外,社会是不通行的。所以墨家攻击儒家,常拿这点做焦点。就是《礼记》也有一段话,越加可以证明。《三年问》:"'三年之丧,何也?'曰:'称情而立文,因以饰群,别亲疏贵贱之节,而弗可损益也。……''然则何以至期也?'曰:'至亲以期断。''是何也?'曰:'天地则已易矣,四时则已变矣,其在天地之中者,莫不更始焉,以是象之也。''然则何以三年也?'曰:'加隆焉尔也。'"期是一年之丧,本来至亲也以期为断。这里说的理由和上文宰我的理由一样,而三年之丧不过是更加隆重点。可见

"至亲以期断"是原来的礼,三年之丧是儒家加重的礼了。我们看,一年之丧是很有理由的,现在世界上许多人种都是这样,可知是人情之常。本来古代也都如此,儒家加重的理由反不充足。孔子说:"子生三年然后免于父母之怀。"所以子女应为父母服三年之丧,才可以报恩。其实这不过指乳哺而言,若说子女成立,至少也要到十余岁,要想报恩,至少要服十五年之丧才。若说忘情则有一年大概也够了。由此可知三年之丧是孔子的主张,不是周公的制度。前人说是周公制的礼,恐怕有错了吧!——为什么我们要详细讨论这个问题?只因《仪礼》最后的五六篇都是讲丧礼的,都是讲三年之丧的,我们正可借以推定这五六篇是孔子手定或儒家写定的。固然《仪礼》全部非都由孔子创造,如《乡饮酒礼》、《乡射礼》,依《论语》、《礼记》所记,孔子时已有。不过编定成文,也许全部出自孔子。因《士丧礼》决是孔子手定。其余也可推定是孔子审定过的,大致不会十分很错吧。

《仪礼》的年代,上文已推定了,以下还要附带讲《仪礼》共有若干篇,今文十七篇是足本否。《汉志》说:"《礼古经》五十六卷,经七十篇。"①什么是《礼古经》呢?《汉志》说:"《礼古经》者,出于鲁淹中,及孔氏,学七十篇文相似,多三十九篇。"②因此,西汉末以后的古文家以为今本《仪礼》十七篇是不完全的,而今文家则以十七篇为足本。那三十九篇的目录,唐《开元礼》登载了。原文至唐后已不存,后人辑出了数十条,因为文体和十七篇不类,惹起多数学者怀疑。至邵懿辰著《礼经通论》便推定是汉人伪造的。今本十七篇所讲的,不外冠、昏、丧、祭、乡、射、朝、聘八种。《礼记》说

---

①　那七十两字已经后人证明是十七的错误。
②　那七十两字也经后人证明是十七的错误。

孔门最重此八礼。可见十七篇是孔门所传。八礼以外的礼，或许从前有亦难讲。如投壶，《小戴礼记》有，如衅庙，《大戴礼记》有。但都是不通行的小节，或是孔门所不传。孔门所传的只是那八种大的礼仪，而那八种不在那十七篇之外。可见十七篇是孔门足本，其余三十九篇是汉儒采撰凑集的，虽然亡佚，不可足惜。有如《孟子》外篇给赵岐删削了，岂不省了读书者许多精神吗？

乙 《周礼》

《周礼》的来历，《汉志》没有说明，只著录了"《周官经》六篇，《周官传》四篇"。也不过附在《礼经》后面。《隋志》可不同，既把《周官经》改名《周官礼》，著录在《仪礼》前头，又说："汉时有李氏得《周官》。《周官》盖周公所制官政之法。上于河间献王，独阙《冬官》一篇，献王购以千金，不得。遂取《考工记》以补其处，合成六篇奏之。至王莽时，刘歆始置博士，以行于世。河南缑氏及杜子春受业于歆，因以教授。是后马融作《周官传》以授郑玄，玄作《周官注》。"大概是根据《汉书·河间献王传》"献王所得书皆古文先秦旧书，《周官》《尚书》……之属"一语。其实献王传的《周官》是否刘歆立博士的《周官礼》还是问题，且不管吧。就是讲《周礼》的来历。也另有不同的说法。贾公彦《序周礼废兴》引马融《传》说："秦……政酷烈，与《周官》相反，故始皇禁挟书，特疾恶，欲绝灭之，搜求焚烧之。独悉，是以隐藏百年。孝武帝始除挟书之律，开献书之路，既出于山岩屋壁，复入于秘府。五家之儒，莫得见焉。至孝成皇帝，达才通人刘向、子歆校理秘书，始得列序，著于录、略。然亡其《冬官》一篇，以《考工记》足之。时众儒并出，共排，以为非是。唯歆独识。……杜子春尚在，……能通其读，颇识其说。郑众、贾逵往受业焉。……"①《序周礼废兴》又说:"《周礼》起于成帝、刘歆,而成于郑玄,附离之者大半。故林孝存以为武帝知《周官》末世渎乱不验之书,故作十论七难以排弃之。何休亦以为六国阴谋之书。"我们看了上面几段话,不免生出许多惊异。一,说起《周官》的来历,有的说在汉武帝时出山岩屋壁间,有的说在汉时有李氏献给河间献王。二,既已出现了,为什么又隐秘不传?既秘隐了,为什么经过百年又出现?三,刘歆表彰这书,为什么众儒要反对?不惟当世,就是东汉百余年的儒者都反对。就是郑玄作注时,还有林孝存、何休要专著一书来反驳。我们看,《周礼》所以能够站得住,保存至今的,郑玄之功最多,他把来摆在《仪礼》前头,但因此,问题便多了。本书总论第三章讲过,中国人最早专著一书攻击伪书的,就是这场公案。林、何辨《周礼》,但一直到最近,孙诒让、章炳麟一派,仍旧相信《周礼》是周公致太平之书。我们带今文家的色彩的人却总是否认的。今文家说《周礼》是刘歆伪造的,我们可以公平点说,非歆自造,也许有所凭借。最近出土的甲骨文,《周礼》有几个字和它的字相近,就如"飙""歔",别书没有,《周礼》和甲骨文都有。因此,拥护《周礼》的人大喜,以为从此无人敢攻击它了。其实这点微小的证据,是不能救"《周礼》是周公所做"一说的命,不过可以减轻刘歆全伪之罪罢了。我说,这书总是战国、秦、汉之间一二人或多数人根据从前短篇讲制度的书,借来发表个人的主张。② 主张也不是平空造出来的,一部分是从前制度,一部分是著者理想。惟其根据从前制度,所以有古书可

① 现在的《后汉书·马融传》没有这段话,这所谓马融《传》,大概是马融的《周官传》。

② 有如黄宗羲的《明夷待访录》。

20世纪儒学研究大系

证。如《左传》所载路馆之制,和它所载相同。但它却又不是全依旧制,觉得要如此如彼做才好,就如孙文的《建国方略》一样。只因它不能完全脱离周俗周制,所以后人说是周公做的。《孟子》和《礼记·王制》说"侯国方百里",《周礼》说"侯国方五百里"。因时代不同,故主张不同。后人不懂,牵合为一,自然讲不通。春秋和战国初的国多地狭,所以侯国只可方百里。战国末,国少地辟,自然侯国可大些了。因此,益知《周礼》是战国以后的书。但刘歆为新莽争国,为自己争霸,添上些去,自然不免,或者有十之一二,好像《左传》一样。我们大概如此看法。所以对于这书,自然不相信是周公的书。若编周公或周代的史,拿来做资料,糟不可言。但拿一部分来分别看做春秋、战国一度通行的制度,看其余一部分为政治学上的理想的建国制度,那是再好不过的。我们不可因其为战国人作、刘歆添,便认为无价值。须知以战国而有此种伟大人才留此种伟大理想在这部《周礼》上,那是我们的光荣,不是我们的污辱。不过我们若认为周公做的,那就反而把它的价值降低,害它成为伪书,岂不冤枉吗?

还要附讲的,就是《考工记》。《隋志》既说汉河间献王以《考工记》补《周礼·冬官篇》,所以今《周礼》前五篇和后篇分明是二部书。《考工记》的年代,向来看做在《周礼》以前,因其文体较古雅些,所叙之事也很结实,没有理想的话。除了迷信周公作《周礼》的人,否则没有不承认这说的。但是到底《考工记》是何时的书呢?有人说是周公的,有人说是西周,有人说是东周初。我都以为非是。我们只要一翻本文,便可知是战国末年的书。它的第一段便说:"粤无镈,燕无函,秦无庐,胡无弓车。"燕是到春秋中叶才和诸侯往来的,秦是到东周初才立国的,粤、胡是到战国末才传名到中国。因此,可知《考工记》是战国末的书,比《周礼》前五篇略早些,决不是孔子以前的。它的本身,向来没有人怀疑。它的可信的程度,比前五篇高得多。汉儒一定要拿来补入《周礼》,真是可笑。

丙　《礼记》

现在讲到"三礼"的最后一种。这种却有二部书,一部是小戴编的,一部是大戴编的,都叫做《礼记》。《礼记》没有真伪问题,总是西汉末刘向时已有的书。另外有小问题,是有三篇说是马融添上去的。已经人研究,并无其事。所以《礼记》全是西汉以前的,而没有东汉以后的东西。说起它的年代,《汉志》说是"七十子后学者所记"。不知是七十子和其后学者呢,还是七十子以后的学者。若依后解,则至戴德、刘歆都是七十子的后学者。它本是一种丛书,多少增减都可,绝对不是一时一人所记。现在的问题是有七十子所记没有?有孔子以前的作品没有?关于后题,《大戴礼记》有一篇《夏小正》,当然是很古的书。但有人说是大禹做的,和《禹贡》一样,那是不对的。《夏小正》上面讲的星象,据历来天文家推算,是在《月令》出书以后才有的,最少也是同时。所以我们不能认《夏小正》是大禹的书。还有前人因夏是朝代名,所以认《夏小正》是夏书。其实夏正建寅,以著《夏小正》的人也主张建寅,所以有此名称,那是我们前文已讲过的。另外,《佚礼》经后人辑出,有和《逸周书》相同的。《逸周书》的年代已是问题,或者有一部分是孔子后学记上的,但《大戴礼记·公冠篇》的颂词乃是汉昭帝行冠礼时做的,不能因其词同《礼记》便认为古礼。故此部分佚礼也有一部分是古礼,而大部分在孔子后。《礼记》的大部分是解释《仪礼》的,自然在《仪礼》之后,那是不成问题。翻回来讲,有没有七十子所记?有多少?《大戴礼记》有《曾子》十篇,《汉志》有《曾子》十八篇,或即同是一书,可认曾子所做。《汉志》又有《子思子》

二十三篇,沈约还看见,说有《中庸》在里头。《小戴礼记》有四篇说是子思做的,许是取自《子思子》。《小戴》的《缁衣》,刘向说是公孙尼子做的。《史记》也说《乐记》是公孙尼子做的。《汉志》有《公孙尼子》二十八篇,六朝还存,许是《礼记》所本。今各书均亡,真伪莫辨。假使都真,则《礼记》这几篇可谓最早。但《曾子》八篇虽存,而《大戴》所载十篇文字浅薄,不似春秋末的曾子所作,反似汉初诸篇,虽题曾子之名,却未敢定。又如《中庸》,沈约说是《子思子》所有,而以思想系统论,当置《孟子》后,文义由崔述考证,也是抄袭《孟子》的。到底《子思子》是否孔子思所作,也是问题。《荀子》被《礼记》采抄的也不少,如《修身篇》、《劝学篇》变成《大戴礼记》的《礼三本篇》与《劝学篇》了。我们信仰荀子不会抄袭别人,而且那二篇的思想也确乎是荀子的思想,可知一定是《礼记》抄自《荀子》,而且又戴上了曾子的帽子。倘使不知底蕴,岂不又把它的年代提前百余年吗?此外,《月令篇》,《吕氏春秋》、《淮南子》都有。文中有太尉字样,太尉是秦官,所以大家认为吕不韦做的。但另有一本太尉写作太封,那又不见得是。这都是小节,有太尉不为后,无太尉不为古,总是战国末世的书。还有《王制》一篇,《经典释文》引卢植说是汉文帝时博士做的;又有人说那篇不是这篇,这篇是周代的制度,汉文那篇大略已见《史记·封禅书》;又有人说这篇的制度和《孟子》说的不同,一定是商代的,更可笑。他们都不知这也是战国末的一种理想的建国方略也。全部《礼记》最末的一篇,许是《大戴》的《公冠》,出汉昭帝时。总论《礼记》几句,它的性质是孔门论礼丛书,它是儒家思想,尤其是礼教思想最发达到细密时的产品。它是七十子的后学,尤其是荀子一派,各记其师长言行,由后仓、戴圣、戴德、庆普等凑集而成的。它的大部分是战国中叶和末叶已陆续出现,小部分是西汉前半期儒者又陆续缀加的。它是一篇一篇可以独立，和上篇下篇没有连络的，和《仪礼》、《周礼》又有点不同。——以上讲《礼记》完，讲"三礼"亦完。

第五章　《春秋》及其三传

《春秋》这书是孔子做的，似乎没有什么问题。孟子说："孔子惧，作《春秋》。""孔子成《春秋》而乱臣贼子惧。"一直到现在，还没有人找到反证，否认这说。因为孔子自有一番意义，口授给门生，后来世代相传，写成文章，所以汉初出了好几部书，现存的还有《公羊传》和《穀梁传》二种。另外西汉末发现一部《左氏春秋》，刘歆说它也是解释《春秋》的，后人合称起来，就叫"三传"。我们现在拿来同时讲。

甲　《春秋》

《春秋》虽是孔子做的，但孔子以前有没有"春秋"这种名词、这种东西呢？《国语》晋悼公十二年，司马侯说："羊舌肸习于《春秋》。"《左传》鲁昭公二年记："韩宣子来聘，……观书于大史氏，见《易象》与《鲁春秋》。"《墨子·明鬼篇》引了周之《春秋》、燕之《春秋》、齐之《春秋》、宋之《春秋》。可见在孔子以前，周、晋、鲁、燕、齐、宋诸国都有《春秋》，其余诸国也许也有。

鲁国从前既有《春秋》，孔子又"因鲁史而作《春秋》"，那何必呢？大概因为从前的《春秋》体裁不同，文辞不好，意义不明，所以孔子才用一番心思去改造。《墨子·明鬼篇》所引的大段故事，说是出自某国《春秋》。我们看来，倒有点像《国语》。每事自为起讫，篇幅很多，和孔子的《春秋》不同。孔子的《春秋》，文章简单，年代明了，许是一种创作，前此没有的。这是一点。《公羊传》鲁庄公七年："不修《春秋》曰：'两星不及地而复。'君子修之曰：'星霣如雨。'"可见不修的《春秋》和已修的《春秋》是不同的。这是二点。《春秋繁露·深察名号篇》极力恭维《春秋》鲁僖公十六年"春王正月戊申朔,陨石于宋五"和"是月,六鹢退飞过宋都"一段的妙笔,虽未引不修的《春秋》原文,但可知孔子笔削是很用心不苟的。这是三点。所以《史记·孔子世家》说:"孔子在位听讼,文辞有可与人共者,弗独有也;至于为《春秋》,笔则笔,削则削,子夏之徒,不能赞一辞。"这当然是实情。

最近,先师康南海先生著《春秋大义微言考》,有一种冒险的计划,想根据《公羊传》的"何也"、"何以书",去推究不修的《春秋》原文如何,来跟孔子的《春秋》比较。如"元年春王正月",依先生说,不修的《春秋》是"一年春一月"。理由是因何休注说:"变一为元者,元者气也。"可知原文是"一"。孔子改一为元,其余也可类推了。凡《公羊传》发了疑问的,就可跟着要改的理由,揣想不修的原文。这种工作是很有趣味的,但因不修《春秋》佚了,先生这种计划能否成功,很难对证。

《孟子》说:"世衰道微,邪说暴行有作,臣弑其君者有之,子弑其父者有之。孔子惧,作《春秋》。《春秋》,天子之事也。孔子成《春秋》而乱臣贼子惧。"《史记·孔子世家》也说:"孔子……乃因史记作《春秋》。……约其文辞而指博。故吴、楚之君自称王,而《春秋》贬之曰'子'。践土之会实召周天子,而《春秋》讳之曰:'天王狩于河阳。'推此类以绳当世。贬损之义,后有王者举而开之。《春秋》之义行,则天下乱臣贼子惧焉。"孔子借《春秋》来发表他的政治思想、哲学思想,是历来儒者所同信的。《孟子》又说:"晋之《乘》、楚之《梼杌》、鲁之《春秋》,一也。其事则齐桓、晋文,其文则史。孔子曰:'其义则某窃取之矣。'"《春秋繁露》、《史记》都说"《春秋》文成数万,其指数千"。可见孔子作《春秋》是有所取义的。那数千义,当然不能入《春秋》本文,只好口授给门弟子。门弟子一代一代,相传下去,到西汉中叶,就先写定了《公羊传》和《穀梁传》。那二传失了孔子原意没有,当然很难担保。但其中总有一半是由孔子以下,一代一代口说相传的。还有的自然是汉儒根据孔子的标准,以意推定,不能说全是孔子原意。现在合并《公羊传》、《春秋繁露》、何休《公羊注》所说的《春秋》大义,也许还有数千。这数千义,有多少是孔子的,很难讲。但最少有一部分乃至一半,若依公羊家的眼光看来,那完全都是孔子的。

丢开《春秋》的大义不讲,就是本文,后来添了没有呢? 今存的《左氏》、《公羊》、《穀梁》三家的经文,大段固然相同,小处的差异可太多了。就是说最后一页吧。《左氏传》是鲁哀公十六年,《公羊》、《穀梁》是鲁哀公十四年,就不同。《左氏传》因孔子死于十六年,想加上孔子死事,所以多添二年。① 最少这二年不是孔子做的,因为孔子的《春秋》到"西狩获麟"就绝笔,是含有深意的。这是一点。又《公羊》、《穀梁》记"襄公二十一年十一月庚戌,孔子生",这当然不是孔子记的,因为他没有做"卿",不配记生死,而且自己也决不会记自己的生死。这是二点。既然可以添上二年或一条,此外添了没有也难说,许有多少是添上去的。——这是讲添的话。

《春秋》完备不完备呢? 有没有残阙呢? 也有问题。司马迁、董仲舒所说的"文成数万",当然是经文的字数。但《春秋》今本只有一万八千多字,还没有数万。董仲舒是传《春秋》的人,司马迁是刻意学《春秋》的人,不致乱说。"万"字又不是讹误的字。那么,《春秋》有阙文,可以知道,可以断定了。又如常有"正月"、"三

---

① 后来宗《左》的说左丘明续经,到底是谁续的,留到下面讲。

月"经文下没有一事。既没有事，又何必记月份？解释者说："《春秋》虽无事，岁首必书。"也许固然如此，也许没有此种体例也难讲。不过，若说《春秋》阙了去，却又难以解释。几时阙的？秦焚已阙犹可说，但董仲舒、司马迁为何说"文成数万"呢？汉代阙的，汉代已是经学昌明之时，若说董仲舒能见的何休不能见，也很讲不通。所以我们又不敢讲《春秋》一定阙了这许多。但提出问题，也很可供大家研究。——这是讲阙的话。

年代问题，开头就已讲明是孔子做的，当然就是孔子时代。但孔子编的书到何时才成功？向来说"绝笔于获麟"。那么，《春秋》是鲁哀公十四年春，B. C. 481 年成书的。① 还有一说，孔子因有获麟的祥瑞才作《春秋》，那可很难相信。因为哀公十六年四月，孔子死了，上距获麟，刚好二年。二年能著成这部书吗？到底搜集史料于鲁史以外有多少，虽然不可确知，《公羊传疏》引纬书说，孔子命子夏等十四人求得百二十国宝书，虽然未能确信，但《春秋》记鲁国以外的事当然不单靠鲁史，当然要搜集外国史，虽未必有百二十国之多，多少总有，一定不是短时期所能整理清楚、二年所能成书的。所以我们比较的还是相信获麟绝笔之说为佳。从此以前不知编了几年，到此有感，或因年老了（七十一岁），或有他因，就搁笔不写下去了。这个相差有限，不过也得讲讲。——《春秋》算是讲完了。

　　乙　《左氏传》

三传在西汉只有二传盛行。汉武帝立《公羊》博士，元帝立《榖梁》博士。哀帝时刘歆才请立《左氏》博士，因群儒反对，到平帝时才成功。西汉一般解释《春秋》的人都说"《左氏》不传《春

---

　① 这是公羊家说。

秋》"。刘歆引传文以解经,极力表彰,和群儒起了一场恶战。到东汉以后,《左氏》的价值一天一天比《公羊》、《穀梁》高了。现先讲《左氏》。

西汉末,群儒和刘歆一派的争辩,后人叫它"今古文之争"。群儒是今文家,刘歆是古文家,竟成经学界二个派别,二千年一大公案。后来的今文家对于《左氏》和刘歆起了种种的猜疑。有的说,《春秋左氏传》整个的由刘歆伪造;有的说,《左氏》本名《春秋》,不是《春秋传》;有的说,本来只有《国语》,刘歆从《国语》分出《左传》来。清儒自庄存与、刘申受起,到康南海先生和崔适,对于这问题都各有深入的研究。现在懒得称引他们的著作了。据我看,《左氏》和《国语》的体裁和文章都各不相同,并无割裂的痕迹。从战国到西汉末称引《左氏》的不止一书,可见《左氏》不是刘歆伪造或从《国语》分出来的。现在且分二层讲。

一、《左氏》是何时何人做的。

二、成书以后有人增窜否。

《左氏》的作者,向来都认为孔子弟子左丘明。刘歆还说:"左丘明好恶与圣人同,亲见夫子。而《公羊》、《穀梁》在七十子后。传闻之与亲见之,其详略不同。"其实所谓左丘明是姓左名丘明呢,还是姓左丘名明呢,也还是只有左姓丘名的人而并没有左丘明,都还难说,且不管罢。就是承认有左丘明这个人,也还有问题。《论语》上孔子曰:"巧言,令色,足恭,左丘明耻之,丘亦耻之。匿怨而友其人,左丘明耻之,丘亦耻之。"这种语气,决不是先生对于学生说的,倒很像晚辈敬仰先辈说的。和"述而不作,信而好古,窃比于我老彭"一样,就是说不是先辈是学生罢,也不是年轻的学生,一定是老成高辈,和颜路、曾点一流,岁数和孔子不相上下。况且《史记·仲尼弟子列传》又没有左丘明这人。说左丘明是孔子的学生恐怕就是从刘歆起罢,且也不管他。左丘明假定做了《左氏》,那么,记事应该到孔子死时为止,因为他的年纪寿命不能比孔子多多少。现在的《左氏传》怎么呢?鲁悼公、赵襄子的谥法已给他知道了。赵襄子比鲁悼公死得更晚一点,是周威烈王元年,B.C.425 年,上距孔子死时已五十四年了,和孔子年纪不相上下的左丘明到此时还能生存著述吗?——这可见《左氏》不是左丘明做的。

还有一点。《左氏》记的预言和卜卦,没有不奇中的。预言本不稀奇,对于某种现象有锐敏的观察者常常能猜中将来的现象。如《孟子》说:"由今之道,无变今之俗,虽与之天下,不能一朝居也。"后来秦始皇得了天下,果然不久即亡。这也可说是政治家的预言奇中,但未必十拿九稳罢。如孔子说:"天下有道,则礼乐征伐自天子出;天下无道,则礼乐征伐自诸侯出。自诸侯出,盖十世希不失矣;自大夫出,五世希不失矣;陪臣执国命,三世希不失矣。……禄之去公室五世矣,政逮于大夫四世矣,故夫三桓之子孙微矣。"这段话可失中了。自孔子死后百四十年鲁国才灭亡,三桓的子孙握鲁政还过了四五世。我们看《左氏》怎么样?几乎有言必中。如襄公二十九年季札聘齐,谓"齐国之政将有所归"。适晋见韩、赵、魏三卿,说"晋其萃于三族乎?"齐王孱弱,田氏专横,锐敏的政治家也许能够预料将来的结果;晋国则六卿并列,中行、范、智三卿最强,韩、魏、赵还是弱族,季札怎么有这么大的本领可以断言韩、赵、魏必有晋国呢?像这种符验的预言,比烧饼歌还灵得多,政治家不见得有这么一会事吧。卜卦的灵验更高过一切。如庄公二十二年,记"懿氏卜妻敬仲,其妻占之,曰:'吉。是谓……有妫之后,将育于姜。五世其昌,至于正卿。八世之后,莫之与京。'"后来一点不差,无论如何迷信的人也不能不动疑。这当然是后史喜带小说的有趣味的叙述,看见三家握晋政,田氏将篡齐,乐得说些开心的故事,来点染点染。或许田氏和三家那时已造成了祖宗光荣的事迹,后史便采用,也未可知。总之,不是本有的事。但我们却因此知道《左氏》这书是当三家将分晋,田氏将篡齐而未成功时的产品。三家分晋比田氏篡齐早一点,是 B. C. 403 年。做《左氏》的似乎没有看到三家分晋,所以《左氏》成书至迟不过 B. C. 402 年,即周威烈王二十三年。

清华研究院有一位同学卫聚贤君,研究《左氏》很有发明,我已酌量采用了。还有一种最重要的发明,就是"左氏"二字的解法。他说是地名,不是人名,不是姓。《韩非子·外储说》说吴起是卫国左氏人,《战国策》也有左氏这地名。《别录》说吴起曾传《左氏》,卫君因此断定《左氏》这书因吴起是左氏人所以才名"左氏",并不是因作者姓左才名"左氏"。假定这说不错,书果由地得名,果因吴起传下,那么,《左氏》成书总在吴起生前。吴起是周安王二十一年,B. C. 381 年死的,那么,就是放弃前段的主张,《左氏》也一定是 B. C. 381 年以前做成的,不能在此年以后。

《左氏》是什么时候才通行的呢?晋太康二年,汲郡人发魏襄王冢,得了许多书,其中有《师春》一篇,书《左传》诸卜筮。据此,可见当魏襄王生前,《左氏》已通行了,所以《师春》才可以得来抄撮。魏襄王是周赧王十九年,B. C. 296 年死的,可见《左氏》至迟到此时已通行了。——总缩上面几段,可以说《左氏》成书大约在 B. C. 425 至 403 这二十余年间,通行是在 B. C. 296 年以前。至于到底是什么人做的,卫君说是子夏。不能武断,最多只能说有可能性。

关于第一问题,《左氏》的年代大概已如上决定了。但今本《左传》是当日《左氏》原本否?那当然不是。给后人增窜上去的,不知有多少哩！如文公十三年，士会归晋一段，末尾有"其处者为刘氏"一语，上面分明说"秦人归其孥"，怎么又有处者呢？据后人考定，那时还没有刘氏，到刘邦得天下，才认尧为祖、士会为宗。《左氏》这句许是汉人加上去的。战国初年的作者不见得会恭维刘氏皇帝，给他拉拢阔祖宗吧。

但这还是小节，最主要的是"《左氏》不传《春秋》"的问题。今本《左传》如"不书即位，摄也"一类解经的话是真是假，今文古文之争全在这点。《汉书·刘歆传》明说："初，《左氏传》多古字古言，学者通训故而已。及歆治《左氏》，引传文以解经，转相发明，由是章句、义理备焉。"从前《左氏》并不解经，到刘歆才引以解经。其实《左氏》是一部独立的真书，依仿孔子《春秋》而作，并非呆板的和《公羊》、《穀梁》一样。它上面记的事，有的比《春秋》早数十年，有的比《春秋》迟数十年。尤其是叙晋的事，它和《春秋》对勘，有的事彼有此无，有的事彼无此反很详。可见《左氏》全是单行的、独立的、有价值的史书，绝对不传《春秋》。那些解经的话是刘歆捣的鬼。他想战胜他父亲一派的今文家，所以找一部和《春秋》无关，在西汉无人读习的书，添上些解经的话，来压倒《公羊》、《穀梁》二家。后人不察，大半给他蒙过了。有些激烈的今文家，又说《左传》全是刘歆伪造的。我们折衷的说，不承认刘歆伪造《左传》之说，而断定《左氏》是战国初年人做的。我们一面要知道《左氏》在史学上有非常的价值，欲研究春秋情形，非善读此书不可，不可因它有后人增窜的句子就贬损它的价值；一面也不能相信刘歆、杜预这些人的话，说左丘明禀承孔子的意思，作传以绍《春秋》。假使我们把解经的或假添的钩去（经过很细密的考证以后），那么，《左氏》是一部真书。

最后，《左氏》的书名也得讲清楚。现在通称《左传》，其实绝对不是原名。原名只是《左氏春秋》,和孔子的《春秋》、《虞氏春秋》、《吕氏春秋》一样,自成一家之言。孔子可作《春秋》,虞氏可作《春秋》,吕氏可作《春秋》,战国初年 B. C. 425 至 403 年间的作者也可作《春秋》。《春秋左氏传》是刘歆杜撰的名词,《左传》是后人的简称。所以,现在《左传》这部书是真的(真中也有些伪)。《左传》这个名词是假的。

《公羊传》、《穀梁传》的时代。以立学官的次第而论,《公羊》在前,《穀梁》在后。这二部书,什么时候才写成?作者据说是公羊高、穀梁赤。这二人是什么时候的人,都很难定。《孟子》有公明高,"明"、"羊"同韵,有人说是一人,也是揣测之辞。公羊是否高,穀梁是否赤,二书是否高、赤做的,似乎都不是。现在《公羊传》有"公羊子曰",《穀梁传》有"穀梁子曰"的句子,可见书是公羊子、穀梁子以后成的。公羊子、穀梁子又未明说是赤、是高,可见向来说是赤、高所作,也未必可信。《公羊传》又有尸子,《汉志》有尸佼,是否一人? 若是一人,则《公羊传》成于商鞅之后。大约《公羊》是齐派,《穀梁》是鲁派。自孔子以后就各自口说流传,至汉乃垂之竹帛。本来西汉以前的儒者传经,多是口说的,但《公》、《穀》为什么不早垂竹帛,要到汉代才写出书来?据那些传经者说,因为孔子在《春秋》上暗中常常褒贬当世,不方便用笔写出,所以告诉他的弟子,弟子世代口传。但不写出的理由不必因有所褒贬,或者弟子当孔子作《春秋》时听得些零碎的见解和主张,记在心里,传给他们自己的弟子,于是辗转口传。至若干年后,才觉得有写出的必要。这自在情理之中。至于《公》、《穀》所讲的话,到底对不对,那还是问题。《左氏》固然不传《春秋》,《公》、《穀》就能不失孔子本意吗? 我们看《公》、《穀》不是一个时代的产品,自孔子以后,一直到汉武帝宣帝时,历代儒者各有一点见解渗透在里,积累得太多了,有一二人把它写成一部编年解经的书。所以二家都说是孔子口授的,却是彼此常常矛盾冲突的缘故。就是因为后儒各有一点见解渗透在里,我们懂得这点,看见董仲舒的《春秋繁露》、何休的《公羊注》,和《公羊传》、《穀梁传》常有大同小异,才不会惊奇,才不是此非彼。关于《公羊传》、《穀梁传》的真伪和年代问题的解答,可以总绾一句,无所谓真伪,因为都不是一人做的。至于年代从 B.C.481 年至 B.C.136 年,凡三百余年才写定成书,也不要确实指出什么年代。我们知道是孔门后学对于《春秋》研究的成绩大全就够了。

（《古书真伪及其年代》节选）

梁启超（1873—1929）,字卓如、任甫,号任公,又号饮冰室主人,广东新会人。早年考取秀才、举人。后会试落第,曾参与发动公车上书,主办《万国公报》（不久改称《中外纪闻》）,主编《时务报》,又任湖南长沙时务学堂总教习,参与戊戌变法。变法失败后赴日本,创办《清议报》、《新民丛报》。1912 年归国,曾任北京政府司法总长、币制局总裁、财政总长兼盐务局督办,参与组织共学社,并在南开大学、东南大学、北京大学等校任教。后为清华国学研究院导师,京师图书馆、北京图书馆馆长。著有《读书分月课程》、《中国佛教史》、《清代学术概论》、《孔子》、《墨子学案》、《中国历史研究法》及其补编、《先秦政治思想史》、《中国近三百年学术史》、《要籍解题及其读法》、《中国之美文及其历史》、《古书真伪及其年代》、《儒家哲学》等。有《饮冰室合集》行世。

　　《古书真伪及其年代》有关经书部分认为,《易经》出现于周初,《易传》中除《彖》、《象》外几乎都与孔子无关,而是出自孔门后学。《尚书》中,今本《古文尚书》乃后人伪作,今文二十八篇中除前四篇乃周人追述,其他则是商周作品。《诗经》是古书中最可信的,是周初到孔子生时五百年间的产物。《仪礼》成于东周,或出于孔子之手。《周礼》成于战国秦汉之间。作为孔门论礼丛书的《礼记》,大部分陆续出现于战国中后期,小部分为西汉前半期儒者陆续缀加。《春秋》为孔子所作,《左传》大约成书于公元前425—前403年间,并非伪书,只是不传《春秋》,《公羊传》、《穀梁传》则是从公元前481—前136年,凡三百余年才写定成书,无所谓真伪。

经学概论·总论

王 国 维

孔子以前,有《易》、《书》、《诗》、《礼》、《乐》、《春秋》诸书,而未有经名。《礼记》有《经解篇》,其所举之经凡六,曰:"温柔敦厚,《诗》教也;疏通知远,《书》教也;广博易良,《乐》教也;絜静精微,《易》教也;恭俭庄敬,《礼》教也;属辞比事,《春秋》教也。"此篇记以为孔子之言,虽未必然,要不失为七十子后学之说。《庄子·天下篇》亦云:"《诗》以道志,《书》以道事,《礼》以道行,《乐》以道和,《易》以道阴阳,《春秋》以道名分。"其所述者,盖儒家之恒言。是战国时,"六经"之名,固已确立矣。此"六经"中,《诗》、《书》、《礼》、《乐》皆古代之遗文。百家诸子,多称《诗》、《书》,《礼》、《乐》独为儒家所传。荀子屡云:"隆《礼》、《乐》,而杀《诗》、《书》。"庄子云:"其在《诗》、《书》、《礼》、《乐》者,邹鲁之士,缙绅先生,多能明之。"《易》为卜筮之书,《春秋》为鲁国史,孔子以前,其行世不及《诗》、《书》、《礼》、《乐》之广。儒家以孔子赞《易》,修《春秋》,遂尊之为经。故《诗》、《书》、《礼》、《乐》者,古代之公学,亦儒家之外学也。《易》、《春秋》者,儒家之专学,亦其内学也。其尊之为"经"者,以皆孔子手定之故。儒家谓孔子删《诗》、《书》,定《礼》、《乐》,赞《周易》,修《春秋》,以经圣人手定,故谓之"经"。"六经"亦谓之"六艺"。汉初,《乐经》先亡,故又称"五经"。古所谓"经",皆不出此六者。其余孔子之言,为门人所记者,如《论语》、《孝经》,均不在"六经"数,二书汉人皆谓之"传"。《尔雅》为释经之书,亦传之一也。《孟子》则与《荀子》并在诸子之列。其后《周官》、《礼记》以附于《礼》而称经,《左传》、《公羊》、《穀梁传》,以附于《春秋》而称经。唐以后,遂有"九经"之目,而《论语》、《孝经》、《尔雅》则谓之"三传",盖犹承汉人之旧。宋儒自《礼记》中别出《大学》、《中庸》,与《论语》、《孟子》并称"四书",亦犹汉人呼《论语》、《孝经》为传之意。然汉人于石经未刊《论语》。唐石经中并刊《论语》、《孝经》、《尔雅》,蜀人补刊蜀石经,并及《孟子》。宋元以后,又有"十二经"、"十三经"之目。于是古人所谓"传",皆得"经"名。然其初,本谓孔子手定之书,不可不知也。其所以谓之"经"者:经者,常也,谓可为后世常法者也。故诸子百家目其先师之书,亦谓之"经"。如墨家,有《墨经》;道家,谓老子之书为《道德经》;医家,谓《神农本草》为《本草经》,《黄帝素问》为《内经》。其余小小方技,如相牛、相马之属,亦各有经。甚至茶谱谓之《茶经》,酒谱谓之《酒经》,皆谓其先师之书,足以常为后世程式者,其与儒家称孔子之书为"经"之意,固不相远。故今可得下"经"之定义曰:经者,孔子手定之书,足为后世常法也。

(选自孙常〔叙晓〕《经学概论笺证》)

王国维（1877—1927）,初名国桢,字伯隅、静庵(安),号人间、礼堂、观堂、永观,浙江海宁人。早年乡试未中,后东渡日本留学,入东京物理学校。回国后曾任南通师范学堂教员、江苏师范学堂教习、学部图书馆编译等。辛亥革命后曾移居日本。回国寓居上海后,曾为哈同编《学术丛编》,并任圣仓明智大学教授,后兼北京大学研究所国学门通讯导师。赴北京后曾任清华国学研究院导师。著有《曲录》、《宋元戏曲考》、《人间词话》、《观堂集林》、《古史新证》等。有《海宁王静安先生遗书》、《王国维先生全集》等行世。

《经学概论·总论》约撰于1920年,文中强调,六经中大都为古代遗文,孔子以前已有其书,只是未有经名。儒家尊之为经,是因为其书后曾由孔子手定,且足可为后世常法。诸子百家甚至小小方技目其先师之书,亦谓之经,与儒家称孔子手定之书为经,其意固不相远。

孔 子 略 传

胡 适

　　孔丘,字仲尼,鲁国人。生于周灵王二十一年(西历纪元前551),死于周敬王四十一年(西历纪元前479)。他一生的行事,大概中国人也都知道,不消一一的叙述了。他曾见过老子。大概此事在孔子三十四岁之后。

　　孔子本是一个实行的政治家。他曾做过鲁国的司空,又做过司寇。鲁定公十年,孔子以司寇的资格,做定公的傧相,和齐侯会于夹谷,很替鲁国争得些面子。后来因为他的政策不行,所以把官丢了,去周游列国。他在国外游了十三年,也不曾遇有行道的机会。到了六十八岁回到鲁国,专做著述的事业。把古代的官书,删成《尚书》;把古今的诗歌,删存三百多篇;还订定了礼书、乐书。孔子晚年最喜《周易》,那时的《周易》不过是六十四条卦辞和三百八十四条爻辞。孔子把他的心得,做成了六十四条卦象传,三百八十四条爻象传,六十四条象辞。后人又把他的杂说纂辑成书,便是《系辞传》、《文言》。这两种之中,已有许多话是后人胡乱加入的,如《文言》中论四德的一段。此外还有《杂卦》、《序卦》、《说卦》,更靠不住了。除了删《诗》、《书》,定《礼》、《乐》之外,孔子还作了一部《春秋》。孔子自己说他是"述而不作"的。所以《诗》、《书》、《礼》、《乐》都是他删定的,不是自己著作的。就是《易经》的诸传,也是根据原有的《周易》作的,就是《春秋》也是根据鲁国的史记作的。

此外还有许多书,名为是孔子作的,其实都是后人依托的,例如一部《孝经》,称孔子为"仲尼",称曾参为"曾子",又夹许多"《诗》云"、"子曰",可见决不是孔子做的。《孝经钩命诀》说的"吾志在《春秋》,行在《孝经》"的话,也是汉人假造的诳语,决不可信。

一部《论语》虽不是孔子做的,却极可靠,极有用。这书大概是孔门弟子的弟子们所记孔子及孔门诸子的谈话议论。研究孔子学说的人,须用这书和《易传》、《春秋》两书参考互证,此外便不可全信了。

孔子本有志于政治改良,所以他说:

> 苟有用我者,期月而已可也。三年有成。

又说:

> 如有用我者,吾其为东周乎!

后来他见时势不合,没有政治改良的机会,所以专心教育,要想从教育上收效。他深信教育功效最大,所以说"有教无类",又说"性相近也,习相远也"。《史记》说他的弟子有三千之多。这话虽不知真假,但是他教学几十年,周游几十国,他的弟子必定不少。

孔子的性情德行,是不用细述的了。我且引他自己说自己的话:

> 饭疏食,饮水,曲肱而枕之,乐亦在其中矣。不义而富且贵,于我如浮云。

这话虽不大像"食不厌精,脍不厌细","席不正不坐","割不正不食"的人的口气,却很可想见孔子的为人。他又说他自己道:

> 其为人也,发愤忘食,乐以忘忧,不知老之将至云尔。

这是何等精神!《论语》说:

> 子路宿于石门,晨门曰:"奚自?"子路曰:"自孔氏。"曰:
> "是知其不可而为之者欤?"

"知其不可而为之"七个字写出一个孳孳恳恳终身不倦的志士。

(《中国哲学史大纲》〔卷上〕节选)

胡适(1891—1962),原名嗣穈,学名洪骍,后改名适,字适之。祖籍安徽绩溪,生于上海。早年肄业上海中国公学,后留学美国,先后就读于康乃尔大学和哥伦比亚大学。1917年回国,曾任北京大学教授、文学院长兼中文系主任、校长,中国公学校长,中国驻美大使等。1948年当选中央研究院院士。1949年赴美定居,1958年就任台湾中央研究院院长。著有《中国哲学史大纲》、《胡适文存》、《古代中国逻辑方法之进化》(英文,中文版题为《先秦名学史》)、《戴东原的哲学》、《白话文学史》、《中国中古文学史长编》、《胡适论学近著》、《中国章回小说考证》等,有《胡适文集》、《胡适学术文集》等行世。

《孔子传略》节选于《中国哲学史大纲》卷上,文中认为孔子述而不作,《诗》、《书》、《礼》、《乐》都是孔子删定的,不是自己著作的。孔子晚年最喜《周易》,并将自己的心得做成《彖传》、《象传》。后人又将孔子的杂说纂辑成书,便是《系辞》、《文言》,其中已有后人加入的成分,《杂卦》、《序卦》、《说卦》则更靠不住了。《春秋》是孔子根据鲁国史记作的。

谈谈《诗经》

胡 适

《诗经》在中国文学上的位置,谁也知道,它是世界最古的有价值的文学的一部,这是全世界公认的。

《诗经》有十三国的国风,只没有《楚风》。在表面上看来,湖北这个地方,在《诗经》里,似乎不能占一个位置。但近来一般学者的主张,《诗经》里面是有《楚风》的,不过没有把它叫做《楚风》,叫它做《周南》、《召南》罢了。所以我们可以说,《周南》、《召南》就是《诗经》里面的《楚风》。

我们说《周南》、《召南》就是《楚风》,这有什么证据呢?这是有证据的。我们试看看《周南》、《召南》,就可以找着许多提及江水、汉水、汝水的地方。像"汉之广矣","江之永矣","遵彼汝坟"这类的句子,想大家都是记得的。汉水、江水、汝水流域不是后来所谓"楚"的疆域吗?所以我们可以说《周南》、《召南》大半是《诗经》里面的《楚风》了。

《诗经》既有《楚风》,我们在这里谈《诗经》,也就是欣赏"本地风光"。

我觉得用新的科学方法来研究古代的东西,确能得着很有趣味的效果。一字的古音,一字的古义,都应该拿正当的方法去研究的。在今日研究古书,方法最要紧;同样的方法可以收同样的效果。我今天讲《诗经》,也是贡献一点我个人研究古书的方法。在我未讲研究《诗经》的方法以前,先讲讲对于《诗经》的几个基本的概念。

(一)《诗经》不是一部经典。从前的人把这部《诗经》都看得非常神圣,说它是一部经典,我们现在要打破这个观念;假如这个观念不能打破,《诗经》简直可以不研究了。因为《诗经》并不是一部圣经,确实是一部古代歌谣的总集,可以做社会史的材料,可以做政治史的材料,可以做文化史的材料。万不可说它是一部神圣经典。

(二)孔子并没有删《诗》,"诗三百篇"本是一个成语。从前的人都说孔子删《诗》、《书》,说孔子把《诗经》删去十分之九,只留下十分之一。照这样看起来,原有的《诗》应该是三千首。这个话是不对的。唐朝的孔颖达也说孔子的删《诗》是一件不可靠的事体。假如原有三千首诗,真的删去了二千七百首,那在《左传》及其它的古书里面所引的诗应该有许多是三百篇以外的,但是古书里面所引的诗不是三百篇以内的虽说有几首,却少得非常。大概前人说孔子删《诗》的话是不可相信的了。

(三)《诗经》不是一个时代辑成的。《诗经》里面的诗是慢慢的收集起来,成现在这么样的一本集子。最古的是《周颂》,次古的是《大雅》,再迟一点的是《小雅》,最迟的就是《商颂》、《鲁颂》、《国风》了。《大雅》、《小雅》里有一部分是当时的卿大夫做的,有几首并有作者的主名;《大雅》收集在前,《小雅》收集在后。《国风》是各地散传的歌谣,由古人收集起来的。这些歌谣产生的时候大概很古,但收集的时候却很晚了。我们研究《诗经》里面的文法和内容,可以说《诗经》里面包含的时期约在六七百年的上下。所以我们应该知道,《诗经》不是哪一个人辑的,也不是哪一个人做的。

（四）《诗经》的解释。《诗经》到了汉朝，真变成了一部经典。《诗经》里面描写的那些男女恋爱的事体，在那班道学先生看起来，似乎不大雅观，于是对于这些自然的有生命的文学不得不另加种种附会的解释。所以汉朝的齐、鲁、韩三家对于《诗经》都加上许多的附会，讲得非常的神秘。明是一首男女的恋歌，他们故意说是歌颂谁，讽刺谁的。《诗经》到了这个时代，简直变成了一部神圣的经典了。这种事情，中外大概都是相同的，像那本《旧约全书》的里面，也含有许多的诗歌和男女恋爱的故事，但在欧洲中古时代也曾被教会的学者加上许多迂腐穿凿的解说，使他们不违背中古神学。后起的《毛诗》对于《诗经》的解释又把从前的都推翻了，另找了一些历史上的——《左传》里面的事情——证据，来做一种新的解释。《毛诗》研究《诗经》的见解比齐、鲁、韩三家确实是要高明一点，所以《毛诗》渐渐打倒了三家诗，成为独霸的权威。我们现在读的还是《毛诗》。到了东汉，郑康成读《诗》的见解比毛公又要高明。所以到了唐朝，大凡研究《诗经》的人都是拿毛传、郑笺做底子。到了宋朝，出了郑樵和朱子，他们研究《诗经》，又打破毛公的附会，由他们自己作解释。他们这种态度，比唐朝又不同一点，另外成了一种宋代说《诗》的风气。清朝讲学的人都是崇拜汉学，反对宋学的，他们对于考据训诂是有特别的研究，但是没有什么特殊的见解。他们以为宋学是不及汉学的，因为汉在一千七八百年以前，宋只在七八百年以前。殊不知汉人的思想比宋人的确要迂腐的多呢！但在那个时候研究《诗经》的人，确实出了几个比汉宋都要高明的，如著《诗经通论》的姚际恒，著《读风偶识》的崔述，著《诗经原始》的方玉润，他们都大胆地推翻汉宋的腐旧的见解，研究《诗经》里面的字句和内容。照这样看起来，二千年来《诗经》的研究实是一代比一代进步的了。

《诗经》的研究,虽说是进步的,但是都不彻底,大半是推翻这部,附会那部;推翻那部,附会这部。我看对于《诗经》的研究想要彻底的改革,恐怕还在我们呢!我们应该拿起我们的新的眼光,好的方法,多的材料,去大胆地细心地研究;我相信我们研究的效果比前人又可圆满一点了。这是我们应取的态度,也是我们应尽的责任。

上面把我对于《诗经》的概念说了一个大概,现在要谈到《诗经》具体的研究了。研究《诗经》大约不外下面这两条路:

(第一)训诂　用小心的精密的科学的方法,来做一种新的训诂工夫,对于《诗经》的文字和文法上都重新下注解。

(第二)解题　大胆地推翻二千年来积下来的附会的见解;完全用社会学的,历史的,文学的眼光重新给每一首诗下个解释。

所以我们研究《诗经》,关于一句一字,都要用小心的科学的方法去研究;关于一首诗的用意,要大胆地推翻前人的附会,自己有一种新的见解。

现在让我先讲了方法,再来讲到训诂罢。

清朝的学者最注意训诂,如戴震、胡承珙、陈奂、马瑞辰等等,凡他们关于《诗经》的训诂著作,我们都应该看的。戴震有两个高足弟子,一是金坛段玉裁,一是高邮王念孙及其子引之,都有很重要的著作,可为我们参考的。如段注《说文解字》,念孙所作《读书杂志》、《广雅疏证》等;尤其是引之所作的《经义述闻》、《经传释词》,对于《诗经》更有很深的见解,方法亦比较要算周密得多。

前人研究《诗经》都不讲文法,说来说去,终得不着一个切实而明了的解释,并且越讲越把本义搅昏昧了。清代的学者,对于文法就晓得用比较、归纳的方法来研究。

如"终风且暴",前人注是——终风,终日风也。但清代王念孙父子把"终风且暴"来比较"终温且惠"、"终窭且贫",就可知"终"字应当作"既"字解。有了这一个方法,自然我们无论碰到何种困难地方,只要把它归纳、比较起来,就一目了然了。

《诗经》中常用的"言"字是很难解的。汉人解作"我"字,自是不通的。王念孙父子知道"言"字的语词,却也说不出他的文法作用来。我也曾应用这个比较归纳的方法,把《诗经》中含有"言"字的句子抄集起来,便知"言"字究竟是如何的用法了。

我们试看:

> 彤弓弨兮,受言藏之。
>
> 驾言出游。
>
> 陟彼南山,言采其蕨。

这些例里,"言"字皆用在两个动词之间。"受而藏之","驾而出游",……岂不很明白清楚?(看我的《诗三百篇言字解》,十三版《胡适文存》页三三五——三四〇)

苏东坡有一首"日日出东门"诗,上文说"步寻东城游",下文又说"驾言写我忧"。他错看了《诗经》"驾言出游,以写我忧"的"驾言"二字,以为"驾言"只是一种语助词。所以章子厚笑他说:"前步而后驾,何其上下纷纷也!"

上面是把虚字当作代名词的。再有把地名当作动词的,如"胥"本来是一个地名。古人解为"胥,相也",这也是错了。我且举几个例来证明。《大雅·笃公刘》一篇有"于胥斯原"一句,毛传说:"胥,相也。"郑笺说:"相此原地以居民。"但我们细看此诗共分三大段,写公刘经营的三个地方,三个地方的写法是一致的:

(1)于胥斯原。

(2)于京斯依。

(3)于邠斯馆。

我们比较这三句的文法,就可以明白,"胥"是一个地方的名称,假使有今日的标点符号,只要打一个"——"儿就明白了。《绵》篇中说太王"爱及姜女,聿来胥宇",也是这个地方。

还有那个"于"字在《诗经》里面,更是一个很发生问题的东西。汉人也把它解错了,他们解为"于,往也"。例如《周南·桃夭》的"之子于归",他们误解为"之子往归"。这样一解,已经太牵强了,但还勉强解得过去;若把它和别的句子比较起来解释,如《周南·葛覃》的"黄鸟于飞"解为"黄鸟往飞",《大雅·卷阿》的"凤凰于飞"解为"凤凰往飞",《邶风·燕燕》的"燕燕于飞"解为"燕燕往飞",这不是不通吗? 那末,究竟要怎样解释才对呢? 我可以说,"于"字等于"焉"字,作"于是"解。"焉"字用在内动词的后面,作"于是"解,这是人人可懂的。但在上古文法里,这种文法是倒装的。"归焉"成了"于归";"飞焉"成了"于飞"。"黄鸟于飞"解为"黄鸟在那儿飞","凤凰于飞"解为"凤凰在那儿飞","燕燕于飞"解为"燕燕在那儿飞",这样一解就可通了。

我们谁都认得"以"字。但这"以"字也有问题。如《召南·采蘩》说:

于以采蘩? 于沼于沚。于以用之,公侯之事。
于以采蘩? 于涧之中。于以用之? 公侯之宫。

这些句法明明是上一句问,下一句答。"于以"即是"在哪儿?","以"字等于"何"字。(这个"以"字解为"哪儿?",我的朋友杨遇夫先生有详说)

在哪儿采蘩呢? 在沼在沚。又在哪儿用呢? 用在公侯之事。

在哪儿采蘩呢? 在涧之中。又在哪儿用呢? 用在公侯之宫。

像这样解释的时候,谁也说是通顺的了。又如《邶风·击鼓》"于以求之?于林之下",解为"在哪儿去求呢?在林之下"。所以"于以求之"的下面,只要标一个问号(?),就一目了然了。

《诗经》中的"维"字,也很费解。这个"维"字,在《诗经》里面约有二百多个。从前的人都把它解错了。我觉得这个"维"字有好几种用法。最普通的一种是应作"呵、呀"的感叹词解。老子《道德经》也说"唯之与阿,相去几何?"可见"唯"、"维"本来与"阿"相近。如《召南·鹊巢》的:

维鹊有巢,维鸠居之。维鹊有巢,维鸠方之。

若拿"呵"字来解释这一个"维"字,那就是"呵,鹊有巢!呵,鸠去住了!"此外的例,如"维此文王"即是"呵,这文王!""维此王季"即是"呵,这王季!"你们记得人家读祭文,开首总是"维,中华民国十有四年"。"维"字应顿一顿,解作"呵"字。

我希望大家对于《诗经》的文法细心地做一番精密的研究,要一字一句地把它归纳和比较起来,才能领略《诗经》里面真正的意义。清朝的学者费了不少的时间,终究得不着圆满的结果,也就是因为他们缺少文法上的知识和虚字的研究。

上面已把研究《诗经》训诂的方法约略谈过,现在要谈到《诗经》每首诗的用意如何,应怎样解释才对,便到第二条路所谓解题了。

这一部《诗经》已经被前人闹得乌烟瘴气,莫名其妙了。诗是人的性情的自然表现,必有所感,要怎样写就怎样写,所谓"诗言志"是。《诗经·国风》多是男女感情的描写,一般经学家多把这种普遍真挚的作品勉强拿来安到什么文王、武王的历史上去;一部活泼泼的文学因为他们这种牵强的解释,便把它的真意完全失掉,这是很可痛惜的！譬如《郑风》二十一篇,有四分之三是爱情诗,《毛诗》却认《郑风》与男女问题有关的诗只有五六篇,如《鸡鸣》、《野有蔓草》等。说来倒是我的同乡朱子高明多了,他已认《郑风》多是男女相悦淫奔的诗,但他亦多荒谬。《关雎》明明是男性思恋女性不得的诗,他却在《诗集传》里说什么"文王生有圣德,又得圣女姒氏以为之配",把这首情感真挚的诗解得僵直不成样了。

好多人说《关雎》是新婚诗,亦不对。《关雎》完全是一首求爱诗,他求之不得,便寤寐思服,辗转反侧,这里描写他的相思苦情;他用了种种勾引女子的手段,友以琴瑟,乐以钟鼓,这完全是初民时代的社会风俗,并没有什么希奇。意大利、西班牙有几个地方,至今男子在女子的窗下弹琴唱歌,取欢于女子。至今中国的苗民还保存这种风俗。

《野有死麕》的诗,也同样是男子勾引女子的诗。初民社会的女子多欢喜男子有力能打野兽,故第一章:"野有死麕,白茅包之",写出男子打死野麕,包以献女子的情形。"有女怀春,吉士诱之",便写出他的用意了。此种求婚献野兽的风俗,至今有许多地方的蛮族还保存着。

《嘒彼小星》一诗,好像是写妓女生活的最古记载。我们试看《老残游记》,可见黄河流域的妓女送铺盖上店陪客人的情形。再看原文:

嘒彼小星,三五在东。肃肃宵征,夙夜在公。实命不同。
嘒彼小星,维参与昴。肃肃宵征,抱衾与裯。实命不犹。
我们看她抱衾裯以宵征,就可知道她的职业生活了。

《芣苢》诗没有多深的意思,是一首民歌,我们读了可以想见一群女子,当着光天丽日之下,在旷野中采芣苢,一边采,一边歌。看原文:

采采芣苢，薄言采之。采采芣苢，薄言有之。

采采芣苢，薄言掇之。采采芣苢，薄言捋之。

采采芣苢，薄言袺之。采采芣苢，薄言襭之。

《著》诗，是一个新婚女子出来的时候叫男子暂候，看看她自己装饰好了没有，显出了一种很艳丽细腻的情景。原文：

俟我于著乎而？充耳以素乎而？尚之以琼华乎而？

俟我于堂乎而？充耳以黄乎而？尚之以琼英乎而？

我们试曼声读这些诗，是何等情景？唐代朱庆余上张水部有一首诗，妙有这种情致。诗云：

洞房昨夜停红烛，

待晓堂前拜舅姑。

妆罢低声问夫婿，

"画眉深浅入时无？"

你们想想，这两篇诗的情景是不是很相像。

总而言之，你要懂得《诗经》的文字和文法，必须要用归纳、比较的方法；你要懂得三百篇中每一首的题旨，必须撇开一切毛传、郑笺、朱注等等，自己去细细涵咏原文。但你必须多备一些参考、比较的材料，你必须多研究民俗学、社会学、文学、史学。你的比较材料越多，你就会觉得《诗经》越有趣味了。

（录自《胡适论学近著》）

《谈谈〈诗经〉》认为，《诗经》并非神圣经典，而是一部古代歌谣总集，它不是一个时代辑成的，孔子也并未删《诗》。《诗经》变成圣经是在汉代。要懂得三百篇中每一首的题旨，必须撇开毛传、郑笺、朱注等，自己去细细涵咏原文。

《诗经》在春秋战国间的地位

顾　颉　刚

　　《诗经》这一部书,可以算做中国所有的书籍中最有价值的;里边载的诗,有的已经二千余年了,有的已经三千年了。我们要找春秋时人以至西周时人的作品,只有它是比较的最完全,而且最可靠。我们要研究文学和史学,都离不掉它。它经过了二三千年,本质还没有损坏,这是何等可喜的事!我们承受了这份遗产,又应该何等的宝贵它!

　　《诗经》是一部文学书,这句话对现在人说,自然是没有一个人不承认的。我们既知道它是一部文学书,就应该用文学的眼光去批评它,用文学书的惯例去注释它,才是正办。不过我们要说"《诗经》是一部文学书"一句话很容易,而要实做批评和注释的事却难之又难。这为什么?因为二千年来的《诗》学专家闹得太不成样子了,它的真相全给这一辈人弄糊涂了。譬如一座高碑,矗立在野里,日子久了,蔓草和葛藤盘满了。在蔓草和葛藤的感觉里,只知道它是一件可以附着蔓延的东西,决不知道是一座碑。我们从远处看见,就知道它是一座碑;走到近处,看着它的形式和周围的遗迹,猜测它的年代,又知道它是一座有价值的古碑。我们既知道它是一座有价值的古碑,自然就要走得更近,去看碑上的文字;不幸蔓草和葛藤满满的攀着,挡住了我们的视线;只在空隙里看见几个字,知道上面刻的是些什么字体罢了。我们若是讲金石学的,一定求知的欲望更迫切了,想立刻把这些纠缠不清的藤萝斩除了去。但这些藤萝已经经过了很久的岁月,要斩除它,真是费事的很。等到斩除的工作做完了,这座碑的真面目就透露出来了。

我做这篇文字,很希望自己做一番斩除的工作,把战国以来对于《诗经》的乱说都肃清了。不过像我这般力弱,能够达到我的愿望与否实在不敢说定。但无论如何,总可以使得蔓草和葛藤减少一点,因为摘去几瓣大的叶,斩断几条嫩的枝,虽是力弱的人,只要肯做,也是做得到的。

我写这篇文字的动机,最早是感受汉儒《诗》学的刺激,觉得这种的附会委实要不得。后来看到宋儒、清儒的《诗》学,觉得里边也有危险。我久想做一篇文字,说明《诗经》在历来儒者手里玩弄,好久蒙着真相,并且屡屡碰到危险的"厄运",和虽是一重重的经历险境,到底流传到现在,有真相大明于世的希望的"幸运"。我关于这个问题,聚的材料已经不少了,但我心中觉得不满足,自己问道:

历来的经学家为什么定要把《诗经》弄坏呢?

他们少数人闹,为什么大家不出来反对,反而灭没了自己的理性去盲从他们呢?

我因为要解答这一类问题,就想把《诗经》在它的发生时代——周代——中的位置考查一下,看出:

没有《诗经》以前,这些诗是怎么样的?

那时人对于它们的态度是怎么样的?

汉代经学家的荒谬思想的来源是在何处?

为什么会有这种荒谬思想的来源?

因此,我把春秋、战国时关于"诗"与"乐"的记载抄出了多少条,比较看来,果然得一近理的解释。这篇的前五章,就是说明这一点意思。

我做这件工作时最感困难的,便是取材的胆怯。因为除了《诗经》本身以外,凡要取来证成《诗经》的差不多没有一部书籍完全可靠。《尚书》固是一部古书,但即在完整的《今文尚书》中,文体的不同也是很显著的事实。试把《周书》一部分翻开来看,《大诰》、《康诰》等是一组,《无逸》、《金滕》等又是一组:上一组诘屈聱牙,不容易懂;下一组便文义明白,一目了然。我们若是承认诘屈聱牙的是真西周文字,便不得不承认文义明白的是非西周文字,因为处于同一的时代而有截然差异的两种文体,是不会有的事(除了后世人的摹古)。我们就是让步到极顶,也只能说出于后来史官的追记。出于追记,即是得之传闻,不一定可靠。《左传》和《国语》固是记载春秋时事最详细的,但做书人的态度既不忠实,并且他确是生在战国时的,这部书又经过了汉儒的几番窜乱,可靠的程度也是很低。《仪礼》是记载周代礼节最详细的,但礼节这等的繁缛,物品这等的奢华,决不是“先进野人”之风,恐是春秋末年或战国初期的出品。《论语》是记载孔子的言行最详细的,但说及曾子的死,至少出于孔子的再传弟子所记,也是战国初期的出品。《礼记》更后了,大部分是西汉人所作,这是可以把汉人的记载证明的。我们要研究春秋时人对于《诗经》的态度,却不得不取材于战国时乃至汉代的记载,这确实的程度已经打了折扣;何况春秋时人对于《诗》有种种的应用,而战国时人只有说话中偶尔引到,别的地方就用不着了,我们能保证他们的记载没有隔膜与错误吗?所以我作此文,为说明计,不得不取材于上几书,而取材时总是使得心中起了怯弱的感觉。

我对于自己的安慰和对于读者的请求,只有把这些书上记的事实不看作固定的某一事,而看作流动的某一类事的动作状况。譬如我们作宋史,决不能把《水浒传》里的故事插了进去;但我们要知道宋代的强盗状况,便觉得《水浒传》中材料甚多。如徽宗时何以四方盗起? 这些强盗是如何结合的? 他们的目的怎样? 行为怎样? 言语怎样? 这种问题,《水浒传》中很能解释。宋江、卢俊义等的本身事实,《水浒传》中写的固是不会确,但像《水浒传》中所写宋江、卢俊义等经历的背景,必然有在世上。我们要知道的是社会状况,而小说上写的正是社会状况。这些社会状况,除了小说竟寻不到记载;小说上的记载又描写得入情入理。我们怀了一个探看背景的愿望,对于小说的记载,不取它的记事而专取它的背景,似乎不致大谬。我这文中所引的故事,请大家也把这等的眼光去看罢!

我惭愧我的学浅;我大胆发布这篇文字,只是给求真的欲望所逼迫,希望洗刷出《诗经》的真相。我能不能达到这个希望固不可知,但我总愿意向着这方面走。所有错误及漏略的地方,请大家指正!

一　传说中的诗人与诗本事

古人比现在人欢喜唱歌。现在的知识阶级发抒情感,做的是诗词,写在纸上,只读不唱;非知识阶级发抒情感,唱的是山歌,很少写在纸上,也没有人注意。古人不是这样:知识阶级做的是诗,非知识阶级做的也是诗;非知识阶级做的诗可以唱,知识阶级做的诗也可以唱。所以古人唱在口里的歌诗,一定比现在人多。那时的音乐又很普及,所唱的歌诗,入乐的自然不少。这三百多篇诗的《诗经》,就是入乐的诗的一部总集。我们看了这部书,可以知道古代诗歌的一点样子;但当时的诗歌我们见不到的依然很多,因为作诗的人是无穷的,做出来的诗篇也是无穷的,没有收入《诗经》的真不知有多少。试看古书所记:

公入而赋:"大隧之中,其乐也融融。"姜出而赋:"大隧之外,其乐也泄泄。"(《左传》隐公元年)

郑……伐宋,宋华元……御之;……宋师败绩,囚华元。……宋人以兵车百乘,文马百驷,以赎华元于郑。半入,华元逃归。……宋城,华元为植,巡功。城者讴曰:"睅其目,皤其腹,弃甲而复! 于思,于思,弃甲复来!"使其骖乘谓之曰:"牛则有皮,犀兕尚多;弃甲则那!"役人曰:"从其有皮,丹漆若何?"华元曰:"去之! 夫其口众,我寡。"(《左传》宣公二年)

邾人、莒人伐鄫。臧纥救鄫,侵邾,败于狐骀。……国人诵之曰:"臧之狐裘,败我于狐骀! 我君小子,朱儒是使! 朱儒,朱儒,使我败于邾。"(《左传》襄公四年)

子产从政一年,舆人诵之曰:"取我衣冠而褚之;取我田畴而伍之! 孰杀子产? 吾其与之!"及三年,又诵之曰:"我有子弟,子产诲之;我有田畴,子产殖之。子产而死,谁其嗣之!"(《左传》襄公三十年)

晋侯以齐侯宴,中行穆子相。投壶,晋侯先。穆子曰:"有酒如淮,有肉如坻。寡君中此,为诸侯师!"中之。齐侯举矢,曰:"有酒如渑,有肉如陵。寡人中此,与君代兴!"亦中之。(《左传》昭公十二年)

南蒯……将适费,饮乡人酒,乡人或歌之曰:"我有圃,生之杞乎? 从我者子乎? 去我者鄙乎? 倍其邻者耻乎? 已乎! 已乎! 非吾党之士乎?"(《左传》昭公十二年)

惠公入而背外内之赂。舆人诵之曰:"佞之见佞,果丧其

田。许之见诈,果丧其赂。得之而狃,终逢其咎。丧田不惩,祸乱其兴!"(《国语·晋语三》)

楚狂接舆歌而过孔子曰:"凤兮!凤兮!何德之衰?往者不可谏;来者犹可追。已而!已而!今之从政者殆而!"(《论语·微子》)

有孺子歌曰:"沧浪之水清兮,可以濯我缨。沧浪之水浊兮,可以濯我足。"(《孟子·离娄》)

这都是随口唱歌,并没有音乐的辅助的。这一类的"徒歌",当时不知有多少首,但现在传下来的只有千万分之一了。《诗经》中一半是这类的歌,给人随口唱出来的;乐工听到了,替它们各各的制了谱,便得变成"乐歌",可以复奏,才会传到各处去,成为风行一时的诗歌。假使当时没有被乐工采去,不久也就自然的消灭了。

要问《诗经》上许多诗篇做的人是谁,这个问句可是没法回答。不必说这些诗篇没有记事的引子,便看主于记事的《左传》,也只说"城者"、"国人"、"舆人"、"乡人",没有指定姓名。不必说记载古事的《左传》,便看现在最流行的乐歌,《四季相思》、《孟姜女寻夫》、《小黑驴》,真可以说风靡一时了,但试问是哪一个人做的,有人能回报出来吗?不必说没有书籍记载的歌曲,便看书上记得明白的诗篇,也有同样的疑惑。《古诗十九首》,《文选》上全没有作者的姓名,《玉台新咏》上把九首归到枚乘名下,到底是不是枚乘所作,我们能断定吗?"庭院深深"的一阕《蝶恋花》,到底是冯延巳做的,还是欧阳修做的,我们能弄明白吗?《四时读书乐》是元代翁森做的,但一般人算做朱熹了。这种传误,年代还是相近。最可笑的,"黎明即起"的一篇《治家格言》,是明末朱用纯做的,因为他姓朱,所以大家算做四百年前的朱熹,称为《朱子家训》。实在一首诗文只要传诵得普遍了,对于作者和本事的传说一定失了真相。《诗经》是一部古代极流行的诗歌,当然逃不了这个公例。所以我们对于《诗经》的作者和本事,决不能要求知道得清楚,因为这些事已经没有法子可以知道清楚了。

《诗经》里有在诗中自己说出作者名姓的,如:

> 家父作诵,以究王讻。(《小雅·节南山》)
>
> 寺人孟子,作为此诗。(《小雅·巷伯》)
>
> 吉甫作诵,其诗孔硕。(《大雅·崧高》)
>
> 吉甫作诵,穆如清风。(《大雅·烝民》)

又有虽不说出作者,但把作诗的缘故自己说出来的,如:

> 维是褊心,是以为刺。(《魏风·葛屦》)
>
> 作此好歌,以极反侧。(《小雅·何人斯》)
>
> 君子作歌,维以告哀。(《小雅·四月》)
>
> 王欲玉女,是用大谏。(《大雅·民劳》)

又有虽没有把作诗的缘故说出来,但文义明白,看了便可知道的,如:

> 蔽芾甘棠,勿剪,勿败! 召伯所憩。(《召南·甘棠》)

这首诗的意思一看就明白:作诗的人一定是很尊敬召伯的,所以召伯曾经休息过的甘棠就劝人不要去斫伐伤损。这类的诗很多,不必列举。

以上三类自然是最靠得住;次之就是古书中的记载。但古书的可靠程度就低了几等,因为传说中的事实是未必一定准的。如:

> 武王既丧,管叔及其群弟乃流言于国曰:“公将不利于孺子!”周公乃告二公曰:“我之弗辟,我无以告我先王!”周公居东二年,则罪人斯得。于后,公乃为诗以贻王,名之曰《鸱鸮》。(《尚书·金縢》)

我们试打开《豳风·鸱鸮》篇来一证,它的原文是:

> 鸱鸮！鸱鸮！既取我子，无毁我室：恩斯，勤斯，鬻子之闵斯！
>
> 迨天之未阴雨，彻彼桑土，绸缪牖户：今女下民或敢侮予！
>
> 予手拮据，予所捋荼，予所蓄租，予口卒瘏，曰予未有室家！
>
> 予羽谯谯，予尾翛翛，予室翘翘，风雨所漂摇：予维音哓哓！

这是一个人借了禽鸟的悲鸣来发泄自己的伤感。它的大意是先对鸱鸮说："鸱鸮，我养育这儿子不容易，你既然把它取了去，再不要来拆毁我的房子了！"再转过来对下面站着的人道："在天好的时候，把房子造坚固了，你们就不能来欺侮我了！"又自己悲伤道："我为了这所房子，做得这等劳苦，我的毛羽坏了，我的房子又在风吹雨打之中，危险得很，使我不得不极叫了！"读了这首诗，很可见得这是做诗的人在忧患之中发出的悲音。说周公在避居时做的，原也很像；但这话应在"管叔流言"时说的，不应在"罪人斯得"后说的，《金縢》篇所记即使是真，也有时间的错误。况且诗上并没有确实说出是周公，《金縢》篇也不像西周时的文体，我们决不能轻易承认。再看《孟子·公孙丑》篇称引这诗"迨天之未阴雨"几句，便连引孔子的话道："为此诗者，其知道乎？"孟子引来的孔子固是靠不住，但至少可说是孟子的意思。孔子、孟子都是最喜欢称道周公的，为什么只说这诗的作者大概是一个"知道"的人，而不说是周公，好像他们并没有读过《金縢》篇的样子呢？在这种种疑点之下，我们对于《鸱鸮》一诗的作者，依然不能指定。

《左传》上关于《诗经》的记事也有好几则。说出作诗的人的，有许穆夫人作《载驰》一事：

> 狄人伐卫，……卫师败绩，遂灭卫。……初，惠公之即位

也少,齐人使昭伯烝于宣姜,……生齐子、戴公、文公、宋桓夫人、许穆夫人。……及败,……卫之遗民男女七百有三十人,益之以共、滕之民为五千人,立戴公以庐于曹。许穆夫人赋《载驰》。(《左传》闵公二年)

我们翻出《鄘风·载驰》篇来看,第一章说的是:

载驰载驱,归唁卫侯。驱马悠悠,言至于漕(即曹)。大夫跋涉,我心则忧。

这一定是卫国有难,所以去唁了。第三章说的是:

女子善怀,亦各有行。许人尤之,众稚且狂。

可见去唁卫侯的是女子,而且这女子是和许国有关系的。要不是《左传》看了《诗经》去造事实,这段记载可以算得可靠。

又有几首诗,《左传》上虽没有说出作者但说及它的本事的,如:

秦伯任好卒,以子车氏之三子——奄息、仲行、鍼虎——为殉,皆秦之良也。国人哀之,为之赋《黄鸟》。(《左传》文公六年)

这件事在诗上已经写得明明白白:

交交黄鸟,止于棘。谁从穆公?子车奄息(下二章云:"子车仲行","子车鍼虎")。维此奄息,百夫之特。临其穴,惴惴其栗。彼苍者天,歼我良人!如可赎兮,人百其身!

这当然可以无疑了。又如:

卫庄公娶于齐东宫得臣之妹,曰庄姜,美而无子;卫人所为赋《硕人》也。(《左传》隐公三年)

我们翻开《卫风·硕人》篇来看,第一章说的是她的家世:

硕人其颀,衣锦褧衣。齐侯之子,卫侯之妻,东宫之妹,邢侯之姨,谭公维私。

第二章说的是她的容貌：

> 手如柔荑，肤如凝脂，领如蝤蛴，齿如瓠犀，螓首蛾眉，巧
> 笑倩兮，美目盼兮。

这也说得很相符合。要不是做《左传》的人依据了《诗经》去附会，这首诗的来源也可信了。又如：

> 郑人恶高克，使帅师次于河上；久而弗召，师溃而归。高
> 克奔陈。郑人为之赋《清人》。

这句话就有些相信不过了，因为诗上说：

> 清人在彭，驷介旁旁。二矛重英，河上乎翱翔。

写的只是武士游观之乐，全没有"弗召"及"师溃"的意思。这句话是真是假，没有证据可以判断；只能作为一个悬案。

我们审定这种材料所以严一点，并不是不愿意知道做诗的事实，实在不愿意做苟且的信从，把自己来欺骗；更不愿意对于古人有轻忽诬蔑的举动，使得他们原来的样子由我们弄糊涂了。汉代的经学家因为要显出自己的聪明，硬把三百篇的故事制造齐备，结果徒然闹了许多笑话。实在不但汉代人不能知道，连春秋、战国间人也不能知道。试看《国语》上说：

> 襄王十三年，郑人伐滑。王使游孙伯请滑；郑人执之。王
> 怒，将以狄伐郑。富辰谏曰："不可！……周文公之诗曰：'兄
> 弟阋于墙，外御其侮。'若是，则阋乃内侮，而虽阋不败亲也。
> ……"（《周语中》）

照它这样说，《常棣》一诗是周公做的。再看《左传》上：

> 郑伯……不听王命……王怒，将以狄伐郑。富辰谏曰：
> "不可！……召穆公思周德之不类，故纠合宗族于成周而作
> 诗曰：'常棣之华，鄂不韡韡。凡今之人，莫如兄弟。'其四章
> 曰：'兄弟阋于墙，外御其侮。'如是，则兄弟虽有小忿，不废懿

亲。……"(《左传》僖公二十四年)

看了这一段,《常棣》一诗又是召穆公做的了。这首诗到底是周文公做的,还是召穆公做的,还是一个无名的人做的?富辰说的到底是哪一人?《国语》与《左传》的记载到底是哪一种靠得住?我们对于这些问题都是回答不来的了!

我们对于三百篇的作者和本事,并不希望有一个完满的回答,因为没有人可以回答,单是空空的希望也是无益的。至于我们为了不知道做诗的本事,就此不懂得诗篇的内容,也无足羞惭,因为这不是我们的过失,只是古人没有把材料给与我们。

二　周代人的用诗

我们要看出《诗经》的真相,最应研究的就是周代人对于"诗"的态度。《诗经》里有许多祝神敬祖的诗,有许多燕乐嘉宾的诗,有许多男女言情的诗,又有许多流离疾苦的诗。这许多诗为什么会聚集在一处?这许多诗如何会流传下来?这许多诗何以周代人很看重它?要解释这种问题,就不得不研究那时人所以"用诗"的是怎样。

要说用诗的方法,先说作诗的缘故。

作诗方面,大致有两种:一种是平民唱出来的,一种是贵族做出来的。平民唱出来,只要发泄自己的感情,不管它的用处;贵族做出来,是为了各方面的应用。《国风》的大部分,都是采取平民的歌谣。这在《诗经》本身上很可看出,如:

> 谁谓雀无角,何以穿我屋?谁谓女无家,何以速我狱?虽速我狱,室家不足!(《召南·行露》)

这明明是受了损害之后说出的气愤话,决不是乐工或士大夫定做出来供应用的。至于：

> 螽斯羽,诜诜兮;宜尔子孙振振兮!(《周南·螽斯》)

> 桃之夭夭,灼灼其华;之子于归,宜其室家。(《周南·桃夭》)

这分明是定做出来的颂辞了。在大、小《雅》里,采的民谣是少数(如《我行其野》、《谷风》等),而为了应用去做的占多数(如《鹿鸣》、《文王》等)。《颂》里便没有民谣了。民谣的作者随着心中要说的话说去,并不希望他的作品入乐,乐工替它谱了乐章,原意也只希望贵族听了,得到一点民众的味儿,并没有专门的应用;但贵族听得长久了,自然也会把它使用了。凡是定做出来的,都由于应用上的需要而来。如：

> 呦呦鹿鸣,食野之蘋。我有嘉宾,鼓瑟吹笙。吹笙鼓簧,承筐是将。人之好我,示我周行!(《小雅·鹿鸣》)

这是很恭敬的对宾客说的一番话,是为宴宾而做的诗。又如：

> 有客宿宿,有客信信。言授之絷,以絷其马。(《周颂·有客》)

> 皎皎白驹,食我场藿;絷之维之,以永今夕。所谓伊人,于焉嘉客。(《小雅·白驹》)

这是很真挚的留客人多住几天的话,也是为嘉宾而做的诗。又如：

> 王命申伯:"式是南邦,因是谢人,以作尔庸。"王命召伯:"彻申伯土田。"王命傅御:"迁其私人。"(《大雅·崧高》)

这是周王锡命申伯的话,篇末说明吉甫作了这首诗赠与申伯的,是为庆贺而做的诗。又如：

> 王命南仲:"往城于方。"出车彭彭,旂旐央央。"天子命我,城彼朔方。"赫赫南仲,狁于襄!(《小雅·出车》)

这是记南仲的功绩,或是为了慰劳南仲而在他凯旋时做的诗。这种的事一时也说不尽。总之,这些诗都是为了应用而做的。

为了应用而做的诗,和采来的诗而应用它的,大概可以分做四种用法:一是典礼,二是讽谏,三是赋诗,四是言语。诗用在典礼与讽谏上,是它本身固有的应用;用在赋诗与言语上,是引伸出来的应用。引伸出来的应用,全看用诗的人如何,而不在诗的本身如何。

典礼的种类很多,所以用诗的方面也很多;最宽广的分类可以分成两种:对于神的是祭祀,对于人的是宴会。

祭祀的诗,看《诗经》本身就很明白。如《小雅·楚茨》说祭祀的样子详细极了,且有工祝祝颂的说话,我们可以决定它是一首祭祀时应用的诗。原文如下:

> 楚楚者茨,言抽其棘。自昔何为,我艺黍稷。我黍与与,我稷翼翼。我仓既盈,我庾维亿。以为酒食,以飨,以祀,以妥,以侑,以介景福。

> 济济跄跄,絜尔牛羊。以往烝尝:或剥,或亨,或肆,或将。祝祭于祊,祀事孔明。先祖是皇,神保是飨。孝孙有庆:报以介福,万寿无疆!

> 执爨踖踖,为俎孔硕:或燔,或炙,君妇莫莫。为豆孔庶,为宾,为客。献酬交错:礼仪卒度,笑语卒获。神保是格;报以介福,万寿攸酢!

> 我孔熯矣,或礼莫愆。工祝致告,徂赉孝孙:"苾芬孝祀,神嗜饮食,卜尔百福,如几、如式!"既齐,既稷,既匡,既敕:"永锡尔极,时万时亿!"

> 礼仪既备,钟鼓既戒,孝孙徂位,工祝致告。神具醉止,皇尸载起。鼓钟送尸,神保聿归。诸宰君妇,废彻不迟。诸父兄弟,备言燕私。

> 乐具入奏,以绥后禄。尔殽既将,莫怨具庆。既醉既饱,
> 小大稽首:"神嗜饮食,使君寿考! 孔惠孔时,维其尽之。子
> 子孙孙,勿替引之!"

这一首诗把祭祀的原因,祭祀时的状况,祭祀后宾客的祝颂,原原
本本的都写出了。我们可以假定:这诗是依了祭祀手续的时间逐
次奏的。但这诗上虽说"钟鼓既戒","乐具入奏",而奏乐的样子
还没有叙述完备。把奏乐的样子叙述完备的,有《周颂》的《有
瞽》。

> 有瞽有瞽,在周之庭,设业设虡,崇牙树羽,应、田、县鼓,
> 鼗、磬、柷圉,既备乃奏,箫管备举。喤喤厥声,肃雍和鸣。先
> 祖是听! ⋯⋯

又如《商颂》的《那》,亦与上首略同:

> 猗与那与,置我鼗鼓;奏鼓简简,衎我烈祖。汤孙奏假,绥
> 我思成。鼗鼓渊渊,嘒嘒管声;既和且平,依我磬声。於赫汤
> 孙,穆穆厥声! 庸鼓有斁,《万舞》有奕。⋯⋯

在这上,可见祭祀用诗,是"乐"、"歌"、"舞"三事同时合作的。阮
元有一篇《释颂》是很好的解释:

> "颂"字即"容"字也。故《说文》"颂,皃也"。⋯⋯"容"
> "养"、"羕"一声之转。⋯⋯今世俗传之样字⋯⋯从"颂、容、
> 羕"转变而来。⋯⋯所谓《商颂》、《周颂》、《鲁颂》者,若曰
> "商之样子"、"周之样子"、"鲁之样子"而已。

> 何以三《颂》有样而《风》、《雅》无样也?《风》、《雅》但弦
> 歌笙间,宾主及歌者皆不必因此而为舞容;惟三《颂》各章皆
> 是舞容,故称为"颂",若元以后戏曲,歌者、舞者与乐器全动
> 作也。《风》、《雅》则但若南宋人之歌词、弹词而已,不必鼓舞
> 以应铿锵之节也。⋯⋯

大概颂是乐诗中用得最郑重的,不是很大的典礼不轻易用;最大的典礼莫过于祭祀,所以颂几乎完全用在祭祀上。

用在宴会的各种典礼上的诗也是很多,我们上面举的《鹿鸣》、《白驹》、《有客》、《崧高》都是。《仪礼》上《乡饮酒礼》、《燕礼》、《乡射礼》、《大射仪》各篇,都有乐工歌诗的记载。今举《乡饮酒礼》的一节:

> 设席于堂廉,东上。工四人,二瑟;瑟先。相者二人,皆左何瑟,后首,挎越,内弦,右手相。乐正先升,立于西阶东。工入,升自西阶,北面坐。相者东面坐,遂授瑟,仍降。工歌《鹿鸣》、《四牡》、《皇皇者华》。……
>
> 笙入,堂下磬南。北面立:乐《南陔》、《白华》、《华黍》。……
>
> 乃间歌《鱼丽》,笙《由庚》;歌《南有嘉鱼》,笙《崇丘》;歌《南山有台》,笙《由仪》。
>
> 乃合乐:〔周南〕《关雎》、《葛覃》、《卷耳》;〔召南〕《鹊巢》、《采蘩》、《采蘋》。
>
> 工告于乐正曰:"正歌备。"乐正告于宾,乃降。

这一篇写奏乐的程序清楚极了。

宴会时各种游艺也是用乐诗做节制的。如投壶:

> 司射进度壶,间以二矢半,反位,设中东面,执人算,兴。……命弦者曰:"请奏《狸首》,间若一。"太师曰:"诺。"左右告矢具,请拾投。……(《礼记·投壶》)

又如会射:

> 故射者进退周还必中礼。内志正,外体直,然后持弓矢审固;持弓矢审固,然后可以言中。此可以观德行矣。其节:天子以《驺虞》为节;诸侯以《狸首》为节;卿大夫以《采蘋》为

节;士以《采蘩》为节。……是以诸侯君臣尽志于射以习礼乐。……诗曰:"曾孙侯氏,四正具举。大夫、君子,凡以庶士,小大莫处,御于君所:以燕,以射,则燕,则誉。"言君臣相与尽志于射,以习礼乐,则安则誉也。(《礼记·射义》)①

这种种乐诗的应用,无非使得宴会中增高欢乐的程度,和帮助礼节的进行。现在乐诗虽失传,宴会中的歌唱侑酒,行礼时的作乐,正和古人的意思是一样的。

讽谏方面,《左传》与《国语》都屡次说起。如:

自王以下,各有父兄子弟以补察其政:史为书,瞽为诗,工诵箴谏,大夫规诲,士传言,庶人谤。(《左传》襄公十四年,师旷语)

故天子听政,使公卿至于列士献诗,瞽献曲,史献书,师箴,瞍赋,矇诵,百工谏,庶人传语,近臣尽规,亲戚补察,瞽史教诲;耆艾修之,而后王斟酌焉。是以事行而不悖。(《国语·周语上》,邵公谏厉王语)

吾闻古之王者,政德既成,又听于民,于是乎使工诵谏于朝,在列者献诗,使勿兜;风听胪言于市,辨袄祥于谣,考百事于朝,问谤誉于路:有邪而正之,尽戒之术也。先王疾是骄也!(《国语·晋语六》,范文子戒赵文子语)

从这几则看,可见公卿列士的讽谏是特地做了献上去的;庶人的批评是给官吏打听到了告诵上去的。我们看《诗经》中也有这事的痕迹,如:

好人提提,宛然左辟,佩其象揥。维是褊心,是以为刺!(《魏风·葛屦》)

_____

① 《狸首》一诗已亡,有人说"曾孙侯氏"一首即是《狸首》。

> 昊天不平；我王不宁。不惩其心，覆怨其正。家父作诵，
> 以究王讻。式讹尔心，以畜万邦。(《小雅·节南山》)

> 为鬼为蜮，则不可得。有腼面目，视人罔极。作此好歌，
> 以极反侧！(《小雅·何人斯》)

他们作诗的宗旨，为了要去讥刺好人的褊心，要去穷究国王昏乱的
缘故，要去穷究他人的反侧之心。固是这种骂人的诗未必直接送
与所骂的人看，但若别人听到了，转达与所骂的人，也可以促成他
的反省。所谓"师箴，瞍赋，矇诵"，就是要使瞎子乐工做转达的
人。再看上面引的城者对华元的讴，舆人对子产的诵，乡人对南蒯
的歌，也是"庶人谤"的一类。

所可怪的，《左传》记了二百六十年的事，不曾见过"献诗，献
曲，师箴，瞍赋"的记载。只有楚国左史倚相口里说起一件故事是
这一类的，但是西周的事：

> 昔穆王欲肆其心，周行天下，将皆必有车辙马迹焉。祭公
> 谋父作《祈招》之诗以止王心，王是以获没于祗宫。……其诗
> 曰："祈招之愔愔，式昭德音。思我王度：式如玉，式如金，形
> 民之力而无醉饱之心。"(《左传》昭公十二年)

《国语》上也有一段故事：

> 昔卫武公年数九十有五矣，犹箴儆于国，曰："自卿以下，
> 至于师长士，苟在朝者，无谓我老耄而舍我；必恭恪于朝，朝夕
> 以交戒我；闻一二之言，必诵志而纳之以训导我！"在舆有旅
> 贲之规，位宁有官师之典，倚几有诵训之谏，居寝有亵御之箴，
> 临事有瞽史之导，宴居有师工之诵；史不失书，矇不失诵，以训
> 御之。于是呼作《懿戒》以自儆也。(《楚语上》)

这两段事即使可靠，也都是春秋以前的事。恐怕这种事在春秋前
很多，而在春秋时就很少了。我所以不敢说春秋时绝无的话，因为

看《诗经》中如：

> 心之忧矣，如或结之！今兹之正，胡然厉矣！燎之方扬，宁或灭之！赫赫宗周，褒姒灭之！（《小雅·正月》）

> 周宗即灭，靡所止戾。正大夫离居，莫知我勚。三事、大夫，莫肯夙夜。邦君、诸侯，莫肯朝夕。庶曰式臧，覆出为恶！（《小雅·雨无正》）

这种诗都很长，很有组织，意义完全为了警戒与规劝，可以断定虽士大夫为了讽谏而做的。诗中又有"周宗既灭"一类的字样，当然是东周的士大夫做的。可见东周时这类的风气还没有歇绝。但这类的诗都在大、小《雅》中，大、小《雅》是王朝的诗，或者献诗诵谏的事是王朝所独有，也未可知。《左传》既不注意王朝，自然没有这类的记载。至于列国，本只有"庶人谤"的徒歌，所以《左传》、《国语》所记舆人之诵等都是很简短的；又没有给乐工收入乐府，三百篇中就见不到了。

赋诗是交换情意的一件事。他们在宴会中，各人拣了一首合意的乐诗叫乐工唱，使得自己对于对方的情意在诗里表出；对方也是这等的回答。这件事《左传》上记得最多，那时士大夫也是看得最重。往往因为一个人不合于这个礼节，就给别人瞧不起；凶一点就闹起来。如：

> 宋华定来聘，……公享之，为赋《蓼萧》；弗知，又不答赋。昭子曰："必亡！宴语之不怀，宠光之不宣，令德之不知，同福之不受，将何以在！"（《左传》昭公十二年）

这已经骂得够受的了；再看下面一件事：

> 晋侯与诸侯宴于温，使诸大夫舞，曰："歌诗必类。"齐高厚之诗不类。荀偃怒，且曰："诸侯有异志矣！"使诸大夫盟高厚。高厚逃归。于是叔孙豹、晋荀偃、宋向戌、卫宁殖、郑公孙

蛮、小邾之大夫盟曰:"同讨不庭!"(《左传》襄公十六年)
这不是因了赋诗的小事闯出一场大祸吗!因为那时看赋诗的关系
这等样重,所以在宴会时选择人才很是要紧的事。如《左传》记晋
公子重耳到秦国:

> 他日,公享之。子犯曰:"吾不如衰之文也,请使衰从。"
> 公子赋《河水》;公赋《六月》。赵衰曰:"重耳拜赐。"公子降
> 拜稽首;公降一级而辞焉。衰曰:"君称所以佐天子者命重
> 耳,重耳敢不拜!"(《左传》僖公二十三年)

子犯因为不及赵衰会说话,所以推荐了赵衰陪了重耳;果然秦穆公
赋了《六月》,赵衰就叫重耳拜赐了。所以要拜赐的缘故,因为《六
月》篇是周宣王命尹吉甫帅师伐狎狁的事,诗上有"王于出征,以
佐天子"的话,秦穆公赋它,是表示他对于重耳的一番期望,所以
重耳应该拜谢他的厚意。可见宴会赋诗是要主宾互相称美和祝
颂,使得各人的好意从歌诗里表显出来;同时要受的方面知道赋诗
的人的好意,表显出受诗以后的快乐和谦谢。再看下一事:

> 晋侯使韩宣子来聘,……公享之。季武子赋《绵》之卒
> 章。韩子赋《角弓》;季武子拜曰:"敢拜子之弥缝敝邑,寡君
> 有望矣!"……既享,宴于季氏,有嘉树焉,宣子誉(游也)之。
> 武子曰:"宿敢不封殖此树,以无忘《角弓》!"遂赋《甘棠》。
> 宣子曰:"起不堪也!无以及召公。"(《左传》昭公二年)

这一段写当时俯仰揖让的样子真是活现在眼前。季武子赋《绵》
的末章,是赞美韩宣子的懂道理和有能力。《角弓》说"兄弟昏姻,
无胥远矣",所以季武子拜谢他联络两国的美意。《甘棠》拿召公
来比韩宣子,更是即景生情的佳话。宾主到了这步田地,实在是会
交际啊!
　　现在再把《左传》里两次最有名的赋诗抄在下面:

郑伯享赵孟于垂陇；子展、伯有、子西、子产、子大叔、二子
石从。赵孟曰："七子从君，以宠武也：请皆赋以卒君贶；武亦
以观七子之志。"子展赋《草虫》，赵孟曰："善哉，民之主也！
抑武也不足以当之。"伯有赋《鹑之贲贲》，赵孟曰："床笫之言
不逾阈，况在野乎！非使人之所得闻也！"子西赋《黍苗》之四
章，赵孟曰："寡君在，武何能焉！"子产赋《隰桑》，赵孟曰："武
请受其卒章。"子大叔赋《野有蔓草》，赵孟曰："吾子之惠也！"
印段赋《蟋蟀》，赵孟曰："善哉，保家之主也！吾有望矣。"公
孙段赋《桑扈》，赵孟曰："'匪（诗作"彼"）交匪敖'，福将焉
往！若保是言也，欲辞福禄得乎！"卒享，文子告叔向曰："伯
有将为戮矣！诗以言志，志诬其上而公怨之，以为宾荣，其能
久乎！"（《左传》襄公二十七年）

这一次的赋诗，《草虫》、《隰桑》都是思慕君子，子展、子产借此表
示他们对于赵孟的思慕。《黍苗》是赞美召伯的功劳，子西借此以
表示他看赵孟是召伯一流人物。《蟋蟀》说"好乐无荒，良士瞿
瞿"，印段的意思是说赵孟的不荒淫，而赵孟也因为他赋诗的宗旨
在不荒淫，就称赞他是"保家之主"。《桑扈》称颂君子"受天之
祜"，为"万邦之屏"，末句为"彼交匪敖，万福来求"，所以赵孟有这
几句的答话。看这一次的赋诗，他们只是称颂赵孟；赵孟对于他们
的称颂，有的是谦而不敢受，有的是回敬几句好话。单是伯有赋
《鹑之贲贲》是特异的事。《鹑之贲贲》一诗主要的话是："人之无
良，我以为兄"，"人之无良，我以为君"。内中只有怨愤的意思，全
没有和乐的气象。所以赵孟说"床笫之言不逾阈"，意谓怨愤是私
室的话，不是在宴会场中可以公布的。

在这段故事中，有可以研究的一首诗，就是《野有蔓草》。这
首诗的原文是：

　　野有蔓草,零露泙兮。有美一人,清扬婉兮。邂逅相遇,
适我愿兮!

　　野有蔓草,零露瀼瀼。有美一人,婉如清扬。邂逅相遇,
与子偕臧!

这明明是一首私情诗。"臧"就是"藏";"适我愿"就是"达到目
的"。男女二人在野里碰见,到隐僻的地方藏着,成就他们的好
事:这个意思是很显明的。在规行矩步的道学家看起来,便是真的
男女相遇也不应当说出这句话,何况在宴集宾朋的时候敢公然唱
出这类淫诗,岂不是太放肆了! 有人硬要解释这个难题,便说:
"这并非淫诗,试看伯有赋了《鹑之贲贲》,尚且赵孟要说'床笫之
言不逾阈';若这首真的是淫诗,自然更是'床笫之言'了,为什么
子太叔不看伯有的榜样,再去赋这类的诗? 为什么赵孟严于责伯
有而宽于责子太叔,反而说'吾子之惠'呢? 所以这首诗不是淫
诗,就可在此处证明。"我对于这个辩护,可以说他有两处误解。
第一,"床笫之言"并不是指淫亵,乃是指私室。试看《鹑之贲贲》
的原诗:

　　鹑之奔奔(与"贲贲"通),鹊之强强。人之无良,我以为
兄!

　　鹊之强强,鹑之奔奔。人之无良,我以为君!

"奔奔"和"强强"只是鹑和鹊的动作的形容词,颠倒押着"为兄"
"为君"的韵,并没有意义可讲。看下两句,至多只有埋怨长上和
不甘受长上的束缚的两个意思,和男女之欲真是没有纤毫关系。
赵孟说它"床笫之言",当然不是指淫欲,所以下面他又说:"伯有
将为戮矣,……志诬其上而公怨之,以为宾荣。""公"是指的"宾"
一方面,"床笫"是处的"公"的反面;"上"就是"君"和"兄","怨
上"既是床笫之言,就不应公然对宾客说,这个意思十分明白。若

说这一首诗是淫诗,请问对于"志诬其上而公怨之"一句话要怎样的解释呢? 第二,"断章取义"是赋诗的惯例,赋诗的人的心意不即是作诗的人的心意。所以作诗的人尽管作的是言情诗,但赋诗的人尽可用它做宴宾诗。《左传》上有解释断章取义的两段文字:

> 庆舍之士谓卢蒲癸曰:"男女辨姓。子不辟(避)宗,何也?"曰:"宗不余辟,余独焉辟之! 赋诗断章,余取所求焉;恶识宗!"(《左传》襄公二十八年)①

> 郑驷歂杀邓析而用其竹刑。君子谓子然"于是不忠。苟有可以加于国家者,弃其邪可也。《静女》之三章,取'彤管'焉。《竿旄》'何以告之',取其忠也。故用其道不弃其人"。(《左传》定公九年)

卢蒲癸的意思是说:赋诗只须取自己要的东西,不必还出它的娘家。君子批评驷歂的话是说:《静女》的诗义并不好,只是《静女》诗中的"彤管"是一个好名目,就可取了。《竿旄》的诗也并不忠,只是《竿旄》诗中有"何以告之"一句,很有"忠告善道"的意思,就可算忠了。"恶识宗",就是不管作者的本义。"弃其邪",就是弃掉不可用的而取它可用的。所以那时的赋诗很可称做象征主义。做诗的人明明是写实,给他们一赋就是象征了。

有人说:《野有蔓草》若是私情诗,如何会收到乐章里去,供给宴会的应用呢? 其实无论什么时候的乐章都脱离不了言情之作,何况春秋时并没有经过汉、宋儒者的陶冶,淫风的盛,翻开《左传》就可以看见,如何情诗入不得乐章! 既入了乐章,大家听得惯了,自然熟视若无睹,可以移作别种意思的象征了。我常说:那时人赋

---

① 卢蒲癸娶庆舍之女,两家同是姜姓,所以有人这样问。卢蒲癸是庆舍的宠臣,庆舍正执齐国的政,所以有"余取所求"的答。

诗,乐工"一唱三叹"的歌着,用不到自己去唱,正像现在人的点戏。现在人唤优伶到家里做戏,祝寿演《蟠桃会》,娶妇演《闺房乐》,上任演《满床笏》,这是实指其事,和宴会中赋《草虫》、《隰桑》相类的。至于偏在象征方面的,也看了事情而定。记得民国二年,二次革命起后,袁世凯差冯国璋和张勋打下南京,怀仁堂上唱戏庆贺,因为那时江苏都督一个位置给冯给张很费斟酌,所以点了一出《取帅印》,又点了一出《双摇会》。《双摇会》明明是一出妻妾争夕的淫戏,如何可以在总统府里演唱? 也无非做得长久了,大家忘其为淫戏,只觉得可以做别种意思的象征了!

再看郑六卿为韩宣子赋诗的一段事:

> 郑六卿饯宣子于郊,宣子曰:"二三君子请皆赋,起亦以知郑志。"子蟜赋《野有蔓草》,宣子曰:"孺子善哉! 吾有望矣。"子产赋郑之《羔裘》,宣子曰:"起不堪也!"子大叔赋《褰裳》,宣子曰:"起在此,敢勤子至于他人乎!"子大叔拜,宣子曰:"善哉,子之言是。不有是事,其能终乎!"子游赋《风雨》,子旗赋《有女同车》,子柳赋《萚兮》,宣子喜曰:"郑其庶乎! 二三君子以君命贶起,赋不出郑志,皆昵燕好也。二三君子,数世之主也,可以无惧矣!"宣子皆献马焉,而赋《我将》。子产拜,使五卿皆拜,曰:"吾子靖乱,敢不拜德!"(《左传》昭公十六年)

这一次,因为韩宣子要"知郑志",所以郑六卿赋的都是郑诗。郑国的诗是情诗最多,所以这一次赋的诗也是情诗特多;如子太叔赋的《褰裳》,就是情思很荡的!

> 子惠思我,褰裳涉溱。子不我思,岂无他人? 狂童之狂也且!
> 子惠思我,褰裳涉洧。子不我思,岂无他士? 狂童之狂也

且！

这正是荡妇骂恶少的口吻，说："你不要我，难道就没有别人吗？"淫浪的态度真活画出来了！子太叔断章取义，用在这里，比喻他愿意从晋，只恐晋国的拒绝，所以韩宣子就说："我在这里，怎会使得你去寻别人呢！"子太叔拜谢他，他又说："没有这样的警戒，哪能有始有终呢！"可见断章取义的用处，可以不嫌得字句的淫亵，不顾得作诗人的本义。

赋诗的应用，除了合欢以外，又有用在请求上的。如襄公二十六年《左传》，记晋平公把卫献公囚了起来，齐景公、郑简公到晋国去替他说情：

> 齐侯、郑伯为卫侯故如晋，晋侯兼享之。……国景子相齐侯；……子展相郑伯。……晋侯言卫侯之罪，使叔向告二君。

国子赋《辔之柔矣》；子展赋《将仲子兮》。晋侯乃许归卫侯。《辔之柔矣》的诗逸去了；《将仲子兮》在《郑风》里，原文如下：

> 将仲子兮，无逾我园，无折我树檀！岂敢爱之，畏人之多言。仲可怀也，人之多言，亦可畏也！

这首诗的大意只是"人言可畏"。子展要晋侯放出卫侯，所以赋了这首诗去讽他，说："别人要疑心你为臣执君（卫献公复国，孙林父诉于晋）了！你不怕他们的多说话吗？"晋侯悟得他的意思，所以也就答应了。

赋诗既可用在请求方面，自然也可反转来用在允许方面。如：

> 申包胥如秦乞师，曰："吴为封豕长蛇，以荐食上国；虐始于楚。寡君失守社稷，越在草莽，使下臣告急。……"秦伯使辞焉，曰："寡人闻命矣。子姑就馆，将图而告。"对曰："寡君越在草莽，未获所伏，下臣何敢即安！"立，依于庭墙而哭，日夜不绝声，勺饮不入口，七日。秦哀公为之赋《无衣》，九顿首

而坐。秦师乃出。(《左传》定公四年)

《无衣》的诗是:

> 岂曰无衣! 与子同袍。王于兴师,修我戈矛;与子同仇!

秦哀公赋这诗,就是表明他已经完全允许了他的请求了。赋诗要表出宾主的好意是通例,也有用来当笑骂的。但我虽是说出这句话,心中却很疑惑,不敢决定它的有无。如:

> 齐庆封来聘,其车美。孟孙谓叔孙曰:"……豹闻之,服美不称,必以恶终,美车何为!"叔孙与庆封食,不敬;为赋《相鼠》,亦不知也。(《左传》襄公二十七年)

试看《相鼠》篇中说的是什么话?

> 相鼠有皮,人而无仪! 人而无仪,不死何为!

这实在骂得太不成样子了。说他听了不知,我想没有这样的糊涂人罢?(这一则与上面伯有赋《鹑之贲贲》的一事,我很疑心是《左传》的作者装点出来的。《左传》的作者最欢喜把结果的成败做论人的根据;他看见伯有与庆封都是不得善终的,就替他们编造了不好的故事,也说不定。)

从这许多赋诗的故事看来,可以归纳出一条通例,是:

> 自己要对人说的话,借了赋诗说出来。所赋的诗,只要达出赋诗的人的志,不希望合于作诗的人的志,所以说"赋诗言志"。

以上几种用诗,都是把诗唱的;还有一种用诗,是杂在言语中说的。因为这些诗唱得多了,尽人能够晓得,所以引来说话格外觉得简明有力。又那时许多国家相处很近,交涉的事极繁。所以很讲究说话。如下一节:

> 叔向曰:"辞之不可以已也如是夫! 子产有辞,诸侯赖之;若之何其释辞也! 诗曰:'辞之辑矣,民之协矣。辞之怿矣,民之莫矣。'其知之矣!"(《左传》襄公三十一年)

看了可见,要使自己说的话有效力,总要使得别人心折我这一番话。在现在时候,要使别人心折我的话,便可把学理去支配事实,说某一件事是合于学理的,某一件事是不合于学理的。那时人没有学问观念,所以只消用社会上传诵的话去支配事实,说某一件事是合于老话的,某一件事是不合于老话的。社会上传诵的话有两种:(一)谚语,(二)诗。谚语总带一点训诫的口气;诗却不止于训诫,还有自达情意的,有讲一件事情的,有称赞人家的。凡是要说一句话,可以在诗上找到同意义的句子的,就可将诗句囫囵的搬出来。诗的应用方面既广,所以比较谚语说得更多。他们引诗,也不在于了解诗人的原义,只要说在口里顺,或者可以做得自己的话的证据。

言语中用诗句来发挥自己的情感的,如:

> 赵穿攻灵公于桃园,宣子未出山而复。太史书曰:"赵盾弑其君",以示于朝。宣子曰:"不然!"对曰:"子为正卿,亡不越境,反不讨贼,非子而谁!"宣子曰:"乌呼!'我之怀矣,自诒伊戚',其我之谓矣!"(《左传》宣公二年)

用诗句批评一件事情的,如:

> 卫献公自夷仪使与宁喜言;宁喜许之。大叔文子闻之曰:"乌乎!诗所谓'我躬不说,皇恤我后'者,宁子可谓不恤其后矣!……诗曰:'夙夜匪懈,以事一人。'今宁子视君不如奕棋,其何以免乎?……"(《左传》襄公二十五年)

又如:

> 郑大夫盟于伯有氏。禆谌曰:"是盟也,其与几何!诗曰:'君子屡盟,乱是用长。'今是长乱之道也;祸未歇也!"(《左传》襄公二十九年)

用诗杂在说话里最有效力的地方,是做辩论的根据。如:

> 晋师从齐师，入自丘舆，击马陉。齐侯使宾媚人赂以纪甗，玉磬，与地。……晋人不可，曰：“必以萧同叔子为质，而使齐之封内尽东其亩。”对曰：“萧同叔子，寡君之母也；若以匹敌，则亦晋君之母也。吾子布大命于诸侯，而曰必质其母以为信，其若王命何！且是以不孝令也。诗曰：‘孝子不匮，永锡尔类。’若以不孝令于诸侯，其无乃非德类也乎？先王疆理天下，物土之宜而布其利，故诗曰：‘我疆我理，南东其亩。’今吾子疆理诸侯，而曰尽东其亩而已，唯吾子戎车是利，无顾土宜，其无乃非先王之命也乎！……今吾子求合诸侯以逞无疆之欲，诗曰：‘布政优优，百禄是道。’子实不优而弃百禄，诸侯何害焉！……”晋人许之。(《左传》成公二年)

这种话用在外交席上，可以摧折对方的气焰，自是很妙的辞令。但终究觉得危险，因为诗上本只是随便一句话，并没有天经地义在内，若对方用了辞义相反的一句诗来反驳时，就很为难了。

上一段的引诗是顺着诗义说的；又有急不暇择，把诗句割裂了应用的。如：

> 晋郤至如楚聘，且莅盟。楚子享之，子反相；为地室而县焉。郤至将登，金奏作于下，惊而走出。子反曰：“日云莫矣，寡君须矣，吾子其入也！”宾曰：“君不忘先君之好，施及下臣，贶之以大礼，重之以备乐，如天之福，两君相见，何以代此。下臣不敢！”子反曰：“如天之福，两君相见，无亦唯是一矢以相加遗，焉用乐！寡君须矣，吾子其入也！”宾曰：“若让之以一矢，祸之大者，其何福之为！世之治也，诸侯间于天子之事，则相朝也，于是乎有享宴之礼，享以训共俭，宴以示慈惠；共俭以行礼，而慈惠以布政，——政以礼成，民是以息，百官承事，朝而不夕，此公侯之所以扞城其民也。故诗曰：‘赳赳武夫，公

侯干城。’及其乱也,诸侯贪冒,侵欲不忌,争寻常以尽其民,略其武夫以为己腹心、股肱、爪牙。故诗曰:‘赳赳武夫,公侯腹心。’天下有道,则公侯能为民干城而制其腹心;乱则反之。今吾子之言,乱之道也,不可以为法!”(《左传》成公十二年)

这一番话说得何等凌厉,楚国的君臣就给他折服了!但试把《兔罝》原诗看来:

　　　　肃肃兔罝,椓之丁丁。赳赳武夫,公侯干城!
　　　　肃肃兔罝,施于中逵。赳赳武夫,公侯好仇!
　　　　肃肃兔罝,施于中林。赳赳武夫,公侯腹心!

这三章诗原只有赞美武夫为公侯出力的一个意思;因为奏乐上的需要,把它重复了两遍。武夫做公侯的干城,和做公侯的腹心,全没有什么差别。郤至为了辩驳子反的“两君相见,无亦唯是一矢以相加遗”一句话,要得到“今吾子之言,乱之道也”一个结论,不惜把它打成两截:以“公侯干城”属治世,“公侯腹心”属乱世。但若是有人问他:“第二章的‘公侯好仇’如何处置呢?”恐怕他自己也答不出来了!

　　以上说的,都是说话中特意引诗。又有不是特意引诗,只是随便说来,和“成语”一例用的。如:

　　　　晋荀偃、士匄请伐偪阳,⋯⋯围之,弗克。⋯⋯偪阳人启门;诸侯之士门焉。县门发,鄹人纥抉之以出门者。⋯⋯孟献子曰:“诗所谓‘有力如虎’者也!”(《左传》襄公十年)

孟献子不过要称赞叔梁纥的力大,恰巧诗句中的“有力如虎”可以引用,所以就随便说了出来。

　　最奇怪的用诗,是把诗句当“歇后语”或“猜谜”一样看待。如:

　　　　诸侯伐秦,及泾莫济。晋叔向见叔孙穆子曰:“诸侯谓秦

不恭而讨之,及泾而止,于秦何益!"穆子曰:"豹之业及《匏有
苦叶》矣,不知其他!"叔向退,召舟虞与司马曰:"夫苦匏不
材,于人共济而已。鲁叔孙赋《匏有苦叶》,必将涉矣。具舟
除隧,不共有法。"是行也,鲁人以莒人先济,诸侯从之。(《国
语·鲁语下》)

为什么叔向一听到叔孙穆子这句话就知道他要渡泾?原来《匏有
苦叶》的原文是:

匏有苦叶,济有深涉。深则厉,浅则揭。

说的是深有深的渡法,浅有浅的渡法。叔孙穆子举了这首诗名,又
说"不知其他",分明说他渡泾的主意早就打定了。又如:

侯犯以郈叛。……叔孙谓郈工师驷赤曰:"郈非唯叔孙
氏之忧。社稷之患也;将若之何?"对曰:"臣之业在《扬水》卒
章之四言矣!"叔孙稽首。(《左传》定公十年)

《唐风·扬之水》的卒章是:

扬之水,白石粼粼。我闻有命,不敢以告人!

驷赤心中本来想逐去侯犯,所以叔孙问他,他就举了这个章名来回
答,大意是说:"我是有计策的;但应当秘密做去,不敢告人。"叔孙
听了,也暗暗的明白,所以对他稽首。

我前面说他们用诗和用谚没有分别,现在比较一看,更可明
白。那时言语中常用的诗句,概括起来也不过一百句。用得最多
的,是:

赞美:——淑人君子,其仪不忒。

　　　　布政优优,百禄是遒。

　　　　乐只君子,邦家之基。

骂詈:——人而无礼,胡不遄死!

　　　　人之无良,我以为君!

> 谁生厉阶,至今为梗!

悲叹：——我之怀矣,自诒伊戚!

> 人之云亡,邦国殄瘁!

> 我躬不阅,皇恤我后!

劝诫及陈述:——礼义不愆,何恤于人言!

> 兄弟阋于墙,外御其侮。

> 民之多辟,无自立辟。

> 无念尔祖,聿修厥德。

> 他人有心,予忖度之。

《左传》中引的周代谚语不及诗多,但也可看到一点模样:

> 山有木,工则度之;宾有礼,主则择之。(《左传》隐公十
一年)

> 匹夫无罪,怀璧其罪。(《左传》桓公七年)

> 心苟无瑕,何恤乎无家!(《左传》闵公元年)

> 辅车相依,唇亡齿寒。(《左传》僖公五年)

> 心则不竞,何惮于病!(《左传》僖公七年)

> 非宅是卜,唯邻是卜。(《左传》昭公三年)

在此可见谚与诗的形式是很相似的;用谚与用诗是没有分别的。惟谚语大概偏于劝诫及陈述一方面,而在赞美、骂詈、悲叹三方面不得不舍谚用诗。

诗句用得长久了,后来就真变成谚语了。如:

> 范蠡进谏曰:"……天节不远,五年复反。……先人有言曰:'伐柯者其则不远。'今君王不断,其忘会稽之事乎?"(《国语·越语下》)

这一句先人之言,就是《豳风》中"伐何伐柯,其则不远"的诗句;因为用得久了,就变成"伐柯者其则不远"的谚了。

春秋时,这三百多篇诗的流传是很广的,试看上面引的赋诗便可明白。季武子与韩宣子赋诗一节,武子先赋的是《大雅》,宣子答的是《小雅》,武子又答的是《召南》。又如七子赋诗一节,子展赋的是《召南》,伯有赋的是《鄘风》,子西、子产、公孙段赋的是《小雅》,子太叔赋的是《郑风》,印段赋的是《唐风》。一时的赋诗,乐声就各各不同。更看当时人常说在口头的几个诗句,也是各处的诗都有。可见乐声虽是分了多少国,而引用它的原没有划分国界,这三百多篇诗真是行遍中原的了。这单是就地域方面看;若在阶级方面看,当初做诗的虽分阶级,而后来用诗的便无阶级。如:

> 穆叔如晋,……晋侯享之。金奏《肆夏》之三,不拜。工歌《文王》之三,又不拜。歌《鹿鸣》之三,三拜。韩献子使行人子员问之曰:"……吾子舍其大而重拜其细,敢问何礼也?"对曰:"《三夏》,天子所以享元侯也,使臣弗敢与闻。《文王》,两君相见之乐也,臣不敢及。《鹿鸣》,君所以嘉寡君也,敢不拜嘉!《四牡》,君所以劳使臣也,敢不重拜!《皇皇者华》,——君教使臣曰:'必咨于周。'臣闻之:访问于善为咨,咨亲为询,咨礼为度,咨事为诹,咨难为谋,——臣获五善,敢不重拜!"(《左传》襄公四年)

这只是宴享一个诸侯的大夫,而天子的乐诗已经搬了出来,可见:(1)阶级制度的破坏;(2)各种阶级的乐诗,一个阶级——诸侯——都能完备。一国都有了各国的乐诗,一阶级都有了各阶级的乐诗,所以这三百多篇诗更为一般人——至少是贵族的全体——所熟习,觉得真是人生的日用品了。

在此,我又觉得传说中的"太史采诗"一事是可疑的。第一,这三百多篇诗是春秋时人唱得烂熟的,也是听得烂熟的,有许多是西周时传下来的,有许多是春秋时加进去的,传了六七百年,仅仅有这三百多篇熟在口头,记在本上,若真有采诗之官,这个官未免太不管事了。第二,《左传》上记的各种徒歌全没有采入《诗经》,这都是合着"观风"一个宗旨,可以入乐的,但竟没有入乐,可见当时入乐的诗真是少之又少,完全碰着机会,并不是有人操甄录的权柄。所以我们可以说:这三百多篇诗的集成一部经书,固是出于汉人(或战国人),但《诗经》的一个雏形已经在春秋时大略固定。采诗之官即使有,也是"使公卿至于列士献诗,瞽献曲"的一类,不必定为一个专职,而且在春秋时也见不到这些痕迹了。

我们看了上面的许多叙述,可以作一个结论:

《诗经》是为了种种的应用而产生的,有的是向民间采来的,有的是定做出来的。它是一部入乐的诗集;大家对于这些入乐的诗都是唱在口头,听在耳里,记得熟了,所以有随意使用它的能力。他们对于诗的态度,只是一个为自己享用的态度;要怎么用就怎么用。但他们无论如何把诗篇乱用,却不预备在诗上推考古人的历史,又不希望推考作诗的人的事实。正如现在一般人看演戏,只为了酬宾、酬神、和自己的行乐,并不想依据了戏中的事去论古代,也不想推考编戏的人是谁。所以虽是乱用,却没有伤损《诗经》的真相。

三　孔子对于诗、乐的态度

孔子是和《诗经》有大关系的人,一般人都说《诗经》是经他删过的。删诗问题且放在下面再说;单说他所处的时势,真是乐诗的存亡之交,他以前乐诗何等的盛行,他以后就一步步的衰下去了(《左传》自定公四年秦哀公为申包胥赋《无衣》后,就不曾载过赋诗的事)。再看他的生性,对于乐诗是何等的深嗜笃好。《论语》

上记的：

> 子在齐闻《韶》，三月不知肉味，曰："不图为乐之至于斯也！"（《述而》）
>
> 子与人歌而善，必使反之而后和之。（同上）
>
> 兴于诗，立于礼，成于乐。（《泰伯》）

他这等的欢喜乐诗，恰恰当着了乐诗衰颓的时势，使他永远在社会的逆流之中，勉力作一个"中流砥柱"，他的地位的重要也可见了。现在先说他对于诗的见解，再说他遭着的乐的潮流。

孔子最欢喜说诗，又欢喜劝人学诗。《论语》上说：

> 子所雅（常）言：《诗》、《书》，执礼，皆雅言也。（《述而》）
>
> 陈亢问于伯鱼曰："子亦有异闻乎？"对曰："未也。尝独立，鲤趋而过庭，曰：'学诗乎？'对曰：'未也。''不学诗，无以言。'……"（《季氏》）
>
> 子谓伯鱼曰："女为《周南》、《召南》矣乎？人而不为《周南》、《召南》，其犹正墙面而立也与！"（《阳货》）
>
> 子曰："小子，何莫学夫诗！诗，可以兴，可以观，可以群，可以怨；迩之事父，远之事君；多识于鸟兽草木之名。"（同上）

他说的"不学诗，无以言"，即是用诗到言语中。他说的兴、观、群、怨，以至事父、事君，即是要用诗去实施典礼、讽谏、赋诗等方面的社会伦理。惟"多识于鸟兽草木之名"一个意思，《左传》等书上没有说起。《汉书·艺文志》说"登高能赋，可以为大夫"，恐古代也有这个应用。这些都是春秋时《诗》学的传统观念。所以他又说：

> 诵诗三百，授之以政，不达，使于四方，不能专对，虽多，亦奚以为！（《子路》）

可见他对于诗的观念离不掉当时的实用；只是所说兴、观、群、怨有些涵养性情的见解，似比当时人稍高超些。

他较为特殊的用诗,是说诗的象征。如:

> 子贡曰:"贫而无谄,富而无骄,何如?"子曰:"可也;未若贫而乐,富而好礼者也。"子贡曰:"诗云:'如切,如磋,如琢,如磨。'其斯之谓与?"子曰:"赐也,始可与言诗已矣,告诸往而知来者!"(《学而》)

> 子夏问曰:"'巧笑倩兮,美目盼兮,素以为绚兮。'何谓也?"子曰:"绘事后素。"曰:"礼后乎?"子曰:"起予者商也,始可与言诗已矣!"(《八佾》)

"切磋琢磨"是形容君子风度的美,不即是"贫而乐,富而好礼"。"素以为绚兮"是说本质与装饰的好,也不即是"礼后"。子贡、子夏不过会用类推的方法,用诗句做近似的推测,孔子已不胜其称赞,似乎他最欢喜这样用诗。这样的用诗,替它立一个题目,是"触类旁通"。春秋时人的赋诗已经会得触类旁通了;在言语里触类旁通的,别地方似乎没有见过,或者是他开端。经他一提倡之后,后来的儒家就很会这样用了。如《中庸》说:

> 《诗》云:"潜虽伏矣,亦孔之昭。"故君子内省不疚,无恶于志。君子之所不可及者,其唯人之所不见乎!

《中庸》的作者是引这句诗去讲慎独的功夫的。我们看这诗的原文:

> 鱼在于沼,亦匪克乐。潜虽伏矣,亦孔之炤。忧心惨惨,念国之为虐!(《小雅·正月》)

这是一片愁苦之音,意思是说,像鱼的隐伏在水底,也会给敌人看清楚,没法逃遁,甚言国家苛政的受不了。《中庸》的作者把它节取去了,这句诗也就变作"莫见乎隐,莫显乎微"的意义,成为有哲学意味的词句了。这样的用诗到言语中,虽是比春秋时人深了一层,走的依然是春秋时人的原路。

总之,孔子对于诗,也只是一个自己享用的态度。他看诗的作用,对于自己是修养品性,对于社会是会得周施上下,推论事物。

那时的音乐界可就大改变了!在《论语》上,可以看出孔子时音乐界有三个趋向,孔子对它们各有反动。

第一个趋向是僭越。僭越是春秋时很普通的事情,如晋侯享穆伯便用了天子享元侯的乐,似乎由来已久,不值得注意。但《论语》中有孔子极生气的话:

> 孔子谓"季氏八佾舞于庭,是可忍也,孰不可忍也!"(《八佾》)

> 三家者以《雍》彻。子曰:"'相维辟公,天子穆穆',奚取于三家之堂!"(同上)

看孔子说话的态度真是气愤极了。或者诸侯僭用天子的礼乐是由来已久,而陪臣僭用天子的礼乐还是在孔子时刚才发端,亦未可知。他对于这个趋向的反动是主张正名,主张从先进,主张礼宁俭。

第二个趋向是新声的流行。三百篇的乐谱如何,我们固是无从晓得,但只看句子的短,篇幅的少,可以猜想它的乐谱一定是极简单,极质直的,奏乐的时候又一定是很迟缓的。大概总是四拍子,每一个字合一个或数个音符;即使有唱有和,恐怕只是重复,不是繁复。唐开元时,因为要行乡饮酒礼,所以替已经亡了乐谱的《鹿鸣》、《四牡》……十二首诗重新制了乐谱。现在把《鹿鸣》首章抄在下面:

呦清黄呦南鹿蕤鸣姑 食南野姑之太蘋黄 我蕤有林嘉应宾南鼓林瑟南吹清黄笙林 吹蕤笙林鼓南簧姑 承应筐清黄是姑将南人林之南好黄我姑 示林我南周清太行清黄 (朱熹《仪礼经传通解》卷十四引)

这虽不知真合于古乐与否,但想来差不甚远,因为照《诗经》的句法必不会有复杂的音调,这是可以推知的。到春秋末叶,音乐上起了一种新声。这种的新声究竟如何虽不可知,然变简单为复杂,变质直为细致,是从批评它的说话里可以推见的。《国语》上说:

> 晋平公说新声,师旷曰:"公室其将卑乎!君之明兆于衰矣!夫乐,以开山川之风也,以耀德于广远也。风德以广之,风山川以远之,风物以听之,修诗以咏之,修礼以节之。夫德广远而有时节,是以远服而迩不迁。"(《晋语八》)

师旷说旧乐"修诗以咏之,修礼以节之",可见新声是不合于诗,不合于礼,可以专当音乐听,不做别的应用的。又说旧乐"有时节",当谓旧乐依于礼,有节制,不能伸缩。可见新乐因为不依于礼,没有节制,声调可以伸缩随意,不立一定的规矩的。正如现在的音乐,〔老六板〕是很平正的,变成〔花六板〕就轻巧靡曼得多了。〔老六板〕的工尺是有一定的;〔花六板〕的工尺就没有一定,只要不走板,便可随着奏乐的人的能力,能加进多少就加进多少。奏〔老六板〕时,觉得调子太简单了,非有歌词跟着唱不好听;〔花六板〕固然也可以做歌谱,但因为它本身好听,就容易使人专听乐而不唱了。

孔子与晋平公同时。《晋语》里的"新声"是否即《论语》里的"郑声",或郑声还是另外一种乐调,这种问题现在虽未能解决,总之,新声与郑声都不是为了歌奏三百篇而作的音乐,是可以断言的。孔子对于郑声最为深恶痛绝。《论语》上说:

> 颜渊问为邦,子曰:"行夏之时,乘殷之辂,服周之冕,乐则《韶舞》。放郑声,远佞人。郑声淫,佞人殆。"(《卫灵公》)
>
> 子曰:"恶紫之夺朱也!恶郑声之乱雅乐也!恶利口之覆邦家者!"(《阳货》)

孔子始终把郑声与"佞人利口"并举,可见这种声调复杂了,细致了,使得人家欢喜听,如佞人利口的引得人家留恋一样。孔子说它乱雅乐,或者那时人把郑声与雅乐一起奏,如今戏园里昆曲、京调、秦腔杂然间作;或者那时人把三百篇的歌词改合郑声的乐调,如今把昆戏翻做京戏:这种情形可惜现在也无从知道了。但我们可以说,新声的起是音乐界的进步;因为雅乐是不能独立的,只做得歌舞的帮助,而新声就可脱离了歌舞而独立了。孔子一面说出应该提倡的音乐:

> 颜渊问为邦,子曰:"……乐则《韶舞》。"(《卫灵公》)
>
> 子谓"《韶》,尽美矣,又尽善也"。(《八佾》)
>
> 师挚之始,《关雎》之乱,洋洋乎盈耳哉!(《泰伯》)
>
> 《关雎》乐而不淫,哀而不伤。(《八佾》)

一面说出应该禁绝的音乐——郑声。他的宗旨很明白,便是:雅乐中正和平,可以到"乐而不淫,哀而不伤"的程度,所以应该提倡;郑声富于刺激性,使人听了神魂颠倒,像被佞人缠住一般,一定要到"乐而淫,哀而伤"的程度,所以应该禁绝。这是他的中庸主义的实施!

第三个趋向是雅乐的败坏。僭越既成了风气,小贵族各各要充做大贵族,原有的乐工一定不敷应用,不得不拉杂充数。拉杂充数得多了,自然要失掉原有的本相了。正如从前人家出丧,凡是功名大一点的,可到督抚衙门里去请辕门执事——军事的仪仗——做诰命亭的先驱,所以六冲、八标、銮驾等各种东西都是衙门里公役拿的。自从光复以来,大出丧成为普遍的风俗,不是功名人也要充做功名人,辕门执事势所必有,但督抚衙门却早已不存在,所以有专管丧仪的"六局"出来包办,谁家要用就立刻可用。辕门执事固是行用得广了,但治军的威仪从此变成了铺张人家丧事场面的

20世纪儒学研究大系

东西,它的原意义已失掉了。加以一般人的心理都欢喜锦上添花,再要使得仪仗热闹一点,势必出于装点,于是辕门执事的人打扮得像做戏一般,它的真面目又失掉了。春秋末年的僭越情形,现在固不得而知,但因了要热闹而失掉真相,自是可以有的结果。何况郑声流行,大家为它颠倒,雅乐给它弄乱,明见于孔子的说话,当时雅乐的败坏自在情理之内。孔子对于这个趋势的反动是"正乐"。《论语》上说:

> 吾自卫反鲁,然后乐正,雅颂各得其所。(《子罕》)

孔子秉着好古的宗旨,又有乐律的知识,所以能把雅乐在郑声搅乱之中重新整理一番,回复了它的真相。但可惜古乐到底喜欢的人太少,所以孔子和弟子随便说的诗义还有得流传下来,而用了全副精神所正的乐调,到战国时已经不听见有人说起了。

《微子》篇又有一段记载鲁国乐官四散的事:

> 太师挚适齐,亚饭干适楚,三饭缭适蔡,四饭缺适秦,鼓方叔入于河,播鼗武入于汉,少师阳、击磬襄入于海。

这一段话觉得很不可靠,因为一个班子分散开来,各人到一国或一处大水里去,是不会有的事。况且当时新声的流行决不会独盛于鲁,而齐、楚、河、汉的人一点没有受到影响,可以容得师挚一班人去行道的道理。若说齐、楚、河、汉等地方新声的盛也和鲁国差不多,这一班人又何必去。想作者的意思,也不过要形容出雅乐败坏的样子;或是听得有乐官离散的事,从而加以装点,亦未可知。要之,雅乐到了孔子时,决不能维持它的原来的地位了!

四 战国时的诗、乐

孔子对于郑声,已有"淫"的批评了;到战国时,又有比郑声更

淫的乐调起来。《礼记·乐记》篇说:

> 郑、卫之音,乱世之音也。……桑间濮上之音,亡国之音
> 也。……

如何唤做"乱世之音"、"亡国之音"呢?《乐记》又说:

> 乱世之音怨以怒;……亡国之音哀以思。

可见郑、卫之音是"怨以怒"的,桑间濮上之音是"哀以思"的。照
我们的猜想:"怨以怒"当是悲怨中带着粗厉;用现在的声调来比,
觉得郑、卫之音似乎是秦腔一流。"哀以思"当是很沉下,很靡曼,
要表出缠绵悱恻的意思而不免于卑俗;用现在的声调来比,觉得桑
间濮上之音似乎是申曲淮调一流。对于这个假定,有《韩非子》一
则可证:

> 卫灵公将之晋,至濮水之上,税车而放马,设舍以宿。夜
> 分而闻鼓新声者而说之。使人问左右,尽报弗闻。乃召师涓
> 而告之曰:"有鼓新声者,使人问左右,尽报弗闻,其状似鬼
> 神;子为听而写之!"师涓曰:"诺。"因静坐抚琴而写之。……
> 遂去之晋。晋平公觞之于施夷之台,酒酣,灵公起,公曰:"有
> 新声,愿请以示。"平公曰:"善。"乃召师涓,令坐师旷之旁,援
> 琴鼓之。未终,师旷抚止之,曰:"此亡国之声,不可遂也!"平
> 公曰:"此道奚出?"师旷曰:"此师延之所作,与纣为靡靡之乐
> 也。及武王伐纣,师延东走,至于濮水而自投,故闻此声者必
> 于濮水之上。先闻此声者其国必削,不可遂。……"(《十
> 过》)

这一段固是神话,固是战国时人依附了"晋平公说新声,师旷谏"
的故事而造出来的,但很可判定濮上之音实是一种"靡靡之乐"。
因为这种音乐太靡靡了,弄得听的人流连忘返,丧了志气,所以骂
它是"亡国之音"。《乐记》上形容得好:

世乱则礼慝而乐淫，是故其声哀而不庄，乐而不安，慢易以犯节，流湎以忘本，广则容奸，狭则思欲，感条畅之气，灭平和之德。是以君子贱之也。

这种的音乐风靡了一时，中正和平的雅乐如何再会得存在！

再看战国时的乐器，也和春秋时大不同了。除了琴、瑟、钟、鼓之外，春秋时的主要乐器，是籈、磬、柷、敔，木石的乐器是很多的；战国时的主要乐器，是竽、筝、筑、缶，偏于丝竹的方面了。春秋时乐的主要作用，是做歌诗的辅佐，战国时音乐就脱离了歌诗而独立了。试看战国时声乐的故事：

赵王……与秦王会渑池。秦王饮酒酣，曰：寡人窃闻赵王好音，请奏瑟。"赵王鼓瑟。……蔺相如前曰："赵王窃闻秦王善为秦声，请奏盆缻，……以相娱乐。"……秦王不肯击缻，相如曰："五步之内，相如请以颈血溅大王矣！"……于是秦王不怿，为一击缻。(《史记》八十一《廉颇蔺相如列传》)

高渐离击筑，荆轲和而歌，为变徵之声；士皆垂泪涕泣。又前而为歌曰："风萧萧兮易水寒，壮士一去兮不复还！"复为羽声慷慨；士皆瞋目，发尽上指冠。(《史记》八十六《刺客列传》。《国策·燕策》卷三同，惟"羽声慷慨"作"慷慨羽声")

夫击瓮、叩缶、弹筝，搏髀而歌呼呜呜，快耳目者，真秦之声也。《郑》、《卫》、《桑间》、《昭》、《虞》、《武》、《象》者，异国之乐也。今弃击瓮叩缶而就《郑》、《卫》，退弹筝而取《昭》、《虞》，若是者何也？快意当前适观而已矣！(《史记》八十七《李斯列传》，《谏逐客书》)

临淄甚富而实，其民无不吹竽、鼓瑟、击筑、弹琴。(《国策·齐策上》，苏秦说齐宣王语)

臣闻赵，天下善为音。(《国策·中山策》，司马熹见赵王

语）

齐宣王使人吹竽,必三百人。(《韩非子·内储说上》)

从这几则看,战国的音乐重在"器乐"而不重在"歌乐",很是明白。若依春秋时的习惯,赵王与秦王在渑池宴会,彼此一定是赋诗了;但他们只有奏乐。我们读完一部《战国策》,看不到有一次的赋诗,可见此种老法子已经完全废止。至于司马憙说赵国"天下善为音"而不说"天下善为歌",齐宣王聚了三百人专吹竽而不再使人唱歌,也可见战国时对于器乐的注重。器乐为什么会比歌乐注重? 也无非单是音乐已经极可听了,不必再有歌词了。

战国时也有诗,但这时的诗和春秋时的诗不同:有可以合乐的,有不必合乐的;文体也改变了。试看《战国策》所引:

范雎曰:"……臣闻善为国者内固其威而外重其权。穰侯使者操王之重,决裂诸侯,剖符于天下,征敌伐国,莫敢不听;战胜攻取则利归于陶;国弊御于诸侯;战败则怨结于百姓而祸归社稷。诗曰:'木实繁者披其枝,披其枝者伤其心。大其都者危其国,尊其臣者卑其主。'……臣今见王独立于庙朝矣!"(《秦策三》)

王立周绍为傅,曰:"……寡人以子之知虑,为辨足以道人,危足以持难,忠可以写意,信可以远期。诗云:'服难以勇,治乱以知,事之计也。立傅以行,教少以学,义之经也。'循计之事,失而累,访议之行,穷而不忧。故寡人欲子之胡服以傅王乎?"(《赵策二》)

我们看这两处引的诗,觉得与《诗经》文体相差很远:第一首是整整的七言,不必说是《诗经》里没有的;第二首虽是四言,然而完全像说话,并不像诗。但一看《楚辞》,七言的诗就来了:

若有人兮山之阿,被薜荔兮带女萝:既含睇兮又宜笑;子

慕予兮善窈窕。乘赤豹兮从文狸；辛夷车兮结桂旗！被石兰兮带杜衡；折芳馨兮遗所思。(《山鬼》)

又一看荀子的《佹诗》，像说话般的诗也来了：

> 道德纯备，谗口将将；仁人绌约，敖暴擅强。……昭昭乎其知之明也，郁郁乎其遇时之不祥也！拂乎其欲礼义之大行也，暗乎天下之晦盲也！皓天不复，忧无疆也。千岁必反，古之常也。弟子勉学，天不忘也。圣人共手，时几将也。(《赋》篇)

《楚辞》是合乐的，尤其是《九歌》、《招魂》等一类巫觋的歌诗；荀子的诗似乎是只读不唱了。这一类只读不唱的诗，可以说和赋没有分别。

从这许多的例，可见战国时三百篇的乐诗既不通行(不能说绝迹，因为汉初窦公、制氏还会奏雅乐，或者宗庙中还有得用；不过决没有人睬它，民众也没有听到的机会)，诗体也很自由，和春秋时大不同了。春秋时人一举一动都可与《诗经》发生关系，战国时人便可与《诗经》断绝关系了。

战国时一般人与《诗经》断绝了关系，把春秋时的音乐唤做"古乐"，丢在一旁，不愿听了。惟有儒家因为秉承孔子的遗训，仍旧是鼓吹风雅。《乐记》上说：

> 魏文侯问于子夏曰："吾端冕而听古乐，则唯恐卧；听郑、卫之音则不知倦。敢问古乐之如彼，何也？新乐之如此，何也？"子夏对曰："今夫古乐：进旅退旅；和正以广，弦匏笙簧，会守拊鼓；始奏以文，复乱以武；治乱以相，讯疾以雅。君子于是语，于是道古；修身及家，平均天下。此古乐之发也。今夫新乐：进俯退俯；奸声以滥，溺而不止；及优侏儒獶杂子女，不知父子。乐终不可以语，不可以道古。此新乐之发也。

......"

《孟子》上也说：

> 庄暴见孟子曰："暴见于王（齐宣王），王语暴以好乐，暴未有以对也。"曰："好乐何如？"孟子曰："王之好乐甚，则齐国其庶几乎？"他日，见于王曰："王尝语庄子以好乐，有诸？"王变乎色，曰："寡人非能好先王之乐也，直好世俗之乐耳！"（《梁惠王下》）

这两个国君遥遥正相对，魏文侯很老实的说自己不愿意听古乐，但想不出这缘故，去问子夏。齐宣王看孟子问他好乐，恐怕他又来做古乐的说客了，所以先把自己的嗜好去罩住他一番话。齐宣王是最欢喜听三百人吹竽的，所以他厌恶古乐的程度更高了。其实这并不是两个国君没出息，只是社会全部的心理的表现。老实说：到了那时，寻常人固然不欢喜古乐，即儒家亦何曾懂得古乐？即看上面引的《乐记》，可知古乐是依于礼的，新乐是只管娱乐，和礼全没有关系的。依于礼，所以听了乐会有"修身及家，平均天下"的观念；只管娱乐，所以浸在里头，非至"獶杂子女，不知父子"不止。（这并不是说古乐比新乐好，不过说古乐是为礼节而音乐，新乐是为音乐而音乐。）这是古乐与新乐两条截然不同的路，是合不拢的。孟子一心要行王道，所以听得齐宣王好乐，就不管他好的是什么乐，立刻说："齐国其庶几乎？"等到宣王对他说了所好的是世俗之乐，不是先王之乐，他又说："今之乐由（犹）古之乐也。"他读了古人的书，只以为好乐可以王，而不去看看世俗之乐的结果到底可以王不可以王，可见他对于古乐与新乐的真相是没有明了的。再看全部《孟子》里，除了讲诗义，没有一回讲到诗的音乐的。恐怕孟子看《诗经》已和现在人看元曲差不多了。

儒家虽读先王之诗，但不懂得"先王之乐"，在领会方面已经差一点了;虽是不懂得先王之乐,但一定要去讲先王之诗,说出的话又不免隔膜了。所以战国时一班儒家讲诗,不得不偏在基本意义一方面,又揣测到历史一方面。诗的基本意义和历史是春秋时人所不讲的;到这时,因为脱离了实用,渐渐的讲起来了。孟子拿它讲古代的王道;高子拿它分别作者的君子小人(见《孟子·告子下》)。一部《诗经》,除了考古证今以外没有别的应用。他们虽极佩服孔子,然而孔子的恨郑声,正《雅》、《颂》,他们不但做不到,也没有这个印象了。

五　孟子说诗

孟子是孔子以后最大的儒者,他又最欢喜讲诗,后人受他的影响不小,所以有提出详论的必要。

孟子是主张王道的人,他说诗的宗旨,就是把诗句牵引到王道上去。《诗经》本不是圣人之作,经他一说,就处处和圣人发生了关系了。如:

> 孟子见梁惠王,王立于沼上,顾鸿雁麋鹿,曰:"贤者亦乐此乎?"孟子对曰:"贤者而后乐此,不贤者虽有此不乐也。诗云:'经始灵台,经之营之;庶民攻之,不日成之。经始勿亟,庶民子来。王在灵囿,麀鹿攸伏;麀鹿濯濯,白鸟鹤鹤。王在灵沼,於牣鱼跃。'文王以民力为台、为沼,而民欢乐之,谓其台曰灵台,谓其沼曰灵沼,乐其有麋鹿鱼鳖。古之人与民偕乐,故能乐也。"(《梁惠王上》)

> 王(齐宣王)曰:"……寡人有疾,寡人好勇。"对曰:"王请无好小勇!……诗云:'王赫斯怒,爰整其旅,以遏徂莒,以笃周祜,以对于天下。'此文王之勇也。文王一怒而安天下之

民。……今王亦一怒而安天下之民,民惟恐王之不好勇也!
……"(《梁惠王下》)

王曰:"寡人有疾,寡人好货。"对曰:"昔者公刘好货。诗
云:'乃积乃仓,乃裹候粮,于橐于囊,思戢用光,弓矢斯张,干
戈戚扬,爰方启行。'故居者有积仓,行者有裹粮也,然后可以
爰方启行。王如好货,与百姓同之,于王何有!"(同上)

王曰:"寡人有疾,寡人好色。"对曰:"昔者大王好色,爱
厥妃。诗云:'古公亶父,来朝走马,率西水浒,至于岐下。爰
及姜女,聿来胥宇。'当是时也,内无怨女,外无旷夫。王如好
色,与百姓同之;于王何有!"(同上)

照这样看来,别人无论说到哪一方面,他总可拿《诗经》上的话做
激劝,这自是他的好手段。至于实际上是否如此,官书的话是否可
靠,诗上的话与他自己说的历史是否适合,都不在他的意想之内。

他要借《诗经》来推行他的王道,固是他的苦心,但对于《诗
经》本身的流弊是多极了。第一,是没有时代观念。孟子也曾说
道:

以友天下之士为未足,又尚论古之人。颂其诗,读其书,
不知其人,可乎! 是以论其世也。是尚友也。(《万章下》)

这段话真是很好的读书方法。可惜他自己就是最不会论世尚友的
人。他看得时代的好坏是截然的,是由几个人做出来的,所以说:

文、武兴,则民好善,幽、厉兴,则民好暴。(《告子上》)

他因为认定《诗经》是歌咏王道的书,所以又说:

王者之迹熄而《诗》亡;《诗》亡然后《春秋》作。(《离娄
下》)

这种话到后来便成了《诗》学的根本大义。他只看见《诗经》与《春
秋》是代表前后两种时代的,不看见《诗经》与《春秋》有一部分是

在同时代的。他只看见《诗经》是讲王道的，不看见《诗经》里乱离
的诗比太平的诗多，东周的诗比西周的诗多。他只看见官撰的诗
纪盛德，不看见私人的诗写悲伤。后来的诗学家上了他的当，把这
句话作为信条，但悲伤乱离的诗是掩不没的，讲不过去，只得说：
"《诗》亡，谓《黍离》降为《国风》而《雅诗》亡也。"（朱熹《孟子
注》）可见他们已经承认"王者之迹熄而《国风》不亡"了。然而
大、小《雅》中一首一首的看去，悲伤乱离的诗也是很多，又讲不通
了，只得说："幽、厉无道，酷虐于民，以强暴至于流灭；岂如平王微
弱，政在诸侯，威令不加于百姓乎！"（《正义》引《郑志》）可见他们
又承认"王者之迹熄而《雅诗》不亡"了。他们很想替孟子包谎，结
果却说成"幽、厉酷虐而为雅，平王微弱而为风"，依然遮不住"王
者之迹熄而诗亡"一句话的牵强附会的痕迹。但虽然遮不住牵强
附会的痕迹，而《诗经》上一首一首的时代就因了这句话而划出界
限来了！

　　孟子硬派定《诗经》都是西周的诗，不但"《诗》亡然后《春秋》
作"一语可证，只看他引《閟宫》一诗也可见。《閟宫》上说：

　　　　周公之孙，庄公之子。

鲁国没有第二个庄公，则这首诗所颂的人是僖公，很是明白。下面
说：

　　　　戎狄是膺，荆、舒是惩，则莫我敢承！

原为僖公跟了齐桓公打过楚国，在召陵驻过一回兵，说的大话。孟
子不看上文的"庄公之子"，也不想西周有没有"荆、舒是惩"的事，
他以为有这样好的武功，当然是王者的功业，这首诗在《鲁颂》里，
当然是周公的功业，于是他在驳斥陈相时就引用道：

　　　　今也南蛮鴃舌之人，非先王之道。……《鲁颂》曰："戎狄
　　　是膺，荆、舒是惩，"周公方且膺之；子是之学，亦为不善变矣！

（《滕文公上》）

这决不是随便说话的过误，因为他在骂杨、墨的时候又引了这句诗：

> 圣王不作，诸侯放恣，处士横议，杨朱、墨翟之言盈天下。……杨氏为我，是无君也；墨氏兼爱，是无父也！……诗云："戎狄是膺，荆舒是惩，则莫我敢承。"无父，无君，是周公所膺也！（《滕文公下》）

可见他确认这句话是指的周公，是指的"圣王作"的时候。有人说他也是断章取义，并非过误。但春秋时人的断章取义是说得通的，因为他们只取诗句的意思，并不说作诗的人的历史；孟子就说不通了，他明明指定了周公，明明派在"圣王不作"的反面了，他已经把颂春秋时人的诗装在西周初年的历史上了！

他的第二项坏处，是没有真确的研究宗旨。《孟子》上有一段话：

> 咸丘蒙曰："……诗云：'普天之下，莫非王土；率土之滨，莫非王臣。'而舜既为天子矣，敢问瞽瞍之非臣，如何？"曰："是诗也，非是之谓也；劳于王事而不得养父母也。曰：'此莫非王事，我独贤劳也！'故说诗者不以文害辞，不以辞害志；以意逆志，是为得之。如以辞而已矣，《云汉》之诗曰：'周余黎民，靡有孑遗。'信斯言也，是周无遗民也！"（《万章上》）

这一番话实在很对。他说诗直要探到诗人的心志里，可以见得他的精细。春秋时人说"赋诗言志"，是主观的态度；他改为"以意逆志"，是客观的态度。有了客观的态度，才可以做学问，所以他这句话是《诗》学的发端。要是他在《诗》学发端的时候就立了一个很好的基础，是何等可喜的事！不幸他虽会立出这个好题目，却不能达到这个好愿望。他虽说用自己的意去"逆"诗人的志，但看得这件事太便当了,做的时候太卤莽了,到底只会用自己的意去"乱断"诗人的志。以至《閟宫》的时代还没有弄清楚,周公膺戎狄的志倒轻易的断出来了;《绵》诗上只说古公亶父娶了姜女,而古公亶父好色的志就被他断出来了,"内无怨女,外无旷夫"的社会情形也看出来了。试问这种事实和心理是如何的"逆"出来的?他能明白的答复吗?再看他和公孙丑论诗的一节:

　　公孙丑曰:"诗曰'不素餐兮',君子之不耕而食,何也?"

　　孟子曰:"君子居是国也,其君用之则安富尊荣,其子弟从之则孝弟忠信。'不素餐兮',孰大于是!"(《尽心上》)

我们试把《魏风·伐檀》篇翻来一证:

　　坎坎伐檀兮,真之河之干兮。河水清且涟猗。不稼、不穑,胡取禾三百廛兮?不狩、不猎,胡瞻尔庭有悬貆兮?彼君子兮,不素餐兮!

这明明是一首骂君子不劳而食的诗。那时说"君子",犹后世说"大人先生",只是"贵"的意思,并没有"好"的意思。所说"不素餐",犹说"岂不素餐",——《大雅·文王》篇"世之不显",即是"世之岂不显";《左传》襄二十五年"宁子视君不如奕棋",即是"宁子视君岂不如奕棋",——全没有"其君用之则安富尊荣,其子弟从之则孝弟忠信"的意思。不但没有,并且适在孟子所说的反面,公孙丑的问句并没有错,孟子的回答却大错了!

　　这种的以意逆志,真觉得危险万分。回想春秋时人的断章取义,原是说明本于自己的意思,代他们立一个题目,可以说是"以意用诗"。以意用诗,则我可这样用,你可那样用,本来不必统一。至于孟子,他是标榜"以意逆志"的人,诗人的志本只有一个,不能你这样猜,我那样猜。这原是一件很难的事,然而孟子却轻轻的袭用了,"以意用诗"的方法,去把"以意逆志"的名目冒了!

　　他一个人胡乱说不要紧，影响到后来的学者，——照了他的路走，遗毒可就不小。二千年来，大家做《诗》学，遵循的是经典上的诗说；经典上的诗说可分二种：第一种是春秋时人的"用诗"，第二种是孟子以来的"乱断诗"。这一班后学者，不管得用诗与乱断诗，以为载在经典的诗说都是"以意逆志"的先正典型：于是《野有蔓草》不是淫诗了！于是《鹑之奔奔》确是淫诗了！于是《伐檀》的君子是"仕有功乃肯受禄"的了！大家心目中，以为惟委曲解诗才为以意逆志。试引清儒的话来看：

　　　《诗》之学与他经异。他经直而明；《诗》则曲而婉，言在于此而意属于彼。故必如《庄子》所云"吾虚与之委蛇"而言不尽者见。此孟子所谓"不以文害辞，不以辞害志；以意逆志，是为得之"之说也。（诸锦《诗渖序》）

　　　诗陈王业，而无一言及后稷、公刘之缔造；诗戒成王，而无一语述祖功宗德之艰难；诗作于周公，而其辞宛然红女田父之告语：明乎此而三百五篇皆可类推。（范家相《诗渖·豳风·七月》）

这便是说，讲诗非"无中生有"不可。明明是一首红女田父的诗，一点没有说到祖功宗德，但因为以意逆志的结果，就成为"周公陈王业戒成王而作"的诗了。他们以为：惟其没有说到王业，所以一定是王业；惟其没有圣人气息，所以一定是圣人。照这样讲，他本身就很危险。因为我们若是替他们开玩笑，说："凡是字面上说得最悲苦的，就是内幕里极快乐的；字面上说得最快乐的，就是内幕里极悲苦的。"他们有什么方法驳倒我们呢？这并不是我个人的胡闹，试看汉朝人作的《诗序》便很明白。我们上边引的《楚茨》，说：

　　　我黍与与，我稷翼翼。我仓既盈，我庾维亿。既醉既饱，小大稽首："神嗜饮食，使君寿考！"

这不是说的收获很好,很快乐的祭祀吗? 一到汉朝人手里,便同它做一个序道:

> 《楚茨》,刺幽王也。

为什么要刺幽王呢? 他又说:

> 政烦赋重,田莱多荒,饥馑降丧,民卒流亡,祭祀不飨。

他为什么要这样说? 我们也可以套了《诗》学专家的话去替他解释:

> 作者刺"田莱多荒"而诗言"我稷翼翼",作者刺"饥馑降丧"而诗言"既醉既饱",作者刺"祭祀不飨"而诗言"神嗜酒食",盖作者言在于此而意属于彼。如必以为丰年祭祀之诗,此"以文害辞"、"以辞害志"之为也。"以意逆志",则序言为不诬矣!

这并不是我的滑稽,正是历来《诗》学专家保守他们附会的壁垒,抵抗别人理性的攻击的老法子。实在他们太滑稽了!

孟子把春秋时人用诗的惯例去说诗,进而乱断诗本事,又另换了一个新题目,结果,闹成了几千年的迷雾,把《诗经》的本来面目蒙蔽得密不通风。这个新题目,我们不但不反对,并且很欢迎;不过孟子实行这个新题目的态度太不对了,使得我们不能不剧烈反对。正如从前人不明白政治法律的原理,以为做官为的是一己的尊荣,只要掌到权柄,显出威风,心愿已了;我们虽是鄙薄他,但也觉得他的知识浅得可怜,用不着反对他。若是现在法政学校毕业的人做了官,口里声声说的是拥护人权,看他的行为处处是蹂躏人权;社会上一班糊涂人看了他们,以为蹂躏人权的实施就叫做拥护人权:我们看了,就应剧烈的反对他们,说:"你们既标榜了拥护人权,就不应该再做蹂躏人权的事了! 你们自己说谎话的罪还小,害了一班糊涂人跟着你们走,这个害处就不浅了!"孟子能够知道"尚友论世","以意逆志",对于古人有了研究历史的需求,确然是比春秋时人进步得多了。但既有了研究历史的需求，便应对于历史做一番深切的研究，然后再去引诗，才是道理。他竟不然，说是说得好听，做出来的依然和春秋时人随便用诗的一样，甚而至于乱说《閟宫》所颂的人，乱说《诗经》亡了的年代，造出春秋时人所未有的附会，下开汉人"信口开河"与"割裂时代"的先声，他对于《诗》学的流毒，到了这般，我们还能轻易的放过他吗！

以上三章所说的《诗经》经历，我们可以在此作一结论：

从西周到春秋中叶，诗与乐是合一的，乐与礼是合一的。春秋末叶，新声起了。新声是有独立性的音乐，可以不必附歌词，也脱离了礼节的束缚。因为这种音乐很能悦耳，所以在社会上占极大的势力，不久就把雅乐打倒。战国时，音乐上尽管推陈出新；雅乐成为古乐，更加衰微得不成样子。一二儒者极力拥护古乐诗，却只会讲古诗的意义，不会讲古乐的声律。因为古诗离开了实用，大家对它有一点历史的态度。但不幸大家没有历史的知识可以帮着研究，所以结果只造成了许多附会。

（录自《古史辨》第三册）

顾颉刚（1893—1980），字铭坚，江苏苏州人。著名历史学家、民俗学家。1920年毕业于北京大学文科中国哲学门。曾在厦门大学、中山大学、燕京大学、齐鲁大学、华西大学、兰州大学、复旦大学等任教，1948年当选为中央研究院院士。解放后任中国科学院历史研究所（今中国社会科学院历史研究所）研究员。提出了层累地造成的中国古史说，是古史辨派的领袖。曾主编《古史辨》，著有《中国上古史研究讲义》、《汉代学术史略》（1935年初版，1955重版时改题《秦汉的方士与儒生》)、《中国疆域沿革史》(合著)、《春秋三传及国语文综合研究》、《当代中国史学》(合著)、《浪口村随笔》、《史林杂识初编》等,有《顾颉刚历史论文选集》行世。

　　《〈诗经〉在春秋战国间的地位》原发表于 1923 年商务印书馆《小说月报》第 14 卷第 3 号、第 5 号,题为《〈诗经〉的厄运与幸运(上)》,后略作修改并易为本名,收入《古史辨》第三册。文中强调,《诗经》是入乐的诗的一部总集,其中有不少是古代的歌谣。歌谣可分为徒歌、乐歌二类,徒歌的作者是平民,乐歌则是乐工加工或贵族制作,而徒歌经过乐工的制谱,也变成了乐歌。从西周到春秋中叶,诗乐合一,乐礼合一。春秋末叶,新声兴起。作为具有较强独立性的音乐,新声不必附歌词,也摆脱了礼节的束缚,在社会上影响渐增。而雅乐则成为古乐,更加衰微,已经不再具有实用价值。此时儒者只会讲古诗的意义,而不会讲古乐的声律,结果出现了许多附会之说。

《周易》卦爻辞中的故事

顾 颉 刚

《周易》这部书,用了汉以后人的眼光来看它,真是最古的而且和"道统"最有深切关系的了。为什么? 因为他们说,演卦的是伏羲,重卦的是神农,①作卦辞、爻辞的是文王,②作《彖传》、《象传》等的是孔子:所有的经和传都出于圣人的亲手之笔,比了始于唐、虞的《尚书》还要古,比了"三圣传授心法"的《尧典》和《禹谟》还要神圣。

倘若我们问起他们的证据来,他们便可指了《系辞传》的话而作答,说

> 古者包牺氏之王天下也,仰则观象于天,俯则观法于地,
> ……于是始作八卦以通神明之德,以类万物之情。

这是伏羲画卦的证据。又:

> 包牺氏没,神农氏作,斫木为耜,揉木为耒,耒耨之利以教
> 天下,盖取诸《益》。

这是神农重卦的证据。因为《益》的卦文为䷩,是《震》和《巽》两卦叠起来的,如果神农不重卦,他就不能取了《益》的卦象而作耒

20世纪儒学研究大系

---

① 也有人说是伏羲,也有人说是文王。

② 也有人说是周公,也有人说是孔子。

耜了。又：

> 《易》之兴也，其当殷之末世，周之盛德邪？当文王与纣
> 之事邪？是故其辞危。

这是文王作卦辞和爻辞的证据。因为《系辞传》中说到包牺、神农、黄帝、尧、舜，只说他们观了《易》象而制器，没有提着《易》辞；这里既称"文王与纣之事"，又云"其辞危"，可见卦爻辞定是文王所作的了。又：

> "初六，藉用白茅，无咎。"子曰："苟错诸地而可矣，藉之
> 用茅，何咎之有！慎之至也。"

> "不出户庭，无咎。"子曰："乱之所生也，则言语以为阶，
> ……是以君子慎密而不出也。"

这是孔子作《彖传》、《象传》等等的证据。因为《论语》里边称孔子曰"子"，称他的话为"子曰"，这里记载相同，可见《系辞传》是孔子的话而门弟子笔记的；至于《彖传》、《象传》不称"子曰"，则直是孔子手作的。

其他，说伏羲重卦的，其证据在《周礼》的"外史氏掌三皇五帝之书"和《系辞传》说的圣人作书契取象于《夬》；盖伏羲为三皇之一而已有书，足征他已经取象于重卦的《夬》了。[①] 说文王重卦的，其证据在《史记·周本纪》的"西伯……囚羑里，盖益《易》之八卦为六十四卦。"说周公作卦爻辞的，其证据在《左传》昭二年，晋韩起来聘，观书于太史氏，见了《易象》与《鲁春秋》，曰："周礼尽在鲁矣！"因周礼为周公所制，故《易象》所系之卦爻辞应为周公所作。说孔子作卦爻辞的，其证据在《史记·周本纪》、《日者传》，《法

---

① 孔颖达说。其实他不必这样的转弯抹角，《淮南子·要略》篇已明言"伏羲为之六十四变"了。

言·问神》篇,《汉书》《艺文志》、《扬雄传》,《论衡·对作》篇等都说文王重卦,没有说他作卦爻辞,而《艺文志》所说的"人更三圣",韦昭注以为伏羲、文王、孔子;既伏羲只画卦,文王只重卦,则卦爻辞自然是孔子所作的了。①

此外,又有说卦辞为文王作,爻辞为周公作的。他们以为《系辞传》中既说"当文王与纣之事邪,是故其辞危",文王之有辞自无疑义;但《升》的爻辞言"王用亨于岐山",武王克殷之后始追号文王为王;《明夷》的爻辞言"箕子之明夷",武王观兵之后箕子始被囚奴:文王都不应预言。《左传》中既于《易象》言"周公之德",则爻辞当是周公作的,文王仅有卦辞而已(《系辞传》言"作《易》者其有忧患乎",文王囚羑里固为忧患,周公被流言之谤亦得为忧患。前人所以只言"三圣",不数周公者,盖以父统子业之故)。这是调停《系辞传》与爻辞内容冲突的一种解释。②

以上许多理由,从我们看来,直如筑室沙上。他们所根据的只有《系辞传》、《左传》、《史记》、《汉书》等几部战国秦汉间的书。他们用了战国秦汉间的材料,造起一座从三皇直到孔子的《易》学系统。不幸战国秦汉间人的说话是最没有客观的标准的,爱怎么说就怎么说,所以大家在这种书里找寻著作《周易》的证据,说来说去总不免似是而非;除了伏羲画卦和孔子作《易传》而外,聚讼到今天,还都是不能解决的问题。其实,就是伏羲画卦和孔子作《易传》的话,从我们看来,也何曾有坚强的根据。神农,已是起得够后的了,他到了战国之末方始在古帝王中占得一个位置;伏羲之起,更在其后,简直是到了汉初才成立的:当初画卦和重卦的时候,

---

① 康有为说,见《孔子改制考》卷十。
② 详见《周易正义》卷首,孔颖达引马融、陆绩等说。

他们这些人连胚胎都够不上，更不要说出生了。此事说来话长，当另作《三皇五帝考》一文论之。至孔子作《易传》，《系辞传》中似乎有一段很好的话足以证明：

> 子曰："颜氏之子其殆庶几乎？有不善，未尝不知；知之，未尝复行也。《易》曰：'不远复，无祇悔，元吉。'"

这里所谓"颜氏之子其殆庶几乎"，即《论语·先进》篇中的"回也其庶乎"；这里所谓"有不善，……未尝复行"，即《论语·雍也》篇中的"有颜回者好学，不迁怒，不贰过"。《系辞传》的话和《论语》所云这样地密合，足见"子曰"的"子"实是孔子。但是，我们倘使懂得了战国秦汉间人的攀附名人的癖性和他们说话中称引古人的方式，就可以知道这是易学家拉拢孔子的一种手段。《礼记》里，《庄子》里，这类的话正多着呢。如果不信，那么，孔子既经引了《复卦》的爻辞来赞美颜渊，为什么《论语》里却没有这一句？就使退一步，承认《系辞传》里的"子曰"确是孔子的话，也不能即此证明《彖传》和《象传》等是孔子所作。为什么？因为《彖传》等的著作，孔子自己没有说，孔子的门弟子也没有说，连《系辞传》也还没有说。

　　这种事情的问题还不大；一部《周易》的关键全在卦辞和爻辞上：没有它们就是有了圣王画卦和重卦也生不出多大的意义，没有它们就是生了素王也做不成《易传》。所以卦爻辞是《周易》的中心。而古今来聚讼不决的也莫过于卦爻辞。究竟这两种东西（也许是一种东西）是文王作的呢？是周公作的呢？是孔子作的呢？这是很应当研究的问题，因为我们必须弄清楚了它的著作时代，才可抽出它里边的材料（如政治、风俗、思想、言语……）作为各种的研究。

　　现在，我先把卦爻辞中的故事抽出来，看这里边说的故事是哪几件,从何时起,至何时止,有了这个根据再试把它的著作时代估计一下。因为凡是占卜时引用的故事总是在这个时代中很流行的,一说出来大家都知道的。例如现在的签诀,纸条上端往往写着"伍子胥吴市吹箫","姜太公八十遇文王","韩信登坛拜将","关云长秉烛达旦"……的故事,就因为这些故事是习熟于现在人的口耳之间的,只要说了这件故事的名目便立刻可以想出它的涵义。但也有不直称一件故事的名目而就叙述这件故事的内容的,例如《牙牌数》中的一条说:

> 三战三北君莫羞,一匡天下霸诸侯。
>
> 若经沟壑殉小节,盖世功名尽射钩。

我们如果不读《左传》和《论语》或《列国志》,便不能明白它说的是曹沫和管仲的故事。《周易》的卦爻辞的性质既等于现在的签诀,其中也难免有这些隐语。很不幸的,古史失传得太多了,这书里引用的故事只有写出人名地名的我们还可以寻求它的意义;至于隶事隐约的则直无从猜测了。所以我做这个工作决不能做得完满,我只想从这些故事里推出一点它的著作时代的古史观念;借了这一星的引路的微光,更把它和后来人加上的一套故事比较,来看明白后来人的古史观念。这两种观念一分明,《周易》各部分的著作人问题也许可以算解决一半了。

一 王亥丧牛羊于有易的故事

> 丧羊于易,无悔。(《大壮》六五爻辞)
>
> 鸟焚其巢,旅人先笑后号咷,丧牛于易,凶。(《旅》上九爻辞)

这两条爻辞,从来的《易》学大师不曾懂得,因为《周易》成为圣经的时候这件故事已经衰微了，不能使人注意了。《象传》于《大壮》说"丧羊于易，位不当也"，虽很空洞，还过得去；于《旅》说"丧牛于易，终莫之闻也"，说得含糊得很，实使人索解不得。王弼注云："以旅处上，众所同嫉，故丧牛于易，不在于难。"这是把"易"字当作"轻易"讲的。朱熹注云："'易'，容易之易，言忽然不觉其亡也；或作'疆埸'之'埸'，亦通，《汉书·食货志》'埸'作'易'。"则他虽维持王说，也疑其是地方了。

自从甲骨卜辞出土之后，经王静安先生的研究，发现了商的先祖王亥和王恒，都是已在汉以来的史书里失传了的。他加以考核，竟在《楚辞》、《山海经》、《竹书纪年》中寻出他们的事实来，于是这个久已失传的故事又复显现于世。今把这三种书里的文字抄录在下面：

> 王亥托于有易，河伯仆牛。有易杀王亥，取仆牛。（《山海经·大荒东经》）

> 殷王子亥宾于有易而淫焉，有易之君绵臣杀而放之。是故殷主甲微假师于河伯以伐有易，灭之，遂杀其君绵臣也。（郭璞《山海经注》引《真本竹书纪年》）

> 该秉季德，厥父是臧；胡终弊于有扈，牧夫牛羊？干协时舞，何以怀之？平胁曼肤，何以肥之？有扈牧竖，云何而逢？击床先出，其命何从？恒秉季德，焉得夫朴牛？何往营班禄，不但还来？昏微遵迹，有狄不宁，何繁鸟萃棘，负子肆情？……（《楚辞·天问》）

静安先生谓《天问》中的"有扈"乃"有易"之误，因为后人多见有扈，少见有易，又同是夏时事，所以改写的。又谓"有狄"亦即"有易"，古时"狄"、"易"二字本来互相通假，其证甚多。于是断之曰：

> 此十二韵以《大荒东经》及郭注所引《竹书》参证之，实纪

王亥、王恒及上甲微三世之事。……"狄"、"易"二字不知孰
正孰借,其国当在大河之北,或在易水左右。盖商之先自冥治
河,王亥迁殷(颉刚按:此用《今本纪年》说),已由商丘越大河
而北,故游牧于有易高爽之地。服牛之利(颉刚按:《吕氏春
秋·忽躬》篇云:"王冰作服牛。"静安先生谓篆文"冰"作
"仌",与"亥"相似,"王冰"亦"王亥"之误)即发见于此。有
易之人乃杀王亥,取服牛,所谓"胡终弊于有扈,牧夫牛羊"者
也。其云"有扈牧竖,云何而逢? 击床先出,其命何从"者,似
记王亥被杀之事。其云"恒秉季德,焉得夫朴牛"者,恒盖该
弟,与该同秉季德,复得该所失服牛也。所云"昏微遵迹,有
狄不宁"者,谓上甲微能率循其先人之迹,有易与之有杀父之
仇,故为之不宁也。……(《殷卜辞中所见先公先王考》)

有了这一段说明,于是这个久被人们忘却的故事便从向来给人看
作荒唐的古书里钩稽出来了,这真是一个重大的发现!

　既经明白了这件事情的大概,再来看《大壮》和《旅》的爻辞,
就很清楚了。这里所说的"易",便是有易。这里所说的"旅人",
便是托于有易的王亥。这里所说的"丧羊"和"丧牛",便是"胡终
弊于有扈,牧夫牛羊",也即是"有易杀王亥,取仆牛"。这里所说
的"鸟焚其巢,旅人先笑后号咷",便是"干协时舞,何以怀之? 平
胁曼肤,何以肥之? 有扈牧竖,云何而逢? 击床先出,其命何从?"
也即是"殷王子亥宾于有易而淫焉,有易之君绵臣杀而放之"。想
来他初到有易的时候曾经过着很安乐的日子,后来家破人亡,一齐
失掉了,所以爻辞中有"先笑后号咷"的话。如果爻辞的作者加上
"无悔"和"凶"对于本项故事为有意义的,那么可以说,王亥在丧
羊时尚无大损失,直到丧牛时才碰着危险。这是足以贡献于静安

先生的。①

还有一件事情应当注意的。《吕氏春秋》说"王冰作服牛",《世本·作》篇说"胲作服牛",《大荒东经》说"王亥托于有易,河伯仆牛",《天问》说"焉得夫朴牛",静安先生已证明"王冰"与"胲"之即王亥,"仆牛"与"朴牛"之即服牛,而云:

> 盖夏初奚仲作车,或尚以人挽之。至相土作乘马(颉刚按:此与奚仲作车俱见《世本·作》篇),王亥作服牛,而车之用益广。古之有天下者,其先皆有大功德于天下。……然则王亥祀典之隆(颉刚按:卜辞中祭王亥之牲用三十牛,四十牛,以至三百牛),亦以其为制作之圣人,非徒以其为先祖。周、秦间王亥之传说胥由是起也。(《殷卜辞中所见先公先王考》)

这个假设很可能:一个人若没有特别使人纪念的地方便不能成为传说中的人物。但他说"周、秦间之传说胥由是起",这句话却有应商量之处。因为这个传说从商初起,直到周、秦,经过了一千多年的时间,是无疑义的,不能说至周、秦间才起来;而且这个传说传到了周、秦之间,已成强弩之末了,除了民间的流传以及偶然从民间微细地流入知识界之外,操着知识界权威的儒、墨、道诸家是完全忘记的了,不理会的了。所以《系辞传》中便说:

> 黄帝、尧、舜垂衣裳而天下治,盖取诸《乾》、《坤》;刳木为舟,剡木为楫,舟楫之利以济不通,……盖取诸《涣》;服牛乘马,引重致远,以利天下,盖取诸《随》。……

---

① 民国十五年十二月在厦门草此文,甚快,欲质正静安先生,旋以校中发生风潮,生活不安而罢。今日重写,静安先生之墓已宿草矣,请益无由,思之悲叹。

它已把"服牛乘马"的创作归到黄帝、尧、舜的名下去了！三国时的宋衷，他注释《世本》，见有"胲作服牛"之文，又不敢违背《系辞传》中的话，便注道："胲，黄帝臣也，能驾牛。"宋罗泌作《路史》，又因宋衷业已说明胲为黄帝之臣，便在《疏仡纪》中写道："黄帝……命马师皇为牧正，臣胲服牛始驾，而仆跸之御全矣。"倘使静安先生不作这番爬梳抉剔的工夫，胲是做定黄帝时的人了！他们为什么要这样讲？只为秦、汉以来的人看三皇五帝之世是制度文物最完全，最美盛的时代，胲的制作之功只有送给那个时代尚可在历史中占得一个地位。不然的话，只有直捷痛快地说是黄帝、尧、舜制作的，更轮不到提起胲的名字了。古史系统的伸展使得原有的名人失色，这是一个例子。

就在这一件事情上可以明白，卦爻辞与《易传》完全是两件东西：它们的时代不同，所以它们的思想和故事也都不同；与其貌合神离地拉拢在一块，还不如让它们分了家的好。

二　高宗伐鬼方的故事

高宗伐鬼方，三年克之，小人弗用。（《既济》九三爻辞）
震用伐鬼方，三年有赏于大国。（《未济》九四爻辞）

《诗·商颂·殷武》篇说："昔有成汤，自彼氐、羌，莫敢不来享，莫敢不来王。"可见商的势力早已远被西北民族。到高宗时，伐鬼方至三年之久而后克之，可称是古代的大规模的战争，所以作爻辞的人用为成功的象征。鬼方之在西北，经静安先生的考证，可无疑义。《大雅·荡》篇中借文王的口气痛斥殷商，其中一事云："内奰于中国，覃及鬼方。"恐即指此事。因为到了纣的时候，周室早已兴盛，无论商的国力衰微，不容有伐鬼方的事，就算有这力量，也给周国把路线挡住了。殷高宗伐鬼方，是东方民族压迫西方民族的一件最大的事，故为西方民族所痛恨。周国的人替鬼方抱不平，借这个理由来痛骂殷商，即以此故。不料到了后来，周也吃了鬼方的大亏，赫赫的宗周竟给犬戎灭掉了。①

《今本竹书纪年》于武丁三十二年书"伐鬼方，次于荆"，于三十四年书"王师克鬼方，氐、羌来宾"，这是它混合了《周易》的"三年克之"和《商颂·殷武》的"挞彼殷武，奋伐荆楚，……自彼氐、羌，莫敢不来享"的话而杜撰的。《商颂》，三家诗皆谓正考父作于宋襄公之世。②魏源《诗古微》说："《殷武》，美襄公之父桓公会齐伐楚也。高宗无伐荆楚事；其克鬼方，乃西戎，非南蛮。"此说甚是。其实《今本纪年》于伐鬼方事牵涉荆楚固是错误，而一定要派在三十二年到三十四年，满足三年之数，也未免拘泥古人文字。我的意思，以为殷高宗的"三年克鬼方"，正与殷高宗的"三年谅阴不言"是同样的约举之辞，不是确实之数。③试看《周易》中的数目字，最喜欢的"三"和"十"。说"十"的，如"十年乃字"（《屯》），"十年不克征"（《复》），"十年勿用"（《颐》），"十朋之龟勿克违"（《损》、《益》）等。说"三"的更多，如"王三锡命"（《师》），"王用三驱"（《比》），"三岁不得"（《坎》），"三岁不兴"（《同人》），"三岁不觌"（《困》、《丰》），"昼日三接"（《晋》），"革言三就"（《革》），"三日不食"（《明夷》），"田获三狐"（《解》），"田获三

---

①　犬戎即鬼方之异称，见静安先生《鬼方昆夷玁狁考》。

②　《史记·宋世家》云："襄公之时，修仁行义，欲为盟主，其大夫正考父美之，故追道契、汤、高宗，殷所以兴，作《商颂》。"陈乔枞谓此《鲁诗》说，齐、韩二家并同。

③　关于他谅阴的事，《今本纪年》也说"元年，王即位"，"三年，梦求傅说，得之"。

品"(《巽》),"妇三岁不孕"(《渐》),"三人行则损一人"(《损》),
"有不速之客三人来"(《需》),"或锡之鞶带,终朝三褫之"
(《讼》)等。可见作卦爻辞的人常以"三"为较多之数,"十"为甚
多之数。① "伐鬼方,三年克之"这句话,未必说是十足打了三年的
仗,只不过表明鬼方不易克,费力颇多,费时颇久罢了。

《既济》爻辞中的"小人弗用",不知是对于占卦的人说的话,
如《观》初爻的"小人无咎"之类呢? 还是连着克鬼方说的,如
《师》上爻的"大君有命:开国承家,小人勿用"之类呢? 又《未济》
爻辞的"有赏于大国"是怎么一回事呢? 均以故事早已失传,现在
无从知道。

三 帝乙归妹的故事

帝乙归妹,以祉,元吉。(《泰》六五爻辞)
帝乙归妹,其君之袂不如其娣之袂良,月几望,吉。(《归
妹》六五爻辞)

"归妹",商代嫁女之称。甲骨卜辞中亦有之,如"乙未,㝷妹
丁㝃㚸","贞妹其至,在二月"。(均见《戬寿堂殷虚文字》第35
页)王弼《易注》云:"妹,少女也。"这是对的。

帝乙嫁女,嫁到哪里去呢? 这一件事为什么会得成为一种传
说呢? 此等问题历来无人讨究,这个故事也早已失传,除《易》爻
辞外任何地方都看不见了。

但是,我以为这件事还可从《诗·大明》篇中钩索出来。
《大明》篇云:

---

① 书中"百"仅两见,"千"、"万"则未一见。

> 挚仲氏任,自彼殷商,来嫁于周,曰嫔于京。乃及王季,维
> 德之行。太任有身,生此文王。

这是说王季之妃太任是由殷商娶来的,她是文王的母亲。又云:

> 文王初载,天作之合,在洽之阳,在渭之涘。文王嘉止,大
> 邦有子。大邦有子,伣天之妹。文定厥祥,亲迎于渭。造舟为
> 梁,不显其光。有命自天,命此文王,于周于京。缵女维莘,长
> 子维行;笃生武王。保右命尔,燮伐大商!

这是说的文王娶妻的情形,又说武王之母是莘国之女。① 关于这
段文字,前代学者都看作一件事,以为莘国之女即大邦之子,为文
王所亲迎的。② 但我觉得这一段里所记的事并没有这样简单。

其一,它说"大邦有子,伣天之妹"。"伣",《说文》云:"譬喻
也。"这句的意义是说:"这个大邦之女仿佛像天的少女一般。"所
谓"大邦"是不是指莘国,所谓"伣天之妹"是不是指莘国之女,这
是一个可以研究的问题。按:周在文王时已甚强大,若娶的是莘
女,则国际地位平等,何必有如此尊崇之情。而周之称殷商则屡曰
"大邦",③ 自称则曰"小邦",④ 恐此诗所谓"大邦"也是指的殷商。
至"伣天之妹"更与"帝乙归妹"一语意义相符。文王与帝乙及纣
同时,在他的"初载",帝乙嫁女与他,时代恰合,这件事是很可能
的。否则王季和文王同样娶于东方,为什么《大明》篇中对于文王

---

① 此间虽没有说出武王之母的名姓,但据《思齐》篇的"思齐太任,文
王之母,……太姒嗣徽音,则百斯男"的话看来,她是名太姒。

② 例如刘向《列女传》云:"太姒者,有莘姒氏之女,仁而明道,文王嘉
之,亲迎于渭,造舟为梁。"

③ 《尚书·召诰》"天既遐终大邦殷之命",《顾命》"皇天改大邦殷之
命";又《大明》的"肆伐大商",《康诰》的"殪戎殷",亦是。

④ 《大诰》"兴我小邦周"。

的婚礼独写得隆重？否则帝乙归妹的事本与周人毫无关系，为什么会深印于周人的心目中而一见再见于《周易》？

第二，它说"缵女维莘"。缵者，继也。① 太姒若为文王的元配，为什么要说继？以前的经师讲不通了，便想到"太姒嗣徽音"上去，以为她继续了太任的女事。郑玄《毛诗笺》云："天为将命文王君天下于周京之地，故亦为作合，使继太任之女事于莘国，莘国之长女太姒则配文王，维德之行。"这样的解释，恐怕诗义还不至如此迂曲罢？如果直讲为继配，则大邦之子或死或大归，而后文王续娶于莘，遂生武王，文义便毫无扞格。并且这样一讲，也用不着把太姒说成天妹，而云"文王闻太姒之贤，尊之如天之有女弟"（郑笺语）。

因为有以上两个理由，所以我以为《周易》中的"帝乙归妹"一件事就是《诗经》中的"文王亲迎"一件事。

帝乙为什么要归妹与周文王呢？这是就当时的情势可以推知的。自从太王"居岐之阳，实始剪商"（《鲁颂·閟宫》）以来，商日受周的压迫，不得不用和亲之策以为缓和之计，像汉之与匈奴一般。所以王季的妻就从殷商嫁来，虽不是商的王族，也是商畿内的诸侯之女。至于帝乙归妹，《诗》称"俔天之妹"，当是王族之女了。后来续娶的莘国之女，也是出于商王畿内的侯国的，这只要看晋、楚战于城濮之役（《左传》僖二十八年），晋文公登有莘之虚以观师，可知当年的莘国即在春秋时卫境内，而卫国封土即是殷虚。②

① 例如《閟宫》篇的"至于文、武，缵大王之绪"。
② 《史记正义》引《括地志》云"古莘国在汴州陈留县东五里故莘城是也"，又引《陈留风俗传》云"陈留外黄有莘昌亭，本宋地莘邑也"，与《左传》中的有莘之虚虽非同地，但在商之畿内则同。

周本是专与姜姓通婚姻的,而在这一段"剪商"的期间却常娶东方民族的女子了。这在商是不得已的亲善,而在周则以西夷高攀诸夏,正是他们民族沾沾自喜之事呢。

帝乙归妹的故事早已失传了,别种古书里都没有讲起的。所以《归妹》爻辞中所谓"其君之袂不如其娣之袂良",我们不得其解。倘使加以猜想,或者文王对于所娶的适夫人不及其媵为满意。再深猜一层,或者因为"缵女维莘(其娣)",所以"长子(其君)维行"了。但这仅足备或然的一说,我也不敢自信。至于"月儿望"一语,又见于《小畜》上九,《中孚》六四的爻辞,当是卦爻之象,未必是这件故事的一部分。《泰》爻辞所说的"以祉",《左传》解作"祉,禄也;帝乙之元子归妹而有吉禄",似乎是这件故事的一部分了;但看《否》九四"无咎,畴离祉"的话,也许是指的卦象,说占得了这一爻的是可以得吉禄的。

帝乙归妹的故事虽失传,但"缵女维莘"的一件事怕是因传讹而起了变化了。《帝系》云:"鲧娶于有莘氏,有莘氏之子谓之女志氏,产文命。"则鲧娶于有莘了。《天问》云:"成汤东巡,有莘爰极,何乞彼小臣而吉妃是得?"则成汤娶于有莘了。[①]《史记》云:"帝纣乃囚西伯于羑里,闳夭之徒患之,乃求有莘氏美女,……因殷嬖臣费仲而献之纣,纣大说,……赦西伯。"则纣纳有莘氏之女了。夏、商的两个开国之君与商代的一个亡国之君都娶有莘氏之女,这也是一件奇巧的事。我们看了上面说的,王亥可以做黄帝时的人,

---

[①] 《吕氏春秋·本味》云"有侁氏女子采桑,得婴儿于空桑之中,……命之曰伊尹。……长而贤,汤……使人请之有侁氏,有侁氏不可。……汤于是请取妇为婚。有侁氏喜,以伊尹媵女",这可以作为《天问》这一问的说明。《孟子》云"伊尹耕于有莘之野而乐尧、舜之道",《史记》云"伊尹欲干汤,乃为有莘氏媵臣",都是从这一个故事上演化出来的。

则文王之妃由传说的演变而跟鲧和汤和纣发生了关系,也未始不
是可能的事呵。

四　箕子明夷的故事

　　箕子之明夷,利贞。(《明夷》六五爻辞)

　　箕子为殷末的仁人,他不忍见殷之亡,致有"为奴"(《论语》)
及"佯狂"(《楚辞》)的痛苦。他的故事是古代的一件大故事,古
书中常常提起,不待我们作解释。

　　这里所说的"箕子之明夷","明夷"二字当是一个成语,故《周
易》取以为卦名,如"无妄"、"归妹"之类。后来这个成语失传了,
使得我们没法知道它的确实的意义。以前的人解"夷"为"伤",这
是但见"夷于左股"而为之说。说"暗主在上,明臣在下,不敢显其
明智"(孔疏),又是专就"箕子之明夷"立说。窃谓此卦《离》下
《坤》上,明入地中,简直就是暗晦之义;夷者灭也,明灭故暗晦。
"箕子之明夷"这句话,仿佛现在人说的"某人的晦气"而已,不必
替这二字想出什么大道理来。这个猜想不知对否?

　　这条爻辞,历来又有一个问题,便是说"箕子"二字不是人名。
《汉书·儒林传》云:

　　　　蜀人赵宾……为《易》,饰《易》文,以为"箕子明夷",阴
　　　阳气亡箕子;箕子者,万物方荄兹也。

这是训"箕"为"荄",诂"子"为"兹(滋)"的。惠栋《周易述》又
说:

　　　　"其",读为"亥"。《坤》终于亥,《乾》出于子,故其子之
　　　明夷。

这是训"箕"为"亥",以"箕子"二字为十二辰之名的。焦循《易通

《释》又说：

> "箕子"，即"其子"。《中孚》九二："鸣鹤在阴，其子和之。"《鼎》初六："得妾以其子。"

这是读"箕"为"其"的。他们为什么要这样说？只因《系辞传》中有"《易》之兴也，其当殷之末世，周之盛德邪？当文王与纣之事邪"的话，所以要把卦爻辞的作者定为文王，但箕子明夷的事却在武王之世，文王是见不得的；若要维持文王作卦爻辞的信用，那么只有把箕子的事牺牲了的一法，所以他们便用了别种解释把这两个字混过了。可是《易传》中的《彖传》总比赵宾们的时代早些，它说：

> 内文明而外柔顺，以蒙大难。文王以之。……内难而能正其志，箕子以之。

它为什么要在《明夷》的《彖传》里把文王和箕子对举呢？这至少可以证明，在作《彖传》的时候，《周易》的本子上已写作"箕子"，解作箕子了。这是很早的一个本子，我们如果没有文王作爻辞的成见横梗在心头，想替它辩护的，我们就应当承认这个较早的本子中的文字。

五　康侯用锡马蕃庶的故事

> 康侯用锡马蕃庶，昼日三接。（《晋》卦辞）

这也是以前的易学大师不当作故事讲的。王弼和孔颖达都说："康，美之名也。"孔更说："侯，谓升进之臣也。"至朱熹则直云："康侯，安国之侯也。"

他们所以要这样解释，一来不知道周初有康侯其人，二来即使知道周初有康侯其人，但为要维持文王作卦爻辞的成说，也须藏起这个证据，犹如"箕子"的被解为"荄滋"、"亥子"和"其子"。

康侯，即卫康叔：因为他封于康，故曰"康侯"，和伯禽的封于鲁而曰"鲁侯"一样；又因他是武王之弟，故曰"康叔"，和"管叔"、"蔡叔"们的名号一样。惟"康叔"一名，书上屡屡说到，而"康侯"之名则但见于彝器中，故大家对于这两个名字有生熟的不同。《康侯鼎》的铭辞云"康侯丰作宝尊"。刘心源《奇觚室吉金文述》（卷一）论之曰：

《说文》："𨺔，爵诸侯之土也。……𡉚，古文，'封'省。𡊄，籀文，从丰。"……然"封"古文实当作"𡉚"，从丰从⊥；⊥，古文土字。籀文从丰从土，盖迻古文之上下偏旁于左右耳。《说文》："丰，从生，下达也。"余以古刻及小篆偏旁从丰者证之：如"邦"从丰，《说文》作𨛜，《宗周钟》"具见廿又六𨛜"，《西𦙃𤭯》"齐𨛜"，《叔向父敦》"奠保我𨛜我家"，《毛公鼎》"女辥我𨛜我家"，《𦥑卣》"策乃𨛜"，所从之丰皆从"ㄣ"，不从"生"。此铭作"丰"，确是丰字。《毛公鼎》"弘我邦我家"之"邦"作"𨛜"，《齐刀》"邦"作"𨛝"，皆变丰从𡉚。古文凡直笔中作注形者，小篆改为横笔，十即十，壬即壬，土即土，干即干，是也。丰即丰，亦其例。古刻从丰之字既可从𡉚，知丰即丰即封矣。

《书·康诰》："小子封。"传："封，康叔名。"《书序》："封康叔于卫。"马注："康，国名。"传："康，畿内国。"郑注："康为谥号。"《世本》："康叔居康，从康徙卫。"此铭云："康侯丰作。"明系自作，则康非谥也。不言"卫侯"，知作器在克殷以前。

在这一篇考证里，使我们确实知道：康叔在未徙卫的时候是称康侯的。

《尚书》中的《康诰》是武王命康叔监殷时的诰,①康叔的封康更在其前。如果封建制度是周的创制,则康叔的受封为康侯恐怕是周代的第一个封国呢。所以《康诰》里称他为"孟侯",孟者长也。后来人单记得了"小子封",却忘记了"孟侯",又以"小子"作小孩子解,于是康叔变为武王的同母少弟。又因《康诰》篇首有一段错简,而这段错简是说周公作洛邑的,于是康叔的监殷移到了成王时去。其实,"王若曰,孟侯,朕其弟,小子封"一句话,除了武王具备说这话的资格之外再没有第二人,而"小子"只是阶位的高下,并非年岁的长幼,并不能证明他是少弟。否则《君奭》篇中,周公亦自称"予小子旦",难道他说这番话的时候还是一个小孩子吗?

《周易》中,《屯》言"利建侯"者二,《豫》言"利建侯"者一,《师》上六言"大君有命:开国承家,小人弗用",足征作《周易》卦爻辞之时,封建亲戚以为王屏藩者已多,倘卦爻辞为文王作而文王时尚无封建之制,则自不当有此等言语,不仅箕子、康侯等事与名在时间上不能相及而已。

康侯用锡马蕃庶的故事已失传。就本文看,当是封国之时,王有锡马,康侯善于畜牧,用以蕃庶。② 至"昼日三接",则文义实不易解,不敢妄为之说。其六二爻云"受兹介福于其王母",如果卦辞与爻辞的意义相关,这也许说的是康侯的事。

---

① 理由甚多,当于另作《尚书中的周初史料》一文中论之。

② 《诗·鄘风·定之方中》言建国作宫之事而云"骒牝三千",《鲁颂》言鲁国之盛而云"駉駉牡马,在坰之野;薄言駉者,有骄有皇,有骊有黄,以车彭彭:思无疆,思马斯臧",可见古代国家以畜牧为财富。《礼记·曲礼》云:"问国君之富,数地以对;……问士之富,以车数对;问庶人之富,数畜以对。"这是礼家有意分别贵贱的说法,实则问国君之富也可数畜以对的。

除了以上几事约略可以考定之外,还有几条爻辞也是向来说成文王的故事的。

其一,《升》六四云:

> 王用亨于岐山,吉,无咎。

王弼注云:"岐山之会,顺事之情,无不纳也。"孔氏《正义》申之曰:"六四处升之际,下体二爻皆来上升,可纳而不可距,事同文王岐山之会,故曰'王用亨于岐山'也。"这是把"王"释为文王,把"亨于岐山"释为岐山之会的,该有岐山之会一段事。但文王有岐山之会吗? 在我们看得见的文籍里毫没有这件事的踪影,不知道王弼是怎样知道的? 周之居岐,从古公亶父(非太王)起,到文王时已好几代了。周之称王,从太王起,到文王时已三传了。这条爻辞只可证明周王有祭于岐山的事,至于哪一个周王去祭或是每一个周王都应去祭,这一条爻辞是说的一件故事或是说的一个典礼,我们都无从知道。

其二,《随》上六云:

> 拘系之,乃从维之,王用亨于西山。

《易纬乾凿度》云:"譬犹文王至崇之德,显中和之美,拘民以礼,系民以义,当此之时,仁恩所加,靡不随从,咸悦其德,得用道之正,故言'王用亨于西山'。"郑玄注云:"是时纣存,未得东巡,故言'西山'。"这也是把"王"释为文王的。其没有确实的根据,和上条一样。推求他们所以一定要说为文王的缘故,只因他们先承认古代都是大一统的,天子之下不得称王;有之,则是受命的新王。他们以为太王、王季都是克殷以后追王的,[①]所以《周易》里边说"王"而又说"岐山"、"西山"的除了文王就没有别人。我们现在

---

① 　文王则是新受命而称王的,卦爻辞又是文王作的。

既知道古诸侯称王并不是一件大不了的事,①那么,便不必对于周的称王作种种的解释而将《周易》中的"王"专归之于文王了。

其三,《既济》九五云:

> 东邻杀牛,不如西邻之禴祭,实受其福。

班固《幽通赋》云:"东厸(邻)虐而歼仁兮。"以"东邻"为纣。郑玄注《礼记》,于《坊记》引此文下注云:"'东邻',谓纣国中也;'西邻',谓文王国中也。"《周易集解》引崔憬曰:"居中当位于既济之时,则是当周受命之日也。"他们以"西邻"属文王,正和上条的"西山"一样,只因周在商的西面,而且周和商的对峙是在文王时,②故西邻、东邻应属于文王与纣。其实那时"邻国相望",就使有这故事也何尝定属于商、周呢?

《易林》里,对于《既济》这条爻辞有一个很奇怪的解释:

> 东家杀猪,闻臭腥臊。神怒不顾,命绝衰国。亳社火烧,宋公夷诛。(《益》之《否》)

> 东家杀牛,污臭腥臊。神怒西顾,命绝衰周。亳社灾烧,宋人夷诛。(《睽》之《明夷》,《鼎》之《小畜》,《噬嗑》之《巽》)

它把这件故事的时代移得很后了,"东家"一名变为指周,说因他们祭神不洁而致"神怒西顾"的。③ 但下面又说"亳社火烧,宋公

---

① 静安先生曾于金文中寻出矢王、录之䣄王、养之几王等名。按《国语》中有楚王、吴王、越王,《史记》中有戎王、亳王、丰王,可见只要国力充足,尽可称王自娱。

② 《孟子》说"文王以百里",则文王之前不得与商对峙;《论语》说"三分天下有其二以服事殷",则文王时周国骤然扩大,具备了与商对峙的资格;到武王殪戎殷而有天下,也不必对峙了。

③ 西顾是向秦吧?

夷诛"。按《春秋》哀四年"六月辛丑，亳社灾"，《左氏》无传；杜预注云："亳社，殷社，诸侯有之，所以戒亡国。"然则这个亳社是鲁国的亡国之社，它火烧了，为什么要使宋公受夷诛呢？又按《十二诸侯年表》，鲁哀公四年为宋景公二十六年，景公是一个修德之主，克终其天年的，并没有夷诛的事。大约《易林》这条，随意把《周易》和《春秋》合用，又随便写些字句，并不是全条说的一件故事，所以不能用它来作《周易》中的事件的解释。但它说的"神怒不顾，命绝衰国"的话，却可以用它的反面理由来解释"西邻之禴祭，实受其福"一语。这条爻辞，我也觉得似有一个故事隐藏在里面，不过我们无从知道清楚罢了。

此外，又有许多爻辞似乎在称说故事的，例如：

伏戎于莽，升其高陵，三岁不兴。（《同人》九三）

系用徽纆，置于丛棘，三岁不得，凶。（《坎》上六）

明夷于南狩，得其大首，不可疾贞。（《明夷》九三）

震来厉，亿丧贝，跻于九陵，勿逐，七日得。（《震》六二）

睽孤，见豕负涂，载鬼一车；先张之弧，后说之弧。匪寇，婚媾；往遇雨则吉。（《睽》上九）

或锡之鞶带，终朝三褫之。（《讼》上九）

日昃之离，不鼓缶而歌，则大耋之嗟，凶。（《离》九三）

田有禽，利执言，无咎。长子帅师，弟子舆尸，贞凶。（《师》六五）

密云不雨，自我西郊；公弋取彼在穴。（《小过》六五）

中行告公从，利用为依迁国。（《益》六四）

丰其蔀，日中见斗，遇其夷主，吉。（《丰》九四）

显比，王用三驱，失前禽，邑人不诫，吉。（《比》九五）

像这样的话还多，姑且举出十二条。这些话也许只就了卦爻的象而系之辞,也许用了与卦爻的象相合的故事而系之辞;只为我们现在习熟于口耳间的故事惟有战国秦汉以来所传说的①,而西周人所传说的则早已亡佚,故无从判别。将来地下材料发见愈多,这些话或有渐渐明白之望;但完全明白总是不会的了。"幽室一已闭,千年不复朝。"古书中的疑义沉霾终古的何可胜道? 我们还是不要像从前的经师一般,把一部古书满讲通了罢!

《周易》中的故事,可知的尽于此了。这种故事大半是不合于道统说的需要而为人们所早忘却的。但是《周易》从筮书变成了圣经之后,为要装像圣经的样子,道统的故事也就不得不增加进去了。所以《彖传》于《革卦》便说:

> 天地革而四时成;汤、武革命,顺乎天而应乎人:革之时义大矣哉!

于《明夷》便说:

> 内文明而外柔顺,以蒙大难,文王以之。

《系辞传》也说:

> 《易》之兴也,其当殷之末世,周之盛德邪? 当文王与纣之事邪?

关系最大的要算是《系辞传》中叙述五帝观象制器的一段话:

> 古者包牺氏之王天下也,仰则观象于天,俯则观法于地,观鸟兽之文与地之宜,近取诸身,远取诸物,于是始作八卦以通神明之德,以类万物之情。作结绳而为罔罟,以佃以渔,盖取诸《离》。
>
> 包牺氏没,神农氏作,斫木为耜,揉木为耒,耒耨之利以教天下,盖取诸《益》。日中为市,致天下之民,聚天下之货,交

---

① 其实战国前期的故事我们已不甚知道,看《天问》便知。

易而退，各得其所，盖取诸《噬嗑》。

神农氏没，黄帝、尧、舜氏作，通其变，使民不倦，神而化之，使民宜之。……黄帝、尧、舜垂衣裳而天下治，盖取诸《乾》《坤》。刳木为舟，剡木为楫，舟楫之利以济不通，致远以利天下，盖取诸《涣》。服牛乘马，引重致远，以利天下，盖取诸《随》。重门击柝，以待暴客，盖取诸《豫》。断木为杵，掘地为臼，臼杵之利，万民以济，盖取诸《小过》。弦木为弧，剡木为矢，弧矢之利，以威天下，盖取诸《睽》。

上古穴居而野处；后世圣人易之以宫室，上栋下宇，以待风雨，盖取诸《大壮》。古之葬者，厚衣之以薪，葬之中野，不封不树，丧期无数；后世圣人易之以棺椁，盖取诸《大过》。上古结绳而治；后世圣人易之以书契，百官以治，万民以察，盖取诸《夬》。

有了以上这些话，于是《周易》和伏羲氏、神农氏、黄帝、尧、舜、汤、文王、武王，以及没有署名的"后世圣人"都发生了关系，他们的一举一动都依据了《易》义，则《周易》①竟成了他们一般圣人的"枕中鸿宝"。我们看了他们的话，简直可以说，中国的古文化都发源于卦象；如果没有伏羲的画卦和某人的重卦，就不会有中国的文化。这比了《诗》《书》《礼》《乐》《春秋》的时代高了多少，价值大了多少？怪不得西汉之末古文学派起来，要把《周易》从《诗》《书》《礼》《乐》之下升到六经之首，而曰"《易》道深矣，人更三圣，世历三古！"（《汉书·艺文志》）但是，倘若我们剥去了

---

① 或为避去"周"字，但言《易》，言"六十四卦"。

《易传》,单来看《易经》,我们还能见到这"三圣"和"三古"的痕迹吗?①

所以,我们可以说:《易经》(即卦爻辞)的著作时代在西周,那时没有儒家,没有他们的道统的故事,所以它的作者只把商代和商、周之际的故事叙述在各卦爻中。《易传》(这不是一种书名,是《彖传》、《象传》、《系辞传》、《文言传》、《说卦传》、《序卦传》、《杂卦传》的总名)的著作时代至早不得过战国,迟则在西汉中叶,②那时的上古史系统已伸展得很长了,儒家的一套道统的故事已建设得很完整了,《周易》一部新书加入这个"儒经"的组合里,于是他们便把自己学派里的一副衣冠罩上去了。捧场者的时代越后,本书的时代越移前,《周易》就因此改换了它的原来的筮书的面目。

我这样说,也许读者不以为然,起来驳道:"《易经》中不说伏羲、神农,不说黄帝、尧、舜,不说禹、汤、文、武,只是不说而已,并不是当时没有这些古史。《易传》中说伏羲、神农,说黄帝、尧、舜,说汤、文、武,他们知道的这些古史也许和《易经》的作者一样,只是他们说了出来而已,并不是他们把新发生的传说插进去的。你看了《易经》没有讲这些就以为《易经》的作者不知道,看《易传》讲了这些就以为《易传》的作者有意改变《易经》的面目,然则汤和文王是《易经》中所没有讲的,难道我们可以说作者不知道有这两个人吗? 难道我们可以说这两个人不是真实的人吗?"

---

① 其实,作《系辞传》的人于"易之兴"说了两"邪",于观象制器说了十二个"盖",他也不敢作全称肯定呢!

② 《论衡》云"孝宣皇帝之时,河内女子发老屋,得逸《易》、《礼》、《尚书》各一篇,奏之,宣帝下示博士,然后《易》、《礼》、《尚书》各益一篇",《隋书·经籍志》云"及秦焚书,《周易》独以卜筮得存,惟失《说卦》三篇;后河内女子得之",则宣帝时所益的一篇之《易》即是《说卦传》。

　　我对于这个驳诘的回答是：凡是一种事实成为一时代的共同的知识时，纵有或言或不言，而其运用此事实的意识自必相同。为什么？因为他们的历史观念相同之故。现在《易经》中的历史观念和《易传》中的历史观念处于绝端相反的地位：《易经》中是片断的故事，是近时代的几件故事；而《易传》中的故事却是有系统的，从邃古说起的，和战国秦汉以来所承认的系统，所承认的这几个古人在历史中所占有的地位完全一致。所以我们可以知道：这些历史事实的异同是它们的著作时代有与没有的问题，而不是它们的作者说与不说的问题。如果不信，试看《易林》。《易林》是汉人作的筮辞，与《易经》的卦爻辞同其作用的；只因它的著作时代在道统的故事和三皇五帝的故事建设完成之后，而又加上了些汉代的神仙家的气味，所以在这一部书里便有以下这些话：

　　黄帝所生，伏羲之宇，兵刃不至，利以居止。（《屯》之《萃》，《履》之《家人》）

　　黄帝出游，驾龙乘凤，东上泰山，南道齐鲁；邦国成喜。（《临》之《升》，《同人》之《需》）

　　紫阙九重，尊严在中。黄帝、尧、舜，履行至公。冠带垂衣，天下康宁。（《讼》之《贲》）

　　尧、舜、禹、汤，四圣敦仁。允施德音，民安无穷。（《复》之《大过》）

　　文厄羑里，汤囚夏台。仁圣不害，数困何忧。免于缧绁，为世明侯。（《豫》之《屯》）

　　天所祚昌，文以为良。笃生武王，姬受其福。（《临》之《旅》）

看了以上诸条，我们可以知道《易传》中的故事，《易林》中几乎完全说了，惟有神农氏没有提起。但我们可以说，《易林》与《易传》

的作者的历史观念是相同的,所以他只是没有提起神农而已,并不是他不知道神农。我们再看《易林》与《易经》(即卦爻辞)的故事的比较怎样呢? 它说:

> 泉涸龙忧,箕子为奴。干叔陨命,殷破其家。(《家人》之《革》)

> 日出阜东,山蔽其明。章甫荐履,箕子佯狂。(《贲》之《屯》,《剥》之《泰》,《晋》之《小过》)

> 三首六身,莫适所闲。……箕子佯狂,国乃不昌。(《大畜》之《履》)

> 龙潜凤池,箕子变服,阴孽萌作。(《中孚》之《既济》)

> 箕仁入室,政衰弊极。抱其祭器,奔于他国;因祸受福。(《颐》之《解》)

> 日暮闭目,随阳休息。箕子以之,乃受其福,举事多言,必为悔残。(《恒》之《睽》)

> 天命赤乌,与兵微期。征伐无道,箕子遨游。(《既济》之《丰》)

《易经》中说了一句"箕子之明夷",《易林》中竟衍为数十句;而王亥、高宗、帝乙、康侯则一句不提,[1]这为的是什么? 就为《易林》的时代与《易经》的时代相差太远,它们的历史观念就无法相同:王亥和康侯则不知道,高宗与帝乙则忘记了;只有箕子的故事经历周、秦不但没有枯死,并且比原有的还要生动矫健,所以《易林》里也就特别地多提了。说得严格一点,便是《易林》里的箕子也何尝即是《易经》中的箕子,他乃是战国秦汉间的箕子呵!

---

① "康侯"曾提过一次,但云"实沈参虚,封为康侯",则这个"侯"指的是晋侯,"康"字亦作安康解;实沈主参,参为晋星,见《左氏》昭元年传。

有了这一度的比较,我想大家该明白了:《易传》和《易林》的接近远过于其和《易经》的接近。《易经》作于西周初叶①,虽是到《易传》的著作时代不过九百年左右(理由详下),但在这九百年之中,时代变迁得太快了,使得作传的人只能受支配于当时的潮流而不能印合于经典的本义了。

我们若是肯撇去了《易传》而来看《易经》,则我们正可借着著作《易经》时的历史观念来打破许多道统的故事。在这个工作中,我们并请《易传》和《易林》来帮忙,因为《易经》所没有的就是《易传》和《易林》所有的,《易传》和《易林》所没有的就是《易经》所有的,我们不妨利用了这三部书来划分清楚两个时代。

第一,是没有尧、舜禅让的故事。尧、舜禅让的故事是极盛于战国时的,看《孟子》,看《墨子》,看《尧典》和《禹谟》,谁不信这是真事实?但《周易》中却没有。就说《尚书》,我们若肯暂时搁起开头数篇,先读商、周《书》,这件故事在商、周时尚未发生也十分清楚。武王诰康叔,只说"往敷求于殷先哲王"(《康诰》),只说"自成汤咸至于帝乙,成王畏相"(《酒诰》)。周公戒成王,只说"昔在殷王中宗,……其在高宗,……其在祖甲……"(《无逸》)。他们说到古代名王,只记得几个商代之君。但一到《伪古文尚书》,就忍不住了,"予弗克俾厥后惟尧、舜,其心愧耻若挞于市"(《说命》)的话就不自觉地说出来了。《伪尚书》是苦心刻画作成的,为什么作者会得违背了商、周人的说话的成例?只为在著作《伪尚书》的时候,那时的历史观念已经不许他不说尧、舜了!同样,我们来看《周易》,在卦爻辞里只说起王亥、高宗、帝乙,和《尚书》中所记的武王、周公们的说话相类:仅记得几个近代的王,没有对于较古的

---

① 说初叶,因为它没有初叶以后的故事。

唐、虞有什么称引。但一到《易传》，就必得说出"黄帝、尧、舜垂衣裳而天下治，盖取诸《乾》、《坤》"来了。的确，从《乾卦》初爻的"潜龙"，到二爻的"见龙"，以至到五爻的"飞龙"，恰合舜的一生从"往于田"到"明明扬侧陋"，到"格于文祖"；而用九的"见群龙无首"不啻为"视弃天下如敝屣"的象征。至于《坤》六五的"黄裳，元吉"更可说为"无为而治"，"允执其中"。独奈何在《乾》《坤》二卦中不肯漏出一个"舜"字来呢？又《彖传》于《大畜》言"刚上而尚贤"，于《履》言"刚中正，履帝位而不疚"，《大畜》和《履》的卦爻辞尽有说出禅让的故事的可能，为什么它们也只说了些不相干的话呢？试看《易林》，便有以下许多说话：

> 天地九重，尧、舜治中。正冠衣裳，宇宙平康。（《大有》之《坎》）

> 唐、虞相辅，鸟兽喜舞。安康无事，国家富有。（《随》之《坤》；《临》之《解》小异）

> 厄穷上通，与尧相逢。登升太麓，国无凶人。（《豫》之《艮》）

> 被服文德，升入大麓。四门雍肃，登受大福。（《随》之《大壮》，《剥》之《噬嗑》）

> 历山之下，虞舜所处。躬耕致孝，名闻四海。为尧所荐，禅位天子。（《观》）

> 尧闻大舜，圣德增益。使民不惧，安无怵惕。（《遁》之《随》）

现在只抄下这几条，其他合言"尧、舜"及"尧、舜、禹"的尚多。为什么《易林》和《易经》不同，它把这件故事讲得这样起劲呢？只为它的著作时代便是这件故事很风行的时代。在那个时代意识中，尧、舜的不得不加进《易传》和《易林》正和他们的不得不加进《伪古文尚书》一样。

颉刚案：前年写此段时，谓《乾卦》恰合舜的一生，不过是一种涉想罢了，不料近见宋翔凤《过庭录》（卷一）亦有此推论，且一一比合，尤属巧不可阶。这也是《周易》故事的一说，因录其文如下：

《乾》之六爻，明禅让之法也。此尧、舜之事也。初之"潜龙"，其"有鳏在下"乎？孟子曰："舜之居深山之中，与木石俱，与鹿豕游，其所以异于深山之野人者几希"，此即"遁世无闷，不见是而无闷，确乎其不可拔"，潜龙之德也。"及其闻一善言，见一善行，若决江、河，沛然莫之能御"，此《乾》初之善也。《乾》之九二，《坤》五来降，阴阳始通；"釐降妫汭"，当此爻矣。历试诸难，乾乾夕惕，乾象为岁，爻又直三，"三载询事考言"，其当九三乎？四之"或跃"，其摄天子乎？夫摄天子则疑于为君，为君则尧尚存；正朔未改则疑于为臣，为臣而用人行政俱自舜出：故为疑辞以"或"之。……"飞龙在天，利见大人"，其受正改朔之辞乎？盖尧崩而后舜践天子之位，摄天子者相尧之辞也。《论语》"尧曰：'咨尔舜：天之历数在尔躬，允执其中，四海困穷，天禄永终！'"尧之命其命于"受终文祖"之时乎？鸿水之滔天，丹朱之不肖，亢龙之悔也，天禄之终也。……上九失位，降居《坤》三，……三于爻位为三公，王者之后，当天禄之终，宜退居三公之位，此丹朱为二王后之法也。尧之数终而舜受之，舜之数终而禹受之，知进退存亡而不失其正者，其唯尧、舜乎！此众阳之象，群圣人之相继有治而无乱，故"《乾》元用九，天下治"也。（"箫韶九成"，……即《乾》用九……之义。）

这真是非常切合。《周易》以禅让开始，何等光明正大！可是我们还免不得发问：何以在卦爻辞中不肯漏出一"尧"字、一"舜"字来呢？①卦爻辞中没有说尧、舜而他说为尧、舜，然则我们用了他的方式来推《周易》的故事，从没有文字处作索隐，似乎《周易》的作者已逆知袁世凯的一生，早把他记在《乾卦》里。托迹淮军，非"潜龙勿用"乎？理事朝鲜，非"见龙在田"乎？练兵小站，非"乾乾夕惕"乎？放归彰德，非"或跃在渊"乎？总统民国，非"飞龙在天"乎？身败洪宪，非"亢龙有悔"乎？军阀闻风竞起，非"见群龙"乎？若然，则《周易》不但记旧闻，且亦善作预言，大可作《推背图》观矣。甚哉经师之诬罔也！②

第二，是没有圣道的汤、武革命的故事。汤克夏，武王克商，那自然是真的事实。但他们这种行动并没有什么了不得的理由，他们只说自己是新受了天命来革去别人以前所受的天命的。例如《诗·大明》篇所说的：

> 有命自天，命此文王；……笃生武王。保佑命尔，燮伐大商。……上帝临女，无贰尔心！

这便是当时革命军中的标语。再说得清楚畅尽些，便如《书·多士》的一番话：

> 上帝引逸，有夏不适逸，则惟帝降格，向于时。夏弗克庸

---

① "或跃在渊"与高迁适反，以之比附摄天子似不合。又以初、二、三、四、五爻属舜而以六爻属尧，亦似突兀。照他说法，是乃先有亢龙之悔而后"见龙在田"了。何不索性也把它说为舜事，以苍梧道死，商均不肖，算作他的亢龙之悔呢？

② 《周易》中语可以用来讲尧、舜之事和可以用来讲袁世凯之事是一样的，但《周易》中语不就是记尧、舜之事和不就是记袁世凯之事也是一样的。若因其理有可通，即以为事实皆隐伏在内，则种种玄虚之说就纷纷起来，无以逃于诬罔之罪了。

帝,大淫泆有辞,惟时天罔念闻。厥惟废元命,降致罚,乃命尔
先祖成汤革夏。……在今后嗣王诞罔显于天,……惟时上帝
不保,降若兹大丧。……今惟我周王丕灵承帝事。有命曰割
殷,告敕于帝。……非我一人奉德不康宁;时惟天命,无违!

从这些话里可以知道那时所谓"革命"的意义是这样:前代的君不
尽其对于上帝的责任,所以上帝便斩绝他的国命,教一个敬事上帝
的人出来做天子。"①那时的革命者与被革命者都站在上帝的面
前,对上帝负责任。那时的革命,是上帝意志的表现。但到了战
国,神道之说衰而圣道之说兴,于是这班革命家也受了时代的洗礼
而一齐改换了面目。我们看《孟子》中所说的汤、武就不是《诗》、
《书》中的汤、武了。例如:

汤始征,自葛载,十一征而无敌于天下。东面而征西夷
怨,南面而征北狄怨,曰:"奚为后我?"民之望之,若大旱之望
雨也。归市者弗止;芸者不变。诛其君,吊其民,如时雨降,民
大悦。《书》(这是战国时人所造的《尚书》,理由另文论之)
曰:"徯我后,后来其无罚!"

"有攸不惟臣,东征;绥厥士女,匪厥玄黄,绍我周王见
休,惟臣附于大邑周。"(这几句也是战国人所造的《尚书》)其
君子实玄黄于匪以迎其君子;其小人箪食壶浆以迎其小人。
救民于水火之中,取其残而已矣!(《滕文公下》)

经他这样一讲,汤、武的征诛乃全出于不忍之心。这便是他们对于
人民负责任,对于自己的良心负责任,而不是对于上帝负责任了。

---

① 《长发》云:"汤降不迟,圣敬日跻,昭假迟迟,上帝是祗。"《大明》云:
"维此文王,小心翼翼,昭事上帝,聿怀多福。"这便是汤和文王的革命的资
格。

王者的功业经了这样一布置，于是起了一个大变化。有了这样的
大变化，所以孟子对于《武成》要怀疑，①他想用了这新传说来毁灭
旧史料。有了这样的大变化，所以《论语·尧曰》篇②就以"尧—
舜—禹—汤—武王"列出一个圣道的系统来，《孟子·尽心》篇也
就以"尧、舜—汤—文王"列出一个传道的系统来了。在这个道统
之下，汤、武的征诛和尧、舜的禅让具有同等的地位：他们的手段虽
不同，目的却一致，因为都是爱民与救民的；他们只是时代有异，不
得不分成两种做法而已。自从有了这一个道统说，尧、舜、禹、汤、
文、武便成了面目相同的人物了。

　　现在，我们来看《周易》。六十四卦中，如《师》，如《同人》，如
《谦》，如《豫》，如《晋》，……都说到行师攻伐，但汤、武征诛的故
事没有引用过一次。《既济》和《未济》只说高宗伐鬼方，也不提起
汤、武的故事。这还不奇；最奇怪的，《革卦》也不提一字。"汤、武
革命"，不是说明《革》的卦象的最适当的例子吗？ 挂在口边的现
成材料也会忘记，这是怎的？ 因为这样，所以《彖传》就起来补道：

　　　　天地革而四时成；汤、武革命，顺乎天而应乎人：革之时义
　　大矣哉！

《易林》也起来补道：

　　　　开牢辟门，巡狩释冤。夏台、羑里，商、文悦喜。(《讼》之
　　《临》，《大过》之《师》略异)

　　　　五精乱行，政逆皇恩。汤、武赫怒，天伐利域。(《中孚》
　　之革)

　　　　经枣整冠，意盈不厌。桀、纣迷惑，谗佞伤贤，使国乱倾。

---

① "血之流杵"不像是"如时雨降"时的样子。

② 这是《论语》中最不可信的一篇。

(《解》之《贲》)

　　天厌禹德,命兴汤国。袚社衅鼓,以除民疾。(《复》之
《革》)

　　鬼哭于社,悲伤无后。甲子昧爽,殷人绝祀。(《睽》之
《颐》,《涣》之《大壮》,《大过》之《坤》略异)

　　八百诸侯,不期同时,慕西文德。兴我家族,家门雍睦。
(《临》之《遁》)

　　商纣牧野,颠覆所在。赋敛重数,黎元愁苦。(《需》之
《益》)

　　周师伐纣,战于牧野。甲子平旦,天下喜悦。(《涣》之
《夬》、《复》,《谦》之《噬嗑》,《节》之《升》)

　　既经是"匪厥玄黄","箪食壶浆"以迎的,既经像"大旱之雨"
以望的,不当有这许多歌颂的话吗?

　　第三,是没有封禅的故事。自从战国秦汉间燕、齐、鲁的方士
和儒者倡导了封禅说以来,古时七十二代的帝王便没有不到泰山
去封禅的。《史记·封禅书》中写管仲所记得的十二代,是:

　　昔无怀氏封泰山,禅云云。虙羲封泰山,禅云云。神农封
泰山,禅云云。炎帝封泰山,禅云云。黄帝封泰山,禅亭亭。
颛顼封泰山,禅云云。帝俈封泰山,禅云云。尧封泰山,禅云
云。舜封泰山,禅云云。禹封泰山,禅会稽。汤封泰山,禅云
云。周成王封泰山,禅社首。皆受命,然后得封禅。

看这一段话,可知封禅是古代的一个大典,凡是受命之君没有不举
行这个大典的。只有一点例外,是"纣在位,文王受命,政不及泰
山;武王克殷二年,天下未宁而崩"(《封禅书》),所以周室受命之
后,直到成王手里才封禅。然而文王、武王虽没有举行这个典礼,
他们对于这个邃古以来的定制是一定知道的。卦爻辞无论是文王

作,或是周公作,总应当提起一声。何以"圣人以神道设教"的《观卦》里竟毫无封禅的痕迹? 又何以《益》六三言"王用亨于帝",《升》六四言"王用亨于岐山",《随》上六言"王用亨于西山",都不提起封禅?

说到这里,或者有人起来驳我,说:"卢植注《礼器》'因名山升中于天',谓'封太山,告太平',然则《易》有《升卦》,即是封禅。《升》六四的'王用亨于岐山',不过因文王不能到泰山去,所以改在岐山罢了。"我对于这个驳语的解答,以为祭山是一件事,封禅又是一件事。祭山是各国各时代都有的,故《论语》有"季氏旅于泰山",《左传》有"至于夷王,王愆于厥身,诸侯莫不并走其望以祈王身"(昭二十六年)的话。封禅却不同,只有受命的天子才可行,不是受命的便没有这个希望。所以《升卦》的"王用亨于岐山",既只言"亨(享)"而不言封禅,可知仅是祭山而非封禅。至于卢植何以要把"升"字讲作封禅,这只要看《诗·周颂》就可明白:

> 时迈其邦,昊天其子之,实右序有周。薄言震之,莫不震叠。怀柔百神,及河乔岳。允王维后!(《时迈》)

> 於皇时周! 陟其高山,堕山乔岳,允犹翕河。敷天之下,裒时之对,时周之命!(《般》)

这两首诗都是说祭乔岳和祭河的,不曾见一"封"字或"封禅"字。所以到了东汉初,卫宏作《诗序》,还说:

> 《时迈》,巡守告祭柴望也。

> 《般》,巡守而祀四岳河海也。

他虽是"巡守"呵,"柴望"呵,"四岳"呵,充满着《尧典》的气味,但还不曾说是封禅。到了班固作《白虎通德论》,就在《封禅》篇中写道:

> 《诗》云:"於皇时周! 陟其高山。"言周太平封泰山也。

那么,《般》这一篇是说封禅的了。到了郑玄作《毛诗笺》,又于《诗序》下注道:

> 巡守告祭者,天子巡行邦国,至于方岳之下而封禅也。
> (《时迈》)

于是,《时迈》也是说封禅的了。《周颂》绝没有说起封禅,但后来的经师可以从它里边寻出封禅的材料来;然则《易》有《升卦》,我们何尝不可学一学这班经师的成法,把它讲成了封禅呢!

可是,我们与其在封爻辞里寻出假封禅的材料,还不如到《易林》里去寻些真封禅的材料为好,《易林》说:

> 德施流行,利之四乡。雨师洒道,风伯逐殃。巡狩封禅也,以告成功。(《益》之《复》,《革》之《比》,《巽》之《小过》)

第四,是没有观象制器的故事。《系辞传》说:“《易》有圣人之道四焉,……以制器者尚其象。”这是说看了《易》象来制器是圣人的一道。例如《涣》卦䷲,上《巽》下《坎》,《巽》为木,《坎》为水,圣人看了这个卦象,便会想起木在水上可以造些什么东西出来;结果就造成了一条船。《系辞传》举出了许多圣人制器的事实,可以使我们知道从伏羲到尧、舜的创作,可以使我们知道现在天天用着的器物的来源,所以从刘歆的《三统历》以来,已经把这些事情安插到上古史里去了。但是,《易》道中既有这样重的大事,为什么卦爻辞中竟一字不提?① 朱熹于《泰》六五注云:“帝乙归妹之时亦尝占得此爻。……凡经以古人为言,如高宗、箕子之类者,皆放此。”照他所说,古人占得了这一爻的尚且把这个事件记在卦爻辞下,何以古圣人曾用了这一卦的象发明出许多重要的东西来的竟这样地

---

① 在《离卦》中不提网罟,在《益卦》中不提耒耜,在《随卦》中不提服牛乘马……

寂寞无闻,直待《系辞传》而始把他们表章了呢?

讲古圣贤的创作的专书,是《世本》的《作》篇。《系辞传》中既有这一大篇的圣人制器的故事,那么这些故事自然应当在《世本》中各占地位了。但是,不幸得很,《世本》与《系辞传》所记的制作的东西虽差不多,而制作的人则完全不一样。我们可以列一个表来比较一下:

《系辞传》	《世本·作》篇
庖牺氏作八卦	无
庖牺氏作罔罟	句芒作罗(又《御览》引,"芒作网")
神农氏作耒耜	垂作耒耜,作耨(又《御览》引,"咎繇作"耒耜;又引,"鲧作耒耜")
神农氏作市	祝融作市
黄帝、尧、舜(原文未分别哪一个人,故只能照样录之)作舟楫	共鼓、货狄作舟
黄帝、尧、舜作服牛乘马	胲作服牛;相土作乘马;奚仲作车
黄帝、尧、舜作重门击柝	无(但有"鲧作城郭")
黄帝、尧、舜作杵臼	雍父作杵臼
黄帝、尧、舜作弧矢	挥作弓;牟夷作矢
后世圣人作宫室	尧使禹作宫室
后世圣人作棺椁	无
后世圣人作书契	沮诵、苍颉作书

由以上的比较,使得我们知道《系辞传》中的制器的故事无一与

《世本》相同。这是古代的极重大的事,为什么竟会这样地差异呢？这个原因,我们可以先作两种假设:

1. 《系辞传》的话全为诬妄,故不为《世本》作者所承认;

2. 作《世本》时尚无《系辞传》,故仅录其自己的传闻,而当时所传闻的都不是《系辞传》所说的那一套。

这第一个假设,我以为是不成立的,因为作《世本》的人所记的事大一半是根据传说来的,其一小部分则出于作者的附会,①他并不曾做过一番细密的考据功夫。《系辞传》中的话既说得这样神圣,对于民生又如此有关系,假使能给《世本》的作者看见,他一定大大地采用,决不会深闭固拒,仅说"伏羲、神农作琴瑟;黄帝作冕旒",而绝口不谈那些依据了《易》象而制作的东西。因此,我的意见倾向于第二个假设:那时没有《系辞传》,所以《世本》不说。《世本》的著作时代已经够后,②《系辞传》乃更在其后。因为它出现得太迟了,向来又没有这些故事,所以战国诸子中都不曾提起古圣人观象制器一类的话,不但《世本》的作者不知道而已。

　　然则《系辞传》中这段故事是作者凭空想出来的吗？这也不然。《淮南子·氾论训》上有一段话和这段文字大同小异,我们也可把它们列成一个比较表,在比较之后加以讨论:

---

　　①　例如《小雅·何人斯》篇中有"伯氏吹埙,仲氏吹篪"的话,而《何人斯》篇说是苏公刺暴公的,《世本》便说"埙,暴辛公所造;篪,苏成公所作",这真是一个可笑的推断。

　　②　言伏羲,采《帝系》,当是秦、汉间人所作。

《淮南子》	《系辞传》
古者民泽处复穴,冬日则不胜霜雪雾露,夏日则不胜暑热蚊虻;圣人乃作为之筑土构木以为宫室,上栋下宇,以蔽风雨,以避寒暑,而百姓安之。……	上古穴居而野处,后世圣人易之以宫室,上栋下宇,以待风雨,盖取诸《大壮》。
古者剡耜而耕,摩蜃而耨,……民劳而利薄;后世为之耒耜耰锄,……民逸而利多焉。	神农氏作,斫木为耜,揉木为耒,耒耨之利以教天下,盖取诸《益》。
古者大川名谷冲绝道路,不通往来也;乃为窬木方版以为舟航。	黄帝、尧、舜氏作,……刳木为舟,剡木为楫,舟楫之利以济不通,致远以利天下,盖取诸《涣》。
故地势有无得相委输,乃为粗蹻而趋千里,肩荷负儋之勤也,而作为之揉轮建舆,驾马服牛,民以致远而不劳。	服牛乘马,引重致远以利天下,盖取诸《随》。
为鸷禽猛兽之害伤人而无以禁御也,而作为之铸金锻铁以为兵刃,猛兽不能为害。	弦木为弧,剡木为矢,弧矢之利以威天下,盖取诸《睽》。

在这样比较之下，可见它们不但意义全同，即文字亦多相同的。①
关于这个问题，我们也可作两个假设：

　　1.《淮南子》袭用《系辞传》；

　　2.《系辞传》袭用《淮南子》。

这第一个假设，我以为理由也不充足。因为《淮南子》中是常称引
《易》文的，②刘向《别录》云："淮南王聘善为《易》者九人，从之采
获，署曰《淮南九师书》(《御览》六〇六引)，可见刘安对于《易》学
是很肯提倡的。假设他那时已有《系辞传》，已有观象制器的故
事，则苏飞、李尚一班人著《氾论训》的时候为什么不用这有凭有
据的《系辞传》来证实自己的说话呢？

　　《氾论训》这一段的主要意义，是：

　　　　故民迫其难则求其便，困其患则造其备。人各以其所知
　　去其所害，就其所利。常故不可循，器械不可因也。则先王之
　　法度有移易者矣。

这原是他们的变法论。战国秦汉间一班道家最喜尊古贱今，以为
愈古则愈康乐。《淮南子》中虽也有此种议论，但在这一段里则一
反此说，以为愈到后世则器用愈完备。这是一个极锐利，极真切的
观察。作《系辞传》的人不肯把所有的制作一起送给伏羲，而连说
"后世圣人易之"，这也不能不说是进步的思想；但他把制作的原
因一起归功于《易》象，而八卦为伏羲所创造，后世圣人的制作只
是从伏羲的八卦中演绎出来的，还是一种迷信古初的见解。所以
如此之故，只为他讲的是《易》，总想把《易》推尊起来：他把神农、

－－－－－－－－－－

　　①　如"上栋下宇，以待风雨"，"服牛乘马，引重致远"等。

　　②　先秦诸子中称引《易》文的仅一荀子，《礼记》中也有一些，足征当时
引用《周易》的人实在不多。

黄帝一班人拉进《易》的境域为的是抬高《易》的地位,他把民生日用的东西归功于圣人的观象制作也为的是抬高《易》的地位。《淮南子》中这一段话是要证明"先王之法度有移易",而他这一段话乃是证明了"伏羲之法度无移易"。那么,八卦是伏羲画的,观象也是由伏羲起的,他尽可自己观自己所画的卦象而制作了神农、黄帝们所制作的东西,为什么他只做得网罟便停了手呢?为什么他把这许多眼前的功业都让给了"后世圣人"呢?所以,《淮南子》这一段话是一气贯注地陈说下去的,是一种健全的议论;而《系辞传》这一段话则迟回瞻顾,既欲说伏羲的了不得,又欲表示后世圣人的有进步。此无他,《系辞传》袭用《淮南子》之文而改变其议论的中心,故这一段话里遂包容了两个论点耳。

以上所说的,只是观象制器的故事的出现的时代问题,而不是这件故事的可否成立问题。依我看来,这件故事简直不能成立。创造一件东西,固然是要观象,但这个象乃是自然界之象而非八卦之象。例如看了一块木头浮在水面,从此想下去,自然可以想出造船;至于卦象,则仅木在水上耳,并没有表示其不沉的德性,如何可以想出造船来呢?如《系辞传》所言,看了"巽(木)上坎(水)下"的《涣》会造出木头船,为什么看了"乾(金)上坎(水)下"的《讼》想不出造铁甲船?为什么看了"离(火)上坎(水)下"的《未济》想不出造汽船?又为什么看了"离(电)上坤(地)下"的《晋》想不出造无线电?为什么看了"坤(地)上震(雷)下"的《复》想不出造地雷?汽船、无线电……既已制作矣,这班发明家观的是什么象?观《易》象的圣人造不出这种器物来,造出这种器物的又不去观《易》象,那么,这种神圣的故事不亦太可怜乎?因为这样,所以在《系辞传》以前没有人说过观象制器的话,在《系辞传》以后也不曾有人做出观象制器的事;结果,徒然使得伪古史中添了一大笔虚账。

这个虚账可以分成两部分：第一部分是新制作说，第二部分是新五帝说。新制作说战胜了旧制作说，所以宋衷的《世本注》里把作网的句芒算做伏羲臣，把作耒耜的垂算做神农臣，把作杵臼的雍父算做黄帝字（一本作黄帝臣），把作矢的牟夷和作舟的共鼓算做黄帝臣。新五帝说战胜了旧五帝说，所以伏羲、神农遂为后世言古史者的不祧之祖，不像《吕氏春秋》、《五帝德》、《史记·五帝本纪》的只说黄帝、颛顼、帝喾、尧、舜了。①《系辞传》之与伪古史，其关系盖如此。

于是我们对于《周易》的经传可以作大体的估量了。

作卦爻辞时流行的几件大故事是后来消失了的，作《易传》时流行的几件大故事是作卦爻辞时所想不到的：从这些故事的有与没有上，可以约略地推定卦爻辞的著作时代。它里边提起的故事，两件是商的，三件是商末周初的。我们可以说，它的著作时代当在西周的初叶。著作人无考，当出于那时掌卜筮的官。② 著作地点当在西周的都邑中，一来是卜筮之官所在，二来因其言"岐山"，言"缶"，都是西方的色彩。③ 这一部书原来只供卜筮之用，所以在

────────

① 后人无法处置这两个不同的系统，只得把伏羲、神农升到三皇里去。但三皇在秦是天皇、地皇、泰皇，在西汉后也是天皇、地皇、人皇，总没有伏羲、神农们。没有法子，就把天皇、地皇们牺牲了。倘使没有《系辞传》的这番称扬，伏羲、神农的地位至多只能和有巢氏、燧人氏们一样，决不会像现在这样地有坚实的地盘。此问题非数语所可尽，当于另作《三皇五帝考》一文中详论。

② 即《巽》爻辞所谓"用史巫纷若"的史巫。

③ 《离》九三："不鼓缶而歌。"李斯上秦王书曰："击瓮扣缶……而歌呼呜呜快耳者，真秦之声也。"杨恽《报孙会宗书》曰："家本秦也，能为秦声，……酒后耳热，仰天拊缶而呼呜呜。"可见缶是秦地的主要乐器，秦地于西周时则王畿也。

《国语》(包《左传》)所记占卜的事中引用了好多次;但那时的筮法和筮辞不止《周易》一种,故《国语》所记亦多不同。此书初不为儒家及他家所注意,故战国时人的书中不见称引。到战国末年,才见于荀子书,比了《春秋》的初见于孟子书还要后。《春秋》与《易》的所以加入"《诗》、《书》、《礼》、《乐》"的组合而成为《六经》的缘故,当由于儒者的要求经典范围的扩大。

到《周易》进了"经"的境域,于是儒者有替它作传的需要。在作传的时候,尧、舜禅让的故事,汤、武征诛的故事早流行了,就是黄帝、神农、伏羲诸古帝王也逐渐出来而习熟于当时人的口耳之间了,所以《易传》里统统收了进去,请他们作出《周易》的护法。这时候(汉初),正值道家极发达的当儿,一般的儒者也受了道家的影响,所以《易传》里很多道家意味的说话。① 这时候,《世本》出来了,《淮南子》也出来了,作《系辞传》的人就取了《世本》中的古人创作的一义和《淮南子》中的"因其患则造其备"的一义,杜造了观象制器的一大段故事,以见《易》的效用之大。《易》本来只是一部卜筮之书,经他们用了道家的哲理,圣王的制作和道统的故事一点染上去,它就成了一部最古的,最玄妙的,和圣道关系最密切的书了。于是它从《六经》之末跳到《六经》之顶!

现在呢,我们要把这时代意识不同,古史观念不同的两部书——《周易》和《易传》——分开来了。我们要谢谢它们,从它们的乖异上使我们得到一个估计西周和秦汉间的文籍的尺度。

(选自《古史辨》第三册)

---

① 详见《燕京学报》第二期中许地山先生和冯友兰先生两篇论文。

　　《〈周易〉卦爻辞中的故事》始写于 1926 年,1929 年发表于《燕京学报》第 6 期,后经修改收入《古史辨》第三册。文中通过分析《周易》卦爻辞中的几则故事,否定了文王作卦爻辞的旧说,指出卦爻辞的著作时代当在西周初叶,著作人无考,当出于那时的卜筮之官,著作地点当在西周都邑之中。

经书的编定与增加

顾颉刚

儒家是主张复古的,凡属记载古代的东西,他们都要搜罗保存。然而可怜,传下来的古代记载少得很。这个缘故,他们不知道,以后的人也不知道,直待现代的我们方始知道。原来商以前还是没有文字的时代,那时人无法把事情记出。商代初有象形文字,字体常常变化,所记载的只是极简单的某月某日作什么事,用小刀刻在龟的腹甲和牛的胛骨上。因为他们的记载大都是占卜的事情,所以今日称它为"甲骨卜辞"。自从清末在安阳出土以后,到近年考古学者大规模的发掘,已发见了十六万多片,可以希望整理出一部《商代史》来了。但这三千年前的东西,我们能看见,秦汉间的人却不能看见。此后,记载的技术稍进,某月某日作什么事之外还能记及人的说话;那时正以冶金术的进步,大批制造青铜器,就把这些记载刻在青铜器上。因为铜器不易损坏,所以秦汉间人还有得看见。陈涉起兵之后,鲁国的儒生抱了孔家的礼器去投他,这礼器就是前代的铜制用具。大概说来,乐器有钟、铙,食器有鼎、鬲、簋、簠,饮器有尊、彝、壶、罍、爵、觚,盥洗器有盘、匜。因为一切生活的仪式都属于礼的范围,而儒家是主张复古的,所以凡是古人日用的东西都可以叫做"礼器"。因为这些礼器中算钟和鼎为最大,所以后来就称研究这类东西的学问为"钟鼎之学";其文字为

"钟鼎铭辞",现在称为"金文"。这类东西,固然秦汉间人也有得
看见,但他们看见的反不及我们多。当汉武帝时,汾阴掘出了一个
特大的鼎,没有字,大家惊为祥瑞,武帝就改元为元鼎。后来宣帝
时,美阳又掘得了一鼎,官员们又说是祥瑞,劝皇帝重行元鼎的故
事。有一位聪明的张敞,他是识得古文字的,起来驳道:他们说得
不对! 这鼎的铭文是:"王命尸臣:官此栒邑;赐尔旂、鸾、黼黻、雕
戈。尸臣拜手稽首曰:'敢对扬天子丕显休命!'"美阳是西周的王
畿,可见这是周王把许多东西赐给这位大臣,大臣的子孙为要表扬
先人所受的恩宠,刻在鼎上,藏在祖庙里的。这是旧藏的发见,不
是祥瑞的天降!"他既说得这样清楚,宣帝也只得罢了。到宋代,
这种古器积聚渐多,加以徽宗的提倡,钟鼎之学兴盛起来,把六百
余件的器铭编成了好几部专书。到清代,以古文字学和古史学的
发达,钟鼎学的研究更深刻,一件古物发见时就有许多人作考证。
至于今日,我们所知道的有铭辞的古器约有三千件了。这种眼福,
决不是秦汉间人所能有的。我们用了这些材料,也可希望整理出
一部《西周史》来。商代之后,记载的技术又较进步,这人和那人
间可以用书信往来,长段的事情和说话也能联缀成篇。那时记载
的器具是用漆写在竹木制的简上,一枝简大约写十余字至二十余
字不等;用绳子或皮带把许多简穿起来,就成了"册"和"篇"。还
有方块的木版,叫做"方",可写一百字左右。西汉之世,简、方和
帛是并用的。帛可以卷起来,就成了"卷"。

　　自甲骨而钟鼎,而竹木简,而帛,物质的便利程度愈增加,记载
的东西也就愈多。生在后世的人们用得惯了,看得惯了,正如纨袴
子弟不知稼穑之艰难,以为古人也是这样的,应当有很多的东西传
下来,对于古书和古史的责望心就很重。要是像现在这样,肯去挖
地,从许多地下遗物里整理出几部古代史来,当然再好不过。无奈

他们想不出这种方法,他们只会把耳朵里听来的算做古史,甚至于把自己心里想出来的算做古史;再把这些听来的和想来的东西写在书本上,就承认为真的古书。因此,古人虽没法把当时的事情留与后人,但后人却会给他们补上,而且补得很齐整。我们翻开《汉书·艺文志》来,古帝王和古名臣的著作不知有多少;只恐这些著作离开他们的真面目还不止十万八千里呢。

古代的学问都聚集在贵族那边,那时的知识分子都是贵族的寄生者。贵族信仰天,信仰鬼,常要祭祀,他们的手下就有了"巫、祝"。贵族要作祝文、策命、人事和天意的记载,他们的手下就有了"史"。贵族要在祭神和宴会的时候奏音乐,他们的手下就有了"师"。这些巫、祝、史、师之官,由于职业的需要和长期的工作,对于天文、地理、音律、政制、历史,当然知道得很多,渐渐地构成了有系统的学问。但一般民众呢,他们受着阶级的限制,没有享受这些文化的福分,所以他们也想不到有学问这一回事。由于时代的突变,孔子为了不得志于时,用私人名义讲学,收了一班弟子。他所讲的学虽甚平常,但因他是第一个把贵族那边的学问公开给民众,使得民众也能享受些高级的文化,所以他巍然居于中国学统之首,二千四百年来被公认为极伟大的人物。

在《论语》里,我们看孔子常引《诗》和《书》,又常称道礼和乐。《诗》和《书》是当时的两类书;①礼和乐则不是书而是事。一件事情应当怎样办,是礼;一首诗应当怎样唱,是乐。所以《诗》是

① 为什么不说"两部"?因为当时的书用竹简编写,繁重得很,我们看作一篇,在那时已是一册;我们看作一部,在那时是一大堆。所以对于书籍的观念,我们可用部计而他们不能。他们只能说,这类的东西叫做《诗》,那类的东西叫做《书》而已。

乐的本子,乐是《诗》的动作。这些《诗》本来就是乐师所管:有的是在宗庙里祭神时用的,叫做《颂》;有的是宴会宾客时用的,叫做《风》和《雅》。《风》、《雅》、《颂》的来源,有的是士大夫所作,有的是乐师所作,有的是民间的歌谣而为乐师所采取。这些诗应当是很多,但常用的只有三百篇左右。《书》呢,是史官所掌的记载,国君对臣子说的一段话,或臣子对国君说的一段话,或战争时的一篇誓师词,或王室的一件大典礼,史官感觉其重要,记了出来,一事就成了一册书;再摘取数字,给它一个题目。用现在的话说来,这就是“公文”或“档案”。这类东西的分量比《诗》还多,但因竹木简容易朽蠹,不及《诗》的因歌唱而保存于人们的口边,所以传下来的也就寥寥无几,孔子当时不知实在见过了多少。他有一个很直爽的弟子,叫做仲由,曾质问他道:“何必读书然后为学!”可见他教导学生时是要他们多读书的。然而可怜,那时实在没有好多书可读,仅仅这三百篇的《诗》和若干残篇断简的《书》,能够读出什么大道理来! 所以他给予后世的影响,虽说传播古文化,其实极大部分是在他自己主张的实践伦理的“礼”上。

有一部周朝的占卜书,叫做《易》。它所以有这个名称,大约因为这种用蓍草的占卜法比较用甲骨为简易的缘故。这也算得一部古书,孔子或许在卜官处见到;但他不曾提起,说不定他重人而不重神,看破了占卜法的无聊,不愿表章,也是有的。又有一部鲁国的编年史书,叫做《春秋》;大约因为简册断烂,只存鲁隐公以下。这书,他一定见到,但《论语》中也不曾提起。后来的儒家把这两部书都收进去了。他们说:《春秋》是孔子作的;他所以作这部书,为的是要整顿纲常名教。他看天下太乱了,所以奋身而起,代行天子的职权,把一代的诸侯大夫加以进退黜陟:固然文字上没有写明,但字里行间都藏着他的褒贬的意思。《春秋》本是一部鲁国的史书,给他这样一修改,就成了他的政治哲学,而且是他为后世天子制定的一部法典了。因为他恐怕触动了当时有权有势的人们的怒气,妨碍了他的安全,所以只把这些意思口传给弟子们。因为弟子们口传得不同,所以后来写出时就成了几部不同的《春秋传》。他们又说《易》是孔子到晚年才研究的;因为天道精微,不易认识,所以他下了苦功去读,读得勤了,竟使穿着竹简的皮带断了三次。他为阐明《易》理,所以作了十篇《易传》;这些传是《易》的羽翼,所以又称为《易十翼》。孔子既对《易》和《春秋》自己动过手,对于《诗》和《书》当然也要动手。所以他们说:《诗》本来有三千余篇,给他删掉了十分之九。《书》删削更多了,本来有三千二百余篇,只存得一百篇。还有一部《仪礼》,讲的是冠、婚、丧、祭诸礼,一共十七篇,他们也说是孔子所作。照这班儒家的话讲来,孔子一生的学术事业,计删了《诗》和《书》,作了《春秋》和《仪礼》,还替《易》做了一部传。因为他有了这五种著作,所以就有了“五经”。乐,他虽没有著作,但也曾下过一番整理工夫,所以联带说起来,就成了“六经”。自从战国末年至于今日,这种观念在学术界中几乎不曾变过。

　　称孔子的书为“经”,以表示对于它的尊崇,这个意思向来没有疑问。但现在知道,经的原义是丝线。许多竹木简用丝线联贯起来,这叫做经;经乃是书籍的通名,并不含有后来所谓“天经地义”的观念。竹简有长短,官府用的长二尺四寸;“五经”等虽说是孔子的著作,究竟原本是官书,所以也是二尺四寸。私人所用则有长一尺二寸的,也有八寸的。还有一种六寸的木版,备随时的写记,正像我们的笔记簿,称之为“簿”,亦名为“专”,用假借字写来就成为“传”。它不像经的严整,所以后人就用来做经的补助读本或参考资料。他们说:孔子做了一部《春秋》,他有三个弟子记着他的意思,一代一代地传下,传到汉代,就成了三部《春秋传》。他删定了《尚书》,留下许多解释,传到汉代,就成了一部《尚书大传》。他删定了《诗》三百篇,传到汉代,有齐国的本子,有鲁国的本子,有燕人韩婴的本子,他们的讲法又各各不同,所以便有齐、鲁、韩三家的传。《礼》有他的弟子卜商作的《丧服传》,又有七十二弟子的后学们作的一百余篇的记。《易》是文王和周公作的经,他自己做的传。所以"五经"是莫不有传的。

儒家最重孝道,而孔子弟子中以曾参的孝为最有名,所以不知何时何人作了一部《孝经》,说是孔子教给曾参的。《诗》本来只叫作《诗》,《书》本来只叫作《书》,称为《诗经》、《书经》是后来的事。惟独这《孝经》的"经"字是离不开"孝"字的,分明出在经的名词已得了崇高的地位之后。因为这是一个小本子,容易念,而且受了君主的提倡,风行天下,所以汉人对于这部书非常信仰。东汉末,张角起义,有一个侍中向栩上奏书,说:"国家不必兴兵讨伐,只消在黄河边上北向读《孝经》,'贼徒'自然会消灭的!"

还有一部书,记孔子和当时人及弟子们的说话,又有些他们的零碎事情,叫《论语》。这一部书大概是孔子的再传弟子编辑的,齐国和鲁国的本子也各不同,到汉代才并合为一。我们要看孔子的真相,这是第一等的原料,虽则里面已有了些窜改。《论语》这个名词也由竹简来。"論"字古但作"侖",就是把竹简排比为一册的意思。

以上说的是五部经,这些经各有一部到几部的传,又有一部特造的《孝经》,一部记孔子言行的《论语》,虽说同是儒家的东西,性质是各别的;至于主要的东西仍是这五部经而已。到后来,尊孔子太过,把这些传都升做了经,于是有"十三经"的名词出现。①

汉学的中心是经学,我们要了解汉学的地位,应当先明白所谓经也者是什么东西。可惜话长纸短,写不尽了!

(《秦汉的方士与儒生》节选)

《经书的编定与增加》是《秦汉的方士与儒生》(原名《汉代学术史略》)中的一章。文中讲述了经书编定和增加的过程,分析了孔子及儒家与经书的关系,还指出了"经"、"传"字义演变的情况。

---

① 十三经的构成不是一次的事。战国以前只说《诗》、《书》、《礼》、《乐》,是四种。战国以下加上了《易》、《春秋》,是六种。汉人因为乐有谱而无经,把它去掉,为五种;加上《论语》、《孝经》,是七种。唐代分《仪礼》、《周礼》、《礼记》为三种,又分《春秋》的三种传为三种,合上《易》、《书》、《诗》,是九种。宋代就唐的九种,再加上《论语》、《孝经》、《孟子》、《尔雅》,是十三种。所以"十三经"这个集团是经历了五次的变迁才成功的。

答顾颉刚先生书

钱 玄 同

颉刚先生：

　　先生所说"层累地造成的中国古史"一个意见，真是精当绝伦。举尧、舜、禹、稷及三皇、五帝、三代相承的传说为证，我看了之后，惟有欢喜赞叹，希望先生用这方法，常常考查，多多发明，廓清云雾，斩尽葛藤，使后来学子不致再被一切伪史所蒙。我从前以为尧舜二人一定是"无是公"、"乌有先生"。尧，高也；舜，借为"俊"，大也(《山海经》的《大荒东经》作"帝俊")。"尧"、"舜"的意义，就和"圣人"、"贤人"、"英雄"、"豪杰"一样，只是理想的人格之名称而已。中国的历史应该从禹说起。各教都有"洪水"的传说，想来是实有其事的，大概洪水以前便全无历史可稽了。尧、舜这两个人，是周人想象洪水以前的情形而造出来的；大约起初是民间的传说，后来那班学者便利用这两个假人来"托古改制"。这类把戏，其实早被韩非戳破了，只因秦汉以后的学者太无见识，糊里糊涂地相信这是真人真史，直到康有为作《孔子改制考》，才把它弄明白了。今读先生之论，证以《长发》和《跛宫》两诗，方知连禹这个人也是很可疑的了。王静安说《商颂》是西周中叶宋国人的作品，此说我不以为然。王氏不信卫宏序以《商颂》为商诗之说，固然不错；以"景山"及人名、地名、用语、称名等等证明它是宋诗,尤为卓识。但王氏所举与《商颂》"语句相袭"的《长楚》、《隰桑》、《石鼓文》、《云汉》、《烝民》、《常武》、《江汉》、《采芑》诸周诗,虽旧说以为宣幽时代的作品,然我却不敢贸然相信,况王氏又说,"其为《商颂》袭《风雅》,抑《风雅》袭《商颂》,或二者均不相袭而同用当时之成语,皆不可知",则王氏本未尝以此等词句相像为《商颂》是西周时诗之证。但王氏又说,"《鲁颂》之袭《商颂》,则灼然事实。夫鲁之于周,亲则同姓,尊则王朝,乃其作颂不摹《周颂》而摹《商颂》,盖以与宋同为列国,同用天子之礼乐,且《商颂》之作,时代较近,易于摹拟故也。"因此断定:"《商颂》盖宗周中叶宋人所作以祀其先王,正考父献之于周太师,而太师次之于《周颂》之后,逮《鲁颂》既作,又次之于《鲁》后。"他这种证据是不能成立的。他说《鲁颂》袭《商颂》之为"灼然事实",大概是根据《法言》"公子奚期尝睎正考甫矣"一语,所以他断定《鲁颂》"徂徕之松,新甫之柏"是拟《商颂》"陟彼景山,松柏丸丸"。但扬雄这种话实在没有做证据的价值。其他什么"同为列国",什么"同用天子之礼乐",什么"时代较近",更是臆测无据之谈。盖王氏虽不信卫《序》,但极信《国语》"正考甫校①《商颂》于周太师"之说。我却以为《国语》这句话也不可轻信,因为用了"太师"和"校"这些字样,很有汉朝人的色彩。据我看,还是《史记》说《商颂》是宋襄公时的诗的话比较地近情。因为《商颂》中夸大之语甚多,极与《鲁颂》相像。魏源《诗古微》因《鲁颂·閟宫》有"荆舒是惩"及《商颂·殷武》有"奋伐荆楚"之语,说,"召陵之师,为中夏攘楚第一举,故鲁僖、宋襄归侈厥绩,各作颂诗,荐之宗庙",其说似乎有理。还有一层,《商颂》文笔非常之畅达,实在不像东周以前的作品。我这意

---

① 王氏读为"效",解为"献也"。

见,虽与王氏不同,然对于先生"商族认禹为下凡的天神,周族认禹为最古的人王(有天神性的)"这个意见并无冲突;而且我这种讲法,与先生所说"可见《生民》是西周作品,在《长发》之前,还不曾有禹一个观念"的话尤觉契合。

伯祥兄说禹或是龙,此可备一说。先生据《说文》云"从内",而想到"内"训"兽足蹂地",以为大约是蜥蜴之类,窃谓不然。《说文》中从"内"的字,甲文金文中均不从"内"。① 那"象形,九声"而义为"兽足蹂地"之"内"字,殆汉人据讹文而杜撰的字。

我很喜欢研究所谓"经"也者,但我是很"惑经"的。我在十二年前看了康有为的《伪经考》和崔觯甫师的《史记探源》,知道所谓"古文经"是刘歆这班人伪造的。后来看了康有为的《孔子改制考》,知道经中所记的事实,十有八九是儒家的"托古",没有信史的价值。近来看叶适的《习学记言》,万斯同的《群书疑辨》,姚际恒的《诗经通论》和《礼记通论》(在杭世骏的《续礼记集说》中),崔述的《考信录》等书,和其他书籍中关于"惑经"的种种议论,乃恍然大悟:知道"六经"固非姬旦的政典,亦非孔丘的"托古"的著作,②"六经"的大部分固无信史的价值,亦无哲理和政论的价值。我现在以为——

　　(1)孔丘无删述或制作"六经"之事。

　　(2)《诗》、《书》、《礼》、《易》、《春秋》本是各不相干的五部书(《乐经》本无此书)。

　　(3)把各不相干的五部书配成一部而名为"六经"的缘故,我

---

①　如"禽"、"萬"、"嘼"、"獸"诸字。

②　但其中有后来的儒者"托古"的部分;《论语》中道及尧、舜、文王、周公,这才是孔丘的"托古"。

以为是这样的:因为《论语》有"子所雅言,诗、书、执礼"和"兴于诗,立于礼,成于乐"两节,于是生出"孔子以诗、书、礼、乐教"(《史记·孔子世家》)之说,又因此而造出"乐正崇四术,立四教,顺先王诗、书、礼、乐以造士,春秋教以礼、乐,冬夏教以诗、书"(《礼记·王制》)之说。这一来,便把《诗经》、《尚书》、《仪礼》三部书配在一起了。因为"乐之原在《诗》三百篇之中,乐之用在《礼》十七篇之中"(邵懿辰《礼经通论》说),故实虽三部,名则四部。又因为孟轲有"孔子作《春秋》"之说,于是又把《春秋》配上。惟何以配入《易经》,我现在还没有明白。先生如其知道,请告诉我。

(4)"六经"的配成,当在战国之末。"六经"之名,最初见于《庄子·天运篇》。又《庄子·天下篇》先说"诗,书,礼,乐,邹鲁之士搢绅先生多能明之",下又胪举"诗"、"书"、"礼"、"乐"、"易"、"春秋"六个名目而不云"六经"。案,《庄子》中可信为庄周自作者,惟"内篇"七篇而已。《天运》在"外篇",《天下》在"杂篇",皆非庄周自作,当出于战国之末。

(5)自从"六经"之名成立,于是《荀子·儒效篇》、《商君书·农战篇》、《礼记·经解》、《春秋繁露·玉杯篇》、《史记》(其多)、《汉书·艺文志》、《白虎通》等,每一道及,总是六者并举;而且还要瞎扯了什么"五常"、"五行"等等话头来比附了!①

我们要考孔丘的学说和事迹,我以为只有《论语》比较的最可信据。我现在把《论语》之中与所谓"六经"有关的话分别记出如

---

①　到了刘歆等"古文家"出来,又在那五部书外加一部《周礼》。至于《春秋》三传、《小戴礼记》以及《论语》、《孝经》、《尔雅》、《孟子》等书,自来皆认为"传记",故流俗所谓"七经"、"九经"、"十一经"、"十三经"也者,都可用"六经"之名赅之。

下：

关于《诗》的有十八则：

A.《诗》云:"如切如磋,如琢如磨。"(《学而》)

B.子曰:"《诗》三百,一言以蔽之,曰:'思无邪。'"(《为政》)

C."相维辟公,天子穆穆。"(《八佾》)

D."巧笑倩兮;美目盼兮;素以为绚兮。"(《八佾》)

E.子曰:"《关雎》,乐而不淫,哀而不伤。"(《八佾》)

F.子所雅言:《诗》、《书》、执礼,皆雅言也。(《述而》)

G.《诗》云:"战战兢兢,如临深渊,如履薄冰。"(《泰伯》)

H.子曰:"兴于诗,立于礼,成于乐。"(《泰伯》)

I.子曰:"师挚之始,《关雎》之乱,洋洋乎,盈耳哉!"(《泰伯》)

J.子曰:"吾自卫反鲁,然后乐正,《雅》、《颂》各得其所。"(《子罕》)

K."不忮不求,何用不臧?"(《子罕》)

L."唐棣之华,偏其反而。岂不尔思? 室是远而。"(《子罕》)

M.南容三复"白圭"。……(《先进》)

N."诚不以富,亦只以异。"(《颜渊》)

O.子曰:"诵《诗》三百,……"(《子路》)

P.……鲤趋而过庭,曰:"学《诗》乎? ……"(《季氏》)

Q.子曰:"小子! 何莫学夫诗?"(《阳货》)

R.子谓伯鱼曰:"汝为《周南》、《召南》矣乎? ……"(《阳货》)

关于《书》的有四则：

A.《书》云:"孝乎惟孝,友于兄弟。"(《为政》)

B.子所雅言:《诗》、《书》、执礼,皆雅言也。(《述而》)

C.武王曰:"予有乱臣十人。"(《泰伯》)

D.《书》云:"高宗谅阴,三年不言。"(《宪问》)

关于乐的有六则:

A.子语鲁太师乐,……(《八佾》)

B.子谓《韶》,……谓《武》,……(《八佾》)

C.子在齐闻《韶》,……(《述而》)

D.子曰:"兴于诗,立于礼,成于乐。"(《泰伯》)

E.子曰:"师挚之始,《关雎》之乱,洋洋乎盈耳哉!"(《泰伯》)

F.子曰:"吾自卫反鲁,然后乐正,《雅》、《颂》各得其所。"(《子罕》)

关于《易》的有三则:

A.子曰:"加我数年,五十以学《易》,可以无大过矣。"(《述而》)

B."不恒其德,或承之羞。"(《子路》)

C.曾子曰:"君子思不出其位。"(《宪问》)

总说的有三则:

A.子所雅言:《诗》、《书》、执礼,皆雅言也。(《述而》)

B.子曰:"兴于诗,立于礼,成于乐。"(《泰伯》)

C.曰:"学《诗》乎?"……曰:"学《礼》乎?"……(《季氏》)

关于礼的话,《论语》中虽然很多,但大都是论礼意的,和《仪礼》全不相干。①

关于《春秋》的话，简直一句也没有。"答子张问十世"和"答颜渊问为邦"两节，今文家最喜征引，说这是关于《春秋》的微言大义，但我们仔细读这两节话，觉得真是平淡无奇，一点也看不出是什么"非常异义可怪之论"；而且《春秋经》、《公羊传》、《春秋繁露》中也并没有和这两节相同或相近的话。这样一件大事业，《论语》中找不出一点材料来，不是极可疑的吗！

《论语》中说到《诗》的最多。其中 P 或不足信(崔述说)，G 远在孔丘之后，将这两则除开不算外，还有十六则之多。这十六则之中，找不出一点删《诗》的材料来。A、B、C、E、I、K、M、N、R 所引的诗句或篇名，都在今本《诗经》之中，仅 D 与 L 为"逸诗"，②则孔丘所见的《诗》，实与今本相差不远。③ 再看 B 与 O，则孔丘所见的《诗》，原来只有三百篇，并非删存三百篇，这是以前已经有好多人说过的了。只有 J 中有"乐正，《雅》、《颂》得所"的话，但这话是论乐，不是论《诗》；就算是论《诗》，至多也不过说他编定诗篇次序，决不能作为删《诗》的证据。我想孔丘如果曾经删《诗》，则《郑风》必在被删之列，因为他是主张"放《郑》声的"；④而且若照秦汉以来的儒者那样用"圣道"、"王化"来论《诗》，则王柏、阎若璩、万斯同的话真是一点不错，因为必须将《诗经》如此删改，然后可以

_____

① "射不主皮"，"揖让而升，下而饮"等语，后人虽可引《仪礼》来附会，但不能说这是孔丘引《仪礼》的证据。

② D 为逸诗，说见后。

③ 若说完全一样，则亦决无此理；即使数目相当，而经二千余年的写刻，内容的亡逸和增窜是必不能免的。

④ 前人有谓"声"是"乐"，不是"诗"，这是要想曲为弥缝而又强作解人的议论。

免于邪僻淫乱而合于圣道王化也。

关于《书》的四则,也找不出一点删《书》的材料来。除 B 以外,都是引《书》。但很古怪:三次引《书》,都不在二十八篇之内。照此看来,现在这二十八篇"今文《尚书》"恐怕与孔丘所见的《书》很不相同。

乐无经,则关于乐的六则似乎不必去讨论它了。但就 F 看来,倒是这个没有经的乐是经过孔丘的整理的。

关于《易》的虽有三则,但这三则不特不足以证明孔丘曾经赞《易》,而且反足以证明孔丘与《易》无关。A 的文句,《鲁论》与《古论》大异。今本出于郑玄,郑于此节从《古论》读。若《鲁论》,则作"五十以学,亦可以无大过矣"(见《经典释文》)。汉《高彪碑》,"恬虚守约,五十以学",即从《鲁论》。我以为《论语》原文实是"亦"字,因秦汉以来有"孔子赞《易》"的话,故汉人改"亦"为"易"以图附合。《古论》是刘歆伪造的壁中经,固不足信;但此字之改,却并非始于《古论》,因为《史记·孔子世家》已经作《易》了。大概汉人初则改"亦"为"易";继则将《论语》此节改成《史记》的"孔子晚而喜《易》、《序》、《彖》、《系》、《象》、《说卦》、《文言》;读《易》,韦编三绝,曰'假我数年,若是,我于《易》则彬彬矣'"。这种改变,原意殆想将《论语》此节作为赞《易》之证。不料偶不经心,留下一个大漏洞:他们说孔丘暮年归鲁以后删订"六经",其时他已在七十岁左右,于是《论语》中"五十"两字便讲不通了,什么"或五年或十年",什么"用五用十",或改作"卒",或改作"吾",讲来讲去,终难圆谎!B 只引《恒卦》的爻辞,也与赞《易》无涉。至于 C 的曾参语,在《易》为《艮卦》的《大象》,但多了一个"以"字,作"君子以思不出其位",这明明是作《大象》者袭曾参语而加一"以"字,使与别卦《大象》的词例一律。崔述曾据此以为

《象传》出于孔丘以后之证。这岂非反足以证明孔丘与《易》无关吗？

至于总说的三则：C 可疑，不去论它；A 是记孔丘用国语（"雅言"姑从刘台拱说）读文艺，读历史，赞礼；B 是论教材的先后次第，与后世所谓"删《诗》《书》，定礼乐"的话全不相干。

"六经"和孔丘无涉，略如上文所云。那么，"六经"究竟是些什么性质的书呢？我以为——

《诗》　是一部最古的总集。其中小部分是西周的诗，大部分是东周（孔丘以前）的诗。什么人辑集的，当然无可考证了。至于辑集的时代，我却以为在孔丘以前。孔丘说，"《诗》三百"，"诵《诗》三百"，则他所见的已是编成的本子了。先生说，"《诗经》的辑集必在孔子以后，孟子以前"，引今本无"素以为绚兮"一句又无《唐棣之华》全首为辑集于《论语》之后之证（《小说月报》十四卷一号）。我看似未必然。子夏所问并非《硕人》之诗。《硕人》第二章句句都是描写庄姜的身体之美，末了决不能有"素以为绚兮"一句。这一定是别一首诗，但"巧笑"二句与《硕人》偶同罢了。此诗后来全首亡逸。《唐棣》一诗也是全首亡逸。"素绚"为孔丘所称道，固不应删去；即《唐棣》虽为孔丘所不取，然今本无有，亦非有意删去，乃是偶然亡逸的。有亡逸也许还有增窜。例如《都人士》的首章，惟《毛诗》有之，三家均无（见《礼记缁衣释文》），不知是本有而三家亡逸呢，还是本无而《毛诗》据《左传》（襄十四）、《礼记》（《缁衣》）、贾谊《新书》（《等齐篇》）增窜呢。无论真相如何，总可以作《诗经》传写必有亡逸或增窜之证。但虽有亡逸或增窜，总是原始本的变相，不能说它们是两个本子。

《书》　似乎是"三代"时候的"文件类编"或"档案汇存"，应该认它为历史。但我颇疑心它并没有成书，凡春秋或战国时人所引《夏志》、《周书》等等,和现在所谓《逸周书》者,都是这一类的东西,所以无论今文家说是二十八篇,古文家说是一百篇,都不足信;既无成书,便无所谓完全或残缺。因为它常常被人称引,于是"托古"的人们不免要来伪造了。现在的二十八篇中,有历史的价值的恐怕没有几篇。如《尧典》、《皋陶谟》、《禹贡》、《甘誓》等篇,一定是晚周人伪造的。《逸周书》中,伪篇一定也占了大部分。还有一层,《尚书》即无伪篇,也只是粉饰作伪的官样文章,采作史料必须慎之又慎。前代学者不信任它的,只有一个刘知几。以崔述的勇于疑古,而对于它则深信不疑,这是他被"王道"、"圣治"的观念所蒙了。

《礼》 《仪礼》是战国时代胡乱抄成的伪书,这是毛奇龄、顾栋高、袁枚、崔述诸人已经证明的了。《周礼》是刘歆伪造的。两《戴记》中,十分之九都是汉儒所作的。

《乐》 乐本无经,而古文家造出"魏文侯的乐人窦公献书于汉文帝,乃《周官》大宗伯之大司乐章"之说(见《汉书·艺文志》),其意殆欲以此冒充"乐经"。但这故事造得太不像了,因为照他所说,窦公献书时已有二百五六十岁光景(康有为说)!

《易》 我以为原始的易卦,是生殖器崇拜时代的东西;"乾"、"坤"二卦即是两性的生殖器的记号。初演为八,再演为六十四,大家拿它来做卜筮之用;于是有人做上许多卦辞、爻辞,这正和现在的"签诗"一般;"无咎"、"悔亡",和"上上"、"中平"、"下下"一般。这些"签诗"大概不止一种(但《连山》、《归藏》之说则决不可信),所以《左传》所载与今《易经》颇多不同。孔丘以后的儒者借它来发挥他们的哲理(这也是"托古"),有做《彖传》的,有做《象传》的,有做《系辞传》的,有做《文言传》的,汉朝又有焦赣、京房一流人做的《说卦传》,不知什么浅人做的《序卦传》,不知哪位学究做的《杂卦传》,配成了所谓"十翼"。

《春秋》　王安石(有人说不是他)说它是"断烂朝报",梁启超说它像"流水帐簿",都是极确当的批语。孟轲因为要借重孔丘,于是造出"《诗》亡然后《春秋》作","孔子成《春秋》而乱臣贼子惧"的话,就这部断烂朝报,硬说它有"义",硬说它是"天子之事"。一变而为《公羊传》,再变而为董仲舒之《春秋繁露》,三变而为何休之《公羊解诂》,于是"非常异义可怪之论"愈加愈多了。但公羊氏(?)与董仲舒所说的《春秋》之义,虽非原始的《春秋》所有,却是有条理,有系统,自成一派学说;后来忽然跑出一个文理不通的穀梁氏(?)来学舌,说了许多幼稚可笑的话,那便真不足道了。至于《左传》,本是战国时代一个文学家编的一部"国别史",即是《国语》,其书与《春秋》绝无关系;到了刘歆,将它改编,加上什么"五十凡"这类鬼话,算做《春秋》的传,而将用不着的部分仍留作《国语》(康有为说)。这部书的信实的价值,和《三国演义》差不多;但汉以前最有价值的历史总不能不推它了。

这是我现在对于所谓"六经"是什么性质的书的意见。

从实际上说,"六经"之中最不成东西的是《春秋》。但《春秋》因为经孟轲的特别表彰,所以二千年中,除了刘知几以外,没有人敢对它怀疑的。孟轲是第一个讲"道统"的人,他的全书的末章,由尧、舜、汤、文王、孔子,叙到他的时候,明明有"独力肩道统"的意思。他全书中讲到《春秋》,共有三处①:

A．孟子曰:世衰道微,邪说暴行又作,臣弑其君者有之,子弑其父者有之;孔子惧,作《春秋》。《春秋》,天子之事也;是故孔子曰:"知我者其惟《春秋》乎! 罪我者其惟《春秋》

---

① 没有仔细查,不知有无遗漏。

乎!"……孔子成《春秋》而乱臣贼子惧。……(《滕文公下》)

B.孟子曰:王者之迹熄而《诗》亡,《诗》亡然后《春秋》作。晋之《乘》,楚之《梼杌》,鲁之《春秋》,一也。其事则齐桓晋文,其文则史;孔子曰:"其义则丘窃取之矣。"(《离娄下》)

C.孟子曰:《春秋》无义战。(《尽心下》)

B 的话实在不通,《诗》和《春秋》的系统关系,无论如何说法,总是支离牵强的。我以为这三则都是孟轲要将自己的学说依托孔丘,正与朱熹自己的"格物穷理说"和王守仁自己的"致良知说"要依托《大学》同样的心理。他要辟杨墨,为了他们是"无君无父"的学说,所以有 A 说;他是贵王贱霸的,所以有 B 说;他是说"善战者服上刑"的,所以有 C 说。A 的后面,有"吾为此惧,闲先圣之道"和"我亦欲正人心,息邪说,距诐行,放淫辞,以承三圣者"等语,则依托孔丘以肩道统之意昭然若揭了。前人讲《春秋》,很相信孟轲的话,很不相信孙复的《春秋尊王发微》的话。其实照孟轲的意思,必须像孙复那样讲法才能圆满的。

我上面那种翻案的议论,只是要研究所谓"六经"的那几部书的原始面目,只是要研究它们与孔丘有无关系而已。若讲伪书的价值,正未可一概而论。乱抄乱说的固然不少,至如《易》之《彖》、《象》、《系辞传》,如《小戴礼记》中之《礼运》、《中庸》、《大学》诸篇,如《春秋》之《公羊传》与《繁露》,如《周礼》,这都是极有价值的"托古"著作。但不能因其有价值便说是姬旦、孔丘所作,也不能因其非姬旦、孔丘所作便说是无价值。我很佩服姚际恒、崔述、康有为那样"疑古"的求真态度,很不佩服他们那样一味痛骂伪书的卫道态度。

二千年中的学者对于"六经"的研究,以汉儒为最糟。他们不但没有把真伪辨别清楚,他们自己还要作伪。他们不但没有把文句解释明白,他们自己的文理大都是不通的。无论今文家、古文家,都是"一丘之貉"。什么禘祫、明堂、封建、井田、宫室、祭器等等人各一说,而且一个人还要自相矛盾,这可见他们全是望文生训,闭眼胡说。清儒以为汉儒去先秦未远,其说必有所受,于是专心来给他们考证疏解,想出种种方法来替他们圆谎,其实是上了他们的当了!毛亨(?)的文理最不通,郑玄的学问最芜杂,他俩注《诗经》,闹的笑话真是不少。郑玄以后直到贾公彦、孔颖达诸人,不过将废话越说越多罢了。中唐以后,曙光渐见,如李翱、韩愈之于《论语》,啖助、赵匡、陆淳之于《春秋》,刘知几之于《尚书》、《春秋》,都能不为旧说所蒙,开宋明以来疑经的先路。宋儒所言经义,大都是将他们自己的学说套在古经的身上,无论好坏,总之十有七八非古经所本有。但如欧阳修、郑樵、朱熹、叶适诸人的辨伪,成绩却是很大。他们还有一种好处,是求文理通顺;不但朱熹注《四书》很讲究文理,就是被大家目为"陋儒"的蔡沈和陈澔,他们注解《尚书》和《礼记》也比"伪孔安国"和郑玄要通得多。从清初到现代,既有戴震、段玉裁、王念孙、王引之、俞樾、孙诒让、章太炎师诸人讲通文义,又有阎若璩、姚际恒、崔述、康有为诸人的推翻伪经,这几部古书("六经")的真相渐渐地可以拨云雾而见青天了。但以前的学者无论如何大胆疑古,总不免被成见所囿。先生说,"崔述著书的目的是要替古圣人揭出他们的圣道王功,辨伪只是手段",真是一针见血之论。姚、康诸人也是这样。所以他们总要留下一团最厚最黑的云雾,不肯使青天全见的。我们现在应该更进一步,将这团最厚最黑的云雾尽力拨除。

中国的伪书真多,现代人的著作之中还有伪的,《章太炎的白话文》中有钱玄同的文章!(《中国文字略说》)所以我们要看中国书，无论是否研究国学，是否研究国史，这辨伪的工夫是决不能省的。"六经"在古书中不过九牛之一毛，但它作怪了二千多年，受害的人真是不少了；它作怪时用的许多法宝之中，"伪书"和"伪解"就是很重要的两件，我们不可不使劲来推翻它。

"辨《说文》的文字"，现在还不能就做，因为我对于这方面的研究还很浅。我现在只能将疑《说文》的理由简单奉告：

许慎是表彰"壁中古文经"的文字的。"壁经"之出于刘歆"向壁（即孔壁）虚造"，经康有为和崔觯甫师的证明，我认为毫无疑义了。壁经既伪，则其文字亦伪。许慎所记篆文，所释形体，大都与甲文金文不合，而《说文》中所谓"古文"，尤与甲文金文不合。依我的研究，甲文最古，金文次之，石鼓文及大篆又次之，①秦之金石刻及小篆又次之。《说文》所列小篆，已多汉人传讹之体；近见龚橙《理董许书》稿本，他说《说文》中的小篆还不如汉隶的较为近古，极为有见。至于《说文》中所谓"古文"，所谓"奇字"，乃是刘歆辈依仿传误的小篆而伪造的，故与甲文、金文的形体相去最远。因为小篆是传误的，"古文"是伪造的，所以说是"伪古字"。"伪古义"，如"告，牛触人，角着横木，所以告人也"，"射，弓弩发于身而中于远也"之类。"伪古说"，如"楚庄王曰，止戈为武"，"孔子曰，一贯三为王"之类。至于"伪古礼"和"伪古制"，这是从伪经上来的，若将伪经推翻，则《说文》中这两部分便不攻而自倒了。

要说的话还没有完，今天暂止于此，请先生教正。

先生关于《吕刑》与《尧典》方面的新发明，便希示我。

玄同。一九二三，五，二五。

---

①　石鼓文为秦文，从马叔平说；大篆为秦文，从王静安说。

（录自《古史辨》第一册）

钱玄同（1887—1939），原名夏，字中季，号德潜，后改名玄同，自称疑古玄同，浙江吴兴（今湖州）人。早年留学日本早稻田大学文学系。曾任北京师范大学教授，兼北京大学教授。著有《文字学音篇》等。有《钱玄同文集》行世。

《答顾颉刚先生书》认为，孔子无删述六经之事，《诗》、《书》、《礼》、《易》、《春秋》本是各不相干的五部书，而《乐经》更无此书。具体说来，《诗》是最古的诗歌总集，《书》似是三代的文件类编或档案汇存，《仪礼》是战国时胡乱抄成的伪书，《周礼》乃刘歆伪造，小戴和大戴《礼记》有十分之九是汉儒所作，《易》卦是生殖器崇拜时代的产物，十翼最后配成于汉朝，《春秋》则的确是断烂朝报、流水帐簿。

《诗》《书》时代的社会变革
与其思想上之反映（序说）

郭 沫 若

在《易经》和《易传》的研究中我们发现出中国古代社会的两个变革的时期：便是《易经》是由原始公社制变为奴隶制时的产物，《易传》是由奴隶制变成封建制时的产物。第一个变革是在殷、周之际达到完成，第二个变革的完成，是在东周以后。

这两个变革的痕迹在《诗经》和《书经》中表现得更加鲜明，我们现在依据这两部书来参考比验罢。

在据以为研究材料之前，材料的可据性的研究当然是先决问题。

《诗经》是我国文献中的一部可靠的古书，这差不多是没有可以怀疑的余地的，可怀疑的是《书经》。

《书经》有今文和古文的分别，《古文尚书》除今文所有的二十八篇之外都是伪作，清时的学者已经把它批判得体无完肤。这真是我们应该感谢的一项功绩。

但在《今文尚书》的二十八篇中依然包含着一个很大的问题。

二十八篇的细目是：

一 《虞书》二篇：《尧典》、《皋陶谟》

二 《夏书》二篇：《禹贡》、《甘誓》

三　《商书》五篇:《汤誓》、《盘庚》、《高宗肜日》、《西伯戡
　　黎》、《微子》

四　《周书》十九篇:《牧誓》、《洪范》、《金縢》、《大诰》、《康
　　诰》、《酒诰》、《梓材》、《召诰》、《洛诰》、《多士》、《无
　　逸》、《君奭》、《多方》、《立政》、《顾命》、《吕刑》、《文侯
　　之命》、《费誓》、《秦誓》

上自唐、虞,下至秦穆,这儿所涵盖的时期非常辽远。但据最
近考古学的成绩特别是殷虚书契的研究,不仅在殷以前的古物已
经渺无可考,连殷代末年的文字都还在构成途中,所以我们可以断
定《虞书》和《夏书》的四篇完全不可靠。再分别的细说时,《尧
典》、《皋陶谟》、《禹贡》三篇为后世儒家伪托。其他一篇《甘誓》,
或许是《商书》羼入的。我们的理由如下:

第一点是大头症的征候。

《尚书》是害了大头症的。开始的《尧典》、《皋陶谟》、《禹贡》
的三篇,那真是堂哉皇哉的文字,而继后的二十五篇,除《洪范》一
篇比较有一个严整的结构之外,差不多都是一些零碎的纪录。这
单从文字演进上说来已经是很大的不合理。

第二点是《禹贡》的夸张。

中国古代的疆域只在黄河的中部,就是河南、河北、山西、陕西
一部分的地方。河北、山西的北部是所谓北狄,陕西的大部分是所
谓西戎,黄河的下游是所谓东夷,一直到周宣王的时候,长江流域
的中部都还是所谓蛮荆、所谓南蛮,淮河流域是所谓淮夷、徐夷。
而在《禹贡》里面所谓荆州、青州、扬州、徐州等等,居然已经画土
分贡了。这是绝对不可能的事情。并且所画的土如像甸、侯、绥、
要、荒的五服,每服规规整整的五百里。这除最近世有以经纬度为
疆界的近似的办法之外,任何民族的历史上都不曾有过这样的事

实。所分的贡也有许多不近情理,譬如中国铁器的使用似乎一直
到周初才萌芽了的,而在梁州的贡赋上便已经有"铁",这和《山海
经》的《中山经》上假托夏禹王的话,说"出铁之山三千六百九十",
是一样的荒唐,同时正是一样的为后人所假托。

从时代性上来说,上举的两点,刚好也成为儒家伪托的明证:
因为要到春秋时候才能有那样的文章,也才能有那样的事实。更
从正面来举出儒家伪托的痕迹是:

第三点,人格发展的阶段。

儒家所理想的人格是具有一定的发展阶段的,就是《大学》、
《中庸》两书所说的格、致、诚、正、修、齐、治、平、赞、参、配。这个
发展阶段刚好把尧的人格粉饰出来。尧的人格是:

"钦明文思安安,允恭克让"——这是格、致、诚、正的事
体。

"光被四表,格于上下"——这是赞、参、配的事体。

"克明俊德"——修身。

"以亲九族,九族既睦"——齐家。

"平章百姓,百姓昭明"——治国。

"协和万邦,黎民于变时雍"——平天下。

这真真是再巧合也没有了,而且皋陶进禹的"昌言"也就不能
不说:

"慎厥身修,思永。敦叙九族,庶明励翼。迩可远,在
兹。"

这完完全全是后代的儒家口吻。"迩可远"便是由修身可以
平天下或赞天地之化育。

第四点,天人一致观的表现。

在上举的"光被四表,格于上下"与"迩可远"的话里面,已经

就包含有天人一致观的概念。在《皋陶谟》里更明白地说出：

"天聪明自我民聪明，天明畏自我民明威，达于上下。"

这不仅是儒者的口吻，而且在宗教思想的发展史上说来，怎么也说不过去。殷代的偶像还是生殖器，周代的上帝也还是人格神，更在几百千年以前的虞、夏之际，公然有这样合理的泛神论出现，这怎么也不能不说是倒置。

第五点，折衷主义的伦理。

折衷主义是儒家所高唱的伦理，总是要无过无不及的合乎其中。这在《尧典》上便敷衍成为：

"教胄子：直而温，宽而栗，刚而无虐，简而无傲。"

在《皋陶谟》更扩张成为九德：

"宽而栗，柔而立，愿而恭；乱而敬，扰而毅，直而温；简而廉，刚而塞，强而义。"

第六点，三年之丧的出现。

三年之丧事实上是儒家所规定的，这在韩非子的《显学篇》上说得非常明白：

"墨者之葬也，冬日冬服，夏日夏服，桐棺三寸，服丧三月。……儒者破家而葬，服丧三年，大毁扶杖。……夫是墨子之俭，将非孔子之侈也，是孔子之孝，将非墨子之戾也。……"

这明明是说三年的服制是孔子所创设的了。《淮南子》的《齐俗训》上也有同样的话：

"三年之丧是强人所不及而以伪辅情也，三月之服是绝哀而迫切〔人〕之性也，夫儒墨不原人情之终始而务以行相反之制。"

所以在儒家里面也早已感觉着不便，《论语》里面便有宰予短丧之议，说是"三年不为礼，礼必坏；三年不为乐，乐必崩"(《阳货》)。孟子在劝滕文公行三年之丧的时候，滕国的父老反对，以为"吾宗国鲁先君莫之行，吾先君亦莫之行"。(《滕文公上》)可见这种制度就在孟子时代，都还没有行通。但在《尧典》里面却公然有"二十有八载帝乃殂落，百姓如丧考妣，三载，四海遏密八音"的话了。就是考妣对言也是东周以后的用语，古人以祖妣为对，以考母为对。(详见《甲骨文字研究•释祖妣》篇)

第七点，大一统观念的表现。

周、秦之际的学者苦于天下的争夺攘乱，在政治思想上便发生两种倾向：一种是老子的小国寡民的理想，一种是孔子的大一统的理想。《尧典》、《皋陶谟》、《禹贡》三篇，特别是《禹贡》，可以说整个是这个大一统理想的表现。

此外可举的证据还多不胜数，我们权且就举出这七点来作一个结论罢。就是《尧典》、《皋陶谟》、《禹贡》三篇，完全是儒家的创作，在研究儒家的哲理上是必要的资料，但要作为古代的信史，那是断断乎不可！

剩下的还有《甘誓》一篇，这篇文字本来极简单，而且也没有什么大道埋在里面，大约总不会是伪作。《墨子•明鬼篇》里也整录了这篇文字，虽然有些大同小异的地方。不过这篇文章的作者和时代却是一个问题。《书序》里面是说"启与有扈战于甘之野，作《甘誓》"，《墨子》里面却又引作"《禹誓》"，这大约是一篇无主的古文，后世的墨家以禹有伐有扈的传说，故属之于禹，而儒家亦以启有伐有扈氏的传说，故属之于启罢了。

禹伐有扈的传说：

一 "禹攻有扈，国为虚厉，身为刑戮。"(《庄子•人间世》)

二 "禹攻曹、魏、屈骜、有扈，以行其教。"(《吕氏春秋•召

类》)

三 "昔禹与有扈氏战,三阵而不服。禹于是修教一年而有
扈氏请服。"(《说苑·政理》)

启伐有扈的传说:

"夏后伯启与有扈战于甘泽而不胜。"(《吕氏春秋·先
己》)

一样的传说有两种主人,这正是传说本身的一种特性。然而
伐有扈氏的传说不仅上面的两种,此外还有一种。

"有困民国句生而食,有人曰王亥,两手操鸟方食其头。
王亥托于有易河伯仆牛,有易杀王亥,取仆牛。"(《山海经·
大荒东经》)

"殷王子亥宾于有易而淫焉,有易之君绵臣杀而放之。
是故殷王甲微假师于河伯以伐有易,灭之,遂杀其君绵臣
也。"(郭璞注引《竹书》)

王国维在考释殷虚文字中的"王亥"上引出这两条,并且还考
释出即是《楚辞·天问篇》中的:

"该秉季德。厥父是臧,胡终弊夫有扈,牧夫牛羊?"

该即是王亥,季在殷契上也是有的,王氏以为当即是"王亥之
父冥",有易与有扈系传闻异辞。王氏的考证见《戬寿堂殷虚文字
考释》及罗振玉的《殷虚书契考释》里面,是很确凿的。那末我们
可以知道,伐有扈氏的传说在殷代的先人也是有的。所以我们可
以说《甘誓》或许就是上甲微伐有扈氏的誓辞。我们看那誓辞里
面有"御非其马之正,汝不恭命"的话,也应该是殷人说的。据后
世的传说,相土作乘马,王亥作服牛,都是殷人的祖先,所以战时能
用车马。

以上《尧典》、《皋陶谟》、《禹贡》三篇完全是"托古改制"的伪

作,《甘誓》应该归入《商书》。但就是《商书》和《周书》都应该经过殷周的太史及后世的儒者的粉饰,所以这二十五篇的可靠性只能依据时代的远近而递减。

《尚书》的时代性既经规定,我们可以根据他来研究殷周时代的古代社会及其思想。《诗》、《书》二经是相互为表里的,在这篇中我便把它们合并起来研究。

(选自《中国古代社会研究》)

郭沫若（1892—1978）,原名开贞,号尚武,常用名鼎堂,笔名沫若,四川乐山人。1923 年毕业于日本九州帝国大学医科。曾任广州中山大学文学院院长,旅居日本多年。1948 年当选中央研究院院士。1949 年以后曾任全国文联主席、政务院副总理兼文化教育委员会主任、中国科学院院长兼哲学社会科学学部主任及历史研究所所长、全国人大常委会副委员长、全国政协副主席、中国科技大学校长等。著有《中国古代社会研究》、《青铜时代》、《十批判书》、《奴隶制时代》、《历史人物》、《文史论集》、《李白与杜甫》、《甲骨文字研究》、《金文丛考》、《两周金文辞大系图录考释》等,主编《中国史稿》、《甲骨文合集》等。有《郭沫若全集》行世。

《〈诗〉〈书〉时代的社会变革与其思想上之反映》(序说)节选于《中国古代社会研究》。文中将《诗经》、《尚书》看作反映殷周之际和东周以后两次社会变革的重要文献。《诗经》是一部可靠的古书,而《尚书》则大有问题。即使在《今文尚书》二十八篇中,《尧典》、《皋陶谟》、《禹贡》三篇乃后世儒家伪托,《甘誓》当归入《商书》,而《商书》和《周书》也应经过殷周太史及后世儒者的粉饰,其可靠性只能依据时代的远近而递减。

《周易》之制作时代

郭 沫 若

一 序 说

《周易》的经部与传部的构成时代及其作者,是这儿所想要讨论的问题。

自来的定说,以为《易》的基础的八卦是伏羲氏所画;由文王重为六十四卦,卦各六爻,卦与爻各系以文辞便成为《周易》的经部;《易传》的《十翼》,即《彖传》上下、《象传》上下、《系辞传》上下、《文言》、《序卦》、《说卦》、《杂卦》的十篇,都是孔子所作的。

就这样,所谓"人更三圣,世历三古"(《汉书·艺文志》)所成就出来的《周易》,在儒家经典中是被认为最古,且最神圣的东西。

这伏羲、文王、孔子的三位一体的定说,究竟可靠不可靠,是这儿所当得先行解决的问题。

二 八卦是既成文字的诱导物

伏羲画八卦之说见《系辞下传》,那儿说:

"古者包羲氏之王天下也,仰则观象于天,俯则观法于地,观鸟兽之文与地之宜,近取诸身,远取诸物,于是始作八卦,以通神明之德,以类万物之情。"

自来相信《系辞传》是孔子所作,故尔这伏羲画卦之说也就被视为天经地义,自汉以来从没有人怀疑过。但是《系辞传》的那篇论观象制器的文章是汉人所假托的。除掉这包羲氏作八卦的一件为先秦文献所未见之外,其它所说的神农、黄帝、尧、舜的制作都和历来的传说不同,而且在思想上有剽窃《淮南子·汜论训》的痕迹。顾颉刚有《论〈易·系辞传〉中观象制器的故事》(《古史辨》第三册第37—70页)一篇文章,把这件事情论得很透彻,八卦并非作于伏羲,是毫无疑问的。本来伏羲这个人的存在已经是出于周末学者的虚构,举凡有巢、燧人、伏羲、神农等等,都是当时学者对于人类社会的起源及其进展的程序上所推拟出的假想人物,汉人把那些推拟来正史化了,又从而把八卦的著作权送给伏羲,那不用说完全是虚构上的一重虚构。

八卦虽不作于伏羲,但一般人以为总是很古的东西,当得是文字以前的成品。更有些人以为是由巴比伦的楔形文字转化来的。其实这些见解都只是皮相。八卦的卦形大部分是由既成的文字诱导出来的。现在我把卦形列在下边,更进而加以说明:

乾☰　　　　坤☷　　　　震☳　　　　艮☶

離☲　　　　坎☵　　　　兌☱　　　　巽☴

这八个卦形里面,坤、坎二卦的生成是最为明白的。坎所象征的是水。水字的古文作⦚,坎卦的卦形☵分明是由这⦚字拉直而横置起来所成的。"坎者陷也",水是聚集在洼下处的坎陷的,故尔由水字所形成的这个卦,以水所常在处为名,名之曰坎。《经典释文》于坎卦"习坎"下云,"坎本亦作埳,京刘作欿",近出《汉熹平石经》残石亦作欿,只是坎的异文,盖以㕣为声兼义也。

坤字,据《经典释文》云:"本又作巛,坤今字也,困魂反,《说卦》云：'顺也。'"《汉熹平石经》残石作⚋，汉碑凡乾坤字亦均作⚋，并未见有坤字。可见坤字是后起的，⚋，才是坤的本来面目。钱玄同疑坤字出于所谓"中古文"《易》，是刘歆所伪造，我看是很正确的。知道⚋是坤的本字便可以知道坤卦卦形的来源。我看这分明是由川字变化出来的。川字古作𝌆，把曲画中断，横置起来便成为☷的卦形。因卦形脱胎于川，故坤有顺的意义，顺字本从川得声，且亦以声兼义。又因大川所系是陆地，故尔坤又用为地的象征。

☳是震字的省略，☱是兑字的省略，震与兑的今字和古文相差不远，都是各各把那卦形包含着的。

乾所象征的是天是金是玉，金和玉的两个字里面都包有☰的卦形。就是天字也是包含着的。天，古字作𠀑，把当中的一笔竖画去掉，稍稍加以修正，便可以成为☰的卦形。

离所象征的是火。火字以及从火的字，在春秋战国时代的铭刻中多作𤆍，把天字省为☰的同样的方法应用过来便可以得到☲的卦形。

艮和巽颇难解释。据《说卦传》艮有门阙之象，更想到从艮声之字有限，有"门楣"[1]的含义，大约艮的卦形☶是由门字省略而来。门字卜辞或作𨳆（《殷契前编》四，十六），卦形是包含在这里面的。

巽字据《说文》有㠲、𢄡、巽的三种字形，又以㢲为巽卦之巽的本字，而《熹平石经》则作巽。由这隶书虽可以导出☴的卦形，但在篆体是不可能的。又由巽所象征着的木风鸡股等的字形也无法导引出来。

----

[1] 《说文》阜部，又木部云："楣，门限也。"

　　以上八个卦形中有六项乃至七项,明白地可以知道是于既成文字加以某种改变或省略而成的。大约画八卦的人最初是发现了坎坤二卦,卦各三爻,爻所共通的画有一与--两种。用这两种不同的画再作别种的三爻时,连坎坤二卦共可得八种。他为这种数学的必然性所感动,便把自己的理想来依附起来,选了一系列的适当的字来作为了八卦的名号;于是八卦的成因便受了掩蔽,而它们的神秘性就呈显了出来。

　　由既成文字所诱导出的八卦,它们的构成时代也不能出于春秋以前。由火字所生出的离卦,或☲形所附会出的"离为火"的观念在利用着春秋以来的字形,已经可以明白,而殷周典籍以及古器物文字,如卜辞与金文之类,丝毫也没有表现着八卦的气味。八卦的卦形最好拿来做图案,但是青铜器的图象中尽管有不少的神秘的花样,而却没有一件是利用到了八卦上来的。宋人书中有所谓"卦象卣",是有一个字的铭文和卦象相似,一个作☰(《博古》九,十六;《啸堂》三,二;《薛》三,二),又一个作⦀⦀(《续考古图》五,一),其实并不是卦象。张伦《内府古器评》(上卷十七)称第二器为"渊卣",又是因为与胐字形近之故,然而也不好便定为胐字。大凡古器铭文仅有一二奇字,或如图画,或似符篆样的,都是作器者的族徽或花押,是无法认识的。

　　再从八卦所被依附着的思想来说,以乾坤相对立便是以天地相对立,然而以天地相对立的这种观念在春秋以前是没有的。单就金文来说,春秋以前的长篇大作的铭文很多,表现到超现实的观念上来的也不少,但都是只有至上神的天,或者称为皇天(《大克鼎》、《毛公鼎》),称为皇天王(《宗周钟》),又称为帝(《猎钟》),称为上帝(《大丰簋》),称为皇帝(《师旬簋》),称为皇上帝(《宗周钟》),真是屡见不一见。但决不曾见过有天地对立的表现,甚至连地字也没有。便是在典籍中,凡是确实可靠的春秋以前的文献也没有天地对立的观念,并且也没有地字。《尚书》的《金縢》和《吕刑》有地字。《金縢》云:"乃命于帝庭,敷佑四方,用能定尔子孙于下地。"《吕刑》云:"乃命重黎绝地天通,罔有降格。"这两篇本来都是有些疑问的东西,单是有这地字的出现,也就可以知道它们至少是当得经过了后人的窜改。

总之,八卦是既成文字的诱导物,而其构成时期亦不得在春秋以前。

三 《周易》非文王所作

八卦既不能出于春秋以前,所谓文王把八卦重为六十四卦,再系以卦辞爻辞的说法,不用说完全是后人的附会。但我们为慎重起见,不妨也把这项旧说来研讨一下。

最初说文王演《易》的是司马迁。他的《报任少卿书》上说:"文王拘而演《周易》。"又在《史记·周本纪》上说:"西伯囚羑里,盖益《易》之八卦为六十四卦。"在重卦说上加了一个"盖"字,已经可以知道这只是推拟之辞,根据是很薄弱的。他所有的根据大约也不外是《易传》上的下列的两项推拟:

"《易》之兴也,其于中古乎? 作《易》者其有忧患乎?"(《系辞下传》)

"《易》之兴也,其当殷之末世,周之盛德耶? 当文王与纣之事耶?"(同上)

作《易传》的人只是疑《周易》是文王时代做成的东西,并没有说就是文王所作。司马迁却未免太性急了,把作《易传》者的疑问都肯定了下去,而且还更进一步,定为了是文王做的。这真是未免太早计了。

　　其实照史实看来,文王并不是能够作出《易经》来的那样高度的文化人。在他的祖父太王的一代,周人还是穴居野处的原始民族,①并没有怎样进步的文化。就是文王自己,尽管是一族的王长者,而他还亲自在看牛放马,种田打谷。

　　"文王卑服,即康(糠)功田功。"(《尚书·无逸》)

　　"伯昌号(荷)衰(蓑),秉鞭作牧。"(《楚辞·天问》)

荷蓑与卑服固是一样的寒伧,而打谷种田与看牛放马也并没有多么大的文化上的差异。以这样的一位半开化民族的酋长,要说他做出了一部《周易》,那在道理上是怎么也讲不过去的。

　　不过著《易传》的人疑《周易》起于殷、周之际,也多少是有些根据的,便是《易》的爻辞里,有几处明明说到了殷、周之际的故事。例如说:

　　"高宗伐鬼方,三年克之。"(《既济》九三)

　　"帝乙归妹。"(《泰》六五、《归妹》六五)

　　"箕子之明夷。"(《明夷》六五)

据这些故事看来,自然会以为《易》之兴是在"中古",但作《易传》的人却看脱了好些以后的故事。

　　"中行告公,用圭。"(《益》六三)

　　"中行告公,从。利用为依(卫)迁国。"(《益》六四)

　　"包荒用冯河,不遐遗。朋亡,得尚(当)于中行。"(《泰》九二)

　　"中行独复。"(《复》六四)

　　"苋陆夬夬,中行无咎。"(《夬》九五)

————————————

①　《大雅·绵》,诗中的古公即是太王。或以为非者,非是。

这几条的"中行",我相信就是春秋时晋国的荀林父。就前两例的"中行告公"而言,"中行"二字除讲为人名之外,不能有第二种解释。

"中行"之名初见《左传》僖公二十八年:"晋侯作三行以御狄。荀林父将中行,屠击将右行,先蔑将左行。"荀林父初将中行,故有"中行"之称,《左传》宣公十四年称为中行桓子,而他的子孙便以中行为氏。

《益》六四的"为依迁国",当是僖公三十一年"狄围卫,卫迁于帝丘"的故事。卫与郼古本一字,《吕览·慎大》"亲郼如夏",高注云"郼读如衣"。则"为依迁国"即"为卫迁国",盖狄人围卫时,晋人曾出师援之也。

《泰》九二的"朋亡,得尚于中行"。尚与当通。我相信就是《左传》文公七年,先蔑奔秦,荀林父"尽送其帑及其器用财贿于秦"的故事。

《夬》九五的"中行无咎",《复》六四的"中行独复"也就是宣公十二年荀林父帅晋师救郑,为楚所大败,归而请死时的故事。"桓子请死,晋侯欲许之。士贞子谏曰:'不可。……林父之事君也,进思尽忠,退思补过,社稷之卫也。若之何杀之? 夫其败也,如日月之食焉,何损于明!'晋侯使复其位。"(《左传》宣公十二年)

据这些故事看来,我们又可以断定,《周易》之作决不能在春秋中叶以前。由这个断定不用说是把文王重卦,文王演《易》之说更完全推翻了。在文王重卦说之外本来还有伏羲说、神农说、夏禹说,这些都是不值一辩的。又有人主张卦辞作于文王,爻辞作于周公,也同一是臆说。

周公说之发生是根据《左传》昭二年韩起的一番话:

"晋侯使韩宣子来聘,且告为政而来见,礼也。观书于大史氏,见《易象》与鲁《春秋》,曰:'周礼尽在鲁矣,吾乃今知周公之德与周之所以王也。'公享之。"

就这一番话看来,观书的一节完全是不可靠的。凡是《左传》上的解经的语句,如"礼也"、"非礼也"一类的文章,都是刘歆所窜加。观书的几句话直承在窜加语的"礼也"之下,而把上下文的聘与享一联的事迹插断,作伪的痕迹甚为显著。故尔这一节不仅完全不能作为周公作爻辞的证据,甚且要想拿来证明《周易》或至少是八卦在当时已经存在,都是不可能的。

四 孔子与《易》并无关系

八卦既利用了春秋时代的字体,《周易》的爻辞又利用了春秋中年晋国的故事,《周易》一书无论怎样不能出于春秋中叶以前是明白如火。因而在那儿浮游着的一些伏羲、神农、夏禹、文王、周公等的鬼影便自然消灭了。剩下的就还有一位孔子。

自来的人都说是孔子赞《易》,《易传》的"十翼"通是孔子著的东西。到了康有为却以为《周易》经部的卦辞爻辞也都是孔子所作,而传部的《系辞传》称"子曰",倒应该是孔门弟子所作。

康说较旧时的学说是更进了一步,但可惜他的立说并没有根据。

自来使孔子和《易》发生了关系的是根据于《论语》。《论语》上有两处表明着孔子和《易》的关系:

一 "子曰:'加我数年,五十以学《易》,可以无大过矣。'"(《述而》)

二 "子曰:'南人有言曰:"人而无恒,不可以作巫医。"善夫,不恒其德,或承之羞。'"(《子路》)

第一项似乎是很坚确的根据,然而陆德明的《经典释文》出"学易"二字,言"鲁读易为亦,今从古",可以知道作"易"的是《古文论语》,而《鲁论》于该句的全文是作:

　　　　"加我数年,五十以学,亦可以无大过矣。"
《汉外黄令高彪碑》有"恬虚守约,五十以敉"之语,也正是根据的《鲁论》。这样一来,那第一项的根据便完全动摇了。

　　第二项的"不恒其德,或承之羞"与《周易·恒卦》九三的爻辞相同,如认爻辞卦辞都是孔子所作,当然一人的言辞两处可以通用;但奇怪的,孔子说过不少的话,何以只共通得这一句?孔子既作了《周易》那样一部大作,何以他的嫡传如子思、孟轲之徒竟一个字也不提及?《系辞传》上诚然有好些"子曰",但子不限于孔子,即使真是孔子,也是后来的人所假托的,就和《古文论语》把第一项的"亦"字改为"易"字一样。

　　孔子和《易》的关系在《庄子》书中也有几处。《天运篇》载孔子见老聃的说话,说"丘治《诗》、《书》、《礼》、《乐》、《易》、《春秋》",又说"吾求之于阴阳十有二年而未得",但这是庄子的后学做的寓言,是战国末年或更后的作品。在那时孔子和《易》的关系,由儒者的附会是已经成立了的。《天下篇》里又说:

　　　　"其明而在度数者,……《诗》、《书》、《礼》、《乐》者,邹鲁之士、搢绅先生多能明之。《诗》以道志,《书》以道事,《礼》以道行,《乐》以道和,《易》以道阴阳,《春秋》以道名分。"
"《诗》以道志"以下六句,当如马叙伦所说,是古时的注文,由传写误为了正文的(《庄子义证》卷三三页2)。因为上面只说"《诗》、《书》、《礼》、《乐》",下面突然钻出了《易》和《春秋》来,在文脉上实在是通不过去的。

　　总之,孔子和《易》并没有关系,在孔子当时《易》的经部还没有构成,他的话被采用了,也正是一个确实的证据。

五　《易》之构成时代

《易》的经部之构成究竟是在什么时候呢? 关于这层,由晋太康二年所发掘的汲县的魏襄王墓的出土品,可以得到一个暗示。《晋书》卷五十一的《束皙传》上说:

> "初太康二年汲郡人不准盗发魏襄王墓……得竹书数十车。其《纪年》十三篇记夏以来至周幽王为犬戎所灭,以〔晋〕事接之。三家分〔晋〕,仍述魏事至安釐王(案当作襄王)之二十年。……其《易经》二篇,与《周易》上下经同。《易繇阴阳卦》二篇,与《周易》略同,繇辞则异。《卦下易经》一篇,似《说卦》而异。……《师春》一篇,书《左传》诸卜筮,'师春'似是造书者姓名也。……"

又杜预的《左传集解后序》上也有约略同样的记载:

> "汲郡汲县有发其界内旧冢者,大得古书,皆简编蝌蚪文字。……所纪大凡七十五卷。……《周易》及《纪年》最为分了。《周易》上下篇,与今正同。别有《阴阳说》,而无《彖》、《象》、《文言》、《系辞》。……其《纪年篇》起自夏、殷、周,皆三代王事,无诸国别也。唯特记晋国。……晋国灭,独记魏事,下至魏哀王(案当作襄王)之二十年。……又别有一卷,纯集疏《左氏传》卜筮事,上下次第及其文义,皆与《左传》同,名曰《师春》。'师春'似是抄集者人名也。"

由这两种的纪录看来,可以知道在魏襄王的二十年时,《易传》的"十翼"是完全没有的,《易经》是被构成了,但不仅一种,在《周易》之外还有和《周易》约略相似的《易繇阴阳卦》(杜预的《阴阳说》,疑即指此)。同样的东西有两种,正是表明那种东西还在试作时代,这由伴出品的《纪年》与《师春》也可以得到证明(见《新学伪经考》卷三上及卷十,又见《孔子改制考》卷十)。

《纪年》就是《竹书纪年》,原书到后来也散佚了,现存的《竹书纪年》是由明时的人所伪托的。关于这件事情,有王国维的《古本竹书纪年辑校》和《今本竹书纪年疏证》的两种很周到的研究成绩(见《王氏遗书全集》),用不着多说。《古本纪年》的纪事是终结于魏襄王的死前三年之二十年的,明白地是襄王时代的书籍。那么,同时出土的《周易》和《易繇阴阳卦》也当得是时代相差不远的作品。

《师春》虽被认为是《左传》的卜筮事之辑录,但在我看来,宁可认为是在刘歆编制《左传》时被割裂而利用了的一种资料。因为《师春》是关于卜筮的书,不会受到秦始皇的焚书之厄,同时也就可以想到,在汉代的秘府中必然有所搜藏。我们试看《左传》上的卜筮事的繇辞,那里面有和现存的《周易》相合的,也有不相合的,便可以知道所使用的《易》的底本是在一种以上。《左传》的卜筮事都是的中了的预言,明明是事后所假托。其最后的事件是鲁哀公十一年,可以知道《师春》的原本一定是哀公十一年以后的成品。而且它的作伪的目的明明是在对于种种不同的《易》的底本作虚伪的证明。因此那被伪证了的种种不同的《易》的底本也可以明白地推定是出于哀公十一年以后,即春秋以后。

由以上的推论,可知汲冢所出的《周易》及《易繇阴阳卦》,都是孔子以后,即战国初年的东西。《易繇阴阳卦》,又有《归藏易》的名称。《隋书·经籍志》上说:"《归藏》汉初已亡,案晋《中经》有之,唯载卜筮,不似圣人之旨。"但晋的《中经》所著录的都是汲冢的出品。《晋书·荀勖传》上说:"得汲郡冢中古文竹书,诏勖撰述之，以为《中经》，列在秘书。"据此可以知道所谓《归藏易》不外是由荀勖对于《易繇阴阳卦》所赋与的拟名。原来《归藏》之名仅见于《周礼》的春官太卜，与《连山》、《周易》共合为所谓"《三易》"，但《汉书·艺文志》中并没有《连山》和《归藏》的著录，我疑是和《周礼》一样乃刘歆所伪托的东西，不过那伪托品没有流传便化为了乌有。荀勖得到了《易繇阴阳卦》，便任意把它拟定为《归藏》罢了。他这所拟定的名称也莫有为他的同时代人所公认，且看束晳和杜预都别立名目便可以明白。由荀勖所拟定的《归藏》，到宋以后又散佚了。只是被引用于宋以前的著述的佚文由马国翰所辑录了起来，收在了他的《玉函山房辑佚书》里面。由那佚文看来，最令人注目的是那南方色彩的浓厚。例如在同是南方系统的书籍《山海经》的注中，由郭璞所屡屡引用的《归藏·郑母经》的佚文里面便有下列的故事：

　　"夏后启筮御飞龙登于天，吉。"（《海外西经》注）

　　"昔者羿善射，毕十日，果毕之。"（《海外东经》注）

又如《归藏·启筮》的佚文里面的：

　　"空桑之苍苍，八极之既张，乃有夫羲和，是主日月（主字疑是生字之误），职出入以为晦明。"（《大荒南经》注）

　　"瞻彼上天，一明一晦，有夫羲和之子，出于旸谷。"（同上）

　　"昔彼九冥，是与帝辩，同宫之序，是谓《九歌》。"（《大荒西经》注）

　　"不（乃）得《窃辩》与《九歌》以国于下。"（同上）

　　（《窃辩》疑是《加辩》之误，《楚辞·大招》有"伏羲《驾辩》"之语，《驾辩》即《加辩》，亦即《九辩》也。《离骚》"启《九辩》与《九歌》"）

像这些故事或传说,和《楚辞》特别和《天问篇》,是共通着的。在《周易》里面这种的色彩虽然多被洗掉了,但也并未全然消灭。例如最初的乾卦的关于龙的观念,特别是九五爻的"飞龙在天"的那种着想,依然是南方系统的东西。乘龙御天的那种浪漫的空想,除掉《楚辞》与《庄子》之外,在北方系统的著述中是没有看见过的。

《周易》的爻辞里面,如上文所述有利用春秋中叶的晋事的痕迹,在着想上又多带着南方的色彩,且与南方色彩更加浓厚的《易繇阴阳卦》复同出于魏襄王墓。关于这两种《易》的生成我们可以得到一些明确的判断,便是《易繇阴阳卦》当是南方的人著的,而《周易》则可以有两种的推想。第一种是著了《易繇阴阳卦》的同一的南人到了魏,为迎合北方人的趣味起见,又另外著了一部繇辞不同的《周易》来。第二种是北方的魏、晋人模仿着《易繇阴阳卦》而自行著出了一部作品。但这两种的推想,由向来所有的《易》学传授的系统看来,是以第一种为近乎事实的。

六 《易》之作者当是馯臂子弓

据汉人的记载,关于《易》学的传统有两种。一种出于《史记·仲尼弟子列传》:

"商瞿,鲁人,字子木,少孔子二十九岁。孔子传《易》于瞿;瞿传楚人馯臂子弘;弘传江东人矫子庸疵;疵传燕人周子家竖;竖传淳于人光子乘羽;羽传齐人田子庄何;何传东武人王子中同;同传菑川人杨何。何无朔中以治《易》为汉中大夫。"

另一种出于《汉书·儒林传》:

"自鲁商瞿子木受《易》孔子,以授鲁桥庇子庸;子庸授江

东轩臂子弓；子弓授燕周丑子家；子家授东武孙虞子乘；子乘
授齐田何子装。……汉兴，田何以齐田徙杜陵，号杜田生，授
东武王同子中。……同授淄川杨何字叔元，元光中征为大中
大夫。"

两者大抵是相同的，只有第三世和第四世是互相更易了。我看
《史记》是较为可信的。《史记》不用说是出于《汉书》之前，而由
两者所举出的人名看来，《史记》是字上名下的古式，《汉书》是字
下名上的新式，单据这层两种资料的时代性也就是判然了的。但
是《史记》的轩臂子弘应该是经过后人的窜改。我想那原文当是
"轩（姓）子弘（字）臂（名）"，因为后来录书的人不知道古代的人
名有新旧两种的表现方式，妄根据了《汉书》来把它更改了。弘字
应该是肱字的笔误，肱与臂，一字一名，义正相应。弓是肱的假借
字。《左传》和《穀梁》的邾黑肱，《公羊》作黑弓，是同一例证。

　　照这两种传授系统看来，晋人或魏人是于《易》学的传统上没
有关系的。因此《周易》与其认为是魏、晋人的摹仿作，宁该认为是
由《易繇阴阳卦》的作者迎合北人而改作了的成品。问题倒是著
出了这两种《易》的南人究竟是谁？由种种的推论上看来，我觉得
这位作者就是楚人的轩臂子弓，这是我在这儿要提示出的一个主
要的断案。

　　子弓的名字又见《荀子》的《非十二子篇》，在那儿荀子极端地
称赞他，把他认为是孔子以后的唯一的圣人。

　　　　"无置锥之地而王公不能与之争名，在一大夫之位则一
　　君不能独畜，一国不能独容，成名况乎诸侯，莫不愿以为臣。
　　是圣人之不得势者也。仲尼、子弓是也。"

　　　　"今夫仁人也将何务哉？上则法舜、禹之制，下则法仲
　　尼、子弓之义，以务息十二子之说。如是，则天下之害除，仁人

之事毕,圣王之迹著矣。"

荀子本来是在秦以前论到《周易》的唯一的一个儒者,他把同时代的一切学派的代表,尤其是同出于儒家的子思、孟轲,都一概摈斥了,特别把子弓提起来和孔子一道并论,而加以那样超级的赞辞,可知这位子弓决不会是通泛的人物。子弓自然就是馯臂子弓;有人说是仲弓,那是错误了的。但馯臂子弓如果只是第三代的一位传《易》者,那他值不得受荀子那样超级的称赞。所以在以上种种推定之外,在这儿更可以得到一个坚确的证据,使我们相信子弓定然是《易》的创作者。子弓生于楚,游学于北方,曾为商瞿的弟子,孔子的再传弟子。这些当然是事实,但是《易》的传统更由他突出而上溯到了商瞿和孔子,那一定是他的后学们所闹出来的玩意。因为孔子是儒家的总本山,凡他的徒子徒孙有所述作都好像是渊源于那儿,而子弓作《易》的事迹也就被湮没了。

从《易》的纯粹的思想上来说,它之强调着变化而透辟地采取着辩证的思维方式,在中国的思想史上的确是一大进步。而且那种思想的来源明白地是受着了老子和孔子的影响的。老子说:"万物负阴而抱阳。"(《道德经》第四十二章)他认定了宇宙中有这种相反相成的两种对立的性质。孔子说:"天何言哉? 四时行焉,百物生焉,天何言哉?"(《论语·阳货》)他认定了宇宙只是变化的过程。但到了《易》的作者来,他把阴阳二性的相生相克认为是变化之所以发生的宇宙的根本原理,他是完全把老子和孔子的思想综合了。由时代与生地看来,这项思想上演进的过程,对于子弓之为作《易》者的认定是最为适应的。子弓大约是和子思同时,比墨子稍后。那时的南方人多游学于北方,如《孟子》上所说的"陈良楚产也,悦周公、仲尼之道,北学于中国"(《孟子·滕文公上》),可以说便是他的同志。但子弓怀抱着那种划时代的思想,却为卜筮和神秘的雰围所围,不待说是时代的束缚使然,我想也怕是由于他所固有的独特的个性吧。我们如想到二千年后的德国的大哲学家莱普涅慈发明了与《易》卦的道理相同的所谓"二元算数",后来得见了邵康节的《先天易图》而狂喜的神情,对于这作《易》者的矛盾性我们是容易了解的。

七　《易传》之构成时代

《周易》既作于馯臂子弓,那么《易传》的"十翼"不作于孔子,是不待论的。现存的"十翼"是《彖传》上下、《象传》上下、《系辞传》上下、《文言传》、《说卦传》、《序卦传》、《杂卦传》,但是《说卦传》以下的三篇据《论衡》与《隋书》的记载是出于汉宣帝时。

> "孝宣皇帝之时,河内女子发老屋,得逸《易》、《礼》、《尚书》各一篇,奏之。宣帝下示博士,然后《易》、《礼》、《尚书》各益一篇。"(《论衡·正说》)

> "及秦焚书,《周易》独以卜筮得存,唯失《说卦》三篇,后河内女子得之。"(《隋书·经籍志》)

《论衡》所说的"一篇"《隋书》说为"三篇",好像不相符,其实只是证明《说卦》、《序卦》、《杂卦》的三种在初本是合成一组,后来分成了三下罢了。这样一说来,好像"十翼"的名称要到汉宣帝时才有,但事实上不是那样。《汉书·艺文志》所著录的汉初施、孟、梁丘三家的《易经》已经都是"十二篇",这又怎么说呢? 这是因为"十翼"的分法,古时有种种的不同。孔颖达的《周易正义》的第六论《夫子十翼》上说:

> "但数'十翼'亦有多家。既文王《易经》本分上下二篇,则区域各别,《彖》、《象》、《释卦》,亦当随经而分。故一家数

'十翼'云:《上象》一,《下象》二,《上象》三,《下象》四,《上系》五,《下系》六,《文言》七,《说卦》八,《序卦》九,《杂卦》十。郑学之徒并同此说。"

据此可以知道,现存本的"十翼"只是郑玄一派的分法,其他还有"多家"的分法可惜已经不可考了,但有费直的一种似乎还可以踪迹。《汉书·儒林传》上说:

"费直……治《易》……亡章句,徒以《彖》、《象》、《系辞》十篇、《文言》,解说上下《经》。"

在《系辞》之下系了"十篇"两个字,如照着那样讲来,便是费氏《易传》是超过了"十翼"之数。但我想那"十篇"应该是"七篇"的错误。汉人写七字作十,十字作十,只以横直二划的长短来分别,是很容易错误的。《系辞传》现存本虽然分成上下篇,但那是没有一定的标准的,要分成七篇也没有什么不可。我想费氏的"十翼"一定是以《彖》、《象》、《文言》各为一篇,与七篇的《系辞传》相合而为十的。

总之现存的"十翼"中,《说卦传》以下的三篇是出现于西汉的中叶,汉初时所未有。不过这三篇也不必便如近人所怀疑的那样,是汉人所伪托。据《束晳传》,汲冢的出土品中已有"似《说卦》而异"的《卦下易经》一篇,那么在战国初年,便是轩臂子弓把《易》作成而加以传授的时候,一定是有过一些说明自己的假定与理念的一种《传》样的东西。《卦下易经》怕也就是他著的。那么《说卦传》以下的三篇或者就是《卦下易经》的别一种的纪录,如像墨家三派所纪录的他们的先师的学说各有一篇而内容多少不同的一样。我相信《说卦传》以下三篇应该是秦以前的作品。但是《彖》、《象》、《系辞》、《文言》,却不能出于秦前。大抵《彖》、《系辞》、《文言》三种是荀子的门徒在秦的统治期间所写出来的东西。《象》是在《象》之后，由别一派的人所写出来的。

　　关于《象传》，有近人李镜池的《易传探源》（《古史辨》第三册）比较论得详细。他的结论是：《象传》多有摹仿《彖传》的地方，有时两者的见解又全相背驰；作者大约是齐鲁间的儒者，时代大约是在秦汉之际。对于他的结论，我是全表同意的。因为《彖传》本是秦时的东西。那么摹仿它的《象传》自然是当得在秦、汉之际了。《象传》全体显明地带着北方的色彩，而且明白地受着《论语》的影响的地方很多，作者认为是齐、鲁间的儒者也是不会错的。故尔在这儿关于《象传》不必多费唇舌，我只把《彖传》、《系辞传》、《文言传》三种来加以研讨。

八　《彖传》与荀子之比较

　　上面已经说过荀子是先秦儒家中论到《周易》上来的唯一的人，现存的《荀子》书中引用《易经》的话有两处。

　　一　"《易》曰：'括囊无咎无誉。'腐儒之谓也。"（《非相》）

　　二　"《易》曰：'复自道，何其咎。'"（《大略》）

一是今《坤卦》六四的爻辞，二是《小畜》初九的爻辞，都和现存的《周易》没有出入。还有一处是论到《咸卦》的，不仅和《彖传》的理论大同小异，而且连用语都有完全相同的地方。现在我把两项文字并列在下边。

　　"《易》之咸，见夫妇，夫妇之道不可不正也，君臣父子之本也。咸，感也，以高下下，以男下女，柔上而刚下。"（《荀子·大略》）

　　"咸，感也，柔上而刚下。二气感应以相与，止而说（悦），

男下女,是以亨。利贞,取女吉也。天地感而万物化生,圣人感人心而天下和平,观其所感而天地万物之情可见矣。"(《彖下传》)

两者之相类似是很明显的。假如荀子是引用了《易传》,应该要标明出它的来源。《荀子》书中引用他书的地方极多,都是标明了出处的,而关于《咸卦》的这一段议论却全然是作为自己的学说而叙述着,以荀子那样富于独创性的人,我们可以断定他的话决不会是出于《易传》之剽窃。而且《易传》显明地是把荀子的说话展开了,它把他的见解由君臣父子的人伦问题扩展到了天地万物的宇宙观上去了。无论怎么看,都是荀子的说话在先,而《易传》在后。

再者,在《咸卦》中看见夫妇的说法须得有《说卦传》中所揭出的假设以为前提。据《说卦传》上所说,兑☱是少女,艮☶为少男,少男与少女相合自然便呈夫妇之象。而卦位是艮下兑上,故尔又生出了"男下女"的说法。由此看来,可以知道《说卦传》里面所有的各种假设是先秦时代的东西。荀子根据了那些假设以解释《易》理,《彖传》又是把荀子的说法敷衍夸大了的。

九 《系辞传》的思想系统

《系辞传》,至少其中的一部分,也明明受了荀子的影响,从思想系统上可以见到它们的关系。本来中国的天道思想是发足于殷、周时代的人格神的上帝。到了春秋末叶有老子出现,把一种超绝乎感官的实质的本体名叫"道"的东西来代替了人格神。他的后辈孔子也同样抛弃了人格神的观念,但于老子的"道"的观念也没有表示接受,他是把自然中的变化以及变化所遵循的理法神圣化了。他之所谓天不外是理法。到了墨子,又把人格神的观念复活了起来。由是战国时代思想上的分野便形成了儒、道、墨三派鼎立的形势。单由儒家来说,在孔子以后,关于天的思想也还有种种的变迁。子思、孟子把本体的名目定为"诚",或者素朴地称为"浩然之气",已经不少地带着了道家的倾向,但不肯率直地采用老子的"道"的名目。直到荀子却毫不踌躇地采用起"道"的这个术语来了。

"所谓大圣者知通乎大道。……大道者所以变化遂成万物也。"(《哀公》)

"万物为道一偏,一物为万物一偏。"(《天论》)

这些"道"字决不是儒家所惯用的道术的意义,显明地是道家所惯用的本体的名目。不过荀子的道体观和老子学派的依然是两样。他把"道"完全看成一种观念体,"道"便是宇宙中的有秩序的变化,也就是所谓天,所谓神。

"列星随旋,日月递炤,四时代御,阴阳大化,风雨博施。万物各得其和以生,各得其养以成,不见其事而见其功,夫是之谓神。皆知其所以成,莫知其无形,夫是之谓天。"(《天论》)

这一节文字可以说是他的天论的精髓,同时也就是他的道体观的全面。他是把神、天、道当成一体,看成为自然中所有的秩序井然的变化。自此以往的更深一层的穿凿是为他所摈弃的。

"唯圣人为不求知天。"(《天论》)

知道了这层再来反顾《系辞传》,荀子学派的风貌便明白地显露了出来。

"一阴一阳之谓道,继之者善也,成之者性也。仁者见之谓之仁,智者见之谓之智,百姓日用而不知。……显诸仁,藏

20世纪儒学研究大系

诸用,鼓万物而不与圣人同忧,盛德大业至矣哉。富有之谓大
业,日新之谓盛德,生生之谓易。……阴阳不测之谓神。"
(《系辞上传》)

"形而上者谓之道,形而下者谓之器,化而裁之谓之变,
推而行之谓之通,举而措之天下之民谓之事业。"(同上)

不仅在使用着本体的意义的"道",而且道即是易,易即是神的概
念,也完全是荀子思想的复写。本来"易"这个字据《说文》说来是
蜥易的象形文,大约就是所谓石龙子。石龙子是善于变化的,故尔
借了易字来作为了变化之象征。最初把易即变化认为宇宙之第一
原理的,自然是承继了孔子思想的《易》之作者馯臂子弓,然而把
道家的术语输入了的却是始于荀子。故尔写出了这些《系辞传》
的人们必然是荀子的后学。而且他们也和荀子一样,在变化以上
是不再去对于天道作更深的穿凿的。

"日往则月来,月往则日来,日月相推而明生焉。寒往则
暑来,暑往则寒来,寒暑相推而岁成焉。往者屈也,来者信
(伸)也,屈信相感而利生焉。尺蠖之屈以求信也,龙蛇之蛰
以存身也,精义入神以致用也,利用安身以崇德也。过此以
往,未之或知也。"(《系辞下传》)

十 《文言传》与《彖传》之一致

《文言传》不成于一人之手,早已由宋的欧阳修揭破了。但其
中有一部分和《彖传》确是出于同一作者的东西。现在且把两者
所共通的地方并列在下边:

《彖上传》

"大哉乾元,万物资始,乃统天。云行雨施,品物流行,大

明终始,六位时成,时乘六龙以御天。乾道变化,各正性命,保合大和,乃利贞。首出庶物,万国咸宁。"

"至哉坤元,万物资生,乃顺承天。坤厚载物,德合无疆,含弘光大,品物咸亨。牝马地类,行地无疆,柔顺利贞,君子攸行。先迷失道,后顺得常。西南得朋,乃与类行。东北丧朋,乃终有庆。安贞之吉,应地无疆。"

《文言传》

"乾元者始而亨者也。利贞者性情也。乾始能以美利利天下,不言所利大矣哉。大哉乾乎,刚健中正,纯粹精也。六爻发挥,旁通情也。时乘六龙以御天也。云行雨施,天下平也。"

"坤至柔而动也刚,至静而德方。后得主而有常,含万物而化光。坤道其顺乎,承天而时行。积善之家必有余庆,积不善之家必有余殃。"

不仅着想相同,连用语也多一致。这个现象与其解释为某一边的抄袭,宁当解释为由同一个人在不同的时候所写出的东西,或则是同一个人的学说由不同的人所笔记下来的。

特别当注意的是两者所共通的"时乘六龙以御天"的一句。古代的车乘,就是殷代末期的帝王都只是驾着二马的(《卜辞通纂》第730片参照)。到了周人添成为四匹。驾用六匹,旧说以为是秦制,但在战国末年也早就有了,《荀子·劝学篇》的"伯牙鼓琴而六马仰秣",便是证据。"时乘六龙"是由六马的车驾所得来的联想,这表示着了《象传》和《文言传》一部分的作者的时代。而"乘龙以御天"是南方系统的着想,却又表示了作者的国别。

十一 《易传》多出自荀门

以上由思想的系统与表现之一致见到了《彖传》与《系辞传》、《文言传》之一部分是明显地受着了荀子的影响,而且三者的着想多带南方的色彩,可以见得那些文字的作者们一定是楚国的荀子门徒。

荀子本是赵人,仕于楚而终竟是在楚的兰陵客死了的。刘向的《荀子叙录》上说:

"兰陵多善为学,盖以孙卿(即荀子)也。长老至今称之,曰:兰陵人喜字为'卿',盖以法孙卿也。"

荀子的生前和死后,对于兰陵人所加被的感化,可以见得是怎样的普遍而深刻。

秦始皇的二十六年兼并六国的时候,大约荀子是还存在的。秦始皇的三十四年听从了他的弟子李斯的建议,焚毁《诗》、《书》、百家的著作,并且以严刑禁止挟书。第二年又有了坑儒的惨祸。在那样的统治学术思想的高压政策之下,春秋、战国以来的盛极一时的学者,特别是受着荀子影响的"善为学"的兰陵人,究竟往哪儿走呢?秦人焚书,对于几种书籍是视为例外的,便是关于"医药、卜筮、种树"的那些书。这儿不正好是那些学者们的安全瓣吗?《易经》本是关于卜筮的书,学者们要趋向到这儿来,正是理所当然的事。大部分的《易传》之所以产生,而且多产生于受了荀子的感化的楚人之手,我相信是由于有这样的机缘。

国灭以后把秦人怨恨得最深刻的要算是楚人。楚人有句谚语,是说"楚虽三户,亡秦必楚"(《史记·项羽本纪》)。可见得楚人是始终想图报复,而和秦人反抗的。秦始皇帝兼并了天下以后,他自己号称为"始皇帝"，在那时有过一道诏书说明他的这种称号的用意：

"朕为始皇帝，后世以计数，二世、三世，至千万世，传之无穷。"（《史记·秦始皇本纪》）

这种万世一系的期望所包含着的思想是万事万物都恒定不变。这不用说是秦人的统治思想。但这种思想在和秦人反对的楚人，自然是要反对的。想到了这层便可以知道为什么楚国的学者要多多趋向到《易》理的阐发上来。《易经》是注重变化的，这和当时的统治思想正相对抗。那种叛逆的思想自然是不能够自由发表的，而楚人却借了卜筮书的《易》来表示，令人不能不感叹到那些楚人要算是些巧妙的石龙子。

最后还有一件事情可注意的，是《荀子》书中最后一篇的《尧问篇》之最后的一节。那是荀子的门人所著的荀子的赞辞。那儿极力的称赞荀子，以为"孔子弗过"。但不幸的是"迫于乱世，鳎于严刑，上无贤主，下遇暴秦"，所以便不得不"蒙佯狂之色，视（示）天下以愚"。由那一段文字看来，可以知道当时的荀子自身和他的门徒们，是怎样的岌岌乎其危。那些门徒要来讲究卜筮，或许也就是"蒙佯狂之色，示天下以愚"的手段吧。

总之，《易传》中有大部分是秦时代的荀子的门徒们楚国的人所著的。著书的时期当得在秦始皇三十四年以后。

十二　余　论

由以上所述，《周易》经传的作者及其时代，算给与了一个通盘的检定。经部作于战国初年的楚人馯臂子弓，我相信是没有问题的。子弓把种种的资料利用了来作为《周易》的卦辞和爻辞，资料的时代本不一致,但所被利用的殷、周时代的繇辞特别多,故尔对于那著作全体蒙上了一层原始的色彩。后世的人把《周易》当成一部很古的著作看,便是由于受了这种色彩的蒙混。

子弓之作《周易》,自然是具现了他自己的思想,同时他一定是一位神秘主义者,他存心要提供出一种新式的卜筮方法。他的思想可取,卜筮是他的迷信。

作《易传》的人是无法决定的。但那些作者和子弓不同的地方是存心来利用卜筮以掩蔽自己的思想的色彩。我们知道了作者们的这番苦心时,我们研究《易传》,应该抛撇了那卜筮的部分,而专挹取它的思想的精华。

一九三五年三月十日

(选自《青铜时代》)

《〈周易〉之制作时代》一文专门考证了《周易》经传的作者、时代等问题。文中认为八卦是既成文字的诱导物,不可能出于春秋之前,而《易经》也决不可能产生于春秋中叶以前,与伏羲、神农、文王、周公根本没有什么关系,甚至与春秋末年的孔子也没有什么关系。《易经》的作者应是生于楚,游学于北方,为孔子再传弟子的馯臂子弘。在《易传》中,《说卦》以下三篇应是秦以前的作品,而《彖传》、《象传》、《文言》、《系辞》当为秦时代的荀子门徒楚国人所著。

《周官》质疑

郭 沫 若

言《周官》之来历者以下列二书文为最古。

马融《周官传叙》"秦自孝公已下用商君之法，其政酷烈，与《周官》相反，故始皇禁挟书，特疾恶，欲绝灭之，搜求焚烧之，独悉。是以隐藏百年。孝武帝始除挟书之律，开献书之路，既出于山岩屋壁，复入于秘府，五家之儒莫得见焉。至孝成皇帝，达才通人刘向子歆，校理秘书，始得列序，著于《录》、《略》。然亡其《冬官》一篇，以《考工记》足之。时众儒并出，共排以为非是。唯歆独识。其年尚幼，务在广览博观，又多锐精于《春秋》，末年乃知其周公致太平之道，迹具在斯"。①

《汉书·河间献王传》"河间献王德以孝景前二年立。修学好古，实事求是。从民得善书，必为好写与之，留其真，加金帛赐以招之，繇是四方道术之人不远千里，或有先祖旧书多奉以奏献王者，故得书多，与汉朝等。……献王所得书皆古文先秦旧书，《周官》、《尚书》、《礼》、《礼记》、《孟子》、《老子》之属，皆经传说记七十子之徒所论。"

---

① 贾公彦《序周礼兴废》所引，原作"马融传"，孙诒让云"盖即《周官传叙》之佚文"，今从之。

据此二书可知《周官》以孝武之世①出于河间，乃民间所献；旋入秘府。至孝成帝时始为刘歆所著录，而有《冬官》亡佚之说，以《考工记》补之。马融、班固均去古未远，而融尤刘歆三传弟子，其说必是事实。乃陆德明《释文叙录》引或说云"河间献王开献书之路，时有李氏上《周官》五篇，失《事官》一篇，乃购千金不得，取《考工记》以补之"，《隋书·经籍志》及杜佑《通典·礼篇》均同此说，则以《周官》原缺，补以《考工记》者为献王；《后汉书·儒林传》又云"孔安国献《礼》古经五十六篇及《周官经》六篇"，则以《周官》出于孔壁；②《御览·学部》引杨泉《物理论》"鲁恭王坏孔子旧宅，得《周官》，阙无《冬官》，汉武购千金而莫有得者，遂以《考工记》备其数"，则更以购求补足之事属于汉武；《礼器》孔疏又谓"汉孝文帝时求得《周官》，不见《冬官》一篇，乃使博士作《考工记》补之"；凡此均缪悠之说，孙诒让已斥其妄矣。（见《周礼正义》卷一，第2叶）

《周官》既晚出，为"五家之儒"③所未见，逮经刘歆表彰之，复为众儒所共排，故此书之真伪实二千年来所久成聚讼者也。且不独汉兴诸儒所未见，即周秦诸子亦无一人道及者，王国维《书毛诗故训传后》言此颇为综析，今剟取其说如次（原见《观堂别集后编》）：

　　《周官》一书得于河间，不独汉初齐鲁诸儒皆未之见，即周秦人著书亦未有征引一二者。……先汉人书惟刘向所次

---

①　献王以武帝元光五年薨。

②　此致误之由乃缘误解《释文叙录》所引郑玄《六艺论》语，《曲礼》孔疏亦同此误，孙诒让已辨之。

③　孙云"盖谓高堂生、萧奋、孟卿、后仓、戴德、戴圣，《礼记正义》孔序引《六艺论》所谓高堂生及五传弟子，是也"。

《乐记》有《窦公》一篇,乃《春官·大司乐》职文;《大戴记·朝事》义,取《秋官·典瑞》、《大行人》、《小行人》、《司仪》四职文;《小戴记·内则》取《天官·食医》、《庖人》、《内饔》三职文;《玉藻》取《春官·占人》职文;《燕义》取《夏官·诸子》职文。此外惟贾谊《新书·礼篇》云"拜生民之数及谷数",与《春官·天府》、《秋官·司民》说同。其余无引《周官》一事者,虽《左传》、《国语》等古文之早出者,亦无一与《周官》相发明。

王氏语此本在证明其《毛诗故训》作于鲁国毛亨,传作于赵人毛苌之说,摘取传中言典制之合于《周官》者凡二十七条之多,以证传之晚出,其说至当。故毛传所云,不足以为《周官》已存于先秦之据证。又王氏所引先汉人书之同于《周官》者屡直云取之《周官》,若然,则是窦公、二戴、贾谊诸人曾见《周官》,于其说不免自相矛盾。汪中亦曾举六征,以为《周官》辩护矣。

汉以前《周官》传授源流皆不能详,故为众儒所排;考之于古,凡得六征。《逸周书·职方篇》即《夏官·职方》职文,一也。《艺文志》六国之君魏文侯最为好古,孝文时得其乐人窦公献其书,乃《周官·大宗伯》之《大司乐》章也,二也。《大戴礼·朝事》载《典瑞》、《大行人》、《小行人》、《司仪》四职文,三也。《礼记·燕义》、《夏官·诸子》职文,四也。《内则》"食齐视春时"以下《天官·食医》职文,"春宜羔豚膳膏芗"以下《庖人》职文,"牛夜鸣则庮"以下《内饔》职文,五也。《诗·生民传》"尝之日莅卜来岁之芟"以下《春官·肆师》职文,六也。远则西周之世,王朝之政典,大史所记及列国之官世守之以食其业,官失而师儒传之,七十子后学者系之于六艺,其传习之绪明白可据,如是而以其晚出疑之,斯不学之过

也"。(《述学》内篇二,《周官征文》)

孙诒让谓汪说为至允,而斥疑《周官》者为"俗儒妄有诘难,皆乡壁虚造不经之论"。故如王说,在据《周官》以判夺毛传之晚成;而如汪之第六征,则在据毛传以证明《周官》之旧有;此所谓彼亦一是非,此亦一是非者矣。王于《周官》固在然否之间而未敢喝破,盖亦苦于汪之所谓前五征者而未可说明也。实则汪之五征及王所举《玉藻》与《新书》语均不足为究极之征据,盖安知非《周官》之取材于诸书,或诸书与《周官》之同出于一源耶?

《周官》一书,其自身本多矛盾,与先秦著述中所言典制亦多不相符,然信之者每好曲为皮傅,而教人以多闻阙疑,不则即以前代异制或传闻异辞为解。因之疑者自疑,信者自信,纷然聚讼者千有余年,而是非终未能决。良以旧有典籍传世过久,严格言之,实无一可以作为究极之标准者,故论者亦各持其自由而互不相下也。余今于前人之所已聚讼者不再牵涉以资纷扰,仅就彝铭中所见之周代官制揭橥于次而加以考核,则其真伪纯驳与其时代之早晚,可以了然矣。

一　卿事寮　大史寮

《令彝》"隹八月辰在甲申,王令周公子明保尹三事四方,受卿事寮,丁亥,令矢告于周公宫,公命出同卿事寮。隹十月月吉,癸未,明公朝至于成周出令,舍三事令;眔卿事寮,眔诸尹,眔里君,眔百工,眔诸侯侯田男,舍四方令。"

《番生敦》"王命糈嗣公族,卿事,大史寮。"

《毛公鼎》"及兹卿事寮,大史寮,于父即尹。命汝糈嗣公族羋(与)参有嗣,小子,师氏,虎臣,羋(与)朕褻事。"

《小子𥓓毁》"乙未,卿事锡小子𥓓贝二百。"("奇"三,二十)

《𩵦叔多父盘》"使利于辟王,卿事,师尹,朋友。"("周"四,五)

上卿事之官亦见于卜辞,字作卿史,古史事吏使本一字也。罗振玉《殷虚书契考释》云"士古皆训事,卿事即卿士也。《诗·商颂》(《长发》)'降予卿士'、《大雅》(《假乐》)'百辟卿士',笺'卿士,卿之有事也'。《小雅》(《十月之交》)'皇父卿士',笺云'朋党于朝,皇父为之端首,兼擅群职,故但目以卿士'云。《诗》之卿士即卿事,《周官》六官之长皆曰卿,而郑君谓卿士兼擅群职,是卿士即冢宰矣"。今案以卿事为卿士,罗说至当,然谓卿士即冢宰,则非郑旨。《十月》诗于"皇父卿士"之下言"家伯维宰",笺云"冢宰",则郑并未以卿士为冢宰也。又《汉书·古今人表》有"大宰家伯",大宰即冢宰,则班固亦未以卿士为冢宰也。孙诒让说之以孤,谓"孤者执政之卿,亦谓之卿士。《诗·小雅·十月之交》说'皇父卿士'在'家伯维宰'之上,郑笺以宰为冢宰,则皇父为孤卿可知。《左》隐九年传载郑庄公为王左卿士,与虢公忌父为右卿士,并为政。《左》隐三年杜注谓'卿士,王卿之执政者'。执政必孤,卿而有左右,是有二孤矣。盖孤为诸卿中执政者之称,无专职,亦无定员,但不可以三少强充其数耳。……卿士为孤,而亦为诸卿之通称,故《书·洪范》云'卿士惟月,师尹惟日',孔疏引郑书注云'卿士,六卿掌事者'"。[1] 孙说孤与郑异,而说卿士则深合郑旨。然以金文按之,亦未为得也。金文于卿士称寮,可知其属不止一人,屡与大史对举,当与大史为同级之官,而其上复有尹司之之人,

---

[1] 见《周礼正义·掌次疏》,孙于孤义采王引之说,与旧三孤说不同,详彼疏及王《经义述闻》。

则卿士之非所谓孤者,又可断言矣。孙谓"亦为六卿之通称"者,乃指《周官》之六官。然《令彝》与《毛公鼎》之卿事寮均在三事若三有司之外,用知卿士之职与司徒司马司空等并无关涉也。然则卿士究当何职耶?

余谓卿士当求之于《曲礼》之六大,不当求之于《周官》之六官。《曲礼》"天子建天官先六大,曰大宰、大宗、大史、大祝、大士、大卜,典司六典。天子之五官,曰司徒、司马、司空、司士、司寇,典司五众"。六大乃古之六卿,所谓"六事之人"。五官古只三官,曰司徒、司马、司空,其职为大夫,《小雅·雨无正》称"三事大夫",《书·立政》序司徒、司马、司空于"大史尹伯、庶常吉士"之下,《牧誓》序之于"友邦冢君、御事"之下,均其证。司士、司寇,殆亚旅之属,《周官》司士隶于司马,彝铭中有以司工(即司空)而兼摄司寇者(《扬毁》详下),足见二官实不足与三事并列也。此六大、五官,郑玄疑殷制,盖以与《周官》不合而云然,实则《周官》之确为周制与否,尚大有疑问也。又郑说大士为"以神仕者",案此亦属皮傅。盖《周官》之"以神仕者"其职甚低,安能与大宰大宗等并列耶?大士,余谓当即内史。《曲礼》"史载笔,士载言",士与史对言,自为大史与大士。《玉藻》"动则左史书之,言则右史书之",与载笔载言之说一致,则大史为左史,大士为右史。《大戴礼·盛德篇》"内史、太史,左右手也",卢注"太史为左史,内史为右史"。《书·酒诰》"大史友,内史友",郑注"大史、内史,掌记言记行"。(《礼记正义·玉藻疏》引)是则大士即是内史矣。《左传》襄三十年"郑使大史命伯石为卿",《觐礼》"赐诸公,奉箧服,大史是右",此二大史均当作大士,盖音之讹也。

要之,卿事寮当指此天官六大,其或别大史于外者,大史正岁年,大师抱天时与大师同车,其位特尊,故别出之使异于其它之五大也。六大均在王之左右（详后），故有左卿士右卿士之名。六大之上有兼摄群职者，为冢卿，亦即所谓孤。孤若冢卿，可由六大中之一大兼领，自亦仍可称为卿士矣。①

二 三左三右

《小盂鼎》"隹八月既望，辰在甲申，昧爽，三左三右多君入服酉（樽）明，王各（格）周庙。……隹王廿又五祀。"

三左三右此器仅见，亦为旧文献中所无。《大戴礼·保傅篇》有三公三少，即太师、太傅、太保、少师、少傅、少保者，乃王世子之保傅；此鼎乃康王末年之器，知其非是。《逸周书·大匡篇》"王乃召冢卿三老三吏大夫百执事之人朝于大庭"，孔注"冢卿、孤卿，三吏、三卿也"。余疑"三老三吏"即"三左三右"之讹。盖后录书者于左右之例罕见，乃取形近之字以易之也。"三左三右"者当即《曲礼》之天官六大，盖三人在王左，三人在王右也。再以《顾命》征之。

> 惟四月哉生魄，王不怿。甲子，王乃洮颒水，相被冕服，凭玉几，乃同召太保奭、芮伯、彤伯、毕公、卫侯、毛公、师氏、虎臣、百尹、御事。

伪孔传云"同召六卿，下至御治事。……此先后六卿次第，冢宰第一，召公领之，司徒第二，芮伯为之，宗伯第三，彤伯为之，司马第四，毕公领之，司寇第五，卫侯为之，司空第六，毛公领之"云云。案此以《周官》之六官为说，其唯一之根据仅在《左》定四年传"康

---

① 《顾命》列卿士于大史大宗之外，而异裳色，盖因当日二大执事，故特殊之，不足为异。

叔为周司寇”而已,其它皆属子虚也。且肜伯乃姒姓诸侯(《正义》所引王肃说),而以之为宗伯,尤属与情理违悖。余谓此六人乃六大之天官,知者,以下言王近侍之臣有太史太宗与大保同出也。此六人者孰为孰官,仅毕公可考。《史记·周本纪》言“康王命作策毕公分居里成周郊,作《毕命》”,作策、作册,乃史职之通称,是知毕公乃成、康时之史官。又《顾命》言“太保承介圭,上宗奉同瑁,由阼阶(东阶)陟,太史秉书,由宾阶(西阶)陟,御王策命”,下复言“太保率西方诸侯入应门左,毕公率东方诸侯入应门右”。(此语伪孔本入《康王之诰》)是知毕公即大史矣。大率太保兼领大宰而为冢卿,卫侯以六大之一而兼领司寇,余则不可知也。

准《顾命》文知大宰大宗在王之右(以阶而言由西,以位而言则在王右),大史在王之左。与大史为对之大士亦称右史(说详前节),自亦在王右。如是则六大之中之大祝大卜在王左矣。三左即大史、大祝、大卜,三右即大宰、大宗、大士。

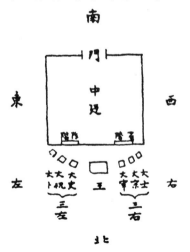

三　作　册

《般甗》"王图夷方，舞秎，咸，王商（赏）作册般贝。"

《令殷》"作册矢令嶂圉于王姜，姜赏令贝十朋，臣十家，嗝百人。"

《眔卣》"王姜令作册眔安夷伯，夷伯宾眔贝布。"

《龋卣》"公锡作册龋冏贝。"

《麦尊》"侯作册麦锡金于辟侯。"

《大鼎》"公赏作册大白马。"

作册，官名，彝铭中至多见，其见于典籍者，《洛诰》有作册逸，《顾命》言"命作册度"，①《史记·周本纪》有作册毕公，《汉书·律历志》引真古文《毕命》"王命作册丰刑"。②旧于作册不得其解。孙诒让始疑为内史之异名，其《古籀拾遗》下"周尤敦"跋云"内史掌册命之事，或即称为作册，《书·洛诰》云'王命作册逸祝册'，又云'作册逸诰'，尹佚盖为内史，故谓之作册逸"。《周礼正义·内史疏》下亦著此说。近时王国维作《释史》（《观堂集林》卷六，第4叶）及《书作册诗尹氏说》（《观堂别集补遗》）复畅申其旨，今就后文撮述其论证如下：

"作册亦称作册内史：

---

① 王国维谓度为人名，案以上下文推之，当是动词，言令作册之官筹画也。

② 案丰刑即毕公之讹，刑古文多作丼，与丹字极近。《说文》"⺕古文丹"则又与金文公之作⺼（《虢文公鼎》、《邾公华钟》如是作）若⺼（《叉卣》、《应公鼎》如是作）极近，盖壁中书毕公字作⺼，古文家读⺼为丹而成毕丹，录书者复因形近之故，误毕为丰，误丹为丼，遂成丰刑。

《师艅敦》(敦当作毁,下同)'王呼作册内史册命师艅。'

《宂盉》(宂当作免)'王在周,命作册内史锡宂卤百陾。'

亦称作命内史:

《剌鼎》'王呼作命内史册命剌。'

亦单称内史:

《师至父鼎》'王呼内史驹册命师至父。'

《虎敦》'王呼内史吴(原注:即《吴尊》盖之作册吴)册命虎。'

《牧敦》'王呼内史吴册命牧。'

《扬敦》'王呼内史先册命扬。'

《豆闸敦》'王呼内史册命豆闸。'

《趞尊》'王呼内史册命趞。'

内史之长曰内史尹,或曰作册尹:

《师兑敦》'王呼内史尹册命师兑。'

《师晨鼎》'王呼作册尹册命师晨。'

《宂敦》(当作《免毁》)'王受作册尹者(原注:书字之假借)俾册命宂。'

亦单称尹氏:

《诗·大雅》(《常武》)'王谓尹氏,命程伯休父。'

《颂鼎》'尹氏受王命书。'

《克鼎》'王呼尹氏册命克。'

《师嫠敦》'王呼尹氏册命师嫠。'

或称命尹(原注:古命令一字,楚之令尹,名昉于此):

《伊敦》'王呼命尹巩(此字当作甎,殆封之异文),册命伊。'"

今案王之论证可谓详晐,然余于作册即内史之说不能无疑。考之《顾命》毕公为大史,而《史记》称作策毕公,是大史亦可称作册也。① 余意作册乃左史右史之通名,事与史同例。册者典册,非必册命,无论记言记事均须制作典册。大史掌建邦之六典,建典犹言作册矣。作册为兼名,其中自可包含内史,而内史非必即是作册。彝铭中每言"作册内史"者盖先举其兼名,而后举其别名,与今世生物学学名之兼别名并举者,为事正相同。

四 宰

《蔡殷》"王在雍应,旦,王各庙即位。宰舀入右蔡立中廷。王呼史尤册命蔡。王若曰蔡,昔先王既命汝作宰,嗣王家。今余佳䲕䁋乃命,命汝眔舀糈正对,各从嗣王家外内,毋敢有不鞞(闻)。嗣百工,出入姜氏命。呇有见有即命,呇非先告蔡,毋敢斥有入告。汝毋弗善效姜氏人,勿使敢有斥亡(擅妄)从狱。"

此铭中有二宰,宰舀在王之左右,乃大宰;蔡出纳姜氏命,乃内宰也。内宰一称奄尹,《月令》"仲冬命奄尹申宫令,审门闾,谨房室,必重闭",郑注云"奄尹,主领奄竖之官也,于周则为内宰,掌治王之内政,宫令,讯出入及开闭之属"。一称宫宰,《祭统》"宫宰宿夫人",郑注"宫宰,守宫官"。今据此铭,则大宰内宰均称宰,其职以外内为正对,则其位阶亦当得相埒。今《周官》以大宰为卿,内宰为下大夫二人,此足异也。又贾公彦以内宰与大宰为对,孙诒让非之,谓"内宰与小宰相对为内外",案以此铭,则贾是而孙失之矣。

在王之左右而赞王命者之宰,彝铭中尚多有之,今就所见,揭

① 王以《史记》之毕公为误,据《律历志》所引《毕命》文谓"壁中古文作册丰",引《癸亥父己鼎》"王赏作册丰贝"为证,其说不足信。

之如次：

《吴彝》(或作尊)"王各庙,宰朏右作册吴。"

《颂鼎》"王各大室即位,宰弘右颂入门立中廷。"

《师汤父鼎》"王呼宰雁锡卢弓、象弭、矢矦(箭)、彤欮(栝)。"

《望毁》"王各大室即位,宰倗父右望。"

《师遽彝》"王呼宰利锡师遽瑉圭一,璜章四。"

《师嫠毁》"王在周,各于大室即位,宰琱生内(入)右师嫠。"

《袤盘》"王各大室即位,宰颙右袤入门,立中廷。"

《害毁》"王在辟宫,宰辟父右害立,王册命害。"("薛"十四卷《宰辟父敦》)

列国之器则多见大宰：

《齐子仲姜镈》"余为大攻厄大史、大徒、大宰。"

《归父盘》"齐大宰归父。"

《原父毁》"鲁大宰遷父。"

《邿大宰簠》"邿大宰欑子㽵。"

五　宗　伯

《洹子孟姜壶》"齐侯女𤔲帚丧其毁(舅),齐侯命大子乘遽盂(载)卟宗伯,听命于天子。"

宗伯之职仅此器一见。

六　大　祝

《禽鼎》"大祝禽鼎。"("周"二,六五)

《禽毁》"王伐㭪侯,周公某(谋省,读为诲),禽祝,禽有䞣祝。"

上二器当为一人所作，余谓禽即鲁公伯禽，亦即《令彝》之明保，在周曾为王朝卿士职司大祝。以康叔为周司寇，聃季为周司空例之，此大祝自当为《曲礼》天官六大之一，而非《周官》所云下大夫也。

七　司卜　冢司徒

《𣆥鼎》"王若曰𣆥，命汝夏乃祖考嗣卜事。"

《𣆥壶》"王呼尹氏册命𣆥曰夏乃祖考作冢嗣土（司徒）于成周八𠂤。"

此二器亦一人所作，冢嗣土者大司徒，《周官》大宰一称冢宰，郑玄谓"进退异名，百官揔焉则谓之冢，列职于王则称大，冢，大之上也，山顶曰冢"。今大司徒亦言冢司徒，则冢之称不限于冢宰矣。所谓进退异名者，其说殆不免穿凿。又此以成周之冢司徒而兼司卜事，自当为王朝之大卜。《周官》以大卜属诸宗伯，又以为下大夫，凡此均与古器铭文不合者也。

成周有八师亦见于《小克鼎》，彼鼎铭云"王命善夫克舍命成周，遹征八𠂤"。卫亦有八师，《小臣謎𣪘》"伯懋父㠯殷八𠂤征东夷"，《禹鼎》亦云"王□命□六𠂤、殷八𠂤"。《周官》言"王六军，大国三军。次国二军，小国一军"，一军当五师，无八师六师之制，与此均不合。

司徒之官，凡器之较古者均作嗣土。

《散盘》"嗣土逆寅。"

《幽尊》"盠嗣土幽作祖辛旅彝。"（"贞"七，十五）

《嗣𣪘》"嗣土嗣作乎万（考）宝隣彝。"（"周"三，百一十二）

其所职司之事之可知者,有耕田:

《夨毁》"王曰夨,命汝嗣土,官嗣耤田。"("薛"十四,五)

有林衡、虞师、牧人:

《免簠》"王在周,命免作嗣土,嗣奠还散眔吴眔牧。"

《免毁》"命汝疋周师嗣毁。"

《同毁》"王命同左右吴大父嗣昜林、吴、牧。"

二免器之毁,以《同毁》例之,自假为林。林,林衡。吴、虞,山虞泽虞之类。牧,《周官》有牧人属司徒,又有牧师,属司马,此殆指牧人也。又耕耤之事,《周官》为甸师所掌,属于冢宰,而古器铭则明明属于司徒矣。

嗣土见于器之较晚者,则作嗣徒。

《无更鼎》"嗣徒南仲。"《扬毁》"嗣徒单伯。"

《弘卣》"乐大嗣徒子求之子弘作旅觚。"("博古"十,卅八)

《仲白匜》"鲁大嗣徒子仲白作其庶女厲孟姬媵匜。"

《伯吴毁》"鲁嗣徒伯吴敢肇作旅毁。"("贞"五,十八)

《伯邲父鼎》"晋嗣徒伯邲父作周姬宝媵鼎。"("博古"三,十四)

《弘卣》之乐以后三器例之,知是国名,殆春秋时六国。

八 司 工

《免觯》"王葭免麿,命史懋锡免载市冋黄,作嗣工。"

嗣工、司空,凡司空之职彝铭均作嗣工,无作司空者。又此"免觯"与上"免簠"、"免毁"等乃一人之器。彼受王命作司徒,此受王命作司空,二者不知孰先孰后也。又有"史免簠"者,当亦同人之器,则免似又曾任史职矣。

司空之职之稍详者见于《扬毁》：

"王若曰扬，作嗣工，官嗣量田甸，晷嗣应，晷嗣刍，晷嗣寇，晷嗣工司。锡汝赤巿緣旂，讯讼。"

司甸、司应、司刍均《周官》所无。以司空而兼司寇，足证司寇之职本不重要，古者三事大夫仅司徒、司马、司空，而不及司寇也。

嗣工之见于它器者：

《散盘》"淮嗣工虎……覮人嗣工騒。"

《司空毁》"嗣工作宝彝。"（"薛"十二，四）

《叔山父簠》"奠伯大嗣工召叔山父作旅匜。"

九　司　寇

《南季鼎》"伯俗父右南季，王锡赤⊖巿，玄衣黹屯，緣旂，曰用左右俗父嗣寇。"

《师晨鼎》"王呼作册尹册命师晨世师俗嗣邑人隹（与也）小臣，善夫，守□官，虎，晷奠人，善夫，官守友。"

后器之师俗即前器之伯俗父，犹伯雝父（《录或卣》、《录毁》）之或称师雝父（《臤尊》、《遇甗》、《寂鼎》、《秘卣》）。由前器知伯俗父之职为司寇，由后器则所司者复有邑人、小臣、善夫、虎之属。小臣，《周官》属司马，为大仆所领辖。善夫、膳夫，属于冢宰。虎，殆虎贲，属于司马。凡此均与古器不合。惟准《扬毁》之例，伯俗父之司寇本属兼官者亦未可知。

司寇之见于它器者：

《司寇良父毁》"嗣寇良父作为卫姬毁。"

《虞司寇壶》"虞嗣寇伯吹作宝壶。"

十 司 马

䤅马之官散见于彝铭者有䤅马井伯(《师奎父鼎》、《走毁》),䤅马共(《师晨鼎》、《谏毁》),均在王左右,赞右王命,当系《周官》之大司马。《散盘》有䤅马單麈,乃散人有司,则诸侯之司马也。

有家司马之职见于《趞鼎》:

"王若曰趞,命汝作䤅司家䤅马,啻官仆射士讯,小大又(右)陵。"

《周官·夏官》有家司马,其职文与叙官文互易,前人已详之(详孙诒让《周礼正义》)。其见于叙官中之职文云:"家司马各使其臣以正于公司马。"

郑注云:"家,卿大夫采地(孙云卿字误衍,下同),正犹听也,公司马、国司马也。卿大夫之采地王不特置司马,各自使其家臣为司马,主其地之军赋,往听政于王之司马。"

今据古器,则家司马亦王所亲命,郑谓"王不特置司马"者,非也。《周官》谓"各使其臣",乃家司马属下之陪臣也。又器铭之䤅自乃人名,为王近侍之臣:《静毁》"王以吴奉吕罪卿䤅蓝自邦周射于大池",䤅蓝自即此人,犹兩从之或称兩攸从也。《周官·夏官》有射人、大仆、隶仆、司士、司右之属,即铭中之仆射、士、小大右也。《司士》职文有大右,郑注"大右,司右也"。《司右》职文云"掌群右之政令",司右为大右,则群右为小右矣。讯殆"折首执讯"之讯,俘虏之谓也。陵未详。观此,则家司马之职掌与王之司马无以异矣。

又有所谓邦君䤅马者,见《豆闭毁》:

"王各于师戏大室,井伯入右豆闭。王呼内史册命豆闭。王曰闭,锡汝戠衣⊖市絲旂,用偋乃祖考事,嗣寏馀邦君嗣马,弓矢。"

寏馀以《趞鼎》文例之,当为人名或国族名,则邦君司马盖《周官》之都司马矣。又本器入右豆闭之井伯即《师至父鼎》与《走毁》之司马井伯,彼为王之司马,则此邦君司马自不得为王之司马也。

都司马、家司马,均为王臣,则《周官》之都宗人、家宗人,与都士、家士,亦必为王臣无疑。郑玄以属都者为王臣,属家者为私臣;贾公彦伸其说。孙诒让以郑、贾为非,谓均家臣之命于王者。今以古器案之,则郑、贾尚得其一,孙却全失之矣。

十一 司 射

《静毁》"王命静嗣射学宫,小子眔服,眔小臣,眔乒仆,学射。"

司射事《周官》为射人所掌,与小子、小臣、诸仆等同隶于司马。《小臣》职云"宾射掌事如大仆之法",《大仆》职云"王射则赞弓矢"。又有服不氏"射则赞张侯",服当即服不氏矣。是则本器铭所言与《周官》无忤。

小子之职有预于射事者,亦见《令鼎》:

"王大精农于谦田饧,王射,有嗣眔小子,师氏,卿射。"

十二 左右戏緐荆

《师虎毁》"王若曰虎,载先王既命乃祖考事商官,嗣左右戏緐荆。今余佳师井先王命,命女叓乃祖考商官,嗣左右戏緐荆。"

许瀚云"《说文》云'戏,三军之偏也',戏之本义,惟此铭足以当之。"①

又云"稣枥（此字误，当作荆）未闻，既承左右戏为言，当亦军制名目，如《左氏传》所称专、参、启、肱者矣。"②

《师骰毁》"余命汝死我家，耤嗣我西隔东隔仆驳百工牧臣妾。"

案此东隔西隔亦即三军之偏之左右戏也。辞例与《师虎毁》铭同，此于东西偏之下系以仆驭百工牧臣妾，则彼左右戏下所系之稣荆，非必军制名目。余意稣即马饰稣缨之稣，荆假为旌。《左传》哀二十三年"有不腆先人之产马，使求荐诸夫人之宰，其可以称旌稣乎？"旌稣殆即此稣荆，嗣左右戏稣荆盖言司左右戏之马政。

十三　左右走马

《师兑毁》"王乎内史尹册命师兑：世师龢父嗣左右走马，五邑走马。"

走马，《书·立政》、《诗·十月》及《云汉》、《周官·夏官》均作趣马。《周官·校人》职云：

> 凡颁良马而养乘之。乘马一师四圉，三乘为皂，皂一趣马，三皂为系，系一驭夫，六系为厩，厩一仆夫，六厩成校，校有左右。驽马三良马之数，丽马一圉，八丽一师，八师一趣马，八

趣马一驭夫。①

校有左右，则知趣马亦有左右矣。彝器中又有《右走马嘉壶》，文曰"右走马嘉自作行壶"（"贞"七、廿七），有右走马，斯有左走马矣。孙诒让云：

> 依《校人》职良马驽马之数计之：良马每种二厩，凡三十六皂，趣马三十六人。五种十厩，凡一百八十皂，趣马百八十人。驽马依经文"八丽一师，八师一趣马，八趣马一驭夫"，三之为趣马二十四人。更以三乘为皂计之，二十四趣马，凡马三千七十二匹为七百六十八乘，二百五十六皂，是一趣马掌十皂，尚余十六皂无所隶。合良驽十二厩，凡趣马二百四人也。依郑注义，良马数如经不改，驽马并破八为六，则驽马每皂围师一人，六围师一趣马，六趣马一驭夫，三之为趣马十八人。每一趣马有六皂合良驽十二马，凡趣马一百九十八人也。

《周官》之趣马其多如此，故其职甚低贱，仅为下士。然此与见于《诗》及彝铭者多不合。

《十月》"皇父卿士，番维司徒，家伯维宰，仲允膳夫，棸子内史，蹶维趣马，楀维师氏，艳妻煽方处。"

《云汉》"鞫哉庶正，疚哉冢宰，趣马师氏，膳夫左右。"

观此二诗，趣马与卿士冢宰及天子之妃②并列，其非贱吏可知。其见于彝铭者多为王近侍之臣，亦绝不低贱，即以上举《师兑毁》而论，受王之册锡甚隆，有秬鬯金车四马攸勒等；其所世之师龢父即共伯和，亦即司马共，以司马而兼领走马，亦必非贱吏也。

---

① 郑注"八皆宜为六，字之误也"。

② 艳妻，艳一作阎，乃皇父之女，厉王之妃。皇父即金文之函皇父，阎若艳均函之假借。

此外《大鼎》有走马雁，曰"王召走马雁命取𪊨𪊨世匹锡大"，王不召校人而召走马，命其取予，此其权限绝非细小可比。又有《休盘》，文云"𠫑公右走马休入门立中廷北乡，王呼作册尹锡休玄衣黹屯，赤芾朱黄，戈琱威彤沙玹必，緣旂"，所锡与《无更鼎》《袁盘》同，绝非下士之命服。凡此均《周官》之文所难契合者也。孙诒让又云：

> 《月令》季秋说天子教田猎云"命七驺咸驾"，注以七驺为即趣马。《吕氏春秋·季秋纪》高注说同。《蔡中郎集·月令问答》云"问者曰《令》曰七驺咸驾，今曰六驺，何也？曰本官职者莫正于《周官》，《周官》天子马六种，种别有驺，故知六驺。《左氏传》，晋程郑为乘马御，六驺属焉（案见成十八年）。无言七者，知当为六也"。《月令》孔疏引皇氏则云天子马有六种，又有总主之人，并六驺为七。案此经趣马各掌其皂，无总主之人。至蔡引《左》成十八年传六驺，则非天子之制。彼杜注云"六驺，六闲之驺，《周礼》诸侯有六闲马"。蔡、杜皆据此经而义互异，恐皆不确。（此与上文具见《周礼正义》夏官叙官趣马疏）

余疑七驺或即"六厩成校"之六仆夫与一校人。古者校人、仆夫、驭夫等盖均名走马若驺，犹大史内史之属之均称史，大宰、小宰、宰夫、内宰之属之均称宰也。成十八年《左传》之六驺亦即六厩仆夫，程郑为乘马御者则校人，合之亦为七驺。唯天子之校有二，即十有二闲，诸侯则只一校，即六闲。《月令》之七驺仅就其一校而言也。故余之意，古校人亦名趣马，校人有左右，故趣马亦有左右，必如是而后始与古器铭及古书谐合也。

"五邑走马"，五邑字亦见《鄡毁》。①
"王若曰鄡，昔先王既命汝作邑，耤五邑祝。"
祝亦官名，而同系以五邑字，义未详。

十四　左右虎臣

《师袁毁》"今余肇命汝率齐帀，曩遳棘及左右虎臣征淮夷。"

虎臣见《书·顾命》，伪孔传云"虎臣，虎贲氏"。《诗·常武》"进厥虎臣，阚如虓虎"，郑笺谓"虎臣之将"。《周官》"虎贲氏，下大夫二人，中士十有二人，府二人，史八人，胥八十人，虎士八百人"，孙诒让云"下大夫二人，中士十有二人者，即宿卫虎士之长帅，《书·顾命》所谓虎臣也。彼伪孔传又谓齐侯吕伋为天子虎贲氏，即此下大夫也"。案孙以意为说，然否所未敢必。特就金文所可考见者，虎臣确为天子侧近之武臣，其职有左有右也。所谓"下大夫二人"者或即左右虎臣耶？

虎臣之见于它器者如次：

《毛公鼎》"命汝耤嗣公族雩参有嗣，小子、师氏、虎臣、雩朕褒事。"

《无更鼎》"官嗣𩰬王逪侧虎臣。"

《师晨鼎》"世师俗司邑人隹小臣、善夫、守□官、虎。"

十五　师　氏

《雪鼎》"隹王伐东夷，溓公令雪眔史旟曰𦣝师氏眔有嗣后国戡伐豯。”

《令鼎》“王大耤农于諆田餳（陽），王射，有嗣眔小子师氏卿射。”

《录戜卣》“王命戜曰叡，淮夷敢伐内国，汝其目成周师氏戍于苦自。”

《毛公鼎》“师氏虎臣。”

师氏之见于彝铭者乃武职，在王之侧近。是则师氏之名盖取诸师戍也。《周官》属师氏于司徒，其职文亦颇有异：

> 师氏掌以媺诏王，以三德教国子，一曰至德，以为道本，二曰敏德，以为行本，三曰孝德，以知逆恶。教三行，一曰孝行，以亲父母，二曰友行，以尊贤良，三曰顺行，以事师长。居虎门之左，司王朝中（去声）失之事，以教国子弟，凡国之贵游子弟学焉。凡祭祀宾客会同丧纪军旅，王与则从。听冶亦如之。使其属帅四夷之隶，各以其兵服，守王之门外，且跸朝。在野外则守内列。

案此文至肝脰，德教行教及“以教国子弟”下十四字，乃视师氏为师保之师；“居虎门之左”云云及“凡祭祀”以下，则又视师氏为师戍之师。文辞文义均不相水乳。即此一职已可断言《周官》一书确曾经后人窜改也。

十六 善 夫

《大毀》“隹十又二年三月既生霸丁亥，王在蒀侲宫，王呼吴师召大锡朝睽里。王命善夫廘曰朝睽曰：余既锡大乃里。”

《大鼎》“隹十又五年三月既霸丁亥，王在蒀侲宫。大目夆友守。王飨醴。王呼善夫駵召大以夆友入玫。”

《师晨鼎》"世师俗嗣邑人、隹小臣、善夫、守□官、虎、旲奠人、善夫、官守友。"

《大克鼎》"王呼尹氏册命善夫克，王若曰克，昔余既命女出内朕命，今余隹龖臺乃命。"

《小克鼎》"王命善夫克舍命于成周，遹正八自。"

善夫《周官》作膳夫，《天官·序官》"膳夫、上士二人、中士四人、下士八人"云云，郑注"膳之言善也，今时美物曰珍膳。膳夫，食官之长也，郑司农以《诗》说之，曰'仲允膳夫'"。今以《大毁》及《大鼎》按之，可知天子之善夫，同时正不止一人。然膳夫之职除"掌王之食饮膳羞以养王及后世子"而外无它事，而《克鼎》之善夫克则出纳王命而遹正八师，则与宰夫之职相应。孙诒让云：

> 膳夫，《燕礼》谓之膳宰，注云"膳宰，天子曰膳夫，掌君饮食膳羞者"，是也。胡匡衷云"膳宰亦通称宰夫，如《左传》称膳宰屠蒯，而《檀弓》云黄也宰夫也。《左传》称宰夫胹熊蹯不熟，而《公羊传》云膳宰熊蹯不熟，是其确证。膳夫亦称为膳宰，《玉藻》云皆造于膳宰。《国语》云膳宰不致饩，是也。《左传》所云宰夫将解鼋，宰夫和之之类，皆指谓膳宰。韦昭注《国语》云膳宰掌宾客之牢礼，以宰夫职膳宰，皆由后世膳宰通称宰夫，不能辨别，遂误合为一"。案胡说是也。膳夫，《大戴礼记·保傅篇》又谓之太宰，亦与冢宰异。[1]

胡、孙二氏据旧籍以考知膳夫、膳宰、宰夫之相混用，诚确。然今以《克鼎》考之，则古之宰夫固已称善夫矣，余谓宰夫、膳夫，古均名善夫，而职有上下之别。后嫌名混，遂析为二名。既析之新名

---

① 见《周礼正义》天官序官膳夫疏，所引胡说见《仪礼·释官》卷二，第7叶，膳宰项下。

与沿用已久之旧名辗转相混,故复称膳宰若膳夫为宰夫也。

知宰夫古亦称善夫,而后《诗·十月篇》与《云汉篇》之膳夫方可说明。盖二者均指宰夫而言,其职本不低,且参与国政,故诗人责之。

十七　小辅　鼓钟

《师𡺫毁》"王若曰师𡺫,在昔先王小学,汝敏可事,既命汝更乃祖考嗣小辅。今余隹䌛豪乃命,命汝嗣乃祖考旧官小辅㫚鼓钟。"

小辅,官名,《周官》所无。吴大澂释为少傅(《说文古籀补》十四,八五),近是。又鼓钟与小辅对文,亦是官名。

《大克鼎》"锡汝史、小臣、霝龠,鼓钟。"

霝龠、鼓钟,亦与史、小臣为对,均是官名。霝龠殆《周官》之籥师;鼓钟,钟师也。

十八　里　君

《令彝》"㫚卿事寮,㫚诸尹、㫚里君、㫚百工。"

《史颂毁》"𤔲友、里君、百生、师㝬、盍于成周。"

里君之名旧所未见,王国维谓《酒诰》之"越百姓里居"即里君之讹(见《国学论丛》王国维纪念号《尚书讲授记》),至确。今案《逸周书·商誓篇》"及太史比(友字之讹)小史昔(𣉘字之讹,𣉘古友字)及百官里居献民",里居亦里君之讹也。《酒诰》伪孔传说里居为"卿大夫致仕居田里者",乃沿讹为说,自不足信。《周官》有里宰,然不言遂鄹县鄙而单言里,事亦不类,疑是都家公邑之长也。

十九　有　司

《散盘》"矢人有嗣:眉田薆且散武父西宫襄、豆人、虞丂、录贞、师氏右眚、小门人讹，原人虞荓,淮嗣工虎、龠丰父、唯人有嗣刑丂,凡十又五夫正眉矢舍散田。嗣土逆寅、嗣马單瀻、敼人嗣工駿,君宰德父、散人小子眉、田戎敼父、效枈父、之有嗣橐、州桑,焂从羃,凡散有嗣十夫。"

此铭所出矢方有司不足十五之数,后文言立誓时有"矢俾薆且霁旅誓"之文,薆且下二字当系二人名。

凡官司之人统称曰有司,此铭为最详晐,此铭所列举有司名例,均先职后名。王国维说"虞丂录贞"云:"虞录皆官名,录读为麓,《说文》麓之古文作蔾。《左》昭十九年传'山林,衡鹿守之',鹿亦麓也。丂、贞,人名。"(《观堂古金文考释·散氏盘》)准此,则'龠刑效等亦官名也。龠古籥字,当即籥师,刑,司刑,效,殆校人。通凡铭中所见之官名,有田,有虞,有鹿,有师氏,有小门人,有司工,有籥师,有司徒司马,有宰,有小子,有校人,而统称之曰有司。有司字之见于它器者颇多,不备举。

与有司同例之语有御事,《尚书》中多有之,彝铭仅《大盂鼎》一见而已。(《竞毁》言"御史竞",余初疑即御事,罗振玉亦释为御事,今案彼乃内史属之官名,与此有别)

二十　诸侯诸监

《仲幾毁》"仲幾父史(使)幾史(使)于者(诸)侯者(诸)监,用乎宾（傧），作丁宝殷。"

此铭殆言仲幾之父使幾使于诸侯诸监,得其馈赠,用以作器祀祖也。①

诸监,此器仅见。周初有三叔监殷,余所未闻。疑周灭殷之后,凡殷时旧国归顺于周者,均曾置监以监视之,其详则不可得而闻也。

又诸侯之制古亦有别,余已有别文以详论之,兹不复赘。

上述共二十项乃彝铭中言周代官制之卓著者,同于《周官》者虽亦稍稍有之,然其骨干则大相违背。如是铁证,断难斥为乡壁虚造。又所举诸器之年代,大率起于周初,而逮于春秋中叶,其说之详,具见《大系》,亦断非前代异制或传闻异辞等说之所能规避。如是而尤可谓《周官》必为周公致太平之迹,直可谓之迂诞而已。先儒或谓周公成书之后未尝施行(郑樵《通志》引孙处说),或谓《周官》成于周初,其后除旧布新,以后世之法窜入之,其书遂杂;时移势异,不可行者渐多,其书遂废。(《四库总目·周礼序录》)均株守旧说而欲曲求圆通;然亦尝思考其旧说之所自来耶?

由前举马融《传叙》,可知周公创制之说实倡导于刘歆,且倡导于其末年。然《周官》书中并未著作者姓氏,且亦无"周公若曰"之文,刘歆之说亦徒逞臆而已。且古人并无专门著书立说之事,有之盖自春秋末年以来。其前之古书乃岁月演进中所累积而成者也。《周官》则有异于是。今考其编制,以天地四时配六官,官各六十职,六六三百六十,恰合于黄道周天之度数,是乃准据星历智识之钩心结构,绝非自然发生者可比。仅此已足知其书不能出于春秋以前矣。

---

① 又疑仲幾父为字,史其职,幾其名,但名幾字幾古所罕见。

复次，古人并无以天地对立之观念，金文之在七国以前者，纪时之事亦无确征。其以天地四时配六官之说始见于《管子·五行篇》，今揭举之如次：

> 黄帝得六相而天地治，神明至。蚩尤明乎天道，故使为当时。大常察乎地利，故使为廪者。奢龙辨乎东方，故使为土师。祝融辨乎南方，故使为司徒。大封辨乎西方，故使为司马。后土辨乎北方，故使为李。是故春者土师也，夏者司徒也，秋者司马也，冬者李也。

此固周末学者承五行说盛行之流风而虚拟之传说，以托诸《管子》者也。《大戴礼·千乘篇》亦言"司徒典春，司马司夏，司寇司秋，司空司冬"，托为哀公与孔子之问答，此则周末或汉初儒者之所为。今《周官》以冢宰配天，司徒配地，宗伯配春，司马配夏，司寇配秋，司空配冬，三说虽小有出入，然其用意则同，且同为五行说之派演。是则作《周官》者乃周末人也。

准上，余谓《周官》一书，盖赵人荀卿子之弟子所为，袭其师"爵名从周"之意，纂集遗闻佚志，参以己见而成一家言。其书盖为未竣之业，故书与作者均不传于世。知此，则其书自身之矛盾，及与旧说之龃龉，均可无庸置辩。作者本无心托之于周公，托之于周公者乃刘歆所为，则其书中之制度自不能与周初相符，认为周初之实际而竞竞焉为之辩护者，乃学者偏蔽之过也。

《周官》既为刘歆所表彰，且由彼托之于周公，则其旧简自不能保无窜乱割裂之事，盖刘歆乃惯于作伪之名手也。《家司马》职文与叙官互易，《师氏》职文显有窜改，已如上述。司马迁曾得见《周官》，其《封禅书》引《周官》曰"冬日至祀天于南郊，迎长日之至。夏日至，祭地祇，皆用乐舞，而神乃可得礼也"。此语见今《春官·大司乐》职而详略迥异，不知是否史迁撮述大意，抑系刘歆窜加,终莫能明也。

(选自《金文丛考》)

　　《〈周官〉质疑》一文用金文材料研究了《周官》(《周礼》)
的成书年代和作者等问题。文中列举了二十项金文所言周代
官制的材料,将其与《周官》进行比较,指出其中同于《周官》
者虽亦稍稍有之,但主干部分则大相违背。《周官》为周公致
太平之迹的说法出于刘歆,是迂诞不实的。《周官》盖赵人荀
卿之弟子所作,袭其师"爵名从周"之意,纂集遗闻佚志,参以
己见而成一家之言。

中国经学史的演变（节选）

范 文 澜

绪　言

一　经是什么？

经是封建统治阶级在思想方面压迫人民的重要工具。统治阶级要巩固自己的政权，必须一套"天经地义，万古不刊"的"永恒真理"来证明自己地位的不可动摇。统治阶级指着一大堆书籍对人民说："这都是从古以来，圣贤人说的话，我们能不信么？谁敢非圣无法，谁就该死！"不论统治阶级怎样尊圣尊经，经到底还是压迫人民的工具。

二　经怎样产生的？

经是封建社会的产物。原始封建社会产生原始的经，封建社会发展，经也跟着发展，封建社会衰落，经也跟着衰落，封建社会灭亡，经也跟着灭亡。中国封建从西周开始，所以经托始于西周，周公是这一时代的代表人物。春秋时代封建初步发展，六经也初步形成，孔子是这一时代的代表人物。两汉封建高度发展，经学也高度繁荣，董仲舒、刘歆、郑玄是这一时代的代表人物。三国到南北朝，因战争而社会遭受破坏，经学随之衰落。隋唐统一中国，社会

恢复繁荣,旧经学结束,新经学发生,孔颖达、韩愈是这一时代的代
表人物。两宋社会高度发展,经学也高度兴盛,濂(周敦颐)、洛
(程颢、程颐)、关(张载)、闽(朱熹)、陆(陆九渊)都是这一时代的
代表人物。程朱派经学,影响更大而远。元明社会没有显著的变
动,经学也保持旧有状态。清朝前半期(鸦片战争以前)社会又向
外发展,经学也创立新局面,戴震是这一时代的代表人物。清朝后
半期,外国资本主义侵入中国,社会开始分化。封建势力与新兴资
产阶级发生冲突,封建势力与一部分资产阶级向帝国主义妥协勾
结,社会呈混乱状态,经学也混乱不堪而趋于衰落。一九一九年
"五四"运动以后,中国开始新民主主义革命,也就是说,中国无产
阶级开始领导人民大众作反帝反封建的斗争。新民主主义革命一
往直前地发展和深入,封建残余势力必然趋于消灭。因之经学不
仅不能发展,而且只能跟着封建残余势力的消灭而同归于尽。

三　经讲些什么?

　　经本是古代史料。《尚书》、《春秋》、《三礼》(《周礼》、《仪
礼》、《礼记》)记载"言"、"行"、"制"(制度),显然是史。《易经》
是卜筮书,《诗经》是歌诗集,都包含着丰富的历史材料。所以章
学诚说,"六经皆史"(《文史通义》)。经书里面虽然记载着某人
做过什么事,说过什么话,行过什么制度,可是这些记载是当时的
实录呢,还是后人所追述;是完全可信呢,还是杂有虚伪。经作为
古史来研究,问题自能得到适当的解答,经作为"圣训"来背诵,死
教条成为束缚思想的桎梏。

四　经与经学

　　封建社会本身变动着,写定了的经,怎样能跟着变动而适合统

治阶级的需要呢？这就必需依靠经学了。儒生解释经义，使它适合新需要。同样的经，经不同解释，就成不同的经，也就发生不同的作用。例如一部《春秋经》，有左氏、公羊、穀梁三家不同的传，因之《春秋》分为《左氏春秋》、《公羊春秋》、《穀梁春秋》。又如一部《诗经》，有古文今文的分别，今文又有齐诗、鲁诗、韩诗的分别。究竟哪一部是真《春秋》、真《诗经》呢？谁也不能知道。如果没有左丘明、公羊高、穀梁赤三个儒生，不会有三家春秋，不会有四家诗学。没有经学，《春秋》止是本"断烂朝报"，《诗》三百篇止是一本唱歌集了，还有什么"威望"呢？所以经、儒生、经学是三位一体的东西，缺少一个，其余两个就成为无用之物。统治阶级表面上教人"尊圣"、"读经"，实际是教人尊迎合君主的儒生，读改头换面的经学。两汉指定学十四博士的经，元明清指定读朱熹的四书注，就是这个原因。

五　经学史的分段

经学史可以划分三个部分：

（1）汉学系——从孔子到唐人《九经正义》，其中包括孔子、孟、荀、今文学、古文学、南学、北学，两汉是极盛时代。

（2）宋学系——从唐韩愈到清代理学，其中包括韩愈、濂、洛、关、闽、陆、王，两宋是极盛时代。

（3）新汉学系——从清初到五四运动，其中包括顾炎武、黄宗羲、戴震、康有为，乾嘉是极盛时代。

汉学、宋学、新汉学各有不同的质态。一般说来，宋学讲求心性哲学，着重纲常伦理，把讲求训诂名物、五行谶纬的汉学否定了。新汉学重新讲求训诂名物，把空疏浅陋的宋学又否定了。同时汉学目的在致用，发展古史为经学；新汉学不讲致用，发展经学为古史（考据);所以新汉学与汉学,不是简单的循环,而是前进的发展。

五四运动以后,经学本身已无丝毫发展的可能,古史研究的新道路却由新汉学的成就而供给丰富的材料。

六　经学发展的规律

发展就是各对立方面之间的斗争。有斗争才有发展。既然经学曾经是发展了,那末,它一定曾经是作过许多次斗争了的。如果认为:"经者不刊之常道,恒久之至理。"因之它无须斗争,而且也没有其他学派敢同它斗争,经永是经,不会变化消灭。这样想的人,不是被人欺就是想欺人。试看过去经学发展的史实,充分证明一部经学史,就是一部经学斗争史。它有内部斗争,①有对外斗争。②　斗争方法:(一)迎合统治阶级,发挥适合君长利益的理论,掩蔽抹煞近乎危险的言辞。例如三纲、三从、五行、五常之类,尽量发挥,《易传》里原始辩证法,《尚书》天听民听、天命靡常,《左传》揭破鬼神迷信,《孟子》直陈民贵君轻,凡是带有革命性的全被阉割歪曲,这样取得统治阶级的尊信。(二)采取对方的长处,来改造自己的短处。例如西汉今文学采取刑名阴阳五行,南学采取老庄,宋学采取佛、道两教,夺对方武器战败对方是经学发展的主要规律。

新民主主义革命时代,经学何以必然趋于灭亡呢? 第一统治阶级的落后部分,虽然积极援助它,但援助者本身已经软弱无力,自己朝不保夕,哪有余力给它以长期的支持。例如张作霖(北京大元帅)、张宗昌(山东军务督办)、宋哲元(北平什么委员长),还

---

① 汉宋斗争,今古文斗争,程朱陆王斗争等等。

② 儒与杨墨斗争,儒道斗争,儒佛斗争等等。

有些记不清姓名的军阀们,当其一时称雄的时候,都曾提倡(强迫)青年学生尊孔读经。结果呢?除了留给青年"讨厌头痛"的强烈回忆以外,什么也没有。第二,它有夺取对方武器的传统本领,虽然新民主主义的武器(民主)欢迎任何人去采用,可是阶级性质限止了它,使它没有勇气去夺取或采用。它既没有强力的援助,又没有采用新武器充实自己改造自己的勇气,所以它的唯一的前途是追随封建残余势力共同消灭。

第一部分　汉学系——孔子到唐
一　原始状态的经

(一)殷朝社会确已存在着阶级。剥削阶级脱离生产,有余力创造文化,《尚书·洛诰篇》所谓"殷礼";《多士篇》所谓"惟殷先人,有册有典,殷革夏命",都说明殷代已有文化记录,而这些记录的保管者是王官(史官、卜官、乐官等)。西周社会更发展了大小封建主,各依本国经济能力,设立官职,世代传业,专官们逐渐积累起典章制度,前言往行,形成统治阶级专有的文化。章学诚说"六经皆史",这是很对的。因为六经正是专官们保存了些文化记录流传下来被尊为经典,当初既没有经的名号,也没有特别贵重的意义。

(二)孔子以前,史官或专官们保存许多文化记录,孔子从他们手里取得若干材料,转教给弟子们。依现在所见的经书,推想孔子当时取得的是下列几种材料。

《周易》卦辞、爻辞——卜官用作占卜吉凶的隐语,其中都是可解又不可解,像这个又像那个,简单含混,容易穿凿附会的话头。按它的性质和作用,等于后世所谓金钱课、大六壬、牙牌数、关帝庙神签之类。神权时代,它是人间一切行动的最高指导者,所以

《易》被尊为六经之首。

《尚书》——史官保存许多"圣君贤臣"的号令谋谟，其中有当代史官所记录，也有后世据传闻所追记。大概盘庚以后，实录颇多；盘庚以前，全是追记。

《诗》——从周初到春秋时代的乐歌。贵族行礼以及朝聘盟会，都需要奏乐赋诗。最流行的有三百多篇。

《礼》——礼是贵族实际生活的记录。从组织国家家族的制度起，直到个人的起居饮食小节止，材料最丰富。它的变动很多，所以有"三年不为礼，礼必坏"的话。有些礼是最高统治者所制定，如《左传》屡称"周公之典"、"先王之制"。也有惯例相传，并无成文规定，如鲁人为同母异父之昆弟服齐衰(《礼记·檀弓》)。也有随宜适变，时增时损，如所谓"变礼"是。大体是从简到繁，从无到有，从旧变新，孔子以前存在着大量的礼制。

《春秋》——各国都有史记，如墨子说见过百国春秋，孟子说晋史称《乘》，楚史称《梼杌》，鲁史称《春秋》。《春秋》是最古的编年史，有一定的书法，文字极简单。

(三)照上面所说，经止是卜官、乐官、史官们写了些本官的职掌，并没有什么"神圣"的意义。它之所以被尊为"神圣"仅仅在于它是封建统治阶级的"祖传古典"，既然封建统治不该存在了，经也不该看作"神圣"，而该回复到"古史材料"的地位。

二　原始经学——孔子及七十子后学

(一)春秋时代周天子衰微贫弱，养不起许多王官，失职王官凭着世传的专门知识去各国求食。如"以周易见陈侯"的周史，见秦献公的太史儋，都是这一类的人。同时诸侯国内大夫们兼并擅权僭越礼制，如"三家以雍彻"、"季氏八佾舞于庭"之类，需要一批懂得赞礼的人来帮着僭越。春秋后半期商业相当发展,如齐、晋、周、郑等国都有大商人。他们虽是庶民,既有了钱,自然要讲些体面,冒充上等人。乡村间田宅已经自由买卖,发生中小地主的土财东,他们有剩余粮食,办起丧事来,也得讲些排场(《墨子·非儒篇》),表示阔气。本来礼是"不下庶人"的,现在大商人、土财东都要讲礼了,礼生①的用途激增。供给这些需要的是"士",孔子就是"士"的最大首领。

　　(二)"士"是统治阶级最卑下的一个阶层。他们难得有官做,升级做大夫的更少,②多数是下降当庶人。孔子祖先是宋国的贵族,迁居鲁国后流落做士。当时各国贵族子孙,因与宗子亲属疏远,渐降级做"士"、"庶人"的数量很大。孔子从王官学得周礼,又参酌宋、鲁两国的文献,博采失职专官的旧业,③组织成一种新的学问(儒学),教授那些破落贵族出身的"士"、"庶人"(《史记·仲尼弟子列传》)。据说他的弟子多至三千人。在他那个时候,能够号召这样多的学生,足见他的学问适合社会各方面的需要。孔门弟子成名的七十余人,大体高升做诸侯的师友卿相。普通弟子回到民间,也不失为大商人、土财东的师友卿相。孔子活着的时候,已被尊称为圣人,弟子们在社会上下层活动,势力愈大,他的圣人地位也愈巩固。

　　(三)孔子删《诗》、《书》,订礼、乐,修《春秋》,作《易传》,所谓"删"、"订"、"修"、"传"就是孔子的经学。弟子们学了这一套学问,再去传授学问,形成一个学派,称为孔家学派。

---

　　①　懂得行礼的专家。

　　②　孔子曾做大夫。

　　③　所谓孔子学无常师。

（四）孔子讲授经学，多凭口说，弟子们笔录下来，发展传授，自然发生增益、遗失、误解、分歧等等弊病。孔子死后，子张、子游、子夏、曾子等大弟子，已经彼此诃责讥刺，各不相下（《论语》、《礼记·檀弓》）。何况七十子以后的儒生，更是歧之又歧了。战国时代，儒分为八个派别（《韩非子·显学》），究竟哪一派是孔子真传，谁也不能知道。

（五）孔子原来的经学，经过一二百年口耳相传的变动；战国时代，儒家集合传闻，写成固定的书本。孔子以及传经儒生的经学，转化为经，于是出现新的经。这种新经比旧经数量质量都起了变化。

（六）新出现的经是《周易》——卦辞、爻辞加《易传》。《易传》也称为十翼，其中一部分是孔子口说，一部分是儒生附加。相传孔子作十翼，不可信。

《尚书》——据《史记·孔子世家》说，孔子选定一百篇，每篇做小序。一百篇的名目，没有定说。汉朝《尚书》博士所传止二十九篇，其中《禹贡》一篇，显然是秦汉间人伪托。足见二十九篇并非孔子原选本。究竟孔子选了几篇《书》教学生，不能确知。

《诗》——孔子按照乐章次序，把三百篇重新整理一番。《论语》所记："吾自卫反鲁，然后乐正，雅、颂各得其所。"就是孔子的诗学。

《礼》——封建社会的经济、政治、文化，主要是表现在《礼经》上，孔子教弟子的礼就是《仪礼》。《仪礼》包括士冠、士昏、士相见、士丧、士虞（祭）等礼，适用于士及商贾地主；乡饮酒、乡射、燕、大射、聘、公食大夫、觐、特牲馈食、少牢馈食等礼，适用于诸侯及卿大夫。丧服上下通用。《仪礼》所讲的礼，正是儒生帮人行礼的重要部分，也就是儒生借以谋食的重要手段。

《春秋》——孔子依据鲁国史记,借隐公元年到哀公十四年共二百四十二年的史料,加以褒贬笔削,寄托他的政治思想。鲁史应该托始伯禽(西周初年),被孔子删节,旧史料因之不被重视而亡逸。

(七)原始的经加上孔子及其弟子们的经学,成为儒生专有的经典。儒经流传,旧有史料逐渐废弃消灭。① 如果那些旧书存在,对古史研究,可能供给更多的材料,真象也可能更多保存些。古史变成圣经,从封建统治阶级看来真是莫大的功绩。

三　从原始经学看儒家思想

(一)《论语》载孔子说:"述而不作,信而好古。"事实上述与作是分不开的。他讲解古书,绝不能不掺入自己的意见,这个意见正是作而非述。

(二)《易》是"卜筮之书"。卜筮指导人的一切行动,所以孔子借来发挥哲学思想,作为经学的基础。儒家认宇宙间所有事物是在不断变动,变动的原因是两个不同性质的力量(阴阳)互为消长(斗争)。《系辞》说:

"易穷则变,变则通,通则久。"

又说:

"变动不居,周流六虚,上下无常,刚柔相易,不可为典要,唯变所适。"

所以要免凶就吉,必须发展吉的因素,抑止凶的因素。《系辞》说:

"善不积不足以成名,恶不积不足以灭身。小人以小善为无益而勿为也;以小恶为无伤而勿去也;故恶积而不可掩,

---

① 例如墨子引用的《诗》、《书》、《春秋》与儒经本子不同。

罪大而不可解。"

"危者安其位者也,亡者保其存者也,乱者有其治者也。是故君子安而不忘危,存而不忘亡,治而不忘乱,是以身安而国家可保也。"

这类见解,《易传》说得很多。可以说《易传》了解到辩证法。

《易传》思想是属于唯物主义的。它说:"形而上者谓之道(一阴一阳之谓道),形而下者谓之器(制作器物)。"道与器都取法乎"象"。"象"是实在的物质,所以"法象莫大乎天地,变通莫大乎四时,县(悬)象著明莫大乎日月"。

其他取象如龙牛马隼等等也都是实在的事物。先有物质,后有精神,精神是物质的产物,《易传》了解到了这一基本的真理。

《易传》发挥一些原始的唯物辩证法,替封建主义服务。它取象天地,得出"不变"的"最高真理"。《系辞》开头就说:

"天尊地卑,乾坤定矣;卑高以陈,贵贱位矣。"

天一定在上,地一定在下;在上的一定尊,在下的一定贱;因此尊卑贵贱是无可变动的"真理"。天从来不会在下,地从来不会在上;所以庶民永远当贵族的奴仆。这正是十足的封建主义哲学。

(三)礼是封建社会分配生活资料的规矩。《荀子·礼论篇》说得很透彻。他说:

"礼起于何也? 曰,人生而有欲,欲而不得,则不能无求;求而无度量分界,则不能不争;争则乱,乱则穷。先王恶其乱也,故制礼义以分之,以养人之欲,给人之求;使欲必不穷乎物,物必不屈于欲,两者相持而长,是礼之所起也。"

因之礼之基本精神在乎"别"。所谓别就是"贵贱有等,长幼有差,贫富轻重皆有称也"。

贵的长的得物应该多,贱的幼的应该少,说得神圣不可侵犯的礼典,归根到底,止是拥护统治阶级的剥削制度。

依据儒家的哲学,礼有可变与不可变两类。《礼记·大传篇》说:

> "立权度量,考文章,改正朔,易服色,殊徽号,异器械,别衣服,此其所得与民变革者也。其不可得变革者则有矣,亲亲也,尊尊也,长长也,男女有别,此其不可得与民变革者也。"

这就是说,什么制度都可以通融改革,止有剥削制度等级制度绝对不容商量。

(四)《春秋》是"正名分"的经典。"名分"是绝对固定的,例如鲁隐公明明做了鲁君,却不写"公即位"三字,表示君位该属于身份较贵的桓公。隐公明明被桓公杀死,却写"公薨"二字,算是"讳国恶"。而"讳国恶"《左传》说是"礼也"。可是晋国太史写:"赵盾弑其君(夷皋)。"孔子称:"董狐古之良史也,书法不隐。"孔子自己"隐",而称赞别人的"不隐";弑君大恶,也可以变通,这是儒家"言岂一端"、"明哲保身"的中庸态度。

(五)儒家从天地法象,得出"仁义"的概念。《系辞》说:"天地之大德曰生,圣人之大宝曰位,何以守位曰仁,何以聚人曰财,理财正辞(正名分),禁民为非曰义。"就是说,剥削人民到不能生活,君主的地位就保不住,所以应该讲些仁慈。但人民要求容易超越范围,必须用义来制约他们。义是什么?《礼记·乐记篇》说:

> "仁近于乐,义近于礼。"

那末,义就是礼了。乐是礼的附属义是仁的主宰,到底儒家止着重一个礼字,也就是只着重等级制度。儒家的仁,与墨家的兼爱,区别就在这里。

(六)儒的社会身份是士,因之儒者唯一希望是作相(帮忙或帮闲者)。他迫切需求做官,但对主人止限于从旁赞助。《礼记·

曲礼篇》说：

"为人臣之礼，不显谏，三谏而不听，则逃之。"

《论语》载孔子说：

"邦有道则知，邦无道则愚。天下有道则见，无道则隐。"

孔子虽然"三月无君，则皇皇如也"，可是他十分注意"惹事非"。卫灵公问陈（战阵），孔子说没有学过，第二天就跑走。所以儒家处世哲学一定是中庸主义。就是"庸言庸行"，"无咎无誉"，避免一切祸难危险；确保自己的身家安全。中庸主义的本质是调和主义、折衷主义、迎合主义、反斗争主义。统治阶级愿意登用儒生，因为儒生积极方面能帮忙（实际是帮闲），消极方面决不会危害君长。①

（七）"礼乐"、"仁义"是"经学"；"中庸主义"是"儒行"。自然，中庸主义也成了经学的一部分。经学的演变，大体如下表：

---

① 所谓"无道则隐"，就是隐身避祸。

（▽——反对符号　……融合符号）

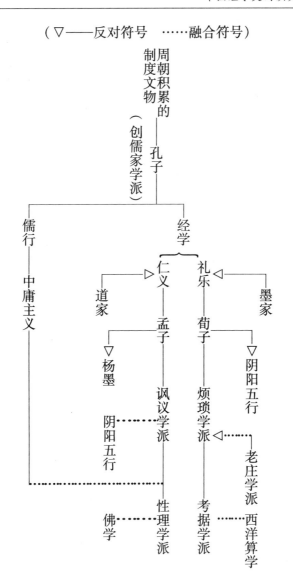

四　经学的初步发展——战国时代

（一）《论语》记孔子"子所雅言，《诗》、《书》、执礼，皆雅言也"；"子罕（少）言利与命与仁"。孔子多讲礼，少讲仁，性与天道讲得更少，连大弟子端木赐都说不可得而闻。因为礼在当时适合广泛的需要，所以他加紧讲授，礼乐派特别兴旺起来（《礼记·檀弓篇》可以看出）。到了战国初期，遭遇墨家学派的猛攻，国王们战争剧烈，也顾不得讲究繁文缛礼，礼乐派大受打击而衰落。儒讲亲亲，墨讲尚贤；儒讲差等，墨讲兼爱；儒讲繁礼，墨讲节用；儒讲丧祭，墨讲节葬；儒讲无鬼（《礼记·祭义篇》），墨讲有鬼；儒讲乐舞，墨讲非乐。墨家学说，几乎全部针对儒家礼乐派而发。儒家所称"战国之世，礼坏乐崩"，就是说，礼乐派失败了。

（二）礼乐派被墨家击败，仁义派代兴。墨子也讲仁义，可是他的仁是"兼爱"，义是"天志"，到底非统治阶级所乐闻。儒家讲仁义，完全从统治阶级的利益出发，因此博得真诚的欢迎。仁义派的首领是孟子，他劝国王（梁惠王、齐宣王）行仁政，王天下，虽然也包含着"民贵君轻，土芥寇仇"等"危险思想"，①但仅限于警惕统治者知所畏惧，并非赞成革命。孟子责杨墨为"无父无君，是禽兽也"。革命当然更是"禽兽"了。仁义派的理论，足够打败墨家，止是"迂阔而难行"，使统治者无法实际施行（例如滕文公）。李耳的道家学派提出权术阴谋，愚民胜敌的实际办法，把仁义礼乐一起否认。从"人君南面之术"的意义上说，确比仁义派的空谈切合实用。道家发展起来，仁义派遭受猛攻而失败了。②

---

① 朱元璋认为危险，命儒臣删改《孟子》。
② 《庄子》外篇、杂篇多攻击儒家仁义派，可以代表道家思想。

（三）儒家主张宿命论，子思、孟子开始发展阴阳五行。① 邹衍大发挥五德终始的学说，成立阴阳五行学派。《史记》说邹衍学派宗旨："要其归，必止乎仁义节俭，君臣上下六亲之施。"邹衍俨然是仁义派的派别。这一套"闳大不经"的新宿命论，比儒家旧宿命论大进步。因为儒家只说有命，邹衍却说能推定运命，宜乎大受封建主欢迎，而仁义派儒家也得到有力的援助。

（四）仁义派、阴阳五行派与道家斗争，形成相持不决的局面。失败了的礼乐派，经荀子改造又起来争霸。荀子攻击墨家、道家、阴阳五行家、仁义派（孟子）、旧礼乐派（所谓贱儒）以及其他小学派，建立接近刑名的新礼乐派。他主张用礼乐维持统治阶级的利益，用刑法压迫被统治阶级的反抗。这是最适合统治阶级需要的学说。

（五）荀子弟子李斯、韩非在秦国大受尊信。韩非最得荀子真传，组织道、②刑名法术与荀学混合的学说。他发挥荀子的唯物论（《天论篇》），认为人与人止有利害的结合，君臣父子兄弟夫妇在利害冲突时都不可靠。所以人君必须固握"二柄"（刑、赏），驾驭臣属。他把荀学发展为法家学派，面貌好像不同了。李斯发挥了荀子的官僚主义。③ 他用阴谋杀死韩非，又用"法先王，是古非今"的罪名，坑杀孟派与阴阳五行派混合的儒生（《史记·秦始皇本纪》、赵岐《孟子章句题词》）。新礼乐派以李斯为代表，在秦朝几乎占了独尊的地位。

（六）战国时代儒家与其他学派大斗争，内容丰富了，更适合

---

① 《荀子·非十二子篇》。《孟子》讲五百年必有王者兴。
② 韩非作《解老》、《喻老》，首先提倡《道德经》。
③ 《荀子·仲尼篇》讲"持宠处位，终身不厌之术。"

统治阶级的实用了。荀学吸收刑名,孟学吸收阴阳五行,孟荀两派对立着。在秦朝荀派战胜孟派,在汉朝孟派战胜荀派。

五 新的经出现——西汉

(一)西汉时代墨家学派完全消灭,连貌似墨家的游侠,也被统治者用严刑禁止。儒家名义上获得独尊的地位。但宣帝以前,黄老、刑名即李耳、韩非之学,保持实际指导政治的地位(《汉书·元帝纪》)。

(二)西汉统一中国,需要维持统一的经学(三纲五常),尤其需要证明匹夫做皇帝,是上天所命(五德终始),是孔子所预知(为汉制法)。因此阴阳五行化的经学,成为西汉经学的"骄子"。

(三)汉立十四博士(逐渐添设)。博士经是唯一"利禄之路",凡不合博士经说,不得仕进。十四博士如下:

《易》——有施、孟、梁丘、京房四家,专讲卜筮、命运、历数、灾异等迷信学说,哲学思想完全被废弃。

《书》——有欧阳、大小夏侯三家。《洪范篇》被附会为阴阳五行的根据。

《诗》——有齐、鲁、韩三家。齐诗讲"四始五际六情",在三家中附会阴阳五行最甚。

《礼》——有大小戴二家。礼学也附会阴阳,比其他经学似乎少些(礼经在西汉不甚重视)。

《春秋》——公羊春秋有颜、严二家。《公羊春秋经传》本是口耳相传,景帝时才写出来。

(四)合乎博士说的定为"正经"。在博士说范围外还有许多经说,都被否认。十四博士的经学,取得经的地位。

六　经学战胜黄老刑名,取得实际的独尊地位

(一)经学尊君抑臣,定名分,正三纲,博得统治阶级的赞许;但"是古非今,不达时务",却非统治者所喜。

(二)经学混合阴阳五行,更得统治阶级的赞许;但"众忌讳,使人拘而多畏",也觉得讨厌。

(三)黄老主张"清静无为",刑名主张君主绝对专制,在西汉前半期(武帝以前)统治权还没有充分巩固的时候,是最适用的学说。可是黄老反对仁义礼乐,刑名显然"刻薄寡恩",在表面上是必需掩盖的。所以统治者利用阴阳五行化的经学做旗帜,暗中任用黄老刑名。诸博士仅仅"具官待问,未有进者"。

(四)景帝时《公羊传》出现,有"大一统","国君报九世甚至百世之仇","君亲无将,将而必诛","责备贤者","为尊者、贤者、亲者讳"等等所谓"微言大义"。刑名的长处,被公羊吸取,统治者得借孔子名义,施行刑名之实。

(五)董仲舒发挥刑名,又采取阴阳五行入公羊学,完全适合统治者的全部需要。仲舒"能"求雨止雨,推验灾异(《春秋繁露》、《汉书·五行志》),行为像巫师道士。汉儒尊他为"圣人",因为他完成了儒家独尊的巨大事业。

(六)武帝时统治权十分巩固了。"清静无为"成为"好大喜功"的障碍,黄老应该退位了。圣人(《春秋》)、巫师(阴阳五行)、刽子手(刑名)混合的公羊学,恰恰供给他残忍雄猜的暴行以理论根据。他毅然下诏罢斥诸子百家,独尊经学。所谓经学,主要就是公羊学。公孙弘(公羊学者)做宰相封侯,董仲舒作《公羊治狱》,公羊学尊显无比。

(七)元帝时代君权衰落,大臣贵族放纵腐化,含有刑名性质

的公羊学不适用了。于是"温柔敦厚"而又尽量阴阳五行化的齐诗,代替公羊指导政治(匡衡做宰相)。

公羊排斥了黄老,齐诗排斥了刑名。阴阳五行极大发展,成为"纬候之学"。阴阳五行化的经,不仅名义上,而是实际占领了独尊的地位。

七　今文古文的斗争——西汉东汉

(一)经在战国各有师传,说解纷歧(所谓儒分为八)。汉初一部分"识时务"的儒生,用当时通俗的隶书写出经文,教授生徒,朝廷立他们做博士,用的书本就称为经。自从古文经出现,这些隶书写的经被称为"今文经""博士经"。

(二)一部分"不知时变"(叔孙通笑鲁两生语)的儒生,抱着老本子(用籀文、蝌蚪文、小篆写的),在民间传授。因为不立于博士,没有做官希望,止有少数"好古之士"学习(主要靠家传)。在今文经发达的西汉,古文经不显于世。

(三)西汉末,王莽采取"周公式"的篡位法,要学周公"制礼作乐与太平"。今文讲古制度的止有《礼记·王制篇》,不合王莽的需要。恰恰相传有一部古文经叫做《周礼》,书中设官分职,条目繁多,模范宏大,比《王制篇》详备得多。《周礼》来历不明,其中一部分当是周朝旧制,一部分当是历代师儒逐渐增益,一部分当是王莽、刘歆私意附加,作为自己制作的依据。《周礼》以外,还有《古文尚书》、《左传》、《毛诗》、《国语》等书。这些书世人少见,极便于王莽的利用。所以王莽、刘歆竭力提倡,企图夺取经的地位。

(四)王莽、刘歆依政治力量提倡世人不常见的古文经,与久已独尊的今文经起猛烈的斗争(刘歆《移太常博士书》)。古文经终于战胜,与今文同立博士。

（五）王莽时新出现的古文经有：

《周礼》——记载详备繁碎的官制职掌。王莽土地国有制度，北宋王安石的保甲制度，都取法《周礼》。古文学者认为周公制作的礼经，今文学者认为全出刘歆伪造，《周礼》的"疑"、"信"问题成为今古文斗争的焦点。

《左氏春秋传》——编辑各国史料，解释《春秋》经旨，不像《公羊传》专谈"大义微言"。今文学者不信《左传》解经，但承认它是古史遗文。

《毛诗》——毛亨作诂训传，自称子夏所传授。三家诗（今文）亡佚，所以今文学者不攻击《毛诗》。

《古文尚书》——说是从孔子壁中掘得（景帝末年），比今文多十六篇。王莽时《古文尚书》不甚重要，因为《今文尚书》一样讲周公的故事，尽可利用。

（六）古文经学专讲古代典章制度，不讲阴阳五行。今文经学尽量发挥阴阳五行，纬候图谶。王莽别蓄一批贱儒（哀章之流）大创符瑞，证明自己该代汉做皇帝。所以王莽虽尊古文，但不废今文。

（七）东汉今古文并行，今文混合谶纬，得统治阶级的奖励。学古文在东汉也得做官，而且经学内容比较丰富，因之古文学非常发达。两派各有社会基础，进行着剧烈的斗争。

（八）东汉末郑玄博习古文、今文、谶纬之学，采取今文长处（混合谶纬）融入古文，成立新的经学（称为郑学），古文学获得极大的胜利。当时公羊大师何休气得这样说："康成（玄字）入我室，操我戈，可乎！"足见今文学的惨败。

八 郑学与王学,南学与北学的斗争——东汉末迄南北朝

(一)郑学大胜利以后,今文几乎退出经学界。但郑学破坏古文传统的"家法",采取今文说及纬候说入古文,因之古文经学阵营里,又发生冲突。

(二)魏朝王肃"好贾(逵)马(融)之学",站在纯古文学的立场上,反对郑学。他伪造《圣证论》、《孔子家语》等书发起攻势。郑王斗争是守旧派与改造派的斗争。守旧派一定不能战胜改造派,所以王肃经学虽然不比郑玄差,虽然有外孙司马炎(晋武帝)用政治力量帮助他,到底王学归于失败。

(三)东汉极端奖励虚伪的礼教,激起魏晋时代老庄学派(玄学)的反动。老庄学派的首领阮籍作《大人先生传》,比"礼法"之士为破裤中虱子;嵇康作《难自然好学论》,比六经为"鬼话"。他们不仅口头上,而且用实际行动来破坏礼教,否认"人伦之至"的圣人。

(四)经学不仅遭玄学的猛攻,同时它本身也失去存在的依据。因为魏晋用九品取士法,名门子弟自然富贵利达,贫贱下士学经并无大用。经学既非仕宦正路,谁愿"皓首穷经",作无利可获的研求。所以西晋末"永嘉之乱",今文经学全部溃灭,古文经学仅保存一部分。

(五)经学被老庄学派猛攻,魏晋儒者采取老庄学改造出玄学化的经学,王弼注《易》,何晏注《论语》,杜预注《左传》,皇甫谧或梅赜造伪孔传,范宁注《穀梁》,辞义简括,标举大旨,一反两汉烦琐支离而又阴阳五行化的经学。尤其是王弼的《易注》、《易略例》,发挥久被汉儒埋没了的哲学,《周易》居然以谈玄根据的资格,与《道德经》、《庄子》并为玄学家所玩味。

（六）南北朝时代，北朝儒生保守汉儒烦琐经学，南朝儒生采取老庄创造新经学。所谓"南学简约，得其英华（要义）；北学深芜，穷其枝叶（烦琐）"，就是南北学的区别。因为南北朝政治上的分裂，经学没有显著的冲突，但玄学化的南学，被一般公认为经学正统。

（七）隋统一中国，南北经学接触，北学大败退，陆德明作《经典释文》，规定下列南学的经：

《易》——魏王弼注（《系辞》以下东晋韩康伯注）。

《书》——伪《孔传》。何人伪造，不可知。西晋皇甫谧、东晋梅赜，都有作伪孔传的嫌疑。

《春秋左氏传》——西晋杜预注。

《春秋穀梁传》——东晋范宁注。

《论语》——魏何晏注。

《尔雅》——东晋郭璞注。

以上皆南学。此外《诗》（毛传、郑笺）、三《礼》（郑玄注）注解简明，合于南学规律，为南北经学所共用。《春秋公羊传》（何休注）是今文学，仅备经数，地位在《穀梁传》下。

（八）东汉末以及魏晋人的经学（南学），到隋唐被公认为经，博士经与北学完全失败。

九　经学与佛教的斗争——南朝

（一）魏晋老庄学派攻击经学，经学对玄学妥协。玄学家所谓"名教中自有乐地"，就是妥协成功的证据。经学迎合统治阶级的需要，又被认为"乐地"了。

（二）佛教在东晋时代发展起来，整个六朝佛教一直向上发展。统治阶级重视佛教，因为佛教的欺骗手段（因果报应），麻醉作用(唯心哲学),确比经学有力。经学仅保持《周易》(哲学)、三《礼》(主要讲丧服)两个地盘。六朝贵族政治,门第界限极严,这就是三《礼》独得相当发展的原因。一般说经学逐渐退处次要地位,经学博士出身的萧衍(梁武帝),竟承认孔子是释迦的学生。

(三)经学有它社会的历史的坚固基础,当然不能让佛教独尊。东晋儒佛因跪拜服装问题起冲突,结果儒学失败。正当佛教极盛时代(梁武帝),儒生范缜提出一篇《神灭论》,给佛教致命的打击。《神灭论》主张物质是本体,精神是作用(形者神之质、神者形之用)。物质灭,精神随之而灭(形存则神存、形消则神灭)。他举出许多例证,其中一条是:

> "神之于质,犹利之于刃。形之于用,犹刃之于利。利之名非刃也,刃之名非利也。然而舍利无刃,舍刃无利。未闻刃没而利存,岂容形亡而神在。"

他这种论据非常有力,把佛教的基本信仰(神不灭)摇动了。从皇帝(梁武帝)起,所有贵族僧徒都反对他,范缜却愈辩愈胜利。佛教徒大窘,幸得梁武帝下一道诏敕,禁止范缜再发言,问题算是"解决"了。

(四)魏晋道家攻击经学,因妥协而告结束。东晋佛教拉拢道家(玄学与儒学对立)。晋宋道教(神仙教)与佛教斗争,道教拉拢儒家,反对佛教。南朝佛教势力巨大,道儒联合反攻,未能得利。北朝道儒联合,曾两次毁灭佛教,但最后还是佛教胜利。

十 汉学的末路——唐

(一)唐朝封建经济较前代发达,统治阶级要求享乐也特别提高。他们过着"诗的生活",饮酒、音乐、跳舞、美女、赋诗,极尽风流的"韵事"。尤其是"男女别"这一条大礼,唐人是不愿意提倡的。其他烦碎礼法，也非一般统治阶级所必需，经学失去存在的意义。

（二）佛教在唐朝发展到最高点，道教也有很高的地位（唐朝皇帝自称李耳的子孙）。儒学既没有高深的哲理，又没有政治的援助，自然成了"告朔之饩羊"。

（三）唐朝取士特重"进士科"，专力诗赋，不需要经学；应"明经科"的是低能人，永无做大官的希望。所谓"明经"，止是"帖括之学"，根本不讲什么经义。

（四）太宗、高宗定《五经正义》（《易》、《诗》、《书》、《左传》、《礼记》）作为考试的标准。应试人不得超越《正义》有所发挥，因之《正义》以外的经说，归于废灭。

（五）汉学系到唐朝结束了。唐人作《九经正义》（孔颖达《五经正义》加贾公彦《周礼》、《仪礼》疏，杨士勋《穀梁》疏，徐彦《公羊》疏）就是经学结束的表示（算总账）。

（选自《范文澜历史论文选集》）

范文澜（1893—1969），字仲沄，浙江绍兴人。1917年毕业于北京大学文科国学门。曾在南开大学、北京大学、北京师范大学、中国大学、河南大学等校任教。1940年赴延安，任马列学院历史研究室主任，次年任中央研究院副院长兼历史研究室主任。1946年在晋冀鲁豫边区任北方大学校长，1948年任华北大学副校长兼研究部主任、历史研究室主任。建国后任中国科学院哲学社会科学学部委员、中国科学院近代史研究所所长、中国史学会副会长。著有《群经概论》、《正史考略》、《文心雕龙注》、《中国通史简编》、《中国近代史》、《唐代

20世纪儒学研究大系

佛教》等,有《范文澜历史论文选集》行世。

　　《中国经学史的演变》是范文澜1940年9月在延安新哲学年会上的讲演提纲。本文运用唯物史观,侧重从批判的角度对中国经学史进行总结,指出,作为封建社会的产物,经托始于西周而以周公为代表人物,至春秋时代六经初步形成,孔子则又是重要的代表人物。文中特别强调,六经的实质是宣扬统治秩序的永恒不变,归根到底是为封建统治服务的。

孔子与六经

钱 穆

中国文化,于世界为先进。古代学术思想,当有研讨之价值。然夷考旧文,茫昧无稽;虽有美盛,未可苟信。当孔子时,夏、殷之礼,已为无征。

《论语·八佾》:子曰:"夏礼我能言之,杞不足征也;殷礼我能言之,宋不足征也;文献不足故也。足则我能征之矣。"

当孟子时,成周书籍,亦复不传。

《孟子·万章》:北宫锜问曰:"周室班爵禄也,如之何?"孟子曰:"其详不可得闻也。诸侯恶其害己也,而皆去其籍。"

荀卿有"文灭节绝"之叹。

《荀子·非相》:"五帝之外无传人,非无贤人也,久故也。五帝之中无传政,非无善政也,久故也。是以文久而灭,节族久而绝。"

韩非有"非愚则诬"之讥。

《韩非子·显学》:"孔子、墨子俱道尧、舜,而取舍不同,皆自谓真尧、舜。尧、舜不复生,将谁使定儒、墨之诚乎?无参验而必之者,愚也。弗能必而据之者,诬也。故明据先王,必定尧、舜者,非愚则诬也。"

故言古者不可不慎。余于此编,盖将略而弗论,论其可知者,自孔子始。然于中国学术具最大权威者凡二：一曰孔子，一曰《六经》。孔子者，中国学术史上人格最高之标准，而《六经》则中国学术史上著述最高之标准也。自孔子以来二千四百年，学者言孔子必及《六经》，治《六经》者亦必及孔子。则《六经》之内容，及孔子与《六经》之关系，终不可不一先论也。

今言《六经》，略分三部：一《易》、《春秋》；二《诗》、《书》；三《礼》、《乐》。分条述之如次。

一　《易》、《春秋》

《易》之为书，本于八卦。八卦之用，盖为古代之文字。

《易纬乾凿度》："☰"古文天字，"☷"古地字，"☴"古风字，"☶"古山字，"☵"古水字，"☲"古火字，"☳"古雷字，"☱"古泽字。

因而重之，犹如文字之有会意。

如"䷖"为山下有泉，"䷰"为泽中有火之类。

引而伸之，犹如文字之有假借。

如"☳"本为雷，后以龙亦潜伏，时时飞升，且雷动龙现，二者相因，故"☳"亦以象龙。"☴"本为风，而风动树摇，亦如雷龙之例，故"☴"亦以象树。如是推衍，义象遂广。

卜筮如拆字。

八卦之兴，本在游牧之世。今设推想，有一队牧人，远出游牧，路经山野，其地旱埆，遍觅水泉，得之山上。方此队人将次他去，顾念同族后队，接踵便至，乃于山下显处，作一记号"䷟"，山上有泽；或"䷖"，山上有泉；则后队到此，便知水在山上，径自攀登。而其时民智浅陋，彼见卦象可以告我以外物，以谓必有类我而神明者主之,而敬畏之心渐起。循而久之,牧队将发,戏为占问,如得"☳"卦,则谓外出不利,雷雨将至。如得"☱"卦,则谓水草丰美,尽利前往。后人以拆字验吉凶,即占卦之变相。敬惜字纸,虔事符箓,则先民以八卦为神物之遗意也。

系辞如签诗。

朱子《答吕伯恭书》:"窃疑卦爻之词,本为卜筮者断吉凶,而因以训戒;有本甚平易浅近,而今传注误为高深微妙之说者。如利用祭祀,利用享祀,只是卜祭则吉;田获三狐,田获三品,只是卜田则吉;公用享于天子,只是卜朝觐则吉;利建侯,只是卜立君则吉;利用为依迁国,只是卜迁国则吉;利用侵伐,只是卜侵伐则吉之类。"

《朱子语类》:"《易》为卜筮作,非为义理作。伏羲之《易》,有占而无文,与今人用《火珠林》起课者相似。文王、周公之《易·爻辞》如签辞。孔子之《易》,纯以理言,已非羲、文本意。"

《周易》起于殷、周之际,明周家之有天下,盖由天命。

《易·系辞下传》:"《易》之兴也,其当殷之末世、周之盛德邪? 当文王与纣之事邪?"

王应麟《困学纪闻》:阮逸云:"《易》著人事,皆举商、周。帝乙归妹,高宗伐鬼方,箕子之明夷,商事也。密云不雨,自我西郊,王用享于岐山,周事也。"

顾炎武《日知录》:"《易》本周《易》,故多以周事言之。《小畜》:'密云不雨,自我西郊。'本义:'我者,文王自我也。'"

《既济》九五:"东邻杀牛,不如西邻之禴祭,实受其福。"

《汉书·郊祀志》引此，师古注："东邻谓商纣也，西邻谓周文王也。"郑康成《坊记》注亦云："东邻谓纣国中，西邻谓文王国中。"

《易》之内容，其实如斯。孔子言《易》，见于《论语》。

《日知录》："孔子论《易》，见于《论语》者，二章而已。曰：'加我数年，五十以学《易》，可以无大过矣。''南人有言曰：人而无恒，不可以作巫医。善夫！不恒其德，或承之羞。子曰不占而已矣！'是则圣人之所以学《易》者，不过在庸言庸行之间，而不在乎图书象数也。今之穿凿图象以自为能者，畔也。记者于夫子学《易》之言而即继之曰：'子所雅言，《诗》、《书》、执礼，皆雅言也。'是知平日不言《易》，而其言《诗》、《书》、执礼者，皆言《易》也。"今按：五十以学《易》，《古论》作"易"，《鲁论》作"亦"，连下读。比观文义，《鲁论》为胜。则孔子无五十学《易》之说也。顾氏谓孔子平日不言《易》是矣，而曰其言《诗》、《书》、执礼皆言《易》，则不得其意而强说之也。

因人之无恒而叹其不占，与南人之言同类并举，亦博弈犹贤之意，非韦编三绝之说也。至《十翼》不出孔子，前人辩者已多，则《易》与孔子无涉也。

《史记·孔子世家》："孔子晚而喜《易》。序《彖》、《系》、《象》、《说卦》、《文言》，读《易》韦编三绝。"

马端临《文献通考》："欧阳公《童子问》上下卷，专言《系辞》、《文言》、《说卦》而下，皆非圣人之作。"

陈振孙《书录解题》："赵汝谈《南塘易说》三卷，专辨《十翼》非夫子作，今此书无传。"

《晋书·束皙传》："汲郡人不准，发魏襄王冢，得《易经》

二篇,与《周易》上下经同。"姚际恒曰:"魏文侯最好古,魏冢
无《十翼》,明《十翼》非仲尼作。"姚有《易传通论》,今亦无
传。

　　崔述《洙泗考信录》:"《易传》必非孔子所作,汲县冢中,
《周易上下篇》无《彖》、《象》、《文言》、《系辞》。魏文侯师子
夏,子夏不传,魏人不知,则《易传》不出于孔子无疑。又按:
《春秋》襄九年《传》穆姜答史之言,与今《文言》篇首略同,而
词小异。以文势论,则彼处为宜。是作传者采之鲁史而失其
义耳。《论语》:曾子曰:'君子思不出其位。'今《象》传亦载
此文。果传文在前,与记者固当见之。曾子虽书述之,不得谓
曾子所自言。既采曾子语,必曾子已后人所为。"

　　孟子称"孔子成《春秋》而乱臣贼子惧",《春秋》之出孔子,自
来无异议。然谓孔子《春秋》一依旧史,无所变改乎? 则"伯于阳"
之不革,何以逃"遵乖习讹"之讥?

　　《春秋公羊传》:"昭公十二年,齐纳北燕伯于阳。伯于阳
者何? 公子阳生也。子曰:'我乃知之矣。'在侧者曰:'子苟
知之,何以不革?'曰:'如尔所不知何?'"刘知几《史通·惑经
篇》:"夫如是,夫子之修春秋,皆遵彼乖僻,习其讹谬,凡所编
次,不加刊改者矣。何为其间则一褒一贬,时有弛张,或沿或
革,曾无定体?"

　　谓修辞正名,俱有深意乎? 则五石六鹢之先后,亦难免"穷乡
曲学"之诮。

　　《春秋穀梁传》:"僖公十六年春王正月戊申朔,陨石于宋
五。先陨而后石,何也? 陨而后石也。于宋四竟之内曰宋。
后数,散辞也。耳治也。是月,六鹢退飞过宋都。是月也,决
不日而月也。六鹢退飞过宋都,先数,聚辞也。目治也。子

曰:'石无知之物,鹢微有知之物。石无知,故日之。鹢微有知之物,故月之。'君子之于物,无所苟而已。石鹢犹且尽其辞,而况于人乎! 故五石六鹢之辞不设,则王道不亢矣。"

《日知录》:"《公》、《穀》二传,相传受之子夏。然而齐、鲁之间,人自为师,穷乡多异,曲学多辨,其穿凿以误后人者不少。且如陨石于宋五,六鹢(原注:《左氏》、《公羊》作鹔)退飞过宋都,此临文之不得不然,非史云五石,而夫子改之石五,史云鹢六,而夫子改之六鹢也。《穀梁》:'后数散辞也,先数聚辞也。''天下之达道五,所以行之者三',其散辞乎?'凡为天下国家有九经',其聚辞乎?'初九潜龙',后九也。'九二见龙',先九也。世未有为之说者也。'石无知故日之。'然则梁山崩不日,何也?'鹢微有知之物,故月之。'然则有鹳鹆来巢不月,何也?"

若谓仅事记录,不异诸史,则孔子不如丘明。

桓谭曰:"《左氏》传于经,犹衣之表里,相持而成。经而无传,使圣人闭门思之,十年不能知。"(《史通·申左篇》。《御览》六百十引)

若谓文主褒贬,义逾衮钺,则南、董贤于仲尼。

《史通·惑经》:"《春秋》之所书,本以褒贬为主。故《国语》晋司马侯对其君悼公曰:'以其善行,以其恶戒,可谓德义矣。'公曰:'孰能?'对曰:'羊舌肸习于《春秋》。'至于董狐书法而不隐,南史执简而累进。又宁殖出君而卒,自忧名在策书。故知当时史臣,各怀直笔。斯则有犯必死,书法无舍者矣。自夫子之修《春秋》也,盖他邦之篡贼其君者有三(原注:谓齐、郑、楚),本国之弑逐其君者有七(原注:隐、闵、般、恶、视五君被弑,昭、哀二主被逐也),莫不缺而靡录,使其有逃名者。"

回护层出,疑难蜂起。三传纷纭,未有定是。所以知几发愤,有"未喻"、"虚美"之惑。

　　刘知几《史通·惑经》说《春秋》有十二未喻,五虚美。

介甫逞臆,有"断烂朝报"之喻。

　　王安石诋《春秋》曰:"此断烂朝报也。"见周麟之《春秋经解跋》。今按:朝报譬今之政府公报也。楚虽称王,而《春秋》书之曰"子"。实晋侯召王,而曰"天王狩于河阳"。凡此之例,正与今之政府公报合符。荆公之语,诚为有见。然自是孔子正名复礼精神之所托。故曰:"寄一王之法。""孔子作春秋而乱臣贼子惧",其说如此。

惟范宁持平,同讥三传。然谓据理通经,不能因经显理,则借后儒之理,以说先圣之经,固无赖乎有经也。

　　范宁《春秋穀梁传序》:"《春秋》之传有三,而为经之旨一。臧否不同,褒贬殊致。盖九流分而微言隐,异端作而大义乖。《左氏》以鬻拳兵谏为爱君(庄十九)。文公纳币为用礼(文二)。穀梁以卫辄拒父为尊祖(哀二)。不纳子纠为内恶(庄九)。公羊以祭仲废君为行权(桓十一)。妾母称夫人为合正(隐二)。以兵谏为爱君,是人主可得而胁也。以纳币为用礼,是居丧可得而婚也。以拒父为尊祖,是为子可得而叛也。以不纳子纠为内恶,是仇雠可得而容也。以废君为行权,是神器可得而窥也。以妾母为夫人,是嫡庶可得而齐也。若此之类,伤教害义,不可强通者也。凡传以通经为主,经以必当为理。夫至当无二,而三传殊说,庸得不弃其所滞,择善而从乎?既不俱当,则固容俱失。若至言幽绝,择善靡从,庸得不并舍以求宗、据理以通经乎?"

章绛抉实,等贯经、史。然谓经有丘明,传有仲尼,则攘左氏之贤,以成孔子之圣,亦乌在其为圣耶?

章炳麟《国故论衡·原经》:"经史自为部,始晋荀勖。《七略》,《太史公书》在《春秋》家。董仲舒说《春秋》,以为:'上明三王之道,下辨人事之纪,万物之聚散,皆在《春秋》。'然太史公自叙其书,亦曰:'协厥六经异传,整齐百家杂语,俟后世圣人君子。'班固亦云:'凡《汉书》穷人理,该万方,纬六经,缀道纲,总百民,赞篇章。'其自美何以异《春秋》?《春秋》有义例,其文微婉,迁、固亦非无义例也。迁、陈寿微婉志晦之辞尤多。太山、梁父,崇卑虽异哉,其类一矣。"

又《检论·春秋故言》:"司马光造《资治通鉴》,先为目录,括囊大典。经何嫌有丘明,传何嫌有仲尼邪?令传非仲尼、丘明同著,即《春秋》为直据鲁史无所考正之书,内多忌讳,外承赴告,以蔽实录,《史通·惑经》之难,虽百大儒无以解也。"今按:章氏书论《春秋》皆实,独谓孔、左同时作述,强造奇论,岂欲为百外大儒,为刘子玄作解人耶?

今称情而论,则《春秋》诚有功于文献。

《国故论衡·原经》:"自仲尼以上,《尚书》则阙略无年次,百国《春秋》之志,复散乱不循凡例,又亦藏之故府,不下庶人,国亡则人与事偕绝。太史公云:'史记独藏周室,以故灭。'此其效也。是故本之吉甫、史籀,纪岁时月日,以更《尚书》。传之其人,令与《诗》、《书》、礼、乐等治,以异百国《春秋》。然后东周之事,粲然著明。令仲尼不次《春秋》,今虽欲观定、哀之世,求五伯之迹,故荒忽如草昧。"今按:如章说,孔子春秋,为史记编年之祖,其功一也。转官史为民间史,开平民舆论之自由,故曰:"《春秋》者,天子之事,知我罪我,其惟

《春秋》。"功二也。又会国别为通史,尊王攘夷,主联诸夏以抗外患,故曰:"其文则史,其事则齐桓、晋文。"以民族观念,发为大一统之理想,功三也。然时移世异,迹者非其所以迹,《春秋》乃仅为古史之椎轮大辂。舍后世三传之纷纷,则孔子《春秋》之精神,亦若是而止耳。

而粗略简陋,殆不胜后儒之尊美也。

《日知录》:"孔子曰:'吾犹及史之阙文也。'史之阙文,圣人不敢益也。《春秋》桓公十七年冬十月朔,日有食之。传曰:'不书日,官失之也。'僖公十五年夏五月,日有食之。传曰:'不书朔与日,官失之也。'以圣人之明,千岁之日至可坐而致,岂难考历布算以补其阙?而夫子不敢也。况于史文之误,而无从取正者乎?况于列国之事,得之传闻,不登于史策者乎?左氏之书,成之者非一人,录之者非一世,可谓富矣。而夫子当时未必见也。史之所不书,则虽圣人有所不知焉者。即使历聘之余,必闻其政,遂可以百二十国之宝书,增入本国之记注乎?若乃改葬惠公之类不书者,旧史之所无也。曹大夫、宋大夫、司马、司城之不名者,阙也。郑伯髡顽、楚子麇、齐侯阳生之实弑而书卒者,传闻不胜简书,是以从旧史之文也。《左氏》出于获麟之后,缀罗浩博,实夫子之所未见。乃后之儒者,似谓已有此书,夫子据而笔削之。即《左氏》之解经,于所不合者,亦多曲为之说。而经生之论,遂以圣人所不知为讳。是以新说愈多,而是非靡定。故今人学《春秋》之言,皆郢书燕说,而夫子之不能逆料者也。"顾氏此论,可以折诸家之平。

《汉书》曰:"《易》本隐以之显,《春秋》推见以知微。"二书一言天道,一言人事,治孔学者尤乐道。

《四库提要》:"六经之中,惟《易》包众理,事事可通。《春秋》具列事实,亦人人可解。一知半见,议论易生。著录之繁,二经为最。"

故说经之有门户,自三传始。而图书之辩,于后为烈。迷山雾海,使学者惶惑沉溺于其中,更不知孔学之真相,则经生儒者之过也。

毛奇龄《西河集》:"《大易》、《春秋》,迷山雾海,自两汉迄今,历二千余年,皆臆猜卜度,如说梦话,何时得白?"此言良是。然清儒研经,于《易》、《春秋》二书,竟亦不出迷山雾海之外,良可悯也!

二 《诗》、《书》

《论语》有言:"子所雅言,《诗》、《书》、执礼,皆雅言也。"又曰:"兴于《诗》,立于礼,成于乐。"《史记·孔子世家》遂谓:"孔子以《诗》、《书》、礼、乐教。"此犹可也。至谓孔子删《诗》、《书》:

《书纬》:"孔子得黄帝元孙帝魁之书,迄于秦穆公。凡三千二百四十篇。断远取近,定其可为世法者百二十篇,以百二篇为《尚书》。"

《史记·孔子世家》:"序《书传》,上纪唐虞之际,下至秦缪,编次其事。"又:"古者《诗》三千余篇,及至孔子,去其重,取可施于礼义,三百五篇。"

则无征于《论语》,无征于《孟》、《荀》,秦火以前,无此说也。

《洙泗考信录》:"《传》云:'郯子来朝,昭子问少皞名官,仲尼闻而学之。'圣人好古如是。果有羲、农、黄帝之《书》传后世,孔子得之,当如何爱护表章,肯无故而删之乎?《论》、

《孟》称尧舜,无一言及炎黄,则高辛氏以前无《书》明矣。古者以竹木为书,其作之也难,其传之亦不易。孔子所得者止是,遂取以传于门人耳。非删之也。《世家》但云序《书》,无删《书》之文。《汉志》有《周书》七十余篇,皆后人伪撰。"此辨删《书》。

孔颖达《诗疏》:"案书传所引之诗,见在者多,亡逸者少。则孔子所录,不容十分去九。迁言未可信也。"

叶水心《习学记言》:"《论语》称'诗三百',本谓古人已具之诗,不应指其自定者言之。"以上二条辨删《诗》。

且今传《诗》、《书》,出秦火之后,亦不复当时孔子诵说之旧本。

《史记》:"秦时焚书,亡数十篇。"

《汉书·艺文志》:"《书》凡百篇,秦燔书禁学,济南伏生独壁藏之。汉兴,亡失,求得二十九篇。"

皮锡瑞《书经通论》:"《尚书》伪中作伪,屡出不已。一则秦燔亡失,而篇名多伪。一则因秦燔亡失,而文字多伪。"

《论语》引《书》凡三:曰"孝乎惟孝,友于兄弟。"(《为政》)曰"武王曰:予有乱臣十人。"(《泰伯》)曰"高宗谅阴,三年不言。"(《宪问》)均不在今文二十八篇中。此论《书》。

金履祥述王柏语云:"孔子之诵咏,如《素绚》、《唐棣》,诸经之所传,如《狸首》、《辔柔》,何以皆不与于三百? 而已放之郑声,反尚存而不削?"

阎若璩《古文尚书疏证》:"《燕礼》记升歌《鹿鸣》,下管《新宫》,《新宫》与《鹿鸣》相次,盖一时之诗,而为燕飨宾客及大射之乐者,其在《小雅》中无疑。郑注:'《新宫》,《小雅》逸篇。'必不为圣人所删。又必不至孔子时已亡佚。何者?

鲁昭公二十五年，宋公享叔孙昭子，赋《新宫》，其诗见存，孔子时年三十五也。又乡射奏《驺虞》，大射奏《狸首》，《周礼·射人》王以《驺虞》九节，诸侯以《狸首》七节，孤卿大夫及士以《采蘋》、《采蘩》五节。则《狸首》之诗，与《驺虞》、《采蘋》、《采蘩》相次，孔颖达所谓'当在《召南》'者。必不为圣人所删。又必不至孔子时已逸。何者？则《射义》出七十子后学者之手，且历举其诗云云也。"此论《诗》。

纵复睹孔门之旧，而《书》乃当时之官书，《诗》乃昔人之歌咏，亦不足为万世之经典，千禩之常法也。又况后之治《书》者，先劳精于今、古文之真伪，治《诗》者又耗神于齐、鲁、韩、毛之异同。将以考索古代文献之真相，则斯已耳。若谓从此以明孔子之大道，立千古之常法，将以为尊经崇圣之宝典者，则又经生儒者之过也。

三　《礼》、《乐》

《汉书·艺文志》："《礼》自孔子时而不具，至秦大坏。"则孔子已不见有《礼经》矣。

毛奇龄《西河集·与李恕谷论〈周礼〉书》："仆记先仲兄尝言：先王典礼，俱无成书。韩宣子见《易象》、《春秋》，便目为周礼。国家班礼法，只于象魏悬条件，使闾里读之。刑法亦然。子产作刑书，反谓非法。即历书一项，关系民用，先王所谓敬授民时，与世共见者，然亦只逐月颁布，并无成书，如近代历本，则他可知矣。是以夏礼、殷礼，夫子谓文献不足。不特杞、宋原无文，即旧来传书，亦只得《夏时》、《坤乾》。一如韩宣子之以《易象》、《春秋》当礼书也。"据此，则孔子以前，本无礼书可知矣。

《论》、《孟》言"礼",皆明礼意,著于行事,不在简策。

袁枚《答李穆堂问三〈礼〉书》:"子所雅言,《诗》、《书》外惟礼,加一'执'字,盖《诗》、《书》有简策之可考,而礼则重在躬行,非有章条禁约也。"

《汉书》所称《礼经》,乃今《仪礼》十七篇;而《春秋》二百四十年列国君大夫行礼,绝不一言及之。

顾栋高《春秋大事表》有《〈左氏〉引经不及〈周官〉、〈仪礼〉论》。

且其书与孔子之意多违,盖出周末战国之际。

崔述《丰镐考信录》:"《仪礼》非周公之制,亦未必为孔子之书。古礼臣拜君于堂下,虽君有命,仍拜毕乃升。今《仪礼》君辞之,乃升成拜。是拜上非拜下矣。此孔子所谓泰也。古者公之下不得复有公,今《仪礼》诸侯之臣所谓诸公者,是春秋之末,大夫僭也,此孔子所谓名不正也。觐礼,大礼也;聘礼,小礼也。今《仪礼》聘礼之详,反十倍于觐礼。盖周衰,觐礼缺失,而聘礼通行故也。王穆后崩,太子寿卒,晋叔向曰:'王一岁而有三年之丧二焉。'今《仪礼·丧服篇》为妻期年。果周公所制之礼,叔向岂有不知?何以所言丧服与《仪礼》迥异?且十七篇多系士礼,已文繁物奢如此,则此书之作,当在周末文胜之时。周公所制,必不如是。孔子曰:'先进于礼乐,野人也。后进于礼乐,君子也。如用之,则吾从先进。'则今传《仪礼》,亦与孔子之意背驰也。"

"乐"与《诗》合,本非有经。

《日知录》:"歌者为诗,击者、拊者、吹者为器,合而言之谓之乐。对《诗》而言,则所谓乐者八音,'兴于《诗》,立于礼,成于乐'是也。分《诗》与乐言之也。专举乐则《诗》在其中,

'吾自卫反鲁,然后乐正,《雅》、《颂》各得其所'是也。合《诗》与乐言之也。《诗》三百篇,皆可以被之音而为乐。自汉以下,乃以其所赋五言之属为徒诗,而其协于音者则谓之乐府。宋以下,则其所谓乐府者,亦但拟其辞,而与徒诗无别。于是乎诗之与乐判然为二,不特乐亡而诗亦亡。"

又礼乐应时而变。魏文侯听古乐,则昏昏欲睡。庄子称古今之变,犹猨狙之异周公。孔子不云乎:"礼云礼云,玉帛云乎哉?乐云乐云,钟鼓云乎哉?"今使考索孔子当时玉帛钟鼓之制度法数,而曰我将以复孔门之礼乐,则又经生儒者之过也。综上以言:孔子以前未尝有六经,孔子亦未尝造六经。言孔子者,固不必专一注重于后世之所谓六经也。

今考《楚语》载申叔时论教太子,列举古代典籍甚详备:

《楚语》:"庄王使士亹傅太子葴,士亹问于申叔时。叔时曰:'教之《春秋》,而为之耸善而抑恶焉,以戒劝其心。教之《世》,而为之昭明德而废幽昏焉,以休惧其动。教之《诗》,而为之导广显德以耀明其志。教之《礼》,使知上下之则。教之《乐》,以疏其秽而镇其浮。教之《令》,使访物官。教之《语》,使明其德,而知先王之务用明德于民也。教之《故志》,使知废兴者而戒惧焉。教之《训典》,使知族类,行比义焉。'"

凡举古代典籍为当时所教学诵习者分九类:

一、《春秋》。《晋语》:"羊舌肸习于《春秋》。"《墨子·明鬼篇》"著在周之《春秋》"、"著在燕之《春秋》"、"著在宋之《春秋》"云云。盖当时王朝列国之史,皆称《春秋》也。

二、《世》。世者,世系谱牒也。《鲁语》:"工史书《世》,宗祝书昭穆。"韦注:"工,瞽师官也。史,太史也。世,次先后也。工诵其德,史书其言也。"是书《世》者,亦载德言也。

三、《诗》。《论语》"诵《诗》三百"是也。

四、《礼》。礼者，《周语》："随会聘于周，归而讲聚三代之典礼，于是修《执秩》以为晋法。"故礼即古代之遗制旧例，与本朝之成法也。《楚语》子木曰："楚国之政，其法刑在民心，而藏在王府。其《祭典》有之曰：'国君有牛享，大夫有羊馈。'"此所谓法、典，皆礼也。

五、《乐》。乐者，记《诗》之音节制度物数。《论语》"孔子曰：'吾自卫反鲁，然后乐正，《雅》、《颂》各得其所'"者是也。

六、《令》。《晋语》："事君以死，事主以勤，君之明令也。"又曰："先王之《令》有之曰：'天道赏善而罚淫。'"皆是也。

七、《语》。前人善言佳语。内外《传》常引"语曰"云云，《郑语》"《训语》有之"是也。其云"史佚有言"、"仲虺有言"、"臧孙纥有言"，皆《语》类也。

八、《故志》。《楚语》"范无宇对子皙曰：'其在《志》也'云云。"又曰："皆志于诸侯。"《左传》成十五年："前《志》有之。"皆是也。语言亦称《志》。《左》襄十四年引"仲虺有言"，襄三十年作"仲虺之志"是也。

九、《训典》。韦注："五帝之书。"《楚语》"左史倚相能道《训典》，使寡君无忘先王之业"者是也。《晋语》亦云："端刑法，缉《训典》。"《商书》有《伊训》，《左》襄四年引《夏训》，则《训典》不限于五帝书也。

约而举之，不出《诗》、《书》两类。《书》者掌故，凡申叔时所谓《春秋》、《世》、《礼》、《令》、《语》、《故志》、《训典》皆属之。《诗》者文学，凡申叔时所谓《诗》、《乐》皆属之。《诗》、《书》者，古人书籍之两大别也。不曰《诗》、《书》，即曰"礼、乐"。《诗》、《书》言其体，"礼、乐"言其用。《书》即"礼"也，《诗》即"乐"也。《诗》之为乐易明，《书》之为礼难晓。盖礼有先例之礼，有成文之礼。先例之礼，本于历史，《春秋》、《世》、《语》、《故志》、《训典》之类是也。成文之礼，本乎制度，《礼》、《令》之类是也。而后王本朝之制度法令，亦即先王前朝之先例旧贯也。盖昔人尊古笃旧，成法遗制，世守勿替，即谓之"礼"。舍礼外无法令，舍礼外无历史。"史"、"礼"、"法"之三者，古人则一以视之也。史实之变动，新例之创兴，而礼法亦随而变。如《檀弓》记"士之有诔"，"鲁妇人之髽而吊"，"晋人之毕献而扬觯"，《左传》记"晋之始墨"，"楚之乘广先左"之类，大率前代因一时特情，开一新例，其后因习沿用而成礼制。违"礼"即违"法"，"历史"即"制度"，而《诗》、《乐》本包括于礼制之中。则古人学问，可以一字尽之，曰惟"礼"而已。其守礼知礼者则"史"也。故古人言学，皆指"《诗》、《书》、礼、乐"。此即求之《论语》而可证。

《泰伯》："兴于《诗》，立于礼，成于乐。"

《述而》："子所雅言，《诗》、《书》、执礼，皆雅言也。"

《季氏》："鲤趋而过庭，曰：学《诗》乎？……学礼乎？"

至增孔子《春秋》与《诗》、《书》、礼、乐而为五，又增卜筮之《易》而为六，而因以名之曰"经"，此皆后起之事，非孔子以前所本然也。《论》、《孟》不言"经"。

《孟子》："经正则庶民兴。"非经籍也。

崔述《古文尚书辨讹》："汉以前从未尝称《易》、《诗》、《书》、《春秋》为'经'，《论语》、《孟子》所引，亦无'经'字。《经解》出于《戴记》，未必为孔子之言。然通篇无'经'字，其'经'目则汉儒所署耳。《孝经》亦汉人抄撮为之。不然，不应汉以前无一人语及也。"今按:自荀子已"经"、"礼"分言,惟亦不以《诗》、《书》与"经"相连,而称《诗经》、《书经》耳。语详下。

"经"之称昉《墨子》,有《经》上下篇。荀子儒家,始称"经",始以《春秋》与《诗》、《书》、礼、乐连称。然犹不知"六经",又不以《易》为"经"。

《荀子·劝学篇》:"学恶乎始,恶乎终?曰:其数则始乎诵'经',终乎读'礼'。《书》者,政事之纪也。《诗》者,中声之所止也。礼者,法之大分,类之纲纪也。故学至乎礼而止矣。"杨倞注:"经谓《诗》、《书》,礼谓典礼之属。"则荀子仅以《诗》、《书》为"经",与"礼"并举,非有"六经"也。

又云:"礼之敬文也,乐之中和也,《诗》、《书》之博也,《春秋》之微也,在天地之间者毕矣。礼、乐法而不说,《诗》、《书》故而不切,《春秋》约而不速。"以礼、乐、《诗》、《书》、《春秋》并举,而不及《易》。荀子不知有"六经"也。不然,何以曰"在天地之间者毕"乎?

又《儒效篇》:"圣人者,道之管也。天下之道管是矣。百王之道一是已。故《诗》、《书》、礼、乐之归是矣。《诗》言是其志也,《书》言是其事也,礼言是其行也,乐言是其和也,《春秋》言是其微也。"亦《诗》、《书》、礼、乐、《春秋》五者并举;而不及《易》。盖荀子单言《诗》、《书》则包《春秋》,单言"礼"则包"乐"。故分言之则五者,合言之则《诗》、《书》与"礼"之二事也。故《荣辱篇》亦言:"先王之道,仁义之统,《诗》、《书》、礼、乐之分。"推荀子所谓《诗》、《书》,即孔子之"博学于文"也。荀子之所谓"礼",即孔子之"约之以礼"也。荀子之"始诵经而终读礼",即孟子"由博反约"之说也。证之以《荀子》

之书,则知其时固无"六经"之称也。

秦人焚书,则曰"《诗》、《书》、百家语",而《易》为卜筮之书,独不禁。其谓"《诗》、《书》",统指孔、墨以前旧籍。"百家语",则儒、墨以下私书也。《易》在秦时,人犹知其为卜筮书,非儒家之一经也。荀卿屡举《诗》、《书》、《礼》、《乐》、《春秋》而不及《易》,《孟子》七篇,无一字及《易》,知《易》不与《诗》、《书》、《礼》、《乐》、《春秋》同科。尊《春秋》齐于《诗》、《书》、《礼》、《乐》者,其论始于孟子,定于荀卿。并《易》与《诗》、《书》、《礼》、《乐》、《春秋》而言之者,则儒、道、阴阳合糅之徒为之。其事起于汉,见于刘安、马迁、董仲舒、贾谊之书,而亦犹弗称之谓"六经"也。

淮南王刘安招宾客方术之士为《鸿烈》。高诱序之曰:"王与苏飞、李尚、左吴、田由、雷被、毛被、伍被、晋昌等八人,及诸儒大山、小山之徒,共讲论道德,总说仁义,而著此书。其旨近《老子》,淡泊无为,蹈虚守静,出入经道。"则《淮南》杂糅儒、道之证也。故其书以《诗》、《书》、《易》、《礼》、《乐》、《春秋》为"六艺"(《泰族训》),又曰:"孔丘通'六艺'之论。"(《主术训》)司马迁《史记·太史公自序》曰:"谈为太史公,学天官于唐都;受《易》于杨何,习道论于黄子。"其《论六家要旨》曰:"《易大传》:'天下一致而百虑,同归而殊途。'夫阴阳、儒、墨、名、法、道德,此务为治者也,直所言之异,有省不省耳。"则司马谈论学,糅合阴阳、儒、道之证也。备论六家,首列阴阳,而称《易传》,先秦无有也。史迁承父学而尊孔子,故以《礼》、《乐》、《诗》、《书》、《易》、《春秋》言"六艺"(《滑稽列传》)。谓孔子晚而喜《易》,序《彖》、《系》、《象》、《说卦》、《文言》,读《易》韦编三绝者,亦史迁也。

董仲舒,《汉书·五行志》称之曰:"昔殷道弛,文王演《周易》;周道敝,孔子述《春秋》;天人之道,粲然著矣。汉兴,董仲舒治《公羊春秋》,始推阴阳为儒者宗。"此董氏之学为阴阳与儒相杂糅之证也。故《春秋繁露》亦并《易》与《诗》、《书》、《礼》、《乐》、《春秋》并言。

贾谊《新书》,亦言"六艺"。贾生亦兼治阴阳、儒、道之说也。

《庄子·天下篇》:"《易》以道阴阳。"史迁亦言之。秦火之后,惟《易》独传。儒、道、阴阳之说,杂见于其书,遂成《易传》,至汉而大行也。

司马氏之言曰:"儒者以六艺为法,六艺经传以千万数。"(《论六家要旨》)明"六艺"中自分经传,而经传不限于"六艺"。

"经"者,对"传"与"说"而言之。无"传"与"说",则不谓"经"也。《说文》:"经,织也。"《左氏》昭十五年传:"王之大经也。"疏:"经者,纲纪之言也。"古者于书有"记"、"传"、"故训",多离书独立,不若后世章句,即以比厕本书之下;故其次第前后,若不相条贯,而为其经纪者,则本书也。故谓其所传之本书曰"经",言其为"传"之纲纪也。读《墨子·经说》者,必比附于经而读之,则若网在纲,有条不紊矣。此古书称"经"之义。《书》有传,《诗》有故训,故亦得称"经"。章实斋谓:因"传"而有"经"之名,犹因子而立父之号。故"经"名之立,必在"传"、"记"盛行之后。墨家既称之,诸家沿用之,而《诗》、《书》亦得是称也。墨家之辨有说,故《墨辨》称"经"。韩非著书,其《外储说》诸篇,自称左为"经",右为"传"。撰辑《管子》者,题其《牧民》、《形势》诸篇曰"经言",言统要也。《吕氏春秋》肇立《十二纪》,"纪"即"经"也,所以纪综群篇。曰《八览》,"览"揽也,所以总揽。曰《六论》,"论"纶也,所以经纬。其称"纪"、"览"、"论",犹称"经"也。先秦著书,揭署"经"名,辄如此。谓"经"专儒家书,非也。谓先古已有"经",尤非也。谓"经"为千古之常道,则尤非之尤非也。

汉之"六艺",则惟五经,以其无《乐经》也。

汉武帝立五经博士。刘向受诏领校中五经秘书。《艺文志》无《乐经》。故王充《论衡》曰:"夫'五经'亦汉家之所立也。"惟成帝即位,匡衡上疏戒妃匹劝经学,有曰:"臣闻'六经'云云,非情实也。"

然不能仅言礼而无乐,则增五经而称"六艺"。古自有"六艺",指礼、乐、射、御、书、数。

《吕氏春秋·博志篇》:"养由基射,尹儒学御,吕氏曰:'皆"六艺"之人也。'"

《周礼·保氏》:"教之六艺,曰礼、乐、射、御、书、数。"

今以称简册,则亦汉人之说。其明称"六经"者,一见庄周书,后成于王莽。

《庄子·天运篇》:"孔子谓老聃曰:'丘治《诗》、《书》、《礼》、《乐》、《易》、《春秋》"六经",自以为久矣,孰知其故矣。'"是谓"六经"先孔子有,虽《春秋》亦非孔子作也。以《易》与《诗》、《书》、《礼》、《乐》并称,亦出秦火后阴阳家言。

《汉书·王莽传》:"平帝时,莽奏立《乐经》,随立六经祭酒。"见《后汉书·苏竟传》注。扬子云《剧秦美新》称之曰:"制成六经。"后人则误王莽为孔子也。

《后汉》:"明帝开立学校,置五经师。"(《本纪》)"章帝诏诸儒会白虎观讲议五经同异。"(《班固传》)则王莽"六经"终不传。

（选自《国学概论》）

钱穆（1895—1990），原名恩𬩽，字宾四，后改名穆，江苏无锡人。早年为乡间小学教师、校长，又为中学教师。后相继在燕京大学、北京大学、清华大学、西南联大、齐鲁大学、华西大学、四川大学、云南大学、江南大学等校任教。1948年当选中央研究院院士。1949年赴香港，参与创办亚州之商学院，次年改建为新亚书院，为院长。后赴美讲学，并辞新亚院长职，转任马来亚大学教授。1967年定居台湾，曾任中国文化学院历史系教授。著有《国学概论》、《先秦诸子系年》、《中国近三百年学术史》、《国史大纲》、《中国文化史导论》、《中国历史精神》、《中国历代政治得失》、《中国思想史》、《国史新论》、《宋明理学概述》、《中国学术史论集》、《秦汉史》、《两汉经学今古文平议》、《中国历史研究法》、《史记地名考》、《论语新解》、《朱子学提纲》、《中国史学名著》、《孔子传》、《中国学术通义》、《中国学术思想史论丛》、《中国文学论丛》、《现代中国学术论衡》、《中国史学发微》等，有《钱宾四先生全集》行世。

《孔子与六经》节选于《国学概论》，文中认为《易》起于殷周之际，十翼不出于孔子。孔子作《春秋》，有功于文献，但又不是一依旧史而无所变改。《书》乃当时之官书，《诗》乃昔人之歌咏，并非孔子所删。《仪礼》盖出周末战国之际，而乐与《诗》合，本非有经。经之称昉《墨子》，并《易》与《诗》、《书》、礼、乐、《春秋》而言之者，则儒、道、阴阳合柔之徒为之。

古之六经与孔子之六经

马 宗 霍

六经,先王之陈迹。此为庄生所述老子之言。陈迹者,史实也。后儒"六经皆史"之说,盖从是出。是故伏羲画八卦,以通神明之德,以类万物之情,(见《易·系辞》)即《易》之始也。制嫁娶以俪皮为礼,(见谯周《古史考》),即《礼》之始也。作瑟五十弦,乐名立基,一曰扶来,(见《世本》及《孝经纬》)即《乐》之始也。造驾辩之曲,作网罟之歌,(见王逸《楚辞注》及元结《补乐歌》)即《诗》之始也。① 是《易》、《诗》、《礼》、《乐》,三皇已肇其端矣。及黄帝时而有书契,于是左史记言,右史记事,亦有其具。事为《春秋》,言为《尚书》。故《白虎通》溯《春秋》之始,谓自黄帝以来。《隋书·经籍志》溯《尚书》之始,谓与文字俱起。盖五帝时六经皆有萌芽矣。三皇无文,或由书契已后,仰录其事,若唐虞之世,则焕乎其有文章,故《易》、《诗》、《礼》、《乐》之用尤显。考之《尚书》,言九江纳锡大龟,是卜筮之法已行,则《易》之用也。舜修五礼觐群后,伯夷典三礼作秩宗,则《礼》之用也。夔典乐教胄子,则《乐》之用也。诗言志,歌永言,则《诗》之用也。逮夫姬周,制作益备,

---

① 郑玄《诗谱序》,谓《诗》之兴也,谅不于上皇之世,似不信伏羲时为有《诗》。然自大庭以还,又疑其有,大庭神农之别号,是亦在三皇之世也。

六艺之守,各有司存。见于《周官经》者,大宗伯掌邦礼,以吉礼事邦国之鬼神示,以凶礼哀邦国之忧,以宾礼亲邦国,以军礼同邦国,以嘉礼亲万民。是《礼》有专守矣。大司乐以乐德教国子中、和、祗、庸、孝、友,以乐语教国子兴、道、讽、诵、言、语,以乐舞教国子舞《云门》、《大卷》、《大咸》、《大磬》、《大夏》、《大濩》、《大武》。是《乐》有专守矣。大师教六诗,曰风,曰赋,曰比,曰兴,曰雅,曰颂,以六德为之本,以六律为之音。瞽矇掌《九德》、《六诗》之歌,以役大师。是《诗》有专守矣。大卜掌三《易》之法,一曰《连山》,二曰《归藏》,三曰《周易》。其经卦皆八,其别皆六十有四。是《易》有专守矣。小史掌邦国之志,郑众谓即《春秋传》所谓《周志》,《国语》所谓《郑书》之属。外史掌四方之志,郑玄谓若鲁之《春秋》,晋之《乘》,楚之《梼杌》。又掌三皇五帝之书,郑玄谓即楚灵王所谓《三坟》、《五典》。是《书》与《春秋》亦渐有专守矣。盖五帝殊时,不相沿乐。三王异世,不相袭礼。周监二代,郁郁乎文。虽自为一王之法,实兼存前代之制。故六艺之目,至周而特详。章学诚谓周公以周礼集羲、轩、尧、舜以来之大成,殆谓此耳。然六艺虽各有分掌,而咸属于礼官,则又以六艺本先王政典,礼者政典之总持,班固所云六经之道同归,而礼乐之用为急也。

六艺大备于周,方其盛时,史掌之,故府藏之,①其学在官。惟

① 龚自珍曰:六经者,周史之宗子也。《易》也者,卜筮之史也。《书》也者,记言之史也。《春秋》也者,记动之史也。《风》也者,史所采于民而编之竹帛,付之司乐者也。《雅》、《颂》也者,史所采于士大夫也。礼也者,一代之律令,史职藏之故府而时以诏王者也。小学也者,外史达之四方,瞽史谕之宾客之所为也。今夫宗伯虽掌礼,礼不可以口舌存,儒者得之史,非得之宗伯。乐虽司乐掌之,乐不可以口耳存,儒者得之史,非得之司乐。故曰六经者,周史之大宗也。刘师培曰:韩宣适鲁,观书太史,首见《易象》,则《易》掌

其在官,故施之于教。则道一而风同,发之为政,则俗成而治定。及周之衰,官守放废,六艺道息,诸子争鸣,自孔子时,即已残缺不完。其在诗也,《九德》、《六诗》之歌,旧凡十有五流,《史记》称孔子所见古诗,虽尚有三千余篇,然加以去取,仅存风、雅、颂三者。《九歌》篇什既不可见,比、赋、兴亦难复别。是三千篇中已无《九歌》与比、赋、兴。使诚有之,则大师所教者。孔子不容六去其三,盖合十五流计之。其数当更在三千以上也。①其在《书》也,旧兼存三皇五帝之书,纬书《璇玑钤》称,孔子求书,得黄帝玄孙帝魁之书,迄于秦穆公,凡三千二百四十篇,(见《尚书序疏》所引)其言虽不尽可信,然今《尚书》起于尧典,则知三皇之书,当时不可睹。②其在《春秋》也,旧兼存邦国四方之志,则周初所定五等之封,实千七百余国,宜各有史,而太史《年表》,止存十二诸侯,其他且有无《世家》言者。若谓因秦火残缺,则十二诸侯之事,又焉得独存,盖孔子时固已不具。《春秋》所存,已不及十之一矣。至若《礼》、

于史。五帝三皇之书,掌于外史,传曰史诵书,则《书》掌于史。《风》诗采于輶轩,《鲁颂》作于史克,祁招闻于倚相,则《诗》掌于史。韩宣观书鲁史,兼见《春秋》,而《孟子》之解《春秋》也,亦曰其文则史,则《春秋》掌于史。老聃为周史而明礼,苌弘为周史而明乐,则礼乐掌于史。史籀以篆书诏民,史佚以"尔雅"教子,则小学亦掌于史。

① 《郑志》:张逸问何诗近于比、赋、兴。答曰:比、赋、兴,吴札观《诗》,已不歌也。此语甚是,盖已不歌者,必有缺也。乃又云孔子录诗,已合风、雅、颂中,难复摘出,则殊滋后人之惑。世儒因疑风、雅、颂为异体,比、赋、兴为异辞,而六诗之经略遂泯,不知比赋兴宜各自有主名区处,不与四始相挈也。详见余杭章君《六诗说》。

② 朱子曰:《周礼》外史掌三皇五帝之书,周公所录,必非伪妄,若果全备,孔子亦不应悉删去之,或其简编脱落,不可通晓。

《乐》二者，则诸侯恶其害已，而皆去其籍，故残缺尤甚，①孔子因乘以如周，问礼于老聃，访乐于苌弘，旁皇求索，粗得绪言，然其言曰："夏礼吾能言之，杞不足征也。殷礼吾能言之，宋不足征也。文献不足故也。足，则吾能征之矣。"是二代之礼，以杞、宋二国夏、殷之后，已不能征，故又曰："殷因于夏礼，所损益可知也。周因于殷礼，所损益可知也。"盖其所谓能言之者，亦由周礼推而上之也。乐则旧存六代，而孔子之所称者，曰"《韶》尽美矣，又尽善也"，"《武》尽美矣，未尽善也"，又曰"乐则《韶舞》"，他则未尝多及，或于时亦不传耳。惟旧之三《易》，独无所缺。孔子所学者虽为《周易》，而《记》称孔子欲观夏道，得《夏时》焉，欲观殷道，得《坤乾》焉。《坤乾》则《归藏》之书也。《连山》首艮，艮者人也。夏以建寅之月为正月，谓之人统，故先儒谓夏时即《连山》之用也。② 盖古之六经，至孔子时，其存而可考者，约略如此。

　　孔子兼综六艺，故网罗特富，搜访独勤，古籍大观，宜在孔氏，然见于《春秋》内外传者，若左史倚相之所读，韩宣适鲁之所见，羊舌肸之所习，申叔时论傅太子之所教，季札观乐之所奏，与夫叔孙穆子、子服惠伯、白公、子张、单穆公、闵马父、观射父、郤缺、成鱄诸人之所诵述，亦皆古籍之遗也。而诸子书之所称引者，复所在而有。其前于孔子者，如《管子·法禁篇》称"纣有臣亿万，亦有亿万

---

　　①　《汉书·艺文志》曰：帝王质文，世有损益，至周曲为之防，事为之制。故曰礼经三百，威仪三千。及周之衰，诸侯将逾法度，恶其害己，皆灭去其籍，自孔子时而不具。又曰：礼、乐二者相与并行，周衰俱坏，乐尤微眇，以音律为节，又为郑、卫所乱，故无遗法。

　　②　《左传》襄九年：穆姜为筮，遇《艮》之八。杜预注云：杂用《连山》、《归藏》、《周易》。此亦春秋时三《易》皆行之证。桓谭《新论》云：《连山》藏于兰台，《归藏》藏于太卜。则知汉初三《易》尚存。

之心,武王有臣三千而一心",与《书》之《泰誓》同。《小匡篇》言搜狩之礼,《八观篇》言国有蓄积,与《周官》、《戴礼》同。此外,同于《左氏传》者尤多。其与孔子并世者,如《晏子春秋》之引《诗》"哲夫成城,哲妇倾城"、"进退维谷"、"既明且哲,以保其身"、"侧弁之俄"诸文,均与今所传之《诗》同。《谏篇》下言"昔文王不敢盘于游田",与《书·无佚》同。而全书之同于《左氏传》与《戴礼》者亦多。其稍后于孔子而与儒家立异者,墨子最号博闻,①引经更富,《书》则《七患篇》引《夏书》、《殷书》、《周书》,《尚贤篇》引《汤誓》、《吕刑》、《距年》之言,《尚同篇》引《吕刑》、《术令》、《太誓》、《距年》,《兼爱篇》引《太誓》、《禹誓》、《汤说》,《天志篇》引《太誓》,《明鬼篇》引《禹誓》、《商书》,《非乐篇》引《汤之官刑》及《武观》,《非命篇》引《禹之总德》、《仲虺之告》、《召公之执令》及《太誓》。《诗》则《所染篇》引《诗》曰"必择所堪,必谨所堪"(佚诗),《尚贤篇》引《大雅·桑柔章》及《周颂》,《尚同篇》引《周颂·载采章》及《小雅·皇华章》,《兼爱篇》引《小雅·大东章》及《大雅·抑章》,《非攻篇》引《诗》曰"鱼水不务,陆将何及乎"(佚诗),《天志篇》引《大雅·皇矣章》,《明鬼篇》引《大雅·文王章》。《礼》则《明鬼篇》引虞夏商周三代圣王建国营都、择坛置庙之礼,《节葬篇》引古圣王葬埋之法,《乐》则《三辨篇》引汤放桀,环天下自立,因先王之乐,又自作乐,命曰《濩》;武王胜殷杀纣,环天下自立,因先王之乐,又自作乐,名曰《象》;周成王因先王之乐,名曰《驺虞》。《春秋》则《明鬼篇》称吾见百国《春秋》",又称"著在周之《春

① 墨子南使卫,载书甚多,弦唐子见而怪之。墨子曰:"昔周公旦朝读书百篇,夕见七十二士。相天下犹如此,吾安敢废此也。"《困学纪闻》谓外史掌三皇五帝之书,大训在西序读书百篇,谓此类也。案此亦墨子博学之证。

秋》"、"燕之《春秋》"、"齐之《春秋》"、"宋之《春秋》"。余杭章先
生有言,墨子称《诗》、《书》、《春秋》,多太史中秘书,盖谓此也。
他若孟、荀、韩、吕诸家,所引经文虽繁,已在孔子删订六经之后,大
抵以孔子删订之本为主,但可以证秦火以前之经,①不足以证古之
经矣。

　　世儒咸言孔子述而不作,是固然矣。然《史记·孔子世家》
云:孔子之时,周室微而礼乐废,《诗》、《书》缺。追迹三代之礼,序
《书传》,上纪唐虞之际,下至秦缪,编次其事。曰:"夏礼吾能言
之,杞不足征也。殷礼吾能言之,宋不足征也。足,则吾能征之
矣。"观殷夏所损益,曰:"后虽百世可知也,以一文一质。周监二
代,郁郁乎文哉。吾从周。"故《书传》、《礼记》自孔氏。孔子语鲁
太师:"乐其可知也。始作翕如,纵之纯如,皦如,绎如也,以成。"
"吾自卫反鲁,然后乐正,《雅》、《颂》各得其所。"古者《诗》三千余
篇,及至孔子,去其重,取可施于礼义,上采契后稷,中述殷周之盛,
至幽厉之缺,始于衽席,故曰"《关雎》之乱以为《风》始,《鹿鸣》为
《小雅》始,《文王》为《大雅》始,《清庙》为《颂》始"。三百五篇,孔
子皆弦歌之,以求合《韶》、《武》、《雅》、《颂》之《音》。礼乐自此可
得而述,以备王道,成六艺。孔子晚而喜《易》,序《彖》、《系》、
《象》、《说卦》、《文言》。读《易》,韦编三绝。曰:"假我数年,若
是,我于《易》则彬彬矣。"子曰:"弗乎弗乎,君子病殁世而名不称
焉。吾道不行矣,吾何以自见于后世哉?"乃因史记作《春秋》,上
至隐公,下讫哀公十四年,十二公。据鲁,亲周,故殷,运之三代。
约其文辞而指博。故吴楚之君自称王,而《春秋》贬之曰"子";践

<hr />

　　①　王充《论衡》曰:知屋漏者在宇下,知政失者在草野,知经误者在诸
子。秦虽无道,不焚诸子。诸子之文具在,可观读以正说。

土之会实召周天子,而《春秋》讳之曰"天王狩于河阳":推此类以绳当世。贬损之义,后有王者,举而开之。《春秋》之义行,则天下乱臣贼子惧焉。《汉书·儒林传》云:孔子以圣德遭季世,知言之不用而道不行,究观古今之篇籍,于是叙《书》则断《尧典》,称《乐》则法《韶舞》,论《诗》则首《周南》。缀周之礼,因鲁《春秋》,举十二公行事,绳之以文武之道,成一王法,至获麟而止。盖晚而好《易》,读之韦编三绝,而为之《传》。皆因近圣之事,以立先王之教。又《艺文志》,于《易》则云:孔氏为之《彖》、《象》、《系辞》、《文言》、《序卦》之属十篇。于《书》则云:《书》之所起远矣,至孔子纂焉,上断于尧,下讫于秦,凡百篇,而为之《序》,言其作意。于《诗》则云:古有采诗之官,王者所以观风俗,知得失,自考正也。孔子纯取周诗,上采殷,下取鲁,凡三百五篇。于《春秋》则云:周室既微,载籍残缺,仲尼思存前圣之业。以鲁周公之国,礼文备物,史官有法,故与左丘明观其史记,据行事仍人道,因兴以立功,败以成罚,假日月以定历数,借朝聘以正礼乐。据《史》、《汉》之文,则知孔子于六艺,《易》则有传,《书》则有序,《诗》则有去取,《礼》则有从违,《乐》则有正,《春秋》则有《义》。《易》有传而后圣道始明,《书》有序而后作意始显,《诗》有去取而后叵迹盛衰,《礼》有从违而后可考质文,《乐》正而后可与移风易俗,《春秋》行而后可以劝善惩恶。虽曰述而不作,而作已寓于述之中。故扬雄曰:《诗》、《书》、《礼》、《春秋》,或因或作,而成于仲尼。盖古之六艺,自经孔子修订,已成为孔门之六艺矣。[1]未修订以前,六艺但为政典。已修订以后,六艺乃有义例,政典备,可见一王之法。义例定,遂成

---

① 阮元曰:六经皆周鲁所遗古典,而孔子述之,传于后世。孔子集古帝王圣贤之学之大成,而为孔子之学。

一家之学。法仅效绩于当时,学斯垂教于万禩。① 司马迁曰:"自天子王侯,中国言六艺者,折中于夫子,可谓至圣矣!"洵知言哉。

晚近学者,或则笃信今文家说,尊孔子为素王,谓六艺皆孔子托古改制之书,实为后王立法;或则牢守古文家说,俦孔子于良史,谓六艺皆周公国史之旧,孔子不过传述而已。是二说者,窃以为皆过也。孔子尝言:吾欲垂之空文,不如见之行事之深切著明。又言:非天子不议礼,不制度,不考文。又言:盖有不知而作者,我无是也。则托古改制,夫岂孔子之意?《庄子·天运篇》:孔子谓老聃曰:"丘治《诗》、《书》、《礼》、《乐》、《易》、《春秋》六经,自以为久矣,孰知其故矣,以干者七十二君,论先王之道,以明周召之迹,一君无所钩用。"是孔子于旧有六经,初但治之,欲以用世,及乎周流不偶,始将所治之经,加以修订,以之垂教。故《白虎通》曰:孔子所以定五经者何? 以为居周之末世,王道陵迟,礼乐废坏,强陵弱,众暴寡,天子不敢诛,方伯不敢伐,闵道德之不行,故周流应聘,冀行其道德。自卫反鲁,自知不用,故追定《五经》,以行其道。此言追定,最得其实,非初挟意为后王立法也。或疑宰我、子贡以孔子远过尧舜,生民未有,而其事迹则皆在六经,使六经不为改制立法,何以比隆王者? 此亦似是而实不然。余杭章先生有言,布彰六籍,令人人知前世废兴,中夏所以创业垂统者,孔氏也。六籍既定,民以昭苏,不为徒役,九流自此作,世卿自此堕,朝命不擅威于肉食,国史不聚奸于故府,故直诸夏覆亡,虽无与立,而必有与毙也。不曰贤于尧舜,岂可得哉。可见欲尊孔子,自有其可尊者在,不必

---

① 《家语》载齐太史子与曰:孔子生于衰周,先王典籍错乱无纪,而乃论百家之遗记,考正其义,删《诗》述《书》,定礼理乐,制作《春秋》,赞明《易》道,垂训后嗣,以为法式,何其盛也。

系于改制立法矣。虽然,孔子固不改制立法,然遂以良史位孔子,则亦失伦。盖孔子修订六艺,虽本之于史,然史之职,守而弗失而已。所谓良史,亦不过洞见治原,迹其所终始,足以存故实,备咨诹。至如历记成败存亡祸福古今之道,知秉要执本若老聃,斯尤史之上选也。而其所以自处者,善守善持,非同孔子以拨乱反正、继往开来为己任也。且孔子于六艺,既有述有作,作固手定,述亦笔削,其间择改因革,大有经营,则亦自与泛言传述有别,龚自珍曰,天生孔子,不后周不先周也。存亡续绝,俾枢纽也。史有其官而亡其人,有其籍而亡其统,史统替夷,孔统修也,史无孔,虽美何待,孔无史,虽圣曷庸。准斯以谈,则史实为孔子所用,孔子固不欲以史自居,而良史又讵足以尽孔子哉,要而言之,以六艺为政者王之业,以六艺为掌者史之职,以六艺为教者师之任,孔子有德无位,盖以六艺为教者也,称曰素王,孔子之道,不从而大,是之谓诬,侪之良史,孔子之道,不从而小,是之谓简,夫惟万世之师,则尊莫尚焉,亦即孔子之所以自处也。

(选自《中国经学史》)

马宗霍,湖南衡阳人。早年师事章太炎。后在中国科学院哲学研究所、中华书局工作。著有《中国经学史》、《淮南旧注参正 墨子间诂参正》。

《古之六经与孔子之六经》节选自《中国经学史》,文中认为,六经萌芽甚早,至周特详,孔子时却又残缺不完。经孔子修订,六经乃有义例,成为传于后世的一家之学。

经与十三经

蒋 伯 潜

目录特立经部　我国分别古代图书部居之目录学,始于西汉末刘歆之《七略》。歆承哀帝之命,继其父向,领校秘府之书,乃总群书而奏《七略》。七略者,辑略、六艺略、诸子略、诗赋略、兵书略、数术略、方技略也。初校书时,刘向校经传、诸子、诗赋,步兵校尉任宏校兵书,太史令尹咸校数术,侍医李柱国校方技,盖各就其专门学识,分任校勘;此与《七略》分类亦至有关。然经传、诸子、诗赋,皆向所校,而分为三类,则《七略》之分,以书籍之性质为标准可知已。《七略》已亡,犹可于《汉书·艺文志》中见其大概。班氏自云:"今删其要,以备篇籍。"且于每类目录后,注明"出某书"、"入某书",以明有所删、有所增。则班《志》以刘《略》为蓝本,又可知已。《七略》中之辑略,为其总论,已为班《志》所删。以下六略,即分古书为六类,而六艺略衰然居首。"六艺",即"六经"也。但六艺略于六经之外,旁及《论语》、《孝经》、小学诸书,六经传记各附其经;则六艺略之所著录,不仅六经本书,诸经传记亦在其列,又较然可知。嗣是以后,魏郑默之《中经》,晋荀勖因《中经》而另录之《新簿》,则分古书为甲、乙、丙、丁四部,甲部所录,其范围约等于刘《略》、班《志》之六艺略。宋王俭《七志》之经典志,梁阮孝绪《七录》之经典录,《隋书·经籍志》以至清《四库全书》之经类,

20世纪儒学研究大系

莫不皆然。由此观之,自来目录,殆莫不为经传特立一部门。此固由于西汉以来,"尊经"已成为一般学者之传统的观念,要亦此类书籍自有其与诸子文艺不同的特征也。

经之意义　然则此类书籍,特称曰"经",其义何居?是有二说:一以经为官书;一以经为圣人所作,为万世不易之常道。六经为周公旧典,犹后世御纂钦定之书,与私人著述不同,故为官书。《论语集解序》曰:"六经之策长二尺四寸;《孝经》谦,半之;《论语》八寸。"六经简策特大,犹今之特大版本,即以其为官书故。此一说也。《释名·释典艺》曰:"经,径也,常典也,如径路无所不通,可常用也。"《文心雕龙·宗经篇》曰:"经也者,恒久之至道,不刊之鸿教也。"《孝经序疏》引皇侃之言曰:"经者,常也,法也。"《玉海》卷四十一引郑玄《孝经注》曰:"经者,不易之称。"盖以为六经者,孔子所作,垂教万世;"天不变,道亦不变"(用董仲舒语)。孔子之道,万世不变,六经之教,亦万世不变。此又一说也。虽然,《国语·吴语》"挟经秉枹",则称兵书曰经矣;《内经》、《难经》,则称医书为经矣;《荀子》尝引《道经》,贾谊《新书》又云有《容经》;凡此皆非官书,亦非周孔所作,万世不变之常道。按之上述二说,均不可通。近人章炳麟尝曰:"经者,编丝连缀之称,犹印度梵语之称'修多罗'也。"按古以竹简丝编成册,故称曰"经"。印度之"修多罗",亦以丝编贝叶为书,义与此同,而译义则亦曰"经"。此说最为明通。据此,则所谓"经"者,本书籍之通称;后世尊经,乃特成一专门部类之名称也。

六经与六艺　经本专指六经而言。六经者,《诗》、《书》、《礼》、《乐》、《易》、《春秋》也。《庄子·天运篇》引孔子对老聃之言曰:"丘治《诗》、《书》、《礼》、《乐》、《易》、《春秋》六经以为文。"以此六书为六经,古籍中殆初见于此。《礼记·经解篇》以"温柔敦厚"为《诗》教,"疏通知远"为《书》教,"恭俭庄敬"为《礼》教,"广博易良"为《乐》教,"絜静精微"为《易》教,"属辞比事"为《春秋》教,虽未径称此六书为"经",而以《经解》名篇,则亦以《诗》、《书》、《礼》、《乐》、《易》、《春秋》为六经矣。而《刘略·班志》谓之"六艺"者,则汉儒之言也。贾谊《新书·六术篇》曰:"《诗》、《书》、《易》、《春秋》、《礼》、《乐》六者之术,谓之六艺。"按《周礼》地官司徒之属有保氏,其职曰:"掌谏王恶而教国子以道,乃教之以'六艺'。一曰五礼,二曰六乐,三曰五射,四曰五驭,五曰六书,六曰九数。"此以礼、乐、射、御、书、数为"六艺",与称六经为六艺者,截然为两事,亦学者所宜注意者也。

六经之用 然则六经究何用乎?《庄子·天下篇》尝言之矣。曰:"《诗》以道志,《书》以道事,《礼》以道行,《乐》以道和,《易》以道阴阳,《春秋》以道义。"《史记·滑稽列传》亦引孔子曰:"六艺之于治,一也:《礼》以节人,《乐》以发和,《书》以道事,《诗》以达意,《易》以神化,《春秋》以道义。"与《庄子》所言,大致相同。《史记·太史公自序》又引申之曰:"《易》,著天地阴阳五行,故长于变;《礼》,经纪人伦,故长于行;《书》,记先王之事,故长于政;《诗》,记山川溪谷禽兽草木牝牡雌雄,故长于风;《乐》,乐所以立,故长于和;《春秋》辨是非,故长于治人。是故《礼》以节人,《乐》以发和,《书》以道事,《诗》以达意,《易》以道化,《春秋》以道义。"按《诗》借物比兴,以达情感,以作风喻,故曰"道志",曰"达意",曰"长于风"。《书》所记者为唐、虞、夏、商、周五代君臣言论文告及其大事,故曰"道事",曰"长于政"。《礼》之仪文,所以训导吾人之行为,举动仪态皆当以礼为节制,故曰"道行",曰"节人",曰"长于行"。《乐》则所以陶冶吾人之情感,使能和谐,故曰"道和",曰"发和",曰"长于和"。《易》之卦爻,皆以阴阳代表宇宙一

切事物之变化，故曰"道阴阳"，曰"神化"，曰"长于变"。《春秋》
寓褒贬，正名分，别是非，故曰"道义"，曰"长于治人"。此六经之
用，见于古籍者也。《汉书·艺文志》曰："《乐》以和神，仁之表也；
《诗》以正言，义之用也；《礼》以明体，明者著见，故无训也；《书》
以广听，知之术也；《春秋》以断事，信之符也：五者，五常之道，而
《易》为之原。"班氏强以六经配仁、义、礼、智、信五常，故仅明五经
之用，而曰"《易》为之原"，不如《庄子》、《史记》所论多矣。

六经缺乐　然《汉志》著录，《乐》独无经而仅有"记"；故六经
实际上仅有五书。说者或曰《乐》本有经，遭秦始皇焚书之祸而
亡；或曰《乐》本无经，非亡于秦火。但始皇焚书，何独严于与政治
无直接关系之《乐》？且《易》以卜筮之书不焚，《诗》以讽诵不独
在竹帛得全（均见《汉志》）。即《书》、《礼》、《春秋》，亦于西汉初
先后复出，何以《乐》独全亡其经，竟无残篇留于人世？则前说未
可信也。《诗》本全部皆可合乐。《乐》与《诗》，本相附而行，《诗》
为歌辞，乐则曲谱；度如今世之歌曲集附有五线曲谱者然。故《论
语》记孔子之言曰：'吾自卫反鲁，然后乐正雅颂各得其所。'是正
《乐》即所以正《诗》也。故《史记·孔子世家》曰：'三百五篇，孔
子皆弦歌之，以求合《韶》、《武》、《雅》、《颂》之音。'而东汉末，曹
操平荆州时所得东汉雅乐郎杜夔所能记忆者，《诗》三百篇中，尚
有《驺虞》、《伐檀》、《鹿鸣》、《文王》四篇之乐谱。《诗》《乐》相
辅，此其明证。惟西汉经师所传者为五经之书本，所重者为文字之
章句训诂，于此仅为曲谱，并无文字之《乐》，不复有专门的研究；
而长于音乐之专家，如制氏之类，又仅能记其铿锵鼓舞，而不能言
《诗》之义；盖经师与音乐专家各有所长，各有所短，如孔子之学术
湛深，又于音乐有特殊的嗜好与研究者，已不复有其人。故所传者
仅有论乐理之《乐记》耳。故后说所云，可谓"持之有故，言之成

理”矣。《乐》既无经,则为经类中心之古籍,仅《诗》、《书》、《礼》、《易》、《春秋》五经而已。

孔子与五经 此五经者,殆莫不与孔子有关。如《诗》,《史记》、《汉志》均有孔子从古诗中删定三百五篇之记载;此说纵未可信,而其正《乐》以正《诗》,孔子自述之,《论语》记录之,当为可信之事实。(详见第三编“《诗》”)如《书》,亦孔子自古代所传之《书》中,纂定二十八篇。(详见第二编“《书》”)如《礼》,西汉人所认为《礼经》者,即今本《仪礼》十七篇,此十七篇,为孔子所撰次以教人者。(详见第五编“《仪礼》”)如《易》,本卜筮之书,自经孔子赞修,乃以天道论人事,成哲理修养之书。如《春秋》,则固孔子之所作也;孔子作《春秋》,虽以鲁之《春秋》之史实为据,而其中有“微言大义”存焉。孔子自承为“述而不作,信而好古”之学者(见《论语·述而篇》);其于五经,似亦为整理古书之“述”的工作;但五经之材料虽古已有之,而经孔子加一番赞修笔削理董之手续后,殆莫不各赋以新含义与新生命,则与其谓为“述”,无宁谓为“作”矣。孔子所谓“丘治《诗》、《书》、《礼》、《乐》、《易》、《春秋》六经以为文”者,即指此也。故孔子者,经学之开祖也。

六经不专属于儒家 《汉志》著录诸子,分为十家,而又曰“其可观者九家而已”,故又有“九流”之称。儒家者,十家之一家,九流之一流耳。儒家以孔子为不祧之祖,则六经不过儒家者流之宝典,似不足以涵盖诸家。此说又不尽然。《庄子·天下篇》论“古之道术”,以为古之所谓道术,无乎不在,且曰:“其明而在数度者,旧法世传之史,尚多有之;其在于《诗》、《书》、《礼》、《乐》者,邹鲁之士,搢绅先生,多能明之。”下即申论六经之用(引见上文)。及“天下大乱,贤圣不明,道德不一,天下多得一察焉以自好”,于是“天下之人,各为其所欲焉以自为方”,而“道术”乃裂为“方术”。

其下即分别评论"墨翟、禽滑釐","宋钘、尹文","彭蒙、田骈、慎到","关尹、老聃",及"庄周"、"惠施"诸子。按"邹鲁之士、搢绅先生",即指孔子。是以孔子与六经,为未分裂前之"道术",其余诸子为已分裂后之"方术"矣。《庄子》之书,道家之言也,非后世尊经尊孔者之言也;而其评骘之言如是,此何故哉? 盖古者学在王官,故"宦学"乃得"事师","学古"必须"入官",无私人讲学之风也。古者竹简木牍,刀刻漆书,不特成书难,藏书亦难,故韩起为晋卿,聘鲁,然后得见《易象》与《鲁春秋》;季札为吴公子,聘鲁,然后得闻《诗》之《风》、《雅》、《颂》;孔子适周观书,亦必谋之守藏室史老聃。私人得见藏书,已属不易,况著述乎? 私人讲学,私人著述,实以孔子为第一人(《老子》书,疑战国时人依托而作,汪中《述学》已有此说;今人冯友兰《中国哲学史》采之。以不在本书所论范围内,不复赘述)。故孔子不仅为儒家之始祖,实开十家九流之先河;而其六经,则古代道术之总汇,非儒家所得而私之也。自来目录学者,不列六经于诸子儒家,而特辟部门以著录之,盖以此耳。

十三经之完成 彼时所谓"经"者,仅指《诗》、《书》、《礼》、《乐》、《易》、《春秋》六经。六经无《乐》,实际上仅有五经。但"经"之外,又有释经之"传"焉,如《春秋经》之传,著录于《汉志》者有《公羊传》、《穀梁传》、《左氏传》、《邹氏传》、《夹氏传》五种,今尚存前三种;又有附经之"记"焉,如《礼》有《礼记》,《乐》虽无经而有《乐记》。《论语》者,记孔子之言行者也,故亦附于经类;《孝经》者,孔子后学论孝道者,依托孔子,故亦附于经类;《尔雅》者,缀辑汉代经师诂经之辞而成者也,故亦附于经类;此皆传记之属,《汉志》均入之六艺略中。而先秦时人记其理想的官制之《周官》,《汉志》亦附录《礼》类,刘歆又改称《周礼》,以其依托周公,故亦附于经也。于是《易》、《书》、《诗》之外,《礼》则《周礼》、《礼记》并《仪礼》而为三，《春秋经》则随三传而分为三，加以《论语》、《孝经》、《尔雅》，凡十有二矣。《孟子》，在《汉志》尚列诸子略儒家中，但赵岐《孟子题辞》谓西汉文帝时曾立博士，则其地位，在汉世已列于经子之间。五代时蜀主孟昶石刻十一经，去《孝经》、《尔雅》，而入《孟子》，此《孟子》入经部之始。及朱子取《礼记》中之《大学》、《中庸》与《论语》、《孟子》，定为四书，以为孔、曾、思、孟四子道统之传，于此可见。《孟子》在经类中之地位，于以确定；经部唯一大丛书"十三经"，亦至是始完成焉。此十三经，宋以前已各有注；其疏，则亦至南宋时始告完全。清高宗乾隆时，既刻十三经经文于石，立之太学，而阮元又合刻《十三经注疏》，且附以校勘记。此十三经完成之经过也。

（选自《十三经概论》）

蒋伯潜（1892—1956），浙江富阳人。30年代末任教于上海大夏大学、无锡国学专修学校，兼任世界书局特约编审。后曾任杭州师范学校校长。建国后任浙江图书馆研究部主任。著有《十三经概论》、《经学纂要》、《经与经学》（与蒋祖怡合著）等。

《经与十三经》节选于《十三经概论》，文中认为，经，本为书籍之通称，后世尊经，乃特成一专门部类之名称。现存五经皆与孔子有关，孔子可以说是经学之开祖。不过，作为古代道术的总汇，六经并不专属于儒家。

《周礼》的内容分析及其成书时代

杨 向 奎

一 引 言

假使《周礼》真出于周公而是西周政典的话，也只有史料上的价值，作为我们研究西周历史的一种材料。假使它不是一部西周的作品，出于后人的伪托，我们当它是一部假古董，分析它、批判它，看它还有没有一些史料上的价值。其实，无论真伪，《周礼》本身不应负责任，从《天官·冢宰》以至于《秋官》（《考工记》暂除外），没有一句话说到它是西周的政典，也没有说到它是周公的书。它开头说："惟王建国，辨方正位，体国经野，设官分职，以为民极。"这是几句纲领性的说明，既没有指出武王或者成王来，也没有提到周公；它也没有说明是一部实际的政治典范，或者是一部理想的书。

把《周礼》一部书的问题当作政治史、学术史上的大问题来看，是由于经学今古文之争；而经学今古文之争基本上还是因为统治阶级本身的矛盾，造成思想上的纠纷。如果说孔子一派的儒家思想是封建领主阶级的反映，今文经学的产生反映着封建地主阶级的要求。在地主阶级起来以后，他们要求变，要求变更那已经腐朽了的封建领主制度，今文经学也正好代表这种要求。到西汉武帝以后,今文经学还是代表部分地主阶级的思想,来作推翻汉朝统治者的企图,所以从昭帝时起,社会上盛传"汉历将终"的说法,然而这种说法被王莽利用了,帮助他推翻了汉朝的统治,但新莽的设施对于地主阶级有更多的不利,于是部分地主阶级也在响应着农民起义。东汉建立后,政权完全掌握在地主阶级手中,这时他们不再要求变了,他们要巩固政权,加紧剥削,力图维护自己的阶级利益。于是代表今文经学传统的变的哲学,遭遇到一个不要求变的场面,原来反映这种思想的阶级变了,他们放弃了这种思想体系,因之今文经学在学统上遭逢不利,而古文经学兴起。我们研究王莽夺得政权的经过,知道今文经学给了他许多方便。然而后来的经今文学派,尤其是晚清的今文学派,硬说王莽夺得政权和古文学派有关,说是由古文学派所包办。康有为就是说王莽以伪行篡汉朝,刘歆以伪经篡孔学,二者同伪,二者同篡。他又说刘歆遍伪诸经,以《周礼》及《左氏传》为主,然后遍伪诸经以作佐证(均见《伪经考》)。这是缺乏根据的说法;古文经的出现及其发展,有其社会基础及历史原因,不是一两个人能够伪造出来并且使之发达的。这些经典也不可一概而论,大体上可以分作三类:

一、整部全是古文经,它本身并没有今古文的分别,如《周礼》、《左传》;

二、部分的古文经,如《逸书》十六篇、《逸礼》三十九篇等;

三、传授上的今古之别,如《诗经》齐、鲁、韩诗是今文,《毛诗》是古文;《论语》鲁论是今文,古论是古文等。

第二类古文经已不可得,是真是伪可以不说,第三类古文经与今文经只有篇目或字句上的不同,也不是有什么根本上的歧异。只有第一类古文经书是非常突出的两部,虽然在西汉以前这两部书没有师法传授,然而却不是新莽时代伪造出来的。为什么这两部篇幅很多的书,在西汉惠帝以后,大举搜求遗经的时候,没有经师传授? 这是当时和后来的人致疑于这两部书的重要原因。当今文经学最发皇的时候,本来提倡今文学的(如刘歆)为什么又推崇几部古文经? 这也是使人怀疑的重要原因。《左传》是一部历史书,一般经师既不注意史学,也不了解史学,所以在《春秋》三传中,《公羊》有传人,《穀梁》有传人,这两部书注重所谓《春秋》的"微言大义",它们鼓吹唯心论的历史哲学,它们代表了新兴地主阶级的利益,经师们可以"持以干禄"。《左传》纯粹是历史记述,虽然有时也讲些"义法",在经师看起来是卑微不足道的。司马迁是懂得历史的人,他首先看重了《左传》,《史记》中关于春秋史和古代史的材料,很多取自《左传》,假使没有《左传》,《史记》的成书是不可想象的。司马迁就是《左传》的传人,不过他在政治上是一个失败者,一百年后,刘歆继承了司马迁的事业,又来表彰《左传》。《周礼》也是一部历史著作,是一部记载典章制度的书,并没有微言大义。西汉经师们不重视历史记载,也不重视典章制度,《周礼》所以没有传人,理由和《左传》相同。

今文经学虽然给王莽夺得政权许多帮助,但那里面缺少典章制度,少有可供王莽取法的地方,所以他重视《周礼》,也曾经取法《周礼》。王莽要以复古作维新,他要恢复领主封建制度,消灭和他争夺土地的地主阶级,《周礼》正好供给他一些材料。井田制也就是领主封建时代的制度,没有大地主,土地是国家的"王田",农民是国家的农奴;所以王莽要尊重《周礼》,"以明因监"了。东汉以后,取得政权的地主阶级,希望社会能够安定,而古文经学是古代的历史与典章制度,这种学风至多只能造成讲章句的儒生,对于统治者会有帮助的,于是在东汉章帝建初八年,《周官》与《古文尚书》、《毛诗》等经同置弟子员。此后经师多是呫哔小儒,埋头于章句的钻研。由此知道今文经学与古文经学的兴起,各有其社会根源,虽然在不同的时间与条件下,它们全可以为地主阶级服务,然而彼此却长期地在斗争中。

二　《周礼》中的社会经济制度

我们研究《周礼》中的经济制度,不是要肯定它是某一代的实际制度,只是要说明它是《周礼》中的制度。研究的结果如果和某一时代的制度相当,也不能说明《周礼》就是某时代的著述,因为当我们还没有判定它是一部实录或者是一部托古书以前,还不能遽下断语。就《周礼》的内容说,它有着奴隶制残余材料,但奴隶不是主要生产者。《周礼》中有"人民"可以买卖,证明这些"人民"不是自由人。《地官·质人》中说:

>"质人掌成市之货贿、人民、牛马、兵器、珍异。"

这上面的"人民",自来经解全说成奴隶。在春秋以及战国时代有几种人是可以买卖的,一是俘虏,《庄子·徐无鬼》说南伯子綦的儿子梱遇盗,被刖而卖到齐国;一是妾,《檀弓》中记载子硕曾经请求卖他庶弟的母亲;一是犯罪的人,《国语·吴语》有:"王乃命有司,大徇于军曰:'谓二三子归而不归,处而不处,进而不进,退而不退,左而不左,右而不右:身斩,妻子鬻。'"这全是处于奴隶地位的人。虽然奴隶的来源不一,然而最重要的来源是俘获,《秋官·朝士》说:

>"凡得获货贿、人民、六畜者,委于朝,告于士,旬而举之,大者公之,小者庶民私之。"

所谓"得获",是指战争中的得获说,《左传》定公九年有云:"凡获器用曰得,得用焉曰获。"《公羊》昭公二十三年也有"君……生得曰获,大夫生死皆曰获"的记载,这全是说战争中的得获。大的得获,即是说重要的物资和成年的人民,归于公家;小的得获,即不重要的物资和没有成年的人民,归于私人所有。

无论奴隶的来源如何,他们是罪人的身份,在《周礼·秋官》中有许多专管奴隶的机关,《司厉》说:

> "司厉掌盗贼之任器货贿,辨其物,皆有数量,贾而楬之,入于司兵。其奴,男子入于罪隶,女子入于舂槁。"

奴隶就是罪人,所以"罪隶"一名,几乎是专称了。《周礼·秋官》中有罪隶百二十人,是罪犯而罚作官奴者。《左传》襄公二十三年说:"斐豹隶也,著于丹书。"杜预注云:"盖犯罪没为官奴。"这是正确的解释。《鹖冠子·世兵》说:"百里奚官奴官。"也是指罪隶说。《周礼》中又有许多女奴,如《天官》中的女酒、女浆、女笾、女醢、女醯、女盐、女幂;《地官》中的女舂抌、女槁;这些全是官奴婢。他们不从事主要生产事业,是家内仆役的性质。俘获奴隶的对象以外族为主,所以有蛮隶、闽隶、夷隶、貉隶等职别,另外有罪隶,他们全归司隶所辖。司隶的职掌如下:

> "司隶掌五隶之法,辨其物而掌其政令,帅其民而搏盗贼。役国中之辱事,为百官积任器,凡囚执人之事。邦有祭祀、宾客、丧纪之事,则役其烦辱之事。掌帅四翟之隶,使之皆服其邦之服,执其邦之兵,守王宫与野舍之厉禁。"(《秋官·司隶》)

这一机构中有中士二人,下士十有二人,府五人,史十人,胥二十人,徒二百人,他们的任务多半是"烦辱之事"。一直到汉朝置司隶官,还是"将徒治道沟渠之役"。其余五隶也全是管些"烦辱之事",或者管输送,如罪隶;或者看守王宫,如罪隶和蛮隶;而所有蛮隶、闽隶、夷隶和貉隶全管畜牧的事。这是些奴隶的头目,他们还管辖着许多奴隶。他们是俘自"四夷"的,"四夷"的经济生活,比当时中原地区为落后,中原是农业生活了,他们还过着畜牧生活,所以要他们来管畜牧。

研究上述关于奴隶的材料,我们初步可以得到如下结论:

第一,这些奴隶,没有从事农业生产的,他们不从事于主要生产事业,他们所管的事,或者是为了贵族的享受,如女浆、女酒;或者是看守门户,如罪隶、蛮隶;或者是服贱役,如司隶的职掌;或者是管畜牧,如夷隶、貉隶。同时我们知道《周礼》中的主要生产是农业,奴隶而不从事于主要的生产,意味着这不是典型的奴隶社会。

第二,由于奴隶可以买卖,又因为小的奴隶可以归于私人,我们断定其中有私人奴隶的存在。因为这是一部叙述政府组织机构及其职能的书,很少关于个人的记载,所以关于私奴隶的情形不详细;但我们推测私奴隶也不是从事于农耕的,因为尚有大批农奴存在。以下将要讨论到。

第三,关于奴隶的称谓,有几处"人民"的记载,其意义就是奴隶;但不能说《周礼》中的"人民"全是奴隶,"人民"仍然是一个广泛的称谓,包括着自由民、农奴和奴隶。

《周礼》中虽然有奴隶而不是奴隶制社会,从事于主要生产事业的是农民,在《周礼》中叫作"甿",《地官·遂人》说:

> "凡治野:以下剂致甿,以田里安甿,以乐昏扰甿,以土宜教甿稼穑,以兴锄利甿,以时器劝甿,以彊予任甿,以土均平政。"

"甿"和"氓"可以通用,《说文解字·田部》云:"甿,田民也。"正是农民的适当解释。"以田里安甿","以土宜教甿稼穑,以兴锄利甿"的"甿",很明显是指住在田野而从事农耕的人。新来的农民

按着土地的等级授地,可以免去征役。《地官·旅师》说:

> "凡新甿之治皆听之,使无征役,以地之嫩恶为之等。"

在春秋末以及战国时代,各国君主都希望招徕新的农民,增加他们的劳动力,增加他们剥削的对象。《孟子·滕文公上》说许行:"自楚之滕,踵门而告文公曰:'……愿受一廛而为氓。'"《吕氏春秋·高义》也说:"墨子于越,欲自比于宾萌。""宾萌"是客户的意思,也就是"新甿"。"甿"或者叫作"野民",除了耕田以外,还要担任许多力役,如战争和打猎,《地官·县正》说:

> "若将用野民,师田行役,移执事,则帅而至,治其政令。"

"野民"就是住在田野的农民,他们的地位高出于奴隶,在《周礼》中往往把"夫家"(农民)放在"人民"(奴隶)的上面,《地官·县师》说:

> "县师掌邦国都鄙稍甸郊里之地域,而辨其夫家、人民、田莱之数,及其六畜、车辇之稽。"

"夫家",《周礼》注疏认为指"男女"说,既然放在"人民"的上面,可以解释"夫家"的地位比奴隶高。有什么证据可以说明"夫家"是农民?《地官·遂大夫》说:

> "遂大夫各掌其遂之政令,以岁时稽其夫家之众寡,……以教稼穑。"

遂大夫稽查"夫家"数目的多少而教以稼穑,那末一定是农民了。这些"夫家"全是授田的对象,《地官·遂人》说:

> "辨其野之土:上地、中地、下地,以颁田里。上地夫一廛,田百亩,莱五十亩;余夫亦如之。中地夫一廛,田百亩,莱百亩;余夫亦如之。下地夫一廛,田百亩,莱二百亩;余夫亦如之。"

这上面的"夫"是指有妇的男子说,代表独立的一家;或称作"家",

《地官·大司徒》说：

> "凡造都鄙，制其地域而封沟之，以其室数制之。不易之地家百亩，一易之地家二百亩，再易之地家三百亩。"

这是以"家"作单位。由此可以知道，无论是"夫"是"家"是"夫家"，全指农民说。这些农民以耕田为生而没有土地，要领主们授给他。这些农民的行动是不自由的，假使他们要徙于他乡，必须"为之旌节而行之"，没有旌节的，关上便须呵问，查出来是要下狱的（见《地官·比长》）。而孟子却把这种情形说成农民的美德，他说：

> "死徙无出乡，乡田同井，出入相友，守望相助，疾病相扶持。"（《孟子·滕文公上》）

这说明了农村自耕农民的农奴化，束缚在领主的土地上没有人身自由了。

《周礼》中关于田制的记载共有四处（《考工记》除外），计为：《大司徒》、《小司徒》、《遂人》及《大司马》。《大司徒》和《遂人》原文已如上引，《小司徒》说：

> "乃均土地，以稽其人民，而周知其数。上地家七人，可任也者家三人；中地家六人，可任也者二家五人；下地家五人，可任也者家二人。"

又《夏官·大司马》说：

> "上地食者参之二，其民可用者家三人；中地食者半，其民可用者二家五人；下地食者参之一，其民可用者家二人。"

以上四处记载，就内容来说，可以分作两类，《大司徒》和《遂人》是记载授田的数目；《小司徒》和《大司马》是一类，记载着每一家可供力役的人。据《大司徒》的规定，地有不易、一易、再易的分别；据《遂人》的规定，田有上、中、下和莱的差异。所谓不易就是年年耕作而地力不衰,等于上地;一易是一年耕种、一年休息,等于中地;再易是二年休息、一年耕种,等于下地;"莱",据郑注是"休不耕者"。两种记载比较,《遂人》上地一夫田百亩莱五十亩是和"不易之地家百亩"有差异的,但就上下全文来通盘考虑,是可以解释的。《大司徒》一开头就说,"凡造都鄙",可见所指是都鄙田制。都鄙,据各家注疏,全是说公卿大夫的采邑。就上下文来看,上面说建邦国封诸侯,下面说到设置采邑,也是合理的。《遂人》所说是六遂的制度。为什么《遂人》中上地百亩外,还有五十亩莱?原文没有说明,这可能在乡遂首先实行了三圃制耕种法。此外在《遂人》中有关于余夫的规定,"余夫"的解释虽然有种种不同,但惠栋以为"余子"(余夫)就是庶子的说法,最为正确;解释为一家已有正夫受田,尚有余子娶妇也可以受田,是讲得通的。亩数多少据原文应当是同于正夫,但孟子说余夫受田二十五亩,所以有人解释《周礼》中的"余夫"也应是二十五亩,不然与正夫相同,在许多方面不好解释。

说到都鄙,说到六遂,在王畿内还没有说到六乡。郑玄注《周礼·小司徒》以为六乡的制度与六遂同,那末王畿内的田制都说到了,侯国的制度是不是同于王畿?依照《周礼》封建诸侯的制度,其内部组织,大体是王畿千里的缩小,中央是封君的都城,周围近者为乡,乡的外围为遂,五等封的规模是:

公国,方五百里,有三乡三遂;

侯国,方四百里,有二乡二遂;

伯国,方三百里,有二乡二遂;

子国,方二百里,有一乡一遂;

男国,方一百里,有一乡一遂。

乡遂以外当然也有卿大夫的采邑,每一个诸侯全是一个具体而微的王国,所以它的井田制度也是相同的。

井田制度有完备的沟洫系统,专门讲求水利设施。《小司徒》记载道:

> "乃经土地而井牧其田野,九夫为井,四井为邑;四邑为丘,四丘为甸;四甸为县,四县为都。"

这上面说到井田与地方制度的规划而没有说到沟洫制度,《考工记·匠人》道:

> "九夫为井,井间广四尺深四尺,谓之沟。"

这可以补充《小司徒》的记载,但与《遂人》的说法不同,《遂人》说:

> "凡治野:夫间有遂,遂上有径;十夫有沟,沟上有畛;百夫有洫,洫上有涂;千夫有浍,浍上有道;万夫有川,川上有路,以达于畿。"

郑玄对于这不同的记载,解释一为采地井田,一为乡遂井田。然而这乡遂的沟洫制度就形式论不成其为井田,程瑶田就曾经这样说过,因为十夫受田千亩,不能成方。那末乡遂和采地的田制是否在形式和内容上有所不同? 我以为乡遂基本上是自由农民居住,不行助法,而采地是农奴居住,要实行劳役地租。沟洫制度,固然可以排除水患,也可以用来灌溉,增加农业上的收获。

这些农民有了自己的份地,有了比较完备的水利系统,生产会很发达吧? 但他们一无耕牛,二无铁器,生产工具是很原始的,因之生产力水平很低。《地官·里宰》有道:

> "以岁时合耦于锄,以治稼穑,趋其耕耨。"

所谓"合耦于锄",即两人相助而耦耕。《论语》:"长沮、桀溺耦而耕。"和《诗经·周颂》:"亦服尔耕,十千维耦。""其耕泽泽,千耦其耘。"全是耦耕。一人的力量有限,必得两人合耜而耕,这是没有牛耕的证明。《周礼》中也曾有利用牛的地方，比如《秋官·罪隶》：

> "凡封国若家，牛助为牵傍。"

这是指利用牛从事运输，而没有说到牛耕。《地官·牛人》关于牛的用途有较详细的说明道：

> "牛人掌养国之公牛，以待国之政令。凡祭祀，共其享牛求牛，以授职人而刍之。凡宾客之事，共其牢礼积膳之牛。餐食宾射，共其膳羞之牛。军事，共其犒牛。丧事，共其奠牛。凡会同、军旅、行役，共其兵车之牛与其牵傍，以载公任器。凡祭祀共其牛牲之互与其盆簝以待事。"

这里面的牛有三种用途：一是作为祭祀的牺牲；一是作为肉食；一是驾车。《诗·小雅·黍苗》："我任我辇，我车我牛。"《书·酒诰》："肇牵车牛远服贾。"也是说用牛来驾车。贾公彦的《周礼正义》就说《周礼》中没有谈到牛耕（原文是说周时没有牛耕，他以为《周礼》是周朝的作品）。

《周礼》中也没有关于铁器的记载，《地官·卝人下》说：

> "掌金玉锡石之地，而为之厉禁以守之；若以时取之，则物其地图而授之。"

《卝人》和《秋官·职金》联事，《职金下》说：

> "职金掌凡金玉锡石丹青之戒令，受其入征者，辨其物之媺恶与其数量，揭而玺之，入其金锡于为兵器之府，入其玉石丹青于守藏之府。"

全是以金玉锡石并称而没有铁。关于"金"，依《说文解字》的解释，固然可以说作五金，然而这是汉人的说法。《周礼》以金、锡并列，正是青铜器时代的铜与锡。《周礼》中的"金"，解释为铜，没有丝毫困难，而没有铁的痕迹。春秋末年已经发现用铁，如鲁昭公二十九年晋国铸铁刑鼎,是很有名的故事。春秋末年也曾经有过牛耕,比如孔子弟子冉伯牛名耕,司马耕字子牛,全是很好的证据。在春秋末年已经发现的事,《周礼》中还没有踪迹,这意味着一种事实,《周礼》的作者至少对于这两件事还不熟习。

　　农民的负担,就是说领主们对于他们的剥削程度如何,据《天官·大宰》的记载道:

　　　　"以九赋敛财贿:一曰邦中之赋,二曰四郊之赋,三曰邦
　　甸之赋,四曰家削之赋,五曰邦县之赋,六曰邦都之赋,七曰关
　　市之赋,八曰山泽之赋,九曰币余之赋。"

九种赋敛大体上可以分作两类,从"邦中之赋"到"邦都之赋",全是田赋。"邦中"指城郭以内说;"四郊"指近郊远郊说,距王城一百里以内;"邦甸"是六遂所在,距王城一百里到二百里地带;"家削"指距王城二百里到三百里地带,有公邑和采地;"邦县"指三百里到四百里地带,有公邑和采地;"邦都"指四百里到五百里地带,也有公邑和采地。其余三种赋在性质上有些不同。"关市之赋"是"司市"、"司关"所敛的财贿。"山泽之赋"是山林川泽的地征,由"山虞"、"泽虞"、"川衡"、"林衡"来收敛。"币余之赋"是政府机关法定用款的余额,由职币来收敛。赋税的比率,据《地官·载师》说:

　　　　"凡任地,国宅无征,园廛二十而一,近郊十一,远郊二十
　　而三,甸削县都皆无过十二,唯其漆林之征,二十而五。"

以上共分六级。国即城,国宅据郑玄说指官家宫室及官吏治所而言,不收赋税;"园廛"指城中与近郊的民居及场圃而言;"近郊"、"远郊"同属"六乡";"甸、削、县、都"就是指"邦甸"、"家削"、"邦县"、"邦都"说;"漆林"的税率最重,因为它是天然长成,用力少而所得的利益多。这段说明了乡遂等区的自由农民比以外的农奴负

担较轻。

综合起来说,这税率是重的,领主贵族们完全是剥削者,他们不出任何赋税,"国宅无征"的国宅,也包括领主贵族的私人住宅在内,是不出赋税的。孙诒让《周礼正义》引沈彤的话道:

> "国谓城中宅,即公卿大夫士之所居也。……言所以无征者,于贵者优之也。"

贵者本来贵了,还要优待,这是封建社会最不合理的制度之一。其余除了园廛的二十而一以外,主要税收对象从近郊的十分之一到邦都的十分之二,税率是很重的。《汉书·食货志》引魏文侯时李悝的话,计算战国初年农民的生活情形,说农夫一家五口,耕田百亩,一年得粟一百五十石。除租税十五石,余一百三十五石。一人每月食一石半,五人每年共食九十石,余四十五石,每石卖钱三十,得钱一千三百五十。除祭祀赛会用钱三百,余钱一千零五十,每人衣服用钱三百,五人共一千五百,不足四百五十。疾病、死伤、天灾、赋敛等意外费用,都还不算在内。这是战国初年的情形,十分之一的租税,农民们已经负担不了,假使是二十分之三,或者是十分之二,负担加倍,农民的困苦又将如何。况且实际税率还不止此!

由以上的叙述,我们知道农民是《周礼》中讲到的主要生产者,是领主贵族生活的担当者。《周礼》中统共讲到哪些贵族? 他们中间分成多少等级? 他们彼此间的关系如何? 在《周礼》中除了周天子和他的卿大夫以外还有许多封建诸侯,诸侯的名称是:公、侯、伯、子、男。名称有五,是不是分成五等? 讨论这些问题,要牵涉到王莽、刘歆和康有为。《汉书·王莽传》有这样的话:

> "莽乃上奏曰:'明圣之室,国多贤人,故唐虞之时,可比屋而封。……今制礼作乐,实考周爵五等地四等,有明文。殷

爵三等,有其说,无明文。孔子曰:"周监于二代,郁郁乎文哉,吾从周。"臣请诸将帅当受爵邑者爵五等,地四等。'奏可。"

康有为在《王莽传辨伪》内说:

"用歆《周官》说也。按孔子之礼,则公侯百里,伯七十里,子男五十里;分土唯三。《孟子》、《王制》俱同。《春秋公羊》说,则伯子男同等,爵三等而已。"

康有为这些话,在好多地方有问题,他最疏忽的地方,是王莽的"爵五等、地四等"的制度,根本和《周礼》不相干,而康有为说他是本于《周礼》。《周礼》记载诸侯封土有两处,一处说:

"凡建邦国:以土圭土其地而制其域。诸公之地,封疆方五百里,其食者半。诸侯之地,封疆方四百里,其食者参之一。诸伯之地,封疆方三百里,其食者参之一。诸子之地,封疆方二百里,其食者四之一。诸男之地,封疆方百里,其食者四之一。"(《地官·大司徒》)

这明明是封地五等。另一处说:

"凡邦国千里,封公以方五百里则四公,方四百里则六侯,方三百里则七伯,方二百里则二十五子,方百里则百男。"

(《夏官·职方》)

这也同样的是封地五等。全部《周礼》内并没有周爵五等地四等的记载,想不到康有为这样疏忽。在《周礼》内不特不是封爵五等地四等而且是封爵三等地五等。《公羊》的爵三等是公一位,侯一位,伯、子、男同一位。《周礼》不同,它以公为一位,侯、伯为一位,子、男为一位。《周礼》中关于诸侯的等位,莫不以此为标准,如《春官·典命》云:

"上公九命为伯,其国家宫室车骑衣服礼仪,皆以九为节。侯、伯七命,其国家宫室车骑衣服礼仪,皆以七为节。

子、男五命,其国家宫室车骑衣服礼仪,皆以五为节。"

《周礼》中的所谓"命",等于魏晋以后的"品"。那末,公为九命,侯伯七命,子男五命,正是爵名五而三等。此外关于诸侯的礼仪,也莫不等别为三。过去也曾经有人看到这一点,《周礼正义》引陈君举的话道:

"……虽周亦三等也。……大抵公一位,侯伯一位,子男一位。司服有公之服,侯伯之服,子男之服。掌客有公之礼,侯伯之礼,子男之礼。行人叙诸伯,则曰如诸侯,诸男则曰如诸子。而司仪赞见,公于上等,侯伯于中等,子男于下等;则亦三等,校然著见矣。"

据此,《周礼》中的爵分三等,是没有疑问的了。其中诸侯等级就表面上看,唯一可以区别为五的地方是《春官·典瑞》:

"公执桓圭,侯执信圭,伯执躬圭,……子执谷圭,男执蒲圭。"

关于此,《周礼正义》卷三十五引易氏的话道:

"上公九命,故桓圭九寸;侯伯七命,故信圭躬圭七寸;子男五命,故谷璧蒲璧五寸:皆命数也。"

以圭璧与命数相配合,见于《周礼·秋官·大行人》原文,易氏的话是正确的;这依然是爵三等,并没有例外。因此我以为新莽分封爵土是本于《孟子》和《王制》,全是封爵五等,地四等;虽然《孟子》、《王制》和新莽的制度大同而有小异,是可以解释得通的。

以上这些诸侯全是领主,有支配其封内土地和农民的权力,虽然在政治上要接受周天子的制裁,在经济上对周天子有纳贡的义务。关于纳贡,《秋官·小行人》记载道:

"令诸侯春入贡,秋献公,王亲受之,各以其国之藉礼之。"

贡物的种类在大宰和大行人中有较详细的记载。朝贡以外,正常的赋税,直接从农民身上剥削得来的劳动果实,天子和诸侯又如何分配?《地官·大司徒》道:

> "诸公之地,……其食者半;诸侯之地,……其食者参之
> 一;诸伯之地,……其食者参之一;诸子之地,……其食者四之
> 一;诸男之地,……其食者四之一。"

这是有关于赋税的处理也分作三级,据郑众的意见,"其食者半",是"公所食租税,得其半耳"。余以此类推。而郑玄则以为,"大国贡重,小国贡轻","其食者"云云,是指周天子说。先后两郑的意见,正好相反。清代的江永赞成郑众的意见,他说:

> "先郑(郑众)谓其食者为诸侯,后郑(郑玄)谓其食者为
> 天子。以文势言之,'土其地'、'制其域',凡云'其'者,皆指
> 侯国,则'其食'亦当指侯国,先郑之义为长。"(孙诒让《周礼
> 正义》引)

孙诒让也赞成江永的说法。其实这种说法也没有什么证据,只是就文法构造上立说。而《左传》昭公十三年说:

> "昔天子班贡,轻重以列,列尊贡重,周之制也。"

列尊者贡重,相反,列卑者贡应薄,正和后郑的意见相同。顾颉刚先生曾经对春秋时代的职贡有很好的说明道:

> "春秋之世,王纲解纽,齐、楚、晋、秦、吴、越各争为伯主,
> 其所以争者,非特以会盟执牛耳为荣也,亦以便于榨取弱小。
> 襄二十九年《传》记晋女叔侯之语曰:'鲁之于晋也,职贡不
> 乏,玩好时至,……史不绝书,府无虚月。'昭十三年《传》记郑
> 子产争于晋曰:'行理之命无月不至,贡之无艺,……贡献无
> 极,亡可待也!'鲁与郑皆服于晋,而不胜晋之诛求,月必有

贡,鲁郑贡之无艺,晋人府无虚月,质以《周语》之文,是直以
王者待晋而以侯服自待。鲁郑如此,同时他国之服属于伯主
者,何莫不然,此伯国之所以日侈而小国小民之所以不堪。襄
二十七年弭兵之会,子木谓向戌'请晋楚之从交相见也'。谓
晋所属国亦贡于楚,楚所属国亦贡于晋;易言之,两伯既志在
争贡以兴战祸,弱小诸国,惟有双方纳贡以求弭患耳。故是时
季武子使谓叔孙以公令曰'视诸滕',杜注:'两事晋楚则贡赋
重,故欲比小国。'即据此一事观之,弱小之受经济侵略,其严
重宁可言耶!"(《浪口村随笔》卷二)

《周礼》中所描绘的天子,高于春秋时代的伯主,那末周天子对于
诸侯的榨取情形,诸侯和天子间的经济关系,由此可以得到有力的
说明,而当时伯主属国,愿下比而不愿上同,也足见大国贡重之一
斑,结合到《周礼》食贡的分配,当以郑玄的说法较为合理。

三　《周礼》中的政法制度

在上一节中,我们研究了《周礼》中的经济制度,适应于这种
社会经济制度的上层建筑,政治与法律,是这一节研究的对象。根
据上一节研究的结果,这种经济制度和春秋时代的实际情形相当
(尤其是齐国)。在春秋末年,因为生产力有了进一步的发展,社
会经济制度也起了变化,领主阶级逐渐走向衰亡。这些是《周礼》
的作者所不愿意谈到的事;即使是看到了,也不愿意这种情形在
《周礼》中出现,在《周礼》中仍然维持着领主阶级的地位。铁器,
《周礼》的作者也许知道了,但没有记载;牛耕也在拒绝着。没有
土地的买卖,而奴隶的买卖仍然流行。这不是春秋末年以后的情
形。虽然我们说过,即使能够证明《周礼》的制度和某一个时代相

当,也不能就说它是某一时代的实录,然而明确了它的经济制度,可以帮助我们了解其中的思想体系。作者既然以封建领主制作为基础,那末所描绘的上层建筑,是否适应于这种基础? 虽然他也许意识不到一定的上层建筑必须适应一定的基础,毕竟是存在决定了意识,《周礼》的作者被领主封建的社会意识所支配着,在其著作中所表现的思想,和封建领主制不能相违。这就是我们研究了经济制度,继续研究其中政治和法律的原因。

《周礼》中最高统治者是周王,政府中的官制,有所谓天、地、春、夏、秋、冬等六官。六官的长官,有天官冢宰,地官司徒,春官宗伯,夏官司马,秋官司寇,冬官司空。在表面上看,六官好似平列,实则天官地位要高出于五官。《周礼·天官·大宰》称:"大宰之职,掌建邦之六典。"这六典是无所不包的。原文说:

"一曰治典,以经邦国,以治官府,以纪万民。二曰教典,以安邦国,以教官府,以扰万民。三曰礼典,以和邦国,以统百官,以谐万民。四曰政典,以平邦国,以正百官,以均万民。五曰刑典,以诘邦国,以刑百官,以纠万民。六曰事典,以富邦国,以任百官,以生万民。"

以上教典即地官职掌,礼典即春官职掌,政典即夏官职掌,刑典即秋官职掌,事典即冬官职掌。六官职掌全统于天官,天官的职务实统辖其余五官。

《周礼》六卿兼军将的职务,《夏官·司马》说:

"凡制军,万有二千五百人为军,王六军,大国三军,次国二军,小国一军,军将皆命卿。"

这里面有两件事可以和春秋时代的制度相印证,一是"军将皆命卿"的制度,与晋国的制度相同,也和齐国《管子》"因内政寄军令"的制度相同。二是王六军、大国三军等制度和《左传》的记载相合。《左传》襄公十四年说：

> "晋侯舍新军,礼也。成国不过半天子之军,周为六军,诸侯之大者,三军可也。"

关于军队的组织形式,《夏官·司马》道：

> "二千有五百人为师,师帅皆中大夫。五百人为旅,旅帅皆下大夫。百人为卒,卒长为上士。二十有五人为两,两司马皆中士。五人为伍,伍皆有长。"

依此类推,则五师为军,军一万二千五百人,六军共七万五千人。自基层上数,五伍为"两","两"就是兵车一乘。古代兵车一乘,甲士十人,步卒十五人,甲士二伍,步卒三伍。选强壮武勇者为甲士,又选其尤勇者,居车上三人,左持弓矢主射,右持矛主击刺,中间主御,是为甲首。《左传》所谓"获其……甲首三百"(桓六年)与"甲首三千以献于公"(哀十一年),甲首就是甲士之首。其余甲士七人,居于车的左右,步卒十五人在车后。这二十五人为一乘的制度与春秋及春秋以前的制度相合,孙诒让说：

> "以二十五人为一乘,按之诸书皆合。方叔南征,车三千乘,每乘二十五人,三千乘得七万五千人,是王六军之制也。《春秋》襄十一年作三军,明以前无三军。《诗·闷宫》言公徒三万,僖公时止二军也,二军二万五千人,言三万举大数也。……每乘二十五人则千乘适二万五千人,是为二军,并将重车者计之,适三万也。《孟子》言武王虎贲三千人,是甲士三千,每乘车甲士十人,故革车三百两也。《韩非子》言武王素甲三千与纣战,亦一证也。又《左氏》闵二年传云,师车三百乘,甲士三千人;《管子·乘马》云,一乘四马,白徒三十人奉车两,皆无不合。"(《周礼正义》卷五四)

周王统辖着一支庞大的武装部队,所以对于诸侯掌握制裁的

大权。这一点和春秋时代的周天子徒拥虚名者不同。《大司马》所载"九伐之法",即为对于诸侯的制裁:

> "以九伐之法正邦国:冯弱犯寡则眚之,贼贤害民则伐之,暴内凌外则坛之,野荒民散则削之,负固不服则侵之,贼杀其亲则正之,放弑其君则残之,犯令凌政则杜之,外内乱,鸟兽行则灭之。"

这不是徒拥虚名的天子能够有的权力。为了加强王国与诸侯间的关系,更有朝觐会同等礼仪。《大宗伯》说:

> "春见曰朝,夏见曰宗,秋见曰觐,冬见曰遇,时见曰会,殷见曰同,时聘曰问,殷频曰视。"

四时朝觐是诸侯照例到京都拜见周王的礼仪,四时以外的会同是周王临时的召见。《秋官·大行人》更记载朝觐会同的内容道:

> "春朝诸侯而图天下之事,秋觐以比邦国之功,夏宗以陈天下之谟,冬遇以协诸侯之虑,时会以发四方之禁,殷同以施天下之政。"

四时的朝觐主要是布置和检查,时会是战时发布"九伐之法",殷同是大会诸侯发布政令。朝觐的次数,据《大行人》的记载,依九服距离的远近而有不同。《周礼》中的诸侯,因距王畿远近而有九服的划分。九服或称为九畿,《夏官·大司马》说道:

> "乃以九畿之籍施邦国之政,职方千里曰国畿,其外方五百里曰侯畿,又其外方五百里曰甸畿,又其外方五百里曰男畿,又其外方五百里曰采畿,又其外方五百里曰卫畿,又其外方五百里曰蛮畿,又其外方五百里曰夷畿,又其外方五百里曰镇畿,又其外方五百里曰蕃畿。"

这里称作"九畿",《夏官·职方》则称之曰"九服"。侯服中的国家每岁一见,甸服二岁,男服三岁,采服四岁,卫服五岁,蛮服六岁。

除了朝觐以外,周王为了加强统治,尚有巡守,《大行人》记载道:

"十有二岁,王巡守。"

巡守的时候,究竟作些什么事情,没有明白记载,《夏官·职方》说:

"王将巡守,则戒于四方,曰:'各修平乃守,考乃职事,无敢不教戒,国有大刑。'"

这恐怕是一种实地检查,所以先诰诫四方,要注意自己的职守,如果不谨慎,国家是有大刑的。除了巡守以外,每隔一两年王与诸侯间总会有些来往的,在《大行人》中有着详细记载。诸侯对于周王除了朝觐会同,接受制裁,还要纳贡,这在上节中已经有了说明,另外在《天官·冢宰》及《秋官·大行人》中也可以看到关于贡的类别。

以上我们考察了《周礼》中有关政治的制度,并且作了一些说明。《周礼》中的周王不同于春秋时代的天子,那时天子实在等于"告朔之饩羊",对于封建诸侯不特没有制裁的大权,而且常被强大的诸侯所胁持。战国时候更不成样子,地位等于三等以下的小诸侯了。《周礼》的作者要建立起一个有机体的封建帝国,虽然在九服以内分布着许多大小不同的诸侯,然而这些诸侯在周王的统辖下,他们不是独立国家的君主,一切生杀予夺的大权全操在周王手内。《天官·大宰》说:

"以八柄诏王驭群臣,一曰爵以驭其贵,二曰禄以驭其富,三曰予以驭其幸,四曰置以驭其行,五曰生以驭其福,六曰夺以驭其贫,七曰废以驭其罪,八曰诛以驭其过。"

此所谓"驭群臣",不仅指王朝的群臣说,诸侯及诸侯国的卿大夫也包括在内。一方面周王有授爵封侯的大权,另一方面也有制驭和诛杀的大权。八柄,归纳起来就是赏罚二柄。《韩非子》的《二柄篇》说:"今人主非使赏罚之威利出于己也,听其臣而行赏罚,则一国之人皆畏其臣而易其君,归其臣而去其君矣。"《周礼》八柄即《韩非子》二柄的前身。在《管子》中有"六秉"的说法,《小匡篇》说:

> "管子曰:'昔者圣王之治其民也,谨用其六秉,如是而民情可得,而百姓可御。'桓公曰:'六秉者何也?'管子曰:'杀生贵贱贫富,此六秉也。'"

六秉就是六柄,《国语·齐语》记载这段话就是六柄。从管子起一直到李斯,许多法家都有这种主张。他们提倡中央集权,提倡君主专制,而中央集权的君主专制的国家也就不容许有许多独立侯国存在,这是先秦时代大一统思想的起源。这一种思想,这一种要求,和新兴地主阶级的兴起不可分,这代表了他们的要求,为了商业上的便利,希望全国统一起来;为了巩固既得利益,希望一个强有力的中央政府,当然也希望一个地主阶级中的大地主来作他们的君主。这种统一的要求,是合于大多数人民愿望的,也是合于社会发展规律的。春秋中叶以后的社会发展,正朝着这个方向走,到了秦始皇统一六国,意味着新兴地主阶级的统一要求的实现。这种愿望和这种思想萌芽于春秋,那时新兴地主阶级抬头了。到战国时候,这个阶级的势力越发膨胀起来,这种思想的影响也日益扩大。《周礼》的作者在经济基础上虽然顽固地维持领主制的封建社会,在政治体系上却附合于新兴地主阶级的要求。这是《周礼》本身的矛盾,是过渡时期容易发生的矛盾。由大小领主们组织起来的政府,怎么能够出现强有力的政权?那些大大小小的领主们各有各的军队,各有各的土地和人民,所有的诸侯全会变成独立的王国,哪里会接受周王的制裁?领主阶级崩溃了,新兴地主阶级组织起来的政府,军队统一,兵刑分开,才能够有统一的集权的中央政府。但在《周礼》的经济基础上打算有那样的政府,岂非南辕北辙?

因为《周礼》的作者希望有一个强有力的中央,而中央君主可以掌握制裁的大权,所以在《秋官·司寇》中表现的是一个严刑峻法的国家。那些法律条文,没有一一举出来的必要,我们只是举出它的几个要点来。首先,每年正月大司寇要颁刑法于天下,《大司寇》说:

> "正月之吉,始和,布刑于邦国都鄙,乃县刑象之法于象魏,使万民观刑象,挟日而敛之。"

这不是一件平常的事,春秋晚年才开始公布刑法。第一次是公元前535年郑子产铸刑书,第二次是公元前513年晋赵鞅铸刑鼎,都曾引起当时人的反对。在公布刑法以前,是兵刑不分的,用刑就是用兵,每一个诸侯或者采邑主手下有兵就可以用刑。新兴的地主阶级还没有兵权,当然是处于受刑的地位,他们不满于兵刑不分,要求公布刑法,这对于旧的领主是不利的,所以晋大夫叔向说:

> "民知争端矣,将弃礼而征于书,锥刀之末,将尽争之。"

(《左传》昭公六年)

孔子也说道:

> "夫晋国将守唐叔之所受法度,以经纬其民,卿大夫以序守之。民是以能尊其贵,贵是以能守其业,贵贱不愆,所谓度也。……今弃是度也,而为刑鼎,民在鼎矣,何以尊贵?贵何业之守?贵贱无序,何以为国?"(《左传》昭公二十九年)

这是站在领主的立场说话。在兵刑不分的时代,礼和法也是不分的,非礼就是犯法,犯法就要用刑,用刑就是用兵。兵刑分开,礼法也分开了,这是一件事的两面。《中庸》说:"礼仪三百,威仪三千。"礼仪是礼,威仪是刑,所以《吕刑》说:"五刑之属三千。"《周礼·秋官·司刑》掌五刑之法二千五百,"墨罪五百,劓罪五百,宫罪五百,刖罪五百,杀罪五百"。依《汉书·刑法志》说,《周礼》五刑二千五百为中典,《吕刑》五刑三千为重典。《周礼》作者是严刑峻法的主张者,解释《周礼》五刑为中典,实在有些牵强。《秋官·大司寇》曾主张"刑乱国用重典"。所谓轻、中、重三典,实指运用说,不是指三种不同的刑法。

此外,由《周礼》所述的刑法中可以看出当时的主要矛盾,其中为了防止农民暴动,规订出许多特殊条文,如《秋官·禁暴氏》职掌:

> "禁庶民之乱暴力正者,挢诬犯禁者,作言语而不信者,以告而诛之。"

"乱暴力正","挢诬犯禁",凡是对统治阶级不利的举动,都在重刑禁断之列。农民暴动,的确是领主的心腹之患,要时常加以防备,《地官·族师》道:

> "五家为比,十家为联;五人为伍,十人为联;四闾为族,八闾为联,使之相保相受,刑罚庆赏相及相共,以受邦职,以役国事,以相葬埋。"

这是很严格的监视农民制度。《管子·立政》有云:"十家为什,五家为伍,罚有罪不独及,赏有功不专与。"和《周礼》的意义相同,同一编户的人员,要彼此共同负责,可赏可罚的举动,大家有份。又《禁藏》云:"辅之以什,司之以伍,伍无非其人,人无非其里,里无非其家,故奔亡者无所匿,迁徙者无所容。"这更表现出古代中国专制主义的特色。把农民严密地组织起来,互相监视,他们被束缚于乡里土地,逃亡无所,这是领主对于农奴的统治。同时我们也更会知道,防备农民,是封建时代法律的最大特色。表现在当时的法律面前,领主贵族和农民也是不平等的,《秋官·小司寇》说:

20世纪儒学研究大系

　　　　"凡命夫命妇不躬坐狱讼。"

命夫命妇全是贵族,他们可以不受法律的制裁。《小司寇》又说:

　　　　"以八辟丽邦法,附刑罚。一曰议亲之辟,二曰议故之
　　　辟,三曰议贤之辟,四曰议能之辟,五曰议功之辟,六曰议贵之
　　　辟,七曰议勤之辟,八曰议宾之辟。"

对于这八种特殊人物,全有包庇的办法。所谓"亲"、"故"、"贵"、
"宾",全是贵族,其余"贤"、"能"、"功"、"勤",也是属于贵族阶级
的;庶人中的贤、能、功、勤,是很少被人重视的。领主很少有受刑
罚的可能,所以说"刑不上大夫"。《周礼》的作者虽然在努力维持
旧的阶级秩序,然而旧秩序已经日趋崩溃了。由领主贵族降为庶
人或奴隶的史不绝书,《周礼》作者也没法抹杀这种事实,于是他
空想出一条不合实际的法律,《秋官·司厉》说:

　　　　"凡有爵者,……不为奴。"

这当然不会有效。于是他要求对破坏秩序者处以极刑,这类条文
是随处可见的。

四　《周礼》中的学术思想

　　这一节首先谈的是历法问题。因为农业的进展,要求有更精
密的历法,于是在春秋以后有许多新的历法产生。如果我们弄清
楚《周礼》中的历法,对于解决《周礼》的著作年代问题,也有莫大
的帮助。中国历法发达起来是很早的事,根据甲骨文的记载,殷商
历法已经不是创作,渊源所在是可以考索的。在相传古代的历法
中,黄帝、夏、殷、周、鲁五术全是承袭周制,托名分化,不是真正的
古历。《颛顼历》,根据近人研究,存有占术的成分最多,且与殷代
历法有密切关系,本来面目和祖甲以前的历制,大体相合。所不同

的地方,不在基本的法制而在于三正问题,即《颛顼历》用夏正,以建寅月为正月;殷代提前一月,以建丑月为正月;后来的宗周,更提前一月而建子。三正的不同本来无关于历法的基本内容,但"改正朔,易服色",是封建王朝欺骗人民的手段之一,所以三正问题,也是中国历史上的重要问题,同时也是学术史上纠缠不清的疑问。"三正"最早见于《尚书·甘誓》,原文说:

> "大战于甘,……王曰:'……予誓告汝:有扈氏威侮五行,怠弃三正。……'"

相传这是夏启征伐有扈的誓词。这三正如果是建子、建丑、建寅三正,顾颉刚先生曾有意见道:

> "五行与三正对举,简直是汉人的易服色改正朔的论调。试问夏为寅正,商才改用丑正,周才改用子正,无论伐有扈的是谁,总是夏王,那时尚没有商周二正,他的誓文中怎么已说了三正呢?就算照了董仲舒的曲解,说建寅、建丑、建子三种历法是夏以前本来有的,夏、商、周不过顺了三统的次序循环沿用,但是夏王用的只是寅正,有扈氏如有不奉正朔之罪,也只能讨罚他的怠弃寅正,怎能说'怠弃三正'呢?而强迫他连过去及未来的丑正、子正也一齐奉守了呢?"(《五德始终说下的政治和历史》)

这真正有些费解,所以顾颉刚先生有此论调。梁启超在《阴阳五行说之来历》中不说《甘誓》本身有什么问题,而解释原文为"威侮五种应行之道,怠弃三种正义"。其实"三正"在春秋时代已经成了一专用名词,它代表着通行的三种历法,也意味着三种正确的历法,说有扈氏的罪过"怠弃三正"是讲得通的。不过这不是夏初应有的观念,《甘誓》是后人的追记,把后来的命题放在古代了。至少在春秋时代,社会上盛传三正说,《左传》昭公十七年梓慎说:

> "火出,于夏为三月,于商为四月,于周为五月。夏数得
> 天……"

这里面各有一月的差异,就因为有三建的不同,孔子也曾经说过:

> "颜渊问为邦。子曰:'行夏之时,乘殷之辂,服周之冕,
> 乐则《韶》《舞》……'"(《论语·卫灵公》)

这也同于"夏数得天"的论调。所谓夏历,春秋时代的晋国曾经实
行过,当时宋用殷正,杞用夏正,晋以姬姓国也用夏正。晋国的历
法显然和周、鲁不同,在《左传》及《竹书纪年》中都可以看到。春
秋和春秋以前,因历法本身也不断在发展中,曾经有过不同的历法
是没有问题的。在科学不发达的时代,一方面改进不能彻底,同时
历法也和迷信顽固地结合,以致新的历法有了,旧的还不能去掉。
而且这些历法的产生也有地区的不同,所以同时可以有几种历法
存在。

从春秋往上推,殷周两代改进历法的情形,还可以看得出来。
周文王三十五年之正月,犹奉殷代正朔;武王即位,遂有新历的制
定。我们参考武成月日,在一二月伐纣时所记用殷正,到殷正三月
乃改为周正四月,由此可知他们的月建不同。殷代历法也曾经根
据更古的历法而有所改进,这种更古的历法,实在是后来传说的
《颛顼历》,也就是夏历,这种历法的特点是:

(一)以晨初为一日之始,这是《颛顼历》的特点之一,六历中
黄帝、夏、殷、周、鲁,皆以冬至为岁首,朔旦为月首,夜半为日首。

(二)以正月合朔立春为历元,黄帝等五历皆以中气冬至为历
元,《颛顼历》独以节气立春为历元,此亦其特点之一。

(三)以无节之日为置闰标准。

(四)闰月置于岁终。

这些特点是《颛顼历》的本来面目,在殷代历法中还可以考出它的

痕迹。西周时代,据《逸周书·周月解》的记载,在某些方面也在使用夏历,《周月解》说:

> "越我周王,致伐于商,改正易械,以垂三统,致于敬授民时,巡狩祭享,犹自夏焉。"

虽然没有更有力的证据,然而在春秋时代,的确有人在为夏历宣传,或者有的地方在应用它。即以《春秋》经传而论,经所载晋时,每后传两月。《竹书纪年》是三晋的产物,也用夏历,杜预以它和《左传》比较说:

> "庄伯之十一年十一月,鲁隐公之元年正月也,皆用夏正建寅之月为岁首。"(《春秋经传集解后序》)

《周礼》中的历法正和《周月解》的记载相同,有夏正和周正同时存在着,《春官·大史》说:

> "正岁年以序事,颁之于官府及都鄙。"

据《尔雅》说:"夏曰岁,周曰年。"戴东原的意见,以为"夏数得天,故殷周虽改正朔仍兼用夏正,周用夏不用殷,故举岁年不及祀。岁也者夏时也,以建寅为孟春,年也者周以建子为正月也"(《戴东原集》卷一),有正岁和正月的歧异,是因为有建子、建寅两种历法的不同。弄清楚西周以至春秋历法不统一的现象,自然容易解释,然而后来解经的人,对此仍然有不同的意见,归纳起来,有下列几种说法:

(一)正岁是夏正,正月是周正说。这是比较普遍的说法,郑众、郑玄都这样主张,贾公彦疏《宰夫》说:"先郑亦以正岁为夏之正月。"

(二)正岁是周正,正月是夏时说。这正和以上的说法相反,《周官心解》卷三《凌人》条说:"此经时月皆夏正,《汲书》、《周月解》所谓敬授民时,巡狩祭享,犹自夏者也。唯正岁为周正子月,凡正月皆寅月为夏首春。"

（三）正岁、正月皆周正说。《周礼正义》卷四引吴德芳的话道:"郑康成每以正岁为夏正建寅之月,正月之吉为周正建子之月。窃以为不然。周以建子为正,凡事皆用本朝正朔,若知有不可行处,依前参用前代正朔,则不必建子可也。经中言岁终,则继之以正岁为建寅,则岁终非建亥,周家自废其正朔矣。若以岁终为建亥,即始终有接续,无缘住两月也。正月之吉为周正一岁之始无疑,事有非朔日可行,故云正岁,不拘朔日亦可。"

（四）时从夏,月从周说。夏炘在《释周礼时月》文内说:"向治《尚书》、《春秋》,雅不喜蔡九峰商人不改月,胡文定夏时冠周月之论,亦不喜刘质夫改月不改时之说。及读《周礼》,凡时皆从夏正,月皆从周正,一似周实改月不改时者。细绎其故,……《周礼》六典,是为礼书,礼非周公独造,皆渊源唐虞二代,朝觐、祭祀、田猎、稼穑之类,古人悉以建寅起数,变从周时,即为不顺。"

（五）夏时、夏月或周时、周月说。毛奇龄《经问》说:"问三正递改,宋儒俱谓但改正朔而不改时月。先生谓时月俱改,历引其说于《尚书》、《春秋》诸传中,可谓详且尽矣。"

（六）《周礼》夏时不可信说。万斯大《学春秋随笔》:"诸家之周正者,有民俗用夏时之说,多本《汲冢书》所言。……及《周礼》有正月、正岁与周诗时月皆夏时为说。愚谓既改正朔,则普天率土,民俗咸遵,无周民用夏时之理。……《周礼》多伪不足凭。周诗时月皆周正,以为夏时者,后儒之理也。"

以上这六种说法,可以归纳成两项来研究,一个是正岁与正月的问题,一个是时与月的问题。在《周礼》中既然有正岁和正月的分别,当然有它不同的意义。关于这一问题,我同意先后郑的意见,以为正岁是夏正,而正月是周正;这正月和《春秋经》"春王正月"的意义相同。《周官心解》内蒋载康把它掉转过来实在牵强得很，他说《周礼》中的时月全是夏正，正月是建寅的正月，而正岁则是建子的正月，他并且解释道：

> "小宰正岁帅治官之属观治象，则建子之月，在此正月之前两月，令官先观于前，而后令民观之，亦一定之次第。"（《周官心解》卷二）

他根据这么一条不很充分的证据，就下了结论，结果他遭遇到许多困难，而没法解释。按《周礼》行文的惯例，总是先说正月，次岁终，次正岁，比如：

> "乡大夫之职，……正月之吉，受教法于司徒。……岁终，则令六乡之吏，皆会政致事。正岁，令群吏考法于司徒以退。"（《地官·乡大夫》）

> "州长，……正月之吉，各属其州之民而读法。……岁终则会其州之政令。正岁则读教法如初。"（《地官·州长》）

如果正月是建寅，正岁是建子，为什么这样颠倒？岁终如果是亥月，为什么放在寅月后面？岁终如果是丑月，为什么放在寅月前面？这些矛盾，他没有方法解决，于是他说有些正岁是刘歆的伪造，他在《天官·凌人》条说：

> "按正岁二字刘歆所增，当删去。此经时月皆夏正，《汲书》、《周月解》所谓敬授民时，巡狩祭享，犹自夏者也。唯正岁与周正子月，则致伐于商，改正易械，以垂三统之义耳。故此经唯正岁为子月，与《春秋》王正同。……乃刘歆校经妄意周月当准《春秋》，更以正岁为夏正，见此官十二月斩冰，谓周十二月即亥月始冰时，未可以斩，遂肆笔于十有二月上，增窜正岁二字。意谓必如此方是周之丑月，而岂知正为周之亥月乎？迷谬颠倒至此，歆之罪大矣。"

这些话说明蒋载康自己的错误,他先有了正岁是建子的前提,于是说"正岁十有二月"是周的亥月,等于夏历的十月,水始结冰,哪里就能够斩呢?于是他说这是刘歆作鬼,其实是他自己糊涂了。在《地官·大司徒》条他又说:

> "正岁子月,此节二十七字当在岁终十一字之前,断属刘歆妄易。"

他因为说《周礼》是夏时、夏月,岁终应当是丑月,丑月不应当在正岁子月的前面,于是只好说是刘歆妄易。在《周官心解》内这种例子很多,非常专断而没有理由。他这样专断,反而可以说明正岁一定是建寅了。因为正月是子月,岁终是丑月,正岁是寅月,所以行文之际,总是"正月、岁终、正岁"这样排下来,上下连贯,是没法更动的。

由于有正月和正岁的不同,使我们知道《周礼》中有两种不同的历法。然而这两种历法是怎样运用的?时与月究竟是从周还是从夏?宋儒有三正递变,但改正朔而不改时月的说法,秦历就是如此,《史记·秦楚之际月表》可以作证。清朝学者则有时从夏,月从周及时月俱改的两种说法,上引夏炘的说法是前一种,而曾钊的《周礼注疏小笺》云:

> "钊谓周初改正朔,实未改时,此经岁终实为夏之季冬,……经言岁终每与正岁相连。又《天府》云:'季冬陈玉,以贞来岁之媺恶。'则岁皆为夏名可知。周曰年此曰岁者,正所以别乎周之年也。……《天官·司裘》:'中秋献良裘,王乃行羽物。'……《虞书》、《月令》皆用夏时。"

这同于夏炘的意见,王引之也有类似的见解,他们全以为《周礼》中的春夏秋冬仍然是根据夏的历法,没有什么改变,比方说夏历一、二、三三个月是春天,《周礼》的春天也是这三个月,春天的中

气有惊蛰、春分、清明等。那末《周礼》中的月是什么月？夏炘以
为是周月，曾钊没有明说，王引之说：

> "盖周以建子之月为正月，其二月则建丑之月，而夏之岁
> 终，其三月则建寅之月，而夏之正岁也。故正岁、岁终用夏时
> 之名，而先岁终而后正岁，则周月之次序也。"（《经义述闻》卷
> 八）

他以建子之月为正月，是一年的开始，同于夏炘的说法。这是有道
理的。假使以夏正岁作为一月，十一月是周正月，十二月是岁终，
排列的次序应当是：正岁→正月→岁终。而这是和《周礼》的次序
不合的，所以我们说这种说法有其道理。然而在周历中有一条记
载却是这种说法的大障碍，《天官·凌人》说：

> "凌人掌冰，正岁十有二月，令斩冰，三其凌。"

这所谓十二月是以正岁为首的十二月，换句话说，是夏正的十二
月。《周礼》中既然明白地有夏正十二月，可见《周礼》是夏时又是
夏月。清人的说法是否无一是处？我有另外一种看法，如果《周
礼》中仅有一种历法，通篇是夏时、夏月，《凌人》条尽可以不必标
出"正岁十有二月"来，既然标出，反而证明另有周月的存在。以
此我以为在《周礼》中有两种历法存在，这不同的历法表现在岁首
和月份上有所不同，而不表现在四时的划分上。完全把《周礼》中
的月当作周月或者是夏月，都不合《周礼》的事实。由于这种不同
的历法，也可以证明这是出自春秋末年或者是战国时期的作品，秦
汉以后再没有两种历法并存的时代，如果出于刘歆、王莽的伪造，
他们不会伪造出两种历法来。春秋战国时代是有这种情形的，
《左传》中就有许多例证。《诗·七月》也有两种历法存在。《周
礼》的作者一方面在遵循周的正朔，一方面又通行夏历，根据事
情、内容的不同，历法也随之而异，比如说斩冰，周正十二月，开始

结冰,还不能斩,所以特别标出夏正十有二月来。我们既然可以证明《周礼》中存在两种历法,关于清人所主张的时月俱改说,也就不攻自破了。

此外,《周礼》中的宗教信仰,也是我们要研究的问题。在氏族社会中已经有了自然宗教的产生,在殷商以后,有了至上神的崇拜,就是说,在阶级社会形成后,反映在宗教上也是不平等的。殷商贵族以为至上神就是他们的始祖,所以天神崇拜也就是祖先崇拜。到了西周,祖先崇拜和上帝崇拜分开了,虽然也崇拜祖先,但祖先只是配享上帝,正如《诗·周颂·思文》所谓:"思文后稷,克配彼天。"这在宗教史上是一个很大的变迁。这变迁的原因,在殷商奴隶社会形成后,社会上分为贵族奴隶主、自由民及奴隶等不同的阶级,反映在宗教界也分作这些阶级,贵族的祖先是至上神,自由民的祖先是一般天神,奴隶的祖先就是天神的侍者了。西周封建社会形成后,在这一个庞大的封建国家内包含着许多不同的部族,在这不同的部族内原有不同的信仰,各有各的祖先,也就是说各有各的上帝。如今统一于一个封建国家内,如何来安插这些不同的上帝? 作为统治者的周人当然不会说殷人的祖先是他们的上帝,他们也不愿把自己的祖先说成是殷人的上帝。周朝统治者,如何把宗教信仰作为他们统治的工具,如何来改革宗教上的观念以适应新的环境,是颇费斟酌的。从西周初年起,他们已经把祖先崇拜与上帝崇拜分开;这种划分是和大的封建国家之建立不能分的。天上的组织形式不过是人世间国家机器的反映。在战国时代,齐、秦曾一度称为东帝、西帝,社会上也盛传着古代五帝说,以为在夏商以前,曾经有五帝统治人间,于是反映在宗教上也有着五帝存在。上帝是西周原有的,五帝是后来增加的。这五帝和上帝的关系如何? 他们是否也是上帝? 究竟有几个上帝,是一,是五,是六?

曾经引起郑玄和王肃的激辩（不同时的争辩），永远也辩论不出结果来，因为这是毫无依据的事，不过是宗派之争罢了。

《周礼》中记载五帝的祭祀共有九处：（一）《天官·大宰》，（二）《天官·掌次》，（三）《地官·大司徒》，（四）《地官·充人》，（五）《春官·小宗伯》，（六）《春官·司服》，（七）《秋官·大司寇》，（八）《秋官·小司寇》，（九）《秋官·士师》。近代学者有人以为祀五帝的典礼兴于秦，因而说《周礼》的著作年代在秦以后，这是很机械的说法，也可以说为《周礼》的记载在前，而秦的祀典是接受它的影响，我以为五帝的祭祀和五行的观念也有关联，而五行的学说，恰好先盛行于燕、齐一带。《周礼》是齐国的作品（详见下文），它奉行五帝的祀典，不是意外的事。有人以为先有了祭祀五帝的事实，才能够见之于典籍，是片面的说法。如果说秦祀四帝是五帝的起源，那末秦的四帝，又是从哪儿来的？是秦的土著？也是由东方传去的。先秦祀典，或者是《周礼》中的祀典，许多是古代传留下来的自然崇拜与迷信，如《春官·大宗伯》说：

> "以青圭礼东方，以赤璋礼南方，以白琥礼西方，以玄璜礼北方。"

这是较为原始的自然崇拜，也是相生的五行说，这就是五方帝的起源。在殷商的甲骨文中，我们已经可以看到五方的观念，如帝乙、帝辛时卜辞说：

> "己巳王卜，贞今岁商受年。王𠫤（占）曰：吉。
>
> 东土受年；
>
> 南土受年；
>
> 西土受年；
>
> 北土受年。"（《殷契粹编》九〇七）

这是有关于东、西、南、北四方受年的记载，也有关于"中商"的记

载,武丁时卜辞说:

> "戊寅卜,王,贞受中商年。十月。"(《殷虚书契前编》八,十,三)

中商就是商,拿来和东西南北四方并列,使我们知道当时有中、东、南、西、北五方的崇拜。这是五行学说的主要来源之一。在战国时代五行学说的系统中有五方帝说,如《墨子·贵义》说:

> "帝以甲乙杀青龙于东方,以丙丁杀赤龙于南方,以庚辛杀白龙于西方,以壬癸杀黑龙于北方。"

这是和五方帝有关的五行神,《史记·封禅书》谈到了五方帝:

> "秦襄公既侯,居西垂。自以为主少皞之神,作西畤,祠白帝。……其后十六年,秦文公东猎汧渭之间,卜居之而吉。文公梦黄蛇自天下属地,其口止于鄜衍。文公问史敦,敦曰:'此上帝之征,君其祠之。'于是作鄜畤,用三牲郊祭白帝焉。……作鄜畤后七十八年,秦德公既立,卜居雍,后子孙饮马于河,遂都雍。雍之诸祠自此兴。……其后(德公以后)四年,秦宣公作密畤于渭南,祭青帝。……其后(缪公以后)百余年,秦灵公作吴阳上畤,祭黄帝;作下畤,祭炎帝。……栎阳雨金,秦献公自以为得金瑞,故作畦畤栎阳而祠白帝。"

这样已经有了四帝,到汉高祖二年立黑帝,而五帝俱全。这是和东方的影响,方士的宣传分不开的,当然也是秦的社会具备了这种条件。《史记·封禅书》说:

> "邹子之徒论著五德终始之道,及秦帝而齐人奏之,故始皇采用之。"

五行学说由于邹子之徒的进献,五帝的祭祀也和五行学派有关。因此我们不以为《周礼》的祀典受有秦人的影响,反过来说,秦人有受了《周礼》影响的可能。

　　五帝的祭祀既然是由五方的崇拜演变而来，所以祀五帝于四郊是当然的结果。《周礼·春官·小宗伯》说：

　　　　"兆五帝于四郊。"

四郊指都城的东、西、南、北郊而言，和《吕氏春秋》的东郊迎春，南郊迎夏，西郊迎秋，北郊迎冬的说法近似，全是和五行学说分不开的。我们不能把五方帝和四郊的祭典分开，而以为分郊祀五帝，除《周官》及《吕氏春秋》有相类似之说外，更无切实可靠的证据，因而说《周礼》是接受秦的影响，说《周礼》祀五帝在秦祀五帝以后。《周礼》除了五帝祀典外，还有"昊天上帝"的祭祀。上帝的崇拜由祖先崇拜游离出来以后，有了至上神的祭典，还有五方帝的祭典。在原始自然宗教的演变上，到阶级社会形成后，反映出至上神的观念，而因为封建国家的成立，封建割据的存在，在上帝外又有五方帝的产生。从思想系统本身的发展来说，五方帝又是和五行的系统分不开的。这在上面已经加以分析。《周礼》中的昊天上帝，或简称曰天，或曰上帝。《春官·大宗伯》说：

　　　　"以禋祀祀昊天上帝。"

又《春官·司服》说：

　　　　"祀昊天上帝则服大裘而冕，祀五帝亦如之。"

可以知道祀昊天上帝之礼和五帝礼之相同。这是调停两种祀典还没有整理出来新的系统的结果。到秦汉以后这两种是分出高下了。由此也可以说明《周礼》的相对年代。

　　因为《周礼》中存在着两种月建，有两种历法，所以在《周礼》中也有冬至祭和立春祭，这和既祀上帝又祀五帝是同样性质，它一方面接受官家的历法，实行冬至祭，一方面保存民间的习惯，而行立春祭。周人祭天本在冬至，《礼记·郊特牲》云：

　　　　"周之始郊日以至。"

这是说冬至祭天。而郑玄注《周礼》还有不同的说法,《春官·典瑞》郑注云:

　　　"玄谓祭天,夏正郊天也。"

《魏书·礼志》又引郑玄的话道:

　　　"圜丘祭昊天在冬至,南郊祭受命帝在夏正月,二者不同。"

此所谓受命帝应指五方帝说,如汉为赤帝子,秦为白帝子等说,也就是谶纬书中的感生帝。《周礼》在两种月建中实行两种郊天的大礼。如果说这是《周礼》本身的矛盾,不如说这是客观现实的反映。由此可以说明它的时代性,也可以说明它不是刘歆、王莽的伪造,因为在王莽时代,这些问题已经不存在了。

　　除宗教和历法以外,我们再来分析《周礼》中的思想体系。先从五行学说谈起。过去我以为《周礼》是荀子学派所为,而荀子这一派是反对五行的,这就遭遇到阻碍。《周礼》中是有五行学说的,它是齐国的产物,齐国是五行学说的中心地带。我们研究《周礼》的宗教崇拜时,已经涉及书中的五行思想,在其他方面也有明显的五行说。五行说的盛行,是战国晚年的事,在《吕氏春秋》中有完备的五行系统,以前除了邹衍外,有系统的五行说还不多见。《周礼》是《吕氏春秋》以前的著作,我们在书中当然找不到有系统的五行学说,因为五行学说本身的发展还没有达到那一阶段。到王莽、刘歆的时代,五行学说大盛,所以两汉时代的著作,除非是反五行者,无不侈谈五行。就这一点说,《周礼》也不会出自歆、莽。在西汉的政治制度上,到处有五行说的色彩,其体系之完整是远出《周礼》之上的。在《周礼》的一些制度上没有羼杂许多五行说,正好说明它的时代性。

　　《周礼》中有它的五行说,比如《天官·疾医》有云:

　　　　"以五味五谷五药养其病,以五气五声五色视其死生。"
后来的注疏即完全以五行学说来解释。如上引《疾医》条贾公彦
《正义》说:

　　　　"病由气胜负而生者,谓五行之气,相胜则为病,即五行
　　　传五诊之义。"
又云:

　　　　"案《月令》,春祭先脾,夏祭先肺,中央土祭先心,秋祭先
　　　肝,冬祭先肾。"
这种解释是否合乎《周礼》原义,当然有问题,因为早期的五行说
是还没有这样完备的系统,但《周礼》这一段话不能说没有五行说
的意味。我们通盘检查《周礼》中的五行学说,实在是近于《管子》
而稍前。如《周礼·春官·大宗伯》云:

　　　　"以苍璧礼天,以黄琮礼地,以青圭礼东方,以赤璋礼南
　　　方,以白琥礼西方,以玄璜礼北方。"
这上面缺了一个中央黄色,季夏祀中央黄帝的说法,似乎在《周
礼》成书时代尚未完成,所以《周礼》作者未及采用。我们拿《管
子》中的五行说和《周礼》来比,正好作这样的说明。《管子》中的
五行说是早期的一种,就五行说的配合上来说,它好像《十二纪》
和《月令》的开创者,全书中和五行有关的篇目是《幼官》、《幼官
图》和《五行》等三篇。三篇的内容合在一起,正相当《吕氏春秋·
十二纪》或《礼记·月令》的全篇,而组织不完密,系统不分明,如
果出自《吕氏春秋》以后,它一定会抄袭得很完善而不会这样潦
草。但拿来和《周礼》相比,它却比《周礼》的五行说为完备,《管
子》已经是以黄后处中央,青后处东方,赤后处南方,白后处西方,
黑后处北方;虽然没有五神和五后来配合,但比《周礼》是周密多
了。不过《管子》的成书年代究竟和《周礼》相差不远,而且他们也

都是齐国的作品,所以它们在五行说和政治制度方面有相同的地方。《管子·五行》篇说:

> "昔者,黄帝得蚩尤而明于天道,得大常而察于地利,得奢龙而辩于东方,得祝融而辩于南方,得大封而辩于西方,得后土而辩于北方;黄帝得六相而天地治,神明至。蚩尤明乎天道,故使为当时;大常察乎地利,故使为廪者;奢龙辩乎东方,故使为土师;祝融辩乎南方,故使为司徒;大封辩乎西方,故使为司马;后土辩乎北方,故使为李。是故春者土师也,夏者司徒也,秋者司马也,冬者李也。"

在五行说的系统中而有六相的说法,是较为奇怪的,但以之和《周礼》相比,却有许多近似的地方。这和《周礼·大宗伯》的记载相似,《大宗伯》礼天地四方,《管子》也有天地四方之官。六官好像独立于五行说之外,实际是在五行说中。虽然《管子》的六官和《周礼》不完全相同,然而时间相近,地方相同,彼此发生过影响是不成问题的。我的意见,《管子》的出现还应当稍后于《周礼》。

《周礼》也是一部杂家书,它虽然有着五行说,也有法家的气息,而一般法家是不谈五行的。在前节中我们已经谈过《周礼》中的严刑峻法,在这里不妨稍作补充。《周礼》《地官》、《春官》、《夏官》、《秋官》屡次讲到关于法令的公布。如《天官·大宰》:

> "正月之吉,始和,布治于邦国都鄙,乃县治象之法于象魏,使万民观治象,挟日而敛之。"

又《地官·大司徒》:

> "正月之吉,始和,布教于邦国都鄙,乃县教象之法于象魏,使万民观教象,挟日而敛之。"

又《夏官·大司马》:

> "正月之吉,始和,布政于邦国都鄙,乃县政象之法于象

魏,使万民观政象,挟日而敛之。"

又《秋官·大司寇》:

"正月之吉,始和,布刑于邦国都鄙,乃县刑象之法于象
魏,使万民观刑象,挟日而敛之。"

不同的机构在正月各自宣布不同的法令,这事在周初如果已经实
行,当子产铸刑书、晋人铸刑鼎的时候,就不致引起叔向和孔子的
讥评了。因为社会经济的逐渐发展,对于刑法的观念也逐渐在变
化中。原来所谓刑法,掌握在领主阶级手里作为他们统治农民的
工具,这工具可以随着他们的喜怒而有所变动。在春秋以后,新兴
地主阶级出现,当他们逐渐抬头而掌握政权的时候,为了巩固他们
的政权,要重新树立刑法的威信,建立起中央集权的专制国家。因
之在战国时代有许多"立信"的故事,《吕氏春秋·慎小》篇记载吴
起治西河,"欲谕其信于民"而徙表立信,《韩非子·内储说上》篇
也记载吴起令民徙一车辕及一石赤菽的故事。不久在秦国便有商
鞅徙木立信的故事。吴起、商鞅都是有名的法家,他们知道由于领
主贵族之一贯不讲信用,农民对于他们所公布的法,有着不信任的
思想,这对于统治阶级来说,是不利的。他们要建立威信,向农民
表示他们是言出法随的,不信你来试试!

法令的公布,如上所说,是新兴地主阶级抬头的表现,因为在
公布法令以前,他们也受着领主阶级的压迫。他们通过公布法令,
取得和贵族平等的地位,而商鞅、吴起变法的本意也正是如此,要
剥夺领主贵族的特殊地位。在这一点上,领主阶级和地主阶级是
有矛盾的,而且不断地在斗争着。这些变法的提倡者大多是死在
领主的手里。地主阶级一方面向领主争取法令上的平等,一方面
向农民表示,他们必须信仰法令,遵守法令。这公布了的法令作为
新兴地主阶级的统治工具,是再清楚没有了。新兴地主阶级主动

公布法令,法令提高了他们的地位,因而他们更加重视法令。这就是法家的主要精神,也就是法家阶级性的表现。

虽然《周礼》中有浓厚的法家思想,但这近于荀子学派的思想体系,儒家思想也随处流露出来。《地官·大司徒》说:

> "以乡三物教万民而宾兴之。一曰六德:智、仁、圣、义、忠、和。二曰六行:孝、友、睦、姻、任、恤。三曰六艺:礼、乐、射、御、书、数。"

所列举的"乡三物",几乎全是儒家的道德思想。又《天官·大宰》说:

> "四曰儒,以道得民。"

这上面的"儒",虽然不一定是儒家的儒,但即使是泛称的儒,和儒家也是有关系的。《周礼》的作者实在是和儒家接近的法家,所以有人以为出于荀子学派,虽然这还有问题,然而学风接近,是没有疑问的。

五　成书的时间与地点

自从王莽表彰《周礼》以后,东汉章帝建初八年,《周礼》、《古文尚书》和《毛诗》同置弟子员,以后传授渐广。但今文经师何休之徒,还是竞相排斥,到唐朝赵匡的《五经辨惑》、陆淳的《春秋纂例》并谓《周礼》是后人的附益。宋元诸儒对于《周礼》的意见更多,清代今文家如康有为辈,遂谓《周礼》为歆、莽所伪。汪中以为在汉前《周礼》的传授源流皆不能详,所以为诸儒所排斥。实则在东汉以前,《周礼》的传授源流虽然不详,但不是没有人学习并且引用,作为一个很早的证据来说,《大戴礼·朝事》篇说:

> "天子为诸侯不行礼义,不修法度,不附于德,不服于义,

故使职方氏大行人以其治国,选其能功。"

这可能就是本于《周礼·夏官·职方》:

　　"王设其牧,制其职,各以其所能。"

当然有人可以说这是《周礼》抄袭《大戴礼》,正好是《周礼》晚出的证据,然而《史记·封禅书》说:

　　"诸儒采封禅《尚书》、《周官》、《王制》之望祀射牛事。"

这里明明提出《周官》,司马迁的话也不可靠吗? 他们说不可靠,崔适的《史记探源》说:

　　"此书(指《封禅书》)录《汉书·郊祀志》而去其昭、宣以
　　下也。"

《史记》不是《史记》而是后来的《汉书》,这是崔适等人片面主观的说法,他们有一种成见,以为西汉前所见的古文经说全是歆、莽以后的伪造,所以《史记》中的古文经说会来自《汉书》。《汉书》中的古文经说就全是伪造吗? 比如《汉书》的《郊祀志》记载匡衡的奏疏道:

　　"臣闻郊柴飨帝之义,扫地而祭,上质也。歌大吕、舞《云
　　门》以俟天神;歌太蔟、舞《咸池》,以俟地祇。"

这本于《周礼·春官·大司乐》:

　　"乃奏黄钟,歌大吕,舞《云门》,以祀天神。"

　　"乃奏大蔟,歌应钟,舞《咸池》,以祭地示。"

如果说这也不可靠,他们伪造到匡衡的奏疏,似乎太深文周纳了。完全相反,这一系列的证据,正好说明在歆、莽前《周礼》已经出现并且流传着。这是一部记载典章文物的书,为历史学者所推崇,所以它的命运也就同于《左传》,作为历史学派古文经学的重要经典。

　　假使我们相信崔适等人的说法,认为《周礼》出于刘歆、王莽

等伪造,则将遭遇到不可克服的困难,因为王莽本人对于《周礼》还有许多误解,假使是他们自己的伪造,他们自己还有不懂的地方,这真是不可解释的矛盾。最显著的有下列几点:

(一)"三孤卿"问题。《周礼·天官·掌次》云:"孤卿有邦事,则张幕设案。"这所谓"孤卿",汉以后注疏,皆以"三孤"来解释,实则《周礼》中并没有说过孤卿三人,大家都沿袭了王莽的错误。《周礼》中说到三公时全表明出三的数字来,假使孤卿也有三人,也一定会明白说是"三孤"。通考全经说到"孤"的地方共二十一处,没有一处说到"三孤",可见孤卿不一定三人。此误始于王莽,《汉书·王莽传》说:"置大司马司允,大司徒司直,大司空司若,位皆孤卿。"这是王莽以为孤是"三公之佐",于是置三公司卿来仿效。班固《汉书》沿袭此误,而以少师、少傅、少保为孤卿。此后《五经异义》、《伪古文尚书》等皆仍此说而未改。假使王莽等人自己伪造了《周礼》,他们不会这样来了解的。

(二)"大合乐"问题。《周礼·春官·大司乐》云:"以六律、六同、五声、八音、六舞大合乐,以致鬼神示,以和邦国,以谐万民,以安宾客,以说远人,以作动物。"王莽对于此事的了解也有问题。《汉书·郊祀志》载王莽改祭祀说:"《周官》天墬之祀,乐有别有合。其合乐曰'以六律、六钟、五声、八音、六舞大合乐',祀天神,祭墬祇,祀四望,祭山川,享先妣先祖。凡六乐,奏六歌,而天墬神祇之物皆至。四望,盖谓日月星海也。三光高而不可得亲,海广大无限界,故其乐同。祀天则天文从。祭墬则墬理从。三光,天文也。山川,墬理也。天地合祭,先祖配天,先妣配墬,其谊一也。天墬合精,夫妇判合。祭天南郊,则以墬配,一体之谊也。……此天墬合祀,以祖妣配者也。其别乐曰'冬日至,于墬上之圜丘奏乐六变,则天神皆降。夏日至,于泽中之方丘奏乐八变,则墬祇皆出'。

天墜有常位,不得常合,此其各特祀者也。"案莽说以大合乐为遍奏六乐,与下文分乐以至六乐六变诸文为一事,并为孟春合祀天地于南郊之乐。这种说法是很有问题的,在礼制上没有天地合祭的道理,所以孙诒让说:"说甚不经。"下文分乐诸文,与大合乐也不相干,王莽主观地合在一起,是很荒谬的。

(三)"五等爵"问题。关于《周礼》中的五等爵问题,第二节中已经有所说明,现在可以再作一些补充。考《汉书·王莽传》,王莽关于封爵封地的措施,共有两处,一处是他当摄皇帝时的居摄三年,他说:"周爵五等地四等有明文,殷爵三等有其说无其文。……臣请诸将帅当受爵邑者,爵五等,地四等。"康有为针对着这些话而有所论辩,但康有为的话错了,王莽并没有本《周礼》制爵封。另一处是王莽始建国四年莽至明堂,授诸侯茅土,下书曰:"州从《禹贡》为九,爵从周氏为五。……诸公一同,有众万户,土方百里。侯伯一国,众户五千,土方七十里。子男一则,众户二千有五百,土方五十里。附城大者食邑九成,众户九百,土方三十里。"仍然是封地四等,而且更加明确了。这种制度不同于《周礼》,而大体同于《礼记·王制》,《王制》说:"公侯田方百里,伯七十里,子男五十里;不能五十里者,不合于天子,附于诸侯曰'附庸'。"和新莽制度稍有歧异者是侯的地位及附庸问题,然而和《周礼》比较,则出入颇大。假使《周礼》是王莽伪造出来的政典,不会有这种歧异。

此外关于"屋粟"问题,"夫布"问题,王莽的设施和《周礼》皆有出入。虽然王莽等有误解《周礼》的地方,但不能说他们不重视《周礼》,在许多方面,他们采取了《周礼》的制度,尤其是关于经济方面的设施。我们说《周礼》的制作时代,是新兴地主阶级已经抬头的时代,然而《周礼》的作者却主张维持领主封建制度。事实也是如此,一直到王莽时代,领主阶层和地主阶层还有斗争,王莽改制就是这一种斗争的具体表现。王莽取消了大土地所有制,但他并没有减轻对于农民的剥削;他禁止奴隶的买卖制度,但并没有取消奴隶制度的残余。他是要恢复领主封建制的,所以他尊重《周礼》。但因为《周礼》在过去流传不广,在许多章句问题上,他们还弄不清楚。王莽等人和《周礼》的关系如此而已。

刘歆、王莽既然不可能是《周礼》的作者,那么《周礼》究竟是什么时候、什么地方的作品? 根据以上的研究,我们知道它应当是战国中叶前后的作品,可能出于齐国。

第一,就它所反映的社会经济制度来看,具有领主封建社会的特点,这还是封建社会初期,有原始社会制度的残余,有奴隶制度的残余,而以封建所有制的生产关系为主流。这时主要生产者是农民,即所谓氓,领主们分配给农民以土地,但地主阶级已经产生,要求中央集权的专制主义因素有了萌芽,因之表现在《周礼》本身也呈现不可消除的矛盾。这是春秋中叶以后才发生的现象,在《周礼》中得到了反映。此外在宗教崇拜上、在五行说的系统上,全不是战国以后的体系。又因为《周礼》中存在着两种月建,这一方面反映了春秋战国时的真实情况,一方面说明它不可能是秦汉以后的伪造。

第二,《周礼》中有些法令、习惯是战国时风行的,如《秋官·衔枚氏》云:

> "禁嚣呼叹鸣于国中者,行歌哭于国中之道者。"

经解家惠学士《礼说》解释道:

> "衔枚氏掌司嚣,嚣则乱,乱则师由失律。……狐援谏齐湣王而不用,出而哭国三日,王谓吏曰:'哭国之法若何?'吏曰:'斮。'王曰:'行之。'明哭国者斮,无道之行,盖起于战国

欤？"

惠士奇的说法，不足证明这种法令起于战国，但在战国有禁哭国的法令是事实。又《天官·玉府》云：

"大丧共含玉，复，衣裳角枕角柶。"

"复"是招魂，《楚辞》及《礼·士丧礼》皆有招魂的记载，《檀弓》孔疏遂谓招魂是战国时的风俗。《周礼》的记载也是这时的情形，当然这和禁哭国的法令一样，可能在战国以前已经存在，而在战国以后就不流行了。这些全可以帮助我们说明《周礼》的时代性。

第三，根据其中的一些记载，成书的地点应当是齐国，如：（一）《大司寇》说："禁民讼，入束矢于朝，然后听之。……禁民狱，入钧金，……然后听之。"这是齐国的法令，见于《管子》和《国语·齐语》，《齐语》说："管子对曰：'……小罪谪以金分，……索讼者三禁而不可上下，坐成以束矢。'"其后《淮南子》也有类似记载，当亦本于齐法。（二）《小司寇》说："听民之所刺宥，以施上服下服之刑。"又《司刺》："求民情断民中而施上服下服之罪。"这和《吕刑》"上刑适轻，下服；下刑适重，上服；轻重诸罚有权"的意义相合。《吕刑》虽然还不能说出自齐国，但齐、许、申、吕全是姜姓国，彼此有密切的关系。（三）《周礼·司盟》说："盟万民之犯命者，诅其不信者。……有狱讼者，则使之盟诅。"这也是齐俗。《墨子·明鬼下》曾记载一个故事道："昔者齐庄君之臣，有所谓王里国、中里徼者，此二子者，讼三年而狱不断。……乃使之人共一羊，盟齐之神社，二子许诺，……读王里国之辞，既已终矣；读中里徼之辞未半也，羊起而触之，……殪之盟所。……著在齐之《春秋》。"惠士奇《礼说》以为《周礼·司盟》所谓"使之盟诅"之礼如此。我很同意这种说法，这也是齐俗。

以上说明了这部书和齐国的特殊关系，此外，我们还可以看

出,《周礼》和《管子》有深厚的渊源,这在上节中,已有论述,今再作补充,比如:

(一)《周礼·地官·族师》有云:"五家为比,十家为联;五人为伍,十人为联;四闾为族,八闾为联。使之相保相受,刑罚庆赏,相及相共,以受邦职,以役国事,以相葬埋。"《管子》也有这种记载,《立政》篇云:"十家为什,五家为伍,罚有罪不独及,赏有功不专与。"又《禁藏》篇云:"辅之以什,司之以伍,伍无非其人,人无非其里,里无非其家;故奔亡者无所匿,迁徙者无所容。"这种组织,在当时来说,还是原始社会的残余。我们研究春秋以及战国的历史,有这样一种认识,齐国的社会和东方各国有所不同,它的原始制度的残余特别浓厚,《管子》和《齐语》中的乡村组织,是由氏族社会遗留下来的,这也许因为它是东夷地区的缘故,在西方各国如三晋,没有这种条件,也没有这种组织。

(二)《周礼·夏官·司马》云:"王六军,大国三军,次国二军,小国一军;军将皆命卿。二千有五百人为师,师帅皆中大夫。……五人为伍,伍皆有长。"这实际是"因内政寄军令"的办法,乡遂大夫以下皆为军吏。虽然详细制度和《管子》及《齐语》的记载还有不同,而基本精神是一致的。

(三)《周礼·地官·旅师》云:"旅师掌聚野之耡粟、屋粟、闲粟而用之。"惠士奇《礼说》以为《管子》相壤定籍,法本《周官》:"上壤者,上地不易之田百亩,是为正夫,故曰耡粟。下壤者,下地再易之田三百亩,是为三夫,故曰屋粟。闲壤者,中地一易之田二百亩,在上下之间,故壤曰闲壤,粟曰闲粟。乡遂分上中下授田,故旅师亦分上中下敛粟。"这种解释是有理由的,因而说《管子》和《周礼》有关也是有理由的。

此外凡说到《周礼》的军政、军赋的法令,注疏家往往以之和

《管子》相比。在一些字句和琐碎的记载中,《管子》和《周礼》也有许多相同的地方,都可以说明《周礼》和《管子》的密切关系。《管子》虽然不是管仲的作品,但和齐国有关是可以肯定的。

　　齐国在春秋初年是一个较为落后的国家。齐地本属于东夷,东夷在社会发展史上说,落后于住居在它以西的部族,当西方各族已经进入封建社会的时候,东夷可能仍然是氏族社会。齐国迁到东方来应当是周公东征以后的事,东迁以后,封建主义在东夷地区内也起了作用,在这个氏族组织内也建立起封建国家,但这是早熟的,以至于齐国到后来一直保存着氏族公社的组织,没有经过成熟的奴隶社会,奴隶制的残余也存在着。《周礼》正是这一种情况的反映。中国古代社会的发展是不平衡的,在西周以后,疆域扩大,包含的部族加多,彼此的历史条件不同,地理环境不同,在社会史的发展上也不一致。我们必须注意到这一点,才能够认识中国古代的社会性质问题,否则会混淆了问题,而得不到解决。《周礼》虽然不是一部实录,然而它反映了春秋时代齐国的现实。当然也有大部分是空想的,不切合实际的,要我们分析批判,使其中真实部分,化为有用史料。

六　小　结

　　原来的经学虽然不分今古,但子思、孟子一派的学说成为今文经学的不祧之宗,他们提倡五行,荀子所谓"子思唱之,孟轲和之",即指此。稍后邹衍更是五行说的大师,他受有孟子一派的影响,所以他的五行学说是先讲相生而后讲相胜的。相生说的政治主张是儒家的王道政治,这不被时王所重视,于是邹衍改变主义而提倡相胜说,主张暴力,这合乎一般统治者的要求,于是这种学说时兴起来。刘邦自从起事以来就利用了它,他的子孙也一直利用它作为巩固政权的工具。但当某一些人取得了政权而宣称取得"一德"后,他要防备没有得到政权的人正在设法取得另外"一德"而推翻他。西汉自昭、宣以后,人民生活越来越痛苦,要推翻汉家统治者越来越多,没有取得政权的地主阶级也希望混水摸鱼,于是"汉历将终"的流言越来越盛行。王莽是一个注视着汉家天下的人,他利用着自己的社会地位、政治条件以及汉家天子的幼弱,并且鼓吹着五行学说,从而夺取了政权。

　　王莽虽然利用今文经学作为夺取政权的工具,但古文经学可以供给他采用的制度,他要以复古作维新,恢复领主封建社会,于是他重视《周礼》。王莽的时代正是农民与地主阶级矛盾尖锐化的时代,为了缓和这种矛盾,王莽采取了限制大地主阶级而加强王室的手段,他仿效《周礼》的井田,实行了王田制,农民全是他的农奴,并禁止奴婢的买卖。古文经学尤其是《周礼》,是在这种情形下兴起来的。自从《周礼》得到表彰以后,这部书的真伪及其成书时代,成了中国学术史上的一个存在问题。解决这一问题,给《周礼》这部书一个适当的评价,我想是应当的。我们先从经济制度说起,在《周礼》内虽然看到奴隶制的存在,但主要生产者是农民,已经不是奴隶社会了。这些农民每人使用一份土地,在他们的上面有层层贵族在统治着、剥削着他们。他们既无耕牛,又无铁器,生产力的水平很低,负担却很重。我们知道在春秋末年已经有牛耕铁器,而《周礼》中没有反映,这不是《周礼》成书时代的一个佐证么?

　　就学术思想而论,最突出的是《周礼》涉及的历法,其中有两种历法通行。在一个国家内同时通行两种历法,是春秋战国时的特色。在祀典中,它也表现出矛盾,既有昊天上帝的祭祀,又有五帝的祭祀,这说明封建国家内部族的复杂,不能以一族宗神作为全国的上帝。在五行学的系统中,它近于管子学说而时代稍前。这一切全说明它不是战国晚年的作品。《周礼》虽然近于杂家的作品,然而也有它的中心思想,是一部重视刑法而有儒家气息的书,因此有人以为出于荀子学派,这虽然有待证明,它出于齐国有儒家气息的法家是可以肯定的。

总结以上的论述,《周礼》可能是一部战国中叶左右齐国的书,《大戴礼》曾经引用过它,司马迁、匡衡也引用过它,无论如何不是王莽的伪造。其中记载也不完全是理想,而有着现实的反映,它可以帮助我们了解齐国的社会,了解中国古代社会发展不平衡的事实。

(原载《山东大学学报》1954 年第 4 期)

杨向奎(1910—2000),字拱辰,河北丰润人。1935 年毕业于北京大学历史系。后相继执教于甘肃学院、西北大学、东北大学和山东大学。1957 年调任中国科学院历史研究所(即今中国社会科学院历史研究所)研究员。著有《西汉经学与政治》、《中国古代社会与古代思想研究》、《中国古代社会史论》、《清儒学案新编》、《大一统与儒家思想》、《宗周社会与礼乐文明》、《墨经数理研究》、《自然哲学与道德哲学》、《哲学与科学——自然哲学续编》、《绎史斋学术文集》、《繙经室学术文集》和《中国屯垦史》(合著)等。

《〈周礼〉的内容分析及其成书时代》发表于 1954 年,《周礼》成书的年代和地域是其中着重研究的问题。文中通过分析《周礼》中所涉及的社会经济制度、政法制度和学术思想等,认为《周礼》不可能出于刘歆、王莽伪作,而可能是一部战国中叶左右齐国的书。《周礼》不是一部实录,但其记载也不完全是理想,而是有着对春秋战国时代齐国现实的反映。

六经与孔子的关系问题

周 予 同

　　我认为,研究中国古代学术思想史,必须解决"六经"与孔子的关系问题。对于这个问题,过去学术界议论甚多,至今尚无定论。这里提出我的一点意见,作为研究者的参考。

　　研究孔子,最重要的材料,当推《论语》。它是孔子言行的汇录,出于孔子的学生或再传弟子之手,自然比较可信。但现行的《论语》,经过西汉末张禹和东汉末郑玄两次改订,①已成为今古文的混合物。其中涉及孔子与经书关系的材料,一则保存得不多,二则有的还成问题。②因而,我们研究这个问题,除《论语》外,还需要借重其它材料。在现存材料中间,对于孔子删定"六经"的史迹,说得比较有系统的,要数《史记》的《孔子世家》和《太史公自

---

　　① 《论语》在汉代的传本,起初有三种,即属于经今文学的《鲁论》、《齐论》,以及属于经古文学的《古论》。西汉末,安昌侯张禹首先混合《鲁论》和《齐论》,进行改订,号称《张侯论》。东汉末郑玄注《论语》,又混合《张侯论》和《古论》,于是形成《论语》的现行本。

　　② 例如今传本《论语·述而篇》有"加我数年,五十以学《易》,可以无大过矣",好像孔子学《易》是没有问题的。但据《鲁论》本,则孔子只是说"五十以学,亦可以无大过矣",并没有说自己学《易》。一字之差,就使基本事实是否靠得住成了问题。所以《论语》也还有学派和传本的问题要仔细解决。

序》二篇。

依照司马迁的说法,"六经"都曾经孔子之手,虽然关系密切的程度不同。概括地说,司马迁以为孔子做了这样几件事:编次了《书》,删订了《诗》,编定或修订了《礼》、《乐》,作了《易》的一部分和《春秋》的全部。据说孔子因鲁史记而作的《春秋》,"是非二百四十二年之中,以为天下仪表,贬天子,退诸侯,讨大夫,以达王事",因而在"六经"中顶要紧,所谓"拨乱世,反之正,莫近于《春秋》"。(《史记·太史公自序》)

司马迁调查过孔子事迹。提供的材料,值得人们重视。然而他对"六经"与孔子的关系的看法,显然受到董仲舒的影响。因而后来的经学家,并不都以为他的说法可信。清末以来,歧说更多。现在我只举两种极端不同的见解。

一、"五经"皆孔子所作说

清末皮锡瑞在其所撰《经学历史》和《五经通论》二书里,极力主张"五经"①都是孔子的著作。他认为,从原材料说,"五经"虽然大部分来自孔子以前的古籍,但把那些杂乱无章的篇籍,进行整理,给它们注入经学所独有的灵魂,即所谓"微言大义",使之成为"经",则开始于孔子。例如,《经学历史》开宗明义就说:

"经学开辟时代,断自孔子删定六经为始。孔子以前,不得有经。……古《诗》三千篇,《书》三千二百四十篇,虽卷帙繁多,而未经删定,未必篇篇有义可为法戒。……《仪礼》十七篇,虽周公之遗,然当时或不止此数而孔子删定,或并不及此数而孔子增补,皆未可知。观'孺悲学士丧礼于孔子,《士

① 今文经学派以为《乐》本无经,存在于《诗》与《礼》之中,因而只提"五经",不承认有"六经"。

丧礼》于是乎书',则十七篇亦自孔子始定;犹之删《诗》为三百篇,删《书》为百篇,皆经孔子手定而后列于经也。《易》自孔子作卦爻辞、《象》、《彖》、《文言》,阐发羲、文之旨,而后《易》不仅为占筮之用。《春秋》自孔子加笔褒贬,为后王立法,而后《春秋》不仅为记事之书。此二经为孔子所作,义尤显著。"(皮锡瑞《经学历史·经学开辟时代》)

皮氏为清代今文经学家。以"五经"为孔子的著作,今文学者的意见大体一致。只是他们没有认定《易》、《礼》为孔子所作,如皮氏这样彻底而已。皮氏的见解,是针对宋学而发的。他不满于宋人的改经删经的方法,对于清代考证学的发展是相当地加以赞许,但又不以为考据是经学研究的止境。我们明白了这一点,则对他的主张,就可以有合理的解释。然而皮氏究竟只是一个经学家,而且只是立在今文派的旗帜下来批评对立面,并每每好加以主观的议论,因而在陈述己见时便不免有不少荒谬的思想,即如上举论点,也就有武断之嫌。这我在五十年前已揭示过(周予同:皮著《经学历史》注释本序言)。正因为皮氏走到了经今文学的极端,所以他的说法发表后,便很快受到章炳麟的驳斥。章氏站在经古文学的立场上,批评他以《易》《礼》为孔子所作的说法,乃是"妄以己意裁断","愚诬滋甚"(章炳麟:《驳皮锡瑞三书》,载《章氏丛书·文录》)。

二、"六经"与孔子无关说

"五四"以后,钱玄同撰有《重论今古文问题》(见《古史辨》第五册)等文,完全否认孔子与"六经"有关系,当时殊为学者所重视。现在撮录钱氏的话于下,以见另一极端。他认为:

"(1)孔丘无删述或制作'六经'之事。

"(2)《诗》,《书》,《礼》,《易》,《春秋》,本是各不相干的五部书("乐经"本无此书)。

"(3)把各不相干的五部书配成一部而名为'六经'的缘故,我以为是这样的:因为《论语》有'子所雅言,《诗》、《书》、执礼',和'兴于《诗》,立于礼,成于乐'两节,于是生出'孔子以《诗》、《书》、《礼》、《乐》教'(《史记·孔子世家》)之说,……又因为孟轲有'孔子作《春秋》'之说,于是又把《春秋》配上。……

"(4)'六经'的配成,当在战国之末。……

"(5)自从'六经'之名成立,于是《荀子·儒效篇》,《商君书·农战篇》,《礼记·经解》,《春秋繁露·玉杯篇》,《史记》(甚多),《汉书·艺文志》,《白虎通》等,每一道及,总是六者并举;而且还要瞎扯了什么'五常'、'五行'等等话头来比附了!"(钱玄同:《答顾颉刚先生书》,载《古史辨》第一册)

那么,"六经"究竟是些什么性质的书呢? 钱玄同以为,要考孔子的学说和事实,只有《论语》比较的最可信据。所以,他把《论语》之中与"六经"有关的话,逐条抄出,进行考证后断言:(一)《诗》是一部最古的总集;(二)《书》似乎是三代的时候的"文件类编"或"档案汇存",应该认它为历史;(三)《仪礼》是战国时代胡乱抄成的伪书;(四)《易》的原始卦爻,是生殖器崇拜时代的记号,孔丘以后的儒者借它来发挥他们的哲理,陆续配成了所谓"十翼";(五)《春秋》在"六经"之中最不成东西;说它是"断烂朝报"或者"流水账簿",都极确当。(钱玄同:《答顾颉刚先生书》,载《古史辨》第一册)

钱氏从"疑古派"的怀疑精神出发,全盘否定了"六经"同孔子有关系的说法。他的见解,自然不好说全不对,比如关于《诗》、《书》性质的判断,就有道理。但总的来看,他的怀疑的立足点,却很成问题。就是说,钱氏对这个问题先存否定的意见,然后在古代文献中去寻找论证来替自己的观点张目,这就不免陷于主观主义。何况《论语》本身也还有学派和传本的问题要仔细解决,并不是字字句句都可信据。拿现行的《论语》来作为判断是非的标准,从而断定"六经"与孔子无涉,《荀子》《史记》等书的记载都是瞎扯,岂非也有武断之嫌吗?所以,钱氏的主张,表面上同所谓"五经"悉为孔子所作的主张完全相反,其实都各执一偏,不足为据。

从前我在批评"孔教救国"论的时候说过:"孔子学说的真相究竟怎样;后世儒家所描写的孔子,后世君主所提倡的儒教,后世学者所解释的儒家,究竟是否真的孔子,都是绝大疑问。"同时我在批评"六经致用"说的时候又说过:"孔子和《六经》的相关度,以及《六经》和致用的相关度,不仅相去很远,而且根本上还是大疑问。"(周予同:皮著《经学历史》注释本序言)现在我仍然觉得,当这些疑问还没有为科学研究解决以前,要做到客观地深入地估计孔子的历史功罪,恐怕也难。我们都知道毛泽东同志的一句名言:"社会主义比起孔夫子的'经书'来,不知道要好过多少倍。"(《毛泽东选集》第五卷,第257页)假如我们连孔子与"经书"的关系还闹不太清楚,也就是对于封建主义学说的基本文献的面目还不太了然,又怎么能彻底剥露封建主义的落后性,清算这长期的封建社会呢?况且这些疑问搞不清楚,不仅孔子问题,连中国哲学史、中国思想史、中国史学史、中国文化史的问题,也无法彻底解决的。但我觉得很遗憾,即使前揭两种极端的见解,虽然发表都有好几十年了,似乎还没有被批判地克服,用主观臆说来捧孔子或骂孔子的现象,也似乎还存在。这无补于问题的解决。因此,我想再率直地陈说一下自己的初步看法。

第一,通过对现存的"五经"的考察,我们有理由相信,它们决非撰于一人,也决非成于一时,作于一地。举例说,《易》的经(卦爻辞)部分,《书》和《春秋》,无论文字结构、编辑体例,或者撰述内容,都有相当大的差异。《诗》中的"风"诗,多由民间采集,属于地方乐歌,也就是各地的土乐,它们产生的地域,除陕西外,还包括现在的山西、河南、河北、山东及甘肃的南部。人们当然要问:"经书"中这些不同的东西,是从哪里来的呢? 都是由孔子周游列国时亲自采访到的吗? 显然不是。我认为,这种种差异表示,在孔子以前,必有很多古代文献遗存下来,它们的一部分,就残存在"经书"之中。

这个事实,除"经书"本身透露的消息而外,在先秦子书中也有间接证据。比方说《庄子·天运》就记有孔子谓老聃曰:"丘治《诗》、《书》、《礼》、《乐》、《易》、《春秋》六经,自以为久矣,孰知其故矣?"老子曰:"夫六经,先王之陈迹也,岂其所以迹哉!"可见,孔子以前确实存在着"先王之陈迹"的文献。后世不断出土的商周钟鼎彝器铭文,被有的学者视作《书》类文献的原型,我觉得是有道理的。

第二,那时"先王之陈迹"的文献,数量应该比现在的"经书"要多,而且可能已出现经过删削的不同传本。孔子为了设教的需要,对各种故国文献,加以搜集和整理,以充当教本。这些教本,传下来便成为儒家学派的"经典"。

关于数量问题,可举《诗经》为例。《史记·孔子世家》说古者《诗》三千余篇,及至孔子,去其重,存三百五篇。此说属实么? 唐以来经学家们聚讼纷纭,或以为《论语》两称"《诗》三百",即是孔子未尝删《诗》的证据。但我认为,如果承认《诗》中的风诗部分,主要采自民间,那么几百年间积累三千余篇,当然完全可能。在采集后,需要经过删重加工,使之适合统治者的艺术标准或政治标准,也完全可以理解。这样的删削加工,必定不止进行过一次。据

《国语·鲁语》说,孔子的十世祖正考父,曾经"校商之名颂十二篇于周太师"。既称"名颂",那就意味着《商颂》中还有其它作品,未被正考父校录。到孔子正乐,使"《雅》、《颂》各得其所"时,《商颂》已仅存五篇。这表明,经过删削的《诗经》传本,在孔子前的确有过。《诗》如此,其它《书》、《易》等,无疑也如此。

孔子对那些文献有没有重加整理呢?也完全可能。孔子是我国历史上第一个创办私立学校的教育家。《论语》记载他自己说:"自行束脩以上,吾未尝无诲焉。"《史记》记载孔门弟子先后有三千人,"通六艺者七十有二人"。可见他收学生,除学费一项外,没有门第之类限制,因而学校规模才那样大,高材生才那么多。拿孔子开创的私人讲学同过去教育为学官所垄断时候的情形互相比较,我觉得梁启超、章太炎他们肯定孔子实行"有教无类"、"因材施教"有好作用,是不无值得考虑的。孔子既然设教讲学,学生又那么多,很难想象他没有教本。毫无疑问,对于第一所私立学校来说,现成的教本是没有的。《论语》记载孔子十分留心三代典章,指导学生学习《诗》、《书》及礼乐制度。因而,我以为,孔子为了讲授的需要,搜集鲁、周、宋、杞等故国文献,重加整理编次,形成《易》、《书》、《诗》、《礼》、《乐》、《春秋》六种教本,这种说法是可信的。

孔子的确曾以"六经"为教,这在《论语》之外的其它典籍内,也有很多记录。如《礼记·经解》说:"孔子曰:入其国,其教可知也。其为人也,温柔敦厚,《诗》教也;疏通知远,《书》教也;广博易良,《乐》教也;絜静精微,《易》教也;恭俭庄敬,《礼》教也;属辞比事,《春秋》教也。故《诗》之失,愚;《书》之失,诬;《乐》之失,奢;《易》之失,贼;《礼》之失,烦;《春秋》之失,乱。"这是说可以从人们品德知识的不同表现,来分别判断"六经"教育的效果。又如

《史记·滑稽列传》引孔子曰:"六艺于治一也:《礼》以节人,《乐》以发和,《书》以道事,《诗》以达意,《易》以神化,《春秋》以道义。"这是说"六经"教育对于治理国政可能发生的作用。它与上条引语正好从两个侧面证明,孔子何等重视以"六经"施教。

所以,我认为现存的"六经",无疑经过孔子整理,也因此而成为儒家学派的"经典"。

第三,孔子整理"六经",自有他的一定的标准,这是今文经学家与古文经学家都承认的。但说到具体标准,他们的分歧可就大了,今文学者把"五经"看作孔子的"致治之术",古文学者则把"六经"看作孔子整理古代史料之书。他们就是由各自的门户之见出发,去寻找孔子的"经书"的义例。不消说,他们找到的种种所谓标准,必然充斥着宗派的偏见。科学与偏见不能共存,我们只能超出一切经学的派别来研究,更其应从存在决定意识的高度来研究。据浅见,关于孔子整理"六经"的标准,至少有三则记录,值得注意:

其一是"子不语怪、力、乱、神。"(《论语·述而》)宗教观念,说到底,反映着人们的社会关系。在周代,上帝无非是周天子的形象在天上的投影。周室东迁,地上的周天子的地位大大动摇了,于是上帝这个影子,便不能不随之模糊起来。春秋时代的统治者中间,很有些人在思想上要摆脱旧的"天"的观念的羁绊,表现出他们对于旧时的鬼神观念,即旧时那种愚民政策的工具的效用,不同程度地发生了怀疑。孔子的"不语",就体现着这股潮流,说明他也基本上不信鬼神。孔子不是也时常谈"天"说"命"吗?是的,他还有相当的宿命思想,我称之为反鬼神而取术数,说明他仍有迷信。但我认为,孔子说的"天",同殷周统治者传统所谓的"天",在概念上已经起了变化。孔子实际上把"天"当作宇宙间一切都在变化的代称。然而那个时代的历史条件,限制着他不能对宇宙变化做出符合自然规律的解释,而剥削阶级的偏见,更限制着他不敢直接否定"天"的传统权威,因而发表的言论类似泛神论,最终流入宿命论一途。我以为,现存的"经书"里,很少有涉及鬼神主宰之类的芜杂妄诞的篇章,但说"命"的内容却存留不少,正显示着孔子整理"六经"时的矛盾见解。这就是说,故国文献中大量有关鬼神的糟粕,被孔子本着"不语怪、力、乱、神"的原则删节了。

其次是孔子说的"攻乎异端,斯害也已。"(《论语·为政》)所谓"异端",就是与孔子学说相对立的或不同的议论。这一点,我想不必也不该替孔子讳,如有些封建学者所曲为解说的那样。问题在于孔子为什么提出排斥"异端"。我觉得这同他关于"仁"的思想有密切关系。当上古统治者对于劳动的奴隶还可以任意屠杀的时候,人的地位往往比牛马还低贱。春秋时代,对"天"的看法起变化了,对"人"的看法同样在起变化,同样反映了当时新旧社会力量的斗争。孔子及其开创的儒家学派,在这时一致强调"仁"。这个"仁"字,有没有一点人道主义的意味呢?有没有把人当做人的新的涵义在内呢?我以为不能否认。当然也不能否认,没有超阶级的"人",因而也就没有超阶级的"仁"。可是从涵义的发展来探讨,便不能不注意"仁"的思想,主要是针对旧时统治者对"人"的看法而发的。孔子的这个学说,提出于社会大动荡的时期,受到其它学说的非难,乃至攻讦,我觉得道理也就在这里。为了维护自己的学说,孔子起而斗争,把对立的学说看作应该排斥的异端,乃是百家争鸣时代的必然现象。所以,他在整理"经书"时,删节自己认为是有害的见解,便不值得奇怪。这同后世的封建统治者,利用孔子的儒家学说,将它变成儒教,仗着封建统治势力强迫人们去信仰,而把其它一切学说都加以禁止,我觉得不可同日而语。

再次就是孔子说的"述而不作"。(《论语·述而》)孔子整理
"六经",原是拿来做教本。他所依据的材料,毕竟是故国文献。
其中很多记载,都属于古代的历史事迹。孔子对它们,尽管有删
节,但态度是"信而好古",也就是保持原有的文字,包括原来的史
事内容和表达风格,所以现存的"经书"才仍然被我们看作研究历
史的重要史料。不过,话也得说回来,述与作也不可能有严格的界
限。所谓"六经",从形式上说是叙述旧文,从内容上说又有创作
新意。因为既然按照一定的指导思想进行筛选,还按照自己的见
解来阐明经义,那末就总体而言,经过整理的"六经",自然可说是
孔子的一套著作,因而也同时被我们看作研究孔子和儒家学说的
重要史料。

第四,孔子整理过"六经",但现存的五部"经书",却不完全是
孔子整理后的原书。

现存的"经书",内容有两部分,一部分是保存下来的孔子整
理过的文字,另一部分则为后来的儒家学派所增添。例如号称
"十翼"的《易传》,共七种十篇,不但文体同《论语》不相似,而且
思想内容也不一致;说它根本与孔子无涉,固然不可,说它为孔子
所作,就更成问题。据我的考察,它就包含着孔子说《易》的记录,
和后来传《易》学者所补充的内容。再如《仪礼》,今本有《丧服
传》一篇,相传即子夏所作。又如《尚书》,问题更多了,除掉伪《古
文尚书》二十五篇已被学术界公认为是伪作而外,真《古文尚书》
十六篇是否存在过也是疑问,而且即使是今文《尚书》二十九篇,
向来被学者认为都是孔子整理过的传本,但经过近代学者考订,已
证明至少是其中的《禹贡》篇,也是战国时的作品。

这些事实,说明孔子整理的"经书",经过历代的变乱和后来

儒家学派的利用,而流传至今的那些篇章,从文字到内容,都未必能说全是当初孔子整理的旧文。我们在使用它们时,必须慎重对待。

孔子根据自己的哲学、政治和历史的见解,对大量古代文献进行筛选,保存了很多有价值的历史资料,也使“六经”成为系统表达儒家学说的著作;孔子订定的这些著作,随着封建社会的发展,儒家学派地位的变化,而被封建统治者尊为“经典”;但现存的“经书”,其中有孔子整理过的经文,也掺杂着后来儒家学派的著述,同时在流传过程中还有散佚。所以,我认为“六经”与孔子的关系很密切,但对现存的“经书”,哪些同孔子有关,哪些与孔子无涉,则需要仔细研究。我期望有人深入研究这个问题,写出反映历史实际的科学著作来,对于孔子问题和中国学术思想史一系列问题的解决,必定大有好处。

(原载《复旦学报》1979 年第 1 期)

周予同(1898—1981),浙江瑞安人。1920 年毕业于北京高等师范学校国文部。后相继在上海大学、安徽大学、暨南大学、复旦大学等任教。曾注释皮锡瑞《经学历史》,主编《中国历史文选》,著有《经今古文学》、《群经概论》、《中国经学史讲义》等。有《周予同经学史论著选集》行世,收入其有关中国经学史的主要论著。

《六经与孔子的关系问题》一文认为,五经皆孔子所作说和六经与孔子无关说这两种极端的说法都是各执一偏,不足为据。文中指出,六经决非撰于一人,也决非成于一时,作于

一地。孔子为了设教的需要,对各种故国文献加以搜集和整
理,以充当教本,而这些教本传下来便成为儒家学派的经典。
六经与孔子的关系是很密切的。

《易大传》著作年代新考

张 岱 年

汉代以来流传的《周易》一书,包括两部分:一部分是上下经二篇,另一部分是《彖》上下、《象》上下、《系辞》上下、《文言》、《说卦》、《序卦》、《杂卦》共十篇。《汉书·艺文志》著录"《易经》十二篇,施、孟、梁丘三家",颜师古注:"上下经及十翼,故十二篇。"《彖》、《象》等十篇,历来称为十翼,现在许多学者称之为《易传》。但在汉代,这十篇并不是简单地称为《易传》;在汉代,《易传》一词实别有所指。《汉书·儒林传》说:"汉兴,田何以齐田徙杜陵,号杜田生,授东武王同子中、洛阳周王孙、丁宽、齐服生,皆著《易传》数篇。……要言《易》者本之田何。"《汉书·艺文志》著录:"《易传》:周氏二篇(字王孙也),服氏二篇,杨氏二篇(名何),蔡公二篇,韩氏二篇(名婴),王氏二篇(名同),丁氏八篇(名宽)。"可见汉代是把汉儒所著对于《周易》的解说称为"易传"(到宋代,程颐、苏轼的易注也称"易传",南宋朱震著《汉上易传》,杨万里著《诚斋易传》,亦把自己的注解称为"易传")。而所谓十翼,在汉代并不称为"易传"。

汉初陆贾所著《新语》多次引述《周易》,《辩惑》篇中说:

"《易》曰：二人同心，其义断金。"这是引《系辞》的文句①直称"《易》曰"。《淮南子·缪称训》说："故《易》曰：剥之不可遂尽也，故受之以复。"这是引《序卦》的文句，②也是直称"《易》曰"。司马谈《论六家要指》说："《易大传》曰：天下一致而百虑，同归而殊途。"这是引《系辞》的文句，③称为《易大传》。所谓《易大传》，是专指《系辞》，还是泛指《彖》、《象》等篇，文献不足，无从断定。但司马迁认为《彖》、《象》等都是孔子所作。司马氏父子很可能是把传说孔子作的《彖》、《象》、《系辞》、《文言》、《说卦》等篇都称为《易大传》，以别于当时人所著"易传"。

汉代施、孟、梁丘三家所传的《周易》共十二篇，《汉书·儒林传》说："费直字长翁，东莱人也，治《易》，……亡章句，徒以《彖》、《象》、《系辞》、《文言》十篇解说上下经。"可见费氏《易》也是十二篇。王充《论衡·正说》篇说："孝宣皇帝之时，河内女子发老屋，得逸《易》、《礼》、《尚书》各一篇，奏之。宣帝示博士，然后《易》、《礼》、《尚书》各益一篇。"施、孟、梁丘三家讲学，正是在宣帝时，三家的十二篇中有一篇是当时才发现的。《隋书·经籍志》说："及秦焚书，《周易》独以卜筮得存，唯失《说卦》三篇，后河内女子得之。"这又认为《说卦》、《序卦》、《杂卦》都是宣帝时发现的。但是，《淮南子》已引过《序卦》，司马迁已提到《说卦》，近年马王堆出土帛书《周易》，有《系辞》，那《系辞》中包括通行本《说卦》的一段。这都可证《隋书·经籍志》之说是不可凭信的。王充所说增益"一篇"是正确的。这一篇当是《杂卦》。

---

① 《系辞上》："二人同心，其利断金。"
② 《序卦》："物不可以终尽，剥穷上反下，故受之以复。"
③ 《系辞下》："天下同归而殊途，一致而百虑。"

施、孟、梁丘三家所传十二篇,除《杂卦》是宣帝时发现的以外,其余上下经二篇,《彖》、《象》等九篇,当是汉初《易》学大师田何的传本。《汉书·儒林传》说:"汉兴,言《易》自淄川田生。"又说:"要言《易》者本之田何。"田何是战国末前汉初讲授《周易》的重要人物。

《晋书·束皙传》说:"初,太康二年,汲郡人不准盗发魏襄王墓,或言安釐王家,得竹书数十车,……其《易经》二篇,与《周易》上下经同。……《卦下易经》一篇,似《说卦》而异。"杜预《左氏经传集解后序》说:"汲郡汲县有发其界内旧冢者,大得古书,……《周易》上下篇与今正同,别有《阴阳说》,而无《彖》、《象》、《文言》、《系辞》,疑于时仲尼造之于鲁,尚未播之于远国也。"魏襄王墓中所藏《周易》上下经与通行本内容相同,可见田何所传上下经是战国时代旧本之一。近年马王堆出土的帛书《周易》不分上下经,六十四卦次序亦完全不同,当是另外一种传本。帛书《周易》的《系辞》,与通行本《系辞》内容颇有出入,也不尽同,足证汉初《系辞》也有不同的传本。今本的《系辞》和《彖》、《象》等篇当也是田何传下来的,田何的传本必须有其一定的师承关系。

汉代人都认为《彖》、《象》、《系辞》等篇是孔子所作。《汉书·艺文志》说:"文王……作上下篇,孔氏为之《彖》、《象》、《系辞》、《文言》、《序卦》之属十篇。"这是传统的说法。宋代欧阳修作《易童子问》,开始怀疑《系辞》非孔子作,叶适继之,清代史学家崔述等又加以论证。现在多数学者都认为所谓十翼确非孔子所作,这已成为定论。这十篇的作者究竟是谁,已无可考。这十篇的著作年代,却还可以考定。这十篇作于何时呢?多数同志认为成书于战国时期,也有些同志认为作于秦汉之际。郭沫若《〈周易〉之制作时代》说:"我相信《说卦传》以下三篇应该是秦以前的作品,但是《彖》、《象》、《系辞》、《文言》则不能出于秦前。大抵《象》、《系辞》、《文言》的三种是荀子的门徒在秦的统治期间所写出来的东西,《象》在《彖》之后。"也有些同志认为是秦汉间至汉代中期的作品。李镜池《周易探源》说:"《彖传》与《象传》——其年代当在秦汉间;《系辞》与《文言》——年代当在史迁之后,昭宣之间。《说卦》、《序卦》与《杂卦》——在昭宣后。"又说:"现在我的推断是:一,《彖传》和《象传》的《大象》,写于秦朝。《彖》、《象》二传是秦汉间作品。二,《系辞》、《文言》是经师传《易》的语录遗说的辑录,即从田何到田王孙的口传《易》说。三,《说卦》以下三篇,约在宣元之间。"对于这个问题还须作全面的深入的考察。

司马迁说:"孔子晚而喜《易》,序《彖》、《系》、《象》、《说卦》、《文言》。"(《史记·孔子世家》)可见司马迁见过《彖》、《系辞》、《象》、《说卦》、《文言》等篇。对于司马迁这句话随意否认或随意曲解,都是不对的。《淮南子·缪称训》引述过《序卦》的文句。陆贾《新语》的《道基》篇说:"于是先圣乃仰观天文,俯察地理,图画乾坤以定人道。……天下人民野居穴处,未有室屋,则与禽兽同域,于是黄帝乃伐木构材,筑作宫室,上栋下宇,以避风雨。"这显然是引述《系辞下》"古者包牺氏之王天下也"一段的语意。又《辩惑》篇引述《系辞上》的"二人同心"二句。这些都足以证明《系辞》、《序卦》在汉初已有。如果认为《系辞》的年代"在史迁之后,昭宣之间",《序卦》"在昭宣后",恐怕是疑古太勇,未免主观武断了。

《礼记·乐记》有这样一段话:"天尊地卑,君臣定矣。卑高已陈,贵贱位矣。动静有常,大小殊矣。方以类聚,物以群分,则性命不同矣。在天成象,在地成形,如此则礼者天地之别也。地气上齐,天气下降,阴阳相摩,天地相荡,鼓之以雷霆,奋之以风雨,动之以四时,暖之以日月,而百化兴焉,如此则乐者天地之和也。"这和

《系辞上》首段大体相同。《系辞上》说："天尊地卑，乾坤定矣。卑高以陈，贵贱位矣。动静有常，刚柔断矣。方以类聚，物以群分，吉凶生矣。在天成象，在地成形，变化见矣。是故刚柔相摩，八卦相荡，鼓之以雷霆，润之以风雨，日月运行，一寒一暑。"《系辞》在这里是讲天地和万物的秩序和变化，写得比较自然。《乐记》此段从天地讲到礼乐，讲得比较牵强，看来是《乐记》引用《系辞》的文句而稍加改变。《隋书·音乐志》引沈约说："《乐记》取《公孙尼子》。"《公孙尼子》的年代也难以确定，但总是战国时代的作品。《系辞》必在《公孙尼子》之前，是没有疑问的。

宋玉《小言赋》有这样几句："且一阴一阳，道之所贵；小往大来，剥、复之类也。是故卑高相配而天地位，三光并照则小大备。"这显然是引述《系辞上》"一阴一阳之谓道"和"卑高以陈，贵贱位矣"的语意。《汉书·艺文志》著录宋玉赋十六篇，《隋书·经籍志》著录《宋玉集》三卷，宋代以后《宋玉集》散失了。《小言赋》见于《古文苑》。传说《古文苑》编于唐代，据考证当系宋初编定的，所以《古文苑》的材料不尽可信，但也不失为一个旁证。如果宋玉赋引用过《系辞》的文句，更足以证明《系辞》的年代不可能晚于战国。

《荀子·大略》篇说："《易》之咸，见夫妇。夫妇之道不可不正也，君臣父子之本也。咸，感也。以高下下，以男下女，柔上而刚下。"这和《周易》中《咸》卦的《彖》很相类似。《咸》卦的《彖》说："咸，感也。柔上而刚下，二气感应以相与，止而说，男下女。"这是《大略》篇选录了《彖传》的文句呢，还是《彖传》抄录了《荀子》？我认为，这首先要看看《荀子·大略》篇的体裁。《大略》篇不是一篇系统的论文，而是一篇资料摘录，它摘抄了《荀子》一些篇章中的要语和其它材料。郭沫若同志曾说："以荀子那样富于独创性的人，我们可以断定他的话决不会是出于《易传》之剽窃。"（《〈周易〉之制作时代》)但这里需要作具体分析。从内容看,《大略》篇只是一篇资料摘录,可能是荀子门徒所编,我们不能因为荀子是一个富于独创性的思想家,就断定《荀子》全书各篇都不会引用旧文。这条开端三字是"《易》之咸",这就足以表明,这条正是引述《周易》中《象传》的文句而加以发挥。

根据以上的论证,可以断定:《系辞》和《象传》基本上是战国时代的作品,但究竟是战国时代那个时期的作品呢?这还须作进一步的考察。

如何作进一步的考察呢?我们可以从基本概念范畴的提出与演变,从基本哲学命题的肯定与否定,来考察哲学著作的年代先后,一般的情况是:先有人提出一些概念范畴,然后才有人加以评论或否定。先有正命题,然后才会有反命题。这是思想发展的必然的程序。

战国时代思想发展中,有两件事实与《易大传》有重要联系,值得注意。第一,《系辞上》说"天尊地卑,乾坤定矣;卑高以陈,贵贱位矣",肯定了天地的尊卑高下的关系。而《庄子·天下》篇所载惠施《历物》之意十事,第三条是"天与地卑,山与泽平",指出天地的高下关系是相对的。从思想演变来看,惠子的"天与地卑"正是《系辞上》"天尊地卑"的反命题。所以,应该肯定,《系辞》的基本部分在惠子以前就有了。

第二,《系辞上》又说"易有太极,是生两仪",以太极为最高的实体。而《庄子·大宗师》篇说:"夫道有情有信,无为无形,可传而不可受,可得而不可见。自本自根,未有天地自古以固存;神鬼神帝,生天生地,在太极之先而不为高,在六极之下而不为深。"这显然是不承认太极是最根本的,而把道凌驾于太极之上。这是对于"易有太极"的反命题。所以《系辞》的这部分文字应在《庄子·

大宗师》篇之前。

关于天地起源问题,儒家和道家有一段斗争的历史。老子最先提出了"道"的范畴,认为道"先天地生","可以为天下母",又说:"吾不知其名,字之曰道,强为之名曰大。"这个大字应读为太。《庄子·天下》篇述关尹、老聃的学说云:"建之以常、无、有,主之以太、一。"常、无、有是三个观念;太、一是两个观念,指太与一。太即道,一即"道生一"之一。《易大传》的太极,当是受老子影响而略变其说。太极之太是从老子所谓太来的,而添上一个极字,创立了另一个最高范畴。庄子则认为太极只相当于"道生一"之一,道还是在太极之先。这表现了儒道两家的争议。《易大传》的年代应在老子之后、庄子之前。

杜预《左传集解后序》叙述汲冢竹书说:"《周易》上下篇,与今正同,别有《阴阳说》而无《彖》、《象》、《文言》、《系辞》。"晋代汲冢出土的竹书中没有《易大传》,我们能不能据此断定当时的魏国一定没有《系辞》等篇呢?我认为不能。因为当时的魏国并不是把所有与《周易》有关的书籍都埋藏在魏襄王冢中。所以,这决不能证明当时魏国没有《系辞》等篇,更不能证明当时齐鲁等国没有《系辞》等篇了。

马王堆出土的帛书中有《周易·系辞》,而内容与通行本不尽同;又有别种《周易》解说。这说明汉代初年《系辞》有不同的传本,而解说《周易》的书也不止一二种。汉代以后流行的《易大传》当是田何或田何的先师们所编定的,而田何或他的先师们所不采用的部分,后来都失传了,今日才有所发现。但在历史上发生重大影响的还是田何的传本。

如上所述,我们可以断定,《系辞》的基本部分是战国中期的作品,著作年代在老子以后,惠子、庄子以前。《彖传》应在荀子以前。关于《文言》和《象传》,没有直接材料。《文言》与《系辞》相类,《象传》与《彖传》相类,应当是战国中后期的作品。从《象传》的内容看,可能较《彖传》晚些。

总之,《易大传》的基本部分是战国中期至战国晚期的著作。

(选自《张岱年全集》第五卷《论〈易

大传〉的著作年代与哲学思想》)

张岱年(1909——　　　　),河北献县人。1933 年毕业于北平师范大学教育系。先后在中国大学、清华大学、北京大学任教,曾兼任中国哲学史学会会长、清华大学思想文化研究所所长。现为北京大学哲学系教授、博士生导师,中国哲学史学会名誉会长。著有《中国哲学大纲》、《中国唯物主义思想简史》、《张载——中国十一世纪唯物主义哲学家》、《中国哲学发微》、《中国哲学史史料学》、《中国史方法论发凡》、《求真集》、《玄儒评林》、《真与善的探索》、《文化与哲学》、《中国伦理思想研究》、《中国古典哲学概念范畴要论》等。有《张岱年全集》行世。

《〈易大传〉著作年代新考》是《论〈易大传〉的著作年代与哲学思想》一文(作于 1979 年)中的第一部分。文中认为,在《易传》诸篇中,《系辞》的基本部分是战国中期的作品,著作年代在老子以后,惠施、庄子以前,《彖传》则应在荀子以前。《文言》与《系辞》相类,《象传》与《彖传》相类,应是战国中后期的作品,而《象传》又略晚于《彖传》。总之,《易传》的基本部分是战国中期至战国晚期的著作。

《左传》的真伪和写作时代问题考辨

胡 念 贻

《左传》这部书,是一部重要的历史著作,在文学史上也有重要的地位。然而关于它是怎样产生的,关于它的作者和写作时代等问题,却是异说纷纭。如果不对各种说法一一加以考察,作出判断,我们将很难对这部书作出正确的估价。关于这部书,有三个重要的问题:一、它是不是为《春秋》作传;二、它是不是西汉末年刘歆的伪作;三、它是作于春秋末年还是作于战国时代。这三个问题都是应当认真对待的。特别是第二个问题,如果作出肯定的回答,《左传》的写作时代就要推后几百年,它的史料价值就要大打折扣,它在文学史上也要从先秦移到西汉。过去人们对于《左传》,提出的问题很多,没有进行认真的清理。本文就是首次试图作一下这样的清理工作。

一 《左传》是否为《春秋》作传

《左传》在唐代的"九经"和宋代的"十三经"中,都被列为"《春秋》三传"之一。所谓"传",就是阐释经义的意思。"《春秋》三传"中的《公羊传》和《穀梁传》,确是以阐明《春秋》的"微言大义"为目的的。《左传》是否阐释《春秋》,汉代的经学家曾经有过激烈的争论。西汉宣帝刘询以前,《公羊传》和《穀梁传》朝廷都立博士,没有立《左传》。西汉末期,以刘歆为代表的一些经学家极力为它争立博士。这里有所谓今古文学派之争。《春秋公羊传》和《春秋穀梁传》属于今文经学,①它们是战国以来一些经师口相传授,到西汉初期才写定的。《左传》是战国时人书写和流传下来的,"多古字古言"。刘歆是古文经学家,想在朝廷给它(还有古文《尚书》等等)争取列于学官(立博士),发展古文经学的势力。这当然遭到今文经学家的极力阻挠。西汉哀帝刘欣"令歆与五经博士讲论其义,诸博士或不肯置对"。(《汉书·刘歆传》)那些博士"谓《左氏》为不传《春秋》"。(刘歆《移太常博士书》,见《汉书·刘歆传》)争论继续到东汉时期。汉光武帝刘秀时,又讨论《左氏》立博士的问题,博士范升反对,认为"《左氏》不祖孔子,而出于丘明"。(《后汉书·范升传》)当时虽然在陈元的极力主张下"卒立《左氏》学",(《后汉书·陈元传》)但不久随着博士李封的死去也就废了。(《后汉书·陈元传》)其后贾逵用图谶来附会《左传》,《左传》又"行于世"。(《后汉书·贾逵传》)李育认为《左传》"不得圣人深意",写了四十一条来非难它。(《后汉书·儒林传》)尽管有范升、李育等这样一些人力持异议,然而东汉著名的学者如桓谭、王充、班固等都在他们的著作里肯定左丘明从孔丘那里传受《春秋》为它作传。②晋杜预《春秋经传集解》更是不遗余力地系统地讲解《左氏》是怎样传《春秋》。他说:"左丘明受经于仲尼,以

①　《穀梁》历来经学家都认为它是今文学,只有清末崔适提出异议,认为它是古文学,见《春秋复始》卷一。

②　见桓谭《新论》、王充《论衡·案书》及班固《汉书》的《艺文志》和《儒林传》。

为经者不刊之书也。故传或先经以始事，或后经以终义，或依经以辨理，或错经以合异，随义而发。"(《春秋序》)这样说来，《左传》一书，真好像无论怎样看都离不开《春秋》。在汉代，《春秋经》和《左传》是分开的。杜预"分经之年与传之年相附"，合在一起加以解释。他还作了《春秋释例》一书。他从《左传》中归纳出《春秋》"义例"的"五十凡"。从此《左传》作为所谓"《春秋》三传"之一的地位完全确定下来，成为以后各个封建王朝的正统观点。虽然也有少数学者对左氏传《春秋》之说提出怀疑，如晋王接说"《左氏》辞义赡富，自是一家书，不主为经发"，(《晋书·王接传》)以及唐宋以后一些学者对《左传》的批评等，但这些都不能动摇《左传》作为"《春秋》三传"之一的地位。

然而，从西汉今文经学家的"《左氏》不传《春秋》"到王接的《左氏》"自是一家书"以及唐宋以后一些人从经学出发对《左传》的批评，都是值得重视的。《左传》不是一部为《春秋》作传的书，我们应当还它以本来面目。

以下分三点来说：

首先，孔丘作《春秋》之说，是没有确切根据的，它在历史上是一大疑案。在《论语》中，没有关于孔丘作《春秋》的记载。战国初期的《商君书》中，极力攻击儒家的"诗、书、礼、乐"，却没有攻击《春秋》。孔丘作《春秋》之说，最早见于《孟子》，而战国诸子，除《孟子》外，没有任何一部书提到《春秋》为孔丘所作。[①]"春秋"之名，是我国奴隶制时代一定时期内对史书的通称，一些诸侯国都有《春秋》。《国语》的《楚语》和《晋语》里都记载《春秋》是贵族所讲

---

①　《庄子·天运》篇有"丘治《诗》、《书》、《礼》、《乐》、《易》、《春秋》六经"之语，这里把《春秋》和《诗》、《书》等并列，是孔丘所"治"的古籍。

授和学习的内容之一。《墨子》的《明鬼下》载有"周之《春秋》"、"燕之《春秋》"、"宋之《春秋》"、"齐之《春秋》",佚文还有"吾见百国春秋"。(见《墨子间诂·附录》)《左传》昭公二年记载,鲁国有《鲁春秋》。我们今天所见到的《春秋》,实际上是《鲁春秋》。《韩非子·内储说上·七术》说:"鲁哀公问于仲尼曰:'《春秋》之记曰"冬十二月,霣(陨)霜,不杀草",何为记此?'仲尼对曰:'此言可以杀而不杀也。夫宜杀而不杀,梅、李冬实'。"①这里所说的"冬十二月,陨霜,不杀草","梅、李冬实"等语句,见于《春秋》僖公二十三年。这说明鲁哀公所传习的《春秋》,即我们今天所见到的《春秋》。《礼记·坊记》里记述孔丘两次称引《春秋》或《鲁春秋》,文字大体上和今天所见到的《春秋》相同。孔丘当然不是称引自己的著作,而是称引传世的和当代的史籍。这些都可以说明今天所传下来的《春秋》,不是孔丘所作。孔丘可能曾经采用鲁国的《春秋》来作为讲习的课目,在讲习过程中也可能作过某些整理和发挥,作过个别文字的订正工作,这可能就是"孔子作《春秋》"传说的由来。

第二,一些"《春秋》家"认定《春秋》里面几乎每一条都表现了孔丘的"微言大义",这是没有根据的。如上所述,孔丘对于《鲁春秋》,可能只是作过一些整理、解释和个别文字的订正工作,《春秋》很难说是孔丘的著作。从《春秋》里寻找"微言大义",开始于战国时期。《公羊传》和《穀梁传》在战国时期已开始私相传授。但所谓《春秋》的"微言大义",在《孟子》里并没有见到具体的反映,《荀子》只有个别篇章里提到。② 这些对孔学进行专门研究的

---

① 梅,通行本作桃,依顾广圻引《道藏》本校改。

② 《荀子·大略》有"《春秋》贤穆公,以为能变也"和"《春秋》善胥命"

大师对于《公羊》、《穀梁》里面所讲的"微言大义"似乎素所未习，值得注意。到了汉代，《公羊》、《穀梁》之学，由于得到封建统治者的提倡盛行起来了。《公羊》最早成为显学，《穀梁》随着受到重视。《左传》一书，也被人塞进了一些讲"微言大义"的东西，用来和《公羊》、《穀梁》竞争。

《公羊》和《穀梁》大讲《春秋》的"微言大义"，它们之间的互相矛盾以及它们各自的许多说法的牵强附会，纰漏百出，就充分说明了所谓孔门传授的无稽。如果那些"微言大义"真是孔丘之意，真是孔丘的弟子传授下来，至少大体上有一个共同的蓝本，不至于各说一套，有时相差那么远。

《左传》里面的那些解释《春秋》的"微言大义"的地方也是如此。《左传》里面讲"微言大义"，称之为"书法"或"凡"。所谓五十"凡"，唐宋以后遭到许多学者的辩驳，如刘敞《春秋权衡》、叶梦得《左传谳》、程端学《春秋三传辨疑》、郝敬《春秋非左》，等等，其中都有很精辟的地方。宋代黄仲炎《春秋通说》说《左传》讲"义例"，"质诸此而彼碍，证诸前而后违"，这两句话是很好的概括。

由于所谓《春秋》三传的讲"微言大义"愈讲愈糊涂，唐代以后就有一些人索性抛开"三传"来研究《春秋》，韩愈"《春秋》三传束高阁，独抱遗经究终始"（《寄卢仝》）的诗句就是这种心理的写照。虽然这都是从维护《春秋》经"出发，并且是以新的牵强附会来代替"三传"的牵强附会，但这也说明战国西汉人的一些说法，即使在封建时代，有正常头脑的人在一定程度上也是抱怀疑态度的。

第三，《左传》这部书和《公羊传》、《穀梁传》有着带根本性的

句。然《大略》篇，杨倞认为"盖弟子杂录荀卿之语"，非荀卿所作。其可靠性也成问题。

不同。《公羊》和《穀梁》都是依经立传,是阐释《春秋》的,它对《春秋》的文义常常作一字一句的解说。它依附《春秋》而存在。虽然有时它有一些叙事的成分,但目的还是为了说"经"。尽管《春秋》不一定为孔丘所作,它并不是什么经,但《公羊传》和《穀梁传》的作者却笃信它是"经",他们的任务就是挖空心思去发挥"经义",这在书中表现出来是极其明显的。如果从《公羊传》和《穀梁传》中把说经的部分抽出来,余下的叙事部分就无法独立了。《左传》则不然。《左传》本来是一部叙事较详的史书,是公元前五世纪的一部私家著作。它在写作过程中当然参考了《鲁春秋》——我们今天见到的《春秋》,但它并不是为解释《春秋》而作,它独立于《春秋》之外。后来有人陆续窜入一些解释《春秋》的文字,这些文字有的虽然经过精心弥缝,消灭了痕迹,但有许多却是窜入之迹宛然。清末皮锡瑞说得好:"左氏于叙事中搀入书法,或首尾横决,文理难通。如'郑伯克段于鄢'传文,'太叔出奔共'下接'书曰:郑伯克段于鄢',至'不言出奔,难之也'云云,乃曰'遂置姜氏于城颍',文理鹘突。若删去'书曰'十句,但云'太叔出奔共。遂置姜氏于城颍',则一气相承矣。其他'书曰'、'君子曰',亦多类此,为后人搀入无疑也。"(《经学通论·春秋》)《左传》里面那些属于"书曰"以下的文字以及其他讲《春秋》"义例"的文字,如果全部删去,丝毫不影响《左传》叙事的完整性。这些文字游离于叙事之外。这和《公羊传》、《穀梁传》可以说是恰恰相反。这就是因为,《公羊传》和《穀梁传》是解经的书;《左传》不是解经的书,解经的文字是后加的。

　　过去封建时代的学者对于《左传》不传《春秋》这个命题作了大量的研究,揭发了《左传》里面讲论"书法"、"义例"所表现出来的大量矛盾。但他们大都是以承认孔丘作《春秋》,承认《春秋》是经为前提。他们有的将《公羊传》、《穀梁传》、《左传》同等对待，凡是认为不合"经意"的就加以指责；有的则是站在今文经学的立场，专门揭发《左传》。清代刘逢禄的《〈左氏春秋〉考证》是属于后者，是成就较高的。刘逢禄根据《史记·十二诸侯年表序》"鲁君子左丘明作《左氏春秋》"一语，确定《左传》的旧名是《左氏春秋》；《春秋左氏传》名称是"刘歆所改"，"东汉以后以讹传讹"。他指出《十二诸侯年表序》中，"《左氏春秋》与《铎氏》、《虞氏》、《吕氏》并列，则非传《春秋》"。他还根据一些材料论证陆德明《经典释文》和孔颖达《左传正义》所引刘向《别录》的左丘明授曾申，曾申授吴起，一直到西汉的张苍这样一个传授系统是伪撰。这些都是很好的见解。但他认为《左传》中讲"书法"、"凡例"的文字都是刘歆所伪造，郑兴"亦有所附益"，却不完全恰当。在刘歆以前，那些文字至少有一部分已存在。如《十二诸侯年表》陈桓公三十九年，"弟他(佗)杀太子免代立，国乱，再赴"；鲁桓公十七年，"日食，不书日，官失之"；鲁釐公十五年，"五月，日有食之，不书(朔与日)，①史官失之"；《史记·周本纪》："二十年，晋文公召襄王，襄王会之河阳践土，诸侯毕朝。书讳曰：'天王狩于河阳。'"这些都采用《左传》讲"书法"、"义例"文字。这说明司马迁所见到的《左氏春秋》，其中已搀入了一些解经的东西。这些东西可能是战国汉初《公羊》、《穀梁》之学兴起以后，在它们影响之下所加入的。西汉中期以后，古文经学和今文经学的斗争日益激烈，古文经学家想利用《左传》这部书；搀入的解释"义例"、"书法"的文字也随着增加。司马迁所见到的《左氏春秋》，这类的文字可能还不多；司马迁没有把它当作《春秋》传，似可以为证。

---

　①　《左传》作"不书朔与日，官失之"。《史记》"朔与日"三字脱误。

关于《春秋》非孔丘所作,《左传》不传《春秋》,我们的论述到此为止。这些论述是违反两千年来的《春秋》经学的,也许有人不赞成。然而即使一些人要坚持那些讲"书法"、"义例"的文字都是《左传》作者所写,也不能贬损《左传》的价值。因为事实上《左传》的主要内容是写春秋一代历史,讲"书法"、"义例"的地方,所占比例极其微小。无论如何,这部书不是为了宣扬《春秋》"微言大义"而写出来的。

二 《左传》是否刘歆伪作

经今古文学之争,清末发展得很激烈。康有为写了一部《新学伪经考》,提出西汉古文经传都是刘歆伪造,其中以《左传》部分的论述在学术界影响最大。从清末到今天,一直有人赞成并加以发挥。这是一个很值得研究的问题。这个问题不弄清,使人感到《左传》这部书是一笔糊涂账。

关于这个问题,可以分三个部分来讨论:

(1)康有为和在他影响之下的同时人崔适是怎样论证的;

(2)康、崔以后其他一些人是怎样论证的;

(3)他们的错误,归结到一点就是主观主义的研究方法。

以下分别地来论述。

(1)康有为、崔适的论证。康有为认为《左传》是刘歆根据《国语》改编的,在刘歆以前,根本不曾存在过一部编年的《左氏春秋》。《国语》不编年,刘歆把它改编之后,系上年月,和《春秋》比附,就成为《左传》。从《国语》到《左传》,不但体例改变,内容也有显著不同。按照康有为的说法,刘歆发挥了巨大的创造性。《左传》的著作权自然要归到刘歆。

　　《新学伪经考》于1891年出版。当时今文经学家崔适推崇它"字字精确，自汉以来未有能及之者"。崔适写了《史记探源》和《春秋复始》等书，对康有为的说法作了补充。他把康有为比作"攻东晋《古文尚书》"的阎若璩，把自己比作惠栋。(《给钱玄同的信》，引自钱玄同《〈左氏春秋考证〉书后》)在30年代，有的学者把刘逢禄的《左氏春秋考证》比作阎若璩的《古文尚书疏证》，把康有为的《新学伪经考》和崔适的《史记探源》、《春秋复始》中《左传》辨伪部分比作惠栋的《古文尚书考》、丁晏的《尚书余论》。(张西堂：《〈左氏春秋考证〉序》)总之，在一些学者的心目中，《左传》和东晋《古文尚书》一样是伪书。30年代以后，这个问题搁置了几十年，没有人加以研究和解决。在人们中间，信者自信，疑者自疑。解放以后，虽然学术界一般把《左传》当作先秦典籍，但疑团并没有打破。有的论著里还是相信刘歆伪作之说。

　　应当指出，刘逢禄是并没有想当阎若璩的。刘逢禄虽然考证《左传》中讲"书法"、"义例"的文字是刘歆伪作，他没有考证《左传》是伪书。他虽在《左氏春秋考证》卷上桓公十一年说过"楚屈瑕篇年月无考，固知《左氏》体例与《国语》相似，不必比附《春秋》年月也"。但他在同一书的卷上庄公十七年又说："左氏后于圣人，未能尽见列国宝书，又未闻口授'微言大义'，惟取所见载籍，如《晋乘》、《楚梼杌》等相错编年为之，本不必比附夫子之经，故往往比年阙事。"他所谓"《左氏》体例与《国语》相似"，是指它记载事实，不附于经。他也认为《左氏》体例和《国语》有不似，他承认《左传》是编年，不过认为不是那样拘拘"比附《春秋》年月"，所以有时一年或连着几年没有记载，即所谓"文阙"。刘逢禄的说法并

20世纪儒学研究大系

不全对,①但他所采取的态度还是比较审慎的。

康有为却是锐意要把《左氏春秋》当作一部伪书来推翻。他在《新学伪经考》里说:

> 按《史记·儒林传》,《春秋》只有《公羊》、《穀梁》二家,无《左氏》。《河间献王世家》无将《左氏春秋》立博士事。马迁作史多采《左氏》,若左丘明诚传《春秋》,史迁安得不知?《儒林传》述"六艺"之学彰明较著,可为铁案。又《太史公自序》称"讲业齐鲁之都,天下遗文古事靡不毕集太史公",若河间献王有是事,何得不知? 虽有苏张之舌不能解之者也。《汉书·司马迁传》称"司马迁据左氏《国语》,②采《世本》、《战国策》,述《楚汉春秋》"。《史记·太史公自序》及《报任安书》俱言"左丘失明,厥有《国语》",《报任安书》下又云"乃如左丘明无目,孙子断足,终不可用,退论书策以抒其愤",凡三言"左丘明",俱称《国语》。然则左丘明所作,史迁所据,《国语》而已,无所谓《春秋传》也。(《新学伪经考·汉书艺文志辨伪上》)

这一段文字可以说是康有为"《左传》辨伪"的基本论点。康有为

---

① 刘逢禄说《左传》不拘于比附《春秋》年月是对的,但他认为《左传》某年"文阙"或"此年文阙",后经刘歆等人附益,这却是臆断。事实上刘逢禄所说的附益,往往亦见《史记·十二诸侯年表》,可见并非附益。所谓"文阙",不一定可信。

② 这里按康有为原意标点。康有为认为:这说明左丘明只有《国语》,无《左氏春秋》。王念孙《读书杂志·汉书第十一》中"左氏国语"条说:"左氏下脱春秋二字,则文义不全。《汉纪·孝武纪》引此赞正作据《左氏春秋》、《国语》。"王氏之说诚为有据。然《论衡·案书》:"《左氏》传经,辞语尚略,故复选录《国语》之辞以实。然则《左氏》、《国语》,世儒之实书也。"可见"《左氏》、《国语》",为汉人恒语。

的论证方法可分两步。第一步,先推翻《汉书》里面关于《左传》的记载。他的方法是用《史记》证《汉书》。《汉书·儒林传》里将《春秋左氏传》和《公羊传》、《穀梁传》并列,而且还列出了汉初以后《春秋左氏传》的传授世系。《汉书·河间献王传》记载了献王立《左氏》博士。这些都和《史记》不同。《史记》的《春秋》只有《公羊》、《穀梁》二家,《河间献王世家》没有立《左氏春秋》博士之说。康有为因此推断在刘歆以前的司马迁根本没有见到过《左传》一书。《汉书》的记载都是根据刘歆伪造。第二步,康有为断定司马迁只见到过《国语》,说司马迁屡次提到左丘明作《国语》就是明证。刘歆利用《国语》伪造《左传》;又伪造其他一些证据,被班固写进了《汉书》。《左传》为刘歆伪造之说,在康有为的笔下就这样论定了。

　　然而这些论证是很脆弱的。这里首先必须分清两个问题:一、《左传》是否为《春秋》作传? 二、《左传》是否伪作? 这两个问题不容许混淆在一起。否认《左传》为《春秋》作传,不等于说它是伪书。《汉书》将《左氏春秋》改称《春秋左氏传》,将它和《公羊传》、《穀梁传》并列,而且列出传授世系,这可能受了刘歆和古文经学家的影响,不能对它相信。① 《史记》不是这样。从《史记·儒林传》的《春秋》只载《公羊》、《穀梁》二家看,司马迁并不认为《左氏》传《春秋》。《史记·河间献王世家》不写献王立“《左氏》博士”一事,推究原因,这有三种可能:一、献王立《左氏》博士之说不可信;二、献王确曾立《左氏》博士,司马迁不相信《左氏》传《春

---

　　① 为审慎起见,本文对于《经典释文》、《左传正义》引刘向《别录》和《汉书·儒林传》所列《左传》,传授世系以及许慎《说文解字叙》中“张苍献《春秋左氏传》”一类记载概不采用。这些有可能是古文家编造的。

秋》，故不载；三、司马迁略而不载，——他对于河间献王写得很
少。司马迁对于藩国的文化、学术活动，都是不大写的。不独对河
间献王如此，《淮南王刘安传》和《梁孝王世家》也都极少写这一方
面。总之，我们从《史记》里找不到关于《左氏春秋》传《春秋》的
任何证明，但绝不能由此推断司马迁没有见过《左氏春秋》。

诚然，司马迁在《太史公自序》和《报任安书》里都提到左丘明
作《国语》，不说他作《左氏春秋》，这似乎颇费解，康有为抓住了这
一点。然而这也是不难解释的。两处的"左丘失明，厥有《国语》"
的上文都有"仲尼厄而作《春秋》"，相隔只有两句。如果再写成
"厥有《春秋》"，不但文字上犯复，而且这里《左氏春秋》和仲尼的
《春秋》也缠夹，所以换成《国语》。《国语》可以兼指《左氏春秋》
和《国语》。《左传》在《史记》里有时称为《左氏春秋》，见于《十二
诸侯年表序》；有时又称《春秋古文》，见《吴太伯世家赞》；有时又
和《国语》通称为《春秋国语》，如《五帝本纪赞》：

> 予观《春秋国语》，其发明《五帝德》、《帝系姓》章矣，顾
> 弟弗深考，其所表见皆不虚。

《十二诸侯年表序》：

> 于是谱十二诸侯，自共和讫孔子，表见《春秋国语》，学者
> 所讥盛衰大旨著于篇，为成学治古文者要删焉。

这两个《春秋国语》，过去有人认为它是指《春秋》和《国语》二书，
那是不对的。《五帝本纪》的内容，和《春秋》毫无关系；《春秋》没
有发明《五帝德》、《帝系姓》之处。《五帝本纪》采用了《左传》中
所载"高辛氏有才子八人"，"少皞氏有不才子"，"颛顼氏有不才
子"等等；《国语·鲁语》里提到黄帝、颛顼、帝喾、尧、舜。所以《五
帝本纪赞》的《春秋国语》，可以说是包括了《左传》和《国语》。
《十二诸侯年表》和《国语》没有关系；《国语》不编年，撰《年表》时

当然无法采用它。《十二诸侯年表》实际也不是依据《春秋》,《春秋》记事"其辞略",《年表》里一些说明文字《春秋》不能提供。《年表》上所写,绝大部分见于《左传》;个别在《左传》里找不到的,很可能是在流传中脱漏了。因此《十二诸侯年表序》的《春秋国语》是专指《左传》。汉代传说《左传》和《国语》都是左丘明作;司马迁将"《春秋国语》"简称为"《国语》",——这里是兼指《左传》和《国语》。"左丘失明,厥有《国语》"句就是这样来的。东汉末年应劭《风俗通义》引用"《春秋国语》",(《风俗通义》卷三"豫章太守汝南封祈"条)所引的是《国语》中文字,也许应劭所说的《春秋国语》专指《国语》,和司马迁又不同了。

《汉书·艺文志》里还有"《新国语》五十四篇",注明"刘向分《国语》"。康有为的所谓刘歆割裂《国语》伪造《左传》之说,就是根据这一条。他认为刘歆采用《国语》五十四篇中的大部分改写成《左传》三十卷,余下的部分收拾起来编为《国语》二十一篇。他的理由是:

> 《国语》仅一书,而《志》以为二种,可异一也。其一,二十一篇,即今传本也;其一,刘向所分之《新国语》五十四篇;同一《国语》,何篇数相去数倍? 可异二也。刘向之书皆传于后汉,而五十四篇之《新国语》,后汉人无及之者,可异三也。盖五十四篇者,左丘明之原本也。歆既分其大半,凡三十篇,以为《春秋传》,于是留其残剩,掇拾杂书,加以附益,而为今本之《国语》,故仅得二十一篇也。考今本《国语》:《周语》、《晋语》、《郑语》多春秋前事;《鲁语》则大半敬姜一妇人语;《齐语》则全取《管子·小匡》篇;《吴语》、《越语》笔墨不同,不知缀自何书;然则其为《左传》之残余而歆补缀为之至明。歆以《国语》原本五十四篇,天下人或有知之者,故复分一书以当

之，并托之刘向所分，非原本，以灭其迹，其作伪之情可见。
（《新学伪经考·汉书艺文志辨伪上》）

康有为所列举的三"可异"，其实都见不出"可异"之处。第一，我们怎么能够因为今天只看到一部《国语》，从而推断汉朝在《国语》之外不能有一部《新国语》？试想：《汉书·艺文志》里的书，失传的有多少？岂止一部《新国语》。第二，《新国语》是一部什么书，我们已无从得知，不知道它和《国语》有什么关系，当然无法和《国语》进行比较。它和《国语》的关系有两种可能：一种可能是两部书的内容不同，是两回事；另一种可能是两部书的内容基本相同而分篇较细。这两种可能都不能对康有为的论点有所帮助。第三，后汉人没有提到刘向《新国语》，这也不足奇。刘向的书，后汉人未必都提到，提到了我们也未必都知道。后汉人的东西，失传的又有多少啊！

康有为的论证十分曲折。他认为《汉书·艺文志》里的《新国语》五十四篇也是刘歆伪造，另外还有"《国语》原本"五十四篇。刘歆将"《国语》原本"割裂而伪造了《左传》，又怕这"《国语》原本"五十四篇"天下人有知之者"，就再伪造《新国语》五十四篇来冒充它，并且托名刘向所分。这就是说，"《国语》原本"五十四篇不存在了，伪造出一部《新国语》五十四篇，并且托名刘向，这就可以蒙混"天下人"。这实在太富于想象。

如果我们要对《汉书·艺文志》的《新国语》一条作一点比较近乎情理的猜测的话，其中有两点值得注意：一、《新国语》的"新"字；二、"刘向分"三字。这部书似乎是刘向从什么书中分出来的，因此称为"新"。我疑此书是刘向纂集《左传》中所纪各国事实，依照《国语》体例按国别分列来，所以称为《新国语》。据桓谭《新论》和王充《论衡》,刘向爱读《左传》,①他做这样一件工作,不是没有可能的。

我们考查了康有为的一些主要论点,发现这些论点都是站不住。下面我们再来谈崔适。

《史记·十二诸侯年表序》里提到"鲁君子左丘明"作《左氏春秋》,这对于《左传》为刘歆伪造之说是一个极大的障碍。康有为在《新学伪经考》里说这是刘歆窜入,但没有举出理由。崔适《史记探源》(卷四)赞成康说,并且举出七条理由来加以论证。钱玄同在《〈左氏春秋考证〉书后》里说崔适"胪列七证,层层驳诘,语语精当",说由此"知今本《十二诸侯年表》不足据,则《左传》原本之为《国语》益可断定"。崔适这段文字在"《左传》辨伪"问题上,是有它的重要性的,因此应当作一番研究。

先录《十二诸侯年表》的一段原文:

是以孔子明王道,干七十余君莫能用,故西观周室,论史记旧闻,兴于鲁而次《春秋》。上记隐,下至哀之获麟。约其辞文,去其烦重,以制义法。王道备,人事浃。七十子之徒,口受其传指,为有所刺讥褒讳抑损之文辞,不可以书见也。鲁君子左丘明惧弟子人人异端,各安其意,失其真,故因孔子史记,具论其语,成《左氏春秋》。铎椒为楚威王傅,为王不能尽观《春秋》,采取成败,卒四十章,为《铎氏微》。赵孝成王时,其相虞卿上采《春秋》,下观近世,亦著八篇,为《虞氏春秋》。吕不韦者,秦庄襄王相,亦上观上古,删拾《春秋》,集六国时事,以为"八览"、"六论"、"十二纪",为《吕氏春秋》。及如荀卿、

① 《新论》说刘向父子"尤重《左氏》,教授子孙;下至妇女,无不读诵"。《论衡·案书》:"刘子政玩弄《左氏》,童仆妻子,皆呻吟之。"

孟子、公孙固、韩非之徒，各往往捃摭《春秋》之文以著书，不可胜纪。汉相张苍历谱《五德》，上大夫董仲舒推《春秋》义，颇著文焉。

崔适认为从"鲁君子"起至"为《吕氏春秋》"止一百二十六字"皆为刘歆之学者所窜入，当删"。他列举七证：

《七略》曰："仲尼以鲁史官有法，与左丘明观其史记，有所褒毁贬损，不可书见，口授弟子，弟子退而异言。丘明恐弟子各安其意以失其真，故论其本事而作传。"与此表意同。《七略》与上下文意相联，此与上下文意相背（原注：详下）。则非《七略》录此表，乃窜《七略》入此表也。证一。

此表上云："七十子口授，不可书见。"中云"左丘明因孔子史记，具论其语"，则是"书见"而非"口授"矣。若太史公一人之言，岂应自相背谬若此！证二。

刘歆誉《左氏》，所以毁《公羊》。此表下称董仲舒，无由先誉左丘明。贾逵曰："《左氏》义长于君父，《公羊》多任于权变。"（原注：逵此说，非实也。《左氏》以兵谏为爱君，可谓不任权变乎！《公羊》谓君亲无将，将而诛，不可谓不长于君父也)《太史公自序》："余闻之董生云：'为人臣者不知《春秋》，守变事而不知其权。'"此说正与逵之称《左氏》义相反。若此篇亦以"惧弟子失其真"称《左氏》，则"知权"之说正在"失真"之内，不犹助敌自攻乎！证三。

《刘歆传》曰："歆以为左丘明好恶与圣人同。"夫曰"歆以为"，则自歆以前未尝有见及此者也。乃此纪与《七略》皆曰："左丘明惧弟子各安其意以失其真。""安意失真"者，即"好恶与圣人不同"之谓。不失其真，即"同"之谓。如太史公已云然，即谓左氏与圣人同矣，安得云"歆以为"耶！证四。

歆让太常博士书曰:"或谓左氏为不传《春秋》。"如此表已云"左丘明成《左氏春秋》",歆何不引太史公言以折之耶! 证五。

《自序》云"左丘失明,厥有《国语》",然则"左丘"其氏,"明"是其名,有《国语》而无《春秋传》。《七略》称"丘明",此表曰"左氏春秋",则左氏而丘明名,传《春秋》而无《国语》。止此四字,与《自序》相矛盾,与《七略》若水乳。证六。

此表自周平王四十九年以后皆取自《春秋》。《吕氏春秋》非纪年月日之书,复何所取。铎氏虞氏,其书今亡,弗论。要自后人杂取四家书名,从中插入,致上下文皆言孔子之《春秋》者语言隔断。不然,虞、吕世次在孟、荀后,岂其书亦为孟荀所捃撦乎! 证七也。

这是崔适所举的七条理由。七条理由中,证一和证二可以并在一起讨论。证一是用刘歆《七略》(《汉书·艺文志》根据了《七略》)和《十二诸侯年表序》对照,二者文意有相同处。按常理说这应当是《七略》抄《年表》,崔适却认为是刘歆将《七略》文字窜入《年表》。他的理由是:《七略》"上下文意相联",《年表》"上下文意相背"。所谓"上下文意相背",就是"证二"所说的"七十子口授,不可书见"与"左丘明因孔子史记,具论其语"矛盾。

其实细按文意,二者并不矛盾。《年表》是说孔丘作《春秋》,对于其中所含褒贬深意,只能向弟子口授,不能用书面表现出来。左丘明是"鲁君子",不属于"七十子"之列,他怕"七十子"根据口授相传,会要走样("失真"),就收集史料,写成《左氏春秋》,记载事实,帮助人们研究《春秋》所褒贬的本意。《年表》的意思很清楚:作为"七十子"以外的左丘明,没有"口受其传指",他的《左氏春秋》，只是"具论其语"。"论"是撰述之意。① "因孔子史记，具论其语"，就是根据史料，备述历史人物的言与事。② 这正是司马迁对《左氏春秋》的一贯看法，他认为《左氏春秋》是史。这哪里有什么上下文背谬呢？

《七略》抄《年表》，作了一些改动，添进了一些文字，如《年表》"故西观周室，论史记旧闻"，《七略》改作"以鲁周公之国，礼文备物，史官有法，故与左丘明观其史记"；《年表》"鲁君子左丘明惧弟子人人异端，各安其意失其真，故因孔子史记，具论其语，成《左氏春秋》"，《七略》改作"丘明恐弟子各安其意以失其真，故论本事而作传"。对刘歆的古文经学说来，这是两处关键性的改动。它的目的是告诉人们：一、孔丘作《春秋》，左丘明曾经亲自参加，暗示左丘明最懂得孔丘的褒贬之意；二、左丘明为《春秋》"作传"。这两点意思，《年表》里都没有，正好说明《年表》没有经过窜乱。如果刘歆真是窜改《年表》，为什么不改得和《七略》一致呢？

崔适的证三，实际是将今文经学家的门户之见强加给司马迁。崔适把《左传》和《公羊》看成势不两立，把司马迁和刘歆混为一谈。他认为刘歆"誉《左传》"，是为了"毁《公羊》"；司马迁既然称赞《公羊》家董仲舒，就不应该"誉《左氏》"。这是很奇怪的逻辑。刘歆是刘歆，司马迁是司马迁，为什么要说成一样？我们知道，司马迁是一个好学深思的史家，他跟董仲舒学《春秋》，也从孔安国"问故"，没有今古文门户之见。司马迁对于左丘明，是赞扬他的

---

① 《汉书·艺文志》解释《论语》为："当时弟子各有所记。夫子既卒，门人相与辑而论纂，故谓之《论语》。"

② "具论其语"的"其"，绝非指孔子，因为《左传》一书，非记孔子言行。"语"可包括言与事，《论语》中除记言外，记了许多事。《国语》也大量叙事。

"因孔子史记,具论其语";对于董仲舒,是称道他的能"推《春秋》义",着眼点不同。在司马迁看来,这都是可佩服的。

崔适在"证三"里还把东汉贾逵之说引了来,认为贾逵说过"左氏义长于君父,公羊多任于权变",而司马迁赞成董仲舒的"知《春秋》"则"守变事"而能"知其权",和贾逵之说相反。这也毫无意义。司马迁怎么能够知道一百余年以后的贾逵之说呢?至于"'知权'之说正在'失真'之内",此语很费解。"知权"是指"为人臣者"处理事情的方法而言;"失真"是指孔丘弟子背离《春秋》本意。二者各不相涉,不知崔适何所谓而云然!

崔适的"证四"也很牵强。他引《刘歆传》中"歆以为左丘明好恶与圣人同"句,说《年表》里"惧失其真",就是表明了左丘明"好恶与圣人同"之意。司马迁既已说过,就不能再说"歆以为"。而《刘歆传》里说"歆以为",可以反过来证明《年表》里那一段为伪。这个论证很奇怪。一、"惧失其真",不等于"好恶与圣人同";二、即使司马迁曾经"以为"这样,为什么刘歆就不能再这样说?三、《刘歆传》全句是"歆以为左丘明好恶与圣人同,亲见夫子,而穀梁、公羊,在七十子后,传闻之与亲见之,其详略不同",刘歆所"以为"的,有这么多内容,这和《年表》并不重复,崔适却只截取小半句,把其余的都删弃了。

崔适的"证五"是他误解了《十二诸侯年表》。《年表》里说左丘明"具论其语,成《左氏春秋》",其意是说《左氏春秋》和《春秋》相辅而行,并不是《左氏春秋》为《春秋》作传。而且《年表》里是把《左氏春秋》和《铎氏微》、《虞氏春秋》、《吕氏春秋》等并列的,那些书都不传《春秋》,显而易见。因此,刘歆当然不能引太史公言来和太常博士辩论。这点刘歆知道得很清楚,太常博士也很清楚。

　　崔适的"证六",牵涉到左丘明姓左还是姓左丘的问题。这似乎是两说,两说实际都没有错。司马迁称"左丘失明",这可见左丘是氏。但为什么又说《左氏春秋》呢?"《左氏春秋》"是旧称,和《虞氏春秋》、《吕氏春秋》一样。复姓简称单姓,古有此例。如春秋时鲁国臧孙氏又称臧氏,季孙氏又称季氏。"左丘氏春秋"简称"左氏春秋",并非不合习惯的。至于《七略》称丘明,这或许是由于相沿已久,在人们印象中,认为左丘明就是姓左了。何况文人弄笔,故意截搭,如"马迁"之例,原不足怪。司马迁于书名取旧称,于姓则仍称左丘,并非矛盾。《七略》在左丘明姓名上发生讹变,也并非不可解释。把二者扯在一起,作为"辨伪"的理由,太牵强了。

　　崔适的"证七",说"鲁君子"以下一百二十六字是被"插入"篇中,"致上下文皆言孔子之《春秋》者语意隔断",这是误解文义。上下文诚然都是讲《春秋》,上文是讲《春秋》的产生和它的意义及传授,"鲁君子"以下一直到"颇著文焉",是讲《春秋》的影响:孔子作《春秋》以后,陆续又产生了《左氏春秋》、《铎氏微》、《虞氏春秋》、《吕氏春秋》等;还有荀卿、孟子、公孙固、韩非之徒著书,也都采用《春秋》;汉代张苍和董仲舒,对《春秋》也作出了贡献,——全文的大意就是如此。行文完全合乎逻辑,有什么"语意隔断"之处呢? 如果删去一百二十六字,倒是文气不连,不相衔接了。

　　这里我们就康有为和崔适所主张的《左传》为刘歆伪造之说的主要论点作了一番考察。康有为和崔适都没有提出任何确凿的证据,都是就一些有关文献来推论。推论的方法不是不可以用,但总得大体结合客观事实,力求能符合事物本来面目。他们立论很大胆,而论证却是很脆弱。如崔适断定《十二诸侯年表序》中一百二十六字为刘歆窜入,列举七证之多,细按起来,漏洞百出。康有为《新学伪经考》中有关论述也是如此。这里所举出的是他们两人著作中的几段著名文字,它们常常被人称引,影响很大。这应当算作"刘歆伪造说"的基础吧。对它剖析一番,是很必要的。凭他们这些理由,无论如何得不出刘歆伪造的结论。

(2)康、崔以后其他一些人的论证。康有为和崔适关于《左传》的论述,到了本世纪 20 年代和 30 年代初,随着学术界疑古辨伪之风兴起而受到很大重视。辨伪的工作是很重要的,古书中确有不少伪书,还有许多书中有后人窜入的篇章或段落和个别文字,这些都要加以辨别。这是科学地整理古籍的一项不可少的工作。但辨伪要坚持冷静的科学态度。20 年代和 30 年代初的辨伪工作有一种形式主义倾向,那时一些人认为,凡是对古书提出怀疑的都要表彰,"与其过而信之也,宁过而疑之",不知"过而疑之"和"过而信之"同样是违反科学的,科学的态度应当是实事求是。《新学伪经考》的价值如何,应当具体分析,这里不论。钱玄同的《重论经今古文学问题》对它全盘肯定,极力赞扬;对于其中论《左传》部分还作了补充论述。他的补充论述对康有为实在没有多少帮助。他把《左传》和《国语》纪事的异同作了比较,得出八条,结论说:"《左传》与《国语》二书,此详则彼略,彼详则此略,这不是将一书瓜分为二的显证吗?"这和康有为发生了矛盾。康有为认为《国语》是刘歆将《国语》"分其大半"后留下的"残剩",钱玄同却承认《国语》还有许多同于《左传》者,只是彼此详略不同,那就不仅是留下的"残剩"了。钱玄同看到了事实:《国语》本来不是《左传》的"残剩";但他不肯承认二者各自成书。二书的体例不同,作者取材不同,文学才能不同,因而造成两部书的不同面目。它们的作者既不是同一个人,它们之中也不是一部书由另一部书割裂改写而成的。

经过钱玄同等人的提倡,康有为之说在学术界发生了很大影响。一些学者在论著里纷纷采用它。如傅斯年《周颂说——附论鲁南两地与〈诗〉、〈书〉之来源》一文中(《中央研究院历史语言研究所集刊》第一本第一分),一则曰:"我们用《左传》证《诗》、《书》,有个大危险,即《左传》之由《国语》出来本来是西汉晚年的事。"再则曰:"《左传》昭二年见《易象》与《鲁春秋》句显然是古文学者从《国语》造出《左传》来的时候添的。"郭沫若同志在《论吴起》(收入《青铜时代》)里也说:"本来《春秋左氏传》是刘歆割裂古史搀杂己见而伪托的。"其他在有关《左传》论著里采用康说的,不列举了。

还有人从天文历法研究上来支持康有为之说。日本学者饭岛忠夫在本世纪 20 年代发表的《由汉代之历法论〈左传〉之伪作》①及《中国古代历法概论》②等论著就是如此。饭岛忠夫的基本论点是汉代的历法为西方传入说。他认为春秋、战国时代的天文历法,不可能达到《左传》里面所记载的发达程度;汉代的太初历,是西方历法传入发生影响的结果。他认为《左传》里面的岁星纪事是刘歆根据汉代天文历法知识逆推而伪撰的,说《左传》和《国语》是从《左氏春秋》"润色而来","《左氏春秋》(一名《国语》)"已"弗传于今日"。饭岛忠夫的汉代历法西方传入说,遇到了他同时的日本学者新城新藏《东洋天文学史研究》的反驳。随着《五星占》等地下材料的发现和中国古代天文历法研究的深入,饭岛忠夫之

---

① 《东洋学报》第二卷。本文所根据的是新城新藏《东洋天文学史研究》(沈璿译,中华学艺社出版)所引述。

② 《中国历法起原考》第一章,沈璿译,《东洋天文学史研究》中译本附录。

说不攻自破了。

1957年,科学出版社出版的刘坦《中国古代的星岁纪年》,其中第二章第二节提出《国语》和《左传》里面的岁星纪事为刘歆伪托。刘坦没有进一步论断《左传》一书为刘歆伪作,这还比较审慎。但是,刘坦的论证也是错误的,《左传》里的岁星纪事,和刘歆不发生关系。关于这一点,留待下面"关于岁星纪事问题"一段中论述。

去年12月,《社会科学战线》发表徐仁甫同志的《马王堆汉墓帛书〈春秋事语〉和〈左传〉的事、语对比研究——谈〈左传〉的成书时代和作者》,重新提出《左传》为刘歆作的问题。《春秋事语》的释文,见1977年《文物》第1期。全书存十六章,每章字数自百余字至二百余字不等,都是摘录春秋和战国初期的历史故事,大部分是以对历史人物和事件的评论为主。其中评论有的是当事人或同时人说的,有的是后来的人说的。故事的来源有《左传》、《穀梁传》、《管子》等,但不说明出处,也不完全是照抄原书。

针对《春秋事语》中许多章的故事和《左传》相同而在文字上和部分内容上存在着差异,徐仁甫同志断定为《左传》因袭"《春秋事语》所采的原书",而不是《事语》采《左传》,从而得出结论说《左传》为汉人所作,作者是刘歆。

徐仁甫同志的理由是:

一、"《春秋事语》其事实多见于《左传》;但其词语则多不见于《左传》。""鲁桓公与文姜会齐侯于乐(十六),医宁曰,即竖曼曰,其语见于《管子·大匡》。《左传》虽然采《大匡》之事,但省略竖曼之语。可见《左传》作者虽然见《春秋事语》所采的原书,也只采其事实,而省略了它的词语。"

二、"《春秋事语》(四),东门襄仲杀嫡而佯以君命召惠伯,其宰公襄目(负)人曰：'入必死'，……《左传》文公十八年作'公冉务人止之曰，入必死'，《左传》作者在'曰'字的上面添'止之'二字，则公襄目(负)人说话的意思，先就明确了是止之不死。这种引人的语言，先以一二字表示其主旨，无疑是很好的办法。《左传》作者在《左传》中常常用这办法。"徐仁甫同志还举出《汉书·艺文志》也用这个办法，说："从这种行文规律看，我们可以明确两个问题：一是《春秋事语》的原始作者没有见过《左传》，若见到《左传》，他绝不会删去'止之'二字。二是《左传》的作者，从这儿可以推测了，因为《汉书·艺文志》是班固根据刘歆《七略》写的，《七略》的行文规律既与《左传》相同，那么《左传》的作者，不是刘歆，又是谁呢？"

三、"《左传》用语，优于《春秋事语》；《春秋事语》的原文作者，若见过《左传》，何以不用《左传》的词语呢？""文章也譬如莺迁：只有'出于幽谷，迁于乔木'，决不会'下乔木而入于幽谷'！"

徐仁甫同志的论证，似乎是根据这样一个原则：如果有两部作品，其中一部采用了另外一部，要推测它们谁采用谁，可以从语言上的优劣判断。后出者总比前人之作强：后出者的语言应当更周密；前人之作的优点，后出者都可以吸收；前人之作的芜蔓或不合需要的东西，后出者可以删除。乍看起来，似乎很有道理，但实际情况并不都是如此。如果前人写的是一部优秀作品，后来者是一个庸手，当然不能超过前人，前人的优点他未必能学到。即使同是优秀作家，后来者也未见得处处比前人好。《春秋事语》的全貌虽然不可得知，但从残存的十六章看，不是出于高手。张政烺同志的《〈春秋事语〉解题》(《文物》1977 年第 1 期)说它"显得分量轻，文章简短，在编辑体例上也乱七八糟。它的编者大约是个头脑冬烘的教书先生"。张政烺同志认为这样的书当是儿童课本，讲些历史故事,学点语言,为将来进一步学习作准备。这些论断都是符合这部书的实际内容的。它出现在《左传》之后,怎么能要求它的语言胜过《左传》呢？它摘抄群书,不能字字照抄,因为它的每章字数一般在二三百字以内,还要有评论。为了压缩篇幅,不得不尽量删削,文字往往显得不顺畅。

《左传》的作者是一位语言大师,确是作到了"极其重视文法","文理鲜明"。但《左传》的文法并非超越了它的时代,像"止之曰"这样的语法,并非要到汉朝才有。《论语》里面就有"夫子矢之曰"(《雍也》)、"子路不说曰"(《阳货》)一类的句子。《左传》的用语即使有的和刘歆相似,也并不能证明《左传》为刘歆所作。刘歆爱好《左传》,用语上受它的影响,这是毫不奇怪的。

《春秋事语》的出土,对于《左传》为刘歆伪作之说增添了一条反驳的证据。《春秋事语》十六章中,有十三章的故事见于《左传》。虽然它兼采群书,对一些故事作了改写,使人不能容易断定它采自《左传》,但有些章中,直接采用了《左传》的语句。如《齐桓公与蔡夫人乘舟》章中几句：

> 禁之,不可;怒而归之,未之绝;蔡人嫁之。

和《左传》僖公三年以下几句大体相同：

> 禁之,不可。公怒,归之。未绝之也,蔡人嫁之。

究竟是谁抄谁呢？我们再继续看下去,《事语》这一章章末有两句：

> 桓公率师以侵蔡,蔡人遂溃。

《左传》僖公四年为：

> 齐侯以诸侯之师侵蔡,蔡溃。

《左传》写明"以诸侯之师侵蔡"。这是记述历史。如果本来只是像《事语》所说的"率师",它不能安添"诸侯之师"。《事语》只着眼在评论蔡国嫁女绝齐事,不必管他齐侯是否用"诸侯之师",所以它可以省略成"率师"。由此可以看出,这显然是《事语》根据《左传》。

又如《事语·长万宋之第士》章中几句:

> 君使人请之,来而戏之,〔曰:"始〕吾敬子,今子,鲁之囚也。吾不敬子矣。"长万病之。

和《左传》庄公十一年"乘丘之役"章中几句比较:

> 宋人请之。宋公靳之,曰:"始吾敬子。今子,鲁囚也。吾弗敬子矣。"病之。

除了把"宋人请之"改成"君使人请之",把"靳"字改成"戏"字,以及在"病之"上加主语"长万"外,其余文字几乎全同。这些改动,是为了通俗易懂。这显然是摘录《左传》的故事来加以评说。这两章中《春秋事语》采录《左传》的痕迹宛然可见。据《春秋事语》的《释文》考订,"书中不避'邦'字讳,抄写的年代当在汉初甚或更早"。它里面采录《左传》,说明《左传》在汉初以前确实在流行。这件文物的出土,对于研究战国秦汉间《左传》的流传状况,是有帮助的。

(3)主观主义的研究方法。把《左传》这样一部先秦著作说成出于西汉刘歆之手,这种奇怪的结论,是用主观主义的研究方法得出来的。在一些持此说者的论著中,主观主义的方法,主要表现为以下三点:

一、否认客观,颠倒事实。过去有的学者如刘师培等曾经举出战国、西汉一些书中引用了《左传》中的一些故事和文字。[①] 如

---

①　刘师培迷信所谓刘向《别录》及《汉书·儒林传》的《左传》传授系统,这是古文家的偏见。但他举出战国、西汉人征引《左传》处,却是值得重视的。

《韩非子·奸劫弑臣》引"楚王子围杀君"和"齐崔杼杀君"二事，称"《春秋》之记曰"，故事和《左传》大体相同。贾谊《新书·礼容》篇引"鲁叔孙昭子聘于宋"事，其中"哀乐而乐哀，皆丧心也。心之精爽，是谓魂魄，魂魄已失（《左传》作去之），何以能久"，字句和《左传》昭公二十七年全同。西汉的诏令、奏疏以及其他著作里袭用和概括《左传》词意处，举不胜举。持刘歆伪造说者都一律否认。

　　凡是战国、西汉文字和《左传》相同或相似之处，持刘歆伪造说者不外是用两个办法来抵挡：一是说二者都根据了"《国语》原本"，而这"《国语》原本"在古代记载中连书名都是影子也没有的，你当然没法去查对；二是刘歆窜入。这两个办法在解释《史记》和《左传》的文字相同之处时表现很突出。《史记》的《十二诸侯年表》和一些"本纪"、"世家"、"列传"里都大量地采用了《左传》，凡是读过《史记》并且读过《左传》的人都会深刻感到。如果作一番细致的工作，把《史记》采用《左传》之处，和《左传》原文加以比较，就会发现司马迁对一些文字作了一些必要的改动，使它更加明白易懂，也和他采用《尚书》的作法一样。可是一些坚持刘歆伪造说的人极力否认这个事实。他们解释二者文字相同之处，在用第一个办法讲不通时，就用第二个办法。他们把分明是《史记》采用《左传》的地方说成是刘歆将他的"伪《左传》"文字窜入《史记》，任意颠倒，无理可说，而他们却是习以为常。

　　二、虚张声势，回避问题。康有为等人提出此说，连篇累牍，讲了许多道理，却回避了两个极其重要的问题：第一，《国语》不编年，《左传》编年，如果《左传》是根据《国语》改编，它的编年是怎样来的？回答只能说，它是刘歆任意编排的。这就必然全盘否定《左传》所记载的系年史实，使春秋时代二百余年的历史成为一团漆黑。当然,《左传》如果真是伪书,那也没话可说。但是,要推翻这样两千多年来相传的公认的信史,总得要有可靠的证据,不能全凭臆测。第二,《国语》的文学成就远不如《左传》。《国语》中有许多章和《左传》的许多章是写的同样的事实,《国语》往往很简朴,而《左传》却写得形象生动,刻画入微。如果是刘歆改编,刘歆真不愧是历史上第一流的文学家,他根据《国语》进行了绝妙的艺术创作。然而,《左传》是否仅仅是这样一部文学作品,没有编年史的价值? 刘歆究竟是不是这样一位伟大的文学家? 这一抑一扬,也总得有可靠的证据,不能全凭臆测。

钱玄同似乎隐隐约约地感到了这些问题,因此他在《论获麟后〈续经〉及〈春秋〉例书》(《北京大学国学门周刊》第一期,收入《古史辨》第一册下编)一文中声明:"所以对于今之《左传》,认为它里面所记事实远较《公羊》为可信,因为它是晚周人做的历史。"但是,既然刘歆进行了巨大的艺术创作,而且任意编年,它就不再是"晚周人做的历史"。这样一些极其重要的问题,持刘歆伪造说者应当怎样明确地回答呢? 他们总是极力回避,害怕提出讨论。这些问题不解决,说得天花乱坠也是没有用的。

三、涂抹历史,不合情理。西汉哀帝刘歆时,今文学派和古文学派在皇帝面前有过一场争论,争论几部书列学官的问题。争论的焦点是《左传》。古文家要给《左传》立博士,今文家反对。今文家所坚持的是"《左氏》不传《春秋》",并没有否认《左氏》是一部古书。否认《左氏》传《春秋》是一回事,否认这部书是古书是另一回事。那些博士说"《左氏》不传《春秋》",从这口气里透露出来,他们对这部书有所理解,并不陌生。这很能说明问题。如果是刘歆伪造,那他们素所未闻,在争论中应当是另一种说法了。

这次争论那样激烈,成为全国政治生活中和学术领域内所注

视的中心。刘歆造了这样大一部伪书,竟然不被揭穿,这除非下面
两种情况:一、刘歆是一个大权奸,指鹿为马,不可一世,人们知道
他作伪,也不敢说出;二、当时所有那些博士们都是不学无术,他们
根本不了解学术文化,根本不知道先秦有一些什么典籍。刘歆伪
造出这么一部大书,没有人能检查出来,任凭他当众愚弄自皇帝以
下公卿百官以及所有掌管和研究学术的人。事实上这两种情况都
不可能。刘歆在哀帝刘欣时虽然"贵幸",但职位并不很高。在这
次关于《左传》立学官的争论中,他"忤执政大臣,为众儒所讪"。
可见执政大臣和众儒并不买他的账。"儒者师丹为大司空,亦大
怒,奏歆改乱旧章,非毁先帝所立",(引文均见《汉书·刘歆传》)
说明师丹等人对刘歆是要置之死地而后快。如果有作伪事,他们
必然会揭露出来。他们指责刘歆"改乱旧章,非毁先帝所立",是
指责他改乱西汉尊崇今文经学的旧章,非毁过去所立《公羊》、《穀
梁》等今文经学。用"旧章"、①"先帝"一类的词,是尽量给他加上
政治罪名。所指责的事实,却是并非没有根据的,立古文经学,就
是改乱了"先帝所立"今文经学的"旧章"。这和"《左氏》不传《春
秋》"是一个口径。《汉书·王莽传》载公孙禄上书建议诛七人,其
中包括刘歆,说"国师嘉信公,颠倒五经,毁师法,令学士疑惑"。
"颠倒五经"曾被康有为等解释为伪造经传,这是错误的。"颠倒
五经",是指搅乱今古文经学。从字义上说,"颠倒"只能解释为变
乱秩序,无"伪造"之意。公孙禄还是就刘歆提倡古文经学,变乱
西汉经学传统说的。师丹、公孙禄等人把问题提到那样严重的地
步,至于请求杀他的头,但还是没有说他伪造古书。可见刘歆伪造

---

　　① 《诗经·大雅·假乐》:"不愆不忘,率由旧章。""旧章"就是所谓"祖
宗所传",是必须遵守的。

《左传》之说,在当时一点影子也没有。在过去时代,一部伪书或一篇伪作,开始总是悄悄地传出来,等到经历了一段时间之后,逐渐被人们所相信。随着作伪者及其同时代人的死去,没有人知道它是伪作,于是在人们的脑子里逐渐形成了牢固的观念,把伪当真了。一个作伪书的人在他的伪书刚脱手的时候就大吹大擂,并且向全国学术界挑战,不怕成为众矢之的,这样的伪作不被当代揭穿,那是很难设想的。

三　"《左传》为战国时作"说的考察

《史记·十二诸侯年表序》说《左传》为"鲁君子左丘明"所作,这是关于《左传》作者的最早记载。左丘明其人,相传和孔丘同时。《论语·公冶长》里记述孔丘说:"巧言令色足恭,左丘明耻之,丘亦耻之;匿怨而友其人,左丘明耻之,丘亦耻之。"这就是刘歆所说的"与圣人同好恶"。唐代以后,对《左传》的作者,产生了许多怀疑。赵匡认为《论语》所引左丘明,是孔丘的前辈,"乃史佚、迟任之类",《左传》的作者,是另一个左氏,这个左氏是孔丘以后人。(陆淳《春秋集传纂例》卷一《赵氏损益义第五》)赵匡没有作具体的论证。宋代一些学者从《左传》一书里面举出一些例证,企图证明《左传》是战国时的作品。这个工作,从宋代以来,不断有人努力去作,然而直到现在,并没有人令人信服地得出《左传》作于战国的结论。

宋以后持《左传》为战国时代作品之说的人,他们的论据归纳起来,有以下几种:

一、《左传》里面写了三家分晋等一些战国史实;二、《左传》里一些预言,它的应验发生在战国时代;三、《左传》写了岁星纪事,但所记各年岁星所在之次不是当时实际观象所得,而是战国时人根据当时元始甲寅之年逆推的;四、《左传》所用的助词不同于"鲁语",作者非鲁人,而是战国时期某一国人。——持此说者着重在谈作者所属的地域,不是着重研究作者的时代,但也涉及时代,所以一并在此讨论。

以下就这些问题分别地加以研究。

(1)关于写了战国史实问题。相传王安石曾作《春秋解》,论证左氏非丘明,理由有十一条,书没有传下来。叶梦得《春秋考》卷三《统论》提出《左传》"辞及韩魏知伯赵襄子事,而名鲁悼公、楚惠王",因此认为"左氏应当赵襄子后"。又说"官之有'庶长'、'不更',秦孝公之所名也;祭之有腊,秦惠公之所名也;饮之有酎,《礼》之所无,而吕不韦《月令》之所名也",而"获不更女父","秦庶长率师","虞不腊","子产对晋言尝酎",都见于《左传》,"则《左氏》固出于秦孝公、惠公、吕不韦之后矣"。朱熹也说"《左氏》谓'虞不腊矣',是秦时文字分明"。(清王琰等编《春秋传说汇纂》卷首《纲领》引)郑樵《六经奥论》卷四《左氏非丘明辨(左氏乃六国人)》举出八条理由来论证《左传》作于战国,除了他的新见外,还综合了他人之说,论述较全,具有代表性。他的八条为:一、《左氏》中纪韩魏智伯之事,又举赵襄子之谥,自获麟至襄子卒八十年。二、"战于麻隧,获不更女父",又"秦庶长鲍、庶长武帅师及晋师战于栎","不更"、"庶长",孝公时立。则左氏在秦孝公以后。三、"虞不腊"。秦至惠公十三年"初腊",则左氏在秦惠公以后。四、左氏师承邹衍之诞,而称帝王子孙。按齐威王时,邹衍推五德终始之道,其语不经。则左氏在齐威王以后。五、左氏言分星,皆准《堪舆》。按韩魏分晋之后,而堪十二次,始于赵分曰大梁之语。则左氏在三家分晋之后。六、《左氏》云:"左师辰将以公乘马而归。"按三代时有车战，无骑兵，惟苏秦合从六国始有车千乘、骑万匹之语。是左氏在苏秦之后。七、《左氏》序吕相绝秦、声子说齐，其为雄辩狙诈，真游说之士，捭阖之辞。八、左氏之书，序秦楚事最详。如"楚师熸"、"犹拾瀋"等语，则左氏为楚人。这八条，除了个别问题由于文献不足，成为悬案外，大部分是可以获得合理解释的。其中有的过去曾经有人解释过了。现在分述如下：

关于第一条，郑樵根据了《左传》末尾的一条附录。《左传》叙事，止于鲁哀公二十七年。最后附了这样几行：

> 悼之四年，晋荀瑶帅师围郑。……知伯谓赵孟："入之！"对曰："主在此。"知伯曰："恶而无勇，何以为子！"对曰："以能忍耻，庶无害赵宗乎！"知伯不悛。赵襄子由是慭知伯，遂丧之。知伯贪而愎，故韩魏反而丧之。

这几行里，提到赵襄子谥，提到韩、魏、赵"丧知伯"。然而这一段文字疑非作者所写，而是后人所加。因为：一、它不是正文，正文已在哀公二十七年结束；二、它的最后几句写到韩、魏、赵灭知氏之事，这件事上距"悼之四年"又已十年，书中草草带过，"丧之"二字复出，显得笨拙，不似作者手笔；三、哀公二十年写到赵孟，没有写赵襄子谥，可见《左传》作者和赵孟是同时人。从哀公年间叙事不举赵襄子谥可以反过来证明"悼之四年"一段举赵襄子谥是后人所加。

这里附带谈到叶梦得提出的"名惠王"的问题。《左传》中称楚"惠王"有三处，两处为"君子曰"之辞，"君子曰"之辞不必都是作者所写。一处见于叙述文字，而叙述文字中有好几处都称"王"，无"惠"字，这一处"惠"字当为后人窜入。

关于第二条，《左传》成公十三年唐孔颖达《正义》已作了解释："案此有不更女父，襄十二年有庶长鲍、庶长武，春秋之世已有此名。盖后世以渐增之,商君定为二十,非是商君尽新作也。"清钱绮《左传札记·总札》也说:"商鞅特因旧制而益之。"这些解释是合理的。《史记·秦本纪》怀公四年有庶长晁,出子二年有庶长改,《赵世家》秦献公时有庶长国,都在秦孝公前,可为确证。

关于第三条,"腊"是一种冬季祭祀的名称。据《广雅》:"夏曰清祀,殷曰嘉平,周曰大蜡,亦曰腊,秦更曰嘉平。"应劭《风俗通义·祀典》:"《礼传》云:'夏曰嘉平,殷曰清祀,周曰蜡,汉改曰腊。'"虽然《广雅》和《风俗通》的说法略有差异,但可看出这种祭祀是由来已久的,决非秦惠王的首创,秦惠王不过开始效法三代举行这种祭祀罢了。"腊"与"蜡"同音,据《广雅》所说,周代"腊"、"蜡"通用,是可信的。

这里附带谈到"饮酎"问题。《吕氏春秋·孟夏纪》有"天子饮酎,用礼乐"之文,这并不能证明吕不韦时始有"饮酎"。叶梦得提出的这一条,可以说没有意义。

关于第四条,所谓《左传》"称帝王子孙",大约是指昭公二十九年蔡墨回答魏献子所说的"少皞氏有四叔:曰重,曰该,曰修,曰熙,实能金木及水。使重为句芒,该为蓐收,修及熙为玄冥";"颛顼氏有子曰犁,为祝融,共工氏有子曰句龙,为后土"。这是所谓五祀:"木正曰句芒,火正曰祝融,金正曰蓐收,水正曰玄冥,土正曰后土。"然而作为和金木水火土相配的"五帝",《左传》里面没有。从《左传》里,我们可以看到开始将神话传说中人物和金木水火土五行相配合,但由此而发展到"五德终始"之说,还需要一个相当的过程。这一条恰好证明《左传》的成书远在邹衍之前。

关于第五条,这一条在《左传》里确是成为一个问题。"分星"之说,不知起于何时。《左传》里有"分星",可能春秋时代已有之,也可能是后人窜入。至于"分星"和岁星纪事配合,则为后人窜入无疑。《左传》"分星"和《堪舆》也不完全符合。《周礼·春官·保章氏》郑注引《堪舆》:"星纪,吴越也;玄枵,齐也;娵訾,卫也;降娄,鲁也;大梁,赵也;实沈,晋也;鹑首,秦也;鹑火,周也;鹑尾,楚也;寿星,郑也;大火,宋也;析木,燕也。"这里把星纪作为吴越的分野,把析木作为燕的分野,是汉人之说,(徐发《天元历理·考证之四》)可见《堪舆》是汉人所作。《左传》却是以析木为越的分野,(参看《天元历理·考证之四》)和《堪舆》不同。郑樵以《左传》准《堪舆》,是不对的。

关于第六条,《左传》昭公二十六年孔颖达《正义》曾提出过此问题,然而他同时又引刘炫语作了解答:"此左师展(《六经奥论》误作辰)将以公乘马而归,欲共公单骑而归,此骑马之渐也。"刘炫说得好。战国时代大规模用骑兵,不能是突然而起,从春秋末期开始有"骑马之渐",这是合乎情理的推测。

关于第七条,吕相绝秦,声子说楚(《六经奥论》误作齐),语言上有一些夸张的色彩,然而我们很难说春秋时人不会运用夸张的使人动听的语言。这和战国时代的游说之词有严格的区别。《左传》里面的"行人辞命"和战国时代的游说之词,都是时代的产物,具有鲜明的时代色彩。我们通读《左传》和《战国策》,就会异常明显地感到二者的区别,不会发生混淆。这也正好证明《左传》不是战国时人所作。

关于第八条,《左传》的作者采用的史料,晋楚等大国较多,所以叙晋事最详,楚国次于晋国鲁国而居第三位。但是没有材料证明左氏是楚人。郑樵所引"犹拾渖",见于哀公三年,是鲁国富父槐至所说,不是楚语。

一些持《左传》作于战国时代之说的人,总是冀图从《左传》里找到更多的证据。郑樵不遗余力地找到了这八条。这八条实际已

经包括了宋以后人所常常提到的一些理由。这些理由有的过去有
人反驳过,但驳得比较简单,很少引起人们的注意。一些持怀疑态
度的人看到《左传》里面有这么一些问题,总是反复地提了出来。
我们希望有更多的人来研究这些问题,以期得到更完满的解决。

(2)关于预言的问题。《左传》里面喜欢宣扬占卜星相一类的
迷信,常常通过占卜星相家之口来预言一些个人或国家的吉凶,通
过一些"贤人"之口预言一些个人或国家的祸福,而且往往很"灵
验"。这些预言的"应验"绝大部分在春秋时期以内,这一部分和
我们要研究的问题无关。但另外有个别的预言,"应验"在战国时
代,这对于考证《左传》的写作年代却大有关系。朱熹说:"《左传》
是后来做,为见陈氏有齐,所以言'八世之后,莫之与京';见三家
分晋,所以言'公侯之子孙必复其始'。"(《五经朱子语类·春秋
一》)叶梦得《春秋考》卷三《统论》里也提到此问题。这的确是很
重要的材料。考证《左传》的成书时代,人们必然要想到这两条材
料。后来有许多《左传》研究者,还从《左传》里面搜集到更多的这
类预言材料。我们的任务是需要对这类材料作一些研究和恰当的
说明。

在春秋时代,人们相信占卜,相信星相,相信预言,这是当时普
遍的历史现象。当时确实有许多占卜家之类对一些个人或国家的
吉凶祸福作过许多预言。他们的预言当然有许多不应,但不可否
认也有一部分应了。其所以应,是由于占卜家之类发出预言时,对
某一个人或国家有所了解,经过研究作出大概的估计,并且含糊其
辞,他们所说的和后来事实的发展似乎大体符合,就算是"验"了。
有时即使没有什么根据,也有偶然说中的情形,这样的事,生活里
有时也可见到。《左传》的作者追求这些东西,记述二百五十余年
间事,记下了不少的预言和"应验",而且添油添醋,加以渲染,给

人以印象,好像《左传》是专门根据事情的结果来伪造预言似的。但是,《左传》里的这些记述,也许还是有传说根据,不完全是作者个人虚造。当时人们普遍相信这些东西,一定有许多关于这些东西的传闻和记载。《左传》的作者得到那些传闻和记载,而且看到了那些历史事实的结果,可以根据结果来把预言加以修订,写得更加神乎其神。至于他看不到结果的,就没法悬拟了。所以《左传》涉及战国时事的预言,尽有一些不应验。因此我们研究《左传》的预言,可以看到两种情况:一、凡是二百五十余年间事,无不应验;二、凡是涉及这以后的,并不都是如此。

关于后一种情况,顾炎武早已发现了。他在《日知录·左氏不必尽信》条里说:

> 昔人言兴亡祸福之故不必尽验,《左氏》但记其信而有征者尔,而亦不必尽信也。三良殉死,"君子是以知秦之不复东征"(文公六年)。至于孝公,而天子致伯,诸侯毕贺;其后始皇遂并天下。季札闻《齐风》,以为"国未可量"(襄公二十九年),乃不久而篡于陈氏。闻《郑风》以为"其先亡乎",而郑至三家分晋之后始灭于韩。浑罕言"姬在列者,蔡及曹滕,其先亡乎"(昭公四年),而滕灭于宋王偃,在诸姬为最后。僖三十一年"狄围卫,卫迁于帝丘,卜曰三百年",而卫至秦二世元年始废,历四百二十一年。是左氏所记之言,亦不尽信也。

顾炎武举了五条没有应验的预言,很有助于说明问题。这是因为《左传》的作者生活在春秋末年,看不到战国时代历史事实的发展。第一条预言的"君子",我们姑且不问他是谁。书中写这么一句,就是因为作者只看到秦穆公死后一二百年间,秦国不曾东征。这句话如果说在文公六年,是预言;如果说在《左传》成书时,是对历史的回顾和感慨。秦国后来历史的发展,作者是无法预计的。

第二条预言，也许有不同意见，有人也许认为"国"是指陈氏的齐国。然上句为"表东海者，其太公乎"，紧接下来所说的"国"，应当是"太公"的齐国。太公的齐国几十年后亡于陈氏了。第三条也失灵了。在季札观乐的诸国中，晋国比郑先亡。第四条和第五条都没有说准，顾炎武已经说得很明白了。

另外还可举出两条不验的预言。如宣公三年说："成王定鼎于郏鄏，卜世三十，卜年七百，天所命也。"实际周代传世不是三十，而是三十七；国祚不止七百年，而是八百余年。又如哀公九年说"赵氏其世有乱乎"，赵氏后来世代相传，没有常发生变乱。

从以上七条不验的预言，可以证明《左传》作者对于战国时的历史全然不知，说明他不是生活在战国时代。他把一些信口开河的预言写进他的书里了。

那么，"八世之后，莫之与京"和"公侯之子孙必复其始"两条预言怎样说呢？

朱熹把这两条预言同举，前一条见于庄公二十二年，它是一首占辞中的两句。占辞全文为："凤凰于飞，和鸣锵锵。有妫之后，将育于姜。五世其昌，并于正卿；八世之后，莫之与京。"是说陈完的子孙将在齐国昌盛。《左传》这一章的篇末说："及陈之初亡也，陈桓子（五世孙）始大于齐（为卿）；其后亡也，成子（八世孙）得政。"这个"莫之与京"，《左传》本文的解释是指"成子得政"，即陈成子在齐国掌握了大权。如果这样说，还不是预言陈氏代齐。这一条还在疑似之间。

后一条见于闵公元年。这是晋国魏氏的祖先毕万初仕时，辛廖给他占卦的解说之词。毕万是西周毕公之后，"公侯之子孙必复其始"，预言魏氏将为公侯。魏国称侯在战国初期，超出了《左传》作者的时代。

《左传》里面和这条相类似的还有"魏子之举也义,其命也忠,其长有后于晋国乎",(昭公二十八年)"晋国其萃于三族乎",(襄公二十九年)等等,这些都可以解释为战国时人窜入,更可能是魏人窜入。战国时《左传》曾在魏国流传。西晋时汲县魏襄王墓出土的书中,有《师春》一篇,据《新唐书·刘贶传》,说它"录卜筮事与《左氏》合,知按《春秋》经传而为也"。战国时魏人既然对《左传》卜筮事曾辑录成书,他们窜入个别预言来颂扬魏氏,不是不可能的。

姚鼐的《经说》卷十一《论语说》和《惜抱轩文集》卷三《左传补注序》,根据孔颖达《左传正义》所引刘向《别录》的《左传》传授系统,认为《左传》自曾申以下,"后人屡有附益","其书于魏氏事造饰尤甚,窃以为吴起为之者盖尤多"。虽然《正义》所引刘向《别录》不必可信;附益者不必是吴起;但魏人"造饰以媚魏君"的文字是存在的,这也许是《左传》曾在魏国流传所留下的痕迹吧。

(3)关于岁星纪事问题。岁星即木星,古又称"岁",是太阳系的九大行星之一。它绕太阳一周,略近十二年。战国秦汉间,曾用它来作为纪年的标准。古人将黄道周天分为十二次,用恒星二十八宿定位。现将十二次名称和它相当于二十八宿的位置依次列表于次:

十二次	星纪	玄枵	娵訾	降娄	大梁	实沈	鹑首	鹑火	鹑尾	寿星	大火	析木
二十八宿	斗、牛	女、虚、危	室、壁	奎、娄	胃、昴	毕、觜、参	井、鬼	柳、星、张	翼、轸	角、亢、氐	房、心、尾	箕、斗

按照岁星纪年的规则,每一年有一个名称,而且有十二地支和它相应,如岁星行到星纪之次,这年叫摄提格,是寅年;岁星行到玄枵之次,这年叫单阏,是卯年,等等。《左传》有岁星纪事而无系统的岁星纪年;岁星纪事也很少,一共只出现了五次。①　如果加上两次关于"分星"的事,也只有七次。略述如次:

一、襄公二十八年(前545),"春,无冰。梓慎曰:'今兹宋、郑其饥乎!岁在星纪,而淫于玄枵。'"裨灶说这年周王和楚子都将死,因为"岁弃其次,而旅于明年之次"。这都是说这年岁星应当在星纪,可是越次到了玄枵。

二、襄公十九年(前554),这年"岁在降娄"。裨灶预言再过十一年,"岁在娵訾之口",伯有将死。襄公三十年(前543),伯有果被杀(这一条的记载,见于襄公三十年)。

三、昭公八年(前534),这年岁星"在析木之津"。史赵预言:到"岁在鹑火"时,陈国将灭亡。到了哀公十七年(前478),岁在鹑火,果然楚灭陈。

四、昭公九年(前533),陈国遇火灾。这年岁在星纪(因昭公八年岁在析木而知)。裨灶预言,再过五十五年,陈国将亡;岁星旋转到第五轮的鹑火时,就是陈国灭亡之年(参看上条)。

五、昭公十一年(前531),岁星在豕韦(娵訾),苌弘预言,这年蔡国将亡,"岁及大梁"时,蔡又将复国。昭公十三年,岁星在大梁,蔡果复国。

另外两条关于分星的事:

---

①　这里不包括襄公九年晋悼公对鲁季武子所说"十二年矣,是谓一终,一星终也"这一次,因为晋悼公是泛言十二年为"一星终",没有提到岁星所在之次,不算岁星纪事。

一、昭公十年,岁星在玄枵。岁星所在之次出现了妖星。裨灶预言:晋君将死。因为玄枵是齐国的分野,齐国有岁星照临;晋国始祖唐叔的夫人是齐女,所以灾祸向晋君转移。这年晋君果死。

二、昭公三十二年(前510),"越得岁",岁星在析木。① 这年吴伐越。史墨预言:不到四十年,吴国将为越所灭。因为析木是越的分野,越国正得福,吴国攻之,"必得其凶"。其后三十八年,越果灭吴。

新城新藏所著《东洋天文学史研究》中有《由岁星之纪事论左传国语之著作年代及干支纪年法之发达》及《再论左传之著作年代》两编,他的结论是:

> 凡《左传》及《国语》中之岁星纪事,乃依据西元前365年所观测之天象,以此年为标准的元始年,而案推步所作者也。故作此等纪事之时代,当在该年后者,是不待言。然自此标准的元始年经十数年后,观测与推步之间,自有若干参差,而当时人亦自然注意及之。爰著此记事之年代,恐在此标准的元始年以后数年之内也。(《东洋天文学史研究》,沈璿译,中华学艺社出版,第418页)

新城新藏的这个结论很精当。他是同时研究了《左传》和《国语》而得出此结论的。《国语》载岁星纪事除《周语》武王伐殷及《晋语》晋之始封两条年代不明或难以确定外,《晋语》中有两条:

一、晋重耳出亡时,经过卫国五鹿,向当地人讨食,当地人给他土块。这年岁在寿星(据《左传》是鲁僖公十六年,即前644)。子犯预言,再过十二年,岁在鹑尾,定能取得五鹿。据《左传》,鲁僖

---

① 《汉书·律历志》和《左传》杜预注认为越国的分野在星纪,这年岁在星纪。然与以上岁星纪事不合。这里采用徐发《天元历理》的考证。

公二十八年正月晋文公重耳攻取五鹿,合夏历为僖公二十七年十一月,这年岁在鹑尾。

二、重耳从秦国回到晋国,途中问董因,能否成大事。董因回答:今年"岁在大梁"（据《左传》,这年是僖公二十三年,即前637）,明年"岁在实沈",出亡的第一年是"岁在大火"（据《左传》为僖公五年,即前655）,都很吉利,一定成功。

综合《左传》和《国语》的记载,①最早为公元前655年（重耳出亡第一年）岁在大火,最晚为公元前478八年（楚灭陈）岁在鹑火,共跨一百七十八年,其间每一年都可顺序排一个星次,这是很奇怪的。如果每年按星次顺序一轮一轮排下去,每隔八十五年要超一个星次,叫做"超辰",因为木星绕日一周只要11.86年。一百七十八年要超两次辰,而《左传》和《国语》恰好一次辰也没有超,可见它不是根据实际星象观测,而是后代的人以某一年为标准推步的。它也绝不是刘歆所推步,因为它不符合刘歆的超辰法。刘坦《中国古代之星岁纪年》根据昭公三十二年"越得岁"来推断《左传》里面的岁星纪事都是刘歆伪托,这是错误的。② 新城新藏发现,以公元前365年为起点,每年按星次向上逆推,即和《左

---

① 《国语》不编年,必须查对《左传》,才能落实它的纪事年份。所以这里《国语》和《左传》合在一起研究。两书的岁星纪事可以推断是同时窜入的。

② 刘坦之说是这样:昭公三十二年"越得岁",根据《堪舆》和《汉书·律历志》,越的分野在星纪,这年岁在星纪,和襄公、昭公时其他岁星纪事相差一年。根据刘歆三统历,昭公十五年超了一次辰,这样就能"契合"。然而这是说不通的。这年如果岁在星纪,则哀公十七年应当岁在鹑尾,和陈亡岁在鹑火不合。据徐发《天元历理·考证之四》说,战国时越的分野在析木,这年应当岁在析木,则和《左传》所有岁星纪事都能真正契合。

传》、《国语》所载，无不符合，因而断定《左传》、《国语》的岁星纪事，都是公元前 365 年以后几年中的占星家所作，"俾世人信其占星术之妙，遂溯其前代著作岁星纪事"。如果是说占星家为了宣扬其占星术而编造了几个故事窜入《左传》、《国语》，我认为这是令人信服的；如果由此而推断《左传》、《国语》两书都是那些占星家所作，或者由此推断两书作于公元前 365 年以后那几年的时代，却是不能成立的。有三点理由可以说明《左传》和《国语》里面的岁星纪事不是本书的作者所写而是后人写了插进书中去的：

第一，岁星纪事在这两部书中出现太少，而且出现很集中。在《国语》里，都出现在《周语》和《晋语》。在《左传》里，都出现在襄公和昭公时；更可怪的是，几乎都在从襄公二十八年至昭公十一年的十余年间。这说明那些占星家只是小心谨慎地在书中插入几则故事。如果这两部书是公元前三六五年以后几年间所作，作者是占星家，他们可以放手写去，可以编造更多的岁星纪事，为什么只写这么几条，而且时间和所属篇卷这样集中呢？

第二，两书中出现的几次岁星纪事都是预言，而且都是裨灶、苌弘、史赵、史墨、董因等一些有异能的人或者著名史官所说，似乎经过了精心设计。如果作者是战国时人，通占星之术，在书中表现岁星纪事还可多方面写，不限于写几条预言。

第三，两书中所写的几条岁星纪事，都是可以和上下文脱离的。如襄公二十八年梓慎和裨灶各自的议论；昭公八年晋侯和史赵的问答；昭公九年裨灶和子产的问答；昭公十年裨灶对子产说的一篇话；昭公十一年景王和苌弘的问答，昭公三十二年史墨的议论；这些都是很简单的独立的片段，可以从书中抽出。《晋语四》里子犯的一段话可能原来只有"天赐也"三字，下面直接接上"再拜稽首受而载之"。"董因迎公于河"一大段也是独立的，"沉璧以济"句完全可以直接接上"公子济河"。

比较复杂的是襄公三十年裨灶预言伯有之死一段，为了说明问题，这里作一点较长的摘引：

> 伯有死于羊肆。子产襚之，枕之股而哭之，敛而殡诸伯有之臣在市侧者，既而葬诸斗城。子驷氏欲攻子产，子皮怒之曰："礼，国之干也；杀有礼，祸莫大焉。"乃止。于是游吉如晋；闻难不入，复命于介；甲子，奔晋。驷带追之，及酸枣。与子上（即驷带）盟，质于河；使公孙肸入盟大夫；己巳，复归。
>
> 〔书曰："郑人杀良霄。"不称大夫，言自外入也。
>
> 于子蟜之卒也，将葬，公孙挥与裨灶晨会事焉。过伯有氏，其门上生莠。子羽曰："其莠犹在乎？"于是岁在降娄，降娄中而旦。裨灶止之曰："犹可以终岁，岁其不及此次也已。"及其亡也，岁在娵訾之口；明年，乃及降娄。〕
>
> 仆展从伯有，与之皆死。羽颉出奔晋，为任大夫。鸡泽之会，郑乐成奔楚，遂适晋；羽颉因之，与之比，而事赵文子，言伐郑之说焉；以宋之盟，故不可。子皮以公孙钽为马师。

这里第一段和第四段都是叙述伯有死后所引起的一些反应。第一段写了子产和游吉的行动，第四段写了伯有党羽仆展的下场和羽颉的下落。第四段接第一段非常自然。中间横插第二段和第三段，切断了文气，把完整的叙述文字分做两橛。这说明讲《春秋》"义例"和岁星纪事的文字都是后人插入的，这两段文字可以说是典型的例子。

（4）关于助词用法问题。本世纪20年代初，瑞典古汉语学者高本汉从助词用法来考证《左传》产生的地区和时代，出版了一本《左传真伪考》。不久，陆侃如同志把它翻译过来，在新月书店出版。1935年，又在商务印书馆再版。曾在国内发生过较大影响。

高本汉宣称:"司马迁、刘向、刘歆、班固、王充、许慎所说的关于
《左传》的话,不过是第二等的证据。我自己相信的原则是《左传》
之科学的研究应该注重《左传》的本身。"这个原则是值得注意的。
如果对"《左传》的本身"作了透彻的研究,对于《左传》的作者和
写作年代问题可能会解决得比较好。

　　高本汉专门从助词的用法着手来研究。他认为《论语》和《孟
子》是用鲁国方言写的,称为"鲁语",用七种助词作为比较的标
准,把《左传》和这两书加以比较,发现它们有这样一些不同:

　　一、"若"与"如":甲、作"假使"解时,《左传》几乎全用"若",
鲁语全用"如";乙、作"像"解时,《左传》全用"如",鲁语则"如"、
"若"二字并用。

　　二、"斯"作"则"解:鲁语常见,《左传》无。

　　三、"斯"作"此"解:鲁语常见,《左传》无。

　　四、"乎"作"于"解:鲁语"乎"字常常用作"于"字,《左传》绝
无仅有。

　　五、"与"字作疑问语尾:鲁语常用,《左传》无。

　　六、"及"与"与":鲁语只用"与"字,《左传》兼用"及"、"与"。

　　七、"於"与"于":甲、置于人名之前,《左传》多用"於";乙、置
于地名之前,《左传》多用"于";丙、表示地位所在或动作所止,但
其下不是地名,《左传》"于"、"於"兼用。这三者鲁语都只用
"於"。

　　高本汉在书的末尾,对他研究的所得结果,作了这样的总括:
"《左传》有一律的文法,和《国语》很近,但不全同(和别的古书却
完全不同)。这种文法绝不是一个后来的伪造者所能想象的或实
行的,所以这一定是部真的书,是一个人所作的,或者是属于一派
和一个方言的几个人作的。它同鲁国学派没有关系(至少没有直

接关系），因为它的文法和孔子及弟子及《孟子》完全不同。此书是在（公元前）468 年以后（书中所述最迟的一年），而无论如何总在（公元前）213 年前，多份还是（公元前）468 年到（公元前）300年中间。"

高本汉从几个助词的用法一律，以及用法和别的古书（《荀子》、《韩非子》、《吕氏春秋》、《战国策》等）不同，证明《左传》是一部产生在公元前 300 年以前的真书，这有助于反驳《左传》是刘歆伪造之说。但是，高本汉否认《左传》是鲁国人所作，却未必可信。

高本汉所说的鲁语，没有包括鲁国人所作的《春秋》，是不全面的。《春秋》虽然不一定是孔丘所作，但不能否认它是鲁国的史籍。要判断《左传》是否鲁国人所作，《春秋》是一部可资比较的书。有的助词用法在《左传》常见，在《春秋》里也常见，不能因为它在《论语》、《孟子》里不常见而把它排除在鲁语之外。按照这个原则，高本汉的七条标准中，第六条和第七条不能成立。第六条是说《左传》和鲁语的区别是在于"及"字用法，而这种"及"字用法在《春秋》中是常见的，如：

　　三月，公及邾仪父盟于蔑。（隐公元年）
　　秋八月，庚辰，公及戎盟于唐。（隐公二年）

这等地方《春秋》里面都是用"及"字，倒是没有"与"字。第七条是说《左传》和鲁语的区别在于"于"字用法。《左传》的"于"字一是用于地名之前，一是用于表示地位所在或动作所止。其实这种用法在《春秋》里也是常见的。如上两例中"盟于蔑"、"盟于唐"，就是用于地名之前。又如：

　　秋，筑王姬之馆于外。（庄公元年）

这"于外"就是表示地位所在和动作所止。《春秋》中既然"及"字和"于"字可以这样用，就不能在《左传》中因为它这样用而证明它非鲁国人作品。因此第六条和第七条失去了意义,所谓七条标准就只剩下了五条。

这五条也是存在着问题的。一个根本的问题是:《左传》和《论语》、《孟子》中这些助词用法的区别,究竟是否都属于方言的歧异?不同的著作中某些助词的用法不同,可能是由于方言歧异,也可能是由于作者用词的习惯不一致。这要先看这些词是否方言词。往往有这种情形:在普通话中,表达同一个意义的词有两个以上可供选择,甲喜欢用第一个,乙喜欢用另外一个,他们用的都是普通话。《左传》和《论语》、《孟子》用词的差异是否可能属于这种情形呢?

这就要根据其他文献来考查"若"、"如"、"斯"、"则"、"此"、"乎"、"与"等词在春秋和战国初期以前是各地通用,还是各在不同的方言里使用。

高本汉第一条提出"若"和"如"的用法。这两个助词,《尚书》和《诗经》里都可以见到。① 关于假设的句子,《尚书》和《诗经》里不多。《尚书》中有两例,还有《孟子·滕文公上》引《书》一例,都是用若。被高本汉看作"很好的鲁语的例子"的《礼记·檀弓》,有"若"解作"假使"的两例:"若疾革","若从枢及圹皆执绋"。这说明"若"解作"假使",并非限于鲁国以外某一地区的方言。至于"如"解作"像",《诗经》中有六十余例,分属于《邶风》、《鄘风》、《卫风》、《王风》、《郑风》、《小雅》、《大雅》、《商颂》等,分布的地区很广。"若"解作"像",《尚书》里有十余例。春秋以前,

① 高本汉认为《尚书》和《诗经》中文字可能经过修改,这是一个无法证实的推想。著在简册的文字,即使有所改动,也只可能是个别的,不会大规模地改易。

凡比喻什么,不是用"若",就是用"如",早已如此。因此《左传》喜用"如",《论语》、《孟子》兼用"如"和"若",并非由于方言的歧异。

高本汉的第二条和第三条其实可以合并为一条,都是讲的"斯"字。这两条打通来说,就是《左传》用"则"用"此"的地方,《论语》和《孟子》往往用"斯"。先秦书中,"斯"字当作"则"和"此"字来用,确是比较少见,大量的是用"则"和"此"。据粗略估计,"则"字在《尚书》中有十四例,在《诗经》中有十六例。"此"字在《尚书》中有二例(《尚书》多用"兹"),在《诗经》中有六例。即使在《论语》和《孟子》中,虽然用"斯"字,但用"则"和"此"也很多:《论语》用"则"二十七例;《孟子》用"则"一百七十七例,用"此"三十七例,可见"则"和"此"是当时的常用字。"则"在西周初期文献中已大量存在,"此"字虽然出现较晚(早期用"兹"),但《诗经》中的六例,都出现在《小雅》中,也不算很晚。"斯"字出现较少,也难说是鲁国的方言,因为《尚书》的《秦誓》和《诗经》的《小雅》中都可见到,《秦誓》和《小雅》产生在西北或中原地区。

高本汉的第四条:"乎"用作"于"字,这在《论语》以前书中确是比较少见;但也难说是鲁国方言,因为在《诗经》中,《鄘风》、《郑风》、《齐风》、《魏风》等国风里,也有这种用法,分布的区域也比较广。

高本汉的第五条,"与"字作疑问语尾。这种用法确是比较晚起,在《尚书》、《诗经》等书中没有。战国时期子书如《庄子》、《荀子》、《韩非子》、《吕氏春秋》等渐渐地用了起来。《左传》不用比较晚起的"与",而用常见的"乎",这是不难理解的。

这里涉及《左传》和《论语》、《孟子》两书的不同内容和风格问题,同时也涉及产生的时代先后问题。《左传》是史书,它的文字要求典雅一点,所以它用的多是一些在经典中常用的助词,如用"若"作"假使";用"则"、"此",少用"斯";不用"乎"作"于";不用"与"字作疑问语尾等,都是基于这种要求。它用"若"作"假使"了,作"像"解的就选择用"如"。"如"解作"像",也是比较古的,《大雅》和《小雅》里就不少。《论语》和《孟子》多是对话记录,语言可以通俗活泼一些,所以它用只见于《国风》的"乎"作"于",用不见于古书的"与"字作疑问语尾等,都体现了这种特色。《左传》产生的时代略早于《论语》,也是用字有所不同的一个原因。

《左传》和《论语》、《孟子》两书在某些助词用法上的差异,不是由于方言的不同,而是由于作品内容、风格和作者的用字习惯不同,从这一点来说,可以证明《左传》确是出于一人之手。它虽然采用了文献资料,但它不是文献的摘抄,是经过作者加工改写的。后人虽在其中某些部分窜入了一些文字,那毕竟是个别的,对于整个这部书的风格和用字习惯都不发生大的影响。高本汉的工作,能够促使我们深信这一点。

四 《左传》作于春秋末年

以上我们就《左传》为刘歆伪造说和《左传》作于战国时代说等各种说法作了一番考查,发现这些说法都是不可靠。但是为什么几百年来,一直有人提出这样一些说法呢? 主要的原因是《左传》产生的时代早,包括的内容复杂。《左传》是一部十九万余字的首尾一贯的历史巨著,篇幅之大,《史记》以前,无与伦比。这就发生两种情况:第一,它所写的东西多,涉及的问题多,有一些问题,由于年代久远,书缺有间,不容易弄得很清楚。例如,有的事物,似乎是战国时才有,可是它见于《左传》,这就引起怀疑,如郑樵所举的一些问题,就是属于这一类。然而这样一些事物,并不能断定春秋时没有。当然要彻底弄清楚,也是困难的。但是,我们应当持审慎态度,不能在这样一部大著作中拈出几条就下结论。第二,《左传》中不可避免地有后人窜入文字。从先秦到西汉,典籍的流传有一种特殊情况,就是往往有人增入篇章或窜入一些文字。《左传》里面已成为学者所公认的窜入文字,有"其处者为刘氏"、"陶唐氏既衰,其后有刘累"等处。汉王朝的统治者自认为唐尧之后,有人就在《左传》里面窜入这几句捧场(此说唐孔颖达即已提出,见《左传》文公十三年《正义》)。清陈澧《东塾读书记》卷十说:"既可插此一句,安知其不更有所插者乎?"此语很能给人启发。《左传》不仅汉人有插入,战国时人也有插入。不要说《左传》如此,司马迁的《史记》也是如此。《史记》有褚少孙的增补,还有其他一些窜入。① 褚少孙增补之处如果不题"褚先生曰",后人考证起来也不容易。《左传》经历战国流传到西汉,其间不经历各种增补窜入,是很难想象的。由于这种原因,人们总可以从《左传》中找到个别的例子企图证明它是战国时人或汉人所作;所找到的正是或可能是战国时人或汉人窜入的文字。然而找来找去只能找到个别的例子。如果从整个作品来看,无论如何不能令人相信它是战国时人所作,更不要说汉人了。

读了整个这部书,如果真是一位像高本汉所说的"注重《左传》之本身",而且尊重客观事实的人,就会相信历来相传的《左传》为孔丘同时代的鲁国人所作之说比起其他说法来要符合实际

---

① 如《楚元王世家》有"地节二年","地节"是宣帝年号;《齐悼惠王世家》有"建始三年","建始"是成帝年号。又如《屈原贾生列传》有贾嘉"至孝昭时,列为九卿",等等。

得多,更加可靠得多。

首先,《左传》写到哀公二十七年为止,可见作者为春秋末年时人。如果是战国时人,他会继续写下去,写到战国时代,战国西汉时人写史都是写到当代为止。魏襄王时的《竹书纪年》和汉代司马迁的《史记》都是如此,《左传》不会例外。

其次,《左传》的作者是鲁国人。鲁国为周公之子伯禽受封之地,带去了周朝的文化。它的国土不算小,经济比较发达,曾经成为当时中国东部地区的一个政治文化中心。春秋末年,产生了一位文化名人孔丘,在鲁国聚徒讲学,学术文化呈现繁荣景象。《左传》就是在这样一个适宜的环境中产生的。到了战国时代,鲁国一天天衰弱下去,降为泗上十二诸侯之列,情况大不如前,不具备产生这样一部大著作的条件了。

《左传》是鲁国人的作品,这在书中是表现得非常明白的。《左传》叙事以鲁国为中心。凡写到鲁国,都是称"我",如:

> 庚午,郑师入郜;辛未,归于我。(隐公十年)

> 齐为鄅故,国书、高无丕率师伐我。(哀公十一年)

凡写到鲁君,都是称"公",如:

> 公立,而求成焉。(隐公元年)

> 吴人以公见晋侯。(哀公十三年)

凡是写各国诸侯或大夫使节到鲁国,都是称"来",如:

> 滕侯薛侯来朝,争长。(隐公十一年)

> 晋侯将伐齐,使来乞师。(哀公十四年)

如此等等。这里都是就鲁隐公和鲁哀公时期各举一例,而这类写法在书中从头到尾都是如此,丝毫疏忽也没有。如果把例子都举出来,至少百条以上。鲁国在春秋时代军事上和政治上的地位并不很重要,可它在《左传》中所占的篇幅仅次于晋国而居第二位,而晋国在春秋时代是持续几代称霸的。《左传》这样破格地详细叙述鲁事,始终如一地表现一种尊敬自己国家的立场,这清楚地说明作者是鲁国人。如果是他国人,模拟鲁国人的口气来写,中间总难免有疏忽。如果如一些人所说,作者是战国时魏人,身居大国,更没有理由来模拟一个微不足道的鲁国人的口吻,对鲁国如此尊敬和亲热。一个甲国人模拟乙国人——而且所模拟的是一个小国家——的口气来写史,这样的事例罕见。因此,作者是鲁国人,这是一个无可辩驳的事实。一些人却对此视而不见,偏要说作者是魏国或其他什么国家的人,不能不令人奇怪。

第三,上面我们在反驳《左传》作于战国说时曾经说到,有些问题的提出,正好启发我们找到了《左传》作于春秋末年的一些证据,现在综述几条如下:

一、《左传》里面有一些预言,到战国时代并没有应验,如"秦之不复东征","郑先卫亡","滕先亡","赵氏其世有乱乎",周朝"卜世三十,卜年七百"之类。《左传》如果产生在战国,不应该在书中出现一些这样不验的预言。有的论者想加以弥缝。如徐中舒同志的《〈左传选〉后序》认为《左传》之作,不能早于公元前375年(这年韩灭郑),不能晚于公元前351年(这年赵魏盟于漳水之上)。秦孝公的"取西河之外"在公元前351年之后,算是说得过去了。但徐中舒同志假定公元前351年以前几年"卫有亡征",根据就是那几年中赵国连续出兵攻卫,这就很牵强。受到攻伐,不一定会亡,卫国过了一百多年以后才亡。而且"滕先亡"还是不验,①

___

① 据《战国策·宋策》滕亡于宋王偃,而宋王偃即位于公元前328年。如果根据《史记·越世家》的《索隐》引《竹书纪年》晋幽公十四年(前423)于粤子朱句灭滕之文,则滕一度亡于越。但楚灭越在公元前355年,这时滕一

还有"赵氏其世有乱乎",周朝"卜世三十,卜年七百"也不验。这些不验的预言还是无法一一弥缝。

二、高本汉发现《左传》几种助词用法和《论语》、《孟子》不同,还和《庄子》、《荀子》、《韩非子》、《吕氏春秋》、《战国策》等书不同,和这几部书共同的不同点是:多用"于"字;不用"与"字作疑问语尾。《左传》多用"于"字,是保存了一种较古的用字习惯。西周和东周的金文、《尚书》、《诗经》等都用"于"字。至于用"与"字作疑问语尾,起源较晚,《论语》以前文献不曾用过。这两条助词的用法,也可以证明《左传》的产生在战国以前。

三、《左传》正文襄公二十七年以前称赵孟,不称赵襄子谥;《左传》开始将神话传说中人物和金木水火土五行配合而无"五德终始"之说;《左传》写骑马只出现一次,而且是接近春秋末年。这些都可以说明它的产生时代。

四、《左传》的行人辞命和战国时的游说之辞都显出各自的时代色彩,说明《左传》和《战国策》都是各自的时代产物。

如果我们要找一些比较具体的个别事例来论证《左传》的写成在春秋末年,还可以找出一些,那样也许会嫌繁琐。最重要的是前面所举的两条论据。特别是"其次"一条,一部书摆在那里,那是一眼就可以看到的客观事实。如果要否认《左传》作于春秋末年,必须对书的本身所反映出来的这些客观事实作出合理的解释,不能避而不谈。

至于《左传》的作者是谁,我们今天如果要把他证据确凿地考证出来,当然不容易。从司马迁以来,相传为左丘明所作。否认左

定早已复国,不然国土并入了楚国,就没有《孟子》里面的滕文公了。照徐中舒同志所说的《左传》作于公元前375—前351年,这时滕已复国,预言还是不验。

丘明的人不少,然而理由也不充足。否认他的理由,总是根据《论语·公冶长》里面有"左丘明耻之,丘亦耻之"等语,说孔丘自己称名,可见左丘明为孔丘前辈,不能是《左传》的作者。此说始于唐赵匡。赵匡认为左丘明是孔丘以前"贤人",左氏另是一人。从孔丘自称名就断定左丘明是孔丘以前"贤人",这未必可靠。孔丘和别人对话时有时也自称名。如:

> 巫马期以告。子曰:"丘也幸;苟有过,人必知之。"(《论语·述而》)

> 子疾病,子路请祷。子曰:"有诸?"子路对曰:"有之。《诔》曰:'祷尔于上下神祇。'"子曰:"丘之祷久矣。"(《论语·述而》)

巫马期和子路都是孔丘的学生,对话中尚且自称名,可见孔丘自己称名也是平常的事。孔丘对同时代的左丘明表示赞赏,称了左丘明的名,自己也称名,这并不过分。有些人觉得孔丘是"圣人",既然他自称名,相对的一方非前代"贤人"不可。这种观念今天不应该再坚持了。

有些人否认左氏是左丘明,还提出了一些关于左氏的说法。如宋叶梦得说:"左氏鲁之史官,而世其职,或其子孙也。古者以左史书言,右史书动,故因官以命氏。《传》但记其为左氏而已,不言为丘明也。"(《春秋考》卷三《统论》)还有人认为左氏是楚左史倚相,元程端学表示赞成。(朱彝尊《经义考》引)近人卫聚贤认为左氏是地名;吴起是左氏人。《左传》为子夏所作,因传于吴起,故有"左氏春秋"之称。(卫聚贤《左传之研究》,《国学论丛》第一卷第一号)卫聚贤从几个字的方音上论证《左传》"非齐鲁人",[1]又

---

[1] 说见《左传之研究》和《跋〈左传真伪考〉》。卫聚贤从方音论证的方

从《左传》记晋事最详而推断作者为"魏文侯师"子夏;又因吴起为左氏人而归到吴起,并且认为《左氏春秋》的名称由此而来。他的论证是很牵强附会的。

千百年来虽然有许多人想对《左传》的作者提出新说,但都是凭空立论,缺乏可靠的根据,还不足以推翻司马迁《史记·十二诸侯年表序》的旧说。

至于左丘明其人,《论语·述而》篇何晏《集解》里引孔安国注和《汉书·艺文志》都说是鲁太史,这个说法比较合乎情理。写这样一部伟大的历史著作,在那个时代,恐怕要担任太史这样职务的人才具备条件。《春秋左传注疏·春秋序疏》引沈氏:"《严氏春秋》引《观周篇》云:'孔子将修《春秋》,与左丘明乘如周,观书于周史,归而修《春秋》之经,丘明为之传。'"这可能出于汉人附会。

司马迁《太史公自序》和《报任安书》里说"左丘失明、厥有《国语》",清钱绮发出"不知本名明而失明乎,抑因失明而名明乎"的疑问。(《左传札记·总札》)郭沫若同志说"左丘明者即左丘盲","左丘盲就是楚国的左史倚相","其所作者或仅限于《楚语》,所谓《梼杌》之一部分"。(《述吴起》,见《青铜时代》)徐中舒同志说左丘明是"最有修养的瞽史,《左传》及《国语》中大部分或一部分历史都是根据他的传诵"。(《〈左传选〉后序》)郭、徐二说都包含了太多的主观想象成分,缺少史料根据。

总之,关于《左传》,我们所能知道的是:它作于春秋末年;后

法,是先认定《公羊》、《穀梁》为齐、鲁方音,举出《左传》有三个字和《公羊》、《穀梁》读音不同:一、邾,《公羊》作邾娄;二、宋捷,《公羊》作宋接;三、仍叔,《穀梁》作任叔。然第一例,《穀梁》亦作邾;第二例,《穀梁》亦作捷;第三例,《公羊》亦作仍。他的这种论证,连胡适也认为是"任意去取",是"很危险的方法"(见胡适《〈左传真伪考〉的批评》,《〈左传真伪考〉及其他》附录之一)。

人虽有窜入,但它还是基本上保存了原来面目。传说它的作者是
左丘明,否认他的人都提不出确凿的证据材料,还是无法把旧说真
正推翻。如果采取老老实实的态度,目前只能作出这样的结论。

(选自《文史》第 11 辑)

胡念贻(1924—1982),字孟周,广东广州人。1949 年毕
业于南京大学中文系,同年考取北京大学中文系研究生。
1953 年进入中国科学院文学研究所(今中国社会科学院文学
研究所)工作,后为该所研究员。著有《中国古典文学论丛》、
《关于文学遗产的批判继承问题》、《先秦文学论集》、《楚辞选
注及考证》、《中国古代文学论稿》等。

《〈左传〉的真伪和写作时代问题考辨》否定了《左传》乃
刘歆伪作或战国人所作的说法,认为《左传》本为一部叙事较
详的史书,其中涉及的许多制度、事物等是春秋时代的产物。
结合《左传》的叙事立场,其作者当是春秋末年的鲁国人。所
以,传统古文家的左丘明作传之说不应被否定。《左传》中不
可避免地要有后人窜入的文字,但不能因为这些增窜文字较
晚而将成书时代推后。

20 世纪儒学研究大系

经书浅谈·导言

杨 伯 峻

一　一点说明

这里谈的"经书"，其实就是"十三经"，它是自宋朝以来确定的，到今天还习以为常，不是有《十三经白文》、《十三经索引》、《十三经注疏》等等可以为证吗？这是"儒家"的经典。拆穿西洋镜，也不过那么回事。

经书浅谈，只限于浅谈各种"经书"的主要内容，著作年代，我们今天怎样看待它；若要研究它，如何着手，如何深入。在这些方面提供自己一点看法，同时扫清一些研究上的障碍。

二　"经"名考

为什么叫"经"？有各种各样的说法。我把一些难以站住脚的各种说法撇开不谈，专从历史考据上讲讲这问题。"经"作书名，最早见于《国语·吴语》的"挟经秉枹"。这是讲吴王夫差要和晋国决一胜负的战前情况。韦昭注说："经，兵书也。"而清末俞樾却认为"世无临阵而读兵书者"。依俞樾说，"挟经"是掖着剑把手，"秉枹"是拿着鼓槌。但剑不插在剑鞘里，偏要挟在腋下，不但古代无此说法,而且捶鼓也难以使劲。俞樾的说法有破绽。总之,面临交战,挟着兵书临时请教它,自未免可笑,俞樾这一驳斥还是有道理的。因之,《吴语》的"经",我们不看做"兵书"。《墨子》有《经》上、下篇,也有《经说》上、下篇。《经》的文字简单,甚至三四个字便是一个命题。《庄子·天下篇》说墨学弟子徒孙都读《墨经》,可见"墨经"之说起于战国。《经说》便加以说明。《荀子·解蔽篇》引有《道经》,不知《道经》是什么时代的书。《韩非子》的《内储说》上、下,和《外储说》左上、左下,右上、右下(共四篇)也有"经"和"说",可能是仿效"墨经"的。可见,"经"是提纲,"说"是解释或用故事来作证和说明。《礼记》有《经解篇》,可能是因此而得启发的。至于《汉书·艺文志》有《黄帝内经》一类医书,因为那是后人伪作的,便不讨论了。

　　由上所述,"经"名之起,不在"儒家"。"经"的意义,也未必是用它"经常"的意义,表示它是永远不变的真理。西汉的经学家以及以后的"今文派"认为只有孔子所著才能叫"经",他们不懂,"经"未必是孔子所著;而且"经"名之起,据目前所知文献记载,大概起于"墨经",不起于孔子。后代把"经书"这一"经"字神秘化,甚至宗教化,因之凡佛所说叫做"佛经",伊斯兰教有《可兰经》。道教称《老子》为《道德经》,《庄子》为《南华真经》,《列子》为《冲虚至德真经》。

　　《史记·孔子世家》说孔子读《易》韦编三绝。《抱朴子·外篇·勖学第三》也有这一说法。在考古发掘中,无论竹简木札或帛书,只有用丝线和麻织物把竹简、木札编缀成册的残迹。"经"本是丝织之名,是否因以丝织物装成册而给以"经"名,前人多主此说,但也难以肯定,因为用丝、麻织物把竹简、木札编缀成册的不止"经书"。

把"儒家"书籍说成"经"的,开始见于《庄子·天运篇》:"孔子谓老聃曰:'丘治《诗》、《书》、《礼》、《乐》、《易》、《春秋》六经,自以为久矣。'"似乎"六经"之名,是孔子自己所说。如果这说可信,甚至"六经"之名,孔子以前早已有之,他才能说我研究这"六经"。可惜的是《庄子》这部书,自己也说"寓言十九"(见《寓言篇》),不尽可信。但总可以证明,在战国时,儒家已有"六经"。《庄子·天下篇》更进一步说:"《诗》以道志,《书》以道事,《礼》以道行,《乐》以道和,《易》以道阴阳,《春秋》以道名分。其数散于天下而设于中国者,百家之学时或称而道之。"这几句话意思是:"《诗》表达思想感情,《书》记述历史,《礼》讲的是应对进退、周旋揖让,《乐》讲的是声音和谐,《易》讲的是阴阳,《春秋》讲的是君臣上下。这种道术分布在四方而在诸侯各国中有所表现和设施的,各家各派有时有人称道它。"这样一说,"六经"不但是儒家所专有,而且它是以后"百家争鸣"的学术源泉。汉代尊经,据郑玄说,"六经"的竹简长二尺四寸(见《仪礼·聘礼》贾公彦《正义》引郑玄《论语序》),从 1959 年 7 月在甘肃武威汉墓所出土的竹、木简的《仪礼》看来,这话是可信的。

三 《十三经》的完成经过

如上所说,儒家经书,最初只有"六经",也叫"六艺"(见贾谊《新书·六术篇》)。到后来,《乐》亡佚了,只剩下"五经"。《乐经》可能只是曲调曲谱,或者依附"礼",由古人"礼乐"连言推想而知之;或者依附"诗",因为古人唱诗,一定有音乐配合。我还猜想,无论"礼乐"的"乐",或者"诗乐"的"乐",到了战国,都属于"古乐"一类,已经不时兴了。《孟子·梁惠王下》载有齐宣王的话,说:"我并不是爱好古代音乐,只是爱好一般流行乐曲罢了。"
春秋末期,诸侯国的君主或者使者互相访问,已经不用"诗"来表
达情意或使命。战国时期,若引用诗句,作用和引用一般古书相
同,完全不同于春秋时代用"诗"来作外交手段。那么,依附于
"诗"的乐曲乐谱自然可能废弃不用。而且根据目前已知的战国
文献,西周以至春秋那种繁文缛节的"礼"也长时期不用,依附于
"礼"的"乐"也可能失掉用场。"乐"的亡佚,或许是时代潮流的
自然淘汰。《乐经》的失传是有它的必然性,所以《汉书·艺文志》
没有《乐经》。至于东汉末年曹操从荆州得到雅乐郎杜夔,他还能
记出《诗经》中四篇乐谱,我却认为,杜夔所记出的《诗》的四篇乐
谱未必是春秋以前的古乐谱。

　"六经"的次序,据《庄子》《天运》和《天下》、《徐无鬼》诸篇、
《荀子·儒效篇》、《商君书·农战篇》、《淮南子·泰族训》、董仲
舒《春秋繁露·玉杯篇》以及《礼记·经解篇》、司马迁《史记·儒
林列传序》,都是《诗》、《书》、《礼》、《乐》、《易》、《春秋》。① 但到
班固《汉书·艺文志》的《六艺略》,六经的次序改为《易》、《书》、
《诗》、《礼》、《乐》、《春秋》。以后许慎的《说文解字序》以至现在
的《十三经》都把《易》改在第一。为什么到后汉时把"经书"的次
序移动了呢? 很可能他们认为"经书"的编著年代有早有晚,应该
早的在前,晚的在后。《易》,据说开始于伏羲画卦,自然是最早的
了,列在第一。《书》中有《尧典》,比伏羲晚,列在第二。《诗》有
《商颂》,或许是殷商的作品罢,列在第三。《礼》和《乐》相传是周
公所作,列在第四和第五。至于《春秋》,因为鲁史是经过孔子删
定的,列在第六。

　① 唯《荀子》和《商君书》没谈到《易》。

无论《诗》、《书》、《礼》、《乐》、《易》、《春秋》也好,《易》、《书》、《诗》、《礼》、《乐》、《春秋》也好,统称为"六经",《乐经》亡失,变为"五经"。《后汉书·赵典传》和《三国志·蜀志·秦宓传》都有"七经"之名,却未举"七经"是哪几种,后人却有三种不同说法:(1)"六经"加《论语》;(2)东汉为《易》、《书》、《诗》、《礼》、《春秋》、《论语》、《孝经》;(3)"五经"加《周礼》、《仪礼》。这三种说法不同,也不知道哪种说法正确。唐朝有"九经"之名,但也有不同说法:(1)《易》、《书》、《诗》、《周礼》、《仪礼》、《礼记》、《春秋》、《论语》、《孝经》;(2)《易》、《书》、《诗》、《周礼》、《仪礼》、《礼记》、《春秋左氏传》、《公羊传》、《穀梁传》。宋人晁公武《郡斋读书志》说,唐太和(唐文宗年号,公元827—835年)中,复刻"十二经,立石国学"。这"十二经"是《易》、《书》、《诗》、《周礼》、《仪礼》、《礼记》、《春秋左传》、《公羊传》、《穀梁传》、《论语》、《孝经》、《尔雅》。到宋代,理学派又把《孟子》地位提高,朱熹取《礼记》中的《中庸》、《大学》两篇,和《论语》、《孟子》相配,称为《四书》,自己"集注",由此《孟子》也进入"经"的行列,就成了"十三经"。这便是《十三经》成立的大致过程。

《十三经》长短大不相同。长的如《春秋左氏传》,连"经"带"传",合计十九万六千多字;其次是《礼记》,有九万九千多字。最短的是《孝经》,仅一千八百字。《孝经》自汉朝以来,一般不用它为科举考试的书。唐朝科举,沿袭隋炀帝的制度,有明经科,专考九种经书。因经书有长有短,便规定《礼记》、《左传》为大经,《诗》、《周礼》、《仪礼》为中经,《易》、《书》、《公羊传》、《穀梁传》为小经。宋朝虽然废除了明经科,但没有废除以经义考士人,便以《诗》、《礼》、《周礼》、《左传》为大经。

在《文史知识》上陆续刊载了关于《十三经》的介绍文字,那是以成文先后为次序的。现在辑为一个小册子，便改以《十三经》原来次序为先后。

　　浅谈"经书"，并不容易。要用通俗的语言，简短的篇幅，介绍某一"经书"的繁复内容和来龙去脉，又要作适当的评价，并大致讲讲今天怎样看待它，怎样研究它。作者首先要对所介绍的书，有相当正确而深入的理解，详细阅读这部书的古今有关著作，胸中有主张，才能构思着笔。我们几人，分工合作，都自己忖度，水平有限，很难达到广大读者所抱的期望。但迫于《文史知识》负责编辑的催促，于百忙中抽出时间，仓卒成篇，错误和遗漏自然难免。希望专家和读者提出意见，以便修改和补充。

（选自《经书浅谈》）

　　杨伯峻（1909—1992），湖南长沙人。1932年毕业于北京大学中文系。建国前曾在中山大学任教。1954年以后曾任北京大学教授、兰州大学教授、中华书局编审等。著有《论语译注》、《孟子译注》、《春秋左传注》、《列子集释》、《文言文法》、《中国文法语文通解》、《文言语法》、《古汉语虚词》及《古汉语语法及其发展》等，有《杨伯峻学术论文集》、《杨伯峻治学论稿》行世。

　　《经书浅谈·导言》认为，经名起于墨经，而不是起于孔子和儒家，不过战国时儒家已有六经。六经不但是儒家所专有，而且它是以后百家争鸣的学术源泉。

20世纪儒学研究大系

孔子与六经

匡 亚 明

既然"六经"是孔子整理古代文献的主要成果,我们在评述孔子整理文献的工作时,就必须集中介绍一下孔子整理"六经"中的情况和问题。

一　两种偏向

关于孔子与"六经"的关系,特别是孔子有没有整理、编订过"六经"的问题,历来众说纷纭。搞清楚这个问题,对于了解中国古代文化思想的源流,有着极重要的意义。关于这个问题,有两种偏向或者说两种极端的看法。

其一,是钱玄同的看法,他完全否定孔子与"六经"的关系。

钱氏为了说明"六经"与孔子无涉,总结了五条,其中有"孔丘无删述或制作'六经'之事","《诗》、《书》、《礼》、《易》、《春秋》,本是各不相干的五部书";"'六经'的配成,当在战国之末"(《古史辨》第一册第 69—70 页)等等。一句话,孔子根本没有整理过"六经"。钱氏还说:"我们要考孔丘的学说和事迹,我以为只有《论语》比较的最可信据。"总之,钱氏从"疑古"的观点出发,全盘否定孔子与"六经"的关系。这是一种偏向。

其二,皮锡瑞、康有为的看法,他们认为"六经"皆孔子制作。

皮锡瑞认为:"一当知经为孔子所定,孔子以前不得有经;二当知汉初去古未远,以为孔子作经说必有据……"(《经学通论·序》)甚至连《易》的卦爻辞等都是孔子所作。(《经学通论·易经》)康有为在《孔子改制考》中也说:"凡'六经'皆孔子所作,昔人言孔子删述者,误也。"皮、康之说对后来虽有很大影响,但论述武断,未免有些牵强。这是另一种偏向。

我以为以上两种说法,各持一端,都违背实事求是精神,是两种形式不同的偏向。用实事求是的态度对待这个问题,应该说,"六经"虽然不全由孔子所作,但都经过孔子的整理,只不过整理的程度不同。其中或作,或述,或删,或定,情况各异,应加考核。今天所见到的《诗》、《书》、《礼》、《易》、《春秋》,尽管不是当时的原貌,但在很大程度上保留了孔子修订、编纂、增减的痕迹,其内容都应是研究孔子的重要史料。用虚无主义态度全盘否定,认为"六经"与孔子无关,显然不对;全盘肯定,认为"六经"都是孔子所作,当然也不对。还是周予同的话比较恰当,他说:"孔子既然设教讲学,学生又那么多,很难想象他没有教本。毫无疑问,对于第一所私立学校来说,现成的教本是没有的。《论语》记载孔子十分留心三代典章,指导学生学习《诗》、《书》及礼乐制度,因此,我以为,孔子为了教授的需要,搜集鲁、周、宋、杞等故国文献,重加整理编次,形成《易》、《书》、《诗》、《礼》、《乐》、《春秋》六种教本,这种说法是可信的。"(《周予同经学史论著选集》第 801 页)

二 整理"六经"的指导思想

孔子整理古代文献,到底有没有指导思想? 结论是肯定的。

孔子为了解决私学的教材问题,必须自己编订教本,而编订这样一套教本,是需要有一个贯彻始终的指导思想。范文澜在《中国通史》中说:"孔子整理六经有三个准绳:一个是'述而不作',保持原来的文辞;一个是'不语怪、力、乱、神',(《论语·述而》)删去芜杂妄诞的篇章;一个是'攻(治)乎异端(杂学),斯害也已,(《为政》)排斥一切反中庸之道的议论。"周予同的观点与范老一致,也提了和范老相同的三条。[①] 孔子整理文献,是反映他的仁的人本哲学思想的一个重要方面,他的目的即通过文献典籍来传道施教,把以"仁"为核心,以"礼"为形式的精神体现在文献中。我以为孔子整理文献的指导思想,主要可归纳为四个方面:

1.以"仁"的思想为文献整理的总原则

孔子整理文献是在以"仁"为内容,以"礼"为形式的原则下实现的。孔子企图用传播典籍的形式去传道,而在孔子之道中,仁是最主要的内容。这不仅反映在记录孔子平时言论的《论语》中,也反映在"六经"的字里行间,例如:

　　　　"宽以居之,仁以行之。"(《易·乾》)

　　　　"仁者见之谓之仁。"(《易·系辞上》)

　　　　"仁者安仁。"(《礼记·表记》)

　　　　"仁者,义之本也。"(《礼记·礼运》)

　　　足见"仁"的思想都是贯穿在整个整理"六经"的过程中的。

---

① 见《周予同经学史论著选集》第802—804页。范、周二人对"攻乎异端,斯害也已"这句话,理解似不相同。范将"攻"字释为"治"(研究),周则释为"排除"(批判)。周释和杨伯峻同。杨将此句译为:"批判那些不正确的议论,祸害就可以消灭了。"(《论语译注》第18页)范释近钱穆。钱将此句译为:"专向反对的一端用力,那就有害了。"(《论语新解》第51页)此从周、杨二人释。

2.“不语怪、力、乱、神”

孔子不是一个彻底的唯物主义者,但他怀疑鬼神,平时“不语怪、力、乱、神”的思想是很可贵的。就拿《易》来说吧,本来是一部占卜之书,但孔子尽量摆脱宗教巫术的束缚,使之成为培养人,完善人,修己达人的义理之书。孔子曾引《易·恒卦》上的两句话“不恒其德,或承其羞”后,接着说“不占而已矣”,意思是《恒卦》上说的这两句话,不是占卜的话,而是鼓励人做什么事都应持之以恒。(《论语·子路》)再如《左传·哀公六年》:“有云如众赤鸟,夹日以飞。”周大史说“这应在楚昭王身上”,如果“祟(祭)之”,就可以转移灾祸。昭王不信,不祭。昭王病,卜人说是河神在作祟,昭王仍不信,还是不祭。孔子得知后,大加赞赏楚昭王,说他:“知大道矣,其不失国也宜哉。”孔子借此告诉人们,要想把国家治理好,不能靠天命鬼神,要按规律(“大道”)办事。只有这样,才能利国利民。从上面可知,我们今天看到的“五经”等典籍中,很少有神怪荒诞的内容,恐怕与孔子有很大的关系,很可能是孔子删削的结果。

虽然有时“孔子言天言鬼,不过假古说以隆人治,此正孔子之变古,亦正孔子之特识”。(陈独秀《独秀文存》卷三第66页)对于这点,鲁迅也嘉许“孔丘先生确是伟大,生在巫鬼势力如此旺盛的时代,偏不肯随俗谈鬼神”。(《鲁迅全集》卷一第296页)比之后世的墨家论证鬼神的存在,无疑又高明得多了。各种宗教在中国难以得逞,和孔子整理文献时排斥鬼神(当然还不彻底)这一点有很大关系。

3.关于“述而不作”

孔子说自己“述而不作”,这表明孔子只是一个传道者,述先王之旧,而无自己的创作。孔子为了施教的需要,整理“六经”等典籍,由于他"信而好古"的基本态度,在很大程度上保留了原有文献的内容以及风格,因而说他"述而不作"是对的。

但是从思想内容上来看,孔子大大发展了古代帝王们的观点,提出了"仁"为核心,"礼"为形式,"中庸"为方法论的人本哲学学说。为了借用古人语言而演出历史的新场面,孔子力求用古代典籍体现自己的思想,着意表彰"六经"中的"仁"、"礼"、"中庸"等观念。因此,表面看来是"述而不作",其实是寓作于述,或以述为作。朱熹说:"然当是时,作者略备,夫子盖集群圣之大成而折衷之。其事虽述,而功则倍于作矣,此又不可不知也。"(《论语集注·述而》)这是有一定道理的。以《春秋》为例,虽然是史实的记录,但其中充满了"微言大义",孔子就通过一字的褒贬体现自己的政治观点。如《春秋·庄公十年》:"秋九月,荆败蔡师于莘,以蔡侯献舞归。"是说楚国在莘这个地方打败了蔡军,把蔡侯抓走了。为什么以州名(荆)称楚国?对楚可以用各种名义称谓,以州称,以国称,以氏称,以人称,以子称等等,其中以州称是最低规格的,目的是贬抑楚国。为什么抓走蔡侯不说"获"而说"归"?这是因为要表示不赞成一夷狄(指楚国)抓走了华夏族人(蔡侯)。孔子在这里用"荆"、"归"二字表明了他明夷狄华夏之别的政治主张。又如《春秋》践土之盟的记载中说"天王狩于河阳",好像周天子去狩猎,其实是晋国非常不礼貌地把周天子招去,如果照实写,就会损害周天子的尊严。孔子只好改笔,替他掩饰过去。当时天子早已成了空架子,而变为一尊偶像,但孔子仍然在《春秋》中以周纪年,大书什么"春王正月"。所有这些,都反映了孔子维护周天子权威的政治态度。像这样一些笔法,同是一个内容,但在一字褒贬之下,就生动地反映了孔子的思想。所以,孔子就以这种"春秋笔法",使《春秋》这部历史书同时成为宣扬他的观点的政治教科书。而就整个"六经"而言,在编、订中也充分反映了孔子的思想,在某种意义上成为他自己的著作,因此不能说他只"述"不"作"。

4. 关于淫诗的问题

孔子以何标准删诗?三百篇中有无淫诗?两千年来争论不休。有人认为孔子取可施于礼义的留下,删掉了很多。又有人认为孔子批评"郑声淫",但《诗经》中有《郑风》,可见没有根据上述标准去删。支持第一种意见的人又说淫诗已删,现在《郑风》不过是留下来的反面教材。不管攻之者,还是辩之者,都把郑声当作郑诗,也都把孔子当作禁欲主义者,这是不对的。

孔子从来没有讲过"郑诗淫",只是讲"郑声淫",并不认为《郑风》是淫奔之作。过去人们有一个偏见,认为孔子把一些反映男女爱情的诗都划为淫诗,其实是不对的,不合乎孔子的一贯思想。孔子这个人在男女爱情方面是比较开放的。例如《诗经》卷首的《关雎》是歌颂一个贵族青年爱上一个美丽的姑娘,一直相思得翻来覆去睡不着觉,最后终于结合在一起,孔子称之为"乐而不淫,哀而不伤"的典范。还说"洋洋乎盈耳哉"!其实《郑风》中的大部分内容与《关雎》的内容是一致的,多反映男女之间的爱情。这些内容表现出来的感情是真挚热烈的,没有丝毫忸怩做作。像"维子之故,使我不能餐兮……维子之故,使我不能息兮","一日不见,如三月兮"等,与"寤寐求之"、"辗转反侧"是一脉相承的。《郑风》在十五《国风》中数量为二十一首,是最多的。从这里也可以看出孔子支持、赞赏人民有享受爱情的权利,这不仅符合当时的社会实际,也符合孔子仁者爱人的一贯思想。

淫与不淫是从声上讲的,与诗无关。孔子讲"放郑声","恶郑声之乱雅乐",都是把郑之乐曲与《韶》、《武》对应提出的。《乐记》中魏文侯问子夏："吾端冕而听古乐,则唯恐卧,听郑卫之音,则不知倦,敢问古乐之如彼,何也? 新乐之如此,何也?"子夏回答说:"修身及家,平均天下,此古乐之发也。""今夫新乐,……奸声以滥,溺而不止……不可以道古,此新乐之发也。"据此可知,魏文侯与子夏区分淫与不淫,是从古乐与新乐的对比上讲的。雅乐,古乐也。"雅者,正也。言王政之所由废兴也。政有大小,故有《小雅》焉,有《大雅》焉。"后人一般都把周之音乐称为雅乐。而郑卫之音则是一些通俗音乐,有广泛的群众性,这些音乐自然是不合雅乐的,一直受到雅乐的排斥而流行于民间。春秋后期,礼崩乐坏,郑卫之音蓬勃而起,并逐渐形成一股"新乐"的洪流,冲击荡涤着雅乐,因此,它决然不是《诗经》中的《郑风》(诗)。再说,如果把《郑风》(诗)等同郑声的话,那子夏在回答魏文侯"何谓溺音"时说"郑音好滥淫志,宋音燕女溺志,卫音趋数烦志,齐音敖辟乔志,此四者皆淫于色而害于德,是以祭祀弗用也"作何解释呢? 难道在今存的《诗经》中还有宋风吗?

在作了以上的简单分析之后,我们说,郑声不等于《郑风》(诗)。孔子在男女爱情方面是开放的,正因为如此,十五《国风》中绝大多数描写爱情的诗章才保留下来,并且以《郑风》数量为最多,并将《关雎》列于三百篇之首,都有力地证明《郑风》(诗)并非就是后人强加给孔子的所谓淫奔之作。

三 整理"六经"简况

孔子整理"六经"情况,由于年代久远,传闻不一,今古文不同,争议很多,不可能面面俱到,详加论列。现在只能把主要情况作一简要评述于下。

1. 关于《诗》

原来诗是人们口头歌唱，后来有了文字，把它记录下来，有的还以音乐伴奏、舞蹈伴舞。至周代，统治者为了丰富自己的精神生活内容，组织了固定的乐队，领队的人称"大（太）师"。为了不断地充实、更新乐队演唱的内容，大师必须经常地征集、编写和整理一些歌辞。时间长了，好的歌辞被充实进去、保存下来，不好的被淘汰、删削，这样，久而成册，就是《诗》。它有很高的文学价值，也反映了贵族的生活、思想和政治状况，以及各诸侯国人民的风俗人情、生活情况、生产劳动、政治情绪等许多方面，蕴含有丰富的自然、社会常识，是我国最早的一部伟大诗集，并被封建社会上层人士用为交往的表意工具。

《毛诗·关雎·序》说："故诗有六义焉：一曰风，二曰赋，三曰比，四曰兴，五曰雅，六曰颂。"这"六义"也叫"六诗"，都是笼统含糊的说法。唐代孔颖达在上文的《疏》中解释说："风、雅、颂者，诗篇之异体，赋、比、兴者，诗文之异辞耳。……赋、比、兴是诗之所用，风、雅、颂是诗之成形。用彼三事，成此三事，是故同解为'义'。"这就是说风、雅、颂是诗篇的类型，赋、比、兴是表现诗篇内容的方法。这个说法，比之把六者含混地并称为"六诗"，当然较为合理。简单地说，比就是比喻，兴就是联想，赋就是直言敷陈，都是指诗篇的写作方法而言；而风，则是反映出各地贵族和平民的风尚、习俗，内容多属绮丽清新的抒情诗篇；雅，是反映镐京王畿范围内的篇章，内容大都描绘出周贵族的政治生活等情况，颇有史料价值；至于颂，则为庙堂之歌，内容多是歌颂祖先功业的深沉而肃穆的祭祀歌辞。

《诗》在孔子之前就早已存在，据《左传·襄公二十九年》记载，吴季札在鲁国观周乐，各章内容已与今天流行本的《诗》相似，那时孔子才八岁;《论语·为政》曾记孔子之语,说"《诗》三百",《子路》篇中又说"诵《诗》三百";可见"《诗》三百"之说,孔子以前就已经有了。至于司马迁说:"古者《诗》三千余篇,及至孔子,去其重,……三百五篇,孔子皆弦歌之,以求合《韶》、《武》、《雅》、《颂》之音。"(《史记·孔子世家》)这是说孔子"自卫反鲁,然后乐正,《雅》、《颂》各得其所"(《论语·子罕》)的情况。他只明白说"孔子去其重",而没有明白说在"去其重"即将不同版本中相重复的诗篇去掉外,还将不重复的诗篇加以删削的事情。① 可见孔子虽然确曾对《诗》做过搜集、整理、校订工作,但没有充分论据可以证明孔子曾做过删减工作。

孔子非常重视《诗》在个人品德修养和社会交际上的重大作用。但由于当时各国口语不同,在转相传授、抄录中,错讹在所难免,诗的曲调,也在蜕变离谱,有些传本零落不全,正如清代经学家皮锡瑞所说:"东迁以后,礼坏乐崩,诗或有句而不成章,有章而不成篇者,无与于弦歌之用。"(《经学通论·诗经》)这不仅不利于教学,更影响到古代文献的正确继承。孔子有鉴于此,随时不断留意搜求,收集了很多《诗》的抄本(版本),这许多抄本合起来的诗篇总数,大概就是司马迁所说的"三千余篇"。孔子参照各个抄本,进行校勘核对,辛勤地作了一番整理工作。

孔子对《诗》的整理,具体说来,大约做了如下两项工作:第一,删汰了重复的篇章,这就是司马迁所说的"去其重";王充也

---

① 钟肇鹏《孔子研究》中有一段话说得好:"孔子一开口就说'《诗》三百',(《为政》)又说'诵《诗》三百',(《子路》)墨子也说:'诵诗三百,弦诗三百,歌诗三百,舞诗三百。'(《墨子·公孟》)儒墨读的诗都是三百,可见三百是《诗》原有的篇数,并非孔子删减的。"(第93页)这个看法很对。

说：“《诗经》旧时亦数千篇，孔子删去重复，正而存三百篇。”(《论衡·正说》)第二，按乐曲的正确音调，进行篇章上的调整，《雅》归于《雅》，《颂》归于《颂》，使不紊乱而各得其所。由此可以认为，《诗》虽然不是孔子之作，但它确是经过孔子整理过的。

《诗》中很大一部分本是古代的大众文学作品，配以音乐、舞蹈，成为统治者的娱乐品。同时诗在当时又常用来作为政治、外交上酬答的辞令，或用来作为个人间交谊上表达希望、欲求、感激和责难等种种心情的婉语，所以，有时就不免牵强附会以致断章取义，至孔子时已经习以为常，甚至连孔子自己也不例外。例如“巧笑倩兮，美目盼兮，素以为绚兮”，这本是描述美人的诗句，意思是说，有一个美丽的姑娘，“微微地笑着，眼角留神地看着，像白绸上画的花卉一样美啊”，孔子在和子夏对话中却把白绸(素)比作“仁”，①把花卉(绚)比作“礼”，结论是“礼”在“仁”后。又如“思无邪”，本是《鲁颂·駉》一诗中形容牧马人吆喝着叫马不要乱跑的意思，②却被用为比喻思想正派。就这样，把生动活泼的文艺性的《诗》，解释得非常呆板。但孔子重视《诗》教，认为《诗》教可以使人陶冶性情，使人“温柔敦厚”，并把《诗》列为“六艺”之一的教学课本，这是很有见识的，值得赞赏的。因为经孔子一提倡才使《诗》成为“六经”之一，而留传下来，使我们今天还能从那些诗篇中去观察、探究二千余年前的社会面貌、风俗人情以至青年男女爱怨的内心感受，享受到文学的美感。

2. 关于《乐》

前面《“六艺”和“六经”》一节中已对《乐》的问题作了简明评

① 原文未明说把白绸(素)比作“仁”，此据杨伯峻《论语译注》补。
② 思系虚词，吆喝声，邪同斜，合起来即“嗷唷！不要乱跑！”

述。现再补充说明如下。

中华民族是一个自古就有爱好音乐习惯的民族。诗歌和音乐是常常密切结合的,越是古代,越是如此。司马迁《史记·孔子世家》说:"(诗)三百五篇,孔子皆弦歌之。"孔子自己也说:"吾自卫反鲁,然后乐正,《雅》、《颂》各得其所。"(《论语·子罕》)可见孔子整理过的现存《诗经》三百五篇,孔子都配了乐谱,原来都是可以按乐谱演奏歌唱的。成书于战国时期的《周礼·春官·钟师》有"以钟鼓奏《九夏》"的记载,郑司农注:"《九夏》皆诗篇名,《颂》之族类也。此歌之大者,载在《乐章》,《乐》崩亦从而亡。"说明古代诗乐结合,诗必有乐的情况。可惜经孔子整理过的《乐经》已亡失,这是无可挽回的损失。好在现存《周礼·大司乐》和《礼记·乐记》等篇,即使出于西汉人之手,毕竟离孔子仅四百余年,传闻尚近,聊胜于无,我们尚能从中窥见孔子整理的《乐经》中的某些内容的信息。孔子常常是以仁为纲而礼、乐并提的。例如:"人而不仁,如礼何? 人而不仁,如乐何?"(《论语·八佾》)意思是说,没有仁德的人,如何对待礼仪呢? 没有仁德的人,如何对待音乐呢?《礼记·乐记》上也说:"仁近于乐,义近于礼。"前者从反面(即没有仁德就没有礼乐)讲,后者从正面(即有仁义就有礼乐)讲;讲法略有不同,精神却是一致的。又如《论语·八佾》载有孔子和鲁国太师议论音乐的一段话说:"乐理是不难知道的,一开始是激越醒耳,接下去是纯然和谐,再接下去是清晰明朗,最后是余音袅袅不绝,这样就完成了一曲的演奏。"①这是从声调方面说明一个曲子的发展过程的。《礼记·乐记》也有一段子夏对魏文侯谈古乐演

---

① 《论语·八佾》:"子语鲁大师乐,曰:'乐,其可知也,始作,翕如也;从之,纯如也,皦如也,绎如也,以成。'"

奏过程的话说:"谈到古乐的情况,那就是:进退齐一,音和而宽广,所有弦啊、鲍啊、笙啊、簧啊等乐器,都各就各位地守候着击鼓人,先击鼓,后鸣铙,然后调之以相(古乐器),促之以雅(古乐器)。君子就这样说明乐理,就这样说明古乐乐理。"①这是从乐器方面说明一曲古乐的演奏过程的。这不是在一定程度上对乐曲演奏过程可以互相参证和补充的两个说明吗?因此,决不能因它出于西汉人之手而加以排斥忽视,仍应作为研究古音乐的重要材料,并借以聊补孔子《乐经》亡失之缺,从中窥探《乐经》真相一斑。多少年来,曾有人否认我国古代有七音的事实,其实,上述战国秦汉间关于音乐的文献资料已可驳斥这类说法的荒谬,而1978年湖北省随县曾侯乙墓出土的距今二千四百年前的编钟等乐器,则更可以物证来驳斥这类说法的无知了。

　　孔子是一位造诣很深的大音乐家。他既是音乐的实践家,自己能唱歌,同别人一道唱歌,唱得好,就一定请他再唱一遍,然后自己也和唱;②又对音乐有极高的欣赏水平,在齐国听了《韶》的乐章,很长时间连食肉也不知肉味,并说:"想不到音乐感人之深到了这种程度。"③他又是一位音乐理论家,不但精通乐理,而且对音乐在教育上、在个人品德修养上的巨大作用和意义,给予极高的评价。在孔子看来,乐是作为达到仁的最高境界的必由之径。他有一句名言说:"诗有助于振奋精神,礼有助于立身处世,乐有助于

---

　　①　《礼记·乐记》:魏文侯问古乐,"子夏对曰:'今夫古乐,进旅退旅,和正以广,弦、鲍、笙、簧,会守拊鼓,始奏以文,复乱以武,治乱以相,讯疾以雅。君子于是语,于是道古。……"译意参阅郑玄、孔颖达《注》、《疏》。
　　②　《论语·述而》:"子与人歌而善,必使反之,而后和之。"
　　③　《论语·述而》:"子在齐闻《韶》,三月不知肉味,曰:'不图为乐之至于斯也。'"

完美情操。"①就在这个意义上,他把乐列为"六艺"之一;就在这个意义上,他理所当然地和整理其它五艺一样对原有的乐作了整理和加工,使之成为"六艺"之一的教材;也就在这个意义上,我们没有理由否认孔子的正乐之功,否认他曾把乐整理为教本,决不能因原本失传而贸然否认后来被定为"六经"之一的《乐经》存在的历史事实。

3. 关于《礼》

礼本是原始社会人们在日常生活中的一些风俗习惯,至殷商时代,才逐步强调、完善,使之成为主要是祭祀仪式的礼。周人灭殷后,继承了一部分殷礼,结合本族原有的风俗习惯,加以糅合改造,成为周礼。这种周礼又从宗教领域扩大到社会政治领域,这就是维护宗法等级制的所谓"礼治"。(参考第三章第二段《"礼"观念的变化》)这一工作,相传是周公做的,所以人们常说"周公之礼",即西周的"古周礼"。这个古礼,到孔子时,已经散失不全。②

孔子对礼的兴趣特别浓厚。儿童时代他就经常演习简单的礼仪。成人后,他又到处参观、访问、搜集资料,对礼进行广泛而深入的研究。从事教学之后,又把礼作为一项重要内容列入教学科目。

仅就《论语》一书统计,"礼"字出现的频率就有七十四次。可见孔子对礼的重视。如果根据内容进行分析,孔子所说的"礼",大体有三种含义:第一,作为历史发展标志的礼,如他说:"殷因于夏礼,所损益可知也;周因于殷礼,所损益可知也;其或继周者,虽百世可知也。"第二,作为治国之礼,如他说:"为国以礼","齐之以礼"。第三,作为行为规范的礼,如他说:"不学礼,无以立","立于

---

① 《论语·泰伯》:"子曰:'兴于诗,立于礼,成于乐。'"
② 《汉书·艺文志》:"礼经三百,威仪三千,……自孔子时而不具。"

礼"。这三种含义的礼是互相联系、互相制约的,即把历史观、政治观和人生观结合成为一个有机的整体。这样,孔子又把古周礼推到了一个更高的阶段。

现存的礼书,经过东汉郑玄融合"今""古"两派之后,定型为三种,即《周礼》、《仪礼》和《礼记》。《周礼》是讲各种官制的;《仪礼》是讲各种典礼节仪的;《礼记》是讨论礼的性质、意义和作用的。

从总体上看,孔子关于礼的思想与上述的"三《礼》"都有关系。作为历史发展标志之礼与《礼记》有关;作为治国之礼与《周礼》有关;作为行为规范之礼与《仪礼》有关。

但是,"三《礼》"是否都经过孔子的整理、删定? 却找不到确切的证据。有点蛛丝马迹可寻的只有一部《仪礼》。

《仪礼》,古单称《礼》,或称《礼经》,又称《士礼》,现存十七篇,将近三分之一是讲"士礼"的,如《士冠礼》、《士昏礼》、《士相见礼》、《士丧礼》、《士虞礼》等。其余各篇虽不是专讲士礼的,但作为"士"也是应该掌握的。

《礼记·杂记》说:

> 恤由之丧,哀公使孺悲之孔子,学《士丧礼》。《士丧礼》
> 于是乎书。

《士丧礼》是《仪礼》中的一篇。孺悲向孔子学《士丧礼》是以应急需的。这里需要说明三点:第一,孔子只教孺悲一篇《士丧礼》,不等于孔子只知道《士丧礼》,他应该知道全部《仪礼》。第二,孔子既然能教孺悲《士丧礼》,当然也就可能教别人另外各篇的《礼》。第三,既然孺悲能够记录了孔子传授的《士丧礼》,当然别人也可以记录他传授的其余各篇。

《汉书·艺文志》说:

《礼古经》五十六卷,《经》十七篇。《礼古经》者,出于鲁
淹中及孔氏,与十七篇文相似。

这个记载说明,十七篇《礼经》(即《仪礼》)是经过孔子整理传授
的,至少是在前人基础上再加整理传授的。

《史记·孔子世家》说:

孔子之时,周室微而《礼》、《乐》废,《诗》、《书》缺。追迹
三代之礼,序《书·传》,……故《书·传》、《礼·记》自孔氏。

这段话,各家理解和标点不一,这里是按我的理解和标点的。据我
理解,所谓"序《书传》",就是将原《书》整理编次,然后再对各篇
分别加以说明。对《礼》也是如此。在传授《礼》的过程中,陆续作
些阐述。所谓《传》、《记》都是阐述、说明的意思。所以司马迁说
"故《书传》、《礼记》自孔氏"。就是说,《书》之有《传》,《礼》之有
《记》是从孔子开始的。后来《传》便成了《书》的组成部分,《记》
便成了《礼》的组成部分。

这个《礼》是广义的《礼》,既包括历史观的"礼"、政治观的
"礼",也包括人生观(主要表现为行为规范)的"礼"。但是,重点
应该是最后一种"礼"。这是因为:

(1)从史籍记载看,明确提到孔子与《礼》发生关系的只有《仪
礼》,提到其它的《礼》,则比较含混。

(2)孔子教学培养的对象是来自各个阶层的"士"。"士"有
"士"的规格。从内在品德说,要达到"成人"、"君子"、"仁人"的
水平;从外在行为说,要恪守"亲亲"、"尊尊"的原则,要遵从各种
等级条规,而最基本的、贯彻始终的却是后者。从培养对象看,从
教学规律(循序渐进)看,孔子自然首先要重视《仪礼》。

(3)孔子教育的培养目标是"仕",即从政。而从政的第一步
就要懂得"进退周旋"之礼,否则,一出场就要闹笑话。再说,他培

养出来的学生也不是人人都有政可从。在无政可从的情况下,不得已而求其次,还可以当个"司仪",混口饭吃。而当个"司仪"就非懂《仪礼》不可。所以,从实用的角度看,孔子也该把《仪礼》教学放在首位。

综上所述,可以得出两点结论:第一,现存"三《礼》"都曾与孔子发生过关系;第二,《仪礼》是经过孔子整理、传授过的。

4. 关于《书》

《书》又称《尚书》或《书经》。现在所见的《十三经注疏》本《尚书》,是由《今文尚书》和《伪古文尚书》拼合而成的。所谓《今文尚书》是由西汉初年伏生(原是秦朝博士)传授出来的,因为用西汉通行的隶书所写,故称"今文",共二十九篇。① 所谓《伪古文尚书》据说是晋王肃或梅赜(或作梅颐)所伪造的,共二十五篇。② 我们这里所说的《书》是指《今文尚书》。《尚书纬》说:

---

① 篇目如下:1.《尧典》(合今本《舜典》而无《舜典》篇首二十八字),2.《皋陶谟》(合今本《益稷》),3.《禹贡》,4.《甘誓》,5.《汤誓》,6.《盘庚》,7.《高宗肜日》,8.《西伯戡黎》,9.《微子》,10.《泰誓》(非今本伪《泰誓》),11.《牧誓》,12.《洪范》,13.《金縢》,14.《大诰》,15.《康诰》,16.《酒诰》,17.《梓材》,18.《召诰》,19.《洛诰》,20.《多士》,21.《无逸》,22.《君奭》,23.《多方》,24.《立政》,25.《顾命》(合今本《康王之诰》),26.《费誓》,27.《吕刑》,28.《文侯之命》,29.《秦誓》。其中《盘庚》分上中下三篇,《泰誓》分上中下三篇,《顾命》分出《康王之诰》一篇,所以也可说三十四篇。

② 篇目如下:1.《大禹谟》,2.《五子之歌》,3.《胤征》,4.《仲虺之诰》,5.《汤诰》,6.《伊训》,7.《太甲(上)》,8.《太甲(中)》,9.《太甲(下)》,10.《咸有一德》,11.《说命(上)》,12.《说命(中)》,13.《说命(下)》,14.《泰誓(上)》,15.《泰誓(中)》,16.《泰誓(下)》,17.《武成》,18.《旅獒》,19.《微子之命》,20.《蔡仲之命》,21.《周官》,22.《君陈》,23.《毕命》,24.《君牙》,25.《冏命》。如果《太甲》、《说命》、《泰誓》各算一篇,也可说是十九篇。

> 孔子求《书》，得黄帝玄孙帝魁之书，迄于秦穆公，凡三千二百四十篇。断远取近，定可以为世法者百二十篇。以百二篇为《尚书》，十八篇为《中候》。①

这个说法自然不足凭信，但是，孔子编定《尚书》仍有踪迹可寻。

上文所引《史记·孔子世家》的一段话提到孔子"序《书·传》，上纪唐虞之际，下至秦缪，编次其事。……故《书·传》……自孔氏"。《汉书·艺文志》也说："《书》之所起远矣，至孔子纂焉。"我认为这两处记载并非凿空之谈。

第一，在孔子之前，已有《夏书》、《商书》、《周书》等散篇流行于世，并经常为人们所引用。如：《左传·文公七年》晋郤缺对赵宣子说："《夏书》曰：'戒之用休，董之用威，劝之以九歌，勿使坏。'"《左传·隐公六年》陈公子佗进谏陈侯说："《商书》曰：'恶之易也，如火之燎于原，不可乡迩，其犹可扑灭！'"《左传·宣公六年》中行桓子对晋侯说："《周书》曰：'殪戎殷。'此类之谓也。"这里提到《夏书》、《商书》、《周书》等，既早有这些古文献，就说明孔子有赖以整理编纂《尚书》的资料。

第二，孔子十分热衷于政治，特别重视古代文献，他自己就说过"好古敏以求之"的话，而《书》正是与政治直接有关的古代文献，他能不锐意搜求吗！况且他生长的鲁国又是保存古代典籍最丰富的国家，他能放过这个优越条件吗！

第三，孔子设教的目的是培养从政人才，而《书》正是最好的政治课本，他怎能不利用这个课本进行教学呢？既要利用，当然就要把零散的篇章资料编成一本较有系统的书；既要教授，就不能不加上一点自己的心得和说明。

① 见孔颖达《尚书正义》《尚书序》疏引。

20世纪儒学研究大系

　　根据以上三点推论,我认为司马迁说的"序《书传》","编次其事",和班固说的"《书》……至孔子纂焉"这些话,是有一定根据的。

　　当然,我说孔子编定过《尚书》,甚至阐述过《尚书》,并不等于说,今存的《尚书》就是当年孔子编定和阐述过的《尚书》的原貌。事隔两千多年,特别是经过秦火之后,孔子编定的《尚书》,究竟有多少篇? 篇次是怎样安排的? 今本《尚书》是否全都经过孔子之手? 这些问题都很难考订了。至于现在的《书序》是否果为孔子所作? 有没有保留了一点孔子的原意? 也是无法说清的。不过,决不能因为这些问题的存在,就否认孔子编定过《尚书》的事实。

　　5. 关于《易》

　　《易》是讲事物变化的书。客观事物千变万化,大至国家兴亡,小至个人休戚,令人捉摸不定。然而,人们总是力图掌握事物变化的规律,以便趋吉避凶,决定行止。可是,当时的科学发展还很不够,远远没有达到掌握事物变化规律的水平。于是,人们的主观愿望与客观条件发生了尖锐的矛盾。解决这个矛盾的办法,在那时,只能依靠神灵。根据神灵的启示判断吉凶。而传达神灵启示的手段便是占卜。因此,早在原始社会后期,占卜之风就很盛行。进入阶级社会之后,占卜逐渐成为一门专业,从事这门专业的叫做"卜人"和"筮者"。卜人和筮者在长期占卜的过程中积累了许多经验,他们把这些经验编辑成书,以便翻检和传授。

　　在孔子以前,关于卜筮的书就有三种:一是《连山》;二是《归藏》;三是《周易》。据说,《连山》是夏朝(一说是伏羲)的卜筮书,《归藏》是商朝(一说是黄帝)的卜筮书,《周易》是周朝的卜筮书。到孔子时,《连山》、《归藏》均已亡佚,只剩下《周易》一书了。

　　《周易》是以八卦为纲而构成体系的,基本符号是"--"和

"一"两种,再由"--"和"一"三三组合而成八类(☰、☷、☶、☲、☵、☳、☱、☴),再将八类两两相重而成六十四门(䷀、䷁、䷂……)。每类符号都有名称并象征某种事物。如:"--""一"叫爻,前者象征阴,叫阴爻,后者象征阳,叫阳爻。八类符号统称经卦,象征八类事物,如:"☰"叫乾,象征天、君、君子、阳气、刚健等。六十四门符号统称别卦,象征各类事物之间的关系。如:屯䷂卦,下面是震卦,上面是坎卦。震象雷,坎象水(雨)。雷属阳,水(雨)属阴。阴阳相迫,雷雨并作,有艰难险阻之兆。

现存《周易》是由六十四卦构成的,每卦有六爻,共有三百八十四爻。每卦有卦辞,每爻有爻辞。卦辞和爻辞是经文,统称《易经》。后来有人对卦辞和爻辞进行解释、说明、发挥,这些文字叫做传文,统称《易传》。《易传》共有七种十篇,即《彖》(分上下两篇)、《象》(分上下两篇)、《系辞》(分上下两篇)、《文言》、《说卦》、《序卦》、《杂卦》,合称"十翼"。现存《周易》包括两部分,即《易经》和《易传》。

传统的说法是:伏羲作八卦,文王作卦辞,周公作爻辞,孔子作十翼。对于这种说法,两千年来,争论不休,迄无定论。现在一般认为:八卦符号源于民间占筮,卦爻辞作于殷周之际,十翼成于战国末年。

我们要究明的是:孔子与《周易》是否发生过关系? 如果发生过关系,又是发生过怎样的关系?

《史记·孔子世家》说:

> 孔子晚而喜《易》,序《彖》、《系》、《象》、《说卦》、《文言》。读《易》,韦编三绝。曰:"假我数年,若是,我于《易》则彬彬矣。"

《史记·仲尼弟子列传》又说:

孔子传《易》于瞿，瞿传楚人䧁臂子弘，弘传江东人矫子庸疵，疵传燕人周子家竖，竖传淳于人光子乘羽，羽传齐人田子庄何，何传东武人王子中同，同传菑川人杨何，何元朔中以治《易》为汉中大夫。

照这两处记载，孔子不但学过《易》，而且还作过《易传》，而且还传授过弟子，而且弟子以后的师承关系历历可数，应该说，孔子与《易》的关系是非常密切的了。但是，这个说法却颇遭后人的怀疑。第一个怀疑的是欧阳修。他认为《系辞》以下六种，辞意繁复而矛盾，不应是孔子所作。崔述进一步认为"十翼"全不是孔子所作。康有为更说《史记》中的"序、彖、系、象、说卦、文言"八个字是汉代经古文学家故意加进去的，不是《史记》的原文。于是，孔子与《易》的关系又成了悬案。

我认为，对于《史记》的记载，既不能全信，也不能一笔抹煞。应该根据当时的文化背景和孔子本人的情况作具体的分析，实事求是地得出恰如其分的结论。

现存《周易》思想比较驳杂，既有儒家思想，也有道家思想和法家思想，不是出于一人之手。再者，现存《周易》所达到的思想高度，及其表达形式（长篇大论），也不像是春秋末年的产物。因此，司马迁所说的"序《彖》、《系》、《象》、《说卦》、《文言》"这句话是不能全信的。但是，司马迁的话也不是凭空虚构的。这有以下四点佐证：

第一，在孔子时代，《周易》已经流行，而且还有人作过注解。《左传》、《国语》记载以《周易》占筮的事多达一二十次，国别有秦、晋、鲁、陈、齐、卫等，可见《周易》在当时的上层社会已很流行。《左传·昭公二年》还记载了晋国的韩宣子在鲁国看到《易象》的事。所谓《易象》自然是解释《周易》卦象的。可见那时《周易》已有了最早的注本。这些情况说明,孔子研究《周易》是极有可能的。

第二,孔子见过《易》书,而且进行过钻研。《礼记·礼运》记载:"孔子曰:'我欲观殷道,是故之宋,而不足征也,吾得《乾坤》焉。"乾坤是现存《周易》开头的两卦,可能是《周易》的初名,也可能是解释乾坤二卦的注本。总之,是《易》书没有问题。又《论语·述而》记载:"子曰:'加我数年,五十(卒)以学《易》,可以无大过矣。'"①而且还有"韦编三绝"之说。可见孔子不但见过《易》,而且还下过一番苦功。从孔子的好学精神看,这是十分可能的。

第三,1973 年湖南长沙马王堆汉墓出土了一批帛书,其中有一部《周易》,在《周易》的卷后附有佚书《要》等两篇,记录着孔子与其弟子研讨《易》理的问答。这个发现为孔子授《易》增加了一条证据。

第四,在现存的《易传》中,固然不全是儒家思想,但儒家思想却占有相当的分量。而且这些思想与孔子思想是息息相通的,如:"立人之道曰仁与义","君子以非礼弗履","君子以自强不息"。《易传》的这些思想,应该说,与孔子思想是一脉相承的。

根据以上四条佐证,我们可以作出这样的推论:孔子晚年确曾钻研过《周易》,并且进行过讲授,在讲授过程中可能作过整理,加入一些自己的体会和说明。因此,司马迁所说的"孔子晚而喜《易》","孔子传《易》于瞿"等语,还是比较可信的。

6. 关于《春秋》

《春秋》是我国第一部编年史,起自鲁隐公元年(公元前 722

---

① "五十"为"卒"字之误。《鲁论》"易"作"亦",读为"五十以学,亦可以无大过矣"。这种读法,于文法、于事理都很扞格,故不从。

年)，迄于鲁哀公十四年(公元前481年)，记载了春秋时代二百四十二年的历史。由于《春秋》记事简略(全书只有一万六千五百多字)，言辞晦涩，所以后来有许多人对它进行阐释和补充。这些阐释和补充的书叫做《传》。现在我们所能看到的只有三部《传》书，即《春秋公羊传》、《春秋穀梁传》和《春秋左传》，合称《三传》。

关于《春秋》的作者，自来都认为是孔子。这个说法最早见于《孟子·滕文公下》：

> 世道衰微，邪说暴行有作，臣弑其君者有之，子弑其父者有之。孔子惧，作《春秋》。《春秋》，天子之事也。是故孔子曰：“知我者，其惟《春秋》乎？罪我者，其惟《春秋》乎？”

《史记·孔子世家》也说：

> 子曰：“……吾道不行矣，吾何以自见于后世哉？”乃因史记作《春秋》。

《公羊传疏》引闵因《序》云：

> 昔孔子受端门之命，制《春秋》之义，使子夏求周史记，得百二十国宝书。

杜预《左传序》云：

> 仲尼因鲁史策书成文，考其真伪，而志其典礼，上以遵周公之遗制，下以明将来之法。

从上引的几条材料可以看出，从孟子以后，几乎是众口一词，认为《春秋》的作者是孔子。然而，到了近代，却遭到了“疑古派”的否认。否认最力的是钱玄同。在他看来，《春秋》在“六经”中最不像样，把它贬为“断烂朝报”或“流水账簿”之类。他说：“以他老人家(按指孔子)那样的学问才具，似乎不至于做出这样一部不成东西的历史来。"①

仅凭文辞简略这一点就否认孔子的著作权,这未免过于武断了。要知道,《春秋》是我国第一部史书。作为第一部史书,自有其不完备、不充实的地方。但这恰好反映了早期历史著作的特点(如《世本》、《竹书纪年》之类)。其次,还要知道,孔子是把《春秋》作为现代史教材进行教学的。这只是一部教学大纲。作为教学大纲,也只能是提纲挈领,不能过分铺张繁复。

还有人认为《春秋》就是"鲁史记"的原本,未经孔子整理过。这也是不堪设想的。所谓"鲁史记"是鲁国史官随事所记的竹简。这竹简积累了二百四十二年之久,恐怕不止"五车"了吧? 把这不止五车的竹简拿来向学生"照本宣科",试问,有谁愿意去听呢? 凭孔子那样有丰富教学经验的教育家,怎会采用那样拙劣的教学方法呢?

至于有人根据《论语》没有提过孔子修《春秋》事,而怀疑孔子编过《春秋》,这也未免太拘泥了。一部短短的《论语》,哪能把孔子和弟子们几十年的谈话都记录下来呢? 何况现行本《论语》又经过西汉末年的张禹和东汉末年的郑玄两次改编,谁能保证没有缺简残篇呢? 所以我们决不能仅仅根据《论语》没有提到某事就说没有某事。如果那样,恐怕连孔子的生平也都无法了解了。

我们还是要相信孟轲和司马迁的话。因为修《春秋》对孔子来说,既有可能,也有必要。孔子六十八岁自卫返鲁,以"国老"身份闲居在家。他既有条件阅读鲁史档案,也有时间从事整理和编修。此其一。其二,孔子是在到处碰壁之后回到鲁国的,而且年近古稀,但他却并不因此而放弃他的理想和主张。在这种情况下,修

---

① 钱玄同《答顾颉刚先生书》,见《古史辨》第一册。

《春秋》便成了他的唯一出路。修《春秋》至少可以达到两个目的：第一，通过《春秋》可以寓寄自己的政治理想和主张，留给后世明君效法；第二，通过《春秋》教授弟子，可以培养一批合乎自己理想的从政人才，继续完成自己的未竟事业。由于这两点，所以他才说："知我者，其惟《春秋》乎？罪我者，其惟《春秋》乎？"所谓"知我者"是指那些理解他的苦心孤诣的人（他的苦心孤诣就是要实现他的治国平天下的理想）；所谓"罪我者"是指那些指责他不该修《春秋》的人（在当时，按孔子的身份是不能修史的，而且在《春秋》中既得罪了一些权贵，又曲护了一些权贵，这些都是可能引起指责的）。我以为，这两句话，除了孔子，别人是说不出来的。毫不夸张地说，《春秋》是孔子呕心沥血之作，也是他晚年的心血结晶。

那么，孔子是怎样修《春秋》的呢？

第一步当然是搜集资料。闵因说："使子夏求周史记，得百二十国宝书。"这是靠不住的。子夏没有那么大能耐走遍各国，别国即使有史记和宝书，也不会轻易给他带回鲁国阅读。司马迁说："乃因史记作《春秋》。"杜预说："因鲁史策书成文，考其真伪，而志其典礼。"这倒近乎事实。孔子能够搜集到的史料主要是"鲁史记"，最多参考了一点"周史记"。第二步便是整理史料，即所谓"考其真伪，而志其典礼"。舍弃那些繁芜不合理的记载，摘取其事关大体的记录。如鲁春秋记晋丧曰"杀其君之子奚齐及其君卓"，孔子改为"晋里克杀其君之子奚齐"、"晋里克弑其君卓"等等。第三步就是确定编写体例和指导思想，即所谓"制《春秋》之义"，"拨乱世，反诸正"（《公羊传·哀公十四年》），"据鲁、亲周、故宋"（《公羊传·隐公元年》《疏》引）等。最后，在编写的过程中还要把自己的思想和主张渗透到字里行间去，即所谓"微言大义"。如"吴楚之君自称王,而《春秋》贬之曰'子';践土之会实召周天子,而《春秋》讳之曰'天王狩于河阳'"(《史记·孔子世家》)等等。

总之,孔子编修《春秋》一事是毫无疑问的。我们应该肯定他的这一重要贡献。

(选自《孔子评传》)

匡亚明(1906—1996),江苏丹阳人。早年就读于苏州第一师范学校和上海大学中文系。历任《日日新报》主笔、《大众日报》社社长兼总编辑、华东政治研究院院长、中共中央华东局宣传部常务副部长、东北人民大学(后改名吉林大学)校长、中国孔子基金会会长、国家古籍整理出版规划小组组长等职。著有《孔子评传》、《求索集》等,曾主编《中国思想家评传丛书》。

《孔子与六经》节选自《孔子评传》之《中国历史上第一个伟大的文献整理家》一章。文中认为,六经虽然不全由孔子所作,但都经过孔子的整理,只不过整理的程度不同,或作,或述,或删,或定,情况各异。今本《诗》、《书》、《礼》、《易》、《春秋》尽管不是当时的原貌,但在很大程度上保留了孔子修订、编纂、增减的痕迹,其内容都应是研究孔子的重要史料。

略论礼典的实行和《仪礼》 书本的撰作①

沈 文 倬

一

"礼",除了如"周礼所以本也"(《左传》闵公元年)等语被当作政刑法度的大名以外,绝大部分指奴隶主贵族经常举行的各种礼典。春秋前期,一些博通古今、颇负时誉的人物,对正在实行的礼典,都曾加以议论,一致强调礼对政治的主导作用。例如:周惠王、襄王时代熟于古史的内史过曾经说过"礼,国之干也。敬,礼之舆也。不敬则礼不行,礼不行则上下昏,何以长世"(《左传》僖公十一年);晋哀侯的大夫师服说"礼以体政,政以正民,是以政成而民听,易则生乱"(《左传》桓公二年);卫文公的正卿宁庄子说"夫礼,国之纪也,国无纪不可以终"(《国语·晋语》);晋平公、昭

---

① "礼典",即通常所说"典礼"的意思。所以不从通常的说法,是为了与过去议礼之文如朱熹《仪礼经传通解》称"礼典固在其中"等语相一致。与礼典相对而言称为礼书,即礼典被记录成书本的意思(亦即今存之《仪礼》)。为了使两者易于区别,不得不在《仪礼》后加"书本"二字。《仪礼》在秦前只称"礼",被尊为经后称《礼经》。《仪礼》之名,黄以周以为东晋人所加。沿用已久,故今亦从之。

公时代以博识多闻著称的叔向也说"会朝,礼之经也。礼,政之舆也。政,身之守也。怠礼失政,失政不立,是以乱也"(《左传》襄公二十一年)。这些言论出现在孔子以前,而且都以引为鉴戒的语气来论述,可见周代奴隶主阶级早已认识到礼的政治作用,说礼乐出于儒家显与事实不符。当然,孔子及其后学是继承和发展了这个传统,在社会性质已开始变革、古礼已渐被抛弃的时候,他们还企图挽回颓势,积极鼓吹。孔子曾明确地提出"为国以礼"(《论语·先进》)的主张;而他的后学,在《礼记》的《祭统》里说"治人之道,莫急于礼",在《礼运》里说"治国不以礼,犹无耜而耕也";直到战国末年,荀况还坚持"为政不以礼,政不行也"(《荀子·大略》),"礼者,治辨之极也"(《荀子·议兵》),几乎一脉相承地把礼当作推动政治的重要工具。

"礼以体政",适应于政治需要的各种礼典是具体的。《尚书·尧典》①所云"有能典朕三礼",②《礼记·祭统》所云"礼有五经,莫重于祭",③按门类来说是三礼、五礼。《礼记·昏义》云:"夫礼,始于冠,本于昏,重于丧、祭,尊于朝、聘,和于射、乡。"《大戴礼记·本命》云:"冠、昏、朝、聘、丧、祭、宾主、乡饮酒、军旅,此之谓九礼也。"《礼记·仲尼燕居》云:郊、社之义,尝、禘之礼,馈、奠之礼,射、乡之礼,食、飨之礼。分列通行的礼典就是八礼、九礼、十礼。奴隶主贵族举行各种礼典是他们政治生活中的重要内容。准此而论,上面所述议论"礼"的一般意义,都是从具体的礼典,如

---

① 伪古文分《尧典》下半为《舜典》,即今行之本。此所引在今本《舜典》。

② 郑玄注"天事地事人事之礼也"。

③ 指吉、凶、宾、军、嘉五大类的礼典。

内史过从锡命礼、叔向从会礼、师服从世子命名礼中概括出来的，其实即使抽象到训诂上用"履也"来解释"礼"字，仍然是指在礼典中仪式的实践。

因此，考查古代"礼"的发展，首先要弄清楚各种礼典是怎样演习和实行的，然后进一步探索流传下来的《仪礼》书本是怎样撰作的。对于这一点，过去不少的学者忽略了，甚至把它颠倒了。

举行礼典，要求仪式无所差忒，因而贵族们很注重礼仪的演习，习礼成为贵族教育的重要部分。官学里礼典演习是一门主要的课程。《礼记·王制》云："乐正崇四术，立四教，顺先王《诗》、《书》、礼、乐以造士，春秋教以礼、乐，冬夏教以《诗》、《书》。"《王制》篇应属秦、汉间人论述前代爵禄、学校、选举、养老等制度的作品，近人考定《周易》晚出，而"六经"之称起于晚周（初见于《庄子·天运》，又见于《礼记·经解》），那末这一反映春秋以前官学教育贵族子弟只有《诗》、《书》、礼、乐四个科目的记载，尽管出于后人的传说，还是可以据为实录的。再证以《史记·孔子世家》所云"孔子以《诗》、《书》、礼、乐教"，孔子在官学所受和以后在私学所教，还只四个科目，可信前说决非诬妄。

四个教学科目中，《诗》、《书》和"礼"、"乐"是不一样的。《诗》、《书》是学习文字记录的书本，而"礼"所学习的是当时实行各种礼典的具体仪式。《论语·述而》云："子所雅言，《诗》、《书》、执礼，皆雅言也。"何谓雅言？《荀子·荣辱篇》云："譬之越人安越，楚人安楚，君子安雅，是非知能材性然也，是注错习俗之节异也。"《儒效篇》又有"居楚而楚，居越而越，居夏而夏"之文，雅通夏，显示地域习俗的差异，在语言上，夏言就是与越言、楚言相区别的中原地区华夏音读。华夏音被当作标准的雅音或正音，故郑玄注云"正言其音"。何谓执礼？《礼记·文王世子》云："秋学礼，执礼者诏之。"演习礼典仪式要按赞礼者宣唱行事。孔子教弟子,诵读《诗》、《书》书本用夏言,担任赞礼宣唱也用夏言。同是学习,前者是诵读文字而后者是演习仪式,故郑玄注云"礼不诵,故言执"。没有提到"乐",乐指以七音配十二律来使用各种乐器,不在夏言诵读之列。音乐演奏以"诗"为乐章,诗、乐结合便成为各种礼典的组成部分。邵懿辰说:"乐本无经也,乐之原在《诗》三百篇之中,乐之用在《礼》十七篇之中。"(《礼经通论》)论证乐无书本,邵说确不可易。但从礼、诗、乐三者的相互关系上看,举行礼典需要诗、乐组成的音乐配合,那末在教学上也应以礼典演习为主体,三个科目中学诗、学乐是从属于学礼的。

各种礼典是怎样实行的? 依据本文所应涉及的范围,没有必要从远古的传说里追索所谓"礼起于俗"的起源问题,主要探讨它在社会进入划分阶级以后的发展进程。在一个阶级统治另一个阶级的社会里,统治阶级为了贯彻其阶级意志、推行其政治设施来确保它所统治的社会的正常秩序,需要建立一些制度规程。在古代历史上,很大一部分制度规程就是"礼"。具体地说,就是根据政教、外事、兵戎、农耕、狩猎、宗族、文化等方面的实际需要,逐渐形成各个门类如朝觐、盟会、锡命、军旅、祭祷、藉蜡、丧葬、搜阅、射御、聘问、宾客、学校、选举、婚配、冠笄等礼典。礼不是超现实的东西,无论哪一种礼典,其具体仪式都是从统治阶级的现实生活中提炼出来的,只不过被加以装璜和粉饰,成为一幕幕庄严肃穆、令人敬畏的场面而已。

在殷周时代,奴隶主贵族在政治上、思想上是依靠和运用天命思想来建立和巩固它的统治的。天命思想是奴隶制社会的主要意识形态。《尚书·盘庚下》:"肆上帝将复我高祖之德,乱越我家。"《尚书·文侯之命》:"丕显文武,克慎明德。"《墨子·非命下》引佚《书》:"不慎厥德,天命焉葆。"《大盂鼎》:"丕显玟王,受天有大令(命)。"(《两周金文辞大系》录编18)《诗·玄鸟》:"古帝命武汤,正域彼四方。"就是说,奴隶主贵族的大小等级是依据天帝所赋予的德性来确立的。命是天授的,因而天帝所命定的等级是不容僭越的。而这种不容僭越的等级身份,要用"礼"来表现,这样,"礼"和天命思想就直接联系起来了。具有何种等级就用何种礼典:有的礼典只有某一级贵族举行,比如觐礼只有王才能举行;有的礼典各级贵族都能举行而仪式不同,比如射礼,诸侯举行"大射",而卿大夫在乡、州一级政权机构里举行的是"乡射";又如婚、丧之礼,自天子至庶人都能举行,而在器物、仪式上加以区别,但又允许"摄盛"。每一礼典举行时,参加者各按其等级身份使用着不同的器物(或同一器物而加以不同的装饰),同时表演着与等级相适应的仪容动作。差别极为森严,丝毫不容差忒,差忒了,不但要给予"非礼"的谴责,而且要被视作僭越、犯上、篡夺而加以罪庆。《左传》成公十三年载刘康公的话:"民受天地之中以生,所谓命也。是以有动作礼义威仪之则,以定命也。能者养之以福,不能者败以取祸。"就是这个意思。等级差别是唯一重要的。然而,只有人们自觉地遵守这种差别,才有利于统治阶级内部各个等级在对天命的坚定信仰中组织起来,才能促使这种差别趋于巩固。在实行差等分明的"礼"时,还需要用"乐"来进行协调,即所谓"乐者为同,礼者为异,同则相亲,异则相敬","乐至则无怨,礼至则不争"。(《礼记·乐记》)因此,各种礼典的实行都离不开乐的配合,乐从属于礼而起着积极的作用。得到乐的配合,才能使森严的礼达到"礼之用,和为贵",(《论语·学而》)"乐文同则上下和矣"。(《礼记·乐记》)它既表现了天命的不可侵犯性,又表现了上下安于天命的和谐性。

"礼不下庶人",(《礼记·曲礼上》)"由士以上则必以礼乐节之",(《荀子·富国》)表现等级不可逾越而又上下安于这种等级的礼典,固然只在统治阶级内部举行,然而它真正的作用是:使人们从举行各种礼典中,形象地感觉到这个贵贱尊卑的等级差别出于天帝的安排,从而迫使被统治阶级不得干犯而必须服从于他们的压榨。因此,礼是推行阶级统治的工具,这就是所谓"政之舆也"吧!

用礼来表现大小奴隶主贵族的等级身份,就各种礼典的内容来说,不外有两个方面:其一,礼家称之为"名物度数",就是将等级差别见之于举行礼典时所使用宫室、衣服、器皿及其装饰上,从其大小、多寡、高下、华素上显示其尊卑贵贱。我们把这种体现差别的器物统称之为"礼物"。其二,礼家称之为"揖让周旋",就是将等级差别见之于参加者按其爵位在礼典进行中使用着礼物的仪容动作上,从他们所应遵守的进退、登降、坐兴、俯仰上显示其尊卑贵贱。我们把这些称之为"礼仪"。无论礼物或礼仪,都起着使等级身份凛然不可侵犯的作用,维护了奴隶主阶级的根本利益,在他们看来,这是政治生活中的大事,不容许任何人破坏和违反。在发展中,为适应出现新的变化而由"知礼"的帅长作部分的增加或削减。但在确定等级原则方面,社会性质没有起根本变革,它是不会有巨大改变的。《论语·为政》云:"殷因于夏,礼所损益可知也;周因于殷,礼所损益可知也。"①就是明证。这样说来,殷、周奴隶制社会所举行各种门类的礼典,本是奴隶主贵族等级差别的体现,是他们的现实生活的集中反映,它决不是某一个人凭空的创造,因而它是在历史进程中不断从简单向复杂,逐渐扩充和完善起来的。

① 在夏、殷字逗,从汉人读,见《汉书·杜周传》杜钦对策引。

礼典由礼物和礼仪所构成，从贵族们现实生活中升华出来。奴隶主贵族每个成员从小就必须学习，成人后又长期实行，并以此为异乎奴隶和其他平民的高贵的文化素养。所以，礼典的实践先于文字记录而存在，事实上当初用文字来记录的客观条件也不具备，因为用竹木简作为书写材料，至战国时才较普遍。

用文字记录下来的各种礼典，我们称之为"礼书"，是记录"礼物"、"礼仪"和它所表达的礼意的文字书本，现存的《仪礼》十七篇就是它的残存部分。说残存，是根据现存十七篇经记本文来作出判断的。《士冠礼·记》"无大夫冠礼而有其昏礼"，"公侯之有冠礼也"，当时有《公冠礼》、《大夫昏礼》，今已佚。《聘礼》"公于宾，壹食再飨"，又记"大夫来使，无罪，飨之"，"有大客后至，则先客不飨、食，致之"，《公食大夫礼》"设洗如飨"，食即《公食》，今存；《飨礼》，今佚。可见有若干篇礼典的书本是在秦火中亡佚了。因此，我们认为《仪礼》十七篇仅属残存，此外还有已佚若干篇。礼书出于后人的追记，可能对礼典在发展中出现的分歧作过某些整齐划一的修订，但主要的内容不会有大差异的。但是，必须指出，礼书与礼物、礼仪不能等同，不是一个东西，历代经学家侈谈周公制礼作乐，便把《仪礼》说成是周公所作，是西周初年的作品，无疑是错误的。后来，历史考古学者用西周彝铭来对照，发现它在文体、语词上不像是西周的文字，而所述名物与出土实物相比较，也不尽符合，从而考定它的撰作时代当在春秋、战国之间，这是可取的。但是他们把书中所记述各种礼典的内容也说成是春秋、战国间某一诸侯国的实制，以前根本不存在这些礼典，我们认为这也是片面的。之所以出现这样或那样的偏颇之说，是由于把礼典和礼书看作一个东西了。如果认识到有了事实才有可能对事实进行记录，那末，上文所论证的由礼物、礼仪构成的各种礼典早已存在于殷和西周时代，而"礼书"则撰作于春秋之后就没有什么可以怀疑的了。

二

如上所述：礼典的实践先于文字记录而存在，自殷至西周各种礼典次第实行，而礼书至春秋以后开始撰作。由于这种主张与历代经学家和近代历史考古学者的说法有很大不一致处，其能否成立，还需要经过各方面的验证核实。进行验证时应该注意到：一、和任何事物一样，"礼"也是从简单向复杂、从低级向高级发展的。礼家称"殷质周文"，最初的礼典肯定不会有后来书本所记载的繁文缛节，因此某些历史记载提到某一礼典时，固然由于简略叙述而言之未详，但也可能是当时的仪式原来就比较简单。如果因为记载未具后世规模而无视其存在，显然是不对的。二、上文已证明十七篇仅属残存，一部分礼典书本已在秦火中亡佚，因此不应该以现存十七篇的范围来看待殷、周礼典。

殷代的礼典缺乏直接可资证明的记录。在甲骨卜辞里有名目繁多的祭名，五礼中只有吉礼尚可据以有所考证。为祭祀贞卜俱属卜定祭日和祭法，它本身就是各种祭礼的第一个节目，因此，卜辞除了记录祭祀、祭法的名称外，很少反映祀典的性质和内容。早在1915年，罗振玉氏汇辑过二十多个祭名，但绝大部分"其义未详"。(见《殷虚书契考释》)以后，陈梦家氏曾用七个类目来区分三十七个祭名，除了"祈告之祭"、"合祭"两类使人稍有认识外，其它如"以所荐祭之物为名者"、"以所祭之法为名者"、"特殊之祭"等，仍然无法增进对祀典意义的了解。(见《古文字中的商周祭祀》，《燕京学报》第十九期)1945年，董作宾氏发表《殷历谱》，他所制订的祖甲和帝乙、帝辛三王的祀谱，编排极为周密，但对谱中五种祀典所作的释义，如

"彡"为"伐鼓而祭","翌"为"舞羽而祭","祭"为"以肉为祭","𤔉"为"用食物（黍稷）以祭"，而"协"则"卜辞中以为协合字"，"在最后举行，或同时联合他种祀典一并举行"，如此云云，不免使人有含糊笼统之感。"事死者如事生"（《礼记·祭义》）是祖先祭祀的通义，黍稷酒肉是凡祭所必备之物，岂可以此等作为一系列巨典相互区别的唯一特征。三家以外，在字义考释诸书中，就个别祭名进行研讨，颇有胜义可采。但总的看来，这方面的研究，"虽有所发展，而进度有限"。殷人重祭，卜辞涉及祭名既如此之多，一代祀典必甚可观，与其以意补苴，不如盖阙待证，也只有期望于后人的深入探索。

西周的彝铭里也有很多祭名，联系起来考察，其因袭之迹比较显明。殷和西周的全部祀典目前还无法一一考查明白，而其中几个主要的祭礼如烄（郊）、土（社）、帝（禘）、衣（殷）、升（烝），可以相信自殷至春秋一直被王朝所奉行。

（一）烄（郊），是野外祭天的礼典。卜辞有"癸巳卜，今日烄"。（《殷虚文字甲编》895）"烄，此（紫），又雨。"（《铁云藏龟拾遗》8.2）"贞烄，𡶬从雨。贞勿烄，亡其从雨。"（《殷虚书契前编》5.33.2）祭天于郊，燔柴升烟，在山上或平原筑坛举行，故问及晴雨。① 又"丁酉卜，婴（要）帝青。"（《殷契粹编》1268）郭沫若氏谓

---

① 丁山氏有"焚尪求雨为郊"之说，（《中国古代宗教与神话考·祭典分论》）他根据《左传》僖公二十一年："夏大旱，公欲焚巫尪"，而卜辞有"烄妴"、"烄婞"（《佚》1000）之文，以为"在男曰觋，在女曰巫"，（《国语·楚语下》），妴、婞是女巫之名，烄是焚尪求雨之祭。诸家之说略同。郭沫若氏以为"当即郊祀之郊之本字，但在卜辞乃是求雨之祭"。（《粹》658）其实不然。甲骨文有巫字作十，妴、婞不与巫字连文，安知必为女巫。贞烄固多"又雨"、"𡶬从（纵）雨"之词，但同此词例的卜辞不胜枚举（如"乂于于帝五臣，又大雨"，"王又岁于帝五臣，正隹，亡雨"，见《粹》13），不应独以贞烄为求雨之祭。

"要殆假为郊,青读为毃,谓郊祀上帝以毃也"。彝铭有《大盂鼎》"叡酉(酒)无敢酖,有槃(祡)莽(烝)祀,无敢醻(扰)。"(《大系》录编18)郊祭亦称祡祭,燔柴卜辞谓之尞,"今丁酉夕尞豕方帝"(《殷契佚存》508)。尞本是祭法,燔柴取其烟火;也有置牲体于积木之上而焚之,故卜辞又有"□□□贞:尞四羊四豕,卯四牛四□。"(《戬寿堂所藏殷虚文字》25.8)尞(焌)象人交足坐于火上之形,尞也有用人牲的。《尚书·召诰》云:"越三日丁巳,用牲于郊,牛二。"《国语·楚语》云:"天子禘、郊之事,必自射其牲。"郊礼自殷至西周相沿不替。东周时,《春秋》记述鲁僖公三十一年起举行过多次郊祭,也有"卜郊不从乃不郊"的记载。《公羊传》云"鲁郊非礼也",说鲁君僭越,正见郊礼为王朝巨典。

《礼记》有很多有关郊礼的阐述,《礼运》云:"故祭帝于郊,所以定天位也。"《礼器》云:"飨帝于郊而风雨节、寒暑时。"《郊特牲》云:"于郊故谓之郊;牲用骍,尚赤也;用犊,贵诚也。"有了《郊礼》书本,才能有这补经未备、阐经未明的传记的撰作。

(二)土(社),是封土祭地的礼典。卜辞有"癸亥卜,又土,尞羊一小牢,圉。"(《戬》1.1)"贞尞于土三小牢,卯一牛,沈十牛。"(《前》1.24.3)彝铭有《夨毁》:"王立(位)于圉宗土,南乡。"(《商周金文录遗》167)举行祭地之礼,或说在城中,或说在北郊。"贞勿牢年于邦土"(《前》4.17.3)。王国维氏定邦土为邦社是对的。邦与封音义并通(《论语·季氏》"且在邦域之中矣",《释文》"邦或作封"),《后汉书·光武帝纪下》李贤注:"封谓聚土为坛。"《小尔雅·广诂》:"封,界也。"《周礼》封人职:"掌设王之社壝,为畿封而树之。"郑注:"壝,谓坛及堳埒也。畿上有封,若今时界矣。"《墨子·明鬼下》:"必择木之修茂者立以为菆(丛)社(原作位,据王念孙校改)。"这样说来,社就是封土高起为坛,坛之四周又垒土为庫

垣(矮墙),有门有牖,成宫形,上无屋顶,外植丛树,①它是邦国都
鄙分疆划界的象征。《诗·绵》云:"乃立冢土。"毛传:"冢土,大社
也。"《逸周书·作雒解》云:"乃建大社于国中。"这是王社。《左
传》定公六年:"阳虎又盟公及三桓于周社,盟国人于亳社。"这是
国社。《礼记·祭法》云:"王为群姓立社曰大社,王自为立社曰王
社;诸侯为百姓立社曰国社,诸侯自为立社曰侯社;大夫以下成群
立社曰置社。"《说文》示部:"社,地主也。"社祭是各级奴隶主祭其
所占土地之神。

《周礼》大宗伯职云:"以血祭祭社稷。"《礼记·祭法》云:"瘞
埋于泰折,祭地也,用骍犊。"这两种祭法(血、埋),虽亦见于卜辞
而不用于社祭,可见祀典的发展中祭法的变化最大,前后对照,十
九不合。《礼记·郊特牲》云:"社祭土而主阴气也,君南乡于北墉
下,答阴之义也。""天子大社,必受霜露风雨,以达天地之气也。"
《礼运》云:"祀社于国,所以列地利也。"都是解说已佚《社礼》经
文的传记。

(三)帝(禘),是祭祖先以配上帝的礼典。卜辞有"贞,率年于
上甲,帝,三宰,卯三牛。一月。"(《殷虚书契续编》1.3.1)"贞帝于王
亥。"(《殷虚书契后编》上卷19.1)"贞勿帝,十二月。"(《粹》895)彝

---

① 《周礼》掌舍职:"为坛壝宫,棘门。"郑注:"筑坛,又委壝土起埳埒以
为宫。郑司农云:棘门,以戟为门。"《尚书·金縢》"为三坛同墠",《释文》引
马融注:"坛,土堂。"《说文》土部:"埒,庳垣也。"《广雅·释丘》:"墠埒,厓
也。"孙诒让正义云:"盖壝者委土之名。凡委土而平之为墠,于墠之中,封土
若堂为坛;坛之外,四面围绕,拥土若墙垣为墠埒,三者通谓之壝。坛墠宫无
屋,于墠旁树戟以表门。"社壝与郊坛不同,后者无墠埒,故不称宫;前者四周
垒土如墙垣,故称之为宫。《礼记·郊特牲》云:"是故丧国之社屋之,不受天
阳也。"亡国之社加上屋顶就是不得受天命的意思。

铭有《剌鼎》:"唯五月,王才(在)□,辰才丁卯,王啻,用牡于大室,啻邵(昭)王。"(《大系》录编31)《大毁》"用啻于乃考。"(《三代吉金文存》8.44.3)《尚书·君奭》云"殷礼陟配天",殷人认为王死升天,丧礼结束、吉礼开始即举行禘祭,以先王配祭上帝,故《礼记·大传》云:"礼不王不禘,王者禘其祖之所自出,以其祖配之。"禘礼本是王朝巨典,西周以后,配天之义逐渐遗落,而诸侯也僭用此礼,故《论语·八佾》有孔子"禘自既灌而往者吾不欲观之矣"之语。《春秋》经闵公二年"夏五月乙酉,吉禘于庄公",僖公八年"秋七月,禘于大庙,用致夫人",文公二年"二月丁丑,作僖公主","八月丁卯,大事于大庙,跻僖公",只作丧礼结束后、嗣君致先君或先妣之神主于大庙的祭礼。

郑玄《少牢馈食礼》注引"禘于大庙之礼,日用丁亥",佚礼中有《禘礼》首句残文,足证关于禘礼曾撰成书本,但在秦火中亡佚了。

(四)衣(殷),是合祭历代祖先的礼典。卜辞有"癸未王卜,贞酌彡日自上甲至于多后,衣。"(《前》3.27.7)"癸亥〔卜,□贞〕甲子气酌翌日自上甲衣至于多后,亡囚。三月。"(《粹》85)"王宾幸且乙、且丁、康且丁、武丁衣。"(《后》上20.5)"丁酉卜,贞王宾□自上甲至武乙,衣,亡尤。"(《后》上20.7)彝铭有《大丰毁》(当作《天亡毁》))"天亡又(右)王,衣祀丏王不显考文王,事喜(熹)上帝。"(《大系》录编1)殷和西周都有殷祭。但《大丰毁》记武王举行殷祭而不及先公,已与殷礼不同。东周以后,据《礼记·曾子问》"君之丧服除而后殷祭,礼也",虽仍在举行而义微有异。《曾子问》又云:"袷祭于祖,则祝迎四庙之主。"则已改称袷祭。《春秋》文公二年"大事于大庙"明明是禘祭,而《公羊传》却说:"大事者何? 大袷也。大袷者何? 合祭也。其合祭奈何? 毁庙之主,陈于大祖；未毁庙之主皆升，合食于大祖。五年而再殷祭。"由此曾导致以后汉儒三年一祫、五年一禘、禘祫并为殷祭的争议。

（五）烝（烝），是荐新于宗庙的礼典。其字甲骨文作异、奔、俰、奉，金文作登、糩等形，后世假烝为之。卜辞有"甲午卜，〔其〕异黍〔于〕高且乙。"（《粹》166）"甲辰卜，酓来异，……用。"（《佚》877）"癸丑卜，异禾乙且（且乙之倒文）。"（《粹》908）"己巳贞，王其异南囧（明）米。"（《甲》903）"辛酉……于翌日癸，俰新鬯，王〔受又〕。"（《粹》912）彝铭除上引《大盂鼎》外，还有《段毁》"唯王十又四祀十又一月丁卯，王鬲（在）毕登。"（《大系》24）稻麦登场，新酒成熟，先要荐进于宗庙，让祖先"尝新"。《逸周书·尝麦解》云："维四年孟夏，王初祈祷于宗庙，乃尝麦于太祖。"《管子·轻重己》云："夏至而麦熟，天子祀于太宗，其盛以麦；夏尽而秋始而黍熟，天子祀于太祖，其盛以黍。"可以相信这是一个自殷至春秋一直举行的礼典。卜辞有"更今蘁（秋）""于朝（春）"（《粹》1151）的对贞，有春秋而无夏冬，殷人尚无四时的观念，故独有尝新的烝祭。《诗·天保》云："禴祠烝尝，于公先王。"注家以为就是四时之祭，不知可信与否，事实上以后仍以烝、尝为主。《春秋》经桓公八年："春正月己卯，烝。""夏五月丁丑，烝。"又十四年："秋八月乙亥，尝。"《左传》襄公二十八年："十一月乙亥，（齐）尝于大公之庙。"又襄公十六年："春，（晋）烝于曲沃。"又昭公元年："十二月，晋既烝，甲辰朔，（赵孟）烝于温。"根据史书记载，未必严格按季节举行。但从《国语·楚语下》载观射父所云"日月会于龙疣，国于是乎烝尝"，《左传》作者所云"凡祀，启蛰而郊，龙见而雩，始杀而尝，闭蛰而烝"（桓公五年）来看，当时学者议礼确实曾把尝、烝二祭安排在秋冬两季的。后来，《周礼》的六亨中列有春祠、夏禴、秋尝、冬烝，《礼记》的《祭统》、《王制》排列时祭作春礿（同禴）、夏禘、秋尝、冬烝，①与上引《诗·天保》之文联系起来考察，差异在于原来不属于时祭的禴、禘、祠上。由此可证，就制度发展而论，显然只由荐新一祭演变成尝、烝两祭，而各种不同编排的四时祭名不过是一种"礼说"而已。

晚周礼家论述宗庙时祭往往尝、禘并举，《礼记》的《祭统》、《仲尼燕居》、《曾子问》等篇有关章节都把祖先正祭和宗庙荐奠之祀等同起来，不足信据。惟有《祭义》篇的阐发最为恰当："乐以迎来，哀以送往，故禘有乐而尝无乐。""仲尼尝，奉荐而进，其亲也悫，其行也趋趋以数。"这才是时祭的规模，也由此证明荐新之礼确实是十七篇以外的佚礼。

上述郊、社等祭礼所涉及祭法，有彡、翌、祭、崒、叠、衺（柴）、酒、圂、血、卯、沈、埋、㜸、喜等。就祀典来说，祭法往往构成一个节目的内容，用《特牲馈食礼》、《少牢馈食礼》上下篇作类比，它先行食礼，即尸食九饭或十一饭；后行酳礼，即尸与主人、主妇、宾长献酢，包涵两种祭法。卜辞中也有一个祀典用二或三种祭法的。一种祭法可以用于两个以上的祀典，如食礼既用于《特牲》、《少牢》，也用于《士虞礼》（《士虞》有飨尸尸九饭节）。卜辞中衺这种祭法

---

① 四时之祭，群书记载不一，纷然淆乱，其实也不过两个系统：一、《周礼》大宗伯职所述的祠、禴、尝、烝，与《诗·天保》的"禴祠烝尝"，不过春与夏、秋与冬互易之异，相承之迹，依稀可见。《礼记·明堂位》的"夏礿、秋尝、冬烝"，郑注："不言春祠，鲁在东方，或阙之。"《大戴礼记·千乘》记春夏俱曰享，而秋曰尝冬曰烝。二篇都属这个系统。秦汉以后，《尔雅·释天》、《公羊传》、《春秋繁露》、《说文》等书所述，完全与《周礼》一致。二、《礼记·祭统》所述的礿、禘、尝、烝，把禘列入时祭是它的特点。《国语·鲁语上》记郈敬之说"尝禘蒸享"云云，可能即是《祭统》的根据。《仲尼燕居》云"尝禘之礼"，《郊特牲》、《祭义》云"春禘而秋尝"，俱属这个系统。秦汉之际，《王制》所述与《祭统》完全一致。

也是属于此种情况的显著例子。

上列五个祀典虽是最重要的,但只是其中的一部分。本文不是专门论述祀典的发展,不过举五祀典作例子来证明自殷至春秋实行过各种祭礼。举行祀典,必有一定的仪式,类似《仪礼》所描绘的,在当时确实存在过,可惜没有被记录下来。

西周鼎彝铭文涉及礼典较多,可举锡命礼作例证。视朝锡命,当属朝礼。《仪礼》有《觐礼》,是王畿以外诸侯定期来朝见的礼典,那末,王任命诸侯和任命手下公卿的锡命礼肯定是一种极为重要而经常举行的礼典,应在佚礼之中。封爵封官是王朝重大事件,而大部分鼎彝都是王臣的祭器。《周礼》大宗伯职云"四命受器",郑司农云:"受祭器为上大夫。"《礼记·曲礼下》云:"问大夫之富,曰:有宰、食力、祭器衣服不假。"又云:"无田禄者不设祭器,有田禄者先为祭服。"这些虽系晚周传说,但奴隶主贵族上升到一定爵位,才能受王锡命,铸作祭器,这事实应该是可信的。在所铸祭器的铭文里有一部分记载了锡命礼典,如《吴彝》(《大系》录编58)所述:

> 佳二月初吉丁亥,王才(在)成周大室。旦,王各(格)庙。宰胐右乍册吴入门,立中廷,北卿(向)。王乎(呼)史戌册令吴嗣旃牢叔(素)金(锦),易(锡)戠巿一卣,玄衮衣、赤舄、金车、𩨸圆(靯)、朱虢(鞹)斩(靳)、虎㡀(幦)熏里、𩨸较、画轉、金甬(铜),马三匹,攸勒。吴拜頟首,敢对扬王休。用乍青尹宝障彝。吴其世子孙永宝用。佳王二祀。

《吴彝》外,《师虎毁》、《牧毁》、《豆闭毁》、《利鼎》、《望毁》、《康鼎》、《卯毁》、《免毁》、《同毁》、《趩觯》等,内容大致相同,可视作一体。虽然还不是详尽记录锡命礼的全过程,但几个主要仪注,如王格庙,宰右受命者入门即位,王呼史官册命,锡车服,受命者对扬等,应该说是完备的。王命通过命书(有的铭文兼载命词)有锡物来表达,而臣下接受王命通过手举锡物(即所谓"扬")、口呼"王休命"(即所谓"对")来致敬意。这两者十分重要,所以即使铭文较简短的也都提及。这些铭词正反映了礼物和礼仪两个方面,与记录仪式全过程的礼书不过仅有记述上繁简不同而已。此外,《小盂鼎》(《大系》录编19)记王命盂伐𫗧方班师告庙"饮至之礼"(郭沫若说),《驹尊》(当作《盠尊》。《陕西省青铜器释》55)记王行执驹礼(见拙撰《"执驹"补释》,《考古》1961年第6期),二器所述俱属军礼。《静𣪘》(《大系》录编27)记王命静教射于学宫,《趩曹鼎(二)》(《大系》录编39)记恭王在射庐学射,《匡卣》(《大系》录编67)记懿王在射庐学乐舞,三器所述俱属学礼。《𤩰侯鼎》(《大系》录编90)记王与𤩰侯骏方行射礼,射前饮酒献酢,与《大射礼》略同。这些铭词虽其简略,但它所反映各种礼典的主要方面还是很清楚的。

再就鼎彝本身来讲,自两汉"郡国亦往往于山川得鼎彝"(许慎《说文解字叙》)以后,历代不断有古器物出土,至近数十年特别全国解放后,国家进行有计划的科学发掘,从遗址、墓葬、窖藏中出土了大量考古学家称之为"礼器"的青铜器,如钟、铙、鼎、鬲、甗、𣪘、簠、簋、敦、豆、尊、彝、卣、壶、盉、罍、盘、匜、鉴、爵、角、斝、觯、斘、觥等,就是上述"礼物"的一部分。"礼器"与实用器在造型上应无多大区别,把它送入墓葬或者有意识放进窖藏,显得特别贵重,确实是实行礼典时所专用的器物。上文说明礼典是礼物和礼仪的结合,既存在这些"礼器",而"礼仪"是礼器的使用,那末,"礼器"的存在就是各种礼典存在的铁证。

下面我们再从先秦典籍里求取这方面的证据。先秦典籍涉及各种门类的礼典和《仪礼》的记述绝大部分是一致的,凡在《仪礼》

成书以前的记载,都属略述一个具体礼典的举行;在《仪礼》成书以后的记载,始有援引其原文,这一点可以说是泾渭分明的。《尚书》的《顾命》和《康王之诰》①记述了王朝巨典的隆重举行,《顾命》记载周康王初即位的一段文字,实是朝礼的规模;《康王之诰》是康王在丧期内接受诸侯的觐见。《逸周书》的《大匡解》是和《顾命》一样的周王朝礼之篇,而《世俘解》则记述了武王克商后举行规模宏大的献俘礼典。在这些篇章中,如果把记载当时具体的人和事去掉,就和礼书几乎是一模一样。当然,《顾命》和《康王之诰》不见得即是康王时所记,《大匡解》和《世俘解》更不见得是文、武时代的作品,但撰作于春秋以前是可以肯定的,因此可以说它是先于十七篇的"礼书"。

在《毛诗》里也有一些章什涉及各种礼典。《宾之初筵》和《行苇》二诗,是对王与群臣习射和射前燕饮的描绘,仿佛举行燕礼和大射礼。还有《楚茨》一诗,是描写祭祀祖先的情景,与《少牢馈食礼》、《有司》有相应之处。诗篇所反映的情形,是关于礼物和礼仪相结合的生动描绘,尽管为了适应于文学作品的特点而不是按仪式程序来呆板叙述,因而在文字上与礼书距离较大,但就内容看仍然相符。

《左传》、《国语》里有很多述礼之文。虽然《左传》撰作时代还有争议,但所述各国贵族实行礼典,都是春秋时代的历史事件和人物言论,不是后代人所能捏造的,何况有些事实还可以用《国

---

① 《尚书·康王之诰》孔疏云:"伏生以此篇合于《顾命》共为一篇,后人知其不可,分而为二。马、郑、王本此篇自'高祖寡命'已上内于《顾命》之篇,'王若曰'已下始为《康王之诰》。"今案:此所谓伏生者,实是欧阳、夏侯章句本。伏生本二十九篇书序在外,《康王之诰》实未合于《顾命》,但起讫不可知。此据今本。

语》来印证。因此，即使《左传》出于后人之手，其事则决非虚构。我师曹元弼先生云："考之《左氏》，卿大夫论述礼政，多在定公初年以前，自时厥后，六卿乱晋，吴越迭兴，而论礼精言，惟出孔氏弟子，此外罕闻。"（《礼经学》卷四《会通》）这一揭示很深刻，说明定公时社会性质开始变革，对礼典的实行，前后截然不同，可见《左传》、《国语》所记，都是可信的。曹先生又云："按聘、食、觐礼，皆见《左传》而聘礼尤备。"（同上）《左传》、《国语》所记，主要是朝、聘、飨礼，其次是丧礼、冠礼。

首述冠礼:《国语·晋语》"赵文子冠"，以下历叙文子往见栾书、荀庚、范燮、郤锜、韩厥、荀罃、郤犨、郤至、张孟，与《士冠礼》所云"遂以挚见于卿大夫乡先生"正相吻合。

次述丧礼:《左传》哀公二十三年:"春，宋景曹卒，季康子使冉有吊，且送葬，曰:有不腆先人之产马，使求荐诸夫人之宰。"诸侯丧礼的归赗，与《士丧礼》国君赗礼节"公赗玄纁束、马两"，虽爵位等差不相当，其助葬之义是一致的。又襄公十七年:"齐晏桓子卒，晏婴粗缞斩、苴绖带、杖、菅屦、食鬻、居倚庐、寝苫枕草。其老曰:'非大夫之礼也。'曰:'唯卿为大夫。'"晏婴以大夫而用士礼，故与《丧服》、《既夕·记》合。

再次述聘礼:《左传》僖公三十三年:"齐国庄子来聘，自郊劳至于赠贿，礼成加之以敏。"又昭公五年:"公如晋，自郊劳至于赠贿，无失礼。"又载楚薳启疆云:"宴有好货，飧有陪鼎，入有郊劳，出有赠贿。"《聘礼》记述使臣到所聘国，入境接受郊劳，离境接受赠贿，二者总括出使的过程。其间归饔饩时，宾与上介各得"陪鼎三";而"庭实设，马乘"，即是宴会时的"好货"。《国语·周语》云:"定王使单襄公聘于宋，遂假道于陈，以聘于楚。"《聘礼》过他邦假道节:"若过邦，至于竟，使次介假道。"《左传》昭公二年:"叔弓聘于晋,致馆,辞曰:敢辱大馆。"《聘礼》致馆节:"卿致馆,宾迎再拜。"又文公六年:"秋,季文子聘于晋,使求遭丧之礼以行。"即《聘礼》末所附遭所聘国君或夫人世子丧节。又哀公十五年云:"(楚伐吴,)陈侯使公孙贞子吊焉,及良而卒,将以尸入。(吴人辞,)芊尹盖对曰:'今君命逆使人曰,无以尸造于门,是我寡君之命委于草莽也。且臣闻之曰,事死如生,礼也。于是乎有朝聘而终以尸将事之礼,又有朝聘而遭丧之礼。'"《聘礼》末附出聘宾介死节云:"宾入竟而死,遂也。主人为之具而殡。介摄其命。"芊尹盖是贞子的介,坚持着当时中原诸国所守的"朝聘而终以尸将事之礼"和"朝聘而遭丧之礼"。《周语》云:"襄王使太宰文公及内史兴赐晋文公命,上卿逆于境,晋侯郊劳,馆诸宗庙,馈九牢,设庭燎。及期,命于武宫,设桑主,布几筵,太宰莅之,晋侯端委而入。既毕,宾、飨、赠、饯如公命侯伯之礼,而加之以宴好。"此是诸侯国接待周王的来使,在仪式上虽因爵位尊卑而有所斟酌损益,但仍是合于聘礼等差推比的,所以内史兴称赞"晋侯其能礼矣"。

朝礼和飨礼都已亡佚。十七篇有觐礼而无朝礼。诸侯臣属于天子有朝觐之礼,春秋时周天子微弱,诸侯不去朝王,朝觐礼近乎废弃。可是诸侯之间,小国屈服于大国,也有不用会礼而用朝礼的。《左传》定公十五年:"春,邾隐公来朝,子贡观焉。邾子执玉高,其容仰;公受玉卑,其容俯。"这些仪容动作的叙述,正是当时实行朝礼的佳证。还有,卿大夫臣属于天子、诸侯,私臣臣属于卿大夫,也要用朝礼。《鲁语》云:"公父文伯之母如季氏,曰:天子及诸侯合民事于外朝,合神事于内朝;自卿以下,合官职于外朝,合家事于内朝。"据此可知朝礼规模很大,范围很广,虽内容不甚清楚,在当时具有重要意义是可以想见的。

十七篇有食礼而无飨礼。飨礼是高一级贵族款待低一级贵族来见时的宴会。实行于各级贵族之间。它是一个独立的礼典,也是某一巨典的一个组成部分,《聘礼》、《朝礼》即包含飨礼。刘文淇《左传旧注疏证》云:"案《左传》多作享,作飨为仅见。"沈钦韩以为《释文》、《石经》飨并作享,即《聘礼》聘享节"如享礼"之享。此说不确。《左传》成公十四年:"卫侯飨苦成叔,宁惠子曰,古之为享食也。"享与食并举,可证享当作飨。《国语》亦享、飨同作。据《长由盉》"穆王才减处,穆王乡豐"(《遗》293)。《师遽彝》(懿王时器)"王才周康帛,飨醴"(《大系》录编70)。西周时既实行此礼,春秋时实行此礼是无可怀疑的。《左传》庄公十八年:"春,虢公、晋侯朝王,王飨醴,命之宥。"僖公二十五年:"四月戊午,晋侯朝王,王飨醴,命之宥。"又二十八年:"五月己酉,王享醴,命晋侯宥。"《晋语》:"(襄)王飨醴,命公胙侑。"《左传》宣公十六年:"冬,晋侯使士会平王室,定王享之,原襄公相礼,殽烝。武子私问其故。王闻之,召武子曰:王享有体荐,宴有折俎,公当享,卿当宴,王室之礼也。"又僖公十二年:"王以上卿之礼飨管仲,管仲辞,受下卿之礼而还。"周惠王、襄王、定王都为诸侯或陪臣举行过飨礼。飨礼用乐,《左传》襄公四年:"穆叔如晋,晋侯享之,金奏肆夏之三,不拜;工歌文王之三,又不拜;歌鹿鸣之三,三拜。"穆叔所以不拜,《鲁语》比《左传》讲得明白:"夫先乐金奏肆夏樊、遏、渠,天子所以飨元侯也;夫歌文王、大明、绵,则两君相见之乐也;今伶箫歌及鹿鸣之三(即鹿鸣、四牡、皇皇者华),君之所以贶使臣,臣敢不拜贶。"是为爵位等级上不可差忒的缘故。对整个飨食,《周语》记有定王的一段赞词:"择其柔嘉,选其馨香,洁其酒醴,品其百笾,修其簠簋,奉其牺象,出其樽彝,陈其鼎俎,净其巾幂,敬其祓除,体解节折而共饮食之,于是乎有折俎加豆,酬币宴货,以示容合好。"此处所阐发的这个礼典的意义是很明确的。至于《左传》僖公二十

二年所载"丁丑,楚子入飨于郑,九献,庭实旅百,加笾豆六品",
《晋语》所载"(晋文公)遂如楚,楚成王以周礼享之,九献,庭实旅
百",都在宾主等级关系上不合规程,但可借以知道王飨元侯是用
九献、庭实旅百和加笾豆六品的。比起《朝礼》来,《飨礼》的遗留
要多一点,当然还是残缺的。

　　以上对比《左传》、《国语》所述冠礼、丧礼、聘礼与《仪礼》书
本相应,而朝礼、飨礼也获得充分的根据,都证明春秋时这些礼典
在现实生活中经常在举行。清代顾栋高撰《左氏引经不及周官仪
礼论》,(《春秋大事表》卷四十七)以为"书为孔、孟所未尝道,
《诗》、《书》、三传所未经见",说没有援引《仪礼》原文是对的,但
对上述各书的述礼之文熟视无睹,一笔抹煞,轻率地作出"其为汉
之儒者掇拾缀辑无疑"的结论,显然不是尊重客观事实的正确态
度。更有姚际恒者,虽然看到了这些记载,但他却据以作出相反的
结论,以为《仪礼》是后人述春秋时事而抄《左传》之文来编造的。
把整理和记录正在实行的礼典说成有意的捏造,那末为什么他们
不把朝礼、飨礼也一起编造出来呢? 可见这些都是不作实事求是
科学分析的偏颇之见。

　　无论《尚书》、《逸周书》、《毛诗》或《左传》、《国语》,①都能证
明春秋以前各种礼典正在实行,而最能具体而确凿地证明礼典先
于礼书而存在,莫过于《论语》一书。《论语》述礼之文不下四十余
章,可以明显地看出:孔子时礼的书本还没有撰作,而礼物和礼仪

────────────

　　①　《仪礼》与《周礼》处处相合,其违异处不过由爵位不同所引起,可以
推比而疏通的。但既不胜一一征引,又因其书出于汉代,有些学者不信其为
先秦旧籍,引用必先考证,很易节外生枝,索性不加援引。还有,《公羊传》、
《穀梁传》也有述礼之文,甚至有直接引述《仪礼》原文的,但我们考定《公羊
传》在汉景帝时,《穀梁传》在景武之际始"著于竹帛",不足引以为证。

所构成的礼典正在普遍实行。下面把这些述礼之文分四大类来作具体分析：

第一类是指斥当时的违礼行为：(1)"孔子谓季氏八佾舞于庭,是可忍也,孰不可忍也!"(2)"三家者以雍彻,子曰：'相维辟公,天子穆穆',奚取于三家之堂!"(3)"季氏旅于泰山,子谓冉有曰：子弗能救与？对曰：不能。子曰：呜呼,曾谓泰山不如林放乎!"(4)"子曰：禘,自既灌而往者,吾不欲观之矣。"(5)"子贡欲去告朔之饩羊,子曰：赐也,尔爱其羊,我爱其礼。"(6)"然则管仲知礼乎？曰：邦君树塞门,管氏亦树塞门；邦君为两君之好有反坫,管氏亦有反坫,管氏而知礼,孰不知礼!"(以上《八佾》)(7)"子曰：拜下礼也,今拜乎上,泰也。"(《子罕》)以上七条,只有(7)见于《燕礼》和《大射礼》。其余虽都不在十七篇中,但有些也能约略地考查出来,如以《燕礼》彻俎时"奏陔"来推比,"三家者以雍彻"是天子祭祖宗的礼典。本来,只有被认为合于等级制度的礼典在实行,才能被据以判断某些仪式是不合规程的,否则就谈不上什么违礼不违礼。七条所述都属礼物和礼仪,可以充分证明孔子时各种礼典都在实行；同时根据(7)条来看,它不是《仪礼》原文的引述,又可证当时礼书还不存在。

第二类是某些礼仪的概述：(1)"子曰：君子无所争,必也射乎,揖让而升下而饮,其争也君子。"(《八佾》)(2)"对曰：非曰能之,愿学焉,宗庙之事如会同,端章甫,愿为小相焉。"(《先进》)(3)"笾豆之事,则有司存。"(《泰伯》)"孔子对曰：笾豆之事,则尝闻之矣。"(《卫灵公》)(4)"宰我问三年之丧,期已久矣,君子三年不为礼,礼必坏；三年不为乐,乐必崩；旧谷既没,新谷既升,钻燧改火,期可已矣。子曰：食夫稻,衣夫锦,于女安乎？曰：安。女安则为之。夫君子之居丧,食旨不甘,闻乐不乐,居处不安,故不为也。

今女安,则为之。"(《阳货》)这些是射礼、祭礼、丧礼的概括,如果当时没有实行过这些礼典,决不可能凭空造作得出来的。但又丝毫没有援引《仪礼》原文的痕迹,同样说明礼书还不存在。

第三类是有关礼的理论和礼的作用的阐述:(1)"子曰:生,事之以礼;死,葬之以礼,祭之以礼。"(《为政》)(2)"有子曰:礼之用,和为贵,先王之道斯为美,小大由之,有所不行,知和而和,不以礼节之,亦不可行也。"(《学而》)(3)"林放问礼之本,子曰:大哉问!礼,与其奢也宁俭;丧,与其易也宁戚。"(4)"子入太庙,每事问。或曰:孰谓鄹人之子知礼乎,入太庙,每事问?子闻之曰:是礼也。"(以上《八佾》)(5)"不学礼,无以立。"(《季氏》)"兴于诗,立于礼,成于学。"(《泰伯》)"不知礼,无以立也。"(《尧曰》)(6)"子曰:礼云礼云,玉帛云乎哉。"(《阳货》)(7)"子曰:恭而无礼则劳,慎而无礼则葸,勇而无礼则乱,直而无礼则绞。"(《泰伯》)(8)"子曰:博学于文,约之以礼,亦可以弗畔矣夫。"(《颜渊》)(9)"上好礼则民易使也。"(《宪问》)这些有关礼的阐述,都是从具体礼典中抽象出来的。如果没有礼典的存在,这就无从谈起。

第四类是"容礼",集中记载在《乡党》篇内。所谓容礼,就是:在参加礼典中,依据自己的等级身份在每个仪节上表演最适当的仪容动作,例如在朝礼中:"朝,与下大夫言,侃侃如也;与上大夫言,訚訚如也。君在,踧踖如也,与与如也。"又如在聘问礼中,担任君与别国使臣间传话的摈者:"君召使摈,色勃如也,足躩如也,揖所与立,左右手,衣前后,襜如也。趋进,翼如也。宾退,必复命曰:宾不顾矣。"奉使到别国:"执圭,鞠躬如也,如不胜。""上如揖,下如授,勃如战色。足蹜蹜如有循。享礼有容色;私觌,愉愉如也。"①在日常生活中,同样注重合乎规程的容色,如:"孔子在乡党,恂恂如也,似不能言者。在宗庙朝廷,便便言,唯谨尔。""乡人傩,朝服而立于阼阶。""见齐衰者,虽狎必变。见冕者与瞽者,虽亵必以貌。凶服者式之,式负版者。"这些都是礼仪最具典型的部分,用文字表达终欠显豁。容礼在礼书撰成以前,可与礼典结合,也可以单独表现;在礼书撰成以后,仍然单独流传,西汉初年,"徐生善为容"与"高堂生传士礼"并行,所以朝廷有礼官大夫、郡国有容史的设置。据此更易看出:礼物、礼仪(包括容礼)与礼书是两回事,不可混为一谈;而礼物、礼仪所构成的礼典并不依靠礼书而存在的。

把《论语》一书有关礼的记载加以分析和综合,可以证明一个事实:在春秋以前,礼物与礼仪相结合的各种礼典自在各级贵族中普遍实行。孔子是知礼者,担任过赞礼(摈、相)一类的职务,所以在他和弟子们的问答中反映了那么多礼的理论和礼的实践,但在他所有有关礼的言论中没有直接援引《仪礼》的原文,②有力地证明礼书还不存在,各种门类的礼典还没有被记录成文。过去有人

---

① 《乡党》与《聘礼·记》有三处文字略同:(1)"执圭,鞠躬如也,如不胜。"——"执圭,入门,鞠躬焉,如恐失之。"(2)"出降一等,逞颜色,怡怡如也。"——"下阶,发气,怡焉。"(3)"私觌,愉愉如也。"——"私觌,愉愉焉。"有人就据以提出"未知《乡党》用《聘礼》语抑《聘礼》用《乡党》语"的疑问。其实这些都是容礼,贵族们无论举行礼典或者日常生活中都用得着它,此等语句,早已流行。孔子论述容礼,不止这三节,因而不一定根据什么书来说的;《聘礼》记述宾介聘享之容,也不止这三节,也不见得取自《乡党》。如果据此片言只语的约略相同来论定《党乡》用《聘礼》语或《聘礼》用《乡党》语,那是很荒谬的。

② 《论语》何时撰作,郑玄云"仲弓、子夏等所撰定"(《释文·叙录》)。皇侃云"是孔子没后弟子之门徒所撰录也"(《论语义疏叙》)。柳宗元云"卒

主张礼书制作以后才会有礼典的实行,这说法与事实恰恰相反,因而是错误的。

　　经过出土实物和先秦典籍各方面的检验,完全证实殷、西周到春秋,由礼物、礼仪所构成的各种礼典,自在奴隶主贵族中普遍地经常举行。①

成其书者,曾子之徒也"(《柳河东集·论语辨》)。章学诚云"《论语》记曾子之没,吴起尝师曾子,则曾子没在战国初年而《论语》成于战国之时明矣"(《文史通义·诗教》)。说甚分歧。综诸家之说,《论语》为孔子弟子和再传弟子各记所闻,非出一时一人之手,而最后汇辑必在战国初期。但其书尽管成于战国,其言可信是孔子及其弟子所云。

　　①　司马迁对"礼"的记述倒和我的说法符合的,或者说,我是受他的启发而为此说的。《史记·儒林列传》云:"夫周室衰而《关雎》作,幽、厉微而礼、乐坏,诸侯恣行,政由强国,故孔子闵王路废而邪道兴,于是论次《诗》、《书》,修起礼、乐。"《诗》、《书》称论次,礼、乐称修起,措词有别,两言礼、乐,礼都指礼典无疑。又云:"诸学者多言礼而鲁高堂生最,本礼固自孔子时而其经不具,及至秦焚书,书散亡益多。"学者们多于本字逗,最本义不可通,当从日本泷川资言《史记会注考证》于最字逗,"本礼"与"经礼"同意,即指礼典。礼典在孔子时还没有写成书本,故曰"其经不具"。《史记》之文虽简奥,分析其意,义尚易明。但班固演述则完全不同。《汉书》记武帝以前的汉事,往往抄袭《史记》之文而稍易其文字,惟此文则别有所据。《艺文志》云:"及周之衰,诸侯将逾法度,恶其害己,皆灭去其籍,自孔子时而不具,至秦大坏。"《礼乐志》云:"及其衰也,诸侯逾越法度,恶礼制之害己,去其篇籍,遭秦灭学,遂以乱亡。"他以为各种礼典早已成书,至周衰而被诸侯毁灭的。但这"灭去其籍"之说有何根据?《孟子·万章下》云:"北宫锜问曰:'周室班爵禄也,如之何?'孟子曰:'其详不可得闻也。诸侯恶其害己也而皆去其籍,然而轲也尝闻其略也。'"原来是从《孟子》那里抄来的。赵岐注"今《周礼》司禄之官无其职",《周礼》司禄职阙,孙诒让以为"据赵说,则司禄职亡在秦火以前,理或然也"。赵岐以《周礼》释《孟子》是否可信,姑置不论;但《孟子》称"皆去其籍"决不是指各种礼典,那是十分清楚的。班氏附会其事,牵合十七篇来论述,其谬妄显而易见。

三

上文揭示了一个为历代礼家所忽视的重要事实:殷、周奴隶主贵族出于政治上的需要,经常举行着各色各样的礼典,礼典重在实行,没有记录成文。于是,聚讼千载的《仪礼》残存十七篇以及已佚若干篇在何时撰作的问题,有可能由此而得到解决。

从分析《论语》述礼之文以证实孔子熟习各种礼典而其时《仪礼》还没有撰成书本,而《礼记·杂记下》里有一则记载,时间正相衔接,事实恰好合榫。其文云:"恤由之丧,哀公使孺悲之孔子学士丧礼,《士丧礼》于是乎书。"注家狃于周公制礼之说,所释多迂曲难通。各级丧礼从来自在各国实行,春秋后出现士用卿大夫制的僭上行为,哀公命孺悲厘订士丧礼,"于是乎书",明白无误地表明在此时才写成书本。某些学者斥为"何足为据",是不顾前后史实的粗暴否定。《杂记》是丧礼的传记,相继述作,既然他能阐发丧仪蕴义,当然也应知道《士丧礼》等篇为何人所作,不过类似篇章中惟有《杂记》作者有此记述而已。

丧礼内涵丧、葬、祭三个部分。《士丧礼》上篇不仅与记述葬礼部分的下篇《既夕》相连成文,不可分割;而且还必须包括记述葬后三虞、卒哭、小祥、大祥、禫等丧、吉诸祭的《士虞礼》,方能成为完整的三年之丧。而《丧服》一篇本是密切配合这三篇的:《士丧礼》记亲丧第三日大殓"成服",即是依据《丧服》条文来确定所有内外亲的服制;《既夕》记葬后举行三虞丧祭、卒哭吉祭后的除去重服,改受轻服,《士虞礼·记》记满一年小祥祭后去首服用练冠,满二年大祥祭后除衰服用朝服,二十六个月禫祭后恢复常服,都是按照《丧服》行事。如果只有《士丧礼》上下篇是不成其为丧礼的。既如此密切相关，必在同时撰作，"《士丧礼》于是乎书"，应该总括四篇，都是孺悲所记录。《史记·孔子世家》云："孔子之去鲁，凡十四岁而反乎鲁。"其去鲁之年，《史记》所记有定公十二年（《鲁周公世家》）、十三年（《卫康叔世家》）、十四年（《孔子世家》）三说，江永《乡党图考》考定为十三年，则返鲁在哀公十一年。《春秋》哀公十六年云"孔丘卒"，然则孺悲从孔子问礼在十一年至十六年间，从学习到撰作应有一段时间，四篇写成书本当在哀公末年至悼公初年，即周元王、定王之际，公元前五世纪中期。①

残存十七篇除去上述四篇以外的十三篇在何时记录成文，已无法一一考定；已经亡佚的若干篇于何时撰作，更无从谈起。根据《曲礼下》所说"居丧，未葬读丧礼，既葬读祭礼，丧复常，读乐章"，在《曲礼》作者手里，《士丧礼》、《既夕》、《丧服》等丧礼，《士虞礼》、《特牲馈食礼》、《少牢馈食礼》、《有司》等祭礼，都和《诗》（乐章）一样有书本可读，除了给上述孺悲撰作《士丧礼》四篇添一有力旁证外，更可据以推断孔氏后学继孺悲之后纷纷撰作，各种礼典的书本是在一段较长时间内由很多人陆续写成的。

考查先秦典籍的撰作，有许多不可能推定确切的年岁，但应力求约略确定在某一段时间之内，也就是确定撰作时代的上下限。《士丧礼》四篇是《仪礼》残存十七篇以及已佚若干篇中最早写成书本，上文考定它撰成于周元王、定王之际，就是《仪礼》撰作时代的上限。

下限比较难于确定。近人对十七篇的撰作时代作过推测。钱玄同说："其书盖晚周为荀子之学者所作"，"五经之中，当以《仪

---

① 此定王名介，元王之子。皇甫谧以为"应为贞定王"，以别于匡王之弟定王瑜。

礼》为最晚出之书"。(《重论经今古文学问题》)洪业说"高堂生
传本,编纂于荀子之后也。"(《仪礼引得序》)但都没有提出足够的
证据,因此未必就能一言论定。

考证不知撰人的古代典籍,根据它曾被其他典籍援引来推究
比勘撰作时代,虽不敢说是唯一可靠的,但至少不失为比较客观而
切实的方法。当然,《仪礼》具有不同于他经的特点,如胡培翚所
云"夫《仪礼》之书,叙次繁重,有必详其原委而义始见者,非若他
经之可以断章取义也。"(《研六室文钞》卷三《仪礼非后人伪撰
辨》)其书都是整章整节记录一个完整的仪注,截取一句二句,不
能明了其意义,因此援引其文,既不便全章全节的逐录,就只能剪
裁删节其文而概述其义。某些人不了解礼文的这个特点,无视这种
经过剪裁删节的引文,武断地认为群书少有称引。如顾栋高论《左
氏》引经不及《周官》、《仪礼》,以为"《诗》、《书》、三传所未经见",
是个最具典型的例子。其实,和其他典籍一样,当《仪礼》书本出现
于学者之间而产生了影响,岂有不被人引述之理,不过引述者对
"礼"文和《诗》、《书》之文在处理上根据各自的特点而有所不同。

最早征引《仪礼》之文的是《墨子》。

《墨子》的《节葬》、《非儒》、《公孟》三篇节引《丧服经》文而以
《节葬下》所引最为完整:

> 君死,丧之三年;父母死,丧之三年;妻与后子死者五,皆
> 丧之三年。

这就是《丧服经》斩衰章的君、父、父为长子、妻为夫、妾为君、女子
子在室为父和齐衰章的父卒为母、母为长子等条。《丧服》夫为妻
正服列于杖期章与此文"妻"字不合,《非儒下》虽无妻字但下有
"妻、后子与父同也"句,则此妻字并非传抄写误。《左传》昭公十
五年"王一岁而有三年之丧二焉",是指周景王有穆后和太子寿之

丧,当时丧期上实有为妻三年的异说,墨子书有此记载是不足怪的
(《墨子间诂》引诸家说均误)。但是,服制上妻为夫三年为斩衰正
服,此文中不应独缺,故仍应定妻当作夫字。"死者五",王引之改
"者五"为"五者",俞樾改"五"为"二",孙诒让以五字下属,均误。
五指父为长子、妻为夫、妾为君、女子子在室为父、母为长子五种三
年服。《节葬下》又云:

> 然后伯父、叔父、兄弟、孽子期。①

这就是《丧服经》不杖期章的世父母、叔父母、昆弟、众子、昆弟之
子等条。又云:

> 族人五月,姑、姊、甥、舅皆有月数。

这就是《丧服经》小功章的从祖祖父母、从祖父母、从祖昆弟、大功
章的姑姊妹适人者和缌麻章的舅、甥等条。

《丧服经》的体裁,如贾公彦疏所云"上陈其服,下列其人",征
引其文,很难就原文摘句。《墨子》概述其义,不得不加以剪裁删
节,尽管字句与原文不尽相符,但总括全经,对五正服中的主要守
服者并无遗漏和歧出。只要和《论语·阳货》宰我问丧章相对照,
不难看出,彼文泛论三年之丧,不是援文立说;而此文则句句落实,
如果没有书本作依据是做不到如此具体而详尽的。

《墨子·贵义》篇云:"子墨子南游于楚,见楚献惠王,献惠王
以老辞。"孙诒让《间诂》云:"毕云,检《史记》楚无献惠王也,《艺
文类聚》引作惠王,是。又案《文选》注引本书云:'墨子献书惠王,
王受而读之,曰良书也。'此文挩佚甚多,余知古《渚宫旧事》二云:
'墨子至郢,献书惠王。'此与《文选》注所引合。疑故书本作'献书
惠王',传写挩书存献,校者又更易上下文以就之耳。苏云,楚惠

---

① 原误作"其",据毕沅校改。

王以周敬王三十二年立,卒于考王九年,凡五十七年。墨子之游楚,盖当其暮年,故以老辞。《渚宫旧事》注云'时惠王在位已五十年矣',然则此事在周考王二年,鲁悼公之二十九年也。"据此可见鲁悼公末年,《墨子》已有部分成书。"节葬"、"非儒"是墨学的中心课题,这时《节葬》等三篇必有一或二篇已经写成,而文中有引《丧服》原文,可见孺悲在悼公初年撰作的《士丧礼》等四篇,二十多年后已经流传,墨子手中有其传本。

《孟子》和《荀子》都征引过《仪礼》之文。

孟轲是孔子的私淑弟子。赵岐《孟子题辞》说他"通五经,尤长于《诗》、《书》"。书中引《书》凡二十九,引《诗》凡三十五;而很少议论礼、乐,述礼之文只有二则,《离娄下》篇云:

（齐宣）王曰:礼为旧君有服。

显然引自《丧服经》齐衰三月章"为旧君、君之母妻"。又《万章下》篇云:

孟子曰:在国曰市井之臣,在野曰草莽之臣,……礼也。

此文与《士相见礼》"宅者,在邦曰市井之臣,在野则曰草茅之臣"相同。二文俱明言"礼",可见他手中有《仪礼》书本。

荀况是战国后期的礼学大师。《礼论》、《大略》是他的述礼专著,《礼论》当属自撰,《大略》则出于弟子杂录,都是论述昏、丧、祭、飨诸礼的。其体裁与《礼记》很相似,往往前引《仪礼》之文而后申以己说,对原文颇多剪裁删节,但并列对照,并疏解其异文,就能看出荀况礼学是依《仪礼》立说的。

《仪礼》	《荀子》	疏　证
属纩,以俟绝气。(《既夕·记》)	纩纩听息之时,则夫忠臣孝子亦知其闵己。(《礼论》)	案:杨倞注:"纩,读为注,即属纩也。"
外御受沐入。乃沐,栉,挋用巾;浴,用巾,挋用浴衣。蚤揃如他日。鬠用组。(《士丧》)	始卒,沐浴,鬠、体,饭含,象生执也。(《礼论》)	案:尸不冠,以组束发,不加簪,谓之鬠。又:体,杨倞注"谓爪揃之属",即郑玄注"断发揃须也"。
主人左扱米,实于右;三,实一贝。左、中亦如之。(《士丧》)	饭以生稻,含以槁骨,反生术矣。(《礼论》)	又案:杨倞注:"生稻,米也。槁骨,贝也。"
瑱,用白纩。(《士丧》)瑱塞耳。(《既夕·记》)	充耳而设瑱。(《礼论》)	案:郑玄注:"瑱,充耳。"
鬠笄用桑,长四寸,緫中。掩,练帛广终幅,长五尺,析其末。幎目,用缁,方尺二寸,赪里,著,组系。(《士丧》)	设掩面、儇目、鬠,而不冠笄矣。(《礼论》)	案:杨倞注:"儇与还同。帱读如纂,纂与还义同。"用方尺二寸帛,两层缝为组,缁面赪里,并充以新绵,覆于尸面,谓之幎目。复用长五尺的练帛裹尸首,谓之掩面。笄有二,安发之笄

续表

《仪礼》	《荀子》	疏　证
		名鬠,固冠之笄名簪。敛不用冠,则不用固冠之笄。
乃袭,三称,明衣不在算。设韐、带,搢笏。(《士丧》)彻亵衣,加新衣。设明衣。(《既夕·记》)	说亵衣,袭三称,缙绅,而无钩带矣。(《礼论》)	案:亵衣是亲肤之衣。明衣是新制的亵衣。《荀子》的"说(脱)亵衣",即《既夕》的"彻亵衣"。
为铭。书铭于末曰某之某之柩。重木,刊凿之,甸人置重于中庭。祝取铭置于重。(《士丧》)	书其名,置于其重,则名不见而柩独明矣。(《礼论》)	
主人奉尸敛于棺,乃盖。(《士丧》)三日成服。(《士丧》)	必逾日然后能殡,三日而成服。(《礼论》)	案:掘肂于西阶上,大敛后置棺肂中。西阶宾位,故曰殡。大敛在丧之第三日,成服在第四日。不数死日,则殡在第二日,成服在第三日。

《仪礼》	《荀子》	疏　证
商祝饰柩,一池,纽前纁后缁,齐三采,无贝。(《既夕》) 巾奠,乃墙。(《既夕·记》) 燕器:杖、笠、翣。(《既夕》)	无帾丝歶缕翣,其貌以象菲帷幬尉也。(《礼论》)	案:杨倞注"无读为幠",与荒通,亦称柳,是覆盖在柩上的布幕。注"帾与褚同",亦称墙,是围在柩四周的布帷。即郑玄注所云"饰柩,为设墙、柳也。墙有布帷,柳有布荒,纽所以联帷荒。" 又案:杨注:"或曰丝读为绥;歶读为鱼,谓以铜鱼悬于池下。"郑注:"池者,象宫室之承霤,悬于柳前。"经过疏解,上列二文大致相合。
折,横覆之。抗木,横三缩三。(《既夕》)	抗、折,其貌以象槾茨番阏也。(《礼论》)	
君使人襚,襚者左执领,右执要,入,升致命。襚者入衣尸。亲者襚,不将命,以即陈。庶兄弟襚,使人以将命	赗赙所以佐生也,赠襚所以送死也;送死不及柩、尸,吊生不及悲哀,非礼也。(《大	

续表

《仪礼》	《荀子》	疏　证
于室。朋友襚,亲以进。有襚者,则将命,宾入,中庭北面致命。朋友亲襚,如初仪。(《士丧》)	略》)	
公賵玄纁束,马两。宾賵者,将命,马入设。若赗,宾东面将命。赠者,将命。兄弟,賵奠可也。所知,则賵而不奠。知死者赠,知生者賵。(《既夕》)		
父醮子,命之,辞曰:往迎尔相,承我宗事,勖帅以敬先妣之嗣,若则有常。(《士昏·记》)	亲迎之礼,父南乡而立,子北面而跪。醮而命之:往迎尔相,成我宗事,隆率以敬先妣之嗣,若则有常。(《大略》)	

《仪礼》	《荀子》	疏　　证
多财则伤于德,币美则没礼。(《聘礼·记》)	聘礼志曰:币厚则伤德,财侈则殄礼。(《大略》)	
若不言,立则视足,坐则视膝。(《士相见》)	坐视膝,立视足。(《大略》)	
(佚郊礼)	郊者,并百王于上天而祭祀之也。(《礼论》)	案:此与《礼运》"定天位"、"百神受职"同意,乃《郊礼》本义。
(佚飨礼)	宰爵知宾客、祭祀、飨、食牺牲之牢数。(《王制》)	案:以《公食》证《飨礼》,其仪大致相似。

　　《荀子·劝学篇》云:"学恶乎始恶乎终?曰:其数则始乎诵经,终乎读礼。"杨倞注:"数,术也。经谓《诗》、《书》,礼为典礼之属也。"从其所言"读礼"来看,手里有着今存《士丧》、《既夕》、《士相见》以及已佚的《郊礼》、《飨礼》等书本。可见《仪礼》各篇已在习礼经师中广泛流传。从《论语》的"执礼"到《荀子》的"读礼",就是各种礼典从贵族实行到经师撰作书本的发展过程。《礼论》以礼名篇,称"礼者谨于治生死者也",又云"丧礼之凡",《大略》又引《聘礼志》,其同于《仪礼》之文,不言可喻,是出于他的援引。

因此,《仪礼》不是"为荀子之学者所作"。

征引《仪礼》原文最完整、最详备的当推二戴(戴德、戴圣)所辑的《礼记》。

为了论证上的方便,在核校二戴所辑《礼记》援引《仪礼》原文之前,有必要解决《仪礼》各篇篇末所附之"记"与本经具有何种关系的问题。今存十七篇中十二篇篇末有附"记",①就其内容而论,一是阐发礼的意义,二是追述远古异制,三是详述因故变易其制的不同仪式,四是备载因爵位不同而引起器物、仪式的差异,五是叙说所用器物的制作、形状和数量,六是记录礼典所用的"辞"。因此历代礼家都以为:经文是叙述一个礼典的始末,记文是补经之作,从而把它与二戴所辑《礼记》相等同。诚然,在阐经所未明、补经所未备这一点上它与二《礼记》是有很多相似之处;但从与本经的关系上看,由于附经之"记"与经的界线很不清楚,有些问题一直感到无法理解,也无法解决。例如:一、十七篇中四篇无"记",但与有"记"之篇相对照,有些章节不像是经文,如《士相见礼》篇末的进言之法节、侍坐于君子之法节、称谓及执贽之容节,显属记文,因其篇无记字而被当作经文了。二、同类的章节,有的在经文而有的在记文,如《士冠礼》经文有"冠辞"、"醴辞",而《士昏礼》六礼之辞俱入记文。又如《特牲馈食礼·记》有"设洗,南北以堂深,东西当东荣,水在洗东,篚在洗西"云云,而《乡射礼》经陈设节有相同的设洗设篚之文。又如《士昏礼》、《公食大夫礼》俱有附记,《士昏礼》"若不亲迎"在记末,《公食大夫礼》"若不亲食"在经末记前。三、如果附经之"记"属于补经之作,那末有的经文单独

---

① 《士丧礼》上下篇的"记"集中在《既夕》篇末,表面上看是一篇,其实是通乎上下的,应该说十三篇有附"记"。

来看就显得残缺不全了。以《丧服》为例，如缺少记文"公子为其母练冠麻、麻衣縓缘，为其妻縓冠葛绖带、麻衣縓缘"，"大夫、公之昆弟、大夫之子于兄弟降一等"等条，就不是完整的服制；以《士昏礼》等为例，宾主之辞在记内，记文后作，当时就无辞可用了。四、可能出于同样的原因，后世的学者对经和记也不曾加以严格的区分，有人把记当作经，如《礼记·问丧》引"礼曰，童子不緦，唯当室緦"，《通典》卷七十二引《石渠奏议》"经云宗子孤为殇"，都见于《丧服·记》，而《问丧》作者和戴圣都把它当作经。有人把经当作记，如郑玄《诗·采繁》笺引《少牢》经文云"礼记主妇髲鬄"，郭璞《尔雅·释言》注引《有司》经文云"礼记曰厞用席"，二者都是经文而郑、郭称之为记。还有引述记文而或称礼或称记，如何休《公羊传》隐公元年"隐长而卑"解诂引《士冠·记》文，称"士冠礼曰"而不言记；而闵公三年"三年之丧实以二十五月"解诂引"士虞记曰"又正言记。凡此等问题，历代礼家虽多方辩解疏通，但始终没有取得令人信服的解释。1958年甘肃武威汉墓出土西汉简本《仪礼》七篇九卷，其中《丧服》、《特牲馈食礼》、《燕礼》三篇有附经之"记"，而经记之间，不但没有如今本标有"记"字，而且所标"□"、"○"符号与经文分章符号相同，显然不是用来区分经、记的特殊标志。从简本上受到启发，恍然领会《仪礼》本经篇末所附之"记"，不过把行文上不便插入正文的解释性、补充性的文字，在后人可以用双行夹注或加括弧来处理的，在它就安排于篇末作附录。《问丧》作者和戴圣等所看到的传抄本可能也和汉简本一样没有"记"字来划分前经后记。有汉简本作证，今本"记"字显然是汉以后人所加，不足凭信。附经之"记"本来就是经文的组成部分，"于是乎书"时便已包括在内，经与附经之"记"不是前后撰作的两种书，而是同时撰作的一书的两个部分，因此，援引附经之"记"与援引本经之文就不必再加以区别了。

　　二戴所辑《礼记》是《仪礼》残存十七篇以及已佚若干篇的传记，即皮锡瑞所谓"弟子所释谓之传，亦谓之记"。(《经学历史》二)非常明显，它是依据《仪礼》书本来解经所未明、补经所未备的。《汉书·艺文志》礼类列"记百三十一篇"，班固自注："七十子后学者所记也。"《经典释文·叙录》注引刘向《别录》云："古文记二百四篇。"《隋书·经籍志》云："刘向考校经籍，检得一百三十篇，向因第而叙之。而又得《明堂阴阳记》三十三篇、《孔子三朝记》七篇、《王氏史氏记》二十一篇、《乐记》二十三篇，凡五种，合二百十四篇。"《明堂阴阳记》以下四种亦见于《艺文志》，可见《别录》所称二百四篇，亦必包括这些篇章在内。篇数有参差，不过出于分合的不同，不足深究。但值得注意的是，从这里反映出一个事实：七十子后学者所撰之"记"，在当时单篇传抄，未曾汇辑成书。因此，流传到西汉初年，渗入了若干篇秦、汉间人的著作，如郑玄《三礼目录》云："名曰《月令》者，以其记十二月政之所行也。本《吕氏春秋》十二月纪之首章也，以礼家好事抄合之。"又如《史记·封禅书》云："文帝使博士诸生刺六经中作《王制》。"而《大戴礼记·保傅》与贾谊《新书》的《保傅》、《傅职》、《胎教》、《容经》四篇，《礼察》"凡人之知"以下与《治安策》均文多相同，当是从贾谊书渗入的。又《礼记·中庸》为子思所作是可信的，但被秦人窜加了"车同轨、书同文"等句子(从金德建说)。又《大戴礼记·公冠》"成王冠"以下亦汉代礼家述礼之文，而《盛德》前半篇为戴德自撰之作。这样，使"记"文的内容更加复杂，而撰作时代就不易考定。《礼记正义》大题下引郑玄《六艺论》云："戴德传记八十五篇，戴圣传记四十九篇。"二戴各自辑为《礼记》。尽管沙汰了百来篇可能是内容浅陋的篇章，但一些秦、汉间人的作品依然入录。

《大戴礼记》今存三十九篇，起第三十九，终八十一，中缺四十三、四十四、四十五、六十一。《御览》卷五百二十九引"《五经异义》曰大戴说《礼器》云，灶者老妇之祭"，今小戴《礼器》灶作奥。《诗·摽有梅》孔疏云："案《异义》人君年几而昏，今大戴说云云，《礼·文王世子》云云。"阮元《校勘记》引浦镗云："《异义》所据，《大戴礼·文王世子》篇也。《豳谱》及《大明》正义皆有明文可据。"《公羊传》襄公十六年何休解诂引《玉藻》"天子旂十有二旒"云云，《白虎通·丧服》引《大传》"父母之葬居倚庐"云云，又《崩葬》引《檀弓》"天子哭诸侯爵弁纯衣"云云，又引《杂记》"君吊臣主人待于门外"云云，又《情性》引《礼运记》"六情所以扶成五性也"云云，皆不见于小戴所辑《礼记》。此等佚文，丁晏《佚礼扶微》搜集甚完备，说者援《异义》之例，以为《大戴礼记》之逸篇。然则大戴所辑《礼记》，亦有《礼器》、《文王世子》、《大传》、《檀弓》、《杂记》、《礼运》等篇，与小戴所辑，不过句有出入、文有异同而已。至于现存之篇，二《礼记》亦有重复，《哀公问于孔子》与《哀公问》全篇相同；《礼察》开头"夫孔"至"众矣"一百三十多字见于《经解》；《本命》"有思"至"教也"二百七十多字见于《丧服四制》；二记都有《投壶》篇，其文大致相同而末段互见有无。从佚文和重出两方面推比，可见今本《大戴礼记》所缺，有的即是今本《礼记》之篇。而晋、唐人所说戴圣删戴德之书为小戴记之说，（见《经典释文·叙录》引陈邵《周礼论序》和《隋书·经籍志》）当亦自有所据，未必全出虚构。《礼记》至二戴始汇辑成书，今称《大戴礼记》，古称《大戴礼》或《大戴记》；今称《礼记》，古称《小戴礼》或《小戴记》。其实，应该称为"大戴辑《礼记》"、"小戴辑《礼记》"或"二戴辑《礼记》"，表明此是汉人辑前代之文。

　　二戴所辑《礼记》内容庞杂，说它是《仪礼》残存十七篇以及已佚若干篇的传记,恐不易为学者所接受。我师曹元弼先生云:"二戴记之说礼,大类有三,曰礼、曰学、曰政。《曲礼》、《檀弓》、《迁庙》、《衅庙》、《冠义》、《昏义》、《朝事义》等篇,礼类也;《学记》、《中庸》、《儒行》、《大学》、《曾子》十篇,学类也;《王制》、《月令》、《夏小正》、《文王官人》之等,政类也。"(《礼经学》卷四《会通》)按三大类来区分大戴辑《礼记》三十九篇、小戴辑《礼记》四十九篇,就能使各篇何者当属礼类,何者当属政、学类,性质明确,界线清楚。政、学类诸篇及《乐记》可置勿论,秦、汉人之作应予剔除,列入礼类的,小戴所辑有:《曲礼》上下、《檀弓》上下、《曾子问》、《礼器》、《郊特牲》、《玉藻》、《丧服小记》*、《大传》、《少仪》、《杂记》*上下、《丧大记》*、《祭法》、《祭义》、《祭统》、《仲尼燕居》、《奔丧》、《问丧》、《间传》、《三年问》、《深衣》、《投壶》、《冠义》*、《昏义》*、《乡饮酒义》*、《射义》*、《燕义》*、《聘义》*、《丧服四制》*;大戴所辑有:《礼三本》、《虞帝德》、《诸侯迁庙》*、《诸侯衅庙》*、《朝事》*、《投壶》、《公冠》*(《公冠》"成王冠"以下当是汉儒述礼之文,在剔除之列)、《本命》等,凡三十九篇。经过这样的筛选,《礼记》是《仪礼》的传记这个事实方能显现出来。其中加有*符号的专为某一礼典解说之篇,如《冠义》之于《士冠》、《昏义》之于《士昏》等,此种关系尤为鲜明。为说明传记是解经所未明、补经所未备,试为列表如后。但传记往往引述礼文而后加解说,因此引文较多,难以全录,只能每篇选取一二节与《仪礼》原文对照参观。

《仪礼》	二戴辑《礼记》	疏　证
冠者北面见于母,母拜受,子拜送,母又拜。冠者见于兄弟,兄弟再拜,冠者答拜。(《士冠》)	见于母,母拜之;见于兄弟,兄弟拜之;成人而与为礼也。(《冠义》)	
昏礼,下达,纳采,用雁。主人筵于户西,西上,右几。使者玄端至。主人如宾服,迎于门外。揖入,至于庙门,揖入,三揖至于阶,三让。宾升西阶当阿东面致命,主人阼阶上北面再拜。宾执雁,请问名。主人许,宾入授,如初礼。纳吉,用雁,如纳采礼。纳征,玄纁束帛,俪皮,如纳吉礼。请期,用雁,告期,如纳征礼。(《士昏》)	是以昏礼纳采、问名、纳吉、纳征、请期,皆主人筵几于庙而拜迎于门外,入揖,让而升,听命于庙,所以敬慎重、正昏礼也。(《昏义》)	
凡侍坐于君子,君子欠伸,问日之早晏,以食具告,改居,则请退可也。(《士相见》)	侍坐于君子,君子欠伸,运笏,泽剑首,还屦,问日之蚤莫,虽请退可也。(《少仪》)	

《仪礼》	二戴辑《礼记》	疏　证
尊两壶于房户间,斯禁,有玄酒,在西。设洗于阼阶东南,南北以堂深,东西当东荣。(《乡饮》) 荐醢,五挺,横祭于其上。出自左房。(《乡饮·记》)	乡人士君子尊于房中之间,宾主共之也。尊有玄酒,贵其质也。羞出自东房,主人共之也。洗当东荣,主人之所以自絜而以事宾也。(《乡饮酒义》)	案:左房右室,房在东,故左房即东房。
小臣设公席于阼阶上,西乡,设加席。公升,即位于席,西乡。公降立于阼阶之东南,南乡尔卿,卿西面北上;尔大夫,大夫皆少进。(《燕礼》)	君席阼阶之上,居主位也。君独升,立席上,西面特立,莫敢适之义也。君立阼阶之东南,南乡尔卿、大夫,皆少进,定位也。(《燕义》)	
公尊瓦大内。(《燕礼》)	君尊瓦甒。(《礼器》)	
两壶献酒。(《大射》)	汁献涗于盏酒。(《郊特牲》)	案:郑注:"献读为沙,沙酒浊,特沛之,必摩沙之也。"

续表

《仪礼》	二戴辑《礼记》	疏　证
君使士请事,遂以入竟。宾至于近郊。君使下大夫请行,反。君使卿朝服用束帛劳。公皮弁迎宾于大门内。及庙门,公揖入。纳宾,宾入门左。宾致命。公当楣再拜。公侧袭受玉于中堂与东楹之间。(《聘礼》)	君使士迎于境,大夫郊劳,君亲拜迎于大门之内而朝受,北面拜贶,拜君命之辱,所以致敬让也。(《朝事》、《聘义》)	案:《朝事》误脱命字;《聘义》误脱让字,又朝作庙。又案:卿为上大夫,卿郊劳即大夫郊劳。
卿为上摈,大夫为承摈,士为绍摈。(《聘礼》)	卿为上摈,大夫为承摈,士为绍摈。(《朝事》、《聘义》)	案:《朝事》承作丞,脱"士为绍摈"句。
上介不袭,执圭,屈缫。(《聘礼》)	执玉,其有藉者则裼,无藉者则袭。(《曲礼下》)	案:缫即藉,屈缫即有藉。
君使卿韦弁归饔饩五牢,米三十车,禾三十车,薪刍倍禾。(《聘礼》)	既客于舍,五牢之具陈于内;米三十车,禾三十车,刍薪倍禾,皆陈于外,所以厚重礼也。(《朝事》、《聘义》)	案:《聘义》既作饩。

20世纪儒学研究大系

续表

《仪礼》	二戴辑《礼记》	疏　证
旁四列，西北上：胾，以东臐、胑、牛炙；炙南醢，以西牛胾、醢、牛鲊；鲊南羊炙，以东羊胾、醢、豕炙；炙南醢，以西豕胾、芥酱、鱼胾。(《公食》)	膳：胾、臐、胑、醢、牛炙、醢、牛胾、醢、牛胾、羊炙、羊胾、醢、豕炙、醢、豕胾、芥酱、鱼胾。(《内则》)	案：郑注："以《公食大夫礼》馔校之，则胑、牛炙间不得有醢，醢衍字也。"据郑校知"牛胾"郑本亦作"牛鲊"，其误在郑氏以后，否则注当有校文。
侯氏入门右，坐奠圭，再拜稽首。摈者谒。侯氏坐取圭，升致命，王受之玉。侯氏降，阶东北面再拜稽首。摈者延之曰升，升成拜。(《觐礼》)	奠圭降拜，升成拜，明臣礼也。(《朝事》)	
乃右肉袒于庙门之东，乃入门右，北面立，告听事。(《觐礼》)	肉袒入门而右，以听事也。(《朝事》)	

续表

《仪礼》	二戴辑《礼记》	疏 证
斩衰裳、苴绖、杖、绞带、冠绳缨、菅屦者:父,君。(《丧服》)	故为父斩衰三年,以恩制者也;故为君亦斩衰三年,以义制者也。(《丧服四制》)	案:丧服十一章,首章不言"三年",以次章齐衰章言三年,则首章三年可知。
疏衰裳齐、牡麻绖、冠布缨、削杖、布带、疏屦期者:父在为母。(《丧服》)	故父在为母齐衰期者,见无二尊也。(《丧服四制》)	
缌麻三月者:妻之父母。(《丧服》)	有从重而轻,为妻之父母。(《服问》)	案:《服传》云:"何以缌,从服也。"
复者一人以爵弁服,升自前东荣,中屋,北面招以衣曰:"皋!某复。"三,降衣于前,受以筐。复者降自后西荣。(《士丧》)	小臣复,士以爵弁,皆升自东荣,中屋履危,北面三号,卷衣投于前,司服受之,降自西北荣。(《丧大记》)	案:此文总述君、大夫、士三种丧礼。此取士级,用小臣、司服,显有未合,郑注"复者,有司也"是也。

续表

《仪礼》	二戴辑《礼记》	疏　证
楔齿用角柶,缀足用燕几。帷堂。商祝彻楔受贝。祝又受米。主人左扱米,实于右,三;实一贝。左、中亦如之。又实米,唯盈。卒敛,彻帷。(《士丧》)	小臣楔齿用角柶,缀足用燕几,君大夫士也。(《丧大记》)曾子曰:尸未设饰,故帷堂;小敛而彻帷。(《檀弓上》)复、楔齿、缀足、饭、设饰、帷堂,并作。(《檀弓上》)	案:士亦当用有司。
苴绖大搹,下本在左,要绖小焉,散带垂,长三尺。牡麻绖,右本在上,亦散带垂。(《士丧》)	丧服之先散带也。(《礼三本》)	案:亦见于《荀子·礼论》,带作麻。《士丧》贾疏云:"此小敛绖有散带垂之,至三日成服绞之。"绞谓纠而合之,初丧以一根麻为首绖,一根麻为腰绖,腰绖象大带未纠合,故称散带。

《仪礼》	二戴辑《礼记》	疏　证
尸又三饭,举肩,祭如初;举鱼腊俎,俎释三个。尸卒食,佐食受肺脊,实于筐。(《士虞》)	成事之俎不尝也。(《礼三本》)	案:亦见于《荀子·礼论》。《士虞·记》云:"三虞卒哭,曰哀荐成事。"虞祭毕谓之成事,其俎曰成事之俎。郑注:"释犹遗也。"释三个,实于筐,尸不食骨体,故曰不尝。
遂述命曰,假尔大筮有常。(《少牢》)	曰,为日,假尔泰筮有常。(《曲礼上》)	
利洗爵,献于尸,尸醋;献祝,祝受,祭酒,啐酒,奠之。(《有司》)	利爵之不卒也。(《礼三本》)	案:亦见于《荀子·礼论》,卒作醮。利即佐食。卒即卒爵,尽饮爵中之酒。杨倞注:"醮,尽也。"义同。利献尸、献祝,

续表

《仪礼》	二戴辑《礼记》	疏　证
		俱无卒爵之文,故曰不卒或不醮。

此外,二戴所辑《礼记》中还有援引某一礼典原文并加以解说,因该礼书本已亡佚,所引原文无从核对证实。依上表所列现存诸篇之例,对其中较易辨认的章节,加以推比考订,选择其确凿可信的,可列一表如下:

佚礼	二戴辑《礼记》	考　证
郊礼	"祀帝于郊",敬之至也。(《礼器》) "燔柴于泰坛",祭天也。(《祭法》) 卜郊"受命于祖庙,作龟于祢宫",尊祖亲考之义也。卜之日,"王立于泽,亲听誓命",受教谏之义也。"郊血",至敬不飨味而贵气也。"扫地而祭",于其质也。"器用陶匏",以象天地之性也。"牲用骍",尚赤也。"用犊",贵诚也。祭之日,"王皮弁以听祭报",示民严上也。	案:郊礼为王朝巨典,又相传鲁国也曾举行,《郊礼》曾撰成书本是无庸置疑的。《郊特牲》是《郊礼》的传记,都是依据原文以撰作解说的。《礼运》、《礼器》、《祭义》、《祭法》、《杂记》等篇都有记载,可以参证。(推定为原文的加引号,下同)

佚礼	二戴辑《礼记》	考　证
	祭之日，"王被衮"以象天，"戴冕，璪十有二旒"，则天数也。"乘素车"，贵其质也。"旂十有二旒，龙章而设日月"，以象天也。（《郊特牲》）	
飨礼	曾子曰，吾子不见大飨乎！夫大飨既飨，"卷三牲之俎归于宾馆"。（《杂记下》） 大飨"尚腶脩"。大飨"君三重席"而酢焉。（《郊特牲》） 大飨"尚玄尊，俎生鱼，先大羹"，贵饮食之本也。（《礼三本》）	案：《杂记》所引，与《公食》归俎于宾节"有司卷三牲之俎归于宾馆"同。飨礼与食礼仪多相同，其为《飨礼》原文无疑。
公侯冠礼	"公冠自为主，迎宾揖，升自阼，立于席，既醴，降自阼。公玄端与皮弁皆絻，朝服素絻。公冠四加玄冕。飨之以三献之礼。"（《公冠》）	案：《士冠》云："无大夫冠礼而有其昏礼。公侯之有冠礼也，夏之末造也。"《公冠》文末有孝昭冠辞及郊祝辞，明言"孝昭"，可信是部分渗入而非全篇伪作。服章仪注，与《士冠》推比，

续表

佚礼	二戴辑《礼记》	考　证
	“始冠缁布冠，自诸侯下达，冠而敝之可也。”（《玉藻》）	大致无误。文不连贯，显属辑录残句。又案：“始冠”云云，见《士冠·记》而无“自诸侯下达”句，《玉藻》所引可能是《公冠·记》文。
天子巡守礼	孔子曰，天子巡守，“以迁庙主行，载于齐车”，言必有尊也。（《曾子问》）	案：《周礼》内宰职郑注：“天子巡守礼所云，制币丈八尺，纯四积。”可见郑玄尚得见部分佚文。《曾子问》所引，当是其残句。
衅庙礼	成庙则衅之，其礼“祝宗人宰夫雍人皆爵弁纯衣，雍人拭羊，宗人视之”云云。（《杂记下》）	案：大戴辑《礼记》有《诸侯迁庙》、《诸侯衅庙》，孔广森谓“皆古经之逸篇”。《杂记下》引《衅庙》全文，云“其礼”，则孔说可信。

根据上列二表，二戴所辑《礼记》中不仅引有十七篇原文，而且还引有已佚若干篇书本的原文，可见它的作者们手里持有今本《仪礼》及其已佚诸篇。

《孟子》、《荀子》和二戴所辑《礼记》的作者们手里都持有今本《仪礼》及其已佚诸篇的书本，那末，这四种书的开始撰作，即是

《仪礼》撰作时代的下限。

四

上文已证明《仪礼》（包括已佚诸篇）撰作于《孟子》、《荀子》、二戴所辑《礼记》之前，下面应解决四种书的撰作孰先孰后的问题。对此，除了众所周知的孟先荀后而《孟子》、《荀子》可以通过考定二人生卒年来确定其撰于何时以外，二戴所辑《礼记》的绝大部分篇章，无法知其作者为谁，因而它的撰作早于孟、荀还是晚于孟、荀，过去一直聚讼纷纭，很难作出确切的回答。

仍然只有依照上面用过的方法，即核对四种书中有无相互引述其文来解决这个难题。

《孟子》里有二处援引《礼记》之文，《公孙丑下》篇云：

景子曰："礼曰，父召无诺，君命召不俟驾。"

"父召无诺"见于《曲礼上》，"父命呼唯而不诺"见于《玉藻》，而"君命召"云云则见于《论语·乡党》。这些正是所谓"威仪三千"的曲礼。又《滕文公下》篇云：

礼曰：诸侯耕助以供粢盛，夫人蚕缫以为衣服。惟士无田，则亦不祭。

和《祭统》篇"诸侯耕于东郊以共齐盛，夫人蚕于北郊以共冕服"、《曲礼下》篇"无田禄者，不设祭器"，文虽稍异而义实相同。二文都有"礼曰"，引自《礼记》是确凿的。又《离娄上》篇云："故曰为高必因丘陵，为下必因川泽。""为高"二句见于《礼器》。云"故曰"，明引前人之语以起下文。由此可证小戴辑《礼记》的《曲礼》、《玉藻》、《祭统》、《礼器》是早于《孟子》成书的。

考孟轲生卒有二三十家，大多数人以为生于周烈王四年、卒于周赧王二十六年,也有人主张提前十多年,定作生于周安王十七年、卒于周赧王十二年。二说均无事实可凭,而卒年以前说较为可信。《史记·孟子荀卿列传》云:"是以所如者不合,退而与万章之徒序《诗》、《书》,述仲尼之意,作《孟子》七篇。"著书自在晚年,且在归隐以后。周赧王三年,孟轲去齐,钱穆氏以为"从此归隐不复出"。钱氏又云:"《孟子》书齐宣王、梁惠王、梁襄王、邹穆公、滕文公、鲁平公俱称谥,独宋王偃不称谥,书中亦不见述及宋偃亡国。或《孟子》书成于魏襄王卒后、宋亡国前十年之内。"(《先秦诸子系年·考辨》一二二)其说颇精审。赧王二十九年齐灭宋,孟轲已死;而梁襄王(即魏襄哀王,《史记》《魏世家》、《六国年表》均误分为襄王、哀王二世)、鲁平公均卒于赧王十九年,然则《孟子》作于赧王二十年后,即鲁文公初年。

二戴所辑《礼记》和《荀子》核对,既有整章整节相同,也有一二句文虽稍异而义实相同的。前者文甚冗长,不便抄录,编列篇名对照,并加说明,辑为表一;后者引原文对勘,辑为表二。

表　一

《荀子》	二戴辑《礼记》	说　明
《劝学》	（大）《劝学》	《荀子·劝学》当分：一"学不可以已"，二"神莫大于化道"，三"积土成山"，四"学恶乎始"，五"百发失一"等五章。大戴辑《礼记·劝学》第一、二、三章与此篇第一、二、三章相同。（字句有出入，姑置不论。下各篇同）
《宥坐》		《荀子·宥坐》当分：一"欹器"，二"为鲁摄相"，三"为鲁司寇"，四"观于乐流之水"，五"吾有耻也"，六"如垤而进"，七"南适楚"，八"观于鲁庙之北堂"等八章。大戴辑《礼记·劝学》第五章与此篇第四章相同。
《礼论》	（大）《礼三本》	《荀子·礼论》当分：一"礼起于何"，二"礼有三本"，三"立隆以为极"，四"谨于治生死"，五"丧礼之凡"，六"以生者饰死者"，七"三年之丧"等七章。大戴辑《礼记·礼三本》全文与此篇第二章相同。
	（小）《三年问》	小戴辑《礼记·三年问》全文与《礼论》第七章前段相同。（文末"孔子"至"丧也"五句二十六字不见于《礼论》）

续表

《荀子》	二戴辑《礼记》	说　明
《乐论》	（小）《乐记》	《荀子·乐论》当分：一"人情之所必不免"（至"北求之也"），二"声乐之入人"（至"君子慎之"），三"奸声感人"（至"謏謏乎"），四"吾观于乡"，五"乱世之征"等五章。其第一章与小戴辑《礼记·乐记》乐化章的第三、四段同，其第二章"乐者圣人之所乐也"四句与《乐记》乐施章第三段同，其第三章与《乐记》乐象章第一、二段乐情章第一段部分同。
	（小）《乡饮酒义》	小戴辑《礼记·乡饮酒义》"吾观于乡"一节与《乐论》第四章相同。
《法行》	（小）《聘义》	《荀子·法行》当分：一"公输"，二"无内人之疏"，三"曾子病"，四"贵玉贱珉"，五"同游"，六"南郭惠子"，七"君子有三恕"，八"君子有三思"等八章。小戴辑《礼记·聘义》末章与此篇第四章相同而文句互有歧出。
《哀公》	（大）《哀公问五义》	《荀子·哀公》当分：一"论士"，二"人有五仪"，三"问舜冠"，四"问哀忧"，五"绅委章甫"，六"问取人"，七"东野子"等七章。大戴辑《礼记·哀公问五义》与此篇第一、二章相同。（《荀子》无文末"孔子出哀公送之"七字）

表　二

《荀子》	二戴辑《礼记》
笙竽具而不和,琴瑟张而不均。(《礼论》)	竽笙备而不和。(〔小〕《檀弓上》)
诸侯相见,卿为介,以其教出毕行。(《礼论》)	诸侯相见,卿为介,以其教士毕行。(〔大〕《虞帝德》)
五十不成丧,七十唯衰存。(《礼论》)	七十唯衰麻在身。(〔小〕《曲礼上》) 五十不成丧,七十唯衰麻在身。(〔小〕《丧大记》)
一命齿于乡,再命齿于族,三命族人虽七十不敢先。(《礼论》)	壹命齿于乡里,再命齿于族,三命不齿,族有七十者弗敢先。(〔小〕《祭义》)
故吉行五十,奔丧百里。(《礼论》)	日行百里。(〔小〕《奔丧》)
夫鱼鳖鼋鼍犹以渊为浅而堀其中,鹰鸢犹以山为卑而增巢其上,及其得也必以饵。故君子苟能无以利害义,则耻辱亦无由至矣。(《法行》)	鹰鹯以山为卑而曾巢其上,鱼鳖鼋鼍以渊为浅而蹶穴其中,卒其所以得之者饵也。是故君子苟无以利害义,则辱何由至哉。(〔大〕《曾子疾病》)

　　凡此等相同章节、文句,究竟是二《礼记》抄袭《荀子》,还是《荀子》抄袭二《礼记》?

　　第一,就《乐记》与《乐论》相同之文而论,《汉书·艺文志》乐类列"《乐记》二十三篇",《乐记正义》大题下引郑玄《三礼目录》

云："名曰《乐记》者，以其记乐之义，此于《别录》属乐记，盖十一篇合为一篇。"又云："刘向校书得《乐记》二十三篇，著于《别录》，今《乐记》所断取十一篇，余有十二篇。"今二十三篇之篇名俱存，其各自成篇，至为明显。又《艺文志》儒家类列"《公孙尼子》二十八篇"，班固自注："七十子之弟子。"《隋书·音乐志》载梁天监元年诏访古乐，沈约《奏答》云"《乐记》取《公孙尼子》"，彼时其书尚存，沈约曾加校核而后为此说的。《史记·乐书》张守节《正义》云："其《乐记》者，公孙尼子次撰也。今此文篇次颠倒者，以褚先生升降，故今乱也。"其实今本《乐记》十一篇篇次亦未尝不为汉人所颠倒窜乱；但前后纵有移易，文字纵有窜改，其篇为公孙尼子原作，自无疑义。班固以公孙尼子为七十子之弟子，诸家考证，说法不一。墨翟反对音乐，而《非乐上》无《乐记》痕迹，《乐记》自出墨翟之后。荀况撰作《乐论》，目的在反对墨子"非乐"，其首"人情"章选引《乐记》乐化章的第三、四段，分成四节，每节后加"墨子非之奈何"句，最后给以总的评判："故曰墨子之于道也，犹瞽之于白黑也，犹聋之于清浊也，犹之楚而北求之也。"其二"声乐"章自撰其说"夫声乐之入人也深，其化人也速"云云，然后据《墨子》之说而进行辩难："墨子曰：乐者圣王之所非也，而儒者为之过也。君子以为不然：'乐者，圣人之所乐也，而可以善民心，其感人深，其移风易俗，故先王导之以礼乐而民和睦。'""乐者"以下是《乐记》乐施章的末段（原文末句作"故先王著教焉"），荀况称《乐记》作者为君子，引以驳斥墨子之说。其三"奸声"章选引《乐记》乐象章、乐情章后，亦各加"而墨子非之"句，以下自撰其说以相驳诘。凡此引《乐记》之文，据《墨子》之说和自撰之文，界划清楚，承转分

明,两相对勘,①处处可证《乐论》抄袭《乐记》而不是《乐记》抄袭
《乐论》的。乐本无经(书本),孔子甚善音乐,鼓瑟击磬,有理论,
有实践,其弟子后学传述"乐之义",到再传弟子公孙尼子始写成
《乐记》书本。其事脉络甚明,绝无可疑之处。

第二,《乡饮酒义》是《乡饮酒礼》的传记,依据经文来阐述其
义的。其中"吾观于乡"一章冠有"孔子曰"三字,是孔子之语否固
无法证实,其为援引旧说则无可疑。《乡饮酒礼》有用乐之节,故
文中述及"工入升歌三终"云云的讲乐之文。荀况录此章以明乡
乐之义,删去孔子曰三字不过辨明此是旧说。如果要断定这是
《礼记》作者抄袭《荀子》,那末此章是荀况之说了,《荀子》书在,
《礼记》抄录者怎会无端加上"孔子曰"三字呢?

第三,大戴所辑《礼记》的《劝学》、《礼三本》、《哀公问五义》,
小戴所辑的《三年问》,都全文(《劝学》篇除去"珠玉"一章)见于
《荀子》;而《荀子》之文只是部分见于二戴所辑《礼记》。因此,仅
从其文字相同上看,说《荀子》抄袭《礼记》是可以的,反之也是可
以的。但是从《记》文各篇未经二戴汇辑以前单篇传抄这一具体
情况来看,当时治礼的某师抄录《荀子》某篇中的一章当作礼类典
籍的一篇来流传,试问有何意义,因而是不可能的;而荀况抄袭
《记》文某篇全文来作自撰某篇的一章,援引前人之文以增强自己
的理论根据,那是很有意义的,因而是可能的。

第四,小戴所辑《礼记》之文,汉初文帝时人已有征引。《乐
记》、《祭义》并云:"食三老五更于大学,天子袒而割牲,执酱而馈,
执爵而酳,冕而总干,所以教诸侯之弟也。"而《汉书·贾山传》录
贾氏所撰《至言》云:"然而养三老于大学,亲执酱而馈,执爵而酳,

---

① 文之异同,句之漏脱或颠倒,姑置不论。

祝饲在前,祝鲠在后。"贾山述养老之礼是根据《礼记》的。又景、武间人也有征引。《曲礼下》云:"天子祭天地,祭四方,祭山川;诸侯方祀,祭山川。"而《史记·六国年表》云:"礼曰:天子祭天地,诸侯祭其域内名山大川。"司马迁明言"礼曰",是据《曲礼》立说的。①《曲礼下》又云:"支子不祭,祭必告于宗子。"而《史记·三王世家》引武帝元狩六年制有"支子不祭"之文,又严青翟等奏议云:"支子不得祭于宗祖,礼也。"也都是据《曲礼》立说的。二戴辑《礼记》在宣帝时,刘向校书得《乐记》在成帝时,文帝至武帝时已有《记》文流传,就只能作这样解释,它应该与"言《尚书》自济南伏生、言《礼》自鲁高堂生"那样,或有人"言记",背诵其文而隶写为今文本。如果说相同之文是二《礼记》抄袭《荀子》的话,《荀子》书的撰作完成于秦王政十年以前(见下文考定),离三十四年焚《诗》《书》、定挟书律,不过二十多年,那末二《礼记》在此时撰作,从时间上看是不可能的。

根据以上的辨析,断定二《礼记》与《荀子》相同之文是荀况抄袭二《礼记》,二《礼记》礼类诸篇成书在《荀子》之前。

荀况生卒年无考。诸家异说纷纭,迄无定论。《史记·孟子荀卿列传》云:"荀卿乃适楚,而春申君以为兰陵令。春申君死而荀卿废,因家兰陵。于是推儒墨道德之行事兴坏,序列著数万言而卒。"又《春申君列传》云:"考烈王元年,以黄歇为相,封春申君。春申君相楚八年,以荀卿为兰陵令。"照《史记》的说法,荀况于楚

---

① 《礼记·王制》云:"天子祭天地,诸侯祭社稷;天子祭天下名山大川,诸侯祭名山大川之在其地者。"《公羊传》僖公三十一年:"天子祭天,诸侯祭土,天子有方望之事,无所不通;诸侯山川有不在其封内者则不祭也。"《王制》是秦、汉间人所作,《公羊传》为景帝时胡母生"著于竹帛",上引诸文虽有小异,总的精神是一致的。合而观之,其因袭之迹,至为明显。

考烈八年为兰陵令,为令十七年至二十五年(秦王政九年)被废,开始著书在秦王政九年以后,未免太晚,黄式三、钱穆均辨其不实。《汉书·艺文志》小说家列"《宋子》十八篇",班固自注:"孙卿道宋子。"名家《尹文子》下颜注引刘向云:"与宋钘俱游稷下。"而荀况在《天论》、《解蔽》均提及宋子,《正论》还历引其说而辨其谬,一再说"今子宋子",如"今子宋子严(俨)然而好说,聚人徒,立师学,成文典"(原作曲,据王念孙说改),从语气上看,他是曾见其人而在当时即据其说以论述的。杨倞《天论》注"宋子与孟子同时",是荀况的前辈。据此推比,有些篇章如《正论》等,不是晚年的作品。汪中撰《荀卿子年表》,用书中所记史事来编排年表,最后见的史事是:《臣道》云:"平原君之于赵,可谓辅矣;信陵君之于魏,可谓拂矣。""争然后善,戾然后功,出死无私,致忠而公,夫是之谓通忠之顺,信陵君似之矣。"此指赵孝成王九年(楚考烈王六年)秦围邯郸、信陵君窃符救赵事。后二年,荀况为兰陵令,而以后的史事不见于《荀子》。以上所列,均属内证,据此判断,《荀子》的撰作当在中年开始,为兰陵令后积极写作,至迟在春申被杀、荀况被废,即秦王政九年时已最后完成。

《孟子》、《荀子》书中都援引二《礼记》原文,他们手中都有单篇传抄的《记》文书本。《孟子》、《荀子》的开始撰作即是二《礼记》撰作时代的下限。孟轲早于荀况,自当以《孟子》为准。二《礼记》礼类诸篇撰作时代的下限,不会晚于周赧王初年(鲁平公之世)。

二戴所辑《礼记》征引《仪礼》原文最多,《礼记》礼类诸篇的开始撰作是《仪礼》残存十七篇以及已佚若干篇撰作时代的下限。于是,还需要论定二《礼记》礼类诸篇是什么时候开始撰作的?

《檀弓下》载"穆公问于子思","穆公召县子而问然",皆述鲁

穆公事。《檀弓上》载"子张病,召申祥而语之曰","申祥之哭言思
也亦然",①"穆公之母卒,使人问于曾子,对曰,申也闻之申之父
曰","曾子寝疾病,乐正子春坐于床下,曾元、曾申坐于足","子张
之丧,公明仪为志焉"(孔疏"公明仪是其弟子"),《祭义》载"公明
仪问于曾子曰"(孔疏"公明仪又为曾子弟子"),所述子思、言思、
曾申、曾元、乐正子春、公明仪等是孔子的第三代(孙和再传弟
子)。《檀弓上》又载"子上之母死而不丧,门人问诸子思",《祭
义》载"乐正子春下堂而伤其足,门弟子曰",所述子上、子思之门
人、乐正子春之门弟子等是孔子的第四代(曾孙或三传弟子)。
《杂记下》载:"世柳之母死,相者由左;世柳死,其徒相由右。"据
《孟子·告子下》"鲁缪公之时,公明仪为政,子柳、子思为臣",世
柳相当于第三代,其徒相当于第四代。可见《檀弓》、《祭义》、《杂
记》所载都是鲁穆公以至鲁共公时事,其文的撰作当在鲁共公以
至鲁康公之世。

　　《檀弓上》里有一则重要的记载:"曾子曰:尸未设饰,故帷堂;
小敛而撤帷。仲梁子曰:夫妇方乱,故帷堂;小敛而撤帷。"此章引
《士丧礼》始死"帷堂"而"卒敛撤帷"之文而解释其仪的意义:曾
子据礼文沐浴、饭含、袭尸、加敛衣等节认为初丧帷堂是为便于饰
尸;而仲梁子则以意为解,于礼文无据。二者文非问答,义又相违,
二人无师承关系,自非生于同时。郑玄《目录》云:"此檀弓在六国
之时,知者,以仲梁子是六国时人,此篇载仲梁子,故知也。"《诗·
定之方中》正义引《郑志》答张逸问云:"仲梁子,先师说鲁人,当六
国时,在毛公前。"所称毛公前者,不过据《定之方中》毛传引仲梁
子而作敷衍之说;称六国鲁人,虽闻于先师,亦传说而无实证。但

---

①　郑注:"说者云,言思,子游之子,申祥妻之昆弟。"

从语气上看,倾向于定为战国后期人。《汉书·古今人表》"中上"格列仲梁子于孔穿前,乐正子、高子后,与"上下"格的公孙丑,"下上"格的齐襄王约略相当。把仲梁子当作孟轲后学,与其它记载无法合榫。总计《诗》毛序、毛传引前人之说,只有四家五条,即《丝衣》序引高子,《定之方中》传引仲梁子,《小弁》传引孟子,《维天之命》、《閟宫》传引孟仲子,三人都是与孟轲有交往的人物,而高子、孟仲子都不是孟轲的后学。翟灏《四书考异》云:"《韩诗外传》称高子与孟子论卫女之诗,此人似长于孟子,故孟子以叟称之,与'尹士'、'追蠡'二章之高子盖有别。"赵岐注《公孙丑下》"尹士章"称"齐人,孟子弟子",注《尽心下》"追蠡章"称"齐人,尝学于孟子",独注《告子下》但称"齐人",赵注虽似亦有分别,不过避叟字而不及问学,其实仍指一人。因此翟氏"有别"之说,并无多大说服力。然而孟子公然称"固哉高叟",不应忽视,故赵注亦只得说"高子年长"。赵佑《四书温故录》云:"后又从孟子,则其齿宿矣。"说最平实。高子尽管尝来问学,其年固不嫌于较孟子为长。《诗·维天之命》孔疏引郑玄《诗谱》云:"孟仲子者,子思弟子,盖与孟轲共事子思,后学于孟轲,著书论诗,毛氏取以为说。"刘向、应劭、赵岐均以孟轲为子思弟子,郑氏盖本刘说。诸家考订孟轲不及见子思,当从《史记》本传"受业于子思之门人",那末"共事子思"实是"共事子思之门人"。《公孙丑下》赵注:"孟仲子,孟子之从昆弟,学于孟子者也。"其问学与高子相同,既是昆弟,又曾共事一师,年辈当约略相等。至于仲梁子,《韩非子·显学》篇"有仲良氏之儒",卢文弨云"良张本作梁",即此仲梁子。钟文烝《乙闰录》(稿本)云"即《檀弓》及《毛诗·鄘风》传所引仲梁子"。梁启超云:"仲良氏无考。《孟子》称'陈良楚产,悦周公仲尼之道',仲良岂陈良之字。"儒分为八,子张、子思、颜氏、漆雕氏、孙氏(公孙尼子)、乐正氏(乐正子春)外,从时代上看孟氏与仲良氏最后,实是《孟子》书的陈良,陈良之徒陈相与孟轲问答,孟轲责以"师死而遂倍之",则其于孟轲为前辈。《人表》不过以高子、仲梁子见于《孟子》而未加深考,遂附列孟氏弟子之后,实不足据。钱穆氏考定孟轲在齐威王时先已游齐,早年活动实在鲁康公、景公之世,仲梁子即于此时说诗议礼,《檀弓》既述其说,自不能早于此时成书。

依据上文辨证,二戴所辑《礼记》现存八十五篇,除了可以确定为秦汉人所作以外,政类、学类并《乐记》等三十多篇撰作较早,约在鲁穆公时;礼类三十九篇撰作较晚,约在鲁康公、景公之际。礼类诸篇引有《仪礼》原文,可证《仪礼》撰作时代的下限应在鲁共公之世,即周烈王、显王之际,公元前4世纪中期。

前后总起来说:《仪礼》书本残存十七篇以及已佚若干篇的撰作时代,其上限是鲁哀公末年鲁悼公初年,即周元王、定王之际;其下限是鲁共公十年前后,即周烈王、显王之际。它是在公元前5世纪中期到前4世纪中期这一百多年中,由孔子的弟子、后学陆续撰作的。

(选自《宗周礼乐文明考论》)

沈文倬(1919—),字凤笙,江苏吴江人。曾任国立编译馆副编审、上海图书馆编目部副主任。现任浙江大学古籍研究所教授,博士生导师。著有《宗周礼乐文明考论》等。

《略论礼典的实行和〈仪礼〉书本的撰作》原载1982年中华书局出版的《文史》第15、16辑,文中通过对有关出土实物和传世文献的全面考查,认为《仪礼》书本残存十七篇以及已佚若干篇的撰作时代,其上限是鲁哀公末年鲁悼公初年,即周元王、定王之际;其下限是鲁共公十年前后,即周烈王、显王之际。它是在公元前5世纪中期到前4世纪中期这一百年中,由孔子弟子和后学陆续撰作而成的。

孔子与六经

金 景 芳

　　孔子是中国历史上有重大影响的人物。今天我们所以纪念他、研究他，不仅因为他的人格伟大，主要是因为他给我们留下了一份珍贵的遗产。这一点，毛泽东同志很早以前就说过了。

　　孔子给我们留下了哪些遗产呢？当前学术界对此还有不同的看法。我认为，所谓孔子这一份珍贵的遗产，主要应指《诗》、《书》、《礼》、《乐》、《易》、《春秋》六经而言，当然也包括《论语》及七十子后学遗说。有人说，真正可以称为孔子的遗产的，只有《论语》一书。我不同意这种意见。正如某先生所说的那样，这样做的目的是想把孔夫子变成"空夫子"。这种看法显然是不足取的。

　　六经亦称六艺，实际上它是当时孔子为了教学所编的教科书。

　　六经中的诗、书、礼、乐本是春秋时人共同学习的科目。《左传》僖公二十七年说，郤縠"说诗书而敦礼乐"就是证明。今日称为经的《诗》、《书》、《礼》、《乐》则不然，它乃是孔子为了教学所编选的四种教科书。六经中的《易》和《春秋》应是孔子新增的。《史记·孔子世家》说："孔子以《诗》、《书》、《礼》、《乐》教，弟子盖三千焉，身通六艺者七十有二人。"说明《诗》、《书》、《礼》、《乐》是普通科，人人共习。六艺则不然，其中有《易》和《春秋》二书，是具有高深理论的著作，非高材生不能通。故在孔子弟子中身通六艺者只有七十二人。

《诗》、《书》、《礼》、《乐》、《易》、《春秋》六经,在当时包括全部历史文化遗产。孔子尝说"我非生而知之者,好古、敏以求之者也","述而不作,信而好古"。证明孔子一生在这方面是下过很多功夫的。

六经的性质及其所起的作用,各不相同。《庄子·天下》说:"《诗》以道志,《书》以道事,《礼》以道行,《乐》以道和,《易》以道阴阳,《春秋》以道名分。"这个说法是正确的。

六经的内容基本上都是原有的。那末,孔子对这六部书都做过哪些加工呢?这正是本文所要讨论的问题。

大体上说,孔子对《诗》、《书》所做的加工是"论次",对《礼》、《乐》所做的加工是"修起",对《易》则是做《易传》,对《春秋》则是另成新著。《史记·儒林列传》说:"孔子闵王路废而邪道兴,于是论次诗书,修起礼乐。"

什么是"论次"?"论"是讨论去取,"次"是篇目编排。《史记·孔子世家》说:"古者诗三千余篇,及至孔子去其重,取可施于礼义,上采契、后稷,中述殷周之盛至幽厉之缺,始于衽席,故曰'《关雎》之乱以为《风》始,《鹿鸣》为《小雅》始,《文王》为《大雅》始,《清庙》为《颂》始'。"又说:"孔子序书传,上纪唐虞之际,下至秦穆,编次其事。"这就是孔子论次《诗》、《书》的事实。

今人对《诗》、《书》二经,由于多年批孔,多废弃旧说不讲,或以自出新义相夸,其实多是自欺欺人之作,不足称数。

即举《诗经》为例来说吧。旧时读《诗》须先知"四始"、"六义"、"二南"、"正变"诸义,因为这是了解《诗》的关键。今人读《诗》则不然,一切鄙弃,避之若浼。致使读《诗》的多数人并不知"四始"诸义为何物。据我看,昔人说"四始"者,应以《史记》之说为准,《诗纬》之说则怪诬不足据。《史记·孔子世家》说:"《关雎》之乱以为《风》始,《鹿鸣》为《小雅》始,《文王》为《大雅》始,《清庙》为《颂》始。"这就是"四始"。应该指出,"四始"之所以被重视,主要是因为当时篇籍多载在简编,而简编容易散乱,故须以"始"标目,实则并无深义。"六义"为比、兴、赋、风、雅、颂。《周礼》则称之为"六诗"。孔颖达《诗》疏说"各自为文,其实一也",是对的。孔疏又说"风、雅、颂者,诗篇之异体,比兴赋者,诗文之异辞耳",也是对的。风,当如《诗·大序》所说"一国之事,系一人之本,谓之风",亦即风诗以国别。这一点与《雅》诗不同。雅则如《诗·大序》所说"言天下之事,形四方之风,谓之雅",即《雅》诗不以国别,而是代表中央政府的。至二南则亦是《风》诗,亦是以国别,但它不是以诸侯一国为限,而是包括若干诸侯国。如《周南》则是周公所主的东方诸国之诗。《召南》则是召公所主的西方诸国之诗。《春秋公羊传》隐公六年说:"自陕而东者,周公主之;自陕而西者,召公主之。"是其义。今《诗》二南尾题说:"周南之国","召南之国",而不是如郑,如卫,即其证明。今人或说"风是平民诗,雅是贵族诗",是不知妄说。颂则如《诗·大序》所说"美盛德之形容",颂与容通,颂诗实是舞诗。《礼记·乐记》说:"武始而北出,再成而灭商,三成而南,四成而南国是疆,五成而分,周公左,召公右,六成复缀以崇天子。"王国维作《周大武乐章考》(见《观堂集林》)说:"其次则《夙夜》第一,《武》第二,《酌》第三,《桓》第四,《赉》第五,《般》第六。"皆在今《周颂》中是其证。至比、兴、赋三者,以赋义最易解。说者谓赋者铺也,以直叙为义,从无异辞。比、兴则不然,有几种不同的说法,依我看,应以郑众之说为正。郑说"比者,比方于物也;兴者,托事于物"。"比方于物",用修辞学的观点来看,就是比喻中的显喻。相对来说,"托事于物"就是比喻中的隐喻。《文心雕龙・比兴》说"比显而兴隐",我看是对的。郑玄以失美言比兴,徒增混乱,于义无当。近人章炳麟、郭绍虞以为比、兴、赋与风、雅、颂一类,同是诗体,此由误读"六诗"之过。试看,古人以"六府三事谓之九功"(《左传》文公七年),以"天地民及四时之务为七事"(《国语・楚语下》),则以比、兴、赋与风、雅、颂统称为"六诗",有何不可呢?至"正变"则是编诗之事,而不是作诗之事。郑樵作《诗非有正变辨》,是辨所不当辨。二南在十五国风中之所以为正风,正因为二南是从东南方诸侯国选出之诗,按照一定的意义,编为一集,例如说"后妃之德也","《关雎》之应也"等等,以作为初学正始之资。《论语・阳货》记孔子谓伯鱼曰:"女为《周南》、《召南》矣乎?人而不为《周南》、《召南》,其犹正墙面而立也与!"可为证明。雅之正变,当亦如是。《诗・大序》以王道盛衰言正变,亦是误解,后人信之,遂成诟病。今之言诗者多半对此茫然不解,而遽称某诗为奴隶所作,某诗为非奴隶所作,实则不仅对三百篇作者的历史地理环境不理解,即对当时到底是什么样的奴隶社会,所谓奴隶是住在什么地方,如何生活,有无文化,也毫无所知,只是随文解义,人云亦云。如此学《诗》,纵令三百篇都能背诵,又有何意义呢,何况古人的礼仪、器物、思想、语言等等,都与今日不同,一概用想当然的办法去理解,自以为胜过古人,实则是不知妄作,不如古人远甚。可见读诗不但不能否定孔子与《诗经》的关系,即不了解传统的读《诗》说法,亦是不能了解《诗经》的。

《书经》,如前文所说,孔子对《书经》所做的加工,亦是"论次"。孔子对《书经》的"论次"据我看,主要有两点。第一是断限问题,第二是选材问题。关于断限问题,司马迁说:"学者多称五帝尚矣。然《尚书》独载尧以来,而百家言黄帝,其文不雅驯,荐绅先生难言之。孔子所传《宰予问五帝德》及《帝系姓》，儒者或不传。"(《史记·五帝本纪》)是迁书所说的"独载尧以来"，为孔子编定《尚书》的上限。尧以前如黄帝，孔子并不是不知，然而认为古说多诞妄，没有明据，即不取。至若《五帝德》及《帝系姓》虽见于《大戴礼》，司马迁说"儒者或不传"，证明此说不出于孔子，不可依据。足见孔子对待历史何等审慎。乃近人并尧舜禹而疑之，更有甚者竟欲"把中国古史缩短二三千年"，亦可怪矣。《孟子·万章上》引孔子曰："唐虞禅，夏后殷周继，其义一也。"《论语·泰伯》载孔子盛称尧禹之德。《孟子·滕文公上》引孔子语，也曾盛道尧与舜。是孔子平生对于尧舜禹之事实，考之勤而知之稔，焉得不书于《尚书》！当然，《虞夏书》的事迹不如《商书》、《周书》之详。然而作为历史记述来说，又焉得而阙然不讲。关于选材问题，《尚书大传》载孔子语有"七观"之说，曰"六《誓》可以观义，五《诰》可以观仁，《甫刑》可以观诫，《洪范》可以观度，《禹贡》可以观事，《皋陶谟》可以观治，《尧典》可以观美"。所谓"七观"之说虽不必出于孔子，然而诸篇选入《尚书》，具有重大意义则是可以断言的。举《尧典》为例来说吧，此篇所记，主要是观象授时。自今日看来，这些都是普通常识，没有必要如此大书特书。然而在当时，或从历史上看，则不然。它是关系民生、关系政治的一项极其重要的工作。从历法发展来看，据古文献记载，在尧以前都是视火（心宿二）的变动以为季节的占候。废除火历，改用今日所谓夏历，实从帝尧开始。《吕氏春秋·勿躬》说："羲和作占日，尚仪作占月。"占日、占月是"历象日月星辰"所有事，所以羲和、尚仪应为尧时人。《尧典》说"乃命羲和，钦若昊天，历象日月星辰"，是可信的。《山海经·大荒南经》说："羲和生十日。"十日为由甲至癸，古称十日。《山海经·大荒西经》说："常仪生月十二。"月十二为由子至亥，古称十二辰。证明后世所使用的十天干、十二地支,亦作于尧时。羲和、尚仪(亦作常仪、嫦娥)后世成为神话中人物,足见其影响之大。此其一。又古有朔政之制,礼家称为"明堂月令",亦当始于是时。《周礼·春官·太史》说:"正岁年以序事,颁之于官府及都鄙,颁告朔于邦国。"蔡邕《明堂月令》说:"古者诸侯朝正于天子,受月令以归,而藏诸庙中,天子藏之于明堂。每月告朔朝庙,出而行之。"《春秋》文公十六年说:"公四不视朔。"《论语·八佾》说:"子贡欲去告朔之饩羊。"这些都是古有朔政之制之证。这个朔政之制,实际就是观象授时之制,定当始于尧时。因为在实行火历之时,还不知有十二月,焉得有明堂月令之制。可见,《史记·历书》说"黄帝考定星历……正闰余",是不足信据的。

再谈《皋陶谟》。《皋陶谟》首陈"九德"。"九德"之说,今人或不置信。其实《洪范》、《吕刑》都言"三德",《立政》则明言"古之人迪惟有夏……知忱恂于九德之行"。《洪范》、《立政》、《吕刑》三篇,多数人认为是可信的。那末《皋陶谟》所说的九德,自然也是可信的。曾运乾《尚书正读》于《立政》篇引王引之说:"政与正同。正,长也。立正,谓建立长官也。"所说甚是,则《皋陶谟》所言"九德"乃是官人之事,在中国历史上影响甚大。又同篇言"天工人其代之。天叙有典,敕我五典五惇哉! 天秩有礼,自我五礼五庸哉! 同寅协恭和衷哉! 天命有德,五服五章哉! 天讨有罪,五刑五用哉! 政事懋哉懋哉!"这一段话也与《尧典》观象授时有关。如再与《论语》中"尧曰'咨尔舜,天之历数在尔躬,允执其中,四海困穷,天禄永终',舜亦以命禹"及子曰"大哉尧之为君也,巍巍乎唯天为大,唯尧则之"诸语联系起来看,则后世言天者之所自出以及本意何在,不是更清楚了吗?

其余如《禹贡》、《洪范》等之重要性就更不必说了。从《左传》、《国语》诸书来看,当时古史料存者尚多,由于未被孔子选入《尚书》,俱归沦亡。则孔子编定《尚书》的意义,岂容漠视。

司马迁说孔子"修起礼乐",我认为这个说法是对的。孔子对《礼》、《乐》二经,其功只在修起。因为当时礼坏乐崩,孔子不起而修之,则亦将归于沦亡。《乐》已不传,今可不讲。那末孔子所修起的《礼》,今日号称《礼经》的,是指哪一本书呢?学者一般都认为是今《仪礼》。我看是对的。因为今传世的"三礼",《周礼》后出,与孔子无涉。《礼记》则是汉人辑录七十子后学遗说,都不能称为六经之一的《礼经》。《礼记·杂记下》说:"恤由之丧,哀公使孺悲之孔子,学士丧礼,《士丧礼》于是乎书。"可以作为今传世《仪礼》十七篇是孔子修起之证。《论语·季氏》记孔子说"不学礼,无以立"。《礼记·礼器》说"经礼三百,曲礼三千"。在当时,礼最为繁缛。关于礼之仪节,固然重要,不知仪节,等于不知礼;但光知礼之仪节,还不能说是知礼。例如《左传》昭公五年说:"公有晋,自郊劳至于赠贿,无失礼。"而女叔齐说"是仪也,不可谓礼",就是证明。所以自今天说,讲求古礼,能知古礼仪节,固然重要,但更重要的则是礼之义。《礼记·郊特牲》说"礼之所尊,尊其义也。失其义,陈其数,祝史之事也",所谈的正是这个问题。如今《礼记》中的《冠义》、《昏义》、《乡饮酒义》、《射义》、《燕义》、《聘义》以及其它言丧言祭的诸篇皆是。这些篇都是礼的精髓所在。大抵这也是孔子所传,应同样视为孔子遗产中的一份珍贵的资料。

下面谈《易》和《春秋》。

孔子读《易》而作《易传》。孔子因《鲁春秋》而作《春秋》。这二经的特点应如庄子说"《易》以道阴阳,《春秋》以道名分"和司马迁说"《易》以道化,《春秋》以道义"。关于《易》与《春秋》二经的关系,则董仲舒说过"《易》、《春秋》明其知"(《春秋繁露·玉杯》），司马迁说过"《春秋》推见至隐，《易》本隐以之显"（《史记·司马相如列传赞》）。总之，《易》和《春秋》在六经中都是专谈理论之书。孔子对二经用力最多，而二经在六经中最为深奥难读。

兹先谈《易》。《易》是卜筮之书。商周时，卜以龟，筮以蓍。龟视象，筮视数。《左传》僖公十五年说："龟，象也；筮，数也。物生而后有象，象而后有滋，滋而后有数。"是其证。筮的应用，据《周礼·春官·筮人》说，有"九筮之名：一曰巫更，二曰巫咸，三曰巫式，四曰巫目，五曰巫易，六曰巫比，七曰巫祠，八曰巫参，九曰巫环"。今《易传》中有筮法，不知是九筮中的哪一种。从《易传》所保存的筮法来看，自大衍之数的形成到七、八、九、六所谓阴阳老少的产生，都是有意义的。由此可见，卦显然是由筮产生的，而不是伏羲画卦。《易传》说"昔者圣人之作《易》也，幽赞于神明而生蓍，参天两地而倚数，观变于阴阳而立卦，发挥于刚柔而生爻"以及"《易》有太极，是生两仪。两仪生四象，四象生八卦"，这都是卦的产生的最好的说明。因此，今日《易传》中有"古者包牺氏之王天下也"至"盖取诸夬"一段话，肯定是后人羼入的，不是《易传》原文。因为不仅"盖取诸离"等，于道理讲不通，即仰观俯视，远取近取，亦与上述之说相矛盾，故不可信。

筮是什么时候产生的呢？最初的筮法如何？今日已不可考。大抵从中国古书看来，是先有卜后有筮。《左传》僖公四年说："筮短龟长。"十五年说："龟，象也；筮，数也。物生而后有象，象而后有滋，滋而后有数。"可为证明。不管是卜是筮，论其性质都属于宗教迷信范畴。民族学家说，原始宗教的产生，最早在氏族制阶段。所以，卜筮的产生，最早也不能超出氏族社会。历史是不断发展的，《周易》虽然也是卜筮之书，但经过了长期的发展，在这里边，事实上已经产生了深邃的哲学内容。马克思说："哲学最初在意识的宗教形式中形成,从而一方面它消灭宗教本身,另一方面从它的积极内容说来,它自己还只在这个理想化的、化为思想的宗教领域内活动。"(《马克思恩格斯全集》第 26 卷第 26 页)对于《周易》,亦当作如是观。仅仅视为卜筮之书,是不对的。

据《周礼·春官·太卜》说:"掌三易之法:一曰《连山》,二曰《归藏》,三曰《周易》。其经卦皆八,其别皆六十有四。"《连山》、《归藏》二书久亡,今传世者独有《周易》。《周易》之所以独存,赖有孔子为之作《传》。假如孔子不作《易传》,《周易》亦当如《连山》、《归藏》二易同一命运,将不知其内容为何。

由于"五四"以来受批孔的影响,有不少人否认《易传》为孔子所作。其实这是没有道理的。第一,司马迁之父司马谈受《易》于杨何,杨何是孔子九传弟子。司马迁习闻父说,故能对孔子晚而喜《易》,读《易》韦编三绝,著成序、彖、系、象、说卦、文言等,言之凿凿,焉得而不信。第二,孔子之宋,得《坤乾》,用《坤乾》之义以观殷道。说者谓《坤乾》即是《归藏》,是孔子生时曾见到《归藏》,了解到《归藏》不是一般的卜筮之书,而是用它可以观殷道。此其一。又《左传》昭公二年韩宣子适鲁,观书于太史氏,见《易象》与《鲁春秋》而曰"周礼尽在鲁矣,吾乃今知周公之德与周之所以王也"。韩宣子观《易象》能知周公之德与周之所以王,证明鲁太史氏收藏的《易象》,也定与一般的卜筮之书不同。韩宣子能观书于鲁太史氏,孔子当然也能观书于鲁太史氏,否则孔子不可能因鲁史作《春秋》。此其二。以孔子的天才,又有"韦编三绝"的功力,加上上述两项条件,所以能著成《易传》。他人无此条件,焉能办到。有人学《易》,竟以为《易传》不足据,而欲上求春秋占筮书,我认为这是方向错误。我们今天学《易》,主要不是为了卜筮,而是为了了解《周易》的思想。庄子说"《易》以道阴阳",荀子说"《易》之咸

见夫妇。夫妇之道不可不正也，君臣父子之本也"，司马迁说
"《易》以道化"等等，证明他们都是从思想理论方面看《周易》的。
《周易》之所以宝贵，正在这一点。汉人言《易》，乃增入卦气、纳
甲、爻辰等等，说穿了都是为了卜筮。宋人如朱熹也认为《周易》
是卜筮之书。至于近人为了否定《易》而言《易》的，就更不必说
了。总之，《周易》是我国古代最珍贵的一份遗产。如果想了解这
一份遗产，非熟读孔子的《易传》不可。近人受了批孔的影响，而
千方百计否定《易传》与《易经》的关系，否定孔子与《易传》的关
系，其实是徒劳的，事实是不能抹煞的。

　　孔子所作的《易传》亦称《十翼》。其中包括上彖、下彖、上象、
下象、上系、下系、文言、说卦、序卦、杂卦等十篇。先秦古书所谓
作，与后世之书所谓作不同。不必亲自撰写方称为作。今观《易
传》十篇，里边有的是弟子记录，有的是前人旧说，也有的是后人
窜乱，不都是孔子写定的。然而从主要思想来说，《易传》应属于
孔子。

　　孔子作《易传》，不是只在文字上作解释，主要是阐述《周易》
的思想。因此孔子在《易传》里着重从"圣人之作《易》"和"《易》
之为书"两方面提出问题。

　　在《易传》里，上彖、下彖、上象、下象、文言等五篇是分论；上
系、下系、说卦、序卦、杂卦等五篇是总论。

　　在总论里，以"是以明于天之道，而察于民之故，是兴神物，以
前民用"数语为纲。"神物"是指蓍，当然也包括卦、爻。《说卦》
说："昔者圣人之作《易》也，幽赞于神明而生蓍，参天两地而倚数，
观变于阴阳而立卦，发挥于刚柔而生爻。"应就是对这个"神物"的
详细解释。但在"是兴神物"以前又说"是以明于天之道而察于民
之故"，是什么意思呢？实际上这是说作为"神物"这个蓍卦，是以

"明于天之道而察于民之故"为前提、为基础的。这一点非常重要,它明确地揭示出《周易》一书的思想实质。

在总论里说:"天一地二,天三地四,天五地六,天七地八,天九地十。天数五,地数五,五位相得而各有合。天数二十有五,地数三十,凡天地之数五十有五,此所以成变化而行鬼神也。""大衍之数五十有五,其用四十有九。分而为二以象两,挂一以象之,揲之以四,以象四时,归奇于扐以象闰。五岁再闰,故再扐而后挂。是故四营而成易,十有八变而成卦。""八卦而小成,引而伸之,触类而长之,天下之能事毕矣。"

这是对蓍的形成与应用的说明。

在总论里说:"是故《易》有太极,是生两仪,两仪生四象,四象生八卦。"

又说:"乾,健也。坤,顺也。震,动也。巽,入也。坎,陷也。离,丽也。艮,止也。兑,悦也。乾为马,坤为牛,震为龙,巽为鸡,坎为豕,离为雉,艮为狗,兑为羊。乾为首,坤为腹,震为足,巽为股,坎为耳,离为目,艮为手,兑为口。"以及乾为天,坤为地,震为雷,巽为风,坎为水,离为火,艮为山,兑为泽,等等。

这是对卦的形成与应用的说明。

蓍卦是《周易》一书的主体。《周易》的全部思想都是通过蓍卦表现出来的。《易传》对蓍卦做了这样的说明,是十分必要的。

在总论里说:"蓍之德圆而神,卦之德方以智。六爻之义易以贡。圣人以此洗心退藏于密,吉凶与民同患。神以知来,智以藏往。"这是对蓍和卦的性质、作用及其特点的说明。"以此洗心退藏于密,吉凶与民同患"是什么意思呢?据我理解,这个"退藏于密"就是退藏在蓍卦里边。那末,所藏的是什么呢?这里没有说。据我看,所藏的就是下文将要说的"天之道"与"民之故"。若以今日之电脑作此喻,那末,蓍卦好似电脑本身,"天之道"与"民之故"则是贮存于电脑中的信息。"吉凶与民同患"则是说蓍和卦的作用。这个"吉凶与民同患"用今日通行的语言来说,实际上就是指导人们的行动。蓍卦之所以能指导人们的行动,则是有赖于作为"电脑"的蓍卦所输出的信息在起作用。

在总论里说:"乾坤其《易》之蕴邪?乾坤成列而《易》立乎其中矣。乾坤毁则无以见《易》,《易》不可见,则乾坤或几乎息矣。""乾坤其《易》之门邪!乾,阳物也。坤,阴物也。阴阳合德而刚柔有体,以体天地之撰,以通神明之德。""在天成象,在地成形,变化见矣。是故刚柔相摩,八卦相荡,鼓之以雷霆,润之以风雨,日月运行,一寒一暑,乾道成男,坤道成女。""乾之策二百一十有六,坤之策百四十有四,凡三百有六十,当期之日。二篇之策万有一千五百二十,当万物之数也。"

上述四条是孔子从宏观方面对于《周易》全书六十四卦结构所作的说明。如果参照《序卦》全文,就可以明显地看到上述四条所说的乾坤或天地,就是《周易》全书六十四卦的为首两卦。说"乾坤其《易》之蕴",是什么意思呢?蕴是蕴藏。乾坤是《易》之蕴,是说《周易》全书六十四卦的变化发展已经蕴藏在为首的乾坤二卦之中。《序卦》说"有天地然后万物生焉"所说的就是这个问题。在六十四卦的结构当中,乾象天,坤象地,其余诸卦则象天地变化所产生的万物;在未变化时,这个万物已蕴藏在天地即乾坤之中。这就是"乾坤其《易》之蕴"。《序卦》说"有天地然后万物生焉",《系辞传上》说"乾之策二百一十有六,坤之策百四十有四,凡三百有六十,当期之日。二篇之策万有一千五百二十,当万物之数也",都是说明这个问题。"当期之日"就是相当于一岁的四时,也就是相当于天地的变化。"当万物之数",也就是相当于"有天地

然后万物生焉"的万物。《乾·彖传》说"大哉乾元,万物资始",
《坤·彖传》说"至哉坤元,万物资生",也是说明这个问题。余如
《系辞传下》说:"乾坤其《易》之门邪? 乾,阳物也;坤,阴物也。阴
阳合德而刚柔有体,以体天地之撰,以通神明之德。"《系辞传上》
说:"在天成象,在地成形,变化见矣。是故刚柔相摩,八卦相荡,
鼓之以雷霆,润之以风雨,日月运行,一寒一暑,乾道成男,坤道成
女。"也就是说明这个问题。"刚柔相摩,八卦相荡,鼓之以雷霆,
润之以风雨,日月运行,一寒一暑",是形象地说明天地之变化。
"乾道成男,坤道成女",则就是所谓"万物生焉"。用孔子的话来
说,这就是"天何言哉,四时行焉,百物生焉,天何言哉"。特别是
"乾坤其《易》之门"的这个"门"字,用得非常精切。这个"门"字,
必须用另一处所说的"阖户谓之坤,辟户谓之乾,一阖一辟谓之
变,往来不穷谓之通"来解释,才能了解其精意所在。这里所谓
门,实际上不是别的,就是矛盾的统一体。一阖一辟,就是由于事
物的内部矛盾而产生的运动发展。也就是说,从《周易》全书六十
四卦的结构来看,自屯蒙以下诸卦都是由于乾坤的内部矛盾而产
生的运动发展的结果。有人不相信《周易》有辩证法思想,那末这
不是辩证法思想是什么呢? 对希腊古代有辩证法思想,不感到奇
怪,为什么中国古代有辩证法思想就感到奇怪呢!

　　不仅如此。在总论里说:"乾坤毁则无以见《易》,《易》不可
见,则乾坤或几乎息矣。"这是什么意思呢? 它是说乾坤二卦的变
化发展已到尽端,即在六十四卦的结构中已达到既济、未济阶段。
既济"刚柔正而位当",象乾坤毁。《杂卦》说"既济,定也",即是
此意。然而既济的对立面就是未济。《序卦》说:"物不可穷也,故
受之以未济终焉。"这是说乾坤变化发展到既济时,是"几乎息",
实际并没有息,也不可能息。以乾坤为首的六十四卦,变化发展到

既济、未济,仅仅是完成一个发展链条罢了。这一观点无疑也是符合辩证法的观点。

在总论里说:"《易》之为书也,原始要终以为质也。六爻相杂,唯其时物也。其初难知,其上易知,本末也。初辞拟之,卒成之终,若夫杂物撰德,辩是与非,则非其中爻不备。噫!亦要存亡吉凶,则居可知矣。知者观其彖辞,则思过半矣。二与四同功而异位,其善不同。二多誉,四多惧,近也。柔之为道,不利远者,其要无咎,其用柔中也。三与五同功而异位,三多凶,五多功,贵贱之等也。其柔危,其刚胜邪?""圣人设卦观象而明吉凶,刚柔相推而生变化。是故吉凶者,失得之象也。悔吝者,忧虞之象也。刚柔者,昼夜之象也,六爻之动,三极之道也。""象者,言乎象者也。爻者,言乎变者也。吉凶者,言乎其失得也。悔吝者,言乎其小疵也。无咎者,善补过也。是故列贵贱者存乎位,齐小大者存乎卦,辩吉凶者存乎辞,忧悔吝者存乎介,震无咎者存乎悔。是故卦有小大,辞有险易。辞也者,各指其所之。""八卦成列,象在其中矣。因而重之,爻在其中矣。刚柔相推,变在其中矣。系辞焉而命之,动在其中矣。吉凶悔吝者生乎动者也,刚柔者立本者也,变通者趣时者也,吉凶者贞胜者也。"

上述四条是孔子从微观方面对《周易》全书六十四卦每一卦通例的说明。

至于分论五篇,主要是从用《易》学《易》着眼,探究一些有关人事上的问题。《说卦》说"和顺于道德而理于义,穷理尽性以至于命",主要就是指此类而言。

总之,《周易》一书,从其思想内容来说,真是所谓"致广大而尽精微,极高明而道中庸",然而没有《易传》为之阐发,将与《连山》、《归藏》一样,同归沦亡。《左传》、《国语》二书虽有称引,也只能知道是卜筮之书，不会了解其中有如此深邃的思想。所以，孔子赞《易》之功，与作《易》之功同样伟大。我国古代有此，应该看作是中华民族之骄傲，任何轻蔑诋毁，都是错误的。

最后说作为六经之一的《春秋》。《春秋》本来是孔子所作。这是千真万确的事实。孔子作《春秋》，早在先秦已见述于《孟子》、《荀子》、《庄子》诸书。至汉时，胡母生、董仲舒都以能言《春秋》而为名家。司马迁作《史记》亦屡见称引。特别是《公羊传》、《穀梁传》、《左传》号称"三传"，俱以阐释《春秋》有名于世，传久不绝，何得怀疑？然而自"五四"以来，由于受批孔的影响，否认孔子作《春秋》的，却大有人在。这个问题不应视而不见，应该加以说明。据我看，这也并不是没有一点原因的。其原因在于孔子所作的《春秋》主要不在记事，而在明义。《庄子》说"《春秋》以道名分"，司马迁说"《春秋》以道义"，已明确地指出这个问题。所以西汉博士认为《公羊传》、《穀梁传》是传《春秋》的，而《左氏》不传《春秋》，是有理由的。但是不能因此就说《左氏春秋》与孔子所作的《春秋》没有关系。《史记·十二诸侯年表》说孔子"论史记旧闻，兴于鲁而次《春秋》……七十子之徒口受其传指，为有所刺讥褒讳挹损之文辞，不可以书见也。鲁君子左丘明惧弟子人人异端，各安其意，失其真。故因孔子史记具论其语，成《左氏春秋》"。这段记载我看是可信的。也就是说，《左氏春秋》对孔子所作的《春秋》来说，也可以说是传。但它不是传"不可以书见"的义，而是传可以书见的事。后人读孔子所作的《春秋》，但知其义，不知其事，也是不行的。所以刘歆认为《左氏春秋》也是孔子《春秋》的传而欲立于学官，这并没有错。错在他说："左丘明好恶与圣人同，亲见夫子，而公羊、穀梁在七十子后。传闻之与亲见之，详略不同。"意思是说，《左氏春秋》之为《春秋》传，也是传《春秋》"不可以书见"的义的。不仅如此,而且认为《左氏春秋》在这方面比公羊、穀梁还强。特别是《汉书》刘歆本传说"治《左氏》,引传文以解经,转相发明,由是章句义理备焉"。故刘歆在这个问题上不无作伪的嫌疑。又,先秦至汉初,言六经的都是以《诗》、《书》相次,《易》、《春秋》相次。其意以为《易》和《春秋》是一类,同是讲理论的书。如董仲舒说:"《诗》、《书》序其志……《易》、《春秋》明其知。"(《春秋繁露·玉杯》)司马迁说"《春秋》推见至隐,《易》本隐以之显",就是证明。而刘歆作《七略》却硬说"左史记言,右史记事,事为《春秋》,言为《尚书》,帝王靡不同之"(见《汉书·艺文志》),好像春秋一名,从来就是记事的,与《尚书》记言相对。后世杜预作《春秋左传集解》,更专门阐发刘歆的所谓"章句义理",目为"其发凡以言例,皆经国之常制,周公之垂法,史书之旧章,仲尼从而修之,以成一经之通体"。及刘知几作《史通》,又推波助澜,发展了杜预的观点,著成《惑经》、《申左》两篇。加上近人读书习惯用形而上学的方法,只看现象,不看本质。例如《论语》有"祭如在,祭神如神在",便说孔子是有神论者。好似今人对死者送花圈,就是有神论者一样。持这种方法去看《春秋》,当然看不出"不可以书见"的东西。因而就说孔子没有作过《春秋》。这样重重迷雾,如不拨开,今日研究六经之一的《春秋》,是无法窥见其本质的。

那末,说"《春秋》以道名分"也好,说"《春秋》以道义"也好,具体说都有哪些东西呢? 据我所知,简单说有以下几点。

1.据鲁、亲周、故殷 这是孔子作《春秋》所遵守的一条原则。这条原则长期被何休《公羊解诂》所误解,赖有《史记·孔子世家》引述原文,得以窥见其原貌。

《春秋》宣公十六年说:"成周宣谢灾。"《公羊传》说:"成周宣谢灾何以书? 记灾也。外灾不书,此何以书? 新周也。"何休解诂说："孔子以《春秋》当新王，上黜杞，下新周而故宋。因天灾中兴之乐器，示周不复兴，故系宣谢于成周，使若国文，黜而新之，从为王者后记灾也。"本来《公羊传》所说的"新周"就是"亲周"，古亲、新通。《春秋繁露·三代改制质文》说："绌夏、亲周、故宋。"与《史记·孔子世家》说："乃因史记作《春秋》，上至隐公，下讫哀公十四年十二公，据鲁、亲周、故殷，运之三代。"二书都作"亲周"，不作"新周"，可以证明。何休不仅误读"亲周"为"新周"，更因误读而制造出"孔子以《春秋》当新王，上黜杞，下新周而故宋"的谬论。贻误后学，莫此为甚。杜预驳之，说《春秋》"所书之王即平王也，所用之历即周正也，所称之公即鲁隐也，安在其黜周而王鲁乎？"（《春秋左传集解序》）王接也说："何氏黜周王鲁，大体乖硋，志通《公羊》，往往还为《公羊》疾病。"（《晋书·王接传》）杜氏、王氏的说法都是对的。清人治《公羊》者还坚持何义，这是墨守门户之见，必须纠驳。

司马迁说："《春秋》者，礼义之大宗也。"据鲁、亲周、故殷这条原则正反映孔子的政治思想。在当时条件下，孔子平时服礼蹈义，这种思想不能不在历史著作中表现出来。"据鲁"是因为《春秋》是鲁史，不能不以鲁为主。"亲周"是因为周是当时天下之共主。"亲周"表明鲁与周有特殊的关系。例如"成周宣谢灾"，如果发生在别的诸侯国，作为鲁史的《春秋》，就不予记载。《公羊传》说"外灾不书，此何以书？新周也"，正为说明这个问题。《春秋》把这种关系叫做"亲周"。何休读为"新周"，就铸成大错了。"故殷"也称"故宋"。因为宋是殷后，故"故殷"可称"故宋"。"故宋"表明鲁与宋的关系，宋在周代是二王后，受特殊的礼遇，所以鲁因为亲周就不能不推广而故殷。但"故"与"亲"仍是有等级差别的。《春秋》襄公九年春："宋灾。"《穀梁传》说："外灾不志，此其志，何也？

故宋也。"又《春秋》僖公十六年："春王正月戊申朔，霣石于宋五。是月，六鹢退飞过宋都。"《公羊传》说："五石六鹢何以书？记异也。外异不书，此何以书？为王者之后记异也。"公、穀二传所说"故宋"和"为王者之后记异也"，都说明孔子所作的《春秋》，有"故宋"这条原则。那末，杞也是二王后，为什么《春秋》里对杞没有"故"的反映？这是因为自鲁上推至夏，太远了。《礼记·郊特牲》说："天子存二代之后，犹尊贤也。尊贤不过二代。"自鲁上推，周殷为二代。至夏则过二代，故《春秋》上黜杞，但亲周、故殷。

2. **所见异辞，所闻异辞，所传闻异辞**　这也是孔子作《春秋》所遵守的一条原则。这一条原则表明《春秋》记事，从时间上说，是详近略远。这一点无疑也是从礼的等级制度引申出来的。遗憾的是，这条原则也被何休给解释错了。《公羊传》于隐公元年、桓公二年、哀公十四年都提到这个问题。何休于隐公元年传下说："所见者，谓昭、定、哀，己与父时事也。所闻者，谓文、宣、成、襄，王父时事也。所传闻者，谓隐、桓、庄、闵、僖，高祖曾祖时事也。异辞者，见恩有厚薄，义有浅深，时恩衰义缺，将以理人伦、序人类，因制治乱之法。故于所见之世，恩己与王父之臣尤深，大夫卒，有罪无罪皆录之，'丙申，季孙隐如卒'是也。于所闻世，王父之臣恩少杀，大夫卒，无罪者日录，有罪者不日略之，'叔孙得臣卒'是也。于所传闻之世，见治起于衰乱之中，用心尚粗粗，故内其国而外诸夏，先详内而后治外，录大略小，内小恶书，外小恶不书，大国有大夫，小国略称人，内离会书，外离会不书是也。于所闻之世，见治升平，内诸夏而外夷狄，书外离会，小国有大夫，宣十一年'秋，晋侯会狄于攒函'、襄二十二年'邾娄鼻我来奔'是也。至所见之世，著治太平，夷狄进至于爵，天下远近小大若一，用心尤深而详，故崇仁义、重二名，晋魏曼多、仲孙何忌是也。所以三世者，礼为父母三年,为祖父母期,为曾祖父母齐衰三月。立爱自亲始,故《春秋》据哀录隐,上治祖祢。"这个所见、所闻、所传闻三世,犹今人说现代史、近代史、古代史一样,远近异名。异辞是由于时间有远近,记事的详略,因之也不同。《穀梁传》桓公十四年说:"孔子曰:'听远音者,闻其疾而不闻其舒。望远者,察其貌而不察其形。立乎定哀以指隐桓,隐桓之日远矣,夏五,传疑也。'"《荀子·非相》说:"五帝之外无传人,非无贤人也,久故也。五帝之中无传政,非无善政也,久故也。禹、汤有传政而不若周之察也,非无善政也,久故也。传者久则论略、近则论详。略则举大,详则举小。"这就是孔子作《春秋》所见异辞,所闻异辞,所传闻异辞的道理。所不同的是孔子把它制度化,作为一条写作原则罢了。何休用"恩有厚薄,义有浅深"来解释,显然不当。尤其是把这条原则与"内其国而外诸夏,内诸夏而外夷狄"的另一条原则纠缠在一起,更是大错特错。至于据此把《春秋》说成据乱、升平、太平三世,其为错误,就更不要说了。

总之,孔子作《春秋》所遵守的这一条原则,是正确的,符合客观实际的。

3.内其国而外诸夏,内诸夏而外夷狄　这也是孔子作《春秋》所遵守的一条原则。这条原则也称"别外内"。也是从礼的等级制度引申出来的。《春秋》成公十五年:"冬十有一月,叔孙侨如会晋士燮、齐高无咎、宋华元、卫孙林父、郑公子鳙、邾娄人会吴于钟离。"《公羊传》说:"曷为殊会吴?外吴也。曷为外也?《春秋》内其国而外诸夏,内诸夏而外夷狄。王者欲一乎天下,曷为以外内之辞言之?言自近者始也。"是《春秋》大义有内其国而外诸夏,内诸夏而外夷狄之证。

4.录内略外　这也是孔子作《春秋》所遵守的一条原则。《公羊传》隐公十年说:"《春秋》录内而略外。"是其证。

5. 常事不书 这也是孔子作《春秋》所遵守的一条原则。《春秋》桓公四年:"公狩于郎。"《公羊传》说:"狩者何?田狩也。春曰苗,秋曰搜,冬曰狩。常事不书,此何以书?讥。何讥尔?远也。"又《春秋》桓公八年:"春正月己卯烝。"《公羊传》说:"烝者何?冬祭也。春曰祠,夏曰礿,秋曰尝,冬曰烝。常事不书,此何以书?讥。何讥尔?讥亟也。"此《春秋》有"常事不书"一条原则之证。

6. 书其重者 这也是孔子作《春秋》所遵守的一条原则。《春秋》庄公十年:"二月,公侵宋。"《公羊传》说:"曷为或言侵、或言伐,粗者曰侵,精者曰伐。战不言伐,围不言战,入不言围,灭不言入,书其重者也。"是《春秋》有"书其重者"这条原则之证。

7. 为尊者讳,为亲者讳,为贤者讳 这也是孔子作《春秋》所遵守的一条原则。《公羊传》闵公元年说:"《春秋》为尊者讳,为亲者讳,为贤者讳。"又庄公四年说:"《春秋》为贤者讳。"《穀梁传》成公元年说:"为尊者讳敌不讳败,为亲者讳败不讳敌,尊尊亲亲义也。"又成公九年说:"为尊者讳耻,为贤者讳过,为亲者讳疾。"这是《春秋》有"为尊者讳,为亲者讳,为贤者讳"这一条原则之证。

8. 信以传信,疑以传疑 这也是孔子作《春秋》所遵守的一条原则。《春秋》桓公五年:"春正月甲戌、己丑陈侯鲍卒。"《穀梁传》说:"何为以二日卒之?《春秋》之义,信以传信,疑以传疑。陈侯以甲戌之日出,己丑之日得,不知死之日,故举二日以包也。"又《穀梁传》庄公七年说:"《春秋》著以传著,疑以传疑。"是《春秋》有"信以传信,疑以传疑"这一条原则之证。

以上举了孔子作《春秋》所遵守的原则共八条。其实不止这八条。司马迁说:"《春秋》以道义。"又称《春秋》"约其文辞而指博"。其所谓"义"所谓"指",都应指此而言。至于庄子说"《春秋》以道名分",孟子说"孔子成《春秋》而乱臣贼子惧",以及孔子自己说"后世知丘者以《春秋》,而罪丘者亦以《春秋》",则又是专指"寓褒贬,别善恶"一类的词例来说的,别是一回事。以限于篇幅,就不在这里详说了。

　　总之,《春秋》是鲁史,但其重要性却不在于记事,而在于创立义法,以为作史的范例。用今日的眼光来看,孔子的这一著作,政治性很强。孔子是春秋时人,春秋是中国奴隶社会衰落时期,孔子在当时属于士大夫阶层,他的这部书以礼义为准绳,是必然的。用今日常用的话来说,就是真正做到为当时的政治服务。如果是古为今用,我看今天研究了《春秋》以后,作史书也应当为今天的政治服务。我们要以四项基本原则为准绳,而不是以春秋时的礼义为准绳。孔子是"圣之时者也"。有人批判《春秋》"为尊者讳,为亲者讳,为贤者讳"的原则,说它是错误的。在今日看来,这个原则诚然是错误的,但是在孔子生时的历史条件下,能够不以周代的礼义为准绳而以今日的四项基本原则为准绳吗? 这种批判,好似责难古人打仗不用飞机大炮一样,不能说不对,但是又有什么意义呢?

（选自《孔子研究》1986 年创刊号）

　　金景芳（1902—2001）,字晓村,辽宁义县人。1923 年毕业于辽宁省立第四师范学校,先后任家庭教师、小学和中学教员、东北大学中文系教授等。1954 年调入东北人民大学（后更名为吉林大学）,历任历史系教授、主任,图书馆馆长,古籍研究所顾问、教授、博士生导师,兼任中国孔子基金会顾问、国际儒学联合会顾问、中国周易学会顾问等。著有《易通》、《古史论集》、《中国奴隶社会史》、《学易四种》、《周易讲座》、《周易全解》(合著)、《孔子新传》(合著)、《金景芳古史论集》等。

　　《孔子与六经》一文系统、全国地论述了孔子在六经成书过程中所起的重要作用,强调六经是孔子为了教学所编定的教科书。虽然六经的内容基本上都是原来就有的,但孔子又对其做了加工。大体说来,孔子对《诗》、《书》所作的加工是"论次",对《礼》、《乐》所作的加工是"修起",对《易》则是作《易传》,对《春秋》则是另成新著。

郭店楚简与儒家经籍

李 学 勤

近些年,许多战国秦汉时期简帛佚籍的发现,对中国学术史的研究起了很大的促进作用。就这一点来说,最近湖北荆门郭店一号楚墓竹简的公布,意义尤为重要。

由考古学的证据看,郭店一号墓是战国中期后段的,其具体年代,可估计为公元前4世纪末,不晚于公元前300年。墓中竹简书籍的书写时间应早于墓的下葬,至于书的著作年代自然更要早些。

郭店简的出现,对学术史研究的影响是多方面的。简的主要内容,属于道家的是《老子》,属于儒家的我认为是《子思子》,已有不少学者在研读讨论,我也写了几篇小文。我觉得,这批简还有一点值得注意的,就是在传统经学的若干问题上,给了我们新的线索和启发。大家都知道,经学是古代学术史的一项中心,存在着很多疑难和争论。清代以来盛行的所谓汉宋学之争,今古文经学之争,对于当前的学术仍有一定影响。下面我想便从这一角度,对郭店简略作考察。

古代所说的"经",指儒者传授尊奉的典籍。早期只有《诗》、《书》等古老文献,后世将孔孟等著作也列为"经",于是由"五经"、"六经"发展为众所习知的"十三经",或加上《大戴礼记》,称"十四经"。一般以为秦代焚书前本有六经,经过秦火,《乐经》亡佚,汉代只有五经。这个说法有好多学者怀疑,先秦有没有六经,久已成为问题。

在传世文献中,六经之说只能上溯到《庄子·天运篇》。篇中记载:"孔子谓老聃曰:丘治《诗》、《书》、《礼》、《乐》、《易》、《春秋》六经,自以为久矣,孰(熟)知其故矣。"这显然是《庄子》寓言,《天运》又在《庄子》外篇,有晚出的嫌疑,因此现代著作多以为不足信。

郭店简《六德》,与《五行》一样,曾为汉初贾谊《新书》所引据。《五行》出自子思,《六德》也可能属于《子思子》。篇内说:"观诸《诗》、《书》,则亦在矣;观诸《礼》、《乐》,则亦在矣;观诸《易》、《春秋》,则亦在矣。"这里尽管没有提到"六经"一词,但经的次序与《天运》完全一致。看来战国中期儒家确实已有这种说法。

竹简中的《缁衣》,梁代沈约说取自《子思子》,今存于《礼记》。篇内多引《诗》、《书》,包括有《尹吉(告、诰)》、《君陈》、《太甲》、《兑(说)命》、《君雅(牙)》等佚《书》。竹简另一篇现题作《成之闻之》的,也引有两条佚《书》,如其一条为:

《大禹》曰:"余才宅天心",曷?此言也,言余之此而宅于天心也。

《大禹》无疑是佚《书》《大禹谟》。《大禹谟》在孔颖达《尚书正义》所述汉代孔壁所出佚《书》之中。另一条引的是《×命》,前面那个字不够清楚,有待进一步研究。

《大禹谟》这条佚文不见于今传《大禹谟》,证明今本确实是有问题的。佚文说"余才宅天心",如何解释还待研究。我们看《康诰》、《立政》都有"宅心",可见"宅心"是古语,但没有"天心"。"天心"只见于今传伪古文的《咸有一德》,这很需要吟味。

有一件事和佚《书》问题有关，就是郭店简的文字多同于郭忠恕《汗简》、夏竦《古文四声韵》所引古文。这种古文，长期受到学者否定，怀疑是捏造杜撰。近年战国文字研究发达，两书的名声渐得昭雪。郭店简里的特异写法，与两书相同或近似的最多。

例如简中多见"仅"字，均读为"道"。此字曾见秦石鼓文和马王堆帛书，读为"行"，而《汗简》和《古文四声韵》记为"道"字古文，云出"古《尚书》"、"古《老子》"，正与竹简相合。这类例子还有不少，为避免排印困难，不能枚举。由此说明，古人流传的《尚书》、《老子》等古文实有所本，当时人们确曾见过像郭店简这样的战国竹简书籍。

所谓"古《尚书》"，即指汉代前期孔壁发现的古文竹简《尚书》，传说是孔子后裔在秦代下令焚书时壁藏起来的。孔壁在曲阜，曲阜原为鲁都。鲁国在公元前256年已被楚国吞并，因而曲阜屡有战国晚年的楚国文物出土。孔家壁藏的竹简书籍，很可能是用楚文字书写的，从孔壁流传的古文和郭店简类似是自然的。

所谓"古《老子》"，当指北齐武平五年（574）彭城人开项羽妾冢所得的《老子》。唐代傅奕的《道德经古本篇》即校订该本。项羽楚人，其妾墓中的《老子》也很可能是用楚文字写成的。

郭店简又影响到对《礼记》的看法。《缁衣》收入《礼记》，竹简中还有不少地方与《礼记》若干篇章有关，说明《礼记》要比现代好多人所想的年代更早。按《汉书·艺文志》于《礼》类著录"《记》百三十一篇"，云"七十子后学者所记也"。郑玄的《六艺论》说："汉兴，高堂生得《礼》十七篇，后得孔氏壁中、河间献王古文《礼》五十六篇、《记》百三十一篇"，可知《汉志》的《记》都是古文，有的是孔壁所出，有的是河间献王所征集，都是孔门七十子后学的作品。高堂生五传弟子戴德、戴圣所传的《礼记》、《大戴礼记》,都是根据这些材料编成的。现在由郭店简印证了《礼记》若干篇章的真实性,就为研究早期儒家开辟了更广阔的境界。

《礼记》内的《大学》、《中庸》,传为曾子、子思所作,宋明以来备受重视,与《论语》、《孟子》合称《四书》。郭店简虽然没有这两篇,但两篇中许多观念范畴,在竹简儒书各篇中有所申述,例如诚、慎独、格物、修身等,都是读《大学》、《中庸》的人们熟悉的。《大学》讲"大学之道,在明明德,在亲民,在止于至善",下文则引《康诰》"作新民"。宋程子说"亲,当作新",朱子也这么解释,后来许多人不相信。现在看郭店简,凡"亲"字都写作"新",《大学》的"亲民"原来也应该是"新民",程朱所说还是有道理的。

郭店简的发现,给我们带来了很多新的启示,使大家产生了不少新的想法,也一定会导致新的争论。以上所说,仅仅是一些不成熟的思考,敬望批评指正。

（选自《中国哲学》第 20 辑《郭店楚简
研究》,辽宁教育出版社 1999 年版）

李学勤(1933—　　)，北京人。早年就读于清华大学哲学系。1952—1953 年在中国科学院考古研究所参与编著《殷虚文字缀合》。1954 年起就职于中国科学院历史研究所(即今中国社会科学院历史研究所)，曾任该所所长。现为中国社会科学院历史研究所研究员、博士生导师,中国社会科学院古代文明研究中心、甲骨文殷商史研究中心主任,清华大学国际汉学研究所、思想文化研究所所长,中国先秦史学会理事长,国际欧亚科学院院士,并兼任国内外多所大学教授。著有《殷代地理简论》、《东周与秦代文明》、《中国青铜器概说》、

《新出青铜器研究》、《古文字学初阶》、《比较考古学随笔》、《古文献丛论》、《周易经传溯源》、《简帛佚籍与学术史》、《走出疑古时代》、《四海寻珍》、《缀古集》、《拥篲集》、《重写学术史》等。

　　《郭店楚简与儒家经籍》一文,利用近年出土的湖北郭店楚简,对儒家经籍特别是《尚书》、《礼记》的成书年代问题进行了重新审视,认为它们要比现代好多人所想的年代更早,而六经之说在战国中期已经出现。

论著目录索引

百　闵　《周礼》——古代的行政法典　《国魂》293 期,1970 年

鲍立芹　略论《易经》的性质及其哲学思想　《青海社会科学》3
　　　　期,1980 年

蔡介民　《礼记》成书之时代　《新东方》1 卷 1 期,1940 年　《二
　　　　十世纪中国礼学研究论集》(陈其泰等编),学苑出版社
　　　　1998 年版

　　　　《礼记》成书时代再考　《新东方》1 卷 5 期,1940 年
　　　　《二十世纪中国礼学研究论集》(陈其泰等编),学苑出版
　　　　社 1998 年版

　　　　《周易》源流考　《国民杂志》1 卷 8 期,1941 年　《周易
　　　　研究论文集》(一)(黄寿祺、张善文编),北京师范大学出
　　　　版社 1987 年版

蔡青海　谈论易学史的源流　《中华易学》14 卷 8—10 期,1993
　　　　年

蔡汝堃　孝经通考　商务印书馆 1937 年版　台湾商务印书馆
　　　　1967 年版

蔡尚思　《论语》真相与有关名著　《传统文化与现代化》3 期,
　　　　1983 年

蔡锡耀　浅说《诗经》与作者　《中县文艺》9 期,1996 年

蔡振修　《礼运·大同篇》的作者和时代背景　《中国语文》2 期，1977 年

蔡仲德　《乐记》作者辨证　《中央音乐学院学报》1 期，1980 年

曹楚基　最早的诗歌总集　《中国文学知识宝库》1996 年

曹大中　论《周易》是卜筮之书——兼与宋作胤先生商榷　《周易研究》2 期，1990 年

曹福敬　《周易》卦爻辞编作年代新考　《中国哲学史研究》3 期，1988 年

曹喜琛　试说《尚书》　《档案学通讯》5 期，1990 年

常　教　《鲁颂》考辨　《文献》15 辑，1983 年

常　山　孔子删《诗》辨　《津浦铁路日刊》1945—1947 期，1936 年

陈安娜　《诗经》浅谈　《台南师专学刊》4 期，1979 年

陈昌寿　五经大要及与孔子的关系　《东方文化》2 卷 6 期，1943 年

陈鼎忠　《周易》概要　《国专月刊》1937 年

陈恩林　关于《穀梁传》的源流及真伪问题　《古籍整理研究学刊》4 期，1987 年

陈建中等　论《诗经》产生的时代性质　《淮阴师专学报》1 期，1980 年

陈进中　孔子与删《诗》　《史苑》15 期，1970 年

陈克明　群经要义　东方出版社 1996 年版

陈连庆　《周礼》成书年代的新探索　《中国历史文献研究》2 辑，1988 年

陈茂同　《左传》的作者及其成书的年代问题　《厦门大学学报》1 期，1984 年

陈梦家　《郭沫若〈周易的构成时代〉书后》　郭沫若《周易的构成时代》附录,长沙商务印书馆 1940 年版

尚书通论　商务印书馆 1957 年版

尚书通论(增订本)　中华书局 1985 年版

尚书通论(外二种)　河北教育出版社 2000 年版

陈泮藻　孔子与《易经》　《孔孟学报》22 期,1971 年

陈剩勇　重评孔子删《诗》之争　《求索》2 期,1985 年

陈铁凡　孝经学源流　台湾国立编译馆 1986 年版

陈温菊　由六瑞六器看《周礼》的成书年代　《孔孟月刊》1 期,1994 年

陈新雄　删《诗》问题之探讨　《第二届诗经国际学术研讨会论文集》,语文出版社 1996 年版

陈雄熏　第一部小说——《左传》　《知止斋论学集》,1997 年

陈延杰　经学概论　商务印书馆 1935 年版

陈燕方　经学源流浅说　中华书局 1922 年版

陈耀东　《诗经》的搜集与编定　《浙江师范学院学报》1 期,1981 年

陈　野　从文献比较中看《乐记》的撰作年代　《杭州大学学报》3 期,1987 年

《乐记》成书年代再辨析　《浙江学刊》3 期,1987 年

陈玉森、陈宪猷　先秦无《易经》论　《中山大学学报》1 期,1986 年

陈　中　《周易》概说　《国专月刊》5 卷 3—5 期,1937 年

陈中凡　《诗经》制作时代考　《学艺》10 卷 1 期,1930 年　《陈中凡论文集》,1993 年

陈　柱　尚书论略　商务印书馆 1926 年版

　　　　　周易论略　　商务印书馆1929年版

　　　　　《孝经》辨　《国学论衡》,1935年

　　　　　孝经要义　　台湾商务印书馆1977年版

程俊英　略谈《诗经》　《语文学习》12期,1980年

程石泉　易辞新诠　上海古籍出版社2000年版

程树德　《论语》之研究　《学林》9期,1941年

程元敏　论《书序》之著成年岁　《明代经学国际研讨会论文集》,
　　　　　1996年

程　云　略论孔子删《诗》　《人民音乐》12期,1982年

陈允吉　《诗序》作者考辨　《中华文史论丛》13辑,上海古籍出
　　　　　版社1980年版

戴君仁　谈易　台湾开明书店1961年版

　　　　　《古文尚书》作者研究　《孔孟学报》1期,1961年

　　　　　孔子删《诗》说折中　《大陆杂志》45卷5期,1972年

戴君仁等　春秋三传研究论集　台湾黎明事业出版公司1981年
　　　　　版

戴琏璋　易传之形成及其思想　台湾文津出版社1989年版

邓安生　论"六艺"与"六经"　《南开学报》2期,2000年

邓球柏　《周易》新论　《湘潭大学学报》3期,1993年

　　　　　论《帛书周易》　《湘潭大学学报》3期,1995年

董家遵　《七月》一诗的社会背景　《社会学讯》5期,1947年

董　健　《乐记》是我国最早的美学专著　《南京大学学报》4期,
　　　　　1977年

董治安　漫谈孔子与《六经》　《古籍整理研究论丛》2辑,山东文
　　　　　艺出版社1993年　《先秦文献与先秦文学》,齐鲁书社
　　　　　1994年版

符鼎升　读《论语》　《师大学刊》2 期,1943 年

甫　之　试论"周诗"发展轨迹　《辽宁大学学报》4 期,1997 年

阜阳汉简整理小组　阜阳汉简《诗经》　《文物》8 期,1984 年

傅斯年　与顾颉刚论古史书　《语历所周刊》2 卷 13、14 期,1923 年

诗经讲义稿　《傅孟真先生集》,1952 年

甘鹏云　经学源流考八卷(附尊经社讲演录一卷、方志商一卷)　北京崇雅堂 1938 年版

赣　伯　经学阐微　《中日文化》2 卷 4、5 期,1942 年

高　亨　周易古经通说　贵阳文通书局 1944 年版

周易古经通说(修订本)　中华书局 1958 年版

周易古经今注　开明书店 1946 年版　中华书局 1953 年版

周易古经今注(重订本)(与《周易古经通说》合订)　中华书局 1984 年版

《诗经》引论(一)、(二)　《文史哲》1956 年 5 期,《诗经研究论文集》,人民文学出版社 1959 年版　《文史述林》,中华书局 1980 年版　《诗经学论丛》,台湾嵩高书社 1985 年版

周易大传今注　齐鲁书社 1979 年版

《诗经》续考　《文史哲》1980 年 1 期

高　亨、董治安　孔子与《周易》　《文史哲》6 期,1962 年

高怀民　先秦易学史　台湾东吴大学中国学术著作奖助委员会 1975 年版

高　芒　《诗经》作者略论　《清华周刊》40 卷 10 期,1933 年

高　明　礼学新探　香港中文大学联合书院中文 1936 年版

高　明主编　群经述要　台湾黎明文化事业公司 1979 年版

高攀龙　《春秋》孔义　《国学》1 卷 6 期,1916 年

高启杰　《七月》的时代及其社会　《东方杂志》41 卷 17 期,1945 年

高文策　试论《易》的成书年代与发源地域　《光明日报》1961 年 6 月 2 日　《周易研究论文集》(一)(黄寿祺、张善文编),北京师范大学出版社 1987 年版

高　欣　《左传》记事年代究竟终止于何年　《文科教学》3 期,1982 年

葛志毅　经与经书意义之再阐释　《学习与探索》5 期,1996 年

试据《尚书》体例论其编纂成书问题　《学习与探索》2 期,1998 年

葛志毅、张维明　孔子、子夏与早期经学　《先秦两汉的制度与文化》,黑龙江教育出版社 1998 年版

耿成鹏　孔子与《周易》关系考辨　《中州学刊》2 期,1988 年

龚　咏　读易札记　《唯是》2 期,1920 年

顾颉刚　与钱玄同先生论古史书　《努力》增刊《读书杂志》9 期,1923 年

论《诗经》所录全为乐歌　《北京大学国学门周刊》10—12 期,1925 年　《古史辨》(三),朴社 1931 年版　《古史辨》(一),朴社 1926 年版

论孔子删述六经说及战国著作伪书说　《古史辨》(一),朴社 1926 年版

《周易》卦爻辞中的故事　《燕京学报》6 期,1929 年　《古史辨》(三),朴社 1931 年版

《毛诗序》之背景与旨趣　《语历所周刊》10 卷 120 期，
1930 年

《诗经》在春秋战国间的地位　《古史辨》(三)，朴社
1931 年版

《尧典》著作时代考　《尚书研究讲义》，燕京大学石印，
1931 年

《诗经通论》序　《文史杂志》5 卷 3 期，1945 年

论《毛诗序》之作者　《史林杂识初编》(顾颉刚著)，中
华书局 1963 年版

"周公制礼"的传说和《周官》一书的出现　《文史》6 辑，
中华书局 1979 年版

春秋三传及国语之综合研究　巴蜀书社 1988 年版　中
华书局香港分局 1988 年版　《中国上古史研究讲义》，
中华书局 1988 年版

《尚书·酒诰》校释译论　《文史》33 辑，中华书局 1990
年版

《尚书·多士》校释译论　《文史》40 辑，中华书局 1994
年版

《尚书·梓材》校释译论　《文史》42 辑，中华书局 1997
年版　《二十世纪中国礼学研究论集》(陈其泰等编)，学
苑出版社 1998 年版

《尚书·大诰》研究(上、中、下)　《中华文史论丛》59—
61 辑，上海古籍出版社 1999、2000 年版

顾廷龙、王世伟　尔雅导读　巴蜀书社 1990 年版

管锡华　《尔雅》非同义词典论——《尔雅》性质、体例特点研究
《湖南教育学院学报》1 期，1986 年

论《尔雅》性质上的一大特点——比较《尔雅》研究之一
《安徽大学学报》2 期,1986 年

郭　丹　《左传》漫谈　台湾顶洲文化事业有限公司 1997 年版

郭东明　《礼记·檀弓》的作者及其年代　《齐鲁学刊》4 期,1990 年

郭沫若　《周易》的时代背景与精神生产　《东方杂志》25 卷 21—22 期,1928 年　《中国古代社会研究》,人民出版社 1954 年版

《诗》、《书》时代的社会变革与其思想上之反映　《东方杂志》26 卷 8—12 期,1929 年　《中国古代社会研究》,人民出版社 1954 年版

《周易》之制作时代　长沙商务印书馆 1940 年版　《图书季刊》2 卷 4 期,1940 年　《青铜时代》,人民出版社 1954 年版　《周易研究论文集》(一)(黄寿祺、张善文编),北京师范大学出版社 1987 年版

论读经　《学习生活》4 卷 5 期,1943 年

由周代农事诗论到周代社会　《中原》1 卷 4 期,1944 年

简单的谈谈《诗经》　《文艺报》3 卷 7 期,1951 年　《奴隶制时代》,人民出版社 1954 年版

《周易》时代的社会生活　《中国古代社会研究》,人民出版社 1954 年版

《周官》质疑　《金文丛考》,人民出版社 1954 年版

有关《易经》的信文　《中国史研究》1 期,1979 年　《周易研究论文集》(一)(黄寿祺、张善文编),北京师范大学出版社 1987 年版

《考工记》的年代与国别　开明书店 1946 年版　《开明

20世纪儒学研究大系

书店二十周年纪念文集》,中华书局 1985 年版

郭人民　《易经》简论　《史学月刊》4 期,1986 年

郭天祥　《左传》迄年辨证　《宝鸡师院学报》1 期,1988 年

郭　沂　《论语》源流再考察　《孔子研究》4 期,1990 年

　　　　《中庸》成书辨正　《孔子研究》4 期,1995 年

　　　　从早期《易传》到易说——重新检讨《易传》成书问题

　　　　《国际易学研究》3 辑,华夏出版社 1997 年版

韩桓德　孔子与《诗经》　《武汉大学学报》2 期,1987 年

韩林德　《乐记》的美学思想、作者及其它　《美学》5 期,1984 年

韩永贤　周易解源　中国华侨出版公司 1991 年版

韩仲民　帛书《系辞》浅说——兼论《易传》的编纂　《孔子研究》

　　　　4 期,1988 年　《周易研究》1 期,1990 年

　　　　帛易说略　北京师范大学出版社 1992 年版

郝铁川　经国治民之典——周礼与中国文化　河南大学出版社

　　　　1995 年版

何定生　《尚书》的文法及其年代　《语历所周刊》5 卷 49—51

　　　　期,1928 年

　　　　六经与孔子的关系　《中央日报》1959 年 4 月 8 日

何耿镛　经学概说　湖北人民出版社 1984 年版

　　　　经学简史　厦门大学出版社 1993 年版

何敬群　关于《诗经》几个问题的商榷　《新亚书院学术年刊》2

　　　　期,1960 年

何　隽　《诗经》时代之社会与政治　《政治季刊》5 卷 3、4 期,

　　　　1948 年

何维鸿　《诗经》是中国的史诗　《镇江师专学报》3 期,1989 年

何　新　大易通解　四川人民出版社 2000 年版

贺凌虚　《周礼》的来历及其成书年代　《革命思想》35 卷 4 期，1973 年

洪　业　仪礼引得序　《洪业论学集》，中华书局 1981 年版

　　　　礼记引得序　《洪业论学集》，中华书局 1981 年版

　　　　春秋经传引得序　《洪业论学集》，中华书局 1981 年版

侯延章　推翻"文王作《周易》说"的论据不实　《南都学坛》3 期，1989 年

胡锦贤　论《尔雅》产生的时代背景　《孔孟月刊》413 期，1997 年

胡念贻　论《左传》　《先秦文学论集》，中国社会科学出版社 1981 年版

　　　　《左传》的真伪和写作时代问题考辨　《文史》11 辑，中华书局 1981 年版　《中国古代文学论稿》，上海古籍出版社 1987 年版

胡平生　阜阳汉简《诗经》简论　《文物》8 期，1984 年

胡平生、韩自强　阜阳汉简《诗经》研究　上海古籍出版社 1988 年版

胡朴安　诗经学　商务印书馆 1925 年版　《胡朴安学术论著》，浙江人民出版社 1998 年版

　　　　论《诗经》　《益世报》1926 年 9 月 30 日

　　　　周易古史观　上海古籍出版社 1986 年版

胡　适　论《左传》之可信及其性质　《语历所周刊》1 卷 1 期，1927 年

　　　　谈谈《诗经》　《古史辨》(三)，朴社 1931 年版　《胡适论学近著》，商务印书馆 1935 年版

　　　　论《春秋》答钱玄同　《胡适论学近著》，商务印书馆 1935 年版

胡义成　《诗经》中"劳者"之歌产生及被编纂成集时的社会　《贵
　　　　阳师院学报》3 期,1982 年

　　　　孔子与《诗经》　《河北师范大学学报》1 期,1983 年

胡毓寰　《孟子》七篇源流及其注释　《学术世界》1 卷 12 期,1936
　　　　年

华钟彦　孔子未曾删《诗》辨　《女师学院期刊》2 卷 2 期,1934 年

黄宝先　《易经》与稷下学——兼论《易传》为稷下黄老之作　《管
　　　　子学刊》4 期,1994 年

黄　节　《诗序》非卫宏所作说　《清华中国文学会月刊》1 卷 2
　　　　期,1931 年

黄　筠　《孝经》述略　《中国典籍与文化》1 期,1996 年

黄俊郎　礼仪之邦的宝典——礼记　台湾黎明文化事业公司
　　　　1993 年版

黄　侃　书《春秋左氏疑义答问》后　《越风》3 期,1935 年

　　　　礼学略说　《中央大学文艺丛刊》2 卷 2 期,1936 年

　　　　《尔雅》略说　《黄侃论学杂著》,中华书局上海编辑所
　　　　1964 年版;上海古籍出版社 1998 年版

黄　葵　《左传》之作者及其它　《广西大学学报》82 期,1981 年

黄沛荣　论《周易》地位之提升:兼论六经之次第　《孔孟月刊》23
　　　　卷 3 期,1984 年

　　　　重论孔子与《易经》之关系　《孔孟月刊》24 卷 3 期,1985
　　　　年

黄庆萱　《周易》与孔子　《中华文化复兴月刊》9 卷 4 期,1976 年

黄石声、黄晓阳　易传探蕴　西南师范大学出版社 1999 年版

黄寿祺　论易学之门庭　《福建师大学报》3 期,1980 年

　　　　群经要略　华东师范大学出版社 2000 年版

黄优仕　《诗序》作者考证　《国学月报汇刊》1 期,1926 年

黄振民　《诗经》之命名及其成书考　《中华文化复兴月刊》12
　　　　期,1971 年

　　　　《诗经》诗篇之作者考　《国文学报》6 期,1972 年

　　　　诗经研究　台湾正中书局 1982 年版

黄中业　《孝经》的作者、成书年代及其流传　《史学集刊》3 期,
　　　　1992 年

黄忠慎　论《今文尚书》正伪以为《洪范》晚出之非　《儒学长短
　　　　论》1997 年

霍旭东　《春秋》、《左传》记事的迄止年代　《古籍整理研究学
　　　　刊》1 辑

吉联抗　司马迁说过孔子编《诗经》吗　《人民音乐》3 期,1983 年

江公正　《周易》概论　《中华易学》8 期,1980 年

姜广辉　"文王演《周易》"新说——兼谈境遇与意义问题　《哲学
　　　　研究》3 期,1997 年　《大易集述》,巴蜀书社 1998 年版

姜慕先　《诗经》概说　《协大艺文》14 期,1942 年

姜修章　也说删《诗》　《陕西教育学院学报》1 期,1997 年

姜钟奎　《诗》古义　《学衡》43 期,1925 年

蒋伯潜　经典纂要　重庆正中书局 1933 年版

　　　　十三经概论　上海古籍出版社 1983 年版

蒋伯潜、蒋祖怡　经与经学　上海书店出版社 1997 年版

蒋立浦　关于《诗经》研究的几个问题　《安徽大学学报》4 期,
　　　　1977 年

蒋善国　三百篇究竟是什么　《晨报》1927 年 6 月 21 日

　　　　三百篇演论　商务印书馆 1931 年版

　　　　《尚书》的真伪问题　《中山文化教育馆季刊》3 卷 3 期,

　　　　　　1936 年

　　　　　　尚书综述　上海古籍出版社 1988 年版

蒋以勤　　从《诗经》观察古代城市社会　《新重庆》1 卷 2 期,1947
　　　　　　年

介　人　　《周易》札记　《仁爱月刊》1 卷 3 期,1935 年

金春峰　　周官之成书及其反映的文化与时代新考　东大图书公司
　　　　　　1993 年版

金德建　　《王制》丛考　《制言》57、58 期,1939 年

　　　　　　司马迁所见书考　上海人民出版社 1963 年版

　　　　　　《尧典》三论　《中华文史论丛》25 辑,上海古籍出版社
　　　　　　1983 年版

　　　　　　《论语》名称起源于孔安国考　《古籍丛考》(金德建
　　　　　　著),中华书局上海书店 1986 年版

　　　　　　《尚书》百篇外当有《太戍》及《王官有司》　《中华文史
　　　　　　论丛》41 辑,上海古籍出版社 1987 年版

　　　　　　《盘庚》小议　《中国历史文献研究》3 辑,1990 年

金公亮　　诗经新论　启明书局 1958 年版

　　　　　　诗经学导读　河洛图书出版社 1978 年版

金景芳　　易通　《图书季刊》6 卷 3 期,1945 年　商务印书馆 1945
　　　　　　年版

　　　　　　易论　《东北人民大学人文科学学报》2 期,1955 年

　　　　　　《古史论集》(金景芳著),齐鲁书社 1981 年版

　　　　　　说《易》　《史学月刊》1 期,1985 年

　　　　　　孔子与六经　《孔子研究》1986 年创刊号　《金景芳古史
　　　　　　论集》,吉林大学出版社 1991 年版

　　　　　　学易四种　吉林文史出版社 1987 年版

关于《周易》的作者问题　《周易研究》1 期,1988 年　韬略出版公司 1996 年版

孔子对《周易》的伟大贡献　《儒学国际研讨会论文集》,齐鲁书社 1989 年版　《金景芳古史论集》,吉林大学出版社 1991 年版

孔子的这一份珍贵的遗产——六经　《金景芳古史论集》,吉林大学出版社 1991 年版

论《周易》的实质及其产生的时代与原因　《传统文化与现代化》3 期,1998 年

金景芳、吕绍纲　周易讲座　韬略出版公司 1996 年版

金启华　略论《诗经》　《南京师院学报》4 期,1977 年

论《诗经》　《教学与进修》2 期,1983 年

论《诗经》(续)　《教学与进修》3 期,1983 年

金文杰　大易探微　青岛出版社 1999 年版

金兆梓　《今文尚书》论　《学林》1 期,1940 年

《今文尚书》续论　《学林》5 期,1941 年

《今文尚书》三论　《新中华》5 卷 1 期,1947 年

《今文尚书》四论　《新中华》5 卷 12 期,1947 年

靳德峻　本田成之君《作易年代考》辨证及作易年代重考　《新东方》1 卷 1 期,1940 年

靳极苍　《尚书》研究　《新东方》1 卷 9 期,1940 年

靳　勇　我国古代第一部诗歌总集《诗经》　《华夏文化》1 期,1997 年

居乃鹏　论《周易》所反映的时代　《河北师范大学学报》3 期,1981 年

孔德成　《礼记》概说　《中华文化复兴月刊》3 卷 11 期,1970 年

《仪礼》略谈　《联合报》9 期,1971 年

孔繁诗　易经概论　著者印行出版社 1996 年版

孔祥骅　子夏与《春秋》的传授　《管子学刊》2 期,1997 年

寇养厚　关于"《春秋》三传"的两个问题　《殷都学刊》3 期,1999 年

赖明德　《诗经》导读　《国学导读》4 期,1979 年

黎子耀　周易导读　巴蜀书社 1980 年版

周易秘义　浙江古籍出版社 1989 年版

论语秘义　三秦出版社 1991 年版

李伯勋　否定孔子删《诗》说的几点补充意见　《社会科学》8 期,1983 年

李长年　《诗经》时代之农业生产及其问题　《新湖北季刊》3 卷 3 期,1943 年

李常山　孔子删《诗》辨　《北平晨报思辨》19 期,1935 年

李辰冬　《诗经》的研究(上、下)　《大陆杂志》7 卷 10、11 期,1953 年

李大用　从《易经》探索殷周关系　《人文杂志》4 期,1983 年

从西周甲骨文探索《周易》卦爻辞的性质　《中国哲学史研究》4 期,1988 年

《周易》思想新探——兼论孔子与《周易》的关系　《孔子研究》3 期,1989 年

周易新探　北京大学出版社 1992 年版

李　峰　中国古代词典之先河——《尔雅》　《图书馆建设》4 期,2000 年

李汉三　《周易》卦爻辞时代考　《建设》3 卷 11 期,1955 年　《周易研究论文集》(一)(黄寿祺、张善文编),北京师范大学

出版社 1987 年版

　　《周易说卦传》著成的时代　《大陆杂志》32 卷 10 期，
1966 年　《周易研究论文集》（一）（黄寿祺、张善文编），
北京师范大学出版社 1987 年版

李衡眉　孔子作《易传》之明证、补正与新正——为纪念孔子 2550
诞辰而作　《孔子研究》4 期，1999 年　《先秦史论集》
（李衡眉著），齐鲁书社 1999 年版

李　辑　中华经典文化之首——《周易》《中国远古暨三代文学
史》，1994 年

李继叶　读《诗经》的怀疑和求解　《聚学》1 期，1946 年

李家树　《诗经》制作年代考略　《中州学刊》5 期，1987 年

李嘉言　《诗序》作者　《北平晨报思辨》21 期，1935 年

李金坤　《诗序》作年考略　《第三届诗经国际学术研讨会论文
集》，香港天马图书有限公司 1998 年版

李景春　《周易》哲学的时代及其性质——并与冯友兰先生商榷
《文汇报》1961 年 2 月 28 日

　　孔子与"六经"的关系　《文史哲》5 期，1962 年

李景明　经学起源刍探　《齐鲁学刊》4 期，1988 年

李镜池　周易探源　中华书局 1978 年版

　　《周易》简论　《华南师院学报》4 期，1980 年

　　周易通义　中华书局 1981 年版

　　论《周易》的著作年代——答郭沫若同志　《华南师院学
报》1982 年 4 期　《周易研究论文集》（一）（黄寿祺、张
善文编），北京师范大学出版社 1987 年版

李　凌　孔子与《诗经》　《孔子研究论文集》，1981 年

李　淼　《诗序》作者考　《国专月刊》5 卷 5 期，1937 年

20 世纪儒学研究大系

李　民　《尚书·盘庚》篇的制作时代　《郑州大学学报》1 期，
　　　　　1979 年

　　　　　尚书与古史研究　中州书画社 1981 年版

　　　　　尚书与古史研究（增订本）　中州书画社 1983 年版

　　　　　《尚书·金縢》的制作年代及其史料价值　《中国史研
　　　　　究》3 期，1995 年

李普国　周礼的政治制度和经济制度　中州古籍出版社 1987 年
　　　　　版

李庆富　《孝经》论略　《学风》6 卷 9、10 期，1936 年

李日刚　《诗经》研究　《中国诗集刊》1978 年

李绍成　《诗经》试论（读书札记）　《群众论丛》3 期，1980 年

李　申　周易之河说解　知识出版社 1992 年版

李霜青　关于《诗经》的作者　《台湾新闻报》1977 年 6 月 15 日

　　　　　《诗经》的产生年代与地域分布之考证　《中华国学》
　　　　　1977 年

李威熊　战国时代的经学蠡测　《孔孟月刊》19 卷 6 期，1981 年

李欣复　孔子编选《诗经》辨正　《浙江师范学院学报》4 期，1984
　　　　　年

李星可　《周易》的时代背景与精神生产——评郭沫若所论并抒
　　　　　己见　《中法大学月刊》6 卷 4 期、7 卷 2 期，1935 年

　　　　　《易经》中的古代社会　《文化论衡》1 期，1936 年

李行之　论六艺之序　《责善半月刊》1 卷 17 期，1940 年

　　　　　《尚书·洪范》是我国历史上第一部宪法　《求索》4 期，
　　　　　1985 年

李修生　我国最早的诗歌集　《青年文摘》3、4 期，1985 年

李学勤　帛书《五行》与《尚书·洪范》　《学术月刊》11 期，1986

年

"五十以学易"考辨 《中国文化与中国哲学》3 辑,三联书店 1988 年

从帛书《易传》看孔子与《易》 《中原文物》2 期,1989 年

周易经传溯源——从考古学、文献学看《周易》 长春出版社 1992 年版

孔子与《周易》 《孔子诞辰 2540 周年纪念与学术讨论会论文集》,上海三联书店 1992 年版 《古文献丛论》,上海远东出版社 1996 年版 《缀古集》,上海古籍出版社 1998 年版

帛书《周易》及《系辞》的年代 《中国哲学》16 辑,1993 年 《简帛佚籍与学术史》,台湾时报出版公司 1995 年版

从《要》篇看孔子与《易》 《简帛佚籍与学术史》,台湾时报出版公司 1995 年版

《周易》是怎样的一本书 《华夏文化》1 期,1994 年

帛书《易传》与《易经》的作者 《国际易学研究》1 辑,华夏出版社 1995 年版

孔子与《春秋》 《金景芳九五诞辰纪念文集》,吉林文史出版社 1996 年版 《缀古集》,上海古籍出版社 1998 年版

先秦儒家著作的重大发现 《郭店楚简研究》(《中国哲学》20 辑),辽宁教育出版社 1999 年

郭店楚简与儒家经籍 《郭店楚简研究》(《中国哲学》20 辑),辽宁教育出版社 1999 年版

李应正 《易经》发凡 《中华易学》15 卷 4 期,1994 年

李源澄　读《易》志疑　《学术世界》1 卷 3 期,1935 年

　　　　经学通论　《图书季刊》6 卷 1、2 期,1945 年

李　震　《易经》与《论语》　《现代学人》10 期,1963 年

李之淦　六经述要　《中日文化》2 卷 3 期,1942 年

梁厚意　《乐记》作者辨　《星海音乐学院学报》3 期,1990 年

梁景昌　孔子删《诗》之我见　《勷勤大学师范学院月刊》17 期,
　　　　1935 年

梁启超　要籍解题及其读法　《饮冰室专集之七十二》,中华书局
　　　　1936 年版　《梁启超国学讲演录二种》,中国社会科学出
　　　　版社 1997 年版

　　　　古书真伪及其年代　《饮冰室专集之一百四》,中华书局
　　　　1936 年版　《梁启超国学讲演录二种》,中国社会科学出
　　　　版社 1997 年版

廖焕超　《中庸》作者献疑　《孔子研究》2 期,1990 年

廖名春　论帛书《易传》与帛书《易经》的关系　《孔子研究》4 期,
　　　　1994 年

　　　　从先秦秦汉文献论《周易》本经的作者问题　《孔孟学
　　　　报》71 期,1996 年

　　　　《尚书》始称新证　《文献》4 期,1996 年

　　　　从语言的比较论《周易》本经的成书年代　《经学讨研》
　　　　(兰州大学经学研究所论文选辑)1 辑,兰州大学出版社
　　　　1997 年版

　　　　论六经并称的时代兼及疑古说的方法论问题　《孔子研
　　　　究》1 期,2000 年

廖名春等　周易研究史　湖南出版社 1991 年版

廖　平　左氏春秋古经说(十二卷)　《新订六译馆丛书》,四川存

古局 1908 年版

论《诗序》　《中国学报》4 期,1913 年

易经古本　《国学荟编》1、3、7 期,1914 年

春秋三传折中　《新订六译馆丛书》,四川存古局 1917 年版

群经大义一卷、补题一卷　《新订六译馆丛书》,四川存古局 1931 年版

林炯阳　《周易》卦辞爻辞之作者　《易经研究论集》(林尹等著),台湾黎明文化事业公司 1981 年版　《周易研究论文集》(一)(黄寿祺、张善文编),北京师范大学出版社 1987 年版

林庆彰编　中国经学史论文选集　台湾文史哲出版社 1993 年版

林　尹　《尚书》述略　《政治大学卅周年纪念论文集》,1957 年

《周礼》与其作者　《中央月刊》5 卷 5 期,1973 年

林贞爱　《左氏春秋》考辨　《中国古代史论丛》(三),福建人民出版社 1982 年版

林政华　《礼记·檀弓》篇之性质与著作时代　《国立编译馆馆刊》5 卷 2 期,1976 年

林之堂　删《诗》疑　《国学月报》1 期,1924 年

刘白文　《诗》是古代的诗歌总集　《国魂》12 期,1969 年

刘宝才　《周易》筮辞的来历　《中国古代史论丛》(八),福建人民出版社 1983 年版

论文王"演易"兼说古史的神秘性　《西周史论文集》(下),1993 年

刘操南　孔子删《诗》初探　《杭州大学学报》1 期,1987 年

刘朝阳　从天文历法推测《尧典》之编成年代　《燕京大学学报》7

期,1930 年　《刘朝阳天文学史论文选》,大象出版社
2000 年版

刘　诚　《论语·乡党》篇辨伪　《湖南师范大学学报》2 期,1986
年

刘大钧　读《易》管见　《中国哲学史研究集刊》1 期,1980 年
《易大传》著作年代再考　《东岳论丛》6 期,1981 年
《周易大传》我见——关于《周易大传》各篇的先后及六
十四卦顺序编次的探讨　《中国哲学史研究》2 期,1982
年
周易概论　齐鲁书社 1986 年版
周易概论(附易经全译)　巴蜀书社 1999 年版

刘大钧主编　大易集成　文化文艺出版社 1991 年版
大易集要　齐鲁书社 1994 年版
大易集述　巴蜀书社 1998 年版

刘道广　《考工记》及其研究　《装饰》4 期,1990 年

刘德汉　《三礼》概述　《孔孟月刊》12 卷 2 期,1973 年
《诗经》概述　《孔孟月刊》1973 年

刘　蕻　《诗经》:中国第一部大史诗　《福建论坛》2 期,1996 年

刘君葵　从《春秋》经中推考春秋时代事态之变迁　《语历所周
刊》7 卷 76 期,1929 年

刘孔济　略论孔子删《诗》之说　《文史学报》2 期,1965 年

刘起釪　《洪范》成书时代考　《中国社会科学》3 期,1980 年
《尚书》学源流概要　《辽宁大学学报》6 期,1979 年
尚书学史　中华书局 1989 年版
尚书学史(补订本)　中华书局 1996 年版
古史续辨　中国社会科学出版社 1991 年版

尚书源流及传本考　辽宁大学出版社 1997 年版

刘师培　礼经旧说(十七卷补遗一卷)　《刘申叔先生遗书》,江苏古籍出版社 1997 年版

逸礼考　《刘申叔先生遗书》,江苏古籍出版社 1997 年版

经学教科书　《刘申叔先生遗书》,江苏古籍出版社 1997 年版

群经大义相通论　《刘申叔先生遗书》,江苏古籍出版社 1997 年版

尚书源流考　《刘申叔先生遗书》,江苏古籍出版社 1997 年版

春秋左氏传答问　《刘申叔先生遗书》,江苏古籍出版社 1997 年版

刘司斌　《周易》的来源　《学习与探索》5 期,1983 年

刘松来　礼记漫谈　台湾顶洲文化事业有限公司 1997 年版

刘先枚　在商周政治斗争中产生的《周易》　《江汉学报》5 期,1962 年

对《易传》的再认识　《武汉师范学院学报》6 期,1984 年

刘晓东主编　经学源流　山东人民出版社 1992 年版

刘心予　关于《诗经》各篇的年代问题　《广州师范学报》2 期,1987 年

刘延刚　《周易·说卦传》成书年代新探　《四川师范学院学报》4 期,1990 年

刘阳仁　周公——《诗经》最初始的编纂者　《怀化师专学报》2 期,1997 年

刘　异　孟子《春秋》说微　《武大文哲季刊》4 卷 3 期,1935 年

刘　钰　关于《易经》卦画起源之研究　《求真杂志》1 卷 8 期，1946 年

刘泽华　略论《易经》的年代及其思想　《天津日报》1961 年 6 月 14 日

刘知渐　《周易》的本来面目　《重庆师院学报》3 期，1992 年

刘志青　作诗采《诗》、删《诗》与赋《诗》　《建设》1970 年

柳诒徵　从《周官》观其时社会　《文史哲季刊》2 卷 2 期，1945 年

柳岳生　《春秋》要义　《学宗》7 卷 4 期，1966 年　《图书月刊》2 卷 2 期，1942 年

龙宇纯　《尚书》札记　《大陆杂志》11 卷 5 期，1955 年

卢元骏　《春秋》经与三传的特质　《文海》7 期，1965 年

陆侃如　论卦爻辞的年代　《清化周刊》37 卷 9 期，1932 年　《周易研究论文集》（一）（黄寿祺、张善文编），北京师范大学出版社 1987 年版

　　　　三百篇的年代　《说文月刊》4 期，1944 年

陆懋德　中国经书之分析　《清华月报》2 卷 2 期，1925 年

罗华文　《大学》成书时代新考　《孔子研究》1 期，1996 年

吕恢文　略谈《诗经》　《新民报晚刊》1956 年 4 月 5 日

吕绍刚　《周易》阐微　吉林大学出版社 1990 年版　韬略出版公司 1996 年版

吕思勉　经子解题　商务印书馆 1926 年版　台湾商务印书馆 1957 年版　台湾商务印书馆 1968 年版　上海文艺出版社 1999 年版

吕锡台　关于《牧誓》的成书年代问题　《中国历史文献研究》1 辑，1986 年

吕正之　关于孔子删《诗》问题的探讨　《杭州师院学报》1 期，

　　　　　　　1980 年

罗　炽　　读《易》管见　《武汉师范学院学报》3 期,1984 年

罗焕章　　《周易》卦爻辞是殷周社会现实生活的反映　《四川师范
　　　　　　大学学报》3 期,1991 年

罗世烈　　孔子与《春秋》　《中国史研究》1 期,1980 年

罗　萤、黄黎星　孝经漫谈　台湾顶洲文化事业有限公司 1997 年
　　　　　　版

罗云家　　经学浅识之一——《易经》　《醒狮》5 卷 6 期,1967 年

罗倬汉　　论经学　《学艺》18 卷 3 期,1948 年
　　　　　　《左传》著者年代试探　《学原》2 卷 3 期,1948 年

马　雍　　尚书史话　中华书局 1982 年版

马宗霍　　群经臆说　《国学论衡》2 期,1933 年
　　　　　　中国经学史　商务印书馆 1937 年版

毛　起　　春秋总论初稿　杭州贞社 1935 年版

毛一波　　《易传》著作年代论述要　《东方杂志》24 卷 4 期,1987
　　　　　　年

梅显懋　　《商颂》作年之我见　《文学遗产》5 期,1986 年

梅应运　　《周易》卦爻辞成书时代之考索　《新亚书院学术年刊》
　　　　　　13 期,1971 年

蒙传铭　　《周易》成书年代考　《中文大学学报》3 卷 1 期,1975 年

蒙文通　　经学抉原　商务印书馆 1933 年版　《蒙文通文集》3 卷,
　　　　　　巴蜀书社 1995 年版
　　　　　　从社会制度及政治制度论《周官》成书年代　《图书集
　　　　　　刊》1942 年 1 期,四川省立图书馆编辑部　《蒙文通文
　　　　　　集》3 卷,巴蜀书社 1995 年版

孟志孙　　《诗经》谈略　《斯文》2 卷 10 期,1942 年

闵德毅　说《尔雅》　《黑龙江教育学院学报》1 期,1988 年

缪　钺　诗三百篇纂辑考　《国立浙江大学文学院集刊》3 辑,
1943 年

莫非斯　《春秋》和《左传》的关系　《考古社刊》6 期,1937 年

牟润孙　左丘明传《春秋》考　《民主评论》4 卷 11、12 期,1953 年
《春秋左传》辨疑　《注史斋丛稿》,中华书局 1987 年版

慕寿祺、顾颉刚　论《诗序》之作者　《责善半月刊》2 卷 11 期,
1941 年

牛鸿恩　论《周易》卦爻辞编定的年代　《北京师范学院学报》2
期,1991 年
论《左传》的成书年代　《首都师范大学学报》5 期,1994
年

欧阳学　《左传》研究　《河南教育季刊》1 卷 5 期,1942 年

潘谷神　《易经》的新评价　《读书通讯》28 卷 35 期,1942 年

潘占渭　论《易》　《人生》27 卷 7 期,1964 年

潘振球　孔子作《春秋》之目的与意义　《国史馆馆刊》19 期,
1995 年

彭　林　《周礼》的主体思想与成书年代　《文献》76 期,1990 年
周礼主体思想与成书年代研究　中国社会科学出版社
1991 年版
郭店楚简与《礼记》的年代　《郭店简与儒学研究》(《中
国哲学》21 辑),辽宁教育出版社 2000 年版
子思作《孝经》说新论　《中国哲学史》3 期,2000 年

澎　湃　《诗经》的作者　《中华日报》1978 年 5 月 19 日
《诗经》的作者再谈　《中华日报》1978 年 5 月 27 日
《诗经》的编者　《中华日报》1978 年 6 月 3 日

　　　　　　　《诗经》产生的年代　《中华日报》1978 年 6 月 23 日

　　　　　　　《诗经》产生的地域　《中华日报》1978 年 6 月 30 日

皮锡瑞　　经学通论　中华书局 1954 年版

　　　　　　经学历史　商务印书馆 1929 年版,中华书局 1959 年版

平　心　　关于《周易》的性质、历史内容和制作时代　《学术月刊》
　　　　　　7 期,1963 年

　　　　　　略说《周易》与《诗经》的关系　《华东师大学报》1 期,
　　　　　　1964 年　《李平心史论集》,人民出版社 1983 年版

朴　安　　论《诗经》　《北京益世报》1926 年 9 月 30 日

蒲伟忠　　论《春秋穀梁传》所反映的社会和国家政治制度　《孔子
　　　　　　研究》4 期,1995 年

　　　　　　《春秋》与三传　《郭店简与儒学研究》(《中国哲学》21
　　　　　　辑),辽宁教育出版社 2000 年版

齐绳周　　明《易》　《北平晨报思辨》1936 年 2 月 7 日

齐树楷　　《论语》大义　《四存月刊》5 卷 6 期,1921 年

齐思和　　经学源流考　《史学年报》3 卷 1 期,1939 年

钱耕森　　孔子和古籍整理　《安徽大学学报》4 期,1984 年

钱耕森、张增田　《周易》成书年代新证　《大易集要》,齐鲁书社
　　　　　　1994 年版

钱基博　　周易解题及其读法　商务印书馆 1933 年版

　　　　　　四书解题及其读法　商务印书馆 1933 年版

　　　　　　经学通志　中华书局 1936 年版　《钱基博学术论著
　　　　　　选》,华中师大出版社 1997 年版

钱　理　　《论语》杂说　《学衡》73 期,1931 年

钱　穆　　论语要略　商务印书馆 1926 年版

　　　　　　论"十翼"非孔子作　《古史辨》(三),朴社 1931 年版

《易经》研究　《语历所周刊》7 卷 83、84 期,1929 年

《周官》著作时代考"论秦祠白帝有三畤"节　《古史辨》(五),朴社 1935 年版

《周官》著作时代考　《燕京学报》11 期,1932 年

孟子要略　上海大华书局 1934 年版

孟子研究　上海开明书店 1948 年版

经学与史学　《民主评论》3 卷 20 期,1952 年　《中国史学名著》,台湾三民书局 1973 年版　《中国学术通义》,台湾学生书局 1975 年版

孔子与《春秋》　《新亚书院文化讲座录》,1953 年 6 月 7 日　《东方文化》1 卷 1 期,1954 年

两汉经学今古文平议　香港新亚研究所 1958 年版　台湾东大图书公司 1971 年版

孔子与《论语》　台湾联经出版事业有限公司 1974 年版

漫谈《论语》新解　《孔子研究》3 期,1986 年

钱　玄　三礼通论　南京师范大学出版社 1996 年版

钱玄同　答顾颉刚先生书　《努力》增刊《读书杂志》10 期,1923 年　《古史辨》(一),朴社 1926 年版

论《诗经》真相书　《古史辨》(一),朴社 1926 年版

重论经今古文学问题(方国瑜标点本,《新学伪经考》序)　《国学季刊》3 卷 2 号,1932 年

钱玄同、顾颉刚　《春秋》与孔子　《北大国学门周刊》1 期,1925 年　《古史辨》(一),朴社 1926 年版

钱宗范　关于《鲁颂》反映的史实的年代　《第三届诗经国际学术研讨会论文集》,香港天马图书有限公司 1998 年版

钱宗武　《尚书》入门　贵州人民出版社 1991 年

邱朝曙　论《诗经》民歌的集体性表现　《文学遗产》6 期,1987 年

邱衍文　礼学述闻　《台北师专学报》3 期,1974 年

屈守元　经学常谈　巴蜀书社 1992 年版

屈万里　说《易》　《图书月刊》3 期,1941 年

　　　　关于《周易》之年代思想　《读书通讯》46 期,1942 年

　　　　《周易》卦爻辞成于周武王时考　《文史哲学报》1 期,
　　　　1950 年

　　　　谈《诗经》　《民间知识》1952 年

　　　　今本《尚书》的真　《幼狮》3 卷 12 期,1955 年

　　　　先秦汉魏易例述评　台湾学生书局 1969 年版

　　　　尚书释义　台湾中国文化学院出版部 1980 年版

　　　　读易三种　台湾联经出版事业有限公司 1983 年版

屈志清　《易经》管窥——兼与高亨先生商榷　《广西民族学院学
　　　　报》4 期,1983 年

全国斌　删《诗》的问题　《绵延半月刊》2 期,1926 年

容肇祖　《月令》的来源考　《燕京学报》18 期,1935 年

阮芝生　从公羊学论《春秋》的性质　台湾大学文学院,1969 年

商国君　略论周公制礼和《周礼》指导原则　《求是学刊》2 期,
　　　　1993 年

商国君编著　中国易学史话　黑龙江出版社 1995 年版

尚秉和　周易尚氏学　中华书局 1980 年版

沈昌直　读《尚书》偶释　《国学论衡》8 期,1936 年

沈　民　读《易》臆断　《制言》3 卷 14 期,1935 年;16 卷 24 期,
　　　　1936 年

沈文倬　略论礼典的实行和《仪礼》书本的撰作　《文史》15、16
　　　　辑,中华书局 1982 年版

沈延年　《尚书》今古文篇目真伪考　《河南中山大学文科季刊》1
　　　　期,1930 年

沈玉成　关于《诗经》的编订的再探讨　《诗经国际学术研讨会论
　　　　文集》,河北大学出版社 1994 年版

生　原　关于《诗经》的讨论　《中国文艺》1 卷 6 期,1940 年

施之勉　《诗》为夏声说　《东方杂志》40 卷 15 期,1944 年
　　　　《周易》考　《东方杂志》42 卷 18 期,1946 年

时　父　驳皮锡瑞六经出于孔子说　《东北大学周刊》103 期,
　　　　1930 年

史次耘　《孝经》述义　《学术季刊》6 卷 3 期,1958 年

史景成　《周礼》成书年代考(上、中、下)　《大陆杂志》32 卷 5—7
　　　　期,1966 年
　　　　《考工记》之年代考　《书目季刊》5 卷 3 期,1971 年

士　东　《诗经》的删订　《台湾新生报》1987 年 4 月 27 日

束世澂　孔子与《春秋》　《历史研究》1962 年 1 期　《中国史学
　　　　史论集》(一)(吴泽主编),上海人民出版社 1980 年版

束有春　从《诗经》的景物描写看西周社会生活　《宝鸡师院学
　　　　报》2 期,1990 年

斯英琦编译　《尔雅》的意义和性质　《辞书研究》1 期,1981 年

宋会群、苗雪兰　中华第一经——《周易》与中国文化　河南大学
　　　　出版社 1995 年版

宋　敏　《左传》的作者和成书年代的商榷　《吉林师大学报》3
　　　　期,1979 年

宋尚斋　孔子与《诗经》　《山东师范大学学报》6 期,1981 年

宋祚胤　周易新论　湖南教育出版社 1982 年版
　　　　易经浅谈　湖南师范大学出版社 1993 年版

论《周易》的成书年代、思想内容和研究方法 《湖南师范大学社会科学学报》2 期,1994 年

苏雪林 《诗经》研究 《国科会研究奖助论文》,1970 年

苏渊雷 孔学四论 《中国思想文化论稿》,华东师范大学出版社 1989 年版

谈六经与孔子的关系 《黑龙江日报》1962 年 8 月 28 日、9 月 11 日

孙斌来 孔子与《诗经》 《山西师大学报》2 期,1987 年

孙次舟 《诗经·豳风》的产地及其历史背景 《经世战时特刊》38 期,1939 年

孙德谦 《易》为商周之史说 《孔教会杂志》1 卷 1 期,1913 年 《学海》1 卷 4 期,1944 年

孙海波 论孔门弟子与经学的关系 《凯旋》34 期,1948 年

孙景坛 《周礼》的作者、写作年代及历史意义新探 《南京社会科学》10 期,1997 年

孙开泰 从《左传》的史学思想看其作者 《史学理论研究》4 期,1999 年

孙克强、张小平 教化百科——诗经与中国文化 河南大学出版社 1995 年版

孙钦善 《论语》的成书、流传和整理 《北京大学古文献研究所集刊》(一),北京燕山出版社 1999 年版

孙尧年 《乐记》作者问题考辨 《文史》10 辑,中华书局 1980 年版

孙以昭 孔子与六经关系管见 《安徽大学学报》1 期,1963 年

孙作云 从读史的方面谈谈《诗经》的时代和地域性 《历史教学》3 期,1957 年

诗经与周代社会研究　中华书局 1966 年版

谈嘉德　《周易》初探　《社会科学》1 期,1981 年

周易浅说　江苏古籍出版社 1991 年版

唐文治　十三经提纲(十三卷)　施氏刊本,1924 年

《孝经》讲义　《君雅》2 期,1941 年

《论语》大义　《民意》3 卷 3 期,1942 年

陶　光　论采《诗》　《陶光先生论文集》,1964 年版

腾福海　毛诗、传、学作者考　《南开学报》2 期,1994 年

天　谛　读易蠡言　《学灯》(《时事新报》副刊)1923 年 10 月 27 日

天　水　《尔雅》——古代辞书史话　《词典研究丛刊》7 期,1986 年

童明伦　论《洪范》篇是我国古代政治文化纲领　《重庆师院学报》4 期,1987 年

童书业　春秋左传研究　上海人民出版社 1980 年版

童仲赓　读经杂议　《学海》9 卷 10 期,1949 年

屠祥麟　说《诗序》　《中央大学半月刊》1 卷 15 期,1930 年

汪受宽　《左传》结尾年代辨正　《中国古代史论丛》3 期,1982 年

《孝经》的作者、流传与影响　《历史文献研究》18 辑,1999 年

汪　馨　《孝经》著者考　《中日文化》2 卷 8 期,1942 年

王保德　《周易》"十翼"作者考订　《中华易学》3 卷 5 期,1982 年

文王作卦爻辞的再考订　《中华易学》3 卷 6 期,1982 年

王葆珢　今古文经学新论　中国社会科学出版社 1997 年版

王伯平　《易经》时代中国社会的结构(《郭沫若〈周易〉的时代背景与精神生产》批判)　《读书杂志》3 卷 3、4 期,1933 年

王　常　《孟子》源流考　《国学年刊》1 期,1926 年

王承略　《毛诗》的时代、性质及其传授渊源考略　《第三届诗经国际学术研讨会论文集》,香港天马图书有限公司 1998 年版

王德培　略论《诗经》的起源、性质、流变和史料意义　《天津师大学报》1984 年 3 期

王迪纲　《诗经》中所见秦初期社会状况　《读书通讯》136 期,1947 年

王复忱　对于《周易》制作年代必须澄清　《中华易学》16 卷 5 期,1995 年

王更生　商周时代的诗歌总集——《诗经》　《中国文学讲话》,台湾三民书局 1990 年版

王关仕　《仪礼》述要　《群经述要》,1979 年

王国良　《周易》的《彖》、《象》二传的思想内容及其所反映的时代精神　《淮北煤师院学报》1 期,1985 年

王　和　《左传》材料来源考　《中国史研究》2 期,1993 年
　　　　孔子不修《春秋》辨　《史学理论研究》2 期,1993 年

王华显　《诗经》新论　《采社》2 期,1929 年

王化钰　孔子"删《诗》"说辨证　《大庆师专学报》3 期,1983 年

王记录　《尚书》史学价值再认识　《四川师范学院学报》1 期,1995 年

王开府　《周易》经传著作问题初探　《易经研究论集》(林尹等著),台湾黎明文化事业公司 1981 年版　《周易研究论文集》(一)(黄寿祺、张善文编),北京师范大学出版社 1987 年版

王礼锡　《诗经》来源的探讨　《河北民国日报副刊》1929 年 2 月

11 日

王利器　《孝经》六隐　《龙门杂志》1 卷 5 期,1947 年

王明雄　《易经》原理　远流出版社 1996 年版

王琼珊　易学通论　台湾广文书局 1962 年版

王瑞来　中国经学史漫谈　《历史教学》5 期,1988 年

王善思　我国古代音乐美学的珍贵文献——《乐记》　《美学论丛》2 期,1980 年

王世舜、韩慕君　试论《周易》产生的年代　《齐鲁学刊》2 期,1981 年　《周易研究论文集》(一)(黄寿祺、张善文编),北京师范大学出版社 1987 年版

王问靖　孔子定《诗》未删《诗》佐证　《武汉师院孝感分院学报》1 期,1982 年

王锡荣　关于《毛诗序》作者问题的商讨　《文史》10 辑,中华书局 1980 年版

王熙元　穀梁著述考征　台湾广东出版社 1974 年版

王新春　《周易》古经与《易传》"十翼"　《探索与争鸣》2 期,1991 年

王新民　《礼运》"大同篇"溯源　《福建文化》2 卷 4 期,1946 年

王永加　《周易》作者考　《宁波师范学院学报》1 期,1986 年

王有宗　群经论略　《华国》2 卷 5 期,1925 年

王玉芳　《尔雅》名辨及其作者和成书年代　《北方论丛》3 期,1989 年

王增文　孔子删《诗》说考辨　《河北师范大学学报》4 期,1996 年

王　振　关于《诗经》"正《大雅》"的创作年代、作者及思想艺术　《杭州师范学院学报》2 期,1984 年

王正己　《孝经》今考　《古史辨》(四),朴社 1933 年版

王子奂　易经源流及其易源论证　《周易研究》4 期,1993 年

王遵海　《尚书》源流考略　《励学》7 期,1937 年

韦　达　谈《易》　《东西文化》29 期,1969 年

卫聚贤　古史研究　新月书店 1928 年版

　　　　十三经概论　开明书店 1935 年版

　　　　《周易》研究　《说文月刊》5 卷 3 期,1945 年

未　明　略谈五经及其与孔子之关系　《北平华北日报史学周刊》30 期,1935 年

魏明经　《诗经》总论　《华中穗声》1 期,1947 年

魏先简　《周易》的作者及其思想观　《哲学月刊》2 卷 2 期,1929 年

魏子云　诗经二题　《中华文艺》4 期,1976 年

温公翊　古易蠡测——兼说《周易》的成书　《中国哲学史研究》3 期,1986 年

温广义　西周时期的龟卜与《周易》的成书　《内蒙古师大学报》1 期,1985 年

温裕民　论语研究　商务印书馆 1930 年版

　　　　文史知识编辑部编(或题杨伯峻主编)　经书浅谈　中华书局 1984 年版

闻人军　《考工记》成书年代新考　《文史》24 辑,中华书局 1985 年版

　　　　考工记导读　巴蜀书社 1988 年版

闻一多　《诗经》通义　《中山文化季刊》1 卷 3 期,1943 年

乌恩博　周易——古代中国的世界图式　吉林文史出版社 1988 年版

邬庆时　经学导言　《丰帆楼丛书》本,1928 年

20世纪儒学研究大系

吴　超　　试论孔子无删《诗》之事而有正乐之功　《人民音乐》10
　　　　　期,1982 年

吴家驹　《孟子》考略　《国专月刊》3 卷 1 期,1936 年

吴闿生　尚书大义　《四存月刊》2—20 期,1921—1923 年
　　　　　周易大义　中国书店 1992 年版

吴　康　　尚书大纲　商务印书馆 1945 年版

吴时英　《毛诗序》考　《晨报副刊》1924 年 4 月 4 日

吴　文　　我国最早的史籍——《尚书》　《历史知识》4 期,1980 年

吴贤哲　从礼经看礼的起源、功用及其在中国文化史上的地位
　　　　　《孔子研究》2 期,1996 年

吴晓初　评《易》　《学艺》4 卷 1 期,1922 年

吴　怡　　孔子思想对《易经》的贡献　《周易研究》2 期,1988 年

吴毓清　《乐记》的成书年代及其作者——《乐记》探索之一　《音
　　　　　乐学论丛》1 期,1981 年

武内义雄　《论语》原始　《责善半月刊》2 卷 11—13 期,1941 年

武书连　《诗经》辨义　《文艺研究》1 期,1993 年

武显漳　我国第一部诗歌总集——《诗经》　《云南教育》1 期,
　　　　　1980 年

武占江　《月令》文献系统及其在思想史上的意义　《中国思想史
　　　　　论集》(一)(张岂之主编),广西师范大学出版社 2000 年
　　　　　版

夏传才　《诗经》和孔子的关系　《河北师院学报》3 期,1980 年
　　　　　诗经研究史概要　中州书画社 1982 年版　台湾万卷楼
　　　　　图书公司 1993 年版
　　　　　浅论经学研究　《河北学刊》6 期,1989 年
　　　　　十三经概论　台湾万卷楼图书公司 1996 年版　天津人

　　　　民出版社 1998 年版

夏朴山　"《春秋》总论"初稿　《大公报图书副刊》105 期,1935 年

项贤庆　《论语》成书新探　《社联通讯》3 期,1984 年

谢宝笙　从"悔亡"一词追寻《易经》的作者是谁(上、下)　《殷都学刊》2 期,1993 年　《中华易学》17 卷 11、12 期,1993年

谢扶雅　《周易》新探　《哲学与文化》10 期,1986 年

谢维扬　至高的哲理:千古奇书《周易》　三联书店 1997 年版

谢无量　诗经研究　商务印书馆 1923 年版

谢秀文　《春秋左氏传》成书考辨　《黄埔学报》33 期,1997 年

谢阳举　《周易》本为礼经说　《华夏文化》3 期,1995 年

星　笠　《尚书》正读　《文学杂志》8 期,1934 年

邢　文　帛书《周易》的成书分析　《传统文化与现代化》3 期,1996 年

　　　　帛书周易研究　人民出版社 1997 年版

熊化莲　论《诗序》　《中国文学会集刊》3 期,1936 年

熊子真　论《周官》成书年代　《图书集刊》2 期,1942 年

徐澄宇　诗经学纂要　中华书局 1936 年版

徐传武　孔子与《周易》　《文史论集》(徐传武、王文清著),大连海事出版社 1995 年版

徐道邻　《左传》著者问题的商榷　《民主评论》4 卷 15 期,1953年

徐复观　周易成立之时代及其思想性格　台湾学生书局 1980 年版

　　　　中国经学史的基础　台湾学生书局 1982 年版

徐继显　谈《易经》之性质　《中华易学》164 期,1993 年

徐　坤　《周易》是巫术还是哲学——试论《周易》从巫术到哲学
　　　　的演化过程　《北京经济瞭望》3 期,1997 年

徐芹庭　易经研究　台湾五洲出版社 1974 年版
　　　　《易》卦爻辞之形成与律则　《孔孟月刊》20 卷 10 期
　　　　易学源流　台湾国立编译馆 1987 年版
　　　　周礼漫谈　台湾顶洲文化事业有限公司 1997 年版

徐仁甫　《左传》的成书年代及其作者　《四川师范学院学报》3
　　　　期,1978 年
　　　　马王堆汉墓帛书《春秋事语》和《左传》的事、语对比研究
　　　　——谈《左传》的成书时代和作者　《社会科学战线》4
　　　　期,1978 年
　　　　论刘歆作《左传》　《文史》11 辑,中华书局 1981 年版
　　　　左丘明是《左传》还是《国语》的作者　《社会科学研究》
　　　　3 期,1979 年

徐锡台　研讨殷墟卜辞中"巫""帝"二字产生的本义——兼论
　　　　《易》卦起源的若干问题　《大易集成》(刘大钧主编),
　　　　文化艺术出版社 1991 年版
　　　　《周易》探源　《人文杂志》3 期,1992 年

徐喜辰　《礼记》的成书年代及其史料价值　《史学史研究》4 期,
　　　　1984 年
　　　　说《周礼》、《仪礼》、《礼记》　《史学史研究》1 期,1989
　　　　年

徐振北　《周易》浅说　《铁岭教育学院院刊》1 期,1985 年

徐　震　《春秋经传》略说　《国学论衡》6 期,1935 年

徐志锐　《周易》经纶制国论　《周易研究》1 期,1992 年

徐中舒　《左传》的作者及其成书年代　《历史教学》11 期,1962

年 《中国史学史论集》(一)(吴泽主编),上海人民出版社 1980 年版

孔子与《春秋》 《历史论丛》(一),1980 年

许建军 《周易》非卜筮之书论 《湖南师范学院学报》2 期,1985年

许司东 孔子删《诗》说辨证 《东岳论丛》1 期,1996 年

许廷桂 《诗经》编者新说 《重庆师院学报》4 期,1997 年

《诗经》编者考 《第三届诗经国际学术研讨会论文集》,香港天马图书有限公司 1998 年版

许新堂 《尚书》古文今文辨 《民彝》1 期,1927 年

宣兆琦 《考工记》的国别、成书年代及其主要价值 《淄博师专学报》2 期,1991 年 《自然科学史研究》4 期,1993 年

薛春章 孔子与论语探微 台湾嘉义文化出版社 1978 年版

薛思明 删《诗》辨 《国专月刊》3 卷 4 期,1936 年

严灵峰 《论语》讲义 香港无求备斋,1963 年

《论语》成书年代及其传授考略(上、下) 《中华杂志》2卷 2、3 期,1964 年

马王堆帛书《易经》斠理 台湾文史哲出版社 1996 年版

阎青义 《周礼》——我国古代一部经国治民的典章 《辽宁大学学报》4 期,1987 年

杨伯峻 《左传》成书年代论述 《文史》6 辑,中华书局 1979 年版

杨伯峻等 经书浅谈(1—12) 《文史知识》1—12 期,1982 年

杨朝明 鲁国与《诗经》 《中国史研究》2 期,1994 年

杨浩亮 《诗经》为诗人所作吗? 《文艺研究》3 期,1996 年

杨景鹣 关于周礼的若干研究 台湾大学历史研究所 1958 年版

杨　军　从易学传承看《易辞传》成书年代　《周易研究》1 期，1995 年

论孔子删《诗》　《东南文化》1 期，1999 年

杨凌羽　《诗经》与孔子　《华南师院学报》2 期，1981 年

杨庆中　论孔子与春秋时期的礼学　《孔子研究》4 期，1996 年

杨　群　从考古发现看礼和礼制的起源与发展　《孔子研究》3 期，1990 年

杨绒春　孟子论《诗》　《东方杂志》43 卷 4 期，1947 年

杨天宇　论《礼记》四十九篇的初本确为戴圣所编纂——兼驳洪业所谓"《小戴记》非戴圣之书"说　《孔子研究》4 期，1996 年

关于《周礼》书名发现及其在汉代的流传　《史学月刊》4 期，1999 年

杨向奎　论《左传》之性质及其与《国语》之关系　《史学集刊》2 期，1936 年　《绎史斋学术文集》（杨向奎著），上海人民出版社 1983 年版

《周礼》的内容分析及其制作时代　《山东大学学报》1954 年 4 期　《绎史斋学术文集》（杨向奎著），上海人民出版社 1983 年版　《二十世纪中国礼学研究论集》（陈其泰等编），学苑出版社 1998 年版

古代社会与古代思想研究（上）　上海人民出版社 1962 年版

宗周社会与礼乐文明　人民出版社 1992 年版

宗周社会与礼乐文明（修订本）　人民出版社 1997 年版

杨胤宗　孔子删《诗》考索　《建设》11 卷 4 期，1962 年

杨宗义　《论语》正蒙　《国学论衡》，1934 年

姚奠中　《诗经》其书　《刊授大学习作与辅导》3 期,1983 年

姚曼波　孔子作《春秋》即《春秋传》说　《中国史研究》2 期,1993
　　　　年

　　　　孔子作《春秋》辨证　《江西社会科学》10 期,1993 年

　　　　从《论语》考孔子作《春秋》　《文献》1 期,1999 年

姚小欧　《商颂》五篇的分类与作年　《第三届诗经国际学术研讨
　　　　会论文集》,香港天马图书有限公司 1998 年版

野　火　孔子并无删《诗》辨　《中国传统文化论战集》,1970 年

叶福翔　《周易》思想综合分析——兼论《周易》成书年代及作者
　　　　《周易研究》4 期,1995 年

叶国良等编　经学通论　空中大学出版社 1996 年版

叶　华　《左传》之编者时代问题　《龙门杂志》1 卷 2 期,1947 年

易君左　读《春秋》杂感　《春秋》2 卷 4 期,1941 年

　　　　论孔子删《诗》作诗评诗问题　《香港浸会学院学报》1
　　　　卷 1 期,1962 年

阴法鲁　京华五教授谈《诗经》:《诗经》产生的时代和地域　《语
　　　　文导报》1 期,1985 年

应鼎成　《易经》概说　《中华易学》1 期,1984 年

游唤民　孔子认为《周易》不是卜筮之书　《中国文学研究》4 期,
　　　　1988 年

于豪亮　帛书《周易》　《文物》3 期,1984 年　《于豪亮学术文
　　　　存》,中华书局 1985 年版　《周易研究论文集》(一)(黄
　　　　寿祺、张善文编),北京师范大学出版社 1987 年版

于维杰　《周易》概说　《成功思潮》9 期,1967 年

　　　　《周易》略说　《国语日报》1971 年 2 月 6 日

于载冶　周公与孔子　《中华易学》14 卷 5 期,1993 年

余德建　《春秋》的本质与《春秋》的分裂　《厦门图书馆声》2卷
　　　　2—5期,1935年

余敦康　从《周易》到《易传》　《中国哲学》7辑,1982年　《中国
　　　　哲学论集》,辽宁大学出版社1998年版

余冠英　《诗经》略论　《新建设》12期,1955年

余永梁　《易》卦爻辞的时代及其作者　《中央研究院历史语言研
　　　　究所集刊》1卷1期,1928年　《历史语言研究所集刊》1
　　　　卷1期,商务印书馆1958年版　《古史辨》(三),朴社
　　　　1931年版　《周易研究论文集》(一)(黄寿祺、张善文
　　　　编),北京师范大学出版社1987年版

袁长江　先秦两汉诗经研究论稿　学苑出版社1989年版

岳　斌　关于《左传》的作者与时代　《中国春秋战国文学史》,
　　　　1994年

岳修业　孔子删《诗》管见　《学术研究辑刊》1期,1980年

芸　渠　三百篇诗的产地及其时代　《益世报》1929年6月23日

查猛济　《诗序》异说著述考　《胜流》1卷5期,1945年

翟相君　孔子删《诗》说　《河北学刊》6期,1985年

詹秀惠　《周易》卦爻辞之著成年代　《易经研究论集》(林尹等
　　　　著),台湾黎明文化事业公司1981年版　《周易研究论
　　　　文集》(一)(黄寿祺、张善文编),北京师范大学出版社
　　　　1987年版

张岱年　论《易大传》的著作年代与哲学思想　《中国哲学》1辑,
　　　　1979年

张汉东　从《左传》看孔子的删诗痕迹　《山东师范大学学报》6
　　　　期,1985年

张　建　《诗经》的研究　《文艺月刊》6期,1972年

张立文　《周易》思想研究　湖北人民出版社 1980 年版

张林川　论《尔雅》的"经典"性质　《江汉大学学报》4 期,1991 年

张奇伟　谈《论语》的编纂及其研究意义　《齐鲁学刊》5 期,1985 年

张寿林　《诗经》是不是孔子所删定的　《北大国学月刊》1 卷 2 期,1926 年
　　　　三百篇所表现的时代背景及思想　《晨报副刊》1928 年 4 月 9 日

张　涛　《孝经》作者与成书年代考　《文史》49 辑,中华书局 1999 年版

张　文　《周易》起源于"占月术"——兼论《易》的文化背景 《周易研究》1 期,1995 年

张西堂　《春秋》大义是什么　《学灯》1925 年
　　　　《春秋》六论　《孔子哲学》1 期,1937 年
　　　　《诗经》六论　商务印书馆 1957 年版
　　　　尚书引论　陕西人民出版社 1958 年版

张　心　孔子删修《周易》试探　《学术月刊》11 期,1962 年

张学波　《诗经》的时代及其作者之探讨　《第一届经学学术研讨会论文集》

张应斌　《周易》:先秦的一部诗集　《嘉应大学学报》1 期,1998 年

张元夫　六经真面目　《中国学术史论集》1 期,1956 年

张蕴琛　《周易》"十翼"作者之我见——答王保德先生的第二封信　《中华易学》3 卷 5 期,1982 年

张增田　《易经》成书年代新证　《安徽大学学报》1 期,1994 年

章明寿　《尚书》——古代各类散文的开端　《淮阴师专学报》3

20世纪儒学研究大系

期,1980 年

章太炎　国故论衡　《章氏丛书》,浙江图书馆 1919 年版

检论　《章氏丛书》,浙江图书馆 1919 年版　《章太炎全集》(三),上海人民出版社 1984 年版

章太炎讲,诸祖耿记:春秋三传之起源及其佚失　《制言》56 期,1939 年

国学略说　香港环球文化服务 1963 年版

国学讲演录　华东师范大学出版社 1995 年版

国学概论　巴蜀书社 1987 年版　上海古籍出版社 1997 年版

章　行　尚书——原始的史册　上海古籍出版社 1997 年版

赵伯雄　先秦《春秋》学的形成与分化　《纪念南开大学建校八十周年暨古籍所成立十六周年文史论集》,南开大学出版社 1999 年版

赵淡元　《尚书》略论　《中国历史文献研究集刊》2 集,岳麓书社 1981 年版

赵光贤　《左传》编撰考(上)　《中国历史文献研究集刊》1 集,岳麓书社 1980 年版

说《尚书·金滕》篇　《中华文史论丛》15 辑,上海古籍出版社 1980 年版

《左传》编撰考(下)　《中国历史文献研究集刊》2 集,岳麓书社 1981 年

赵逵夫　论《诗经》的编辑与《雅》诗的分为"小""大"两部分　《第二届诗经国际学术研讨会论文集》,语文出版社 1996 年版

赵鲁云　从孔子谈《诗经》说起　《边疆文艺》6 期,1980 年

学院学报》2 期,1964 年

周　逸　《论语》要略　《船山学报》13 期,1937 年

周荫棠　论《春秋》时代之起讫　《斯文》1 卷 22 期,1941 年

周予同　周予同经学史论著选集　上海人民出版社 1983 年版

　　　　周予同经学史论著选集(增订本)　上海人民出版社
　　　　1996 年版

　　　　中国经学史讲义　《学术集林》(八),上海远东出版社
　　　　1996 年版,上海文艺出版社 1999 年版

周止礼　易经与中国文化　学苑出版社 1990 年版

周柱铨　继承和发扬我国优秀的民族音乐文化:《乐记》成书年
　　　　代:作者及评价问题　《人民音乐》7 期,1980 年

周祖谟　《尔雅》之作者及其成书之年代　《问学集》(周祖谟
　　　　著),中华书局 1966 年版

朱本源　《洪范》——中国古代文明的活的灵魂　《陕西师范大学
　　　　学报》3 期,1996 年

朱伯崑　易学哲学史(上册)　北京大学出版社 1986 年版　台湾
　　　　兰灯文化事业有限公司 1991 年版

　　　　易学哲学史(四卷)　华夏出版社 1995 年版

　　　　易学漫步　台湾学生书局 1996 年版

朱东润　《公羊》探故　《学原》1 卷 10 期,1936 年　《中国文学论
　　　　集》(朱东润著),中华书局 1983 年版

　　　　诗三百篇成书中的时代精神　《国文月刊》45 期,1946
　　　　年

　　　　《左传选》前言　《中国文学论集》(朱东润著),中华书
　　　　局 1983 年版

朱冠华　关于《毛诗序》的作者问题　《文史》16 辑,中华书局

　　　　　1982 年版

朱建亮　我国现存第一部完整工具书的探讨——试论《周易》
　　　　《图书情报工作》3 期,1984 年

朱剑芒　经学提要　世界书局 1935 年版　岳麓书社 1990 年版

朱骏声　《尚书》学　《国故》1—4 期,1919 年

朱廷献　孔子与《周易》　《东方杂志》复刊 8 卷 4 期,1974 年
　　　　《尚书》研究论集　台湾华正书局 1975 年版

朱维鼎　关于删《诗》及采《诗》　《现代西北》5 卷 5 期,1944 年

朱维铮　《论语》结集脞说　《孔子研究》1986 年创刊号

朱义云　《周易》浅谈　《黄埔月刊》8 期,1980 年

朱渊青　周易探秘　上海古籍出版社 1995 年版

朱自清　经典常谈　《图书季刊》7 卷 3、4 期,1946 年　台湾英华
　　　　印书馆 1956 年版　启明书局 1958 年版　太平书局 1963
　　　　年版　三联书店 1980 年版　上海古籍出版社 1999 年版

朱祖英　辨孔子删《诗》　《北平半月刊》7 期,1934 年

庄福林　《周礼》的形成时间、特点及作用　《松辽学刊》4 期,
　　　　1990 年

曾松友　《周易》时代之社会制度与思想　《厦大周刊》11 卷 25
　　　　期,1932 年

邹学熹　易学十讲　四川科技出版社 1986 年版

左民安　我国第一部词典——《尔雅》　《语文学习》80 期,1980
　　　　年

20世纪儒学研究大系